W0201449

LES FILS DE GENGIS KHAN

PATRICE
AMARGER

LA DOMINATION DU MONDE
Première époque

Les fils de Gengis Khan

ROMAN

ROBERT LAFFONT

© Éditions Robert Laffont, S.A., Paris, 1995
ISBN 2-221-07624-9

Prologue

LA VOLONTÉ DU CIEL
Le vingt-cinquième jour de la cinquième Lune, dans l'année de la Brebis, septième du règne d'Ögödäi Qaghan, Souverain du Monde [1]

Au commencement était le Grand Loup Bleu,
Né du Ciel Éternel, Celui qui est en haut.

Les herbages jaunis par les chaleurs d'été frémissaient doucement sous la brise, ondulant à l'infini sur la plaine et les hautes collines.

Sous l'éclat du soleil émergeant des nuages scintillaient en myriades de paillettes d'argent les eaux sinueuses de l'Orkhon.

Au commencement était la Biche Fauve,
Fille de la Mère Terre, Celle qui est en bas.

Pas un arbre, pas un buisson. Tandis que reculait vers l'horizon le ciel plombé d'un orage lointain, le soleil renaissant déroulait sur la steppe un immense tapis d'or que seul venait couper le fleuve au cours de vermeil.

Il était sorti de la caverne,
le Grand Loup.
Elle avait surgi de la plaine,
la Biche Fauve.
Il avait traversé la grande mer du Baïkal,
le Grand Loup.
Elle avait galopé dans le grand désert du Gobi,
la Biche Fauve.

---

1. 13 juillet 1235.

Quelque part dans la prairie – ici peut-être? – par un jour comme aujourd'hui, sans doute, dans le chaud rayonnement de l'astre divin, ils s'étaient aimés.

Leur fils fut Batadji, le premier roi mongol.

C'était lui qui devait commencer le combat,

Pour instaurer sur terre la Volonté du Ciel!

Et le combat durait depuis des siècles de siècles.

Lorsque, de cette lignée divine, naquirent le Conquérant,

et ses fils,

et les fils de ses fils.

En haut de l'éminence d'où il dominait la vallée de l'Orkhon, le groupe de cavaliers restait immobile. Dressé sur ses étriers, la main en visière, l'officier scrutait l'horizon.

Un cri bref, derrière lui, lui fit plisser les yeux.

Qu'était-ce donc, là bas? Une brume de chaleur? Une brume de poussière?

Le groupe de cavaliers resta longtemps immobile, au-dessus de l'Orkhon.

La brume se piqueta de minuscules points noirs.

Du fond de la prairie, telle une ville en marche, en cinq colonnes allant de front, des tentes de feutre avançaient.

Bientôt l'œil exercé de l'officier devina le lent balancement des bœufs attelés aux lourds chariots. Dix bœufs à chaque attelage... Les yourtes qu'ils traînaient, toutes montées, à travers la steppe, appartenaient à de hauts personnages!

Devant, en tête de la colonne centrale, parée de bandes bleues, surmontée d'une bannière à sept queues de cheval, traînée par dix couples de bœufs noirs, énorme, une yourte blanche.

À ses pieds, trônant à l'avant du chariot, des points multicolores.

C'étaient les femmes du prince.

Car l'étendard aux sept queues et la taille de la tente ne laissaient point de doute : ce campement ambulant, c'était la horde d'un prince.

Devant la caravane, et le long des colonnes, lentement, au pas des bœufs, les cavaliers cheminaient.

Alors l'officier piqua des étriers et s'élança, entraînant son escorte. Robe noire des montures, cuir rouge des selles et des harnais, brillantes cottes de mailles, grands casques argentés retombant sur les nuques, parements rouges des tuniques noires... Il commandait un escadron de *kächiktän*, les guerriers d'élite de la garde impériale, choisis parmi les meilleurs de toutes les tribus. Sa poitrine portait l'insigne de son rang, la plaque d'or marquée d'une tête de tigre devant laquelle tous les sujets de l'Empire, hormis les seuls princes et généraux, devaient ployer la nuque : il était centenier de la garde, avec rang de général dans toutes les autres troupes.

Au-dessus des chevaux au galop, tranchant sur l'éclat des armures, flottait, grand triangle aux rebords effrangés en sombres flammèches, une bannière noire.

Sur l'étoffe brillait, vibrante, une chimère.

À la tête de la horde, sur une monture blanche, chevauchait un homme jeune, de taille moyenne, portant l'habituelle moustache tombante, vêtu d'une tunique légère à la soie de qualité, croisée sur l'estomac et attachée de côté, la taille serrée par une ceinture, les jambes à l'aise dans de confortables braies, botté du plus beau cuir. Un pan de son bonnet blanc et plat, au bord un peu renflé, noué sous le menton par deux cordons dont les languettes flottaient dans la brise, retombait par-derrière sur sa nuque.

D'un geste, le centenier figea la cavalcade de ses guerriers; il galopa encore seul jusqu'à l'homme, sauta de son cheval, et son front, par trois fois, s'en vint battre le sol.

« Sois le bienvenu, prince Batou, le Qaghan m'a accordé l'honneur de t'escorter jusqu'à sa horde. Je suis Qoulbar *Noyon.* »

Les herbages frémissaient doucement sous la brise et l'Orkhon scintillait en paillettes d'argent.

Le Grand Ciel Bleu, chassant les nuages, avait repris sa place au-dessus des humains.

Après un court arrêt, au fond de la prairie, les tentes de feutre reprirent leur lent mouvement.

Le noyon Qoulbar à ses côtés, ses nobles encadrés par l'escadron de la garde, Batou Khan semblait abîmé dans ses pensées.

La garde, les splendeurs de la horde impériale...

Il n'y était guère habitué, lui, le plus pauvre des princes. Au milieu de ses oncles et cousins, au milieu de la famille d'Or qui régnait sur les nomades, il faisait une bien piètre figure.

Lui, le fils du fils aîné du Conquérant!

Petit-fils du Conquérant? Ou bâtard des Märkits? Cette écharde restait fichée dans le cœur du Prince : qui était-il?

Bien des lustres auparavant, assailli par un parti de Märkits, Témudjin avait dû leur abandonner Börté, son épouse. Neuf mois plus tard, lorsqu'il la libéra, Börté donna le jour à un fils.

Fils du Conquérant? Ou d'un pillard Märkit?

Témudjin n'hésita pas. Sur-le-champ il proclama Djötchi son fils, son premier fils! Et même lorsqu'à la fin de sa vie leurs relations s'assombrirent, il ne le renia jamais.

Mais même le Conquérant n'avait pas le pouvoir d'effacer le doute, et la branche aînée de ses descendants, frappée de ce stigmate, n'osait prétendre aux honneurs des cadets!

L'apanage de Batou était le moins peuplé, le plus pauvre. Sans doute la tradition voulait-elle que l'aîné reçoive le domaine le plus éloigné de la résidence paternelle, mais cela le rejetait en l'occurrence au-delà de l'Irtych, et si, dans cette direction, son domaine s'étendait, selon la Loi, aussi loin que le sol avait été foulé par le sabot des chevaux mongols, la plus grande partie de ces régions avait en fait déjà oublié les brèves chevauchées de jadis. Quant aux quelques territoires qui reconnaissaient effectivement son autorité, ils ne pouvaient en rien se comparer aux autres domaines princiers, comme le pays des Qara-Khitaïs, sur lequel régnait son oncle Djaghataï, qui s'étendait jusqu'aux portes de Boukhara et de Samarkand, ces fabuleuses cités jadis conquises par son grand-père.

Il n'avait que la steppe. Non pas la steppe sacrée de Mongolie, près des sources de l'Onon et de la Kérulèn, fief des fils de Toloui, mais la maigre steppe occidentale de l'Aral et de l'Oural...

Et son armée n'avait que quatre mille hommes...

Le fils du fils aîné!

Cette situation convenait peut-être à son frère aîné, Orda, mais pas à lui, pas à Batou! Lorsqu'il pensait à ses oncles, à ses cousins, son cœur battait plus vite; lorsqu'il les voyait, une sourde chaleur envahissait ses tempes. Et il allait les revoir... tous!

Cette fois pourtant – cette fois enfin –, l'heure était venue : il allait pouvoir jouer son destin.

Si le Qaghan l'y autorisait, du moins.

Convaincrait-il le Qaghan? Sans doute sa vanité serait-elle flattée de la proposition, mais les autres princes, les ministres, la khatoun – la maudite Töragänä – ne le détourneraient-ils pas de ce dessein, digne des plus ambitieuses entreprises du Conquérant?

Grâce au Ciel, il aurait à ses côtés le plus sûr gage de victoire, le meilleur général des Mongols – c'est-à-dire du monde : Subötaï!

Alors, à cet instant, des profondeurs de la steppe, monta un hurlement.

Long.

Fier.

Sauvage.

Batou tourna la tête, regarda l'horizon.

Un éclair traversa son regard tourmenté.

Un sourire détendit sa mâchoire serrée.

Le loup avait hurlé.

Fils du Ciel Éternel, tu es à mes côtés!

Le long voyage touchait au but. Le fils de Djötchi vit bientôt apparaître, grises et blanches, alignées dans la plaine, des centaines de yourtes. D'autant plus grandes que leur maître était plus noble, elles se rassemblaient par groupes autour des vastes tentes des princes.

Au milieu, énorme, revêtue de drap d'or, précédée de l'Étendard sacré aux neuf queues de chevaux blancs : la yourte du Souverain du Monde, le palais ambulant de l'empereur des nomades, le Qaghan Ögödäi, fils de Témudjin le Conquérant.

C'était la horde d'Or.

Au loin, derrière la cité de feutre, les remparts à peine achevés de la cité de bois et de pierre, Qaraqorum, la ville de la cour, dont l'Empereur était si fier, et d'où il allait désormais gouverner le monde.

Ögödäi se redressa sur son trône. Il appréciait ces moments où sa puissance pouvait s'étaler dans toute sa majesté, et, en temps de paix, rien ne pouvait mieux flatter son orgueil que l'extraordinaire ambiance du Qouriltaï, l'Assemblée des grands de l'Empire, qu'après sa victoire sur le roi des Kin il avait convoquée ici, à Qaraqorum, au centre du monde. Au milieu de la masse des guerriers, entourés de la foule de leurs serviteurs, tous étaient venus, les chefs et les nobles des cinq tribus, l'aristocratie de l'os blanc : les khans et les *setsens*, les noyons et les *bahadours*...

Ögödäi souriait : à sa gauche, un peu en contrebas de son vaste trône d'or et d'ivoire, enveloppées des plus somptueux brocarts de Chine, le visage enchâssé dans leurs hautes coiffures d'osier en forme de corne que recouvrait une soie précieuse rehaussée de plumes de paon multicolores, ses épouses et les plus belles de ses soixante concubines témoignaient de la virilité du maître des nomades.

À ses côtés, la première de ses femmes, l'altière Töragänä, toisait la noble et soumise assemblée avec, semblait-il, la même délectation que son impérial mari : devant eux, les grands de l'Empire ; plus loin, guindés et tremblants, dans leurs plus beaux atours tissés de phénix ou de dragons, des mandarins khitans et chinois, précédant des lettrés ouïghours ; au-delà encore s'alignaient les turbans blancs des émirs du Khwarezm et du Khorassan... Ils étaient humblement venus battre du front devant le trône du Qaghan, tous ces ambassadeurs des pays tributaires soumis par Témudjin son père – et aussi par lui, Ögödäi, fils et successeur du Conquérant du monde !

Derrière les sombres chamans – les sorciers mongols –, les prêtres des multiples religions de l'Empire, chrétiens, musulmans ou bouddhistes, venaient témoigner devant le Ciel Éternel de la gloire de leur maître.

Sur la droite de l'estrade, juste à côté des princes, trônaient les ministres et les gouverneurs chargés d'administrer les immenses contrées conquises, d'y lever l'impôt et d'y faire régner la paix mongole : le Keraït chrétien Tchinqaï, l'Ouïghour bouddhiste Körgüz, homme de confiance de Tchin-Timour, gouverneur du Khorassan, le musulman khwarezmien Mahmoud Yalawatch, gouverneur de Boukhara et de Samarkand, et bien sûr Ye-liu Tchou-tsaï, le sage parmi les sages, le fidèle parmi les fidèles, le premier conseiller du Qaghan, de qui dépendait l'administration de la Chine du Nord, l'ancien royaume des Kin.

Et tous les princes étaient là.

Présents, Tèmudjè, le gardien du feu, oncle du Souverain, et Djaghataï, son frère, le gardien de la Loi, avec Baïdar, Sarban, Baïdjou ou Büri, ses fils et petits-fils.

Présents, les fils de Toloui – Möngkä, Qoubilaï, Hulägü, Budjek, et Ariq-Böga –, avec la princesse Sorgaqtani, sa veuve.

Présents, Orda, Batou, Berké, Cheïban et Sinqour, les fils de Djötchi.

Présents, bien sûr, ses propres fils : Güyük, son aîné, Qada'an, et Kötchü.

Présents, ses cousins, les fils de Qassar et ceux de Qatchioun...

Oncle, frère, fils, neveux, cousins : la famille d'Or au grand complet !

Et le Qouriltaï déroula ses fastes.

Bientôt vint le moment où princes, gouverneurs, et généraux rendirent compte de leurs opérations aux frontières.

« Jusqu'où s'étend la puissance de l'Étendard, mon fils ?

– Jusqu'au cœur de la Chine, où les peuples tremblent encore au souvenir de ta chevauchée victorieuse. Mais si le roi d'Or des Kin, maître indigne de la Chine du Nord, chassé de Tchong-tou [1] par Témudjin et chassé de la Terre par Ögödäi, n'est plus qu'un fantôme, si la puissance du Qaghan règne sans ombrage jusqu'au fleuve Houaï-Ho, au sud s'étend l'immense empire des Song, avec ses villes innombrables et ses peuples infinis.

1. Pékin.

« L'Empereur des Song, le vaniteux Li-tsong, qui se prétend le plus puissant roi du monde, permets à tes fils et à tes généraux de le jeter aux pieds du roi des rois, à tes pieds, ô Qaghan! »

Et le jeune Qada'an avança d'un pas. Vêtu comme les autres princes de soieries de Chine, il portait la même coiffure que tous les guerriers qui se pressaient dans la tente impériale : la nuque tondue, tonsuré en fer à cheval au sommet de la tête et rasé d'une oreille à l'autre sur trois doigts de largeur, tandis que ce qui restait de chevelure couvrait son front jusqu'aux sourcils ou retombait en tresses de son occiput. Il détailla les richesses de la Chine, exposa le plan de bataille, les dispositions des armées, rappela les nombreuses années de campagne qui seraient nécessaires...

Ögödäi, satisfait, approuvait en silence. Chacun savait que le jeune homme ne faisait qu'exprimer sa volonté. Ce fameux royaume des Song, c'était là la vraie Chine, pas celle du roi des Kin! Les Kin n'étaient que d'anciens nomades qui avaient repoussé les Chinois au sud du Houaï-Ho, occupé leurs villes et endossé leurs vêtements! De ce fabuleux royaume du Sud, le Qaghan avait pu mesurer la richesse – et la vanité – pendant ses récentes campagnes. La guerre à l'Empereur de Chine, c'était leur suite logique! La guerre à ce stupide empereur qui dans sa haine des Kin, maîtres du Nord depuis cent ans, n'avait pas hésité à aider les Mongols à les détruire, abattant ainsi le seul rempart qui le préservait de leur puissance! À ce souverain présomptueux qui, ne se jugeant pas assez récompensé de ses services, avait osé s'emparer de Kaifong et de Loyang, d'où il avait été prestement expulsé!

Qada'an et Kötchü, son frère, partiront pour la Chine. Le premier marchera sur le Setchuan, le second sur le Houpei, secondé par l'*orlok* Temutaï, tandis que Kün-bouqa Khan et le général Tchaghan galoperont vers la basse vallée du Yang-tsé, et le monde verra alors ce qu'il en est de la morgue des Song!

« Qu'il soit fait selon ton conseil, Qada'an Khan, et que l'orgueilleux empereur des Song vienne battre du front à Qaraqorum! »

« Et jusqu'où s'étend la puissance de l'Étendard, prince Yekü?

– Jusqu'à la vallée du fleuve Han, mais, au-delà, le royaume de Corée reste rebelle à sa Loi. Le roi Kojong et son gouvernement demeurent réfugiés dans l'île de Kangwha et prétendent toujours renier l'allégeance jadis promise à Témudjin et à toi-même.

« Permets-moi de soumettre à jamais ce royaume indocile, de conquérir cette île hautaine. Et que le roi de Corée vienne battre du front devant ton auguste trône! »

La Corée... Cela durait depuis cinq ans! Cela finissait par être irritant. Ce maudit Kojong, après sa feinte soumission, avait traîtreusement fait massacrer les *darougatchi* envoyés par Ögödäi pour administrer le pays. Yekü Khan avait raison, il fallait la soumettre une fois pour toutes!

« Qu'il soit fait selon ton conseil, Prince Yekü! »

« Et jusqu'où s'étend la puissance de l'Étendard, mon frère? »

D'un large mouvement du bras, Djaghataï Khan, le gardien de la Loi, désigna les envoyés des pays d'Islam. « Elle s'étend jusqu'au Khorassan, à Boukhara et à Samarkand, elle s'étend depuis le Syr-darya jusqu'à l'Afghanistan et à la Perse entière. Tabriz a tissé pour toi les étoffes les plus précieuses, l'Azerbaïdjan courbe l'échine devant ta loi, mais, si elles tremblent à l'approche de tes guerriers, l'Arménie et la Géorgie insoumises appellent ton courroux. Et au-delà encore, à l'Occident les Turcs d'Anatolie et le sultan d'Égypte, à l'Orient les royaumes des Indes, ignorent à qui le Ciel a donné la souveraineté du monde. Si tu le veux, ô mon frère, j'achèverai de soumettre la Perse, et Tchormaghan Noyon amènera les Turcs, les Géorgiens, les Arméniens et les Arabes au pied de ton trône sacré. Le général Houqatou n'attend que ton ordre pour faire franchir à son armée les passes d'Afghanistan et soumettre le Cachemire et les Indes. »

Ravagée par Témudjin, la Perse n'avait jamais été vraiment conquise. Le général Tchormaghan, avec trente mille hommes, avait vaincu le shah Djélal ed-Din de Khwarezm, qui relevait la tête, il avait détruit ou soumis maintes cités, mais, faute de troupes pour occuper le pays, trop de villes ou de petits princes s'autorisaient à n'en faire qu'à leur tête. Il était temps d'annexer une bonne fois la Perse et le Caucase, ensuite Bagdad, la Syrie, l'Anatolie et l'Égypte seraient à portée de main... Quant aux Indes, il y faisait bien chaud, mais il faudrait bien pourtant les soumettre elles aussi!

« La sagesse de tes avis est connue de tous, mon frère. Qu'il soit fait selon ton conseil! »

Quel chemin parcouru en une vie d'homme!

Au faîte de la puissance, écoutant les rapports de ses princes et de ses généraux, ordonnant à des myriades de guerriers de soumettre l'Asie entière, Ögödäi se souvenait des jours déjà lointains de son enfance, voici près de quarante ans, et des combats obscurs menés avec ses frères pour leur père Témudjin. Tant d'années il avait fallu combattre, parfois abandonnés de tous, avant de parvenir à unir les cinq grandes tribus qui se partageaient la steppe du lac Baïkal au désert de Gobi, et des monts Tarbagataï aux monts Khingan : Mongols, Märkits, Kéraïts, Tatars et Naïmans!

Puis les nomades de l'Asie centrale, enfin unis en une seule nation, avaient reconnu Témudjin, de la race du Grand Loup Bleu, la race des anciens rois mongols, pour leur Khan suprême, lui donnant le nom qui ferait trembler le monde.

Alors les nomades, qui usaient depuis des siècles leur immense énergie en luttes intestines, prirent conscience de leur force, alors ils se jetèrent sur les royaumes d'Asie, prirent Samarkand, Boukhara, Tchong-tou... et Témudjin devint le Conquérant du monde.

Il était le Khan Universel!

Il était Gengis Khan!

Et lui, Ögödäi, avait reçu de son père la mission de faire fructifier cet immense héritage; de l'Oural à l'océan Oriental, des forêts de Sibérie jusqu'au pied du Caucase, des millions de nomades, à cheval, prêts à combattre, leurs chariots attelés derrière eux, attendaient qu'il leur fît connaître sa volonté.

« Et jusqu'où s'étend la puissance de l'Étendard, Batou Khan? »

Batou, le moins puissant de la famille, était interrogé le dernier. Ögödäi aimait bien Batou – il aimait bien la plupart de ses parents, d'ailleurs. Ögödäi était d'un tempérament facile. C'est précisément pour son calme, son bon sens et son aptitude à résoudre et à éviter les querelles de famille que Témudjin l'avait désigné de préférence à son aîné Djaghataï, et bien sûr à leur aîné Djötchi. Le Qaghan sentait l'ambition bridée qui bouillonnait dans le cœur de Batou, il savait combien l'écorchait le doute qui planait sur son origine. Il veillait à ne jamais l'humilier, il aurait aimé l'aider, mais qu'y pouvait-il? Témudjin lui-même n'avait jamais pu effacer le doute qui planait sur la naissance de Djötchi.

S'avançant au milieu de l'assemblée, Batou croisa le regard, sombre et glacé, de Güyük, le fils aîné du Qaghan, assis juste à la droite du trône paternel. Dans ces yeux noirs éternellement froids, il crut voir s'allumer une lueur d'ironie. Ravalant son aversion pour son hautain cousin, Batou parla, légèrement crispé. « L'Étendard règne sur les steppes de l'Aral et de l'Oural, mais, plus à l'est, les nomades qiptchaqs, pourtant jadis vaincus par Subötaï, ne reconnaissent pas ta puissance. Permets-moi, ô Qaghan, de les courber sous ta loi. »

Soumettre les Qiptchaqs? Pourquoi pas? Batou en serait sans doute capable. Et ce serait pour lui l'occasion de faire ses preuves au combat. On pourrait toujours lui adjoindre, si c'était nécessaire, un bon général...

D'ailleurs, il fallait renforcer les défenses de l'Empire de ce côté-là : si, quelques années plus tôt, Sountaï, le plus jeune frère de Batou, avait réussi à repousser jusqu'à la Volga les restes des Qiptchaqs et des autres tribus de la région jadis vaincues par les généraux du Conquérant, les princes de Smolensk et de Kiev l'avaient contraint au repli.

Cela ne devait plus être! Toutes les steppes de l'Asie devaient sans restriction obéir au Qaghan!

Ögödäi sourit. « Qu'il soit fait selon ton conseil, Batou Khan! »

Batou s'inclina profondément devant son oncle. Il restait tendu. Les yeux noirs et froids qui le fixaient étaient-ils ironiques? Ou simplement interrogateurs?

« Mais au-delà des Qiptchaqs, reprit-il, il y a un monde immense qui ignore ta puissance, ô Qaghan, avec de riches royaumes, des villes innombrables, une autre Chine, plus divisée encore que ne l'était celle-ci à l'arrivée du Conquérant, avec une multitude de rois et de princes qui bataillent sans cesse entre eux.

« On l'appelle l'Europe.

« Accorde-moi, ô mon oncle, la faveur de la soumettre.

« Au-delà de l'Europe s'étend l'océan Occidental, à l'autre extrémité de la Terre. Si tu le veux, ô Qaghan, je planterai l'Étendard sur ses rives. Alors, d'un bout à l'autre de l'Univers, tous les peuples courberont la nuque devant Ögödäi Qaghan. »

Batou s'animait peu à peu. Bientôt ses yeux flamboyèrent à l'évocation de ce monde si lointain, de ces rêves de conquêtes qui dépassaient tout ce que le Conquérant lui-même avait réalisé.

D'abord surpris par cette proposition inattendue, Ögödäi, le front plissé, scrutait intensément son neveu.

Batou, Batou... Quelle folie t'habite? Pour prendre ta revanche sur le destin, tu veux lancer les tribus à l'assaut de l'inconnu? L'Europe...

De cette contrée mystérieuse, personne, il y a seulement quinze ans, n'avait jamais entendu parler. De tous les chefs mongols réunis ici, un seul a approché ses confins. Un seul, mais le meilleur!

Le regard d'Ögödäi se porta vers Subötaï Bahadour. Toute l'assemblée, aux paroles de Batou, guettait les réactions du général. Visiblement, celui-ci brûlait d'intervenir.

« Ce serait une immense entreprise, Batou Khan, la plus audacieuse peut-être qu'aucun peuple ait jamais tentée. Qu'allons-nous trouver en Europe? Nous n'en connaissons presque rien.

– Mon oncle, permets à Subötaï Bahadour, au vainqueur de la Kalka, de te parler de l'Europe! »

De l'assemblée s'éleva une sourde rumeur.

Les yeux noirs et froids du prince Güyük fixaient toujours Batou, sans que nul n'y vit plus la trace d'une ironie.

Ögödäi eut un léger sourire. Était-ce vraiment l'idée de Batou? Subötaï ne la lui avait-il pas plutôt glissée à l'esprit? La campagne de l'Ouest, voici douze ans que le général y songeait.

Douze ans auparavant, en effet, le Conquérant avait confié à ses généraux Subötaï et Djébé une folle mission : avec dix mille cavaliers, ils devaient ravager la Perse, puis remonter vers le nord et, de là, reconnaître les abords de l'Occident.

Subötaï et Djébé vainquirent le roi Georges de Géorgie, envahirent l'Azerbaïdjan, galopèrent vers la Volga et écrasèrent les tribus des Alains et des Qiptchaqs. Alors les Qiptchaqs appelèrent à leur aide les princes des contrées d'au-delà de la Volga, que l'on appelle Russie. Ceux-ci se portèrent au-devant des Mongols, avec des troupes nombreuses, et, lorsqu'ils les eurent fatigués à leur poursuite, sur les bords de la rivière Kalka, Subötaï et Djébé anéantirent les armées russes.

Leur mission de reconnaissance achevée par cette prestigieuse victoire, Subötaï et ses guerriers galopèrent à travers les steppes de l'Asie, battant encore au passage les Bulgares de la Volga et les Turcs de l'Oural. Et Ögödäi se souvenait des ovations qui avaient salué leur arrivée à la horde, de la fierté partagée de Témudjin et de son général, de la tristesse de la mort de Djébé, victime des fièvres sur la route du retour.

Subötaï, le meilleur général de l'Empire! Celui qui deux ans auparavant avait apporté au Qaghan la reddition de Kaifong, l'ultime capitale du roi des Kin, celui qui avait jadis conçu pour Témudjin le formidable plan de bataille qui avait réduit à néant l'immense empire du Khwarezm! Subötaï, qui du tréfonds de la Chine à la Perse et aux lisières de l'Europe n'avait jamais connu que la victoire!

À cinquante-cinq ans passés, le général, le visage buriné par tous les vents de l'Asie, donnait toujours la même impression de force que lorsque, jeune officier du peuple du Renne, il avait jadis promis à Témudjin de le protéger de ses adversaires comme le feutre de la yourte protège du vent d'hiver. Un roc, musclé, trapu, les deux pieds comme enracinés dans le sol.

Il évoqua sa campagne d'autrefois, les enseignements qu'il en avait tirés, les informations fournies par les prisonniers russes aussi bien que les précieux contacts qu'il y avait noués : des marchands venus d'une lointaine cité d'Occident, qu'ils prétendaient bâtie sur la mer, lui avaient décrit tout ce qu'il y avait au-delà de la Russie. Et depuis lors, aux confins de l'Empire, aux lisières des terres de Batou, ces marchands leur enseignaient les nouvelles d'Europe, que les officiers des frontières consignaient soigneusement dans leurs rapports.

Et devant une assistance muette, médusée, suspendue à ses lèvres, Subötaï évoqua les noms de royaumes inconnus, des noms pleins de mystère, aux sonorités étranges : Pologne, Hongrie, Bohême, Allemagne, Italie, France, Castille, jusqu'à l'île d'Angleterre, plantée dans le grand océan, et qui marquait le bout du monde... Et il nomma les villes qui commandaient à ces royaumes...

Depuis des lustres, les Mongols entendaient parler de Tchong-tou, de Loyang, de Tchan'gan, de Hang-tcheou..., et les villes de la Chine du Nord étaient déjà entre leurs mains. Grâce au Conquérant, ils avaient pris Boukhara, Samarkand, Ispahan, Tabriz... Ils avaient approché Bagdad et Damas; en Perse on leur avait même parlé du Caire et de la ville sainte d'al-Qods[1]. Ils avaient vaincu, avec Subötaï, les princes de Kiev, de Galitch[2], de Tchernigov... Mais qui, hormis Subötaï, Batou et leurs agents, avait jamais entendu parler de Cracovie, de Prague, de Rome, de Tolède ou de Paris?

« Oui, ô Seigneur, ce sera une entreprise immense. Mais si tu la décides, ton serviteur, aux côtés du prince Batou, la mènera à bien. »

Sur un signe imperceptible du maître, un vieillard à la longue barbe aussi blanche que sa robe, assis un peu en contrebas du Qaghan, légèrement plus haut que les princes, se leva sans bruit et sortit.

Un frémissement parcourait l'assistance : achever de conquérir la Chine, la Corée, ou la Perse, c'étaient sans doute des desseins grandioses, mais ces pays étaient connus. C'était la Guerre, ce n'était pas – ce n'était plus depuis des années – l'Aventure!

Tandis que la conquête du bout du monde...

Et dans le regard d'Ögödäi commençait à briller la même flamme qui avait un peu plus tôt illuminé le regard de Batou, un peu du brasier qui flambait derrière les yeux noirs de Subötaï.

Le brasier.

Il rougeoyait dans le chaudron de bronze que deux hommes en noir, précédés par le vieil homme aux cheveux blancs, le *beki* que tous respectaient, venaient de poser dans l'espace qui séparait des nobles l'estrade de la famille d'Or.

Au frémissement succéda le silence.

Absolu.

Le Qaghan, visiblement concentré sur sa pensée, examinait trois omoplates de mouton que le vieillard venait de lui présenter.

Lorsqu'il releva la tête, le beki, intercesseur entre le monde des hommes et celui des esprits, les jeta dans le feu qu'activaient les chamans. On pouvait les entendre craquer dans le crépitement des flammes.

Un moment passa, qui parut long.

Quand le feu s'apaisa les hommes en noir tirèrent les ossements du chaudron de braises.

---

1. Nom arabe de Jérusalem.
2. Halicz.

Le beki se pencha, curieux et tendu.

Chacun retenait son souffle.

Le beki sourit.

Avançant de deux pas, les trois hommes, le blanc et les noirs, élevèrent leur paume droite vers le Qaghan. Ögödäi, plissant les yeux, scruta les fissures creusées par le feu dans les os noircis que les chamans lui présentaient. Le beki lui dit un mot à l'oreille. Un large sourire s'épanouit sur la face joviale du Qaghan.

Le Souverain se leva de son trône d'or.

« Les esprits ont fait connaître la volonté du Ciel. Nous t'écouterons, Subötaï. Partout où tu es passé, tu nous a apporté la victoire. Que Batou Khan et Subötaï Bahadour exposent à l'Assemblée et au Qaghan leur plan de bataille ! »

Devant les draps d'or de la tente impériale, l'Étendard blanc de la paix avait été ôté.

À sa place, l'Étendard noir annonçait au monde que la guerre venait de commencer.

La horde ne parlait plus que d'elle. Elle allait reprendre, sur tous les fronts. De toute l'Asie centrale, les nomades allaient s'élancer, comme jadis, aux frontières. C'était le temps du Conquérant qui revenait.

Tous les guerriers de l'Empire allaient à nouveau pouvoir jouir sans limites de la joie suprême que Témudjin avait jadis si bien décrite : « Tailler en pièces ses ennemis, les chasser devant soi, monter leurs chevaux et leur enlever tout ce qu'ils possèdent, voir en larmes les êtres qui leur sont chers, et presser dans ses bras leurs femmes et leurs filles ! »

Mais surtout, cette fois, on irait au bout du monde.

On irait en Europe...

Et chacun de se répéter comme il pouvait les noms étranges et imprononçables de toutes ces provinces que Subötäi avait énumérées : Mazovie, Silésie, Bavière, Brabant, Lombardie, Normandie, Bourgogne, Asturies...

Et chacun de rêver à leurs villes aux toits d'or.

Car les villes lointaines ont toujours des toits d'or.

Le banquet s'avançait, les coupes de *qoumiz* – le lait de jument fermenté, l'alcool des nomades – se vidaient les unes après les autres. Et aussi le vin de raisin de Chiraz, la cérasine et les autres vins de riz de Chine, ces nectars que le Qaghan, qui, en bon Mongol, raffolait de la boisson, faisait venir en abondance des royaumes conquis.

Une fois de plus, on ne parlait que de la campagne d'Europe : près de deux cent mille hommes ! avait calculé Subötaï. Deux cent mille hommes pour battre les armées européennes, pour installer des garnisons et protéger un réseau de communication sans cesse étendu au fur et à mesure de leur avance.

Et, à compter d'aujourd'hui, la campagne ne durerait pas moins de douze ans... Douze années au-delà desquelles la Paix Mongole régnerait sur les moindres recoins de l'Europe.

Un barde vint, apaisant quelque peu le brouhaha régnant sous l'immense chapiteau. Pinçant les cordes de sa cithare, il chanta les campagnes de Subötaï et Djébé, il chanta les Qiptchaqs en fuite devant le courroux des Mongols, il chanta la déroute des armées russes.

« Et chante-nous la fin du fourbe prince de Kiev! »

Et le barde chanta la traîtrise de Mstislav de Kiev, qui avait osé mettre à mort les ambassadeurs de paix que lui avait envoyés Subötaï.

Il chanta sa bravoure sur le champ de bataille.

Il chanta la justice du général : capturé, Mstislav devait connaître le châtiment réservé au meurtrier de la personne sacrée d'un ambassadeur, la mort. Comme il avait été courageux, Subötaï lui accorda une mort digne d'un prince : il le fit étouffer entre des couvertures, car le sang princier ne doit jamais couler; mais, comme il avait été fourbe, Subötaï et Djébé, en signe de mépris, fêtèrent leur victoire en banquetant sur la caisse même où Mstislav agonisait.

Et l'assistance riait aux mimiques du barde, alternant les expressions grotesques et les râles de l'agonisant avec les chants de victoire et les toasts que se portaient sur sa tête les généraux vainqueurs.

Et, de toast en toast, le barde lui-même s'effondra sous les rires des spectateurs.

Alors, en chœur, ils reprirent son dernier chant, un chant de guerre et de victoire qui terroriserait bientôt les contrées d'Europe.

Ögödäi éructa bruyamment au milieu d'un couplet, se leva en titubant, essuya ses doigts maculés de graisse sur sa robe de soie jaune. Grisé tant par l'alcool que par l'enthousiasme que Batou et Subötaï avaient communiqué à la horde, il brandit encore une coupe. Le chant se tut.

« Oui, nous conquerrons l'Occident! Et c'est moi, Ögödäi, qui prendrai la tête des armées. C'est moi qui irai planter l'Étendard dans l'océan Occidental! »

Alors un énorme rugissement, une folle ovation s'éleva sous le chapiteau enfumé : les princes, les nobles, les gardes, les femmes elles-mêmes, les serviteurs aussi, debout, la coupe à la main, acclamaient leur empereur.

Dans la horde endormie, sous le ciel étoilé, de yourte en chariot et de chariot en yourte, effrayante et joyeuse, la rumeur s'enflait. Les plus humbles eux-mêmes sous leur feutre en lambeaux, le peuple de l'os noir, roturiers méprisés, abrutis de fatigue, secouant leurs cheveux gras et leurs hardes sans nom, s'éveillaient un moment, scrutant dans le lointain les lueurs de la fête, tous leurs sens aux aguets de ce sourd grondement qui montait de la Cour.

Eux sur qui l'on crachait, qui n'avaient à ronger que les os que leurs maîtres voulaient bien leur jeter, eux qui n'étaient rien d'autre qu'un vil bétail humain, dans la nuit ils souriaient. Car, aussi vils qu'ils fussent, il y avait une chose qu'ils n'oubliaient jamais, pareils en cela aux plus grands noyons, aux plus fiers bahadours, aux plus hautains guerriers.

Ils étaient des Mongols!

Et c'était aux Mongols que le Ciel avait donné le commandement du monde.

Dans les grandes tentes blanches, dans les humbles tentes grises, aux enfants qu'effrayait la terrible rumeur qui montait des ténèbres, les mères, tremblantes et fières, murmuraient à l'oreille :

« Écoute, mon enfant. C'est la voix de Gengis Khan... »

Un homme, un seul, pendant un court instant, parut ne pas partager l'enthousiasme général, jetant vers le Qaghan un regard ambigu. Batou voulait que l'Europe soit sa conquête, celle qui lui donnerait sa revanche, celle qui le placerait juste après le Souverain ; il aurait déjà à supporter dans l'expédition la présence d'autres princes, il ne voulait pas rester de surcroît dans l'ombre d'Ögödäi...

Le Qaghan se rengorgea. À travers les fumées du festin, qui s'élevaient en volutes vers la large ouverture ménagée au sommet de la tente, à travers les brumes de l'alcool qui démultipliaient l'espace, le flot mouvant de la foule devenait le flot de l'océan, les vagues de l'océan Occidental qui dans un sourd mugissement venaient s'abattre à ses pieds comme pour lui rendre hommage.

Et le nom d'Ögödäi resterait pour l'éternité dans la mémoire du monde, chanté par les bardes à travers les siècles à l'égal de celui de son père, le Conquérant, Témudjin Gengis Khan.

Et la volonté du Tengri, l'Éternel Ciel Bleu, serait enfin accomplie :

« Un Soleil au Ciel,
Un Souverain sur Terre ! »

Première partie

LES LARMES DE L'ICÔNE

LE PROSCRIT

L'an du Seigneur 1235, le lundi 9 avril, fête de sainte Valtrude

Le manteau blanc frappé de la croix rouge fut arraché des épaules du jeune homme.

« Edouard, de Roscarnan, est à tout jamais banni de notre maison! »

La sentence prononcée par Robert de Sanford de sa voix forte et dure résonna sous les voûtes. Dans la pénombre d'un jour laiteux, impassibles, le visage fermé, les trente chevaliers faisaient peser sur celui qui l'instant d'avant était encore leur frère tout le poids de la justice de l'Ordre.

Par la voix de son maître provincial, le chapitre général du Temple d'Angleterre venait, sur le lieu même où on l'avait rendu, de confirmer le jugement du chapitre de Faxfleet.

« Edouard, frère Gérald vous conduira chez les moines de Cîteaux, à l'abbaye de Meaux [1], où vous demeurerez, le temps qu'il plaise à monseigneur Gaultier de Gray de juger de votre châtiment terrestre. Puisse un repentir sincère sauver votre âme des flammes de l'enfer! »

Frère Gérald s'approcha.

« Venez, Edouard, il est temps. »

Deux sergents se dirigèrent vers la porte. Le frère poussa légèrement le grand garçon roux qu'il escorta, silencieux, entre les deux haies d'hommes revêtus du long manteau blanc à la croix rouge.

De ce manteau que venait à tout jamais de perdre le jeune homme pâle au visage marqué de taches de son qui marchait vers son destin.

Un destin peu enviable, sans doute. Le comte de Cornouailles n'était pas homme à laisser impuni le meurtre d'un de ses pages, et, là où Edouard n'avait pu convaincre le chapitre de son innocence, Richard Plantagenêt saurait bien trouver les moyens d'obtenir des aveux.

1. Importante abbaye cistercienne du Yorkshire.

Pas plus que je n'y ai cru moi-même, songeait Robert de Sanford en regardant la porte noire se refermer en grondant sur la silhouette blanche de frère Gérald, le frère du roi Henry ne croira à l'accident invoqué par le jeune chevalier.

Il est vrai qu'avant de tomber entre les mains du prince il devra passer d'abord, à York, entre celles de l'archevêque Gaultier et des frères prêcheurs de son entourage, qui tiennent tant à l'interroger... Se peut-il qu'ils aient vraiment quelque raison?

Frère Edouard, qui aurait cru?

J'aimerais croire à ta défense.

Le ciel s'assombrissait sur la campagne du Yorkshire tandis que les quatre cavaliers franchissaient le porche de la commanderie. À leur droite, les eaux de la rivière Humber prenaient une teinte sinistre. Ils n'avaient guère parcouru plus d'un mille que la pluie crépitait à nouveau dans les flaques d'un chemin encore détrempé par les giboulées de l'aube. Les chevaux glissaient dans la boue gorgée d'eau.

« Beau frère, me laisserez-vous les mains liées?

– Vous n'êtes plus mon frère.

– Du moins suis-je encore votre ami? »

Le chevalier resta silencieux. Seul le grondement de l'averse répondait à Edouard.

« Gérald, vous m'avez défendu tout à l'heure. Vous avez rappelé nos combats de Terre sainte, vous avez témoigné que j'ai toujours servi notre maison avec fidélité et humilité. Et vous ne me répondez pas? »

Le chevalier soupira.

« J'ai témoigné de ce que je savais, Edouard. Mais je ne sais pas tout.

– Alors vous aussi vous croyez que c'est moi qui l'ai tué?

– Cette mort est bien étrange, Edouard, bien étrange...

– C'est un accident, Gérald, un accident! Si vous ne me croyez pas, qui me croira? Je n'en suis point responsable, je le jure devant la bonne Vierge Marie!

– Ah, ne jurez pas, Edouard! »

Le temps passait.

Le chemin devenait fondrière.

On ne distinguait plus les arbres qu'à quelques jets de pierre. N'eût été sa cloche dont le frêle carillon perça un instant le roulement des eaux, on n'aurait pas soupçonné que la chapelle de Saint-Dunstan pouvait être si proche. On avait donc à peine dépassé Everthorpe! La lenteur de la progression exaspérait le templier. À ce rythme, il serait impossible d'être à Meaux avant la nuit!

Le condamné, privé de son manteau, trempé jusqu'à la moelle, frémissait sous le déluge. Son cheval fit un écart.

« Gérald, en souvenir de notre amitié, si elle ne doit plus être qu'un souvenir, déliez-moi les mains, je vous prie. »

Rajustant son chapeau de fer où les premiers grêlons venaient de ricocher, le Templier revit le ciel bleu de Palestine, le sourire béat du tout jeune chevalier aux taches de son débarquant d'une nef génoise, sur les quais de Tortose [1]. Il se

1. Tartous, en Syrie.

rappela la joie naïve qu'Edouard manifestait d'être enfin en Terre sainte, son premier combat où piquant des deux il s'était jeté tête baissée contre des pillards sarrasins, manquant d'y laisser la vie, les étranges terreurs qui le prenaient parfois, la nuit, lui si courageux le jour..., ces soirs d'orage où il venait chercher, tremblant comme un enfant, la protection d'un frère plus âgé sans qu'on pût le raisonner... Sept ans déjà.

Après quatre ans Edouard avait rembarqué pour l'Angleterre; et voici qu'à peine rentré à son tour Gérald l'avait retrouvé, forci, mâli, gardant pourtant son visage juvénile et ses candides yeux pâles, en butte à cette terrible accusation de meurtre... Sans doute avait-il témoigné pour son passé, il devait cela à sa conscience aussi bien qu'à leur ancienne camaraderie, mais que savait-il de son présent?

Se tournant vers le jeune homme, Gérald le vit, grelottant, recroquevillé sur sa selle, le visage défait. Alors sans un mot il s'approcha, arrêta les chevaux, et trancha lui-même les liens qui entravaient son ancien compagnon d'armes.

La grêle passée, le ciel se fit moins sombre, la pluie un peu moins drue, mais elle paraissait installée pour longtemps dans le paysage gris-vert que l'on distinguait à nouveau, brouillé et cotonneux.

La nuit tombait presque lorsqu'on traversa enfin Beverley, où de rares passants se hâtaient vers la chaleur de leur foyer. À l'approche de Tickton, le courant de la Hull charriait les eaux d'avril avec une violence qu'on ne lui connaissait pas. Chevauchant le premier sur le pont, frère Gérald regarda, pensif, tourbillonner les eaux boueuses.

Le cri d'un des sergents lui fit tourner la tête. Il n'eut que le temps de voir le corps d'Edouard disparaître dans ce tourbillon qui attirait son regard à l'instant précédent.

Libre de ses mouvements, le jeune homme avait sauté à la rivière.

Le croyant englouti, alors que les sergents scrutaient le pied du pont, le chevalier vit, soudain, loin déjà, le corps réapparaître, roulé par le flot, avant de s'enfoncer dans la grisaille brumeuse.

Avait-il trahi sa confiance en tentant de s'échapper?

Non, il avait trahi Dieu en se donnant la mort...

Le mardi 10 avril, fête de saint Badème

« Mais qui est-ce que ça peut bien être à cette heure-ci? »

Grognant, en chemise, la chandelle à la main, John Lundgrave, coroner de Beverley, descendit précautionneusement l'étroit escalier, raide et grinçant, jusqu'à la porte où tambourinait l'importun.

« Coroner John, coroner John!

– Voilà, voilà, sacré bon sang, j'arrive! Ah, ce loquet qui coince, quand est-ce que je me déciderai à le faire réparer! »

Lorsque le coroner fut parvenu à débloquer sa serrure, il découvrit la trogne fleurie de Baldwin, curé de Saint-Odulphe, brandissant une lanterne sous le tubercule violacé qui lui servait de nez.

« C'est toi, curé? À une heure pareille!

– J'aimerais mieux être dans mon lit, coroner John, croyez-le bien. Mais il fallait que ça tombe sur moi! Il faut que vous veniez. Venez tout de suite!

– Comme ça, en chemise? Rentre, curé, que tu vas me faire prendre froid. Qu'est-ce qu'il se passe? »

L'escalier craquait comme la membrure d'une vieille nef tandis que les deux hommes le gravissaient pesamment, à la lueur vacillante de la chandelle.

« Ce matin, en entrant dans l'église, murmura Baldwin, j'y ai trouvé un homme, tout trempé, un homme qui invoque le droit d'asile.

– Un quelconque brigand de grand chemin, il peut attendre quelques heures! Et à propos, curé, depuis quand vas-tu dire matines avec tant de ferveur? Je te croyais plutôt dur à tirer du lit.

– Bon, bon, mettons que je m'étais endormi dans l'église, mais...

– Ta ferveur te perdra... surtout le soir vers l'heure du souper, ricana le coroner, fouillant dans un grand coffre.

– Ah, ce n'est pas le moment de plaisanter, écoutez-moi plutôt! Non, ce n'est pas un bandit de grand chemin, il parle comme un gentilhomme et... et il a demandé à se confesser.

– Et que t'a-t-il dit?

– Ah, coroner John, que j'aie un penchant pour la dive bouteille, je vous l'accorde, et pour une ou deux autres choses aussi, peut-être, mais le secret de la confession, je le tiendrai, quand bien même j'en grillerais en enfer! »

Le prêtre se signa aussitôt.

« Mais tu me fatigues, à la fin, curé. Tais ce que tu veux taire, mais dis-moi pourquoi je suis en train de m'habiller à cette heure!

– C'est qu'il réclame l'asile!

– John, John, qui est-ce? À qui parlez-vous? Vous pourriez me le dire, tout de même! » s'écria une voix aigrelette, tandis que coulissait la porte du grand lit clos, laissant entrevoir une petite silhouette menue en chemise blanche, au visage maigre et rouge encadré des quelques boucles d'un blond grisâtre qui s'échappaient de son bonnet de nuit.

« Ce n'est rien, ma mie, répondit l'officier de la Couronne en accrochant à son ceinturon son épée de chevalier, c'est Baldwin de Saint-Odulphe qui voit des fantômes et me demande d'aller en faire constat au nom du roi. Il faut apparemment que j'aille jusqu'à sa paroisse. J'espère ne pas être trop long. Restez donc au chaud, en attendant. »

Traversant les rues de Beverley dans la nuit brumeuse que l'aube tardait à percer, John Lundgrave s'efforçait de se composer le visage d'officier royal avec lequel il avait coutume d'instrumenter. Sa corpulence devenait de la dignité, sa barbe grise un signe de sagesse. Tout occupé qu'il était à retrouver l'apparence qu'exigeait l'exercice de ses fonctions, il n'en maugréait pas moins entre ses dents.

« Mais enfin pourquoi est-il si urgent que je m'occupe de lui? » grommela-t-il en décochant un magistral coup de pied au cabot pelé qui s'était mis en tête de les suivre.

« Tout ce que je peux vous dire sans trahir de secret, sire John, c'est qu'il a tué un page, par accident, prétend-il... »

Sortant par la poterne, ils durent marcher une grosse demi-heure avant d'atteindre quelques fermes engoncées dans les nappes d'un brouillard d'où émergèrent enfin, un peu à l'écart, au bord de la rivière, dans un enclos où l'on distinguait à peine quelques pierres tombales, les murs massifs de la petite église dédiée à saint Odulphe.

Le lourd battant, jouant sur ses gonds, poussa un feulement de fauve enroué. Le fracas de sa fermeture emplit plusieurs secondes l'étroite nef obscure. Devant les quelques cierges brûlant près de l'autel, le coroner vit une ombre, grande et bien découplée, se lever en toussant. Parvenue près de lui, l'ombre s'agenouilla.

« Êtes-vous le coroner, messire?

– Mon nom est John Lundgrave, coroner de Beverley. Qui êtes-vous, messire?

– Je suis le chevalier Edouard, de Roscarnan. Sire coroner, j'ai demandé au curé de cette église où j'ai trouvé asile de vous quérir, car j'entends demander son pardon à notre sire le roi, qu'ici vous représentez, en foi de quoi je renonce au royaume.

– De quel crime êtes-vous coupable, messire Edouard?

– J'ai tué, par accident, un page de monseigneur le comte de Cornouailles. »

L'obscurité empêchait de voir que le coroner avait pâli.

« Il fallait que ça tombe sur moi! » songea-t-il à part lui.

Il était là, entre matines et prime, non devant un banal brigand, mais devant un gentilhomme meurtrier d'un serviteur du comte Richard, frère du roi – que ce fût par accident ou non n'y changeait pas grand-chose!

Lorsqu'il apprit que l'homme venait de plus d'être chassé du Temple, John Lundgrave poussa un long soupir. Il l'aurait bien laissé là un jour ou deux, le temps d'aviser le shérif, mais le shérif était à Winchester, où il devait comme chaque printemps rendre ses comptes au roi. Ne vaudrait-il pas mieux envoyer sous escorte cet hôte encombrant à York, et laisser monseigneur de Gray décider de son cas? Mais où trouver l'escorte? Il était bien bon, Baldwin, de l'avoir amené tout seul ici!

Le coroner soupira à nouveau. Après tout il était très attaché au respect des anciennes coutumes, et la coutume était formelle : le criminel qui demandait asile dans un sanctuaire et qui renonçait au royaume devait avoir la vie sauve, le temps de rallier le port le plus proche et de s'y embarquer.

Ombres dans la pénombre, les trois hommes s'entretinrent encore un moment.

« Edouard de Roscarnan, chevalier, jurez sur la croix de quitter l'Angleterre pour n'y jamais revenir.

– J'en fais serment », répondit le jeune homme, étendant la main sur la croix de bois que le coroner John lui présentait.

Sur celle-ci, à la pointe d'un couteau, le coroner grava une date, avant de passer autour du cou d'Edouard la cordelette qui s'y attachait.

« Dans cinq jours, vous devrez avoir quitté ce royaume. Vous allez partir, par le plus court chemin, jusqu'à la rivière Humber. Là, vous vous rendrez à Barton, ou, s'il n'y a pas de navire en partance, à Grimsby. Vous prendrez le premier bateau qui vous conduira hors du royaume. Si dans les cinq jours vous n'avez point trouvé d'embarquement, vous devrez chaque matin marcher dans la mer jusqu'à ce que l'eau dépasse vos genoux, pour montrer à tous votre volonté de respecter votre engagement. Jusque-là, cette croix autour de votre cou sera votre sauvegarde, mais si vous l'abandonnez, si vous restez en ce royaume plus de temps qu'il n'en faut pour le quitter, si vous manquez à votre serment de n'y jamais revenir, n'oubliez pas qu'alors vous ne serez plus qu'un hors-la-loi que tout sujet du roi pourra tuer à vue!

– Je n'y manquerai pas.

– Tu es satisfait? questionna le curé Baldwin d'un ton hargneux. Alors va, va maintenant, et laisse mon église en paix.

– L'église est la maison de tous, mon père. L'aube sera bientôt là. Ne craignez rien, je m'en irai avec elle. »

Baldwin ne répondit que par un grognement.

Le ventail feula de nouveau. Une lumière glauque commençait à poindre. Le prêtre prit les deux mains de John entre les siennes.

« Ah, sire John, c'est la coutume. Vous avez bien fait, il faut qu'il parte, qu'il parte vite. Merci d'avoir fait diligence, je n'en attendais pas moins de vous.

– Hmmm », maugréa sire John.

Poussés par le vent d'est venu de la mer du Nord, les nuages roulaient bas dans le ciel.

Du moins ne pleuvait-il pas et la route était à peu près praticable si l'on prenait soin d'éviter les ornières laissées par les chars à bœufs, où stagnait une eau brunâtre.

Edouard marchait depuis peut-être une heure sans avoir encore croisé personne, lorsqu'il entendit derrière lui comme une galopade, amortie par la boue de la route. Cinq cavaliers, dont les manteaux sombres se fondaient dans le paysage, arrivaient en effet, à bride abattue, accompagnés d'un cheval de remonte. Edouard s'écarta dans l'herbe du bas-côté. Le cavalier de tête, qui portait à la ceinture une épée de chevalier, s'arrêta brusquement à sa hauteur, faisant hennir sa monture.

« Eh, les gars, cette fois, nous tenons notre homme! »

Un frisson parcourut l'échine d'Edouard, seul, sans arme, et proscrit. Il allait plonger dans l'épaisseur des taillis lorsque l'homme ôta le large capuchon qui lui cachait la moitié du visage, révélant un visage jeune et osseux, au long nez et au sourire carnassier, aux yeux aussi noirs que ceux de l'ancien templier étaient bleus, encadré de cheveux châtains coupés à la hauteur de sa longue mâchoire.

« Guillaume! Qu'est-ce que tu fais là?

– Ah! ah! Tu sais que tu as bien failli échapper à ma sollicitude, avec ta baignade nocturne », s'exclama en riant le jeune cavalier, sautant à terre.

Guillaume, que l'on appelait du Marais, comme son père Geoffroy, l'ancien justicier d'Irlande, étreignit Edouard, joyeux comme un enfant de retrouver enfin un visage ami après toutes ces semaines hostiles où il avait dû se défendre contre l'accusation qui pesait sur lui.

« Je suis venu par ici il y a quinze jours, et, quand j'ai voulu te revoir, j'ai appris que tu te débattais dans une sombre histoire de page égorgé dans la livrée de monseigneur Richard de Cornouailles. Je n'allais tout de même pas t'abandonner en si mauvais pas!

– Ah, Guillaume, Guillaume, je ne sais si tu es mon bon ou mon mauvais génie, mais que ferais-je sans toi ! Mais enfin, comment as-tu pu arriver jusqu'ici ?

– Oh, c'est ma foi bien simple. Quand j'ai su que ton affaire allait passer hier devant le chapitre général, j'ai réuni ces quelques braves garçons... »

Il désigna les quatre cavaliers immobiles sur la route, couverts de gros manteaux élimés, aux bonnes mines de coupe-jarrets comme les marchands aiment à en croiser sur les grands chemins au soleil couchant. L'un d'eux, au visage barré d'une longue cicatrice qui lui étirait la bouche en coin, adressa à Edouard un sourire grimaçant.

Le jeune homme répondit d'un geste à Peter, que l'on appelait Wrymouth parce qu'il avait la bouche torse, homme de confiance de Guillaume qu'il connaissait de longue date.

« J'ai réuni ces quelques braves garçons et je les ai envoyés musarder à l'orée du bois de Saint-Alfred, près de l'abbaye de Meaux. Je connais assez les coutumes de tes bons frères pour savoir que s'ils te jugeaient coupable – ce qui ne me paraissait guère faire de doute, mon pauvre Edouard – ils t'enverraient sans plus tarder te repentir chez les moines blancs, en attendant que le vénérable archevêque Gaultier – sans parler du très noble Richard – vienne s'occuper de toi.

– Tu les connais bien, sourit le proscrit.

– À propos, mon cher, sais-tu que les moines prêcheurs qui conseillent notre saint prélat auraient grand intérêt à t'entendre ? Ils ne pouvaient le faire tant que tu étais sous la juridiction du Temple, mais je crois qu'ils ne t'auraient pas laissé passer plus de deux ou trois nuits dans ta cellule de Meaux. Bref, hier, posté près de la commanderie, je t'ai vu, comme je m'y attendais, partir en bonne compagnie en direction de nos bons moines. Je vous ai patiemment suivis jusqu'aux abords de Beverley avant de galoper rejoindre mes camarades, et voilà que – anxieux comme nous étions de nous enquérir de ta bonne santé auprès de tes compagnons – nous avons vu la nuit tomber sans que personne n'apparaisse ! »

Guillaume du Marais posa gaiement la main sur l'épaule d'Edouard.

« Mais Dieu – ou l'Autre – était avec nous. En revenant sur nos pas, nous avons vu une lueur dans une maisonnette, à deux pas du pont de Tickton. L'habitant, un vieux berger qui devait être atteint de quelque maladie vu qu'il tremblait comme une feuille en nous regardant, nous a dit avoir vu de ses yeux, quelques heures plus tôt, passer quatre cavaliers dont un était soudain tombé à l'eau en traversant le pont. Les trois autres l'avaient cherché mais étaient repassés seuls quelque temps après.

« Alors je me suis dit : et si j'étais à la place d'Edouard ? D'abord je ne tomberais pas par hasard. Ensuite je nage assez bien pour me sortir des pires courants. Enfin, faute de savoir que j'ai des amis tout près de là, je me hâterais de me mettre sous la protection des bonnes coutumes de ce royaume en allant chercher asile dans la maison du Seigneur. »

À ces mots, Guillaume se signa drôlement en imitant la mine confite dont abusaient trop de moines.

« Et comme la première église au bord de la Hull, après le pont de Tickton, c'est celle de Saint-Odulphe, c'est là que tout à l'heure, après avoir laissé passer dans quelque sous-bois le plus noir de la nuit, nous avons commencé notre enquête. Le gros curé qui s'y trouvait devait d'ailleurs avoir la même maladie que le berger de Tickton. Il ne se souvenait d'abord plus très bien de toi, mais au vu de l'offrande que ma piété voulait faire au Seigneur... »

Guillaume frappa sur la bourse qui pendait à sa ceinture.

« ... la mémoire lui est bien vite revenue, en même temps que les tremblements cessaient ! »

Guillaume écarta les bras.

« Et nous voilà ! »

Edouard en selle sur le cheval de remonte, la petite troupe se remit en marche. Les deux amis plaisantèrent quelque temps de choses et d'autres, puis, après qu'un long silence fut passé, Guillaume, se penchant vers le jeune homme roux, prit la croix de bois qui pendait à son cou, faisant mine de l'arracher. Edouard la plaqua contre sa poitrine.

« Ma parole, tu y tiens ! Tu sais que si tu voulais t'en défaire notre ami Pierre te trouverait sûrement un état et une bonne compagnie. »

Et, se tournant vers le cavalier qui les suivait, Guillaume du Marais s'écria en anglais, abandonnant le français dont il usait avec Edouard :

« Pas vrai, Peter, que tu trouverais à notre ami Edouard de l'occupation et de la compagnie ? »

Pour seule réponse, Peter Bouche torse eut un large sourire justifiant son surnom.

Edouard souriait, haussant les épaules.

« Tu me vois dans cette équipe ? Non, Guillaume, très peu pour moi. Je n'ai plus rien à faire en Angleterre. Je respecterai le serment que j'ai fait ce matin au coroner de Beverley et je ne jetterai ma sauvegarde que sur le Continent.

– Je le sais bien, Edouard. Je te taquinais. »

Guillaume détacha la bourse qui ballottait.

« Voici un viatique qui te laissera quelque temps pour te retourner une fois là-bas. Et, pour que tu puisses en prendre bien soin, j'ai glissé un bon poignard dans les sacoches de ta selle. Le cheval est à toi. Tu vas trouver un passeur pour traverser l'estuaire et tu te rendras à Grimsby ; tu y demanderas la taverne du Danois-qui-boit-sans-soif, c'est dans une ruelle près du port. Là, tu montreras ceci au patron. »

Guillaume tendit à Edouard un vieux penny du roi Henry II, curieusement rogné.

« Tu lui diras : voici ce que j'ai trouvé dans le marais. C'est tout ce que tu auras à payer pour ton voyage. Et si le temps s'améliore... »

Au-dessus des cavaliers le vent d'est dégageait peu à peu le ciel de ses plus gros nuages.

« ... avant cinq jours tu seras en route pour la France ou l'Allemagne. »

Au pied d'une vieille croix moussue un chemin bifurquait de la route.

« Nos destins se séparent ici, mon frère. Mes affaires m'appellent à Londres. C'est que tu vas me manquer, tu sais. On rencontre rarement des gens de qualité qui entendent les choses comme toi ! Que comptes-tu faire sur le Continent ?

– Je ne sais, Guillaume, je ne sais... Puisque j'ai un don pour les langues et que je sais manier l'épée, je trouverai bien à m'employer.

– Et ton cerveau ne fonctionne pas trop mal lorsqu'il n'est pas perdu dans ses brumes ! Porte-toi bien, en tout cas, et, surtout... sois prudent ! Les chiens du Seigneur veillent partout... Et bien plus sur le Continent qu'ici. »

Après une ultime embrassade, les deux jeunes gens se séparèrent, Edouard chevauchant seul sur la route de la côte.

ALAMOUT

L'an 632 de l'hégire, le dixième jour du mois de Shawwal [1]

« Place, place à Celui qui tient entre ses mains le destin des rois ! »

Le héraut n'avait pas besoin de s'égosiller pour que les villageois s'écartent du cortège.

Précédé d'un licteur portant une étrange hache, au manche d'argent hérissé de lames de couteau, chevauchait Ala al-Din Muhammad, Imam des vrais croyants, preuve vivante de la Vérité.

Derrière lui, un escadron de cavaliers de sa garde : cimeterres, cuirasses d'acier, boucliers ronds et casques pointus.

À ses côtés, quelques jeunes hommes, au regard étrangement doux.

Inclinés dans une crainte révérencieuse, les villageois osaient à peine lever les yeux vers le cortège. C'était l'habituel apparat d'un puissant seigneur, mais avec quelque chose de redoutable, d'unique : quelques jeunes hommes au regard doux.

L'homme, jeune lui aussi, dont le sombre regard semblait ne fixer que le lointain, dédaignant la bousculade terrestre que son irruption provoquait dans le village, était l'incarnation de la vraie foi, le vrai fils d'Ismaïl, et aucun prince n'était si bien servi. Des monts du Liban aux fleuves de l'Irak, des déserts de Syrie aux rives de la mer Caspienne, il pouvait compter sur l'éloquence de ses missionnaires, mais aussi sur des centaines de jeunes hommes, pareils à ceux qui chevauchaient dans le cortège. Ils lui étaient dévoués corps et âme, aussi ne les appelait-on que les fedayin – les dévoués.

Les cavaliers dépassèrent le village et s'enfoncèrent dans la montagne, longeant un torrent rugissant. Au détour d'un escarpement coiffé d'une tour de guet où flottait un pavillon blanc, ils s'engagèrent sur un chemin abrupt et tortueux, taillé dans une gorge si étroite que le jour y pénétrait à peine.

Au sortir du défilé, le cortège pénétra dans une vallée verdoyante ceinturée de montagnes, que dominaient en son centre, assis sur la crête d'un piton rocheux, les remparts d'une puissante citadelle.

C'était la forteresse la plus redoutée des pays d'Islam.

Le château du Nid-de-l'Aigle.

Alamout.

---

1. 28 juin 1235.

Celui qui avait peiné sur les cailloux du chemin, que les sinistres falaises avaient écrasé de leur ombre, que le souffle avait abandonné dans la raideur de la pente, lorsqu'il voyait au loin, enchâssé dans les monts du pays de Daïlam, le terrible château, père et modèle des dizaines d'autres que les prédécesseurs d'Ala al-Din avaient fait bâtir ou occuper au cours des âges, celui-là comprenait sans peine pourquoi les Syriens appelaient le maître du lieu le Sheikh el-Djebel – ou, selon la traduction des chrétiens, le Vieux de la Montagne.

Les cavaliers passèrent le porche, traversèrent la première cour, puis la seconde, grimpant bientôt la rampe qui menait au château principal. À peine avaient-ils franchi le pont-levis et passé la herse que des serviteurs accoururent au-devant du jeune Imam; dans la troisième cour, un homme à la barbe fournie, tout vêtu de blanc, grisonnant et un peu corpulent, lui tint son étrier tandis qu'il descendait de cheval, et s'inclina profondément devant lui.

Ala al-Din lui rendit son salut et lui glissa un mot à l'oreille, avant de gravir les marches de son palais.

À l'entrée de celui-ci, deux rangées de dignitaires, avertis de son approche, s'inclinèrent à leur tour. C'étaient les *da'i*, les missionnaires de la foi. Et l'homme grisonnant était le plus éminent d'entre eux, Siradj al-Din el Muzaffar ibn-al-Hussein, grand missionnaire de Syrie.

De toutes les terres de l'Orient, malgré les distances, les fatigues et les dangers du voyage, les da'i étaient venus, à l'appel de leur Imam, ici, à Alamout, au fond des montagnes de Perse, assister au grand chapitre des propagateurs de la foi.

Ils parviendront là avec des parures
d'or et de perles, avec des vêtements de soie.

Allongé sur un sofa aux coussins verts tissés de fil d'or, Abdallah ibn-Hussein ne sentait plus son corps. Son âme semblait habiter une plume. Venue de loin, très loin, une mélodie divine enveloppait le jardin d'Éden; car comment appeler autrement cet endroit? Ces fleurs merveilleuses, ces arbres splendides, et l'eau fraîche qui bruissait de toutes parts, en sources, en ruisseaux, en fontaines... Et ces bassins de lait, et ces ruisseaux de vin, et ces mares de miel...

Ainsi l'avait décrit la voix de l'Envoyé.

Image du Jardin promis aux frémissants :
là, il est des fleuves d'une eau sans pollution,
fleuves de lait au goût inaltérable,
fleuves de vin, volupté des buveurs,
fleuves de miel pur...
Les élus ont, là, de tous les fruits,
avec l'indulgence de leur Créateur.

Et ces oiseaux! Ces oiseaux!

Tandis qu'il mordait dans un fruit délicieux qu'un adolescent au visage d'ange lui avait offert sur un plateau d'argent, une créature de rêve, à travers un nuage, vint à sa rencontre.

Une houri comme le sultan d'Égypte n'en aurait jamais dans son harem! Cette crinière de cheveux d'un noir de jais, qu'elle secouait en riant! Ces lèvres rouges comme un fruit princier, que le mince voile de gaze transparente prétendant les cacher à la vue ne rendait que plus désirables! Et ces dents... Ces dents...

Et la blancheur de sa peau, et la rondeur parfaite de ses seins, que dissimulait à peine le court gilet de brocart jeté sur ses épaules...

Zoubeïda, est-ce toi? Oh, ces heures d'amour qu'Abdallah venait de vivre! Des heures? Des nuits? Des jours? Il ne le savait plus. Le temps était aboli. Ô jouissance infinie!

Ceux qui adhèrent et sont intègres,
Nous les ferons entrer au Jardin
sous lequel, sans cesse, courent les fleuves.
Là, des épouses pures seront à jamais à eux;
là, ils jouiront de frais ombrages.

Ainsi parla Mohammed, l'Envoyé.

Ainsi se révélait, aux yeux éblouis du jeune homme, le paradis de Dieu – Allah, l'Unique. Si c'était là que demeurait le premier degré des élus, qu'en serait-il des six autres? Combien sont fous ceux qui effacent Ton nom et refusent Ta grandeur! Serai-je jamais digne d'atteindre le septième degré? Ô Toi le Gratifiant, ô Toi le Généreux, ô Toi l'Irrésistible, guide-moi sur le chemin ascendant!

Zoubeïda?

Le regard d'Abdallah se voilait d'une sorte de brume.

La vision s'arrêta devant le jeune homme. Son rire argentin paraissait pourtant si lointain. Ses grands yeux brillants cerclés de khôl étaient chargés de toute la fraîcheur de la jeunesse, et de toutes les promesses de l'amour. La vision tendit au jeune homme un calice de cristal. Il but. Le goût était étrangement amer, agréable pourtant. La vision s'estompa, le jardin d'Éden se brouilla à sa vue, et il sombra dans un profond sommeil, peuplé de rêves délicieux.

Ala al-Din était assis sur un sofa, grignotant quelques dattes qu'il puisait dans un ciboire d'argent. Une lampe à huile jetait une faible lueur sur son visage tourmenté, tandis que les dernières rougeurs du soleil enflammaient l'horizon d'Alamout.

Le grand missionnaire de Syrie s'inclina devant son maître, comme lui tout de blanc vêtu, coiffé d'un turban immaculé dont un large pan retombait sur ses épaules.

« Ma décision est prise, Siradj al-Din », dit l'Imam d'une voix sourde, le regard absent, en invitant le da'i à s'asseoir à ses côtés.

« Tu as raison, mieux vaut éliminer le ver avant qu'il ne se décide à rentrer dans le fruit. Les Francs ne préparent encore aucune expédition, mais lorsque al-Qods la Sainte sera proche d'être délivrée par les croyants, ils la prépareront... Et puisque nous savons qui la préparera, enlevons sans attendre aux Francs celui en qui ils placent leur espoir. »

Depuis un siècle et demi, en effet, fanatisés par leurs prêtres, les Francs déferlaient par vagues sur les terres de Syrie et de Palestine : petit peuple, chevaliers, rois, empereurs avaient à cœur de venir en « Terre sainte » accomplir leur vœu de « libérer » la terre du prophète Issa [1] que, trahissant son enseignement, ils idolâtraient, le disant Fils de Dieu. Comme si l'Unique pouvait avoir un fils!

D'abord ils avaient surgi comme des bêtes, massacrant sans pitié les croyants; un siècle et demi après, ceux-ci se souvenaient encore qu'en l'an 492 de l'hégire [2], à Maara, en Syrie, leurs soudards n'avaient pas laissé en vie le plus petit enfant, le vieillard le plus chenu, la fillette impubère – violée, comme sa mère, comme sa grand-mère. Les adultes, ils les avaient fait bouillir dans des marmites, les enfants, ils les avaient fait rôtir et ils s'étaient repus de leur chair grillée.

Devant ce déchaînement de force brute, les croyants avaient dû reculer. Ils avaient dû céder la côte de Syrie, céder la Palestine, céder al-Qods la Sainte! Al-Qods – que les chrétiens, comme les juifs, appelaient Jérusalem, al-Qods d'où, le temps d'une nuit magique, Bouraq, la jument ailée à tête de femme, avait d'un bond miraculeux hissé le Prophète jusqu'aux Sept Ciels de l'enfer et du paradis.

Là, aux côtés des archanges Michel et Gabriel, derrière soixante mille rideaux de lumière, que séparaient cinq siècles de distance, il avait vu Allah, le Souverain, et entendu Sa révélation.

Les infidèles avaient souillé de leurs pas la mosquée el-Aqsa, et le dôme du Rocher, qui préservait, imprimée dans le roc, l'empreinte du pied de l'Envoyé. Ils avaient profané les enceintes sacrées. Ils avaient installé dans les temples de la Foi leurs idoles de bois et d'or : la croix devant laquelle ils se prosternaient, les images qu'ils adoraient comme si Dieu pouvait habiter une image, et les calices où ils prétendaient boire le sang du Seigneur – comme si le Très-Haut, Indicible, Immatériel, pouvait saigner comme un vulgaire porc! Semblables aux anciens Égyptiens, ils y avaient adoré, en polythéistes qu'ils étaient, leur triade sacrée, qu'ils appelaient la Sainte Trinité.

Et, après avoir fait couler à flots le sang des habitants dans les rues de la Ville sainte, sans égard au sexe ni à l'âge, soûlés de massacres, ils avaient couronné un roi de Jérusalem, tandis que les croyants, dirigés par des maîtres faibles ou indignes, gémissaient la perte de leurs terres et de leurs lieux saints.

Puis Youssouf Salahaddin était venu, il s'était hissé au pouvoir au Caire et à Damas, et rassemblant les croyants, arabes, kurdes, ou turcs, sous l'étendard du Prophète, il avait chassé les infidèles d'al-Qods. Alors les rois d'Occident vinrent combattre celui qu'ils appelaient le sultan Saladin : Frédéric d'Allemagne, à la barbe rousse, qui périt en chemin, Philippe de France, après son père Louis, Léopold d'Autriche, et surtout le furieux Richard d'Angleterre, qu'on surnommait Cœur de Lion.

Entre Youssouf et Richard, la guerre alternait en cruels massacres et en gestes chevaleresques, mais le plus valeureux des chevaliers chrétiens ne put reprendre la Ville sainte.

Alors le Pape, le Calife des chrétiens, n'eut de cesse que les rois repartissent en Orient. Et cinq ans après la mort de Richard, une nouvelle armée cinglait vers la Terre sainte. Dieu cette fois voulut préserver les siens, et la cupidité des

1. Nom arabe de Jésus.
2. 1098 de l'ère chrétienne.

marchands vénitiens détourna la croisade sur Constantinople, que les chrétiens d'Occident prirent et pillèrent, massacrant les chrétiens d'Orient.

Et le Pape, infatigable, prêcha à nouveau.

Il poussa le jeune Empereur des Romains, Frédéric II, trop peu enthousiaste à son gré, à suivre l'exemple de son grand-père et à se croiser pour reconquérir Jérusalem. Frédéric fit traîner les choses en longueur, puis, lorsque le Pape l'excommunia de la communauté des chrétiens, il se décida à partir. C'était en l'an 625 de l'hégire, il y avait sept ans de cela.

Étrange croisade que celle de cet empereur qui, après les avoir combattus, protégeait les croyants de Sicile au point qu'il recrutait parmi eux sa garde personnelle, de ce monarque chrétien qui entretenait une correspondance suivie avec al-Kamil, neveu de Youssouf, sultan d'Égypte et de Syrie! Il n'y eut pour ainsi dire pas de combat : l'Empereur et le sultan, après avoir un peu promené leurs troupes, signèrent un traité d'amitié! Pour acheter la paix, et pour que son ami Frédéric ne rentrât pas en Europe les mains vides, al-Kamil osa lui céder al-Qods, et, pour que son ami al-Kamil ne fût pas renversé par la sainte colère des croyants, Frédéric s'engagea à protéger la foi du Prophète dans la Ville sainte. Tant et si bien que l'appel du muezzin résonnait toujours dans la cité, que la mosquée el-Aqsa et le dôme du Rocher restaient les sanctuaires de la Foi, alors que l'Empereur s'était couronné lui-même roi de Jérusalem, puisque aucun prêtre chrétien n'acceptait de couronner un excommunié!

Ala al-Din se demandait parfois ce dont il fallait le plus s'étonner : de la trahison d'un souverain musulman qui abandonnait sans combattre la ville pour laquelle son oncle avait tant lutté? D'un souverain chrétien qui protégeait les croyants tout en continuant à se réclamer d'une foi dont le grand-prêtre l'avait exclu? Ou de l'engagement pris par les plus puissants princes de deux religions ennemies de tolérer la foi adverse?

Même s'il ne pouvait accepter de bon gré qu'al-Kamil eût ainsi cédé la troisième ville sainte de l'Islam, l'Imam ne pouvait non plus éviter de s'interroger : cet étrange dévoiement n'était-il pas, finalement, le bon moyen de faire triompher la vraie foi?

Car la vraie foi, en vérité, n'était ni – bien sûr – celle des juifs qui, s'ils avaient reçu une partie du message divin de la bouche des vieux prophètes d'Israël, avaient renié le prophète Issa et l'avaient vendu à ses ennemis, ni – évidemment – celle des chrétiens, qui avaient trahi Issa en en faisant une divinité. Mais elle n'était pas non plus celle de Youssouf ou de son neveu, pas plus que de l'émir de Cordoue ou du sultan de Tunis.

Sans doute ceux-ci avaient-ils reçu la parole de Mohammed, le Messager de Dieu, chargé par l'entremise de l'archange Gabriel de révéler Son Verbe aux hommes, et dont les prophètes d'autrefois avaient préparé la venue. Mais tout en affirmant vénérer le Livre, le saint Coran dicté par le Très-Haut à Son Envoyé, ils le trahissaient, en fait, dès lors qu'ils prétendaient que l'on ne pouvait respecter la Sunna – la manière d'agir de Mohammed – qu'en rendant hommage aux imposteurs qui, à Bagdad, se paraient du titre de Calife.

Lorsque le Prophète fut rappelé à Dieu, en effet, alors qu'Ali ibn Abou Talib, son gendre et son vicaire, l'époux de sa fille Fatima, eût dû devenir le

Commandeur des croyants, son beau-père Abou Bakr usurpa ce titre, répandant le mensonge que telle avait été la volonté de Mohammed. Puis vinrent Omar et Othman. Alors seulement Ali fut élu Calife, avant d'être déposé par le traître Moawiya, de la descendance d'Omeyya, grand-oncle du Prophète.

Pourchassés par les Omeyyades, Ali puis ses fils, Hussein et Hasan, à qui l'Irak et la Perse étaient demeurés fidèles, furent traîtreusement mis à mort.

Depuis Damas, leur capitale, les usurpateurs gagnèrent à l'Islam un immense empire, mais, s'ils envoyèrent leurs armées jusqu'au fond de l'Espagne et du royaume des Francs, ce fut pour y apporter la foi du Prophète souillée de l'hérésie sunnite.

Seuls une partie des croyants de Perse, d'Irak et de Syrie restèrent les partisans – les chiites – d'Ali et des Imams, ses successeurs. Ils aidèrent les descendants d'al-Abbas, oncle du Prophète, à chasser de Damas les Califes omeyyades, mais, aussitôt installé dans sa nouvelle capitale de Bagdad, le calife Abbasside retomba dans les mêmes erreurs que ses prédécesseurs!

Enfin, au quatrième siècle de l'hégire, les descendants d'Ali et de Fatima, qu'on appelait les Fatimides, restaurèrent en Égypte et jusqu'au Maghreb la foi dans sa Vérité. Hélas, en l'an 567 [1], Youssouf Salahaddin, le plus grand preux de l'Islam, devait ternir sa gloire en faisant à nouveau, dans les mosquées du Caire, dire la prière au nom de l'imposteur de Bagdad!

Les Imams, investis par le Très-Haut qui, par la nature ou l'adoption, en avait fait les descendants d'Ali, n'en continuaient pas moins à porter d'âge en âge parmi les hommes la lumière divine, les connaissances secrètes que Mohammed avait jadis transmises à son vicaire. Hélas, les chiites eux-mêmes se perdaient le plus souvent dans l'erreur, s'affrontant en luttes stériles qui les éloignaient de la Vérité! Ainsi, avant d'être abattus par Youssouf, les Fatimides n'avaient-ils pas depuis longtemps signé leur perte en écartant du trône Nizar, le Calife légitime? Et les duodécimains qui pullulaient en Perse, égarés par de faux imams depuis qu'ils avaient des siècles auparavant refusé de suivre Ismaïl, descendant et successeur d'Ali, ne pourchassaient-ils pas les vrais croyants, qu'en mémoire d'Ismaïl on appelait les ismaéliens, jusqu'au cœur des villes persanes?

Aujourd'hui c'était à lui, Ala al-Din Muhammad, successeur de Nizar, réfugié dans ses montagnes imprenables, qu'incombait la mission de préserver la vraie foi dans toute sa pureté, d'être comme jadis Hasan ibn Sabbah, le premier maître d'Alamout, la preuve vivante de la Vérité.

Rude tâche pour un humain, fût-il inspiré!

Comme son père Djalal, comme son aïeul Muhammad, il était l'Imam du Temps, l'émanation de l'Imam caché, du *Mahdi* qui reviendra un jour achever la mission de Mohammed, apportant au monde l'ultime Vérité, détruisant le Mal et assurant le triomphe du Bien.

Car Mohammed n'est pas le Sceau des prophètes, celui qui met un terme à la révélation.

Le Mahdi viendra, qui achèvera sa tâche.

Il dévoilera le *Batin*, le sens caché des paroles du Coran.

Les sunnites, aveugles qu'ils sont, s'arrêtent à leur lettre et à leur apparence.

1. 1171 de l'ére chrétienne.

Or elles ont un sens plus profond, que Dieu a révélé à l'Envoyé, mais qu'il était trop tôt pour signifier aux hommes.

À ce sens caché n'accède pas qui veut.

Sept degrés d'initiation sont réservés aux fidèles.

Les grands da'i ont atteint le sixième.

L'Imam seul connaît le septième.

Les yeux fixes, mâchonnant une datte, Ala al-Din soupira.

Rude tâche...

Si lourd était le fardeau dont le Tout-Puissant avait chargé ses épaules que, parfois, il se prenait à douter. Alors il tendait sa coupe, un serviteur y versait le meilleur vin, à profusion, et bientôt le successeur de Nizar retrouvait intactes ses certitudes.

Il y avait aussi ces crises qui secouaient tout son être, ces crises qu'il redoutait, torturant son corps, égarant son esprit. Que pouvait-ce être d'autre que l'énergie divine qui traversait son âme et son enveloppe charnelle?

Il s'était un temps demandé si les petites ruses qu'à la suite de ses prédécesseurs il devait employer, pour garantir le dévouement de ses fedayin et exciter leur volonté, n'étaient pas indignes de sa grande mission. Mais puisque lui-même, malgré les manifestations de la puissance divine qu'il ressentait dans sa chair, avait parfois besoin d'une coupe de vin pour affermir sa foi, n'était-il point normal de rechercher tous les moyens possibles pour stimuler celle des autres humains?

Et ses fidèles étaient trop peu nombreux pour qu'il laissât s'attiédir leur foi.

Car si le Calife des sunnites, aujourd'hui, avait juste assez de troupes pour gouverner Bagdad, les puissantes armées du sultan d'Égypte ou du sultan des Turcs continuaient à faire respecter dans les terres d'Islam la croyance erronée de leurs maîtres. Or lui, Ala al-Din, ne disposait point d'un vaste empire où il eût pu lever les légions de la vraie foi et conquérir Bagdad, Damas, Le Caire... Certes, les ismaéliens avaient édifié ou conquis, de la Perse à la Syrie, un chapelet de forteresses redoutables qui protégeaient du moins les vrais croyants de leurs adversaires. Sans doute l'Imam disposait-il d'une force unique : ses fedayin faisaient trembler les grands de ce monde, car contrairement aux immenses armées des sunnites et des chrétiens, qui couchaient d'abord dans la poussière des milliers de combattants anonymes, sa cohorte de dévoués frappait d'abord à la tête, avec une précision presque infaillible.

Mais à quoi servait-il de frapper à la tête? Qu'il fît passer demain de vie à trépas le Calife de Bagdad, et un autre Calife lui succéderait! Qu'il fît à nouveau mettre à mort celui-ci, un autre encore lui succéderait! Qu'il fît périr le sultan d'Égypte – pour le punir, par exemple, de sa forfaiture d'al-Qods –, et son fils lui succéderait, ne songeant qu'à venger son père. Aussi l'Imam n'utilisait-il son redoutable pouvoir qu'avec circonspection, lorsqu'il pensait pouvoir ainsi faire progresser effectivement la cause de la foi.

Sans armée nombreuse, il n'avait que peu de voies pour assurer le triomphe de celle-ci : la préserver dans sa pureté, au fond de ses imprenables citadelles, et la transmettre à ses successeurs jusqu'au jour où l'Imam caché reviendrait parmi les hommes achever la révélation, ou bien... prêcher. Sans relâche. Aussi, de la Perse à la Syrie, les da'i, les missionnaires d'Alamout, s'employaient inlassablement, parfois au péril de leur vie, à enseigner la Vérité. Mais comment prêcher avec succès parmi des ennemis prompts à mettre à mort les prédicateurs assez audacieux pour dénoncer leur imposture?

Aussi Ala al-Din se demandait parfois si l'étrange voie ouverte par ces deux souverains à demi apostats, Frédéric d'Allemagne et Al-Kamil d'Égypte, n'était pas le fruit des insondables desseins du Très-Haut : si les sunnites toléraient les chrétiens et les chrétiens les musulmans, les chiites ne pourraient-ils un jour enseigner librement la Vérité? Et celle-ci, proclamée au grand jour, préservée des persécutions, ne finirait-elle pas, évidemment, par triompher?

On disait partout qu'il était un fanatique, rien n'était plus faux! Il ne haïssait pas les chrétiens. Eux aussi avaient reçu une part de la révélation, et qui sait s'il ne serait pas plus facile de prêcher dans les principautés chrétiennes, qui ne distinguaient guère les chiites des sunnites?

Il ne haïssait même pas les sunnites. Comment pouvait-on haïr un sultan comme Youssouf, le paladin de l'Islam?

Pourtant c'était Youssouf qui avait rétabli l'erreur sunnite sur les rives du Nil! Il faudrait pouvoir parler longtemps, librement, à des hommes comme celui-là, leur révéler la Vérité en dehors de l'influence pernicieuse des ulémas et des religieux sunnites, dont, en dépit de leurs talents, ils restaient les jouets.

Non, il n'était pas fanatique. La liberté pour les religions de coexister pouvait même être la voie pour assurer le triomphe de la Vérité et l'extinction des fausses croyances!

Mais, au fond de lui-même, Ala al-Din savait que ce n'étaient là que spéculations intellectuelles. Si les deux souverains semblaient sincères dans leur désir de faire coexister pacifiquement les deux religions, les Francs de Palestine, depuis son retour en Europe, témoignaient de moins en moins de zèle à respecter les volontés de l'Empereur, auquel ils s'opposaient parfois ouvertement, et aucun autre souverain sunnite n'acceptait volontiers la tolérance d'al-Kamil.

Alors il fallait revenir aux réalités : al-Qods était aux mains des chrétiens, et, quelle que soit la volonté du « roi de Jérusalem », la foi du Prophète y était en danger. Il fallait donc que les chrétiens soient chassés de la Ville sainte, comme il faudrait un jour qu'ils soient chassés de Syrie et de Palestine, car ces terres étaient terres d'Islam.

Les réalités, des hommes comme Siradj al-Din les connaissaient. Le grand missionnaire de Syrie savait que les seigneurs chrétiens, dès que les croyants rognaient un peu des domaines qu'ils leur avaient jadis volés, étaient prompts à proclamer leur foi en danger, à en appeler au Pape – qui derechef se mettait à prêcher, et à tous les rois d'Europe! Or, dans quatre ans, la trêve entre l'Empereur et le sultan prendrait fin. Même si les deux souverains la renouvelaient, les Francs de Palestine ne respecteraient guère l'autorité de Frédéric, trop occupé en Europe, et al-Malik al-Kamil n'était pas éternel.

Il fallait donc empêcher que les chrétiens d'Occident, une fois de plus, viennent désoler par le fer et le feu le pays des croyants.

L'Islam avait d'ailleurs suffisamment d'ennemis à l'est pour qu'il fût préférable de détourner les menaces venues de l'ouest. On tremblait encore, autour de la mer Caspienne et dans toute la Perse, au souvenir de la terrible chevauchée du barbare Gengis Khan et de ses féroces cavaliers. On tremblerait longtemps, car, par-delà la mer et les montagnes, ils étaient toujours là, cruels, prêts à fondre sur une ville, sur une province, qui aurait eu le malheur d'exciter leur courroux. De Tabriz à Ispahan, de peur de déchaîner leur ire, on leur payait tribut!

Et même si les chrétiens étaient finalement vaincus, l'Imam comme le grand missionnaire savaient bien que ce serait à nouveau au bénéfice d'un sultan sunnite qui, fort de sa victoire, ne tolérerait pas la moindre parole contre sa religion erronée.

Non, le grand da'i avait raison, il fallait ronger peu à peu les principautés des infidèles, sans faire surgir un nouveau Youssouf, ce qui impliquait donc qu'il n'y eût point de nouveau Richard!

Or il y avait un nouveau Richard. Plus redoutable peut-être que le précédent en dépit de sa grande jeunesse, car si on le disait aussi courageux, aussi chevaleresque que Cœur de Lion, on le disait aussi réfléchi que celui-ci était emporté, aussi doux et juste que l'autre savait être cruel. On louait sa beauté comme son intelligence, et les Francs parlaient déjà de lui comme d'un nouveau Salomon. Lui, et lui seul, qui rêvait déjà à un pèlerinage en Terre sainte, constituait un danger pour l'Islam.

L'Empereur Frédéric, avait exposé Siradj al-Din, ne se croiserait pas deux fois, lui qui ne l'avait déjà fait qu'à contrecœur, tout occupé qu'il était par son conflit latent avec son propre Pape. Henry d'Angleterre, le neveu de Richard, tout dévoué au Pape qu'il fût, n'avait d'autre souci que la bonne vie et la défense de ses possessions françaises contre les empiétements du roi de France. André de Hongrie préférait faire prêcher la foi chrétienne dans les steppes païennes du Nord que retourner en Palestine. Quant à Ferdinand de Castille, il avait suffisamment matière à croisade aux frontières mêmes de son royaume, où les croyants tenaient encore Cordoue, Séville, et Grenade.

Le danger, c'était Louis de France.

« Tes hommes sont-ils prêts, Siradj al-Din? »

Le grand da'i connaissait les longs silences de l'Imam, il attendait qu'Ala al-Din sortît de lui-même de sa méditation. Le soleil avait disparu à l'horizon lorsque celui-ci daigna formuler sa question.

« Ils sont prêts, maître. J'en ai choisi deux : ils ne se connaissent pas; ils sont robustes et intelligents; ils sont nés chez les Francs, à Jaffa et à Tyr; ils ont servi chez eux et connaissent leur langue et nombre de leurs coutumes; ils ont été gagnés à la vraie foi et brûlent d'en être les martyrs.

« Je les ai envoyés au jardin des Délices, pour que leur esprit soit entièrement prêt à entendre de ta voix l'oracle de leur destin. »

Car, au pied de l'immense et sombre forteresse d'Alamout, quelque part dans la vallée, il y avait un jardin merveilleux, un des plus beaux jardins que l'homme pût concevoir, où les essences les plus rares étaient amoureusement conservées, où les fleurs les plus belles se succédaient de saison en saison, où vivaient des oiseaux venus du bout du monde, des adolescents aux visages parfaits et des houris comme le sultan d'Égypte n'en a pas dans son harem, où d'ingénieuses machineries faisaient surgir des fontaines de lait et des étangs de miel.

Hormis quelques initiés, fidèles parmi les fidèles, qui répondaient de leur vie du secret de ce jardin, seuls les fedayin y accédaient lorsque tel était le bon plaisir de leur maître. Et pour qu'il leur parût plus beau encore, plus beau que tout ce qu'un humain pût voir, pour qu'ils ne pussent jamais en révéler le secret, on leur donnait à boire un extrait de haschisch, ce suc de chanvre indien qui fait tourner les têtes. On les transportait, profondément endormis, au cœur du jardin des Délices. Et, lorsque leurs sens émerveillés les avaient persuadés qu'ils étaient au paradis que le Coran décrit, on les endormait à nouveau, afin qu'ils se réveillent, l'esprit perdu, dans les sombres dortoirs de la citadelle.

Et s'il arrivait que l'un d'eux entendît un esprit fort prétendre en ricanant qu'il y avait à Alamout un jardin terrestre singeant le paradis, il souriait de pitié. C'était un incrédule, un pauvre aveugle qui niait la vérité. Son séjour serait la géhenne, ou rôtissent dans le feu éternel ceux qui effacent les signes de Dieu, alors que lui, le dévoué, s'il suivait en tout la parole divine, rapportée par l'Imam et par ses missionnaires, jouirait à tout jamais, dans le jardin d'Éden qu'il avait entrevu, des délices que Dieu réserve à Ses élus.

Ceux qui nient Nos signes,
Le supplice les saisit parce qu'ils sont dévoyés!

Alors les fedayin, plus que jamais convaincus par leur vision édénique d'être les soldats de la vraie foi, servaient leur maître dans ses moindres désirs, rivalisant de zèle, espérant ainsi rapprocher le jour qu'ils appelaient de leurs vœux, le jour béni où le Très-Haut daignerait enfin leur accorder la récompense suprême : le séjour éternel au jardin sous lequel coulent les fleuves.

La récompense suprême : la mort.

L'esprit lucide mais encore enfiévré, Abdallah ibn-Hussein entra dans la pénombre de la pièce qu'éclairaient quelques lampes. Leurs lueurs faisaient paraître plus sévère encore qu'à l'accoutumée le mince visage du jeune Imam, dont un fin collier de barbe noire soulignait les traits. Le dévoué frémit devant l'étrange regard, brûlant de l'implacable puissance divine.

Pénétré d'une crainte religieuse, il se prosterna devant son seigneur.

Le grand missionnaire de Syrie, dont le visage grisonnant et replet témoignait au contraire douceur et bienveillance, l'arrêta et l'invita à s'asseoir sur les coussins.

« Attends pour te prosterner d'être devant Dieu, Abdallah ibn-Hussein, et réjouis-toi, car, après tant d'années de dévouement, ton heure est enfin arrivée, si tu sais la saisir. »

À ces mots, l'esprit agité d'Abdallah crut revoir le jardin d'Éden, le pur visage de Zoubeïda et ses cheveux de jais. Son heure était enfin là.

« Pour jouir de toute éternité des délices, dont il ne t'a été révélé qu'une bien faible partie, dit alors Ala al-Din, son regard fiévreux toujours perdu dans le vague, tu devras accomplir une mission aussi sainte que difficile, tu devras libérer les croyants de leur pire ennemi.

– Parle, maître, tu sais que j'obéirai, en tout, partout.

– Tu iras jusqu'au cœur du pays des Francs, tu iras à Paris, et tu enverras le roi de France comparaître devant Dieu.

– Avec l'aide du Tout-Puissant, je serai le poignard qui accomplira ton désir, maître.

– Le grand da'i te donnera toutes les instructions nécessaires à ton voyage. Va, mon fils, et souviens-toi : tu ne jouiras sans délai des bienfaits du Très-Haut que si tu te montres digne d'accomplir Sa volonté.

– Le roi de France est un homme mort, seigneur, murmura Abdallah, les yeux étincelants.

– Va, mon fils. »

Siradj al-Din attendait, debout près de la porte. Derrière son demi-sourire bienveillant, il observait Abdallah avec une satisfaction profonde.

Sans doute aurait-il pu se passer d'envoyer ses hommes à Alamout. Il y avait longtemps qu'au fond de leurs châteaux de Masyaf ou de Qadmous les grands missionnaires de Syrie s'en passaient ! Mais cette fois, bien qu'il fût convaincu de la justesse de ses vues et persuadé que le succès de son entreprise sauverait la vie de milliers de croyants, quelque chose le faisait hésiter, le poussant à demander la bénédiction suprême de l'Imam pour conforter sa résolution. Était-ce la réputation du roi de France ? Il est difficile de faire tuer un preux, même s'il est un ennemi. Était-ce plutôt l'audace un peu folle du projet qu'il avait enfanté ? Jamais les fedayin n'avaient été si loin, jamais on ne s'en était pris à un roi chrétien, au cœur de son royaume.

Quelles que fussent les obscures raisons qui ébranlaient sa certitude, le chapitre, survenant à ce moment, lui avait fourni une trop belle occasion, tout en resserrant les liens avec le cœur de l'Ismaélisme, d'obtenir de l'Imam la bénédiction souhaitée, trempant ainsi à jamais, s'il en était besoin, la volonté de ses hommes. À Alamout, ils auraient vu de leurs yeux le paradis d'Allah et entendu de leurs oreilles la voix de l'Imam !

Avant de franchir le seuil, le *haschischi* – le mangeur de haschisch, puisque l'on désignait parfois ainsi les fedayin – s'inclina profondément et, d'une voix forte, s'écria :

« Il n'y a de dieu que Dieu, et Mohammed est le Messager de Dieu.

– Allah est grand », répondit Ala al-Din Muhammad, maître des *Haschischiyyin,* que les chrétiens appelaient le grand maître des Assassins.

Le lendemain, la même scène se répéta avec un autre dévoué. Le grand missionnaire passa successivement de longues heures avec les deux élus pour préparer leur voyage. Ainsi, à quelques jours d'intervalle, deux jeunes hommes, qui ne se connaissaient pas, qui ignoraient mutuellement leur existence, deux jeunes hommes au regard doux et au sourire paisible quittèrent Alamout en secret, l'esprit habité d'une idée fixe : mériter le paradis d'Allah en assassinant Louis IX de France.

Louange à Dieu, donneur de vie et donneur de mort !
Nous t'attendons, ô Mahdi !

LE CONSEIL DU ROI
L'an du Seigneur 1235, le vendredi 29 juin,
jour des saints Pierre et Paul

La litière aux rideaux mauves portée par deux mulets, guidés chacun par un serviteur armé d'un bâton, progressait difficilement sous le guichet du Grand-Châtelet. Le serviteur de tête s'efforçait de frayer un passage dans la foule qu'avalait ou dégorgeait en un flot continu la chaussée du Grand-Pont. Peuple laborieux d'ouvriers ou de portefaix, de coursiers, de bourgeois vaquant à leurs affaires, de badauds musardant, de marchands ambulants, charroi incessant de véhicules attelés de lourds chevaux du Perche ou de gros bœufs placides, riches voitures aux rideaux tirés, convois d'ânes et de mulets pesamment chargés, mendiants estropiés – vrais ou faux –, clercs aux robes grises ou brunes, cavaliers piétinant au pas lent des piétons, sergents du guet surveillant d'un œil bonhomme l'incessante cohue, c'était tout un monde qui du matin au soir allait et venait sur le fleuve de Seine qui partageait en deux la vaste capitale du puissant roi de France.

Le Grand-Pont était une rue pareille aux autres rues de Paris. Seule la masse humaine en perpétuel mouvement qui en encombrait la chaussée révélait qu'elle devait avoir une fonction particulière, mais rien ne laissait deviner que l'on marchait au-dessus d'une rivière. Le brouhaha de la foule couvrait même le grondement des grandes roues des moulins, qui tournaient sous les arches. D'un bout à l'autre, le pont de pierre était chargé de hautes maisons de bois et de torchis, qui débordaient en encorbellement au-dessus de la Seine; le rez-de-chaussée de la plupart d'entre elles s'ouvrait sur des boutiques qui, en un lieu aussi passant, ne manquaient point d'être particulièrement achalandées. On se pressait devant les étalages des merciers regorgeant de toutes les sortes de colifichets, un boulanger faisait fortune en vendant aux passants petits pains chauds et pâtisseries à manger sur le pouce, on admirait les boutiques des orfèvres, à côté d'autres échoppes aux fenêtres bien grillagées qui faisaient plus particulièrement l'objet de la surveillance du guet.

Là s'échangeaient en effet les pièces de cuivre, d'argent, d'or parfois, de tous les royaumes d'Europe et d'Orient, là, sur une simple lettre rédigée par un correspondant de Florence ou de Bruges, un marchand étranger ootenait une pleine cassette de bons deniers du roi. Le roi, en effet, avait voulu que l'on regroupât en ce lieu facile à surveiller les boutiques des changeurs, si bien que certains donnaient parfois au Grand-Pont le surnom de Pont-au-Change. Et si parfois un habile tire-laine ou un audacieux coupe-bourse, prompt à se fondre dans la foule, n'hésitait pas à faire son affaire de l'escarcelle rebondie de deniers pendant à la ceinture de quelque bourgeois trop confiant, bien imprudent aurait été celui qui se fût risqué chez un changeur avec quelque mauvaise intention : en nul autre endroit du royaume qu'ici, entre le Grand-Châtelet dont la herse et les créneaux défendaient l'accès de la rive droite et le palais du roi dressant ses tours sur la Cité, il n'y avait si grand concours de sergents, dont les patrouilles revêtues de hoquetons rouge et bleu assuraient la sécurité de cette artère vitale de la capitale.

La litière s'arrêta devant la boutique de maître Roger Boucher, l'orfèvre. Les serviteurs écartèrent respectueusement les rideaux, et un homme mince, au long visage digne creusé de rides profondes, que serrait un bonnet du même violet que sa longue robe, posa le pied sur le pavé du pont, veillant du coin de l'œil à ne pas souiller de quelque immondice ses fins souliers immaculés, teints, comme tout son vêtement, de la couleur de son ministère.

Car c'était monseigneur Gautier Cornut, évêque métropolitain de Sens, dont dépendait l'évêché de Paris, qui faisait à maître Roger l'honneur de sa visite.

Guillaume resta un instant bouche bée. Il ne s'attendait pas à recevoir un client aussi auguste. Et son frère qui venait de quitter la boutique!

« Bonjour, mon fils. Maître Roger est-il là?

– Hé... hélas, monseigneur, il vient de partir dans l'instant porter lui-même à l'hôtel de monseigneur le comte de Dreux une commande importante qu'il lui avait promise. Si nous avions su que Votre Grandeur... »

L'archevêque balança la main avec une moue indulgente.

« Laissez, laissez, mon fils. Nous passions par hasard et maître Roger ne le pouvait prévoir. Ne manquez pas de l'assurer de notre paternelle affection, et du plaisir que nous aurons à le voir lorsqu'il nous portera, à notre tour, notre commande. »

Guillaume Boucher s'inclina avec déférence. Du ton le plus aimable, l'archevêque continua :

« Nous sommes venus, comme vous vous en doutez, nous enquérir de celle-ci, ayant à rejoindre notre diocèse d'ici à la Saint-Pie. Maître Roger nous avait promis d'achever vers la fête du Très Précieux Sang de Notre-Seigneur Jésus, que nous célébrons sous deux jours.

– Votre commande est presque terminée, monseigneur. Dans deux jours, tout sera prêt et mon frère aura l'honneur de vous la porter en votre hôtel.

– Bien, bien, montrez-nous donc votre œuvre. Car vous y avez vous-même travaillé, n'est-ce pas, maître Guillaume? »

Le jeune homme rougit.

« Oh, pas maître, monseigneur, pas encore. Il me faudra encore beaucoup apprendre!

– Allons, mon fils, nous sommes sûr que vous en savez déjà beaucoup. Montrez-nous, voulez-vous?

– Si monseigneur veut bien me suivre. »

Guillaume et l'archevêque Gautier passèrent dans l'arrière-boutique où, plus encore que dans l'échoppe pourtant luxueuse qui donnait sur la rue, s'alignaient sur les étagères vases, aiguières, coupes, hanaps, coffrets, bijoux, chandeliers, bassins et vaisselle d'argent. Le jeune homme disparut vers l'atelier, à l'étage, et revint, posant devant le prélat un superbe calice d'or, rehaussé d'émaux et de gemmes.

À l'aide d'un disque de béryl cerclé d'une monture d'or, acheté à grand prix dans les galeries du Palais et qu'il plaçait contre son œil, l'archevêque, qui depuis quelques années y voyait mal de près, examina l'ouvrage.

Parfait, il était parfait... Tout comme ce ciboire de vermeil...

Le jeune orfèvre, aidé du vieil ouvrier qui ne quittait pas l'atelier du Grand-Pont, déposa sur le présentoir une série d'objets somptueux. Le plus beau était une nef d'argent, un de ces coffrets en forme de navire, que les riches seigneurs prenaient l'habitude de placer sur leurs tables pour y conserver tous les objets nécessaires à leur repas : couteaux, serviettes, coupes, salière ou pots d'épices. Guillaume avait aidé Roger à en faire le dessin, et leur père Laurent, tout occupé qu'il fût dans sa boutique de la rue Quincampoix, n'avait pu résister au plaisir d'y apporter quelques retouches.

Décidément, Guillaume d'Auvergne, évêque de Paris, était un connaisseur. Il avait raison en assurant que ces Boucher comptaient parmi les meilleurs orfèvres de la ville ! Voilà qui allait dignement rejoindre – et du reste surpasser – les ornements dont Gautier avait déjà enrichi sa nouvelle église métropolitaine, Saint-Étienne de Sens, dont il entendait poursuivre les travaux. Soupirant de ne la pouvoir faire si haute et si belle que son évêque suffragant à Notre-Dame de Paris, il n'en espérait pas moins que l'achèvement de la cathédrale serait la fierté de son ministère.

« Voyez, monseigneur, il ne manque pour ainsi dire que quelques pierres sur le calice. Encore sont-elles déjà taillées, il n'y a plus qu'à les sertir.

– Très bien, très bien. Vous direz à maître Roger notre satisfaction. Mais n'est-ce point à ce ciboire, mon fils, que vous avez particulièrement travaillé ?

– Si fait, monseigneur !

– L'art de maître Laurent votre père et de maître Roger votre frère fait sans doute d'eux d'excellents professeurs, mais il nous semble que le talent du disciple lui fera bientôt égaler les maîtres. »

Guillaume rosit de plaisir sous la flatterie, au demeurant sincère, du métropolitain.

Gautier Cornut dressa subitement l'oreille. Il lui avait semblé entendre le tintement d'une cloche. De fait, tout un concert de carillons résonna dans l'instant : des tours neuves de Notre-Dame à Saint-Jacques-la-Boucherie, les bords de Seine vibraient de joyeuses sonorités métalliques.

« L'heure de tierce [1], déjà ? »

L'archevêque n'avait pas mesuré le temps perdu dans les embarras des rues. Il lui fallait à présent se hâter pour être au Conseil auquel le roi l'avait convié.

Avec un gracieux sourire qui éclaira soudain son visage austère, esquissant de sa fine main baguée un geste de bénédiction, il prit congé du jeune orfèvre, lui lançant :

« Nous aurons à l'avenir le plaisir de vous revoir, maître Guillaume ! »

Le jeune homme resta un instant immobile, regardant par la baie s'éloigner dans la foule la litière aux rideaux mauves.

« Maître Guillaume ! Il m'a appelé deux fois maître Guillaume ! Et mon travail a vraiment eu l'air de lui plaire ! »

À part lui, le second fils de Laurent Boucher s'estimait plus doué pour le métier que son aîné Roger. Mais celui-ci avait déjà pignon sur rue – leur père, l'âge venant, lui avait laissé la boutique du Grand-Pont, ne s'occupant plus que

1. 9 heures.

de celle de la rue Quincampoix – et il traitait son cadet avec une aimable condescendance. Si Guillaume voulait s'établir, la bienveillance d'un homme comme Gautier Cornut serait d'une aide précieuse.

Sens... Ce devait être une belle ville...

Ah, Guillaume aurait tant aimé sortir de son habituel horizon des bords de Seine ! Non qu'il fût malheureux à Paris. Au contraire ! En quel endroit au monde pouvait-on croiser tant de gens si divers, et voyager en imagination à l'écoute de leurs récits ? Mais, justement, tout cela l'avait rendu curieux. Deux ans plus tôt, son père l'avait envoyé avec Roger aux foires de Champagne, jusqu'à Reims et Troyes. Il se souvenait aussi des voyages faits en Normandie, au temps de son enfance, lorsqu'il allait avec sa mère passer les mois d'été chez son aïeule. Il revoyait Rouen, la deuxième ville du royaume, entourée de ses collines, dans la boucle d'une Seine devenue si vaste que les nefs de haute mer s'y pressaient en une forêt de mâts.

La haute mer...

Sa curiosité entraînait l'imagination de Guillaume au-delà des frontières du royaume. À quoi donc pouvait bien ressembler ce royaume de Hongrie, par exemple, d'où venait Thomas, l'escholier dont il s'était fait un ami l'année précédente ? Et ces pays d'où venaient tous ces jeunes gens de son âge, qu'il avait parfois rencontrés aux côtés de Thomas : Mainfroi de Cologne, Albert de Worcester, Alphonse de Burgos... ?

Il regarda la nef d'argent. Avec ses mâts et ses hunes, ses agrès et ses voiles de soie, ses bordages pavoisés de bannières d'or, ses marins et soldats aux armures de vermeil alignés sur le pont et sur les hauts châteaux dont les parapets s'ornaient d'écus faits d'émaux multicolores, on l'aurait dite prête à appareiller pour quelque expédition glorieuse et lointaine.

Guillaume resta un long moment à rêver...

Sa blanche main aux longs doigts effilés caressant doucement le bras de sa cathèdre au dossier surmonté d'une fleur de lys, un beau jeune homme mince aux cheveux blonds, un peu gracile dans sa haute taille, affichait, la tête légèrement penchée, un sérieux surprenant pour ses traits fins encore adolescents.

Un visage, à sa droite, se tourna vers lui, pris dans une guimpe dont une robe bleu nuit faisait ressortir la blancheur, un visage dont les atteintes de l'âge n'avaient pas encore effacé toute la beauté mais dont les traits, les épreuves de la vie aidant, avaient pris une vigueur presque masculine.

« Louis, mon fils, qu'en pensez-vous ? »

Bien qu'il eût été déclaré majeur en avril précédent, et qu'elle eût perdu de ce fait la baillie [1] du royaume, la reine mère Blanche de Castille assistait toujours son fils au Conseil.

« J'opine comme vous, ma mère, que l'hérésie est chose abominable et qu'il est du devoir de tout bon chrétien de soutenir les efforts de la sainte Inquisition. Notre Saint-Père Grégoire a sagement fait en la confiant aux frères prêcheurs de l'ordre du bienheureux Dominique, dont la pureté de mœurs et l'ardeur de la foi sont en tout point dignes d'admiration.

1. Terme d'alors pour « régence ».

« Le rétablissement de la Vérité dans le royaume aussi bien que le salut des âmes égarées par l'hérésie me tiennent grandement à cœur. »

Cette dernière phrase fut prononcée avec un accent de sincérité émouvant chez ce jeune homme de vingt et un ans, dont on sentait combien il souffrait que sous son règne – un règne qu'il voulait intensément de paix et de justice – des âmes pussent encore être damnées pour s'être laissé abuser par les doctrines impies.

La reine hochait la tête avec satisfaction aux propos de son fils bien-aimé.

La main aux longs doigts effilés quitta la cathèdre pour se poser sur le tapis de la longue table. Le roi reprit, avec un soupir :

« Sans doute les frères prêcheurs restent-ils des hommes, et, comme à tous les hommes, il peut leur arriver d'errer. L'aventure de frère Conrad de Marbourg survenue l'an dernier en Allemagne doit nous donner à penser. »

Du pays de Languedoc, en effet, montaient des plaintes continuelles. À Toulouse surtout, le comte Raymond comme les consuls de la ville accusaient l'Inquisition, en la personne de frère Guillaume Arnaud, de démesure dans son zèle. À en croire celui-ci, les Séguier, les Maurand, les Roger... toutes les grandes familles toulousaines, étaient plus ou moins souillées par l'hérésie.

Que fallait-il en penser? Louis se méfiait du comte Raymond. Il savait combien le Midi, où jadis Dominique, que l'Église venait de ranger au nombre des saints, avait infatigablement prêché la vraie foi, restait contaminé au plus haut point par l'erreur cathare. C'était pour l'extirper que le Pape avait institué, deux ans plus tôt, la sainte Inquisition, et le roi admirait l'ardeur et le courage de ces frères dominicains à la robe de bure et aux pieds nus, dans ce pays où les entouraient encore tant d'ennemis du Christ.

Mais, ces dernières années, frère Conrad de Marbourg, inquisiteur en Allemagne, pourtant homme d'une foi sincère, et chapelain respecté de sainte Elisabeth de Hongrie, avait donné dans de tels excès, comme frappé de folie, que villes et princes allemands, évêques à leur tête, s'étaient ligués pour demander à Rome son rappel, trop tard du reste pour l'empêcher de tomber sous le poignard de ses ennemis.

« Aussi, poursuivit Louis, importe-t-il de faire savoir à tous les sujets de ce royaume qu'ils peuvent en appeler au roi pour toute injustice qu'ils pensent leur avoir été faite, fût-ce par des gens d'Église, fût-ce par les frères inquisiteurs, car j'entends ne point laisser s'exercer sans réagir une injustice portée à ma connaissance. Mais il importe également qu'ils sachent que je soutiendrai de toute la puissance que Dieu m'a donnée le combat de notre Sainte Église pour le triomphe de la Vérité. »

Le regard de l'archevêque Gautier croisa celui de l'évêque de Paris. Soutenir la justice de Dieu, corriger l'injustice des hommes, voilà bien un digne dessein pour un grand roi chrétien! songeaient les deux prélats.

Les plaintes des Toulousains ayant mis à l'ordre du jour du Conseil la défense de la foi, le roi rappela son désir d'aller prier à Jérusalem sur le tombeau de Notre-Seigneur.

« Revoilà bien cette idée fixe! » songea la reine mère.

« Vous avez tous en mémoire, ma mère, messeigneurs, que la trêve conclue par l'Empereur Frédéric avec le soudan de Babylone [1] expire dans quatre ans. Ne faut-il pas craindre alors que les infidèles ne s'en viennent menacer la Ville sainte? À présent qu'une bonne paix va nous unir pour cinq ans avec mon parent d'Angleterre, n'est-il pas temps d'accomplir ce pèlerinage auquel devrait aspirer tout souverain chrétien? »

Et, se tournant vers le maréchal Jean de Beaumont :

« Il serait assurément sage de réfléchir dès maintenant aux dispositions à prendre pour défendre la Terre sainte à l'expiration de la trêve.

– Sans doute, Louis, sans doute, mais pouvons-nous envisager une quelconque croisade sans que l'Empereur, roi de Jérusalem, et comme tel chargé de la défense de la Terre sainte, ne nous ait sollicités? »

Blanche s'efforçait toujours de calmer la pieuse ardeur de son fils. Le roi avait mieux à faire en France qu'à exposer sa vie aux hasards d'un voyage en mer et peut-être aux armes des sarrasins. Sans doute achevait-on de conclure les pourparlers de paix entamés à l'automne précédent avec le roi Henry d'Angleterre, mais la reine ne se faisait pas d'illusions sur les ambitions réelles de celui-ci, qui ne jurait que par son Poitou et ses Poitevins et rêvait de s'affranchir de l'autorité du roi dans tous ses fiefs de France. Et puis, même s'il était aimé et respecté et si sa réputation de sagesse et de piété s'étendait déjà bien au-delà des frontières du royaume, Louis était encore si jeune! Il lui fallait du temps pour asseoir durablement son autorité. Elle en savait quelque chose, elle, la régente qui avait dû tant batailler contre les grands, les clercs, l'Université, pour préserver intacte la puissance royale.

« L'Empereur mettra-t-il le zèle nécessaire à défendre Jérusalem quand le soudan d'Égypte est son ami? questionna Gautier Cornut avec l'ombre d'un sourire.

– On reproche beaucoup à l'Empereur ses liens avec le soudan des infidèles, répliqua le roi. Pour ma part, je vois que cette amitié a permis à Jérusalem de redevenir chrétienne, et si elle pouvait permettre qu'il en demeure ainsi après l'expiration de la trêve, mon cœur s'en réjouirait. Je serai le premier à combattre pour le Christ s'il le faut, et j'entends m'y préparer, mais aller prier dans la paix sur le tombeau de Notre-Seigneur me plairait mieux qu'y arriver entouré de guerriers bardés de fer. L'Empereur et le Saint-Père sont à nouveau unis comme doivent l'être les deux têtes de la chrétienté. Frédéric est le premier et le plus puissant des rois chrétiens, il est notre ami, et il est vrai, ma mère, qu'il lui incombe naturellement et avant tous les autres de défendre la Terre sainte. »

Le roi posa son regard sur le maréchal de France.

« Néanmoins préparons-nous, s'il en est besoin, à l'y aider. »

L'Empereur et le Saint-Père à nouveau unis... Louis y croyait-il vraiment, se demandait la reine. Si oui, cela montrait qu'elle avait encore beaucoup à lui apprendre. L'union du Pape et de l'Empereur, c'était l'union de l'eau et du feu. Ils étaient trop grands, trop ambitieux, pour ne pas se heurter à nouveau avec plus de fureur encore que par le passé. Mais l'important pour le moment était

1. Nom donné alors au sultan d'Égypte.

de repousser dans un lointain avenir les projets aussi pieux que déraisonnables de son fils.

« Au surplus, ajouterai-je, mon fils, que les difficultés qu'éprouve la Sainte Église à rétablir la pureté de la foi dans les états du comte de Toulouse commandent au roi très-chrétien de demeurer en son royaume tant que le règne du Christ n'y sera pas assuré dans toute sa plénitude. »

Cela fut dit d'une voix pleine d'autorité, qui n'attendait pas de réplique. La voix de la mère et de la régente qui avait si longtemps imposé sa volonté dans ce Conseil et enseigné l'art de gouverner à celui dont elle n'oubliait qu'avec peine qu'il n'était plus un enfant!

« Il est vrai, ma mère », dit le roi d'une voix presque soumise.

S'il aimait et vénérait Blanche, Louis hésitait à affirmer sa jeune autorité devant la puissante personnalité de cette femme qui, huit années durant, avait tenu le royaume à bout de bras, et qui, il se l'avouait avec un peu de honte, le faisait parfois trembler.

L'ordre du jour du Conseil revenant à des sujets de moindre intérêt, Louis ne put s'empêcher de songer à cette autre femme qui était entrée dans sa vie, aussi aimante que sa mère, mais combien plus douce et plus tendre : l'adorable Marguerite, presque encore une enfant, dont la reine mère avait négocié le mariage avec son père le comte de Provence.

Marguerite, qu'il ne pouvait presque jamais approcher seul, quelque familier de Blanche de Castille se trouvant toujours là, comme par un fait exprès, lorsque le roi visitait sa jeune épouse!

Ma mère, est-il possible? La vieille reine serait-elle devenue jalouse de la jeune?

Marguerite... Louis se prenait à rêver... Nous partirons ensemble... Sans ma mère, qui gardera le royaume! Ensemble nous irons prier au Saint-Sépulcre, ensemble nous parcourrons le chemin de la Passion de Notre-Seigneur.

Ensemble nous unirons notre amour et l'amour de Dieu!

Dans le brouhaha et la fumée, huit gaillards joyeux, bras dessus, bras dessous, se balançaient en mesure sur leurs bancs, reprenant en chœur :

« *Plaignez, plaignez, le pauvre goliard!* »

Debout sur une table, au milieu des rires et des plaisanteries, un grand diable échevelé achevait la complainte que connaissaient par cœur tous les escholiers de la montagne Sainte-Geneviève.

C'est que ce jour n'était pas un jour comme les autres : ce soir on fêtait les vacances! Plus de cours jusqu'en octobre! À boire, tavernier!

« Hé, Thibaud, comment fais-tu pour avoir autant de voix dans ton gosier?

– Je ne sais pas comment il fait mais il doit l'avoir diablement desséché!

– Chrétiennement desséché! rectifia Thibaud, qui sauta à terre comme un lutin géant et s'empara sitôt fait de la chope de cervoise que lui tendait Thomas.

– Va, c'est moi qui offre, ce soir!

– Ah! quel bonheur tu as d'avoir un oncle chancelier royal et de pouvoir ainsi régaler tes amis! Moi, je dois aux miens tant d'argent qu'il me faut raser les murs en espérant qu'ils ne me reconnaîtront pas.

– Pas de chance pour toi, je t'ai reconnu ! » s'écria une voix forte à l'accent germanique.

Manfred de Cologne, qu'on appelait Mainfroi, se fraya un passage dans la cohue juvénile qui emplissait la taverne.

« Puisque tu m'as découvert, viens donc t'asseoir près de nous. Là où il y en a pour huit, il y en a pour neuf !

– Surtout avec les deniers de Thomas, pas vrai ? Je vois que tu as encore la gorge aussi desséchée que la bourse. »

Mainfroi se serra contre ses amis.

« Eh, pousse pas, j'ai déjà une fesse dans le vide !

– Bon, une seule me suffira aussi. Alors, Thibaud, non seulement tu me dois de l'argent, mais tu ne t'es pas encore décidé à m'en faire gagner ?

– Parbleu, comment ça ?

– Eh, tu sais que j'ai parié avec quelques-uns des nobles seigneurs qui sont à cette table, et avec quelques autres de ma connaissance, que tu ne tarderais pas à finir ribaud rue de la Grande-Truanderie ! »

La bande d'amis éclata de rire. Thibaud pointa son doigt sous le nez de Mainfroi.

« Ne ris pas. Tu as perdu ton pari. Mais pas ton argent, car je te rembourserai bientôt ! »

Soignant son effet, il se redressa en se croisant les bras.

« Allez, allez, dit Albert de Worcester, ne nous fais pas languir, dis-nous ton secret !

– Je vais enseigner le latin aux enfants d'un bourgeois, un gros drapier tout gonflé de deniers.

– Si cela s'avère, tu me vois heureux pour toi, bien que j'en perde mon pari... Pour le moment, en tout cas.

– Je connais le bourgeois de Thibaud, et, en fait de pari, je t'en propose un autre, dit d'un ton mystérieux Alphonse de Burgos, assis près de Mainfroi.

– Va toujours.

– Combien de jours avant que notre compère ne rende cornard le gros drapier ? Mais attention, messires, avant de prendre vos paris, et pour vous donner toutes vos chances, je vais d'abord vous décrire la drapière ! »

La porte de la taverne s'ouvrit devant un jeune homme châtain, qui resta sur le seuil à scruter les visages qui s'animaient autour des tables.

« Entre, Guillaume, tes amis sont là ! »

Le tavernier accueillit Guillaume Boucher avec un large sourire. Ce jeune orfèvre lui rappelait sa jeunesse, lorsque lui aussi venait rêver aux portes des collèges où il aurait tant voulu étudier, enviant ses camarades escholiers. Même s'ils étaient souvent sans le sou, et moins à l'aise que lui, avec son père aubergiste à Saint-Denis, ils avaient, eux, la chance d'apprendre tous les secrets du monde.

Mais, si les études n'étaient pas pour lui, maître Benoît s'en était consolé en revendant, à la mort de son père, l'auberge de Saint-Denis et en achetant cette taverne de la paroisse Saint-André-des-Arts, à l'angle de la rue de la Grande-Bouclerie, où il humait du matin au soir l'air du Quartier latin.

Se piquant d'être artiste, il avait décoré les murs blanchis à la chaux de son estaminet de quelques scènes naïves de vendanges et de buveurs, et accroché en haut des murs des blasons de bois aux armes des provinces et des royaumes qui envoyaient leurs fils étudier à l'Université de Paris.

Bref, maître Benoît était l'un des taverniers les plus populaires du quartier des collèges!

Sans doute Guillaume était-il passionné par son métier d'orfèvre, mais, comme jadis maître Benoît, il était lui aussi attiré par la compagnie des jeunes clercs de son âge qui allaient s'entasser dans les salles de cours où enseignaient quelques-uns des maîtres les plus prestigieux de toute la chrétienté et remplissaient peu à peu leur esprit de toutes les sciences du monde.

C'est que l'Université de Paris, depuis le temps du roi Louis VI et de maître Abélard, était devenu la plus réputée d'Europe. Bologne seule, peut-être, pouvait rivaliser avec elle. Aussi de toute la chrétienté accouraient de jeunes clercs, anxieux de remonter sur les bords de la Seine aux sources de la science.

Ainsi, Thomas de Fehérvár, neveu de Matthias, chancelier du jeune roi Béla, était-il venu, avec d'autres fils des grands lignages de Hongrie, chercher à Paris le savoir et les titres prestigieux qui feraient d'eux les prélats et les dignitaires du royaume de Saint-Étienne.

Pendant quatre ans il avait étudié les sept arts libéraux, avant d'accéder à la faculté de droit, qui ne le cédait en prestige qu'à celle de théologie.

« Guillaume, je croyais que tu ne nous rejoindrais pas ce soir, s'écria Thomas, joyeux, en faisant signe à son ami.

– J'ai été retenu à l'atelier. Une commande à terminer pour l'archevêque de Sens. »

Un sifflement mi-moqueur, mi-admiratif, parcourut la compagnie.

« Faites place, faites place au futur maître orfèvre de Sa Majesté!

– Bon, cette fois, je vais chercher un tabouret.

– Assieds-toi, Guillaume, et conseille-nous. Combien de temps crois-tu que ce gaillard-là, tout échalas qu'il est, mettra à séduire la femme d'un gros drapier, sachant qu'elle a vingt-deux ans, une croupe comme ceci... »

Les deux mains de Mainfroi parurent palper dans l'air l'objet qu'il évoquait.

« Des tétons comme cela... »

Cette fois c'était Albert qui décrivait un ample mouvement par-devant sa poitrine.

« Une taille plus fine que la cuisse de Mainfroi », s'exclama Thomas en frappant sur cette dernière.

« Et, par là-dessus, une bouche en cœur aux dents d'ivoire, des yeux à damner un saint, un teint de lait, des cheveux... Je ne t'en dis pas plus! »

Guillaume s'égayait en cette chaude compagnie, s'emparant au passage de la chope que lui amena maître Benoît.

« Le drapier doit déjà ressembler à un vieux cerf, avec tout ce qu'il doit avoir sur le front!

– Mais vois-tu, comme nous savons tous notre Thibaud un peu timide... »

Toute la tablée éclata de rire en voyant l'intéressé prendre une mine de nonnette effrayée.

« ... et qu'il va partir en vacances dans son Berry natal, nous lui donnons six mois, jusqu'à la Noël, qu'en penses-tu?

– Cela lui laisse plus de temps qu'il n'en faut.

– Comme je ne me fierais pas à la timidité de Thibaud, ajouta Mainfroi, déclenchant un nouvel accès de rire, cela me donne l'espoir de gagner mon autre pari, pour peu que le bonhomme drapier veille suffisamment au grain pour expédier à la rue ce vil suborneur avant que de lui avoir payé une maille pour son latin! »

Guillaume et les escholiers s'esclaffèrent derechef.

« À propos, Mainfroi, questionna Thomas, avec ton histoire de pari, tu nous as fait oublier l'essentiel : comment cela s'est-il passé avec maître Albéric?

– Pas trop mal, je crois. Il est brave, au fond. Il a accepté mes excuses et mes explications. Il veut bien me reprendre dans son cours l'année prochaine.

– Alors tu es pardonné? Arrosons cela! Mais, tout de même, l'an prochain, si tu veux obtenir ta licence...

– Mon âme déborde des meilleures résolutions, messire le sermonneur! »

Thomas avait un certain penchant à faire la leçon à ses camarades, ce qui les irritait quelque peu. Et cela d'autant plus qu'ils lui devaient le respect : un peu plus âgé et nettement plus travailleur, il était depuis un an licencié ès arts. Et nul ne doutait que, dans quelques années, ce serait nanti d'un doctorat de droit qu'il retournerait en Hongrie.

« N'est-ce pas ce maître Albéric, demanda Guillaume, qui fait des conférences de géographie?

– Si fait, avec la fatuité et le contentement de soi qu'il met habituellement à enseigner les sept arts libéraux, et qui sont un vrai plaisir à voir!

– Depuis trois ans, il s'est mis en tête d'enseigner aussi la géographie, en prétendant qu'avant de connaître l'astronomie il faut d'abord connaître le monde d'ici-bas. Comme il est le seul à le faire, ça lui attire du monde!

– C'est vrai que c'est amusant! Quand on a suivi le cours de maître Albéric, les villes et les provinces, les mers et les montagnes, les fleuves et les forêts de tous les royaumes du monde, et les peuples qui les habitent, n'ont plus de secrets pour vous!

– Ce doit être bien passionnant, soupira Guillaume, la tête posée entre les mains, le nez sur sa chope.

– C'est vrai que notre petit orfèvre rêve d'étudier, sourit Thomas en lui assenant une bourrade sur les épaules. Eh bien, par ma foi, je trouverai bien à te glisser un jour dans quelque cours de maître Albéric!

– C'est que je ne suis pas sûr d'assez bien entendre le latin.

– Mais tu l'entends comme moi, ne te fais pas plus ignorant que tu es... »

Et, dans la gaieté croissante de cette fin de journée d'été qui célébrait les vacances, toute la compagnie reprit en chœur le chant qui s'élevait d'une autre tablée :

« *Joie et grand déduit*
Ai pour la donzelle;
J'y pense jour et nuit,
Son amour m'appelle... »

LA STUPEUR DU MONDE
L'an du Seigneur 1235, le mercredi 15 août,
fête de l'Assomption de Notre-Dame

Le monstre s'approcha de l'arbre. Il leva son nez gigantesque. La foule frémit.

Enroulant ce nez pareil à un serpent, il en saisit un rameau qu'il arracha sans effort, et que le serpent lui engouffra dans la bouche.

« Ooooh ! » s'exclamait la foule.

Au bras de sa mère, un gamin restait la bouche ouverte.

« Maman, le petit homme tout noir, c'est un sorcier?

– Ne parle pas de choses pareilles. Bien sûr que non, ce n'est pas un sorcier !

– Alors, maman, pourquoi qu'une aussi grosse bête lui obéit ? »

La mère se trouva bien empêchée de répondre, sidérée qu'elle était elle aussi de voir ce petit homme presque nu, à la peau toute foncée, avec pour seul vêtement un morceau d'étoffe blanche autour des reins et un autre enroulé autour du crâne, tranquillement assis sur la tête du monstre, qu'il remettait dans le droit chemin comme il l'eût fait d'un mouton.

Et sur le dos de la bête, dans une tour de bois sculpté, les trompettes en livrée lançaient leurs sonneries triomphales.

Edouard était joyeux.

Comme un enfant, il courait le long du cortège, bousculant les spectateurs, échappant aux coups des gardes qui cherchaient à le faire entrer dans le rang. Tout cela lui rappelait son séjour en Orient.

« Pâtés, petits pâtés ! Eh, le beau gars aux cheveux rouges, tu n'as pas faim d'un p'tit pâté tout chaud ? »

Celle qui l'interpellait était une jeune fille blonde aux yeux rieurs et au teint frais, la taille serrée dans un tablier blanc, qui portait sur la tête un panier plein de petits pains fourrés gardés au chaud sous une serviette.

« C'est combien, la belle?

– Un heller, mon chevalier.

– En voici trois. Et donne-moi deux pâtés bien chauds !

– Pas ceux-là, mon jeune seigneur », dit-elle en souriant, tapant sur la main d'Edouard qui s'aventurait trop familièrement à son gré.

Le jeune Anglais se composa une mine si outrageusement contrite que la pâtissière en rit aux éclats, tout en faisant glisser sa corbeille contre sa poitrine généreuse.

« Tiens, tu as le droit de les choisir toi-même, mais ne prends que ceux qui sont dans le panier !

– Ces deux-là, mais moi je t'ai fait cadeau d'un heller. Toi, que me donneras-tu ? »

Et il tendit ostensiblement sa joue rose.

Un baiser sonore s'y posa aussitôt.

« Voilà mon heller à moi ! Porte-toi bien, bel écuyer. »

Et jouant chacun des coudes, s'éloignant dans un dernier clin d'œil, les deux jeunes gens se fondirent dans la foule.

Edouard était heureux.

Cette saison était la sienne. Depuis qu'il avait vu s'éloigner, sous un ciel bas et gris, les rivages d'Angleterre, il lui semblait renaître, loin du chapitre de Faxfleet, loin du comte de Cornouailles et de ses pages, loin même de Guillaume du Marais. À peine débarqué sur les côtes de Flandres, il avait rencontré, à Bruges, deux marchands en mal d'escorte, qui, séduits par sa connaissance des langues et son habileté à l'épée, se fiant à son sourire d'enfant, l'avaient engagé sans trop lui poser de questions.

Et aujourd'hui, sous un ciel du plus pur azur, après les avoir suivis tout au long du Rhin, à Cologne et à Worms, il se régalait du plus beau spectacle qui eût jamais déroulé ses fastes dans les rues de Mayence.

Toute la ville était là, bouche bée. Riches bourgeois couverts d'étoffes de prix, suivis de leurs compagnes parfumées, attentives à ne pas froisser leurs beaux atours dans la cohue, maîtres et compagnons qui, abandonnant leurs outils, avaient pris en ce jour de fête congé de leurs échoppes, servantes d'auberge en tablier blanc, marchandes de la halle promptes à crier leur admiration, moines et clercs aux robes grisâtres et, dans leurs haillons informes, mendiants et pauvres hères qui, le temps d'une journée, pourraient, nantis des aumônes faites ce matin-là avec la générosité qu'exigeait l'événement, se croire les rois du monde.

Edouard riait tout seul en entendant les commentaires des bourgeois ébahis, qui n'avaient jamais de leur vie entendu parler d'un éléphant. Il est vrai que l'animal géant ramenait soudain les hautes et étroites maisons de pierre ou de colombages à la proportion d'un village de nains!

Mais les yeux des bourgeois allaient s'éblouir en un jour de plus d'émerveillements que de leur vie entière ils n'en avaient rêvé.

Car dans les rues pavoisées, entre les façades tendues de tapisseries, d'étendards et d'étoffes multicolores, qui depuis plusieurs jours avaient vu défiler princes, prélats et chevaliers, s'avançait à présent, derrière l'éléphant, une girafe au cou démesuré, qui, à l'effroi amusé des habitants, allait manger les fleurs aux fenêtres des étages, suivie de chameaux à l'étrange bosse, dont les bâts de cuir rehaussé d'or et de broderies étaient chargés de tous les trésors de l'Orient. De grands hommes noirs comme le charbon, tout de blanc vêtus, aux lèvres épaisses et aux gros nez écrasés, effrayaient presque autant que les lions aux longues crinières, les léopards tachetés, les orgueilleuses panthères qu'au bout de chaînes d'or ils tenaient en laisse comme des chiens.

Puis, barbes noires et pointues, turbans immaculés sur des peaux basanées, regards sombres et martiaux, ceinturons de Cordoue tout ouvragés d'argent, longs sabres recourbés, fourreaux d'or constellés de pierres scintillantes, les gardes sarrasins, de leur pas cadencé, martelaient le pavé. Derrière eux chevauchaient cent cinquante de leurs frères, somptueux cavaliers venus de l'Orient, qui montaient fièrement leurs coursiers de fine race. Sur son cheval harnaché de rouge et d'or, sur son tapis de selle incrusté de pierreries, l'émir qui les commandait, à la coiffe surmontée d'une immense aigrette jaillissant d'un fût de vermeil, paraissait comme le soudan de Babylone lui-même.

Alors, précédées de ménestrels et de jongleurs, au son des flûtes et des tambourins, à la joie des bourgeois, au scandale des épouses, ondulantes dans leurs voiles de gaze, les yeux cerclés de noir, une étoffe transparente ombrageant leurs sourires éclatants, venaient les bayadères. Mais les regards avides oubliaient bientôt les danseuses, ne s'attachant plus qu'à deviner, dans dix gracieux palanquins balancés au pas des chameaux, l'exceptionnelle beauté des visages qui s'y dissimulaient.

Enfin un chevalier, bien allemand celui-là, aux longs cheveux dorés roulant sur ses épaules, beau comme Parsifal, à l'armure princière, brandissait, bras tendu, sur son palefroi blanc, flottant et gigantesque, l'immense étendard d'or frappé de l'aigle noire.

L'étendard de celui qu'avec haine ou envie on appelait la Stupeur du monde.

Soudain les acclamations se firent ici plus enthousiastes, là-bas plus craintives.

Derrière ses prélats et ses hauts dignitaires, escorté de quarante chevaliers Teutoniques, de noir et blanc vêtus, impassibles et terribles sous l'étendard de la Croix, il arrivait enfin, montant Dragon, le pur-sang jadis offert par le soudan d'Égypte, aux longues jambes nerveuses qui paraissaient danser.

Manteau de pourpre, couronne en tête, le regard paternel et sévère, il passa.

Celui dont l'Allemagne éblouie célébrait en ce jour le triomphe.

L'Auguste, le Très Haut.

L'Empereur des Romains, roi de Jérusalem, roi d'Allemagne, d'Arles et de Sicile, d'Apulie [1] et de Calabre, duc de Haute et Basse-Lorraine, comte de Bourgogne...

Frédéric de Hohenstaufen.

Le samedi 25 août, fête de saint Genès

De la galerie de bois, le regard d'Edouard embrassa la vaste basilique où, serrée sur les rangées de bancs, se pressait en foule chamarrée, du duc de Bavière au landgrave de Thuringe, tout ce que l'Allemagne comptait de hauts seigneurs – et aussi de moins hauts – sans oublier les grands de Lorraine, de Bohême et de Flandres, ni, bien que plus discrets dans toute cette noblesse, les délégués des villes, Francfort-sur-le-Main, Worms, Goslar, Nuremberg, Ulm ou Constance.

Quatre rois, onze ducs, trente comtes et marquis!

Les évêques, on n'osait les compter!

Robes multicolores passementées d'orfrois, frangées de fils précieux, rehaussées d'agrafes, de fermaux, de boucles, de colliers sertis de pierreries, mitres finement tissées, crosses épiscopales dont l'or et les émaux chantaient la splendeur de l'Église s'alignaient là, dociles.

1. Les Pouilles.

D'avoir sympathisé quelques jours auparavant avec un clerc de l'archevêque Siegfried valait au jeune Anglais, grâce à la complicité de ce nouvel ami, la chance d'avoir pu se glisser à ses côtés, avec quelques rares privilégiés, dans cette salle où commençait ce jour, convoquée par le maître, la grande diète d'Empire.

Lorsque s'enfuit le nuage passager qui voilait la lumière des baies, le fond de la basilique s'illumina des rayons d'un soleil triomphant. À gauche, sur la haute estrade au tapis cramoisi, un aigle noir dressé, que l'on avait juché sur un perchoir doré, semblait avoir pour ombre gigantesque la silhouette déployée sur l'immense draperie aux armes de l'Empire, déroulée sur l'abside.

Là, à côté de l'oiseau-roi qui était son emblème, le front ceint d'un haut diadème, le manteau de pourpre drapé sur une dalmatique éblouissante de reflets d'or, le sceptre à la main droite, à la main gauche le globe qui disait, surmonté de la croix, l'universalité du pouvoir impérial, trônait, telle une idole, l'Empereur Frédéric.

Cinquième Empereur de la maison de Souabe, de cette famille des Staufen qui depuis un siècle donnait ses souverains au Saint-Empire romain, il célébrait à Mayence, comme un demi-siècle auparavant son grand-père Frédéric Ier Barberousse, l'apothéose de son règne.

Les chroniqueurs éblouis avaient usé leurs plumes pour décrire la splendeur de la diète réunie par l'aïeul. Ils n'auraient pas assez de mots pour dire la grandeur de celle qu'au même lieu le petit-fils avait convoquée.

Entre le Rhin et le Main, les pavillons chatoyants, aux faîtes surmontés d'oriflammes et d'étendards faisant claquer au vent leurs couleurs éclatantes, couvraient la plaine de Mayence d'une immense ville de toile.

Depuis l'entrée solennelle de l'Empereur, les journées alternaient en fêtes, en prises d'armes, en tournois, en festins...

Les chroniqueurs n'auraient pas assez de mots...

Enfin réconcilié avec Rome, fermement établi dans ses domaines héréditaires, vénéré par les princes germaniques comme le défenseur de leurs libertés, le souverain qui avait rendu Jérusalem à la chrétienté irradiait la puissance du premier des princes chrétiens. Il venait de terrasser la rébellion de son fils aîné Henri, à qui son titre de roi des Romains – le titre traditionnel des futurs empereurs – avait fait oublier ses devoirs d'obéissance.

Henri, le fils rebelle, croupissait dans un cachot. L'Allemagne pacifiée venait rendre son hommage.

Edouard s'étonna : le souverain trônait seul. Où était donc sa jeune épouse, la jolie Isabelle d'Angleterre, sœur du roi Henry III, qu'il venait d'épouser en troisièmes noces, un mois plus tôt? C'était pourtant afin d'être à Cologne lors de son arrivée, et à Worms lors du mariage, que les marchands de Bruges s'étaient montrés si pressés de compléter leur escorte.

Ce qu'on prétendait était donc bien vrai? À peine le mariage consommé, au petit matin, l'heure faste pour procréer selon ses astrologues, il avait, disait-on, remis Isabelle à la garde d'eunuques sarrasins, avenants comme de vieux masques, se disant persuadé qu'elle était grosse d'un garçon.

Là-bas, au fond de la haute abside, l'esprit de Frédéric avait déjà oublié sa jeune impératrice, aussi benête au lit que ses sarrasines étaient expertes. Seuls lui importaient désormais le fils qu'il espérait et l'entente enfin rétablie que scellait ce mariage, négocié par Rome, entre les Plantagenêts et les Staufen qui s'étaient si rudement affrontés au début du siècle.

Du reste, quelle femme pourrait jamais rejoindre les sommets d'où le premier des mortels dominait l'humanité?

Autour du Souverain se tenaient, assis sur leurs faudesteuils, respecteux et compassés, monseigneur Siegfried von Eppstein, archevêque de Mayence, archichancelier de Germanie, son homonyme le chancelier Siegfried, évêque de Ratisbonne, Henri, évêque métropolitain de Cologne et archichancelier d'Italie, et surtout, sévère dans sa foi et sa fidélité, Hermann von Salza, grand maître des chevaliers Teutoniques.

Au pied de l'estrade, discrets mais présents : les conseillers siciliens. Car Frédéric, héritier par sa mère des rois normands de Sicile, plus italien qu'allemand, disposait dans le sud de l'Italie d'un royaume héréditaire où, ayant maté les féodaux, déjoué les intrigues de la curie pontificale, il avait établi une administration solide et dévouée. Pour la première fois, un Empereur du Saint Empire n'asseyait pas son pouvoir sur la bonne volonté de vassaux turbulents, mais sur un véritable État.

Sans doute ne serait-il pas question avant longtemps d'imposer à l'Allemagne un tel système. Au contraire, c'est en leur accordant plus d'autonomie et de libertés que l'Empereur était parvenu à gagner le soutien des princes germaniques. Mais, s'il ne pouvait reproduire ici le superbe appareil juridique dont il avait doté la Sicile, du moins allait-il accomplir, par les Constitutions qu'il allait accorder en cette diète de Mayence, une œuvre législative qu'aucun autre souverain n'avait réalisée avant lui en terre allemande.

Le visage encadré de cheveux blonds qui tiraient sur le roux, juvénile malgré ses quarante ans passés, aux traits réguliers mais un peu fades, aurait donné à Frédéric l'allure d'un bellâtre de cour; si robuste qu'il fût, sa taille moyenne n'aurait pas autrement attiré l'attention.

Mais il y avait les yeux.

Bleus.

Si bleus.

Si pâles qu'ils semblaient transparents, les jours où l'Empereur prenait son air absent.

Si chauds qu'ils fascinaient tous ceux qui l'approchaient, lorsqu'il voulait séduire.

Si froids qu'ils transperçaient au plus profond de l'âme celui qui avait eu, audace ou inconscience, le malheur de déplaire.

Si hautainement triomphants, ce jour-là, à Mayence.

Le regard bleu se tourna vers Siegfried von Eppstein, aussitôt obéi, sans un mot prononcé : l'archichancelier de Germanie s'inclina, s'avançant de quelques pas sur l'estrade d'où, en contrebas du maître, il allait proclamer la Grande Paix Impériale.

Son Auguste Majesté annonçait par la bouche de l'archevêque son désir d'honorer ses vassaux et ses peuples d'une solennelle proclamation de Paix Publique, affirmant sa fierté de dresser pour la première fois les tables de la Loi dans toute la Germanie, où les hommes, avant lui, vivaient selon des coutumes orales venues du fond des âges, ignorants du droit écrit.

Pour la première fois, un souverain allemand couchait sur le papier, dans le majestueux déroulement de vingt-neuf chapitres, les lois de l'Empire germanique, lois anciennes jusque-là jamais écrites, mais surtout lois nouvelles que lui, Frédéric, donnait à ses sujets.

Et les rois, les princes, les ducs, les marquis, les évêques écoutaient avec silence et respect l'Empereur des Romains régler l'ordre du monde.

Devinaient-ils, les grands, que cette Paix Publique qu'ils recevaient avec tant d'obéissance n'était qu'un début pour l'homme au regard bleu trônant au pied de l'aigle? Derrière son haut front blanc, celui dont les paroles proclamaient avec tant de conviction l'attachement à défendre leurs libertés songeait qu'un jour, peut-être, il pourrait codifier dans le même détail et la même harmonie qu'en son royaume de Sicile toutes les lois de l'Allemagne, donnant à son autorité la perfection de l'absolu.

Le regard bleu scrutait la mer des visages. Tous étaient là, devant lui, accourus à son appel. Ses vieux partisans, sans doute, mais aussi tous ses anciens ennemis, ceux qui quelque temps auparavant soutenaient encore la rébellion du roi Henri, mais surtout, mais d'abord, Othon de Lunebourg, le chef de la famille des Welf, le neveu de l'Empereur Othon IV, l'ancien et malheureux rival de Frédéric au temps de sa jeunesse, qui venait fléchir le genou devant le Souverain, scellant la réconciliation des Welf et des Staufen.

L'émotion avait étreint l'assemblée lorsque, gravissant humblement les degrés cramoisis, le neveu du vaincu était tombé à genoux.

« Je me remets, moi et tous mes biens, entre les mains de la Majesté impériale. »

Frédéric avait souri à l'héritier de la famille ennemie.

« Qu'au Lunebourg, désormais terre d'Empire, s'ajoute le Brunswick, que Notre Majesté vient d'acquérir. Il nous plaît qu'il soit érigé en duché, et nous faisons duc héréditaire de Brunswick-Lunebourg notre féal Othon de Welf! »

S'inclinant profondément, le nouveau duc, par-dessus le crucifix de l'Empire, avait mis ses mains entre celles de l'Empereur, lui prêtant serment d'allégeance.

Alors, se levant dans la lumière, Frédéric lui avait solennellement conféré ses bannières, insignes de sa dignité.

Plus d'ennemis!

Maître absolu de la Sicile, suzerain respecté des terres germaniques, enfin réconcilié avec le Pape, Frédéric portait en ce jour la grandeur de l'Empire à des sommets inconnus depuis des siècles.

De la mer du Nord jusqu'à la Provence, de la Baltique jusqu'à Syracuse, de la Prusse jusqu'à la Bourgogne, l'Europe était sienne, hormis les seuls États de l'Église courant au milieu de ses domaines italiens.

Plus d'ennemis? Presque.

Pour parachever son triomphe, il ne restait qu'à ramener à la docilité les villes de Lombardie, en perpétuel soulèvement. Mais il allait désormais y mettre bon ordre. La veille même de ce jour de triomphe, il avait écrit au Pape Grégoire que les seigneurs allemands exigeaient d'en finir avec l'impudence des Lombards! Bientôt, à leur tête, il descendrait des Alpes et abattrait l'orgueil de

Milan, de Brescia, de Mantoue, avant de retourner couvert de gloire dans son Apulie natale, là où son pouvoir s'exerçait sans nul partage.

Demain, après la grand-messe dans la cathédrale, dans une débauche de brocarts et d'argenterie, au milieu des musiciens et des poètes, sous des tentes immenses, il offrirait un énorme, un somptueux banquet à tous ces princes d'Allemagne, ducs et comtes, marquis et prélats, et aux douze mille chevaliers et écuyers qui constituaient leur suite.

Le jeune Anglais n'avait accordé que peu d'attention à la longue lecture des Constitutions impériales. Mais, les yeux écarquillés, la bouche entrouverte, il restait fasciné par l'ordonnancement parfait du grandiose spectacle.

Voilà donc ce prince dont il avait tant entendu parler lors de son séjour en Terre sainte? Ce prince dont les Templiers se défiaient comme du diable?

Était-ce ainsi que trônerait le Seigneur, au jour du jugement?

Le Seigneur...

Quel Seigneur?

Le crucifié ou l'ange déchu?

Edouard ignorait qu'à l'autre bout du grand vaisseau, à sa place d'honneur, les yeux fixés sur le trône, le légat de Grégoire, l'esprit préoccupé, rejoignait son interrogation.

Empereur Frédéric, qui es-tu? Toi, l'Allemand élevé à Palerme, qui parles aussi bien le latin ou le grec, l'italien, le français... ou l'arabe, que l'allemand; toi qui, féru de sciences et d'astronomie, te livres, murmure-t-on, derrière les remparts de tes châteaux d'Apulie, à d'étranges expériences; toi, l'Empereur chrétien qui t'entoures d'une garde sarrasine et entretiens, dit-on, dans ton palais de Lucera un harem digne d'un sultan infidèle; toi qui as pour ami le soudan de Babylone?

Était-ce le vêtement d'un empereur allemand, cet étrange manteau impérial dont la pourpre, galonnée de caractères arabes brodés en fils dorés, s'ornait d'une palme couverte de dattes d'or, d'un blason de lions et de chameaux?

Ces sarrasins aux turbans blancs, ces Abyssins tout noirs, était-ce là la garde d'un empereur chrétien?

Mais là-haut, dominant l'assemblée réunie pour sa gloire, Frédéric se sentait l'incarnation même de l'État, de cet État romain, oublié depuis les temps barbares, que dans le morcellement de la féodalité ni Charlemagne ni Othon le Grand n'étaient parvenus à ranimer, qu'une noyade stupide sur la route de Terre sainte avait fait échapper aux mains de Barberousse...

De cet État romain qu'il était, lui, sur le point de ressusciter.

Oui, lui, Frédéric II de Hohenstaufen, successeur d'Auguste, de Constantin et de Charlemagne.

Lui, César Auguste!

LA DRAPIÈRE

L'an du Seigneur 1235, le samedi 8 décembre, fête de l'Immaculée Conception

« Ça va durer encore longtemps? grommelait dans l'obscurité une voix aux intonations allemandes.

– Ah, ne me dis pas que tu fatigues! Tu en porterais deux comme moi! répliqua Alphonse, avec son accent de Castille.

– Je ne fatigue pas, je gèle!

– Laisse-moi prendre ta place, c'est à nous de vous relayer.

– Je reconnais bien ton bon cœur, Guillaume, mais va, je supporterai bien encore un peu cet Espagnol de malheur, puisque ses fesses de demoiselle lui interdisent de s'asseoir sur le mur!

– Par la vertu de Marie-Madeleine, je t'ai dit que le bourgeois l'a couvert de tessons de cruches. Viens donc y poser ton viril fessier et on en reparlera!

– Mais taisez-vous, enfin, vous allez ameuter tout le quartier. »

Thomas de Fehérvár, s'il restait rarement à l'écart des frasques de ses amis, faisait comme toujours entendre la voix de la prudence, ce qui manquait rarement d'attirer leurs quolibets et de justifier son surnom de Thomas le Sermonneur.

Mais, ce soir-là, ils se turent. C'est qu'ils ne voulaient pas avoir à déguerpir avant de connaître la conclusion de la soirée!

Dans cette nuit de décembre, près de la rue de l'Éperon, à deux pas des jardins potagers avoisinant la porte de Bussy, tandis que Thomas et Guillaume Boucher se tenaient aux aguets, Alphonse de Burgos, juché sur les épaules de Mainfroi de Cologne, haussant de temps en temps le col en s'accrochant au lierre, regardait patiemment, par-dessus le mur du jardin aux arbres dénudés, la lueur qui brillait au premier étage d'une maison cossue.

Thibaud avait pris son temps – c'est qu'il ne voulait pas perdre son revenu de répétiteur de latin –, mais cette fois, disait-il, c'était la bonne. L'affaire était dans le sac. Le drapier venait de partir pour deux semaines à Chartres, où l'appelait une affaire de famille. Il avait emmené son fils aîné, et la drapière restait seule avec le cadet. Thibaud se disait sûr d'avoir lu une connivence dans son regard, quelques discrets frôlements ne semblaient pas l'avoir effarouchée, et avant-hier, devant tous ses amis, il s'était engagé à pousser cette nuit l'avantage jusqu'à la chute de toute résistance. S'il échouait, il régalerait la compagnie d'un banquet chez maître Benoît! Et, s'il obtenait ce qu'il convoitait, c'était bien le moins qu'on le régalât, lui.

Le succès devait être annoncé par un mouvement convenu de la chandelle du premier étage – dans la chambre de la belle! Par deux fois ils avaient cru que ça y était, et puis non, la chandelle avait repris sa place sans que fût donné le signal attendu. Il y avait pourtant trois heures qu'il était là-dedans! On n'allait tout de même pas leur dire qu'il enseignait toujours le latin au gamin! D'ailleurs, un gamin chrétien devait être couché depuis longtemps.

Par la Mort-Dieu, qu'il faisait froid! Le plus heureux était encore Albert de Worcester, resté couché avec une forte fièvre sous un gros édredon.

Les quatre compères se consolaient tant bien que mal de leur attente en songeant au festin que Thibaud n'allait pas tarder à devoir leur offrir. Car, si rien ne s'était passé avant que l'on sonnât vigiles, il était convenu qu'ils iraient se coucher et que, quoi qu'il arrivât ensuite, Thibaud serait considéré comme ayant perdu son pari.

« Eh, j'entends quelque chose », souffla Thomas.

– Mais non, je n'entends rien.

– Ni moi. Tu rêves, Thomas.

– Vous êtes tous sourds comme des pots. Il y a des gens qui chantent.

– Eh! eh, ça y est!

– Non!

– Si. Deux coups... trois... et quatre. Pour le coup, c'est nous qui payons! »

« *Que demande le chevalier?*
Compagnons de la Marjolaine,
Que demande le chevalier?
Gai, gai, dessus le quai. »

Au détour de la ruelle, des voix légèrement avinées fredonnaient, des pas lourds faisaient crisser le gravier.

« Le guet! »

Mainfroi se retourna si subitement qu'Alphonse tomba à la renverse dans les bras de Guillaume. Lorsque la patrouille de cinq sergents en armes, éclairée d'une lanterne, surgit d'un pas traînant de l'ombre du passage, les quatre jeunes gens prirent leurs jambes à leur cou.

« Qui va là? Halte! »

Dans un cliquetis de ferraille, les hommes de la prévôté se mirent à trotter, mais, point tout jeunes et trop lourdement équipés, ils renoncèrent vite à la poursuite.

Le gros sergent massier qui les commandait s'arrêta, essoufflé. Le bâton fleurdelisé qui signalait son grade brassa l'air d'un moulinet rageur.

« Sales gosses! »

Il avait reconnu des chapes brunes d'étudiants.

« Si j'étais leur père, je te les mettrais au travail au lieu de leur payer des cours de latin dont ils se contrefichent! Et vous, bandes de soûlards, si vous ne chantiez pas comme des ivrognes, on leur aurait mis la main au collet!

– Oh, Étienne, t'as vu ton nez!

– Ouais, t'étais pas le dernier à chopiner, tout à l'heure.

– Quand on remet de l'ordre dans une taverne et que le patron vous offre à boire, on ne va tout de même pas refuser.

– Vous n'étiez tout de même pas obligés de chanter, sacré nom! »

Au-dessus de la ruelle, un volet s'ouvrit. Un voix aigre grinça :

« Vous n'avez pas fini de déranger les bonnes gens, à cette heure? Mais c'est le guet, en plus! Ah, elle est belle, la prévôté!

– Eh, dis donc, la femme... »

À peine le sergent Étienne avait-il commencé à dire à l'insolente sa façon de penser que le volet s'était déjà refermé dans un claquement méprisant.

CYRILLE

L'an 6744 de la création du monde, le vendredi 4 avril, fête de saint Georges de Malée [1]

Frère Cyrille rayonnait de bonheur.

Jamais Souzdal, dont un doux soleil printanier faisait briller une dernière fois l'immaculé manteau d'hiver qu'il condamnait à fondre, ne lui avait paru si belle.

Jamais les eaux de la Kamenka, en contrebas du sentier qu'il longeait, n'avaient scintillé aussi gaiement.

Son pas joyeux s'imprimait légèrement dans les dernières plaques de neige, qui pour quelques jours encore parsemaient le chemin. Il courait, plus qu'il ne marchait, vers les remparts du kremlin [2] et la cathédrale de la Nativité-de-la-Vierge.

Car c'était Elle que, derrière ces murs blancs qu'il avait vu édifier dans son enfance, le jeune homme allait remercier.

Ce matin l'higoumène Anastase l'avait distingué pour diriger l'atelier d'icônes du monastère des Saints-Côme-et-Damien !

Dans toute la Souzdalie – et même au-delà – le monastère était réputé pour la qualité de ses peintres et de ses copistes. Ses manuscrits de psaumes, enluminés d'or, d'argent, de vermillon, d'azur, de cinabre ou de turquoise, étaient partout fameux. Mais c'était dans l'art des icônes qu'il approchait le plus près la perfection.

Là, dans cet atelier, il y avait des années déjà, après qu'il eut su étaler en un fond blanc et uni le traditionnel mélange de plâtre et de colle sur les toiles dont il avait tendu des planches de tilleul, on avait enseigné à Cyrille à restituer, avec de vives couleurs délayées dans de l'œuf, l'image du Christ, de la Vierge et des saints.

Sous la direction affectueuse du père Zacharie – que Dieu tienne en Son paradis cette âme tendre et pure ! – puis sous la férule plus rude, mais plus savante, du père Théophane, il avait appris, plongé dans les livres de modèles, les règles sacrées qui en régissaient la représentation.

Le regard du Seigneur, la main de Marie, l'expression de chaque saint... Tout obéissait à une loi immuable : la peinture était l'expression visible de l'Évangile dans son intangible Vérité.

Maîtrisant bientôt la forme, Cyrille avait alors mis toute sa ferveur à donner une âme aux images, à rendre sensible, derrière les apparences, l'intensité de sa foi, désespérant parfois d'y jamais arriver, sous les reproches bougons du vieux maître.

Mais Théophane, sentant sa fin approcher, avait recommandé Cyrille, malgré son âge encore tendre, pour lui succéder.

---

1. 4 avril 1236.
2. Centre fortifié des villes russes médiévales.

Pardonnez-moi, Seigneur, de sourire ainsi alors qu'un homme est mort, qui m'aimait et que j'aimais. Mais je sais qu'il est à Votre droite, car, s'il était sévère, il était aussi juste!

Redoutant l'humeur de Théophane, que les douleurs de l'âge rendaient plus acariâtre, n'osant pas le troubler lorsqu'il s'isolait pour peindre, les autres moines de l'atelier avaient pris l'habitude de demander à Cyrille ses avis et ses conseils. Il y avait bien eu au début un peu de jalousie, surtout de la part des plus âgés, mais tous avaient dû reconnaître qu'il y avait dans les peintures du jeune moine une touche indéfinissable, inimitable – ils s'y étaient essayés – qui leur donnait quelque chose..., quelque chose de céleste!

Et puis il était si gentil. On ne pouvait pas longtemps être jaloux de Cyrille. Quand il s'approchait avec le doux sourire qui allait si bien à son visage un peu enfantin, quand ses yeux limpides s'attardaient longuement sur votre travail, on avait honte d'avoir éprouvé pareil sentiment. Lorsque, caressant pensivement sa courte barbe brune, il suggérait, plus qu'il ne conseillait – toujours avec raison – ici une ombre plus soutenue, là un trait plus fin, on savait bien que ce n'était pas pour étaler sa supériorité, mais seulement pour l'amour du beau travail – et pour le vôtre, car il aimait tant voir la joie sur les traits de ses frères.

Cette douceur même avait, plus que sa jeunesse, fait un instant hésiter Anastase. Après le père Théophane, dont on redoutait tant la sévérité, Cyrille saurait-il imposer son autorité à l'atelier? N'allait-on pas voir, faute d'être guidée d'une main ferme, la production du monastère perdre de sa rigueur? Mais les autres venaient si naturellement à lui. Il n'avait pas besoin d'autorité. Il avait le don, tout simplement.

Il peignait même mieux que le vieux Théophane, qui avait cinquante années de plus!

Et comme ses portraits de Marie étaient beaux...

Souriant à cette pensée, car il savait bien pourquoi c'était en Marie qu'il mettait le plus d'âme, l'higoumène avait ce matin même appelé le jeune moine. Il l'avait engagé à rester modeste – Anastase n'avait pas beaucoup de craintes de ce côté-là – et lui avait surtout rappelé que cet honneur qu'on lui faisait était aussi un sacerdoce. Il serait sans doute dispensé de certaines corvées, mais, tant que ses mains et ses yeux rempliraient leur office, il ne cesserait plus de peindre et d'enseigner, d'enseigner et de peindre, condamné à restituer jusqu'au terme de sa vie, avec ses pauvres moyens humains, un peu de la grandeur divine.

Ce regard que Cyrille lui avait adressé lorsqu'il s'était jeté à ses genoux pour lui baiser les mains!

Le vieil higoumène s'était remémoré avec émotion cet autre matin de décembre, vingt-cinq années plus tôt...

Sois loué, Seigneur, d'avoir amené parmi nous cet enfant qui avait un tel don!

LE LIVRE ET LES BARBARES

L'an 633 de l'hégire, le huitième jour du mois de Shaban[1]

Le da'i Masud acheva son rapport. Un silence de mort succéda à son discours.

L'atmosphère était sombre dans la grande salle de la citadelle, où une vingtaine de dignitaires en robe blanche étaient assis autour de l'Imam Ala al-Din Muhammad.

Lorsque, dix mois plus tôt, à l'issue de la réunion du chapitre, événement exceptionnel s'il en fut, ils avaient quitté Alamout, ils pensaient ne plus y revenir avant des années.

Et pourtant les voilà qui se retrouvaient. Ils avaient à nouveau bravé les dangers de la route aggravés des rudesses d'un hiver finissant.

Mais ce n'était plus pour parler des progrès de la foi, pour philosopher sur le monde ou disserter sur Dieu! S'ils avaient répondu, une nouvelle fois, à l'appel de leur Imam, c'est que l'Islam tout entier était menacé de perdition.

Le front barré d'une ride profonde, son regard noir fixant les entrelacs végétaux du tapis, Ala al-Din se taisait. Le grand missionnaire de Syrie, Siradj al-Din, qui une fois de plus avait dû faire le long voyage de Perse depuis son château de Masyaf, entre Damas et Antioche, égrenait nerveusement un chapelet, tandis qu'Ibrahim ibn-Kamal, grand missionnaire d'Irak, les yeux perdus, mordillait machinalement sa lèvre inférieure. Immobiles, silencieux, les da'i, n'eût été le son léger de leur respiration, eussent pu être des statues.

Ainsi, c'était donc vrai. Ils revenaient!

Ils revenaient!

Jusque-là, ce n'étaient que des bruits, comme il en existe toujours – un peu plus insistants, peut-être, depuis l'année dernière. Sans doute Tchormaghan et ses trente mille cavaliers faisaient-ils trembler la Perse, tantôt ravageant une province, tantôt détruisant une cité, qui par témérité ou négligence avait omis de payer le tribut qui lui était imposé; jamais la paix n'avait plus régné dans cette région depuis le désastre, mais trente mille hommes ne pouvaient menacer tous les royaumes persans, arabes ou turcs. Si l'on tremblait parfois, on finissait par s'habituer à leur sinistre présence.

Mais, cette fois, le da'i Masud tenait ses renseignements de source sûre. Les ismaéliens avaient leurs espions dans toutes les cours d'Orient; ils en avaient aussi auprès des gouverneurs musulmans des cités jadis conquises par les Mongols, et, cette fois, l'information avait été obtenue auprès de Mahmoud Yalawatch lui-même, gouverneur de Boukhara et de Samarkand pour le compte du Grand Khan, de retour d'une grande assemblée que ce dernier avait convoquée dans la lointaine capitale de son empire.

1. 17 avril 1236.

Tous les assistants, en leur for intérieur, s'étaient replongés de quinze ans en arrière et revivaient l'atroce agonie de l'empire de Khwarezm.

Ce fut un immense malheur, comme les jours et les nuits n'en produisirent jamais de pareil. Depuis le temps du Prophète – qu'Allah le bénisse –, jamais les croyants n'avaient subi de tels maux et de telles souffrances...

Au commencement du VIIe siècle de l'hégire [1], Shah Muhammad de Khwarezm avait rassemblé sous sa loi un immense empire : son domaine s'étendait de la mer Caspienne jusqu'au Syr-darya et de l'Afghanistan jusqu'à l'Azerbaïdjan à travers le Khorassan et la Perse tout entière. Il régnait sur nombre des plus belles villes de l'Islam : au premier rang de toutes était Samarkand, sa capitale, avec ses cinq cent mille âmes, ses palais, ses fontaines, ses canaux, ses jardins, ses melons que l'on exportait dans des caisses doublées de plomb et remplies de neige venue des sommets, ses fabriques de soie, de coton ou de lamé d'argent, de papier de chiffon ou de selles ouvragées, puis venaient Boukhara et ses mosquées, ses universités, ses tapis merveilleux, puis Nichapour, Tabriz, Qom, Ispahan, et tant d'autres...

Muhammad Ali Shah était enflé d'orgueil et d'ambition. Dans sa cour somptueuse où il croyait revivre le temps des anciens rois de Perse, ministres, dignitaires et flatteurs serviles en cohortes entières l'assuraient chaque jour de l'immensité de son génie, l'appelant l'élu de Dieu, le second Alexandre, lui rappelant que jamais depuis Haroun al-Rachid et les premiers Califes de Bagdad un souverain musulman n'avait régné sur un aussi vaste empire.

Et quatre cent mille hommes gardaient ses frontières, attendant le jour où le bon plaisir du Shah les lancerait à l'assaut d'une nouvelle province.

Or, pendant que l'orgueilleuse cavalerie turque de Muhammad entassait sans effort villes et provinces trop faibles au pied du trône de Khwarezm, dans les profondeurs de l'Asie, un chef nomade, au terme de luttes obscures, avait fédéré un grand nombre de tribus jusque-là éparses. Son royaume avait atteint la route des caravanes – la route de la soie –, et l'étendue de son pouvoir approchait des frontières du Khwarezm.

Alors le roi des nomades envoya une ambassade auprès du Shah. Il souhaitait – disait-il –, lui qui avait rétabli la paix dans toute la haute Asie, vivre en amitié avec un souverain dont il avait appris la puissance, la richesse et l'immensité de l'empire. Pour témoigner ses sentiments pacifiques, il venait lui proposer de conclure un traité de commerce.

Même si le roi des nomades avait pris soin de choisir pour ambassadeurs des natifs du Khwarezm habitant sur ses terres, le fastueux Muhammad Ali Shah ne voyait dans cette délégation que des rustauds à demi barbares. Il imaginait avec un mépris mêlé de dégoût ce que pouvait être leur maître : un chef de bande chanceux, vêtu de peaux de bêtes, jamais lavé, nourri de beurre rance et de viandes douteuses, au fond d'une grossière tente de feutre aussi malpropre que lui-même. Shah Muhammad écouta les envoyés avec une hauteur condescendante, mais comme il était, lui, civilisé, il veilla à ce que son hospitalité fût digne de sa grandeur et daigna les charger d'un message pour leur chef, où il proclamait son attachement à la paix et déclarait accepter l'amitié du roi des nomades, avec qui son empire commercerait volontiers.

---

1. XIIIe siècle de l'ère chrétienne.

Bientôt les nomades formèrent des caravanes pour échanger les produits de la steppe – mais aussi les précieux produits venus de Chine par la route de la soie – avec les marchandises des pays musulmans. Bientôt, cinq cents chameaux chargés d'or, d'argent, de soie, de zibeline et de bien d'autres richesses se mirent en route pour le Khwarezm; mais, parvenue à la ville frontière d'Otrar, l'énorme caravane excita la convoitise d'Inaltchiq Qadir-Khan, son gouverneur, qui fit traîtreusement périr ses chefs et s'empara de son chargement.

Furieux, le roi des nomades expédia un envoyé au Shah, exigeant réparation pour cette ignominie, mais Shah Muhammad, dans son orgueil, n'accepta pas qu'un barbare vînt lui parler de haut et ne crut pas devoir condamner le crime de son gouverneur. Bien plus, il mit l'ambassadeur à mort!

Alors la colère du roi des nomades ne connut plus de bornes, et les croyants apprirent bientôt à répéter avec terreur le nom de Gengis Khan, Empereur des Mongols.

Venue de toutes les steppes de l'Asie, une immense armée nomade se rassembla et prit la route du Khwarezm.

Rien ne pouvait l'arrêter. Les montagnes infranchissables, elle s'en jouait! Les déserts brûlants, elle s'en riait! Dispersés sur une trop longue frontière, les mercenaires turcs se montrèrent incapables d'arrêter le déferlement des vagues d'assaut mongoles. Boukhara, Samarkand, ces joyaux de l'Islam, tombèrent aux mains des envahisseurs. Et ces villes orgueilleuses flambaient, leurs palais croulaient, leurs minarets tombaient en poussière. Ses digues détruites par les barbares, Urgendj, l'ancienne capitale des souverains de Khwarezm, fut engloutie dans les eaux du Djeihun. Les chevaux des Mongols souillaient l'enceinte sacrée des mosquées, et les docteurs de la Loi, avant d'être mis à mort, devaient bouchonner les montures des conquérants.

Puisqu'il aimait tant ce métal, Gengis Khan fit couler de l'argent en fusion dans les yeux et les oreilles d'Inaltchiq Qadir-Khan, le meurtrier des ambassadeurs, capturé vivant malgré sa défense farouche d'Otrar.

À Boukhara, sur la place de la Prière, près de la porte d'Ibrahim, l'Empereur des barbares, montant en chaire devant les survivants terrorisés, avait tonné :

« Sachez que je suis le fléau d'Allah et que, si vous n'aviez pas commis de grands crimes, Allah ne m'aurait pas lancé sur vos têtes! »

Alors Shah Muhammad, ses armées dispersées, sa capitale détruite, fut pris d'une terreur panique. Il monta sur son cheval et, tandis que son fils Djélal ed-Din tentait d'organiser la résistance, il s'enfuit au galop.

Et il galopa, galopa. Jamais en repos, il ne passait pas plus de quelques nuits au même endroit, dormant chaque soir sous une tente différente, dans l'effroi des Mongols qui le poursuivaient.

Et les Mongols le poursuivaient!

À la trace, sans relâche, comme le gibier qu'il était devenu, les guerriers de Gengis Khan le traquaient pour accomplir la vengeance de leur maître... jusqu'à ce qu'un jour, en loques, accompagné d'une poignée de fidèles, ayant embarqué juste à temps dans une barque de pêche pour échapper aux volées de flèches que ses poursuivants envoyaient du rivage, le tout-puissant Shah du Khwarezm vînt mourir d'épuisement dans une pauvre cabane, sur une île de la mer Caspienne.

Il fut mis en terre sans même un linceul, dans la chemise déchirée d'un de ses serviteurs...

C'était le vent de la colère divine qui soufflait.

Dans le chaos de la débâcle, sous les sabots des légions infernales, agonisaient les plus belles provinces de l'Islam : depuis des siècles, le pays de Khorassan était devenu un chapelet de vergers où des générations de paysans jardiniers, à force de patience et de ténacité, faisaient prospérer des oasis luxuriantes aux portes du désert. Les villes y étalaient leurs richesses : Nichapour, où était né jadis le délicat poète Omar Khayyam, Tus, patrie de Ghazali, le grand philosophe, Merv, la cité du coton fin et de la soie...

Aujourd'hui, quinze ans après la catastrophe, les derniers palmiers mouraient de soif et, dans un sifflement lugubre, les vents de sable du désert ensevelissaient les ultimes vestiges de ces orgueilleuses cités.

Quand Mütügen, petit-fils préféré de Gengis Khan le maudit, fut tué d'une flèche sous les murs de Bamiyan, le roi des nomades ordonna que fussent massacrés tous les êtres vivants, hommes et femmes, bétail, oiseaux et animaux sauvages; il ordonna que la ville fût transformée en désert et que nul ne l'habitât plus jamais.

Elle restait toujours en ruine et on n'y trouvait âme qui vive...

Ils avaient tué la terre...

Quand les populations ne venaient pas spontanément se jeter aux pieds des généraux mongols en proclamant leur soumission – ce qui leur valait le pillage, mais fréquemment la vie sauve –, lorsqu'elles s'avisaient de résister, alors, après leur inévitable défaite, elles étaient sauvagement, méthodiquement, massacrées par les vaingueurs.

À Merv, Toloui, le fils de Gengis Khan, ordonna de décapiter tous les habitants; assis dans la plaine sur un siège d'or, il contempla ses bataillons trancher les têtes des hommes, des femmes, des enfants sans défense, n'épargnant que quatre cents artisans destinés à aller rehausser la gloire de son père. Auparavant il n'avait pas hésité à employer une fois de plus la tactique qu'affectionnaient les Mongols lorsqu'ils attaquaient une ville : pousser à l'assaut, l'épée dans les reins, la foule des paysans du voisinage qu'ils avaient capturés. Ainsi, avant d'atteindre leurs ennemis, les défenseurs devaient d'abord abattre leurs frères, et lorsque ceux-ci avaient roulé dans les fossés, les comblant de leurs cadavres, les barbares montaient à l'assaut en piétinant leurs corps.

À Nichapour, le général Toqoutchar avait perdu la vie durant le siège. Alors, quand la ville fut tombée, sa veuve, la propre fille de Gengis Khan le maudit, ordonna aux dix mille hommes de sa suite d'exterminer jusqu'aux chiens et aux chats. On massacra durant quatre jours, décapitant tous les cadavres pour que nul ne sauvât sa vie en s'allongeant parmi eux.

La veuve fit édifier trois pyramides, qui signalaient aux hommes qu'ici avait jadis été Nichapour la riante.

La première était faite avec les têtes des hommes.

La seconde avec les têtes des femmes.

La troisième avec celles des enfants.

Que restait-il de Nessa? Que restait-il de Herat? Que restait-il de Balkh?

Si après quinze années le galop de la grande chevauchée s'était peu à peu assourdi dans les mémoires, si les villes de Perse croyaient acheter leur tranquillité en payant un tribut au Grand Khan des nomades, de temps à autre, son général Tchormaghan, avec ses trente mille hommes, s'employait à rappeler au monde qui étaient les Mongols : Maragha, le Dyarbékir et le pays d'Erbil avaient à nouveau vécu l'enfer.

De longues minutes l'assemblée resta muette. Chacun revivait en lui-même ces années terribles : qu'il les ait vécues dans sa chair, qu'il en ait seulement entendu les récits terrifiants, il se rappelait l'effroi qui avait alors gagné le monde musulman. Sans doute en ce temps-là, pour protéger les vrais croyants, l'Imam Djalal s'était-il empressé d'envoyer ses ambassadeurs porter à l'Empereur Gengis Khan sa soumission et son serment d'allégeance. C'était le seul moyen de sauver les châteaux de la Foi, mais Dieu savait que l'Imam n'avait pas agi de gaieté de cœur!

Ala al-Din avait blémi, le regard une fois de plus perdu dans le lointain. Un léger tremblement l'avait gagné.

Un vieux da'i, dont la longue barbe blanche dissimulait mal l'affreuse cicatrice qui de son œil crevé et de son nez mutilé courait jusqu'à son menton, rompit le silence d'une voix blanche et psalmodiante.

« J'étais à Herat, je vivais d'une vie simple et heureuse, dans la lecture des Écritures et les joies du foyer. J'avais deux épouses, Halima, la vieille, douce et tendre, qui soignait les enfants et tenait le ménage, Aïcha, la jeune, qui apportait la gaieté de son rire et les joies de l'amour, dont son ventre portait le fruit. J'avais cinq beaux enfants : la petite Hanafiya, première-née d'Aïcha, au gazouillis d'oiseau, et Hussein mon aîné, qui faisait ma fierté, et Ali, et Rustam, et Dastan.

« Un jour, un prince mongol, entouré d'une nuée de cavaliers, se présenta aux portes. Le gouverneur le traita d'infidèle et cracha dans sa direction en lui jetant par-dessus les remparts la tête de son héraut. La garnison turque fit serment de défendre la ville jusqu'à la mort.

« Elle résista une semaine. Puis Dieu voulut que le gouverneur fut tué. Alors – ô lâcheté – nous, les habitants, nous nous sommes rendus pourvu qu'on épargnât nos misérables vies! Et nous avons abandonné au sabre des Mongols les douze mille braves qui nous défendaient!

« Nous avons vécu un an sous le joug dans une fausse paix. Dieu jugea alors bon de punir notre lâcheté en nous frappant de folie. Lorsqu'on apprit que le prince Djélal ed-Din avait vaincu une armée mongole, le peuple se révolta contre la petite garnison que l'ennemi avait laissée.

« Folie... Folie...

« Le fléau d'Allah dépêcha un de ses généraux avec une immense armée.

« Alors les bourgeois de la ville, redoutant sa vengeance, décidèrent de se défendre eux-mêmes; tous se battaient, hommes, femmes et enfants; de rue en rue, de jardin en jardin, de toit en toit, le combat dura deux jours entiers. J'y perdis ces trois doigts! »

Et le vieux da'i dressa une main mutilée devant ses frères silencieux.

Ala al-Din, les yeux mi-clos, les mains frémissantes, se balançait d'avant en arrière.

« Les incendies rougeoyaient toute la nuit; le jour, la fumée obscurcissait le ciel. Bientôt le Tout-Puissant envoya la discorde parmi nous. Les uns étaient prêts à mourir au combat, les autres – les insensés – espéraient gagner le pardon des Mongols. À la fin, prêts à tout pour sauver leur vie, quelques riches citoyens leur offrirent la soumission de la ville, et tout ce qu'il leur restait de richesses. Le général mongol promit tout ce qu'ils voulurent, et le combat cessa. Mais le général n'aimait pas les traîtres. Et, lorsque ses soldats eurent désarmé les nôtres, le massacre commença. Rue par rue, ne respectant ni le grand âge ni l'extrême jeunesse, ne s'arrêtant parfois que pour reprendre souffle ou violer une femme, qu'ils égorgeaient ensuite, les guerriers mongols tuèrent tous ceux qui n'avaient pas eu le bonheur de périr dans les combats.

« Terrible est la colère de Dieu!

« Dans les deux jours de bataille, j'avais perdu la trace des miens. En revenant dans les ruines de ma maison, je n'y trouvai plus qu'Aïcha et sa petite Hanafiya, restées sans nouvelles des autres. Une semaine durant, nous avons survécu, en tremblant, dans une cave, blottis les uns contre les autres, affamés, avec pour tout breuvage une jarre d'eau à demi croupie. Au-dehors, derrière les éboulis que j'avais entassés pour dissimuler l'entrée, on entendait des cris étouffés, les grondements des murs qui s'effondraient. Les Mongols, tout ce temps, ne faisaient que piller, que tuer et démolir. Ma femme et mon enfant avaient trop faim. Alors un soir je suis sorti de ma cachette.

« Quand je revins, rampant comme une bête, pressant contre moi un pauvre butin, un Mongol répugnant, l'armure lacérée, le visage noir de suie achevait de dégager l'entrée de la cave qu'il avait devinée. Son visage s'éclaira d'une joie lubrique quand il aperçut Aïcha. Il ne m'avait pas vu. À l'instant où il allait entrer dans notre refuge, hurlant à mon épouse de s'enfuir, je fonçai tête baissée sur le soldat que je projetais dans la rue, tandis qu'Aïcha s'échappait. Elle serrait sur sa poitrine la petite en larmes. Aussitôt un autre Mongol accourut, un éclair d'acier brilla devant mes yeux, et je perdis connaissance.

« Quand je m'éveillai, je ne sentais plus mon visage. Le sang caillé aveuglait le seul œil qui me restait. Je sentais contre moi des corps immobiles, et partout l'odeur de la mort. Lorsque je trouvai la force de dégager ma main valide et d'essuyer mon œil, ma bouche voulut pousser un cri dont ma faiblesse ne fit qu'un râle. Il faisait nuit, mais dans la lueur des incendies, à quelques pas de moi, gisait Aïcha, nue, le ventre ouvert, avec entre ses cuisses une petite chose saignante qui ressemblait à un enfant. De la petite Hanafiya, pas de traces.

« Allah puissant sur tout!

« Il supplicie qui Il veut!

« Je reperdis un moment connaissance, puis m'éveillant à nouveau, comme si je n'étais plus moi-même, comme si je marchais dans un cauchemar, je vis que j'étais debout, sur ce qui avait été une place. Comment m'étais-je relevé, comment étais-je arrivé là? je ne le sus jamais. Autour de moi, tels des fantômes, des survivants, échappés par miracle au massacre, sortis des ruines, des caves, et d'on ne savait où, enjambaient d'un pas chancelant les morts qui jonchaient le sol. Ils se rassemblaient ici auprès d'une fontaine, d'où l'eau coulait encore, pour étancher la soif qui brûlait leurs gosiers asséchés. Ils disaient que, lorsque le soleil avait commencé à décliner à l'horizon, le général mongol avait ordonné le rassemblement, et, comme les Mongols obéissent aveuglément à leurs chefs, en un instant les ultimes massacres et les derniers viols avaient cessé. Et les barbares, en colonnes, s'étaient remis en marche. Certains les avaient vus s'éloigner de la ville, dans le soleil couchant.

« Mais à peine l'aube blafarde se fut-elle levée qu'un hurlement terrible retentit. J'étais couché, à nouveau, parmi les morts. Personne ne m'aida cette fois à me relever, et c'est pourquoi je suis resté en vie. Car, soudain, un groupe de cavaliers mongols fit irruption au galop sur la place. Un petit enfant courait, affolé. L'un des cavaliers se pencha sur sa selle, balança son cimeterre, et la tête de l'enfant vint rouler près de moi. Le barbare la ramassa et la planta sur sa lance qu'il agita bien haut. Il parcourut un instant la place en riant, hurlant par dérision à tous les croyants morts ou agonisants les paroles sacrées :

La ilahe illallah...
La ilahe illallah...
Il n'y a de dieu qu'Allah...
Il n'y a de dieu qu'Allah...

« J'entendis encore un instant les cris des victimes, je perdis à nouveau conscience, et tel fut mon dernier souvenir de la fin de Herat.

« Jamais je n'ai revu aucun des miens.

« Terrible est la colère de Dieu ! »

Et de longues traînées de larmes sillonnaient son visage ravagé.

Siradj al-Din gardait les yeux fixes. Oui, c'était la tactique des Mongols. Il y avait toujours des gens qui échappaient au massacre. Alors ils faisaient croire qu'ils s'en allaient. Les survivants sortaient de leurs cachettes et, quelques heures plus tard, des escadrons de cavaliers revenaient par surprise achever leur œuvre de mort... Il soupira.

Ce n'était pas l'habitude lors des réunions du chapitre d'évoquer peines ou joies personnelles ni de s'épancher en jérémiades larmoyantes.

Mais le vieil Izzaddin était le seul ici à avoir connu d'aussi près la barbarie mongole. Tous le respectaient pour sa piété, aussi nul n'avait osé, abîmé qu'il était dans ses propres songes, interrompre son long monologue.

Il fallait rompre le charme mauvais qui régnait sur l'assemblée. Le grand missionnaire de Syrie, émergeant comme les autres da'i d'un engourdissement fataliste, se tourna vers Ala al-Din.

Une terreur sacrée lui glaça les veines.

Absorbés par leurs sombres pensées, les da'i n'avaient pas vu s'altérer l'apparence de l'Imam, son tremblement s'accentuer, ses yeux se révulser, sa bouche écumer. Comme aveugle, Ala al-Din, ignorant l'effroi des regards qui se posaient sur lui, poussant un hurlement de fauve, s'effondra sur les tapis, le corps secoué de spasmes frénétiques.

Un moment, court sans doute, mais qui parut des siècles, les da'i restèrent paralysés. N'était-ce pas le présage de malheurs infinis que le Très-Haut leur adressait au travers du corps torturé de l'Imam ?

L'un des missionnaires osa enfin se lever, s'approcher du corps tremblant qui gisait au milieu des coussins défaits. À peine eut-il tendu la main vers lui que, subitement, Ala al-Din se détendit. On vit ses paupières s'ouvrir sur un regard égaré.

« J'ai soif ! Du vin ! » murmurèrent ses lèvres souillées d'une mousse blanchâtre. Appelés par les da'i, les serviteurs se précipitèrent, et soutenant le corps pantelant de leur maître, frottant sa sueur d'eau fraîche et de parfums, ils portèrent à ses lèvres une coupe de son vin préféré, de ce vin qu'il prisait au-delà de toute mesure.

Il parut bientôt s'apaiser; se concertant, les dignitaires se dirigèrent vers la porte, jugeant préférable de poursuivre ailleurs leur assemblée pour ne point troubler son repos.

« Ainsi vous dites que Gengis Khan revient? Où allez-vous? Vous ai-je ordonné de sortir? »

La voix de l'Imam, encore faible mais ferme, retentit dans leur dos à l'instant même où le premier d'entre eux allait franchir le seuil. Surpris, ils se retournèrent : le visage profondément las, mais les yeux bien sur terre, Ala al-Din les regardait.

À pas feutrés, chacun vint reprendre sa place. D'instant en instant, leur maître paraissait se raffermir et retrouver son assurance, comme inconscient de la scène dont il venait d'être l'acteur.

La voix d'Ibrahim ibn-Kamal osa la première s'élever, légèrement étranglée :

« Oui, seigneur, les Mongols ont décidé de revenir; mais nous avons appris une chose importante. L'Islam n'est plus cette fois leur seule cible. C'est contre l'Europe qu'ils vont diriger leur attaque principale. Il faut donc que la chrétienté résiste pour que survive l'Islam.

– Oui, oui, balbutia Izzaddin Da'i, il n'y a plus de croyants, de juifs et de chrétiens. J'ai vu les légions de l'enfer. Tous les peuples du Livre doivent se lever pour arrêter les légions de Satan. »

Les peuples du Livre. Tous ceux qui, par Moussa [1], Issa [2] et Mohammed avaient reçu une part de l'Enseignement divin.

La civilisation.

À nouveau la curieuse idée qui lui venait parfois en songeant à al-Kamil et à Frédéric s'insinua dans l'esprit de l'Imam, qui se sentait soudain étrangement lucide. N'était-ce pas là un signe du Très-Haut? N'envoyait-il pas cette épreuve aux peuples du Livre pour qu'ils oublient leurs querelles? Pour que chacune des religions révélées tolérât l'autre à côté d'elle, et qu'ainsi, libre de toute persécution, la Vérité fît peu à peu, par sa seule lumière, justice des mensonges et des fausses croyances?

Le Livre contre les barbares...

« Puisse Dieu donner la force à tous les rois chrétiens! déclara Ala al-Din. « À tous les rois chrétiens, Siradj al-Din! » reprit-il, appuyant sur le « tous » et lançant un regard fulgurant vers le grand da'i de Syrie.

Les deux hommes se comprirent parfaitement. Siradj al-Din salua et sortit, tandis que l'Imam déclarait au chapitre, d'une voix toujours plus ferme, son intention de faire renforcer les défenses et les garnisons des citadelles des vrais croyants et d'avertir par écrit les souverains musulmans. Dès le lendemain seraient rédigées des lettres à l'intention du sultan d'Égypte, du sultan seldjoukide du pays de Roum [3], des rois de Tunis et du Maroc... À l'heure où

1. Moïse.
2. Jésus.
3. Royaume turc d'Anatolie.

l'umma – la communauté des croyants – allait être menacée dans son existence même, tous, sunnites ou chiites, allaient devoir s'unir.

Le sultan d'Égypte et le sultan de Roum. Que pourraient-ils faire contre les Mongols, là où l'immense armée du Khwarezm avait été réduite en poussière? Les Seldjoukides étaient des guerriers redoutables, mais ils avaient été vaincus dans leur seule rencontre avec l'envahisseur, lorsqu'un général mongol du nom de Sabada, ou Suboda, celui-là même qui avait traqué comme une bête Muhammad Ali Shah, avait quitté la Perse pour marcher vers le nord.

Quant à la Perse elle-même, il n'y avait plus rien à en attendre. Si les Mongols n'avaient pas jugé bon de l'occuper, se contentant de lui imposer tribut, ses villes ruinées, relevées vaille que vaille, s'épuisaient en querelles stériles au lieu de chercher à s'unir.

Il fallait vraiment espérer que Dieu dirigerait vers les chrétiens la fureur des Mongols. Et que les rois chrétiens s'uniraient à temps pour arrêter le déluge!

L'Europe était si divisée. Ce qui d'habitude apparaissait comme une bénédiction devenait soudain un sujet d'angoisse... Au milieu de multitudes de princes et de roitelets, trois rois seulement avaient leur chance : seuls Frédéric d'Allemagne, Béla de Hongrie et... Louis de France auraient peut-être assez de courage et de force pour contenir les barbares. À tout le moins, s'ils n'y suffisaient pas, peut-être seraient-ils capables d'entraîner derrière eux les autres royaumes.

Louis de France... Déjà deux mois qu'ils sont partis... Siradj al-Din pourra-t-il les faire rattraper à temps? Là aussi le doigt de Dieu... C'était la première fois qu'on avait eu l'audace d'envoyer les fedayin aussi loin...

« Seigneur, ne faudrait-il pas aussi envoyer une ambassade aux rois d'Occident?

– Si, sans doute, mais pas tout de suite. Cela ne servirait de rien, il ne nous croieraient pas, ne comprendraient pas. »

L'Islam, à la frontière de deux mondes, connaissait bien des choses sur l'Europe, et bien des choses sur l'Asie. L'Imam des ismaéliens, l'homme qui rassemblait dans les salles souterraines d'Alamout l'une des plus riches bibliothèques du monde, où voisinaient, aux côtés de multiples Corans, des Bibles latines, des Talmuds hébraïques, des Vies de Bouddha et des livres profanes, récits, poésies, histoire, traités de médecine ou d'astronomie venus de tous les coins de l'Islam, mais aussi arrivés dans les nefs des croisés ou sur le dos des chameaux de Chine, cet homme-là connaissait – même s'il n'en savait pas grand-chose – le nom de l'Islande comme celui du Japon, ces îles mystérieuses du bout du monde.

Mais l'Europe ignorait tout de l'Asie, comme l'Asie ignorait tout de l'Europe.

Comment les chrétiens, qui avaient appris en Syrie à redouter le Vieux de la Montagne, pourraient-il prendre au sérieux ses ambassades et leurs récits sur un empire nomade qui voulait conquérir le monde? Dans le meilleur des cas, ils leur riraient au nez.

« Nous enverrons des ambassadeurs aux rois chrétiens lorsque les Mongols seront aux portes de l'Europe. Même alors ils ne nous écouteront peut-être pas, mais du moins sauront-ils qu'un danger les menace. En attendant, toute ambassade serait vaine. »

Et, tandis qu'il laissait les dignitaires débattre des mesures à prendre pour rendre plus imprenables encore les châteaux de la foi, Ala al-Din rejoignit le grand missionnaire de Syrie.

Celui-ci glissait dans un minuscule cylindre d'argent un fin rouleau de papier de soie. Il s'interrompit un instant, remarquant avec inquiétude la flamme qui brillait dans les yeux de l'Imam.

Si les lettres qu'il avait échangées avec lui, si les méditations qu'il avait entreprises à ses côtés à Alamout avaient pu un temps l'en faire douter, il avait fini par reconnaître ce que chacun répétait sous le manteau depuis des années. L'Imam était fou!

Alcoolique et fou!

« Alors, Siradj al-Din, quel est ton plan? Ils ont deux mois d'avance!

– À peine plus d'un, maître, répondit le da'i, frémissant légèrement. Chacun d'eux a dû passer tout l'été et tout l'automne dans une forteresse de Syrie, pour recevoir tous les renseignements nécessaires sur les pays qu'ils allaient traverser, apprendre certaines coutumes du royaume de France qu'ils ignoraient, parfaire leur connaissance de la langue des Francs et apprendre par cœur tous les renseignements dont nous pouvons disposer sur le roi de France, ses habitudes, sa capitale et son palais. Ensuite, ils ont dû attendre le printemps, car les convois des Francs ne prennent pas la mer en hiver. Un mois d'avance, cela doit pouvoir se rattraper.

– Et par quel miracle?

– Ils devront voyager en secret, seuls. Pour aller jusqu'en France, il leur aura fallu se mêler à des pèlerins quittant la Terre sainte, trouver un lourd bâtiment vénitien ou génois qui les débarquerait quelque part en Italie ou en France, sans compter les détours et les escales. Peut-être à cette heure n'ont-ils pas encore pris la mer! Enfin, un long chemin est à parcourir de la mer jusqu'à Paris. Là aussi ils seront seuls, et ils devront redoubler de prudence, au cœur d'un territoire ennemi qu'il n'ont jamais vu. Il leur faudra du temps – et de la chance – pour parvenir au palais du roi.

« Un ambassadeur officiel, muni de toutes les lettres de créance nécessaires, naviguant sur les galères les plus rapides, qui verra devant lui s'ouvrir toutes les portes, qui pourra aux relais s'offrir les meilleurs chevaux, a toutes les chances de les devancer auprès du roi Louis.

– Parce que tu penses, ricana Ala al-Din, que toutes les portes vont s'ouvrir devant l'ambassadeur du Vieux de la Montagne?

– Fais-moi confiance, maître, je songe à un homme sûr, fin et subtil, qui parle la langue des Francs. Je vais le faire avertir immédiatement; il se rendra à Acre, à Tyr ou à Antioche pour embarquer sur une galère chrétienne.

– Acre, Tyr ou Antioche? Il me semble que nous avons autrefois facilité contre son gré la succession du prince Bohémond... »

Raymond d'Antioche, frère aîné de Bohémond, était jadis tombé sous les coups des Assassins.

« Quand les chefs chrétiens, Jean d'Ibelin, Bohémond d'Antioche, ou les autres, sauront l'objet de sa mission, seigneur, quand ils sauront qu'il s'agit de sauver la vie du roi Louis, ils mettront à la disposition de notre émissaire leur meilleure galère et leur meilleur équipage. Et crois-moi, seigneur, ils délivreront à l'adresse des officiers de Louis des sauf-conduits plus efficaces que les nôtres. Notre homme sera à Paris avant les fedayin.

– Bien, bien, da'i, je vois que tu as pensé à tout, comme toujours... Va, et fais vite. »

Ala al-Din Muhammad se dirigea à nouveau vers la salle du Conseil. Au moment de sortir, il se retourna un instant.

« Siradj al-Din !

– Seigneur ? »

Quelque chose comme un vague sourire semblait se dessiner sur les lèvres de l'Imam, dévoilant ses dents blanches. Toujours brillant, son regard s'était à nouveau perdu en lui-même.

« Et n'échoue pas, da'i. Après tout... c'était ton idée. »

Une légère pâleur passa sur le visage replet du grand missionnaire. Même fou, l'Imam est l'Imam. Le Tout-Puissant l'a choisi, et Ses voies sont impénétrables.

« Le roi de France vivra, seigneur. »

Mais quel besoin avais-je d'aller parler de ce projet à Alamout ? songea le grand da'i. Ah, Souverain Juge, Tu as voulu punir ma présomption !

Montant en soupirant un raide escalier à vis, il parvint sous les combles d'une tour, sur un parquet souillé de fientes d'oiseaux. Un pigeon blanc le regardait en roucoulant, Siradj al-Din le prit délicatement entre ses doigts potelés et attacha à son cou, à l'aide d'un lacet, le mince cylindre d'argent. Il ouvrit un vantail, et le pigeon s'envola sous le soleil de Perse.

Le grand da'i le suivit un moment des yeux.

« Va, bel oiseau, songea-t-il, toi qui ignores que de la rapidité de ton vol dépend peut-être la vie d'un roi.

« Et, murmura-t-il tout haut, celle d'un grand missionnaire. »

MAÎTRE ALBÉRIC

L'an du Seigneur 1236, le vendredi 18 avril, fête de saint Apollone

La porte s'ouvrit, et l'on vit entrer, imposant et majestueux, l'estomac de maître Albéric.

Peu de temps après apparut, fier et rubescent, le nez de maître Albéric.

Les escholiers n'avaient pas manqué d'observer que la coïncidence de ces deux événements annonçait généralement l'arrivée de maître Albéric soi-même.

De fait, le docteur s'avança, digne et pesant dans sa robe noire à la capuche fourrée de menu-vair, suivi d'un petit clerc trottinant, grisonnant et tout ratatiné, porteur d'un manuscrit, d'une baguette et d'un long rouleau de tissu.

Pour la seconde fois, Thomas de Fehérvár avait introduit son ami Guillaume Boucher dans cette ancienne chapelle de la rue du Fouarre, où maître Albéric de Beaune agrémentait ce jour-là son cours du petit ordinaire, la dernière partie de l'année scolaire qui séparait Pâques des vacances d'été, par une conférence de géographie.

Étrange idée, direz-vous? Chacun sait que les sept arts libéraux, principes et racines de toutes les autres sciences, sont la grammaire, la logique, la rhétorique, l'arithmétique, la géométrie, la musique et l'astronomie! Qu'a-t-on à faire de futilités comme la géographie?

C'est que, vous le savez bien, un professeur vit d'autant mieux que son prestige est grand, et son prestige grandit à mesure qu'il attire plus d'élèves à ses cours. Or les jeunes esprits sont friands de nouveautés, quelque inutiles qu'elles soient. Voilà comment, pour étendre sa notoriété et s'avisant que personne d'autre n'utilisait ce procédé, maître Albéric avait imaginé de donner, trois fois l'an, gratuitement, et ouverte à tous, une conférence en cette curieuse matière!

Tandis que le petit clerc s'efforçait avec maladresse d'accrocher au mur la toile qui figurait la carte du monde, le maître, d'un ton sentencieux, rappela à l'auditoire, assis en rangs sur des bottes de paille alignées au pied de la chaire, le crayon de plomb à la main et le parchemin sur les genoux, que si, dans ses deux conférences des mois précédents, il avait décrit l'Europe et les pays des sarrasins qui bordaient la Méditerranée, il allait, cette fois, parler des confins du monde, au-delà des royaumes infidèles, conformément à l'autorité d'Isidore d'Halicarnasse, dont le volumineux manuscrit trônait sur son pupitre.

Et maître Albéric balança noblement sa baguette sur la carte qu'il exhibait avec d'autant plus de fierté qu'elle était son œuvre et que nul autre que lui n'avait imaginé illustrer ainsi un enseignement. Il décrivit, à l'ouest, le grand océan sans fin, au nord, ce même océan, tout couvert de glaces, au sud le désert dévoré d'une brûlante incandescence.

À l'est, au-delà du Tanaïs [1] où s'arrête l'Europe, et du Nil, qui borne l'Afrique, s'étend l'Asie, limite orientale du monde.

À la lisière de l'Asie se trouvent les terres des infidèles, que maître Albéric avait décrites dans sa précédente leçon. Mais, au-delà des royaumes sarrasins, il y a un grand pays que l'on nomme les Indes, où repose saint Thomas, qui y a prêché l'Évangile.

Il y a trois Indes : la majeure, qui est la plus vaste, la mineure, qui s'étend au bord de la mer, et la moyenne, où les hommes sont tout noirs.

C'est vers ces régions des Indes que règne celui que l'on appelle le prêtre Jean.

Voilà bientôt cent ans, en effet, on avait appris, par une ambassade de chrétiens de Syrie venus en Europe demander du secours contre les infidèles, que, très loin en Orient, les sarrasins avaient été vaincus par un mystérieux souverain.

Ils l'avaient attesté, un homme qui s'en prenait avec une telle vigueur aux infidèles ne pouvait être que chrétien! Ainsi l'Occident savait-il qu'il comptait un allié vers le pays de l'Inde, ce qui était bien naturel du fait de la prédication de saint Thomas.

Othon de Freising, jadis conseiller de Frédéric Barberousse, affirmait que c'était un descendant des Rois Mages, qui jouissait d'une telle gloire et d'une telle richesse que son sceptre était d'émeraude. Bien que d'aucuns eussent assuré qu'elle était fausse, le prêtre Jean, qui s'intitulait roi des trois Indes et de toutes les contrées depuis la tour de Babel jusqu'à la sépulture de l'apôtre Thomas, avait en effet adressé une lettre à l'Empereur Barberousse.

1. Le Don.

En tous les cas, si les chrétiens devaient se désoler de ce que les royaumes infidèles séparassent ainsi les royaumes où régnait la vraie foi, ils devaient se réjouir de l'existence assurée d'un grand souverain qui viendrait sans doute un jour les aider à détruire ces mêmes infidèles!

« En fait, précisa le magister, le prêtre Jean serait bien vieux s'il vivait encore aujourd'hui, et d'aucuns disent que c'est désormais le roi David, son petit-fils, qui règne sur ces contrées des Indes. Plaise à Dieu qu'il soit aussi bon chrétien que notre roi Louis – que Dieu l'ait en Sa sainte garde! – et qu'il lui apporte un jour son alliance pour prendre les infidèles dans l'étau de la foi! »

Et, dans une envolée lyrique, maître Albéric leva les yeux au ciel : « Imaginez, imaginez, mes enfants, le roi Louis de France et le roi David de l'Inde faisant leur entrée à Jérusalem enfin délivrée de la menace des perfides sarrasins! »

Mais, au nord du royaume de ce grand roi chrétien, il est une contrée farouche : près de la mer Caspienne, profond golfe de l'océan Arctique, se dressent dans les monts du Caucase les Portes de Fer, hautes murailles derrière lesquelles Alexandre le Grand a enfermé les descendants de Gog et de Magog, immondes anthropophages qui dévoraient les hommes tout vivants : les peuples de l'Apocalypse!

Un escholier se leva : « Maître, Ptolémée, dans sa *Géographie*, n'affirme-t-il pas que la mer Caspienne est fermée et sans rapport avec l'océan du Nord?

– Si fait, mais Pline et Isidore attestent qu'elle est un golfe de l'océan. Or Isidore vécut après Ptolémée. Donc, s'il dit que c'est un golfe, c'est lui qui a raison et non Ptolémée, sinon il eût opiné comme lui!

– Mais Hérodote ne dit-il pas que la Caspienne est entourée de terres?

– Si fait, si fait, mais Hérodote écrivit plus tôt encore. Ptolémée ne fit que reprendre son erreur.

– Maître, Isidore y est-il allé? »

Dans le dos de maître Albéric, le visage fripé et toujours triste du petit clerc rabougri paraissait s'animer un peu.

« Isidore était un savant, répondit le docteur, quelque peu interloqué de l'audace de son contradicteur. Il n'avait point besoin d'aller voir par lui-même puisqu'il pouvait savoir tout ce qu'en avaient rapporté les uns et les autres.

– Maître, s'il n'a pas été voir, il connaissait donc quelqu'un qui avait été voir? »

Le petit clerc, à l'insu du docteur, s'agitait de plus en plus. Son visage s'éclairait d'un large sourire.

Maître Albéric commençait à s'irriter, comme en témoignait la rougeur qui gagnait son large cou, enflammant peu à peu son menton.

« Sans doute, sans doute. Comment saurait-on ce qu'il y a aux confins du monde si personne n'était jamais allé y voir pour le raconter? Isidore a rapporté les récits des témoins, ou de ceux qui avaient recueilli les récits des témoins.

– Mais Ptolémée, alors, n'interrogeait pas les témoins? »

Le rouge avait gagné le nez.

« Il faut croire qu'il ne le faisait point toujours, puisqu'il professait parfois des opinions erronées!

– Mais si c'était Isidore qui n'avait point interrogé les témoins, ne se pourrait-il pas que ce fût Ptolémée qui eût raison? »

Le rouge avait atteint le front.

« Mais qu'ont-ils donc, ce matin? » se disait à part lui maître Albéric.

À l'étonnement de ceux qui laissaient tomber leur regard sur lui, toujours inaperçu du maître, le petit clerc trépignait, la face jubilante.

Était-il secrètement partisan de Ptolémée?

Les bajoues du magister se mirent à battre comme les ouïes d'un énorme poisson.

Il tonna d'une voix de stentor :

« Isidore vivait après Ptolémée; il connaissait Ptolémée; s'il n'a pas suivi Ptolémée, c'est qu'il en savait plus que lui, sinon il l'aurait suivi. Cela tombe sous le sens!

– Mais, maître, est-ce qu'Hérodote... »

Le poing du magister s'abattit avec un fracas de tonnerre sur le rebord de la chaire. Le manuscrit en faillit choir.

Le petit clerc, tout ricanant, se trémoussait comme un enfant heureux. Il fallait croire qu'après dix ans passés à trottiner derrière maître Albéric, à transporter ses livres et ses cartes, cela lui faisait plaisir qu'on osât contredire son irascible patron.

« Si Isidore dit que la Caspienne est un golfe de l'océan Arctique, c'est que c'est un golfe de l'océan Arctique! Et si vous n'en êtes point convaincus, vous n'avez qu'à aller voir vous-même! »

Menton levé, assuré de la puissance de sa voix, qui en faisait un chanteur apprécié aux offices, le docteur toisa de toute sa hauteur l'assistance indocile.

Celle-ci parut se calmer sous l'orage.

« Bien... Je disais donc qu'Alexandre enferma derrière les monts du Caucase l'engeance de Gog et Magog, il la repoussa dans des précipices, des gorges et des montagnes si sauvages qu'on ne saurait les décrire. Auprès d'eux il a aussi enclos les fils maudits des dix tribus d'Israël qui avaient refusé la Loi de Moïse après l'adoration du Veau d'or.

« Alexandre pria Dieu de rapprocher les montagnes pour fermer le passage aux peuples sauvages qu'il avait refoulés. Alors Dieu fit si bien que les montagnes se rapprochèrent assez pour que le héros n'ait plus qu'à les joindre par une porte de fer revêtue d'un bitume inaltérable et sans prise.

« Il est dit que ces peuples sont condamnés à demeurer dans ces confins perdus de la Terre jusqu'à la fin des temps.

« Alors, au commandement de l'Antéchrist, ils briseront la Porte et déferleront sur le monde... Mais ce n'est point là l'objet de cette leçon! »

Maître Albéric, apaisé, enseigna ensuite que dans les contrées d'Asie, aux confins du monde, demeuraient des êtres étranges : près de la Porte de Fer et des monts des Alains vivaient des chiens si grands et si féroces qu'ils forçaient les taureaux et tuaient les lions. Aux Indes, il était un peuple qui vivait sous terre et dans les bois, qui ne mangeait pas, ne buvait pas et ne se lavait pas. Dans une île de l'Orient, il y avait, disait-on, des gens sans tête qui avaient les yeux et la bouche par-derrière les épaules, dans une autre des êtres qui n'avaient qu'un pied, mais si large qu'il pouvait faire ombre à tout le corps, ailleurs encore des gens qui étaient hommes et femmes ensemble, qui avaient une mamelle d'un côté et point de l'autre, et membre de génération d'homme comme de femme.

Un sifflement admiratif interrompit l'orateur.

« Non, je ne suis pas allé les voir, si c'est la question que vous entendez poser! Au reste, tous ces récits ne reposent pas sur les écrits d'autorités indiscutables;

il n'est donc pas possible de les confirmer tous. Il demeure toutefois certain qu'il n'existe rien d'autre, par-delà les Indes, que des peuples primitifs et monstrueux, rebuts de la création; ainsi, au plus profond de l'Orient, ces sauvages qui ont en tout figure humaine mais dont les jambes finissent en pied de bœuf, et qui, si leur tête a la forme d'une tête d'homme, ont le visage d'un chien. Ils prononcent deux mots à la manière humaine et aboient le troisième. »

« Ouah, ouah ! » entendit-on dans les rangs.

Le rouge repassa le menton de maître Albéric.

« Qui a fait cela ? »

Il se tourna d'un air furibond vers le petit clerc, qui avait repris sa mine timide et renfrognée. Le petit homme bondit dans la salle, répétant après son maître : « Qui a fait cela ? Allons, qui a fait cela ? »

Un « ouah ! » aigu et péremptoire répondit aussitôt à son interrogation. Le clerc devint presque aussi rouge que son patron. Les escholiers pouffaient à qui mieux mieux. Maître Albéric, majestueux comme Jupiter outragé, la mâchoire haut levée, toisait l'assemblée, prêt à lui jeter sa foudre.

« Maître, maître, voyez ce que j'ai trouvé ! »

Le petit clerc, accroupi, désigna, dans un coin de la salle, une botte de paille défaite d'où émergeait une drôle de petite tête, avec un museau pointu, deux grandes oreilles, des petits yeux vifs et trois brins de paille au sommet du crâne. Le petit bâtard affirma un « ouah ! » plein de conviction et bondit aussitôt vers les genoux du petit homme, sa queue de rat tout agitée, pour lécher avec ardeur le visage jaune et fripé.

Quelques rires fusèrent.

Un instant, on crut que maître Albéric – cramoisi – allait exploser.

Il laissa passer un « pfff ! » entre ses lèvres serrées.

Puis deux...

Et le docteur éclata d'un énorme rire !

Alors la salle, libérée, explosa à son tour, tandis que le petit clerc, d'abord vexé d'exciter ainsi l'hilarité générale, finissait, tout attendri par sa nouvelle conquête, par se joindre à la bonne humeur ambiante.

Allons, maître Albéric péchait peut-être souvent par fatuité, mais c'était un bien brave homme !

Il y aurait encore beaucoup d'escholiers qui s'inscriraient à ses cours !

LA CIRCASSIENNE

L'an 633 de l'hégire, le douzième jour du mois de Shaban[1]

Ces hanches...

Ces hanches à la courbure parfaite...

Les yeux dans le vague, aux lèvres un sourire un peu las, Hasan revoyait onduler, serpentines, dans les gazes légères, les hanches de la Circassienne.

1. 21 avril 1236.

Abdul le marchand lui avait bien vanté les talents de la belle esclave, mais, depuis qu'il l'avait acquise deux semaines plus tôt et confiée aux soins de Zaïnab et de ses femmes, Hasan avait été trop accaparé pour s'intéresser véritablement à elle. Tout juste avait-il trouvé le temps de lui faire une visite nocturne, où, bien qu'il fût trop fatigué ce soir-là pour en jouir pleinement, il l'avait jugée aussi experte que l'avait prétendu Abdul.

C'est seulement ce soir qu'il avait, avec tous ses invités, savouré longuement sa beauté.

Traits purs, corps exquis, jamais Zaïnab, qui n'était pourtant pas vilaine femme, n'avait été si belle dans la fleur de sa jeunesse, mais surtout... ces hanches, qui ondulaient au son des flûtes, des cymbales, des rebecs et des darboukas...

Sous le haut plafond de cèdre du Liban aux poutres ouvragées délicatement peintes, Hasan ar-Rashid ibn Salman ibn Husayn restait assis, seul et pensif, au fond de la grande salle rougeoyante de braseros où coulait une claire fontaine.

Bonne Zaïnab, ennuyeuse Zaïnab...

La jeune femme que Salman, fils d'Husayn, son père, lui avait fait épouser douze ans plus tôt s'était alourdie de loukoums et de pâtisseries. Vautrée sur ses sofas de soie, rien ne l'intéressait plus que ses sucreries, ses robes et les bibelots délicats qu'elle entassait dans la bonbonnière de ses appartements. Hasan ne voyait plus en elle qu'une sœur gentille et bonasse. Elle avait un regret, pourtant, que ses loukoums l'aidaient à oublier : n'avoir pas pu donner à son mari l'héritier qu'il souhaitait. Un accouchement difficile. Une fille, morte avant que son père, parti en Égypte, ait eu le temps de la voir et de l'aimer. Un des deux nuages qui avaient traversé la vie de Hasan.

Le moindre.

C'était un garçon qu'il voulait.

L'autre nuage s'appelait Leylah, jeune, rieuse – bien sûr de bonne famille. Il l'avait épousée lorsqu'il s'était persuadé que Zaïnab ne lui donnerait plus d'autre enfant. Ils avaient sans doute quitté trop tard la ville infectée pour leur pavillon du djebel Qassiyoun : une brève épidémie, en l'an 629, qui n'avait pourtant guère fait de victimes, l'avait emportée. Hasan avait pleuré, il l'aimait bien. Pas très intelligente, sans doute, mais bonne épouse!

Il avait vendu le pavillon du Djebel Qassiyoun.

Il était revenu un moment vers Zaïnab, qui l'avait consolé, en brave femme qu'elle était. Bientôt elle-même l'avait poussé à se marier de nouveau, mais, sans qu'il pût vraiment dire pourquoi, Hasan n'avait pas véritablement cherché. Une ou deux esclaves turques, discrètes et jolies, la fréquentation d'une courtisane, coûteuse mais raffinée et d'une rare culture, avaient satisfait son goût des plaisirs, tandis que la bonne Zaïnab veillait à son confort.

Quand on est riche, bien tourné, et que l'on vit à Damas, l'existence est facile...

Coussins défaits, plats aux trois quarts vidés, coupes abandonnées... Restes de pigeons gras, olives de Palmyre, mouton de Palestine mêlé de fruits et d'œufs, riz du Jourdain et poisson de Shihr, pommes de Syrie et millet d'Arabie...

Tout à l'heure, à l'aube, alors qu'il dormirait, ses serviteurs viendraient effacer les traces du banquet.

Hasan soupira.

Une soirée parfaite, vraiment.

Le cuisinier s'était surpassé. Il avait même étonné les convives en leur présentant quelques plats élaborés selon les recettes des Francs.

Dissertant, plaisantant, versifiant, les plus brillants esprits de Damas avaient rivalisé de finesse et d'intelligence, en une émulation qu'attisaient, venus d'Orient comme d'Occident, des vins capiteux à déchaîner l'ire des ulémas.

Par quelle inspiration avait-il acheté cette esclave?

« Qui est-elle? avait aussitôt questionné Zaïnab. Elle ne vient pas du peuple, comme nos petites Turques! » Et, regardant ses hanches, elle s'était exclamée : « Une croupe comme celle-là assurera la descendance du fils de Salman! »

Hasan, en fait, lorsque Abdul le marchand la lui avait présentée, n'avait guère songé à cela. Il avait cédé à une inspiration, à une envie, plutôt, comme on le fait parfois lorsqu'on est riche et libre.

Mais ce soir, en regardant onduler cette paire de hanches, en écoutant les poèmes, en parlant philosophie, bien des choses lui étaient revenues à l'esprit.

Une soirée rare, en vérité.

Gaieté mêlée d'un peu de nostalgie, badineries empreintes de quelque profondeur, spéculations éthérées rebondissant en plaisanteries terrestres...

On avait fait l'éloge du vin en chantant les derniers poèmes d'Omar ibn al-Farid, qui quelques mois plus tôt, en s'éteignant sur les rives du Nil, avait arraché les larmes de ses admirateurs.

Les uns, le suivant à la lettre, l'appelaient le sultan des amoureux; les autres, voyant, ou croyant voir plus loin que l'apparence des mots, le surnommaient le pôle des gnostiques, ces sages qui prétendaient à la connaissance complète de Dieu.

Tous, en tout cas, levant leurs coupes à sa mémoire, l'avaient pleuré.

On avait savamment disserté – entre deux plats – sur le dernier écrit de Mohyieddine ibn Arabi, le grand philosophe que Hasan s'honorait de connaître et que, depuis sa jeunesse espagnole dans la lointaine Séville, les hasards de la vie avaient conduit ici, à Damas, sous la protection des neveux du grand Youssouf Salahaddin : fallait-il que l'homme s'abstînt des plaisirs de ce monde pour atteindre, dans son voyage vers Dieu, le point où il rejoindrait enfin l'Intellect Universel? Ou ceux-ci étaient-ils au contraire une condition du voyage, car ils exerçaient les sens, deuxième source de la connaissance après la raison et avant l'âme?

Seule l'arrivée d'un canard au miel et aux amandes, fourré aux raisins d'al-Qods, et savoureux de cannelle, avait pu mettre fin au débat passionné qui s'était élevé...

Satisfaits les corps et contents les esprits! Parfait dosage des genres...

Une soirée rare, en vérité.

Hélas, flûtes, cymbales, rebecs et darboukas s'étaient tus...

Et, comme la perfection n'appartient qu'à Dieu, Celui-ci n'avait pas permis qu'à l'heure de son coucher l'hôte goûtât encore, intacte, la saveur de la fête. Sa volonté avait pris les traits d'un tout jeune serviteur aux cheveux tressés qui s'était glissé près de Hasan.

« Seigneur, un homme te demande, il dit que c'est pour une affaire grave et urgente.

– Qui est-ce, à cette heure?

– Il m'a seulement dit qu'il apportait un message du sheikh. »

Les derniers invités faisaient leurs adieux. Hasan congédia les serviteurs et fit introduire le visiteur.

De la part du sheikh? Il n'y avait qu'un sheikh en Syrie qui n'éprouvât pas le besoin de préciser son nom...

L'homme au grand manteau sombre couvert de poussière posa la main droite sur sa poitrine et s'inclina légèrement.

« La paix de Dieu soit avec toi, Hasan ar-Rashid, fils de Salman. »

Ses traits étaient tirés de fatigue.

« La paix soit avec toi, Saoud ibn al-Babili. »

Hasan avait reconnu l'un des plus fidèles lieutenants du sheikh Siradj al-Din.

« Prends place à mes côtés, Saoud, et dis-moi quelles nouvelles t'amènent à Damas, si tard, et tout couvert de la poussière du chemin. »

L'envoyé ôta son manteau et s'assit sur les coussins en prenant une poignée de sucreries dans la coupe que Hasan lui présentait.

« J'ai chevauché depuis Masyaf sans discontinuer depuis l'aube.

– C'est un exploit, s'étonna Hasan, stupéfait, un exploit sans exemple. Elle doit donc être bien grave, cette affaire qui me vaut le plaisir de ta visite. »

Saoud vida une coupe d'eau fraîche. Il eut une moue un peu ironique, regardant autour de lui les reliefs de la soirée.

« Je ne suis pas sûr que ma venue ajoute beaucoup à ton plaisir en ce moment, je suis sûr qu'elle n'y ajoutera rien dans un instant... Un oiseau s'est posé hier sur les tours de Masyaf.

– Annonçait-il le printemps? sourit froidement Hasan.

– Il portait un message du sheikh qui m'était adressé : “ Va dire ceci à Hasan, fils de Salman : pour Dieu et pour l'Imam, le roi de France doit vivre car Gengis Khan revient détruire les peuples du Livre; arrête notre bras avant qu'il ne poignarde le roi et le missionnaire. ”

– Par ma foi, je n'y entends rien. Que veut dire le sheikh?

– Hélas, je vais te l'expliquer, Hasan, car pour moi son message n'est que trop clair. »

Saoud ibn al-Babili avait lui-même mis au point, sur l'instruction de Siradj al-Din, les détails de l'entreprise menée contre le roi de France.

Il expliqua à Hasan comment le grand missionnaire, voulant prévenir une nouvelle croisade à l'expiration de la trêve entre le sultan du Caire et l'Empereur des chrétiens, avait résolu d'envoyer le trop pieux roi de France rejoindre ses pères. Rendant exceptionnellement cette année-là visite à l'Imam en son château d'Alamout, il avait tenu à l'associer à un si audacieux projet, réclamant sa bénédiction. Ainsi, un mois plus tôt, deux Assassins avaient quitté la Syrie pour le royaume de France.

« Voilà ce que je savais. Et voici ce que le message nous apprend : les Mongols vont attaquer chrétiens et musulmans, et...

– Et, l'interrompit Hasan, justement parce que le roi de France est un preux chevalier, il doit vivre pour les combattre. L'ennemi devient un allié. De plus, si j'ai bien compris l'allusion, l'Imam ne pardonnera pas au sheikh la mort du roi.

– Tu as bien compris l'allusion. »

Et c'était de lui, Hasan, que l'on attendait qu'il détournât du roi de France le coup des Assassins!

La vie avait souri à Hasan : depuis que, cent quarante-cinq ans plus tôt, son ancêtre Muhammad ibn Badr, vizir de l'Imam Nizar, s'était réfugié en Syrie après la chute de ce dernier, en parvenant à sauver un peu de sa fortune, sa famille, d'affaires heureuses en mariages opportuns, était devenue l'une des plus riches de Damas. Les revenus de ses nombreuses terres et de judicieux placements commerciaux assuraient une existence facile à cet homme élégant, mince, jeune encore, aux cheveux noirs, à la barbe finement taillée, aux traits fins qu'accusait un nez légèrement busqué.

Bien sûr, il y avait eu Leylah, et la fille de Zaïnab. Mais le temps avait passé, et qui n'avait pas son lot de deuils et de malheurs? S'il avait douté de son étoile, Hasan n'aurait eu qu'à regarder chez ses amis : le premier fils de Scharaf, tombé dans les combats contre les Turcs seldjoukides; son plus jeune frère, emporté, comme Leylah, en l'an 629; la seconde femme d'Ahmed ibn Roschd, si jeune, si jolie, si aimée, frappée d'une étrange maladie qui faisait d'elle avant l'âge une vieille femme abêtie; Ahmed ibn Daoud, dont la jambe brisée lors d'une chute à la chasse s'était infectée au point qu'on l'avait amputé... Ah, ces hurlements pendant l'opération!

Et Tahir ed-Din, le vieil ami de son père, qui avait vu périr, par guerre ou maladie, trois de ses quatre fils!

Non, Dieu, qui éprouvait les hommes, avait été clément pour Hasan, et celui-ci, qui n'était pas aveugle, lui en rendait grâces.

N'ayant guère besoin de se soucier de la marche de ses affaires, dont ses intendants suffisaient à s'occuper, il s'y intéressait néanmoins, en dilettante qu'amusait une affaire habilement conclue ou la sensation d'être craint et respecté par ceux qui le servaient. Et, comme l'agilité de son esprit lui faisait aisément saisir le point faible d'un projet ou d'une comptabilité, ses intendants ne se hasardaient point à le tromper. Hasan se piquait de justice et, pour lui, la justice devait savoir être sévère.

Amateur d'art, de musique et de belles-lettres, célèbre par la finesse de la chère que l'on faisait chez lui, causeur aimable et plein d'esprit, il évoluait dans le monde avec une aisance un peu ironique, promenant sur ses contemporains un regard amusé et sans grande illusion, apprécié de chacun, qu'il savait s'attacher d'un mot aimable ou d'un sourire.

Hasan respectait scrupuleusement la sunna, se rendait le vendredi à la grande mosquée des Omeyyades où l'on disait la prière au nom du Calife de Bagdad, et nul n'aurait pu deviner que ces signes extérieurs de piété orthodoxe n'étaient qu'une apparence. Il connaissait personnellement le sultan al-Malik al-Ashraf, qui l'avait une ou deux fois honoré de sa confiance en remettant à ses soins la résolution de quelque intrigue de cour entre les successeurs du grand Youssouf.

Pourtant, s'il pratiquait, comme ses pères, la *taqiyya* – la dissimulation qui s'imposait dans un milieu sunnite –, il n'en avait pas moins hérité, comme eux, de l'attachement au chiisme de ses ancêtres, trouvant dans les spéculations intellectuelles des ismaéliens un aliment précieux pour la curiosité de son esprit. Sans doute considérait-il avec quelque distance l'action des Assassins, mais, après tout, elle ne lui semblait pas pire que celle des soudards employés par les sultans et les princes au service de leur puissance.

Au moins les coups des Assassins faisaient-il peu de victimes, en général recrues de vices et toujours judicieusement choisies dans l'intérêt de la secte.

Cette fois-là, pourtant, Hasan s'étonna de l'ambitieux projet de Siradj al-Din, un peu choqué qu'il ait choisi pour cible non un vieux souverain perfide mais un jeune homme dont tous les chrétiens célébraient les mérites, et fort surpris au demeurant qu'il se fût hasardé à frapper si loin de Syrie, et, plus encore, à demander la bénédiction d'un Imam réputé versatile.

Décidément, Siradj al-Din vieillissait.

Pourtant ce Vieux de la Montagne qui faisait tant frémir, pour autant qu'il le connaissait, Hasan l'aimait bien. C'était un seigneur philosophe, et il n'était point si terrible que ceux qui pressaient le pas en passant près de ses châteaux le croyaient. Et c'était vers lui à présent que le sheikh se tournait pour réparer l'erreur qu'il avait commise...

Car s'il pratiquait avec talent, quoique parfois avec trop de nonchalance, plusieurs arts, il en était un pour lequel Hasan était tout particulièrement doué : c'était la diplomatie. En Syrie comme en Égypte, auprès des Francs comme des Turcs seldjoukides, il avait su se montrer, mandaté par des maîtres divers, un interlocuteur apprécié et efficace. Il gardait dans ses appartements un précieux livre de poésie tout enluminé d'or, don du puissant frère d'al-Ashraf, al-Malik al-Kamil d'Égypte, dont les terres s'étendaient des cataractes du Nil aux montagnes du Kurdistan.

Jeune, riche, et diplomate, parlant ou comprenant six langues dont le latin et le français, qu'un vieux serviteur franc, prisonnier de guerre, lui avait appris dans son enfance, il était l'homme idéal pour envoyer au plus vite au roi Louis une ambassade salvatrice.

C'était bien de l'honneur que le sheikh lui faisait...

Les fedayin sont partis il y a un mois...

Un mois... Comment rattraper un mois? Sans doute une fois parvenus à Paris ne pourront-ils immédiatement – avec l'aide de Dieu – parvenir auprès du roi.

Mais un mois...

Il est douteux qu'ils se soient embarqués sur autre chose que de grosses nefs de transport, d'autant qu'ils ont tout intérêt à passer inaperçus. Même en France – surtout en France! – ils devront être prudents et ne pourront sans doute voyager trop vite.

Une galère rapide, de bons chevaux bien relayés... Voilà qui lui permettrait de combler une bonne part du retard...

Lui?

Voilà que Hasan, dans le fil de ses réflexions, se mettait sans y prendre autrement garde dans la peau de l'ambassadeur, comme insoucieux d'abandonner la paix et le luxe de sa demeure damascène.

Abandonner Dimashk al-Sham [1]? Après une soirée comme celle-ci?

Mais, justement, une telle soirée n'était-elle pas un digne salut à sa ville, avant un long voyage?

Abandonner al-Sham! Lorsque Saoud ibn al-Babili avait pris congé, s'enveloppant de son manteau pour aller s'effondrer, épuisé, sa mission accomplie,

1. (Dimashk) al-Sham : nom arabe de Damas.

dans la chambre que Hasan avait ordonné à l'un de ses serviteurs de lui préparer, jamais le maître des lieux n'y aurait songé. Il suffirait de faire prévenir l'un des grands seigneurs francs de Syrie ou de Palestine : le sire de Beyrouth, Jean d'Ibelin, ou le prince Bohémond d'Antioche, ou même Riccardo Filanghieri, le podestat de l'Empereur Frédéric, retranché dans Tyr.

Mais que se passerait-il ensuite ? Qui pourrait mieux aider le roi de France à identifier des Assassins qu'un ismaélien ?

Quelque part en Hasan le démon de la curiosité s'était réveillé, s'ingéniant à inventer mille raisons de le faire partir en personne. Il connaissait la Syrie, l'Irak, l'Égypte, le sultanat de Roum, il était allé aux confins de la Perse, il avait approché la Palestine chrétienne, mais l'occasion n'était-elle pas unique de voir de ses yeux l'un des premiers royaumes d'Occident ?

Après tout... il n'avait pas voyagé depuis longtemps, et jamais si loin que le pays des Francs. N'était-ce pas l'occasion ?

Sans doute cela présentait-il quelque danger. Comment les Francs accueilleraient-ils l'ambassadeur du Vieux de la Montagne, celui-là même qui avait donné l'ordre de tuer le roi de France ?

Mais cela aussi l'excitait peu à peu... Sa vie ici était trop calme, trop voluptueuse, il y manquait quelque piment... Et puis, plus il y songeait, moins Hasan voyait d'autre chance de succès que de partir lui-même !

Émoustillé par la perspective du voyage, il se versa une coupe de vin... La tournant dans sa main, il admira le pur liquide dont le rubis scintillait aux flammes des derniers luminaires.

En y réfléchissant, la soirée n'était peut-être pas si gâchée que cela...

Hasan sourit.

Décidément, il préférait le sultan des amoureux au pôle des gnostiques !

Il se leva, rajusta sa robe de satin, traversa d'un pas vif la cour de la riche demeure qu'il allait quitter et pénétra dans l'aile des femmes, où dormait la Circassienne aux hanches superbes...

SAINT-JEAN-D'ACRE
L'an du Seigneur 1236, le samedi 26 avril,
fête des saints Clet et Marcellin

« Ser Domenico, votre présence parmi nous n'a pas été seulement un honneur, mais une joie. »

Balançant légèrement la main droite, l'élégant jeune homme, aux longs cheveux noirs tombant en boucles frisées sur un manteau vert olive au bord discrètement rehaussé d'un mince filet d'or, joignit à un sourire enjôleur un gracieux geste de dénégation. Dans le rayon de soleil printanier qui tombait par la croisée, le mouvement fit briller la petite mais superbe bague qu'il portait à l'annulaire.

Ce n'était pas flatterie de la part du podestat. Si noble et si puissant qu'il soit, le chef de la communauté vénitienne de Palestine et de Syrie ne pouvait certes qu'être honoré de la présence de l'un des plus distingués héritiers d'une des plus grandes familles que comptait la république. Les Contarini n'étaient-ils pas l'une des douze maisons apostoliques qui avaient jadis présidé à la naissance de la cité des lagunes?

Mais le charme et la conversation de son hôte, qu'il avait tenu à héberger sous son toit, avaient fait de sa venue un réel plaisir pour le podestat et les siens. Quels yeux de velours ne roulait pas vers lui la petite Simonetta, la dernière fille à marier de la famille! Le jeune patricien se serait bien laissé aller, après le rude hiver qu'il venait de vivre, à en tirer quelque avantage... Mais il était marié et le père était podestat des Vénitiens de Saint-Jean-d'Acre!

Alors mieux valait éviter tout risque de scandale qui pourrait nuire à un avenir que tout annonçait brillant! Domenico ne s'était-il pas dans les années précédentes fait singulièrement remarquer – entre autres – comme premier conseiller du baile [1] de Nègrepont [2]?

Après tout, il serait dans peu de temps à Venise.

« Vraiment, ser Domenico! saint Marc m'est témoin que je ne suis pas homme à user de la flatterie, mais, dans ces semaines où le printemps a tant tardé à dissiper la grisaille de l'hiver, votre présence a été pour moi, comme pour tous ceux qui ont eu à l'apprécier, un rayon de soleil au milieu des soucis du moment. Quand à la noblesse de la naissance et au courage du héros s'allie l'agrément de l'humeur et de la conversation... »

Les Vénitiens d'Acre s'étaient disputé l'honneur de fêter le vaillant capitaine qui, à la tête de la *Santa Filomena* et de deux autres galères, avait percé le barrage que l'empereur grec Vastace tentait d'établir devant le détroit du bras Saint-Georges [3]. Dans l'obscurité d'une nuit finissante, non seulement ses navires avaient échappé à sept galères byzantines commandées par le grand drongaire Nicétas en personne, mais il était parvenu à incendier deux des vaisseaux ennemis et à désorienter l'amiral grec au point que celui-ci avait éperonné l'un de ses propres navires! Et ce n'était là que l'acte le plus mémorable accompli en un hiver d'incessante activité au service de la république. Si Constantinople avait tenu, c'était grâce à des hommes comme Domenico Contarini!

Trente-deux ans auparavant, les Vénitiens avaient poussé les croisés de la quatrième croisade à se jeter à l'assaut de la ville impériale. L'empereur grec et schismatique avait été détrôné, un empereur latin et catholique lui avait succédé et, tandis que les princes byzantins s'enfuyaient en Anatolie ou en Épire, Venise et les seigneurs d'Occident s'étaient partagé ce qui était désormais l'empire latin de Romanie.

Sous la haute coupole de la cathédrale Sainte-Sophie de Constantinople ne s'élevaient plus les chants des Grecs, ces chrétiens dévoyés qui s'enfonçaient dans l'erreur, mais les hymnes de la Sainte Église catholique et romaine, dévouée au Saint-Père Grégoire, successeur de l'apôtre Pierre et tête de l'Église universelle.

1. Gouverneur.
2. L'île d'Eubée, en Grèce.
3. Les Dardanelles.

La république des lagunes s'était réservé la meilleure part de l'empire... et de sa capitale. Quelle revanche depuis les temps lointains où le duc de Venise n'était qu'un pauvre et lointain vassal de l'Empereur de Byzance!

Les forteresses vénitiennes hérissaient la Morée [1], les îles ioniennes, l'archipel des Cyclades et l'île la plus indocile de toutes, Candie [2].

Dans le reste de la Romanie, l'empereur Jean de Brienne et les seigneurs francs, toujours à court de l'argent nécessaire à leur somptueux train de vie et à l'entretien des troupes qu'ils faisaient venir d'Occident pour dominer leurs sujets grecs, qui les haïssaient, ne régnaient que par Venise.

Par l'argent que leur prêtait Venise.

Par les navires que leur louait Venise.

« Ainsi mon époux n'a pas réussi à vous retenir quelques jours de plus! Le soleil d'avril vous fait fuir et nous prive de votre présence, ser Domenico. »

Donna Lucrezia était à son tour entrée dans la pièce où le patricien était venu faire ses adieux au podestat. Derrière elle, Simonetta, de tous ses grands yeux aujourd'hui un peu tristes, admirait une dernière fois son héros. Il l'avait encore tant fait rêver, la veille, dans les somptueux atours dont il s'était paré pour la fête de saint Marc!

La Romanie était le joyau de l'empire commercial de Venise.

On avait même discuté au Grand Conseil d'un possible transfert à Constantinople du siège de la république!

Que de profits la domination des terres grecques drainait vers les coffres des îles du Rialto!

Mais l'empereur Vastace, réfugié à Nicée [3] – ou plutôt le Basileus Jean Doukas Vatatzès, Empereur des Romains, comme l'appelaient pompeusement ses sujets –, après s'être élevé, depuis quinze ans qu'il régnait, au-dessus des autres princes byzantins, d'Épire ou de Trébizonde, avait restauré la puissance grecque et ne vivait plus que pour un seul but : reconquérir la Romanie et sa capitale. Il avait été jusqu'à s'allier aux Bulgares, les plus vieux ennemis des Grecs.

Vastace et l'empereur des Bulgares, Asen – ou plutôt le tsar Ivan Asen –, avaient alors mis le siège devant Constantinople. Il s'en était fallu de bien peu que la ville ne tombât, et, quel que fût le courage des chevaliers francs dispersés sur les murailles trop longues, c'était à Venise, à ses galères, à ses capitaines, à ses marchands, à ses patriciens comme Domenico, que l'empire latin devait d'exister encore. Tout l'hiver, en dépit de la mauvaise saison qui arrête d'habitude le trafic des convois et des caravanes, la route par où s'acheminaient armes et soldats avait été maintenue ouverte entre le Bosphore et l'Adriatique, en dépit des efforts du Basileus, du mégaduc, du grand drongaire et de leurs capitaines.

Enfin, lorsqu'une flotte de vingt-cinq galères, dépêchée par le doge Tiepolo, gorgée d'armes et de soldats, força le blocus du détroit, lorsque après des mois de siège les soldats bulgares et grecs, à trop se fréquenter, redécouvrirent la

1. Le Péloponnèse.
2. Nom vénitien de la Crète, d'après le nom de sa capitale, Candie (Héraklion).
3. Iznik.

vieille haine qui opposait leurs ancêtres, on sut que Constantinople – pour cette fois – serait sauvée.

Alors Domenico avait mis le cap sur Saint-Jean-d'Acre, pour y régler un mois durant ses affaires de Palestine, où il avait de gros intérêts, avant de regagner son palais de Venise et son épouse Isabella, qu'il n'avait pas revus depuis plus de huit mois.

« Où que nos affaires et le service de la république nous conduisent à l'avenir, je serai heureux, s'il plaît à Dieu que nos chemins se croisent de nouveau, que vous veniez à moi comme un ami.

– Ser Teobaldo, j'en attendrai tout autant de vous ! »

Domenico s'inclina légèrement devant l'homme aux cheveux gris, puis plus bas devant donna Lucrezia, dont il célébra les vertus d'hôtesse et de maîtresse de maison.

Mais son plus gracieux sourire, il le réserva à Simonetta, comparant une fois de plus en son for intérieur l'éclosion de ses quinze ans aux charmes fades et déjà ternis de la femme qui l'attendait à Venise.

« J'ai peut-être été trop prudent ! » songea-t-il avec un soupir de regret, tout en débitant un compliment de circonstance, mais si joliment tourné qu'on l'eût cru sorti tout droit d'un roman français.

Le soupir n'échappa point à la jeune fille, qui devait rêver quelques semaines durant que le beau patricien l'aimait et ne l'avait abandonnée que par devoir.

C'est à pied, escorté du seul Paolo, son plus fidèle serviteur, qui l'accompagnait dans tous ses voyages, que Domenico, coiffé d'un élégant bonnet olive et or, descendit vers le port, traversant le quartier vénitien.

C'était une ville dans la ville qui regroupait, autour de son église et de son consulat, ses entrepôts, ses boutiques, son marché, son four public, ses bains, son abattoir, ses moulins et, dressant nombreux leurs hautes façades autour de la somptueuse résidence du podestat, les palais des riches marchands.

Le patricien prit plaisir à traverser les ruelles serpentant vers les quais, grouillantes de vie, à la foule cosmopolite, où s'entassaient sur les étals toutes les marchandises de l'Orient comme de l'Occident : soieries de Constantinople, alun de Morée, argent, cuivre et draps de laine de l'Europe du Nord, étoffes de Damas et de Bagdad, coton d'Égypte, encens d'Arabie, sucre, citrons, oranges, amandes et figues de Palestine, et, venues de tous les pays du Levant, des montagnes d'épices à faire rêver les maîtres queux d'Occident : poivre, cannelle, girofle, muscade, gingembre... Emplissant ses poumons de toutes ces odeurs de l'Orient qui charmaient tant ses narines, sur les quais frémissants de l'agitation des convois du printemps, il se fraya un chemin dans la foule franque, syrienne, égyptienne, arménienne, grecque ou juive, avant de prendre le chemin de la citadelle et de faire halte devant une façade austère au bel appareil de pierre : la Maison chevetaine de l'Ordre des chevaliers de l'Hôpital de la Bienheureuse Vierge Marie de la Maison allemande, que l'on appelait plus simplement les chevaliers Teutoniques.

Le printemps...
Le printemps enfin !

Qu'il avait été long à venir, cette année-là, le doux printemps de Palestine.

Jean d'Ibelin regardait avec une moue teintée de mélancolie la ville baignée de lumière s'étendre vers la mer d'azur, les taches de verdure tendre entre les terrasses de pierre dorées où les linges blancs séchaient dans le vent.

Saint-Jean-d'Acre!

La porte de l'Orient, la porte de la Terre sainte où débarquaient, venus de France ou d'Angleterre, d'Italie ou d'Allemagne, croisés et pèlerins, où les nefs chargeaient les épices qui flatteraient les palais des seigneurs d'Occident et les soies qui pareraient les belles dames d'Europe.

Une toux rauque le secoua. Le seigneur de Beyrouth referma sur sa poitrine l'épais manteau fourré qui l'enveloppait. Le soleil éclatant réchauffait toute la ville, mais, si près de la croisée qu'il se fût installé, son vieux corps n'avait pas encore quitté l'hiver.

Le printemps...

Bientôt il allait reprendre ses promenades à cheval. Bientôt il allait chasser. Bientôt il allait revivre. Il n'était que temps. Chaque année le froid s'attardait un peu plus longtemps en lui... Cinquante-sept ans déjà!

Allons, nous ne sommes pas là pour rêver à la jeunesse enfuie! Que faire de cet homme?

Le vieux seigneur se lissa la barbe.

Drôle d'histoire, tout de même... Cet ambassadeur sarrasin envoyé par le Vieux de la Montagne pour sauver le roi de France de ses propres Assassins... Il inspirait confiance, sans doute... Mais quelle créance fallait-il vraiment accorder à cette histoire?

Jean d'Ibelin tourna à nouveau la tête vers ses visiteurs. Attendant respectueusement que le vieux chevalier sorte de sa rêverie morose, deux hommes étaient assis dans cette salle de la citadelle, où il leur avait donné audience : un vieux marchand chrétien de Syrie que Jean connaissait depuis longtemps sous le nom d'Élie, accompagné d'un homme jeune, un sarrasin du nom de Hasan ar-Rashid ibn Salman ibn Husayn, riche aristocrate de Damas. Ce Hasan insistait auprès du sire de Beyrouth, maire de la commune d'Acre, pour qu'il mît à sa disposition une galère rapide qui le conduisît en France.

Allons, je connais Élie depuis si longtemps... S'il se porte garant de ce sarrasin...

« Je vais immédiatement vous faire établir un sauf-conduit à l'attention du roi de France, de ses officiers et des princes chrétiens sur les terres desquels vous pourriez avoir à passer. »

Hasan, la main sur la poitrine, s'inclina en silence.

« Je ne dispose hélas d'aucun vaisseau à mettre à votre disposition. Sans doute puis-je vous adresser au chef de la caravane vénitienne qui appareille demain matin. Dans cinquante jours, si Dieu veut, vous seriez à Venise.

– Pardonnez-moi, seigneur, la vie du roi de France est entre les mains de Dieu. Un convoi de navires marchands est si lent. N'y a-t-il pas dans le vaste port d'Acre une galère prête à appareiller? Si son patron demande un paiement, qu'il sache que je ne lésinerai point sur le prix.

– Attendez, attendez... Si, bien sûr. Ce jeune Vénitien qui m'a fait ses adieux hier devait prendre la mer aujourd'hui. Peut-être n'est-il pas trop tard... Et on dit que sa galère est un des plus fins coursiers de la Méditerranée! »

Jean fit signe au garde qui se tenait devant la porte, hors de portée d'oreille. L'homme s'approcha.

« Va au port immédiatement. Si la galère du seigneur Contarini y est toujours, prie-le d'attendre un message important de ma part avant d'appareiller. »

« Voici ton compagnon de voyage, dirait-on, frère Rainfried. »

Le commandeur de Terre sainte, drapé dans son blanc manteau de guerre frappé de la croix noire, s'adressait à un colosse blond qui le dépassait d'une bonne tête. Rainfried von Waldberg, dont le cou épais disparaissait à moitié sous une barbe drue, avait revêtu la modeste tunique noire que portaient les chevaliers de Sainte-Marie de la Maison allemande lorsqu'ils vaquaient à leurs occupations civiles.

Les deux hommes, entourés du commandeur de Montfort et de deux autres frères en manteau blanc, regardèrent sans mot dire le Vénitien traverser la cour à leur rencontre.

L'Italien et les Teutoniques se saluèrent en silence.

Leurs relations n'étaient point mauvaises.

L'intérêt le commandait.

Les vaisseaux d'Italie, et avant tous autres ceux de Venise, étaient l'irremplaçable lien de la Terre sainte et de la chrétienté. À leurs bords arrivaient les pèlerins, les armes et les nouveaux croisés. Sans ces renforts, la Palestine n'aurait guère tardé à retomber sous le joug des infidèles. Les Vénitiens, si rapaces fussent-ils, étaient une des clés de la lutte pour le tombeau du Christ...

Les chevaliers du Temple d'abord, de l'Hôpital ensuite, mais aussi ceux de la Maison allemande, étaient le rempart de la Palestine chrétienne. Sans eux, sans leur dévouement et leur courage, la Terre sainte serait bientôt redevenue sarrasine, et les Vénitiens auraient cessé de régner en maîtres sur le marché de Saint-Jean-d'Acre, où venaient se déverser les richesses fabuleuses de l'Orient. Les moines soldats, si haut qu'ils méprisassent les marchands italiens, étaient une des clés de la richesse de Venise...

Leurs relations n'étaient point cordiales.

Le désir ne le commandait pas.

Un monde séparait l'élégant patricien, soigné de sa personne, amateur de plaisirs délicats, tout occupé à renforcer, en édifiant sa propre fortune, celle de sa république, et les moines soldats à la vie chaste et frugale, tout entiers dévoués au triomphe de la Croix sur les païens et les infidèles.

Cette fois, pourtant, la cité des lagunes ne ferait pas payer le passage. C'est que le géant blond était Rainfried von Waldberg, que le grand maître Hermann von Salza venait de nommer commandeur de la Maison capitulaire de Venise, centre administratif de l'Ordre, pont entre la Terre sainte et les lointains territoires de la Baltique où guerroyaient désormais la plupart des chevaliers à la croix noire.

Il ne serait guère décent – plus exactement guère politique – de traiter comme un vulgaire pèlerin un homme si important, avec qui la république aurait à entretenir les liens les plus étroits aussi longtemps qu'il officierait sur son territoire... et peut-être au-delà, si l'Ordre l'élevait vers d'autres sommets!

Non, le seigneur Rainfried serait aujourd'hui l'hôte de Domenico Contarini.

Le baiser d'adieu échangé avec le commandeur de Terre sainte et ses trois autres frères, l'Allemand passa le porche, le Vénitien à ses côtés. Derrière, conduit par un frère sergent, un mulet portait, avec un écu blanc barré d'une croix noire, un grand coffre aux épaisses ferrures contenant l'unique bagage du nouveau commandeur : un peu de linge, son manteau, son armure, son casque, son épée et, luxe accordé à son rang, une bible.

Avançant lentement dans les rues encombrées, Rainfried fermait par instants les yeux, humant à pleins poumons les senteurs moirées du bazar. Reviendrait-il à Acre ? Si Dieu et le grand maître le voulaient, sans doute, mais, lorsqu'il aurait fait son temps à Venise, c'est dans les brumes du Nord qu'il souhaitait rejoindre ses frères en lutte contre les féroces païens qui désolaient ces contrées.

« L'odeur de l'Orient, seigneur Rainfried...

– L'odeur de la Terre sainte, ser Domenico ! »

Dans la matinée qui s'achevait, les quais du port grouillaient d'activité. Avec l'arrivée de la belle saison, tardive cette année, le va-et-vient des navires reprenait enfin, tirant prestement la baie d'Acre de l'engourdissement hivernal.

« Attendez-vous un autre passager, ser Domenico ? »

Le Vénitien afficha une légère surprise.

« Pas que je sache. Pourtant... »

Pourtant, devant la passerelle de la galère rouge et or dont le mât qu'on venait de dresser se balançait lentement dans la brise, se tenaient, auprès du comite Tommaso, un sarrasin de belle prestance en tunique et turban blancs, sa taille fine serrée par un élégant ceinturon, et un clerc que Domenico savait être secrétaire du seigneur de Beyrouth. Un serviteur enturbanné déposait avec précaution à terre les ballots qui chargeaient sa mule.

Le clerc, suivi du comite, alla au-devant du jeune homme.

« Ser Domenico, messire d'Ibelin, qui vous renouvelle ses vœux de bonne traversée, espère que vous voudrez bien lui pardonner l'audace de vous avoir adressé, comme vous le voyez, un passager que vous n'attendiez point. Mais il y va de la vie d'un grand roi... »

S'il avait échangé avec les deux hommes un salut courtois, Hasan n'avait pas eu de mal à lire l'hostilité dans les yeux bleus du colosse, la méfiance et le dépit dans ceux du Vénitien.

Hostile, méfiant... C'était bien le moins lorsqu'on s'apprêtait, contraint et forcé, à passer plus d'un mois de mer sur un étroit vaisseau en compagnie d'un envoyé du sinistre Vieux de la Montagne.

Quant au dépit... Lorsqu'on aime son confort, on n'entasse pas des passagers sur le pont d'une galère ! Si le serviteur du sarrasin pouvait bien dormir avec l'équipage, il n'en faudrait pas moins se serrer à trois dans le tabernacle bâché du château arrière !

Avec un moine et un Assassin !

La joyeuse traversée qui s'annonçait là !

Mais une requête de Jean d'Ibelin... La vie du roi de France en danger... Comment pourrait-on refuser ?

Le pitancier préposé aux vivres venait de faire charger les derniers tonneaux de salaisons. Tandis que quelques matelots attardés, sous les aboiements du contremaître, embarquaient en toute hâte leur maigre bagage, dans le brouhaha des rameurs qui prenaient place à leur banc de nage, Domenico Contarini, Rainfried von Waldberg et Hasan ibn Salman montèrent à bord du fin vaisseau qui faisait la fierté du jeune patricien : c'était l'une des plus belles pièces jamais sorties de l'arsenal de Venise. Les galères des flottilles ancrées dans le port paraissaient lourdes à côté de ce lévrier des mers. Un tel luxe n'était pas de trop pour échapper aux entreprises des Grecs.

Car c'était elle, la *Santa Filomena*, qui avait si audacieusement nargué le grand drongaire de Nicée.

Le brouhaha cessa. De l'étroite coursive claquèrent les ordres du comite. La coque se détacha du quai. Les rames, lentement, plongèrent dans l'eau.

Tandis que le navire manœuvrait pour sortir du port, devant le tabernacle tendu de cramoisi, debout sur l'espalle, la plate-forme de poupe où mourait la coursive, les trois hommes contemplaient la richesse de Venise : cinq grosses nefs marchandes et quinze tarides, gorgées des marchandises de l'Orient, escortées par cinq galères, prêtes à appareiller. C'était la caravane d'été, partie de Venise en août, et qui, après avoir hiverné à Acre, reprenait la route de la cité des Doges. Quelque part en mer, elle croiserait la caravane de printemps, chargée des produits d'Occident, qui rentrerait à l'automne. Peut-être rencontrerait-elle aussi la caravane de Romanie, en route vers Constantinople, chargée cette année-là de plus d'armes et de soldats qu'à l'accoutumée...

Le port, encombré de navires, était en perpétuelle agitation : tandis que les vaisseaux de Venise s'apprêtaient à lever leurs voiles, la caravane génoise achevait son chargement, les premiers transports de pèlerins de l'année accostaient, au loin se profilaient les voiles triangulaires d'une flottille de marchands d'Égypte.

Sous l'effort des nochers, les pales des gouvernails pivotèrent.

La galère passa le môle.

Dès qu'elle eut tangué sur la première vague de la baie, le commandeur pâlit. Fermant les yeux, il pria la bonne Vierge Marie de le soutenir dans l'épreuve qui commençait. Car, s'il n'était pas effrayé par toute une armée de sarrasins, il avait gardé de son voyage d'aller le souvenir d'un cauchemar.

Sifflet du contremaître.

Cadence de mer!

Doublant les Portes de Fer, la galère laissa derrière elle deux grosses nefs pisanes qui profitaient du vent favorable pour filer vers l'ouest.

Sifflet du comite.

Matelots à l'assaut du mât.

Les remparts maritimes défilaient, puis le quartier pisan, la forteresse du Temple...

Souquant de leur puissante musculature, les maîtres de nage entonnèrent un chant lourdement rythmé, repris en chœur par toute la vogue.

On passa la maison des Dominicains et l'église Saint-Michel, la Trinité et les Carmélites, Sainte-Brigitte et Saint-Laurent-des-Ordres.

Cent vingt voix scandaient la nage.

La voile triangulaire se déploya soudain.

La galère gîta légèrement sur bâbord sous l'effet du vent d'est.

Perdant l'équilibre, Hasan dut s'appuyer sur l'épaule de Domenico, qui le gratifia d'un sourire ironique.

Un matelot emboucha une busine et son timbre cuivré répondit au grave salut des trompes qui, là-haut, sur la dernière tour que venaient battre les flots, saluaient les voyageurs.

Là-haut, sur la dernière tour de Saint-Jean-d'Acre, où, sous l'étendard du Christ dressé sous le soleil, veillaient les Templiers, gardiens de la Terre sainte.

Chant des marins et sons des trompes,
Rames blanches striant le bleu profond des eaux,
Long fuseau rouge et or incliné sous le vent,
Triangle immaculé déployé sur l'azur,
La *Santa Filomena* cinglait vers l'Occident.

Au-dessus du tabernacle de toile cramoisie, dressé sur son champ de pourpre, son visage humain impavide et sévère, sa grande patte griffue posée sur l'Évangile, flottait le lion ailé de monseigneur saint Marc évangéliste.

MONSEIGNEUR NOVGOROD-LE-GRAND

L'an 6744 de la création du monde, le samedi 3 mai, fête de saint Timothée et sainte Maura [1]

Eh toi, Sadko, le riche marchand!
Il y a longtemps que tu voyages sur la mer,
Et tu ne m'as pas payé tribut, à moi, le tsar!
Et maintenant c'est toi tout entier
Qui m'arrives en cadeau!
On dit que tu es un maître au jeu de cithare.
Joue-moi donc de ta cithare de platane!

Alors Sadko se mit à jouer de sa cithare de platane,
Et le tsar de la Mer se mit à danser dans la mer bleue...
Durant trois jours et trois nuits dansa le tsar de la Mer.
Et les flots s'entrechoquaient en tempêtes, engloutissant et navires et gens.

Alors Sadko rompit les cordes de sa cithare, refusa de consommer son mariage avec une fille du tsar et, fuyant le palais sous-marin, retrouva Novgorod, emmenant avec lui d'innombrables trésors.

Pourtant le conteur, tristement, grattait à son tour les cordes de sa guzla – sa cithare de platane.

On voit bien que je suis
Un riche marchand de Novgorod!
Mais qu'est-ce que tout cela
Auprès des trésors de la ville?
La glorieuse Novgorod
Est encore plus riche que moi!

---

1. 3 mai 1236.

Un tonnerre d'applaudissements retentit sous les poutres ouvragées du palais, où la joie des simples serviteurs se mêlait à celle des femmes de la cour et des chevaliers de la droujina, la garde princière.

L'eût-on entendu cent fois, quel bonheur d'écouter un bon conteur chanter une belle histoire !

Car ainsi s'achevait la légende de Sadko, le riche marchand joueur de cithare à qui le tsar de la Mer voulait faire payer tribut.

« Prince ! »

Alexandre Iaroslavitch se retourna.

Lui aussi, depuis qu'il était tout enfant, avait entendu cent fois cette histoire.

Lui non plus ne se lassait pas de l'entendre conter à nouveau, comme tous les récits qui avaient bercé son enfance.

Envoûté par le chant du baladin qui évoquait en lui tant d'heureux souvenirs, il n'avait pas vu approcher l'heure de rejoindre son père, le grand-prince Iaroslav Vsevolodovitch, dont on achevait de seller le palefroi blanc caparaçonné de velours pourpre.

C'était pourtant un instant solennel entre tous qu'il allait vivre...

Quittant leur palais de Gorodichtché et le village d'isbas niché dans la verdure au milieu des étangs, Iaroslav et Alexandre chevauchèrent avec leur escorte vers les orgueilleux remparts de Novgorod, la ville soupçonneuse qui interdisait à ses princes de vivre dans ses murs.

Sur le fleuve Volkhov, tout au long des quais et des appontements régnait l'intense animation des navires venus du lac Ilmen, au sud, ou de la Neva, au nord ; dans la ville des marchands, que l'on appelait le côté du Marché, dans le trafic incessant des hommes, des caravanes et des chariots, une cohue bigarrée s'agitait entre les cossues maisons de bois et les entrepôts qui se pressaient autour des multiples églises dont les coupoles dominaient tout le quartier : Saint-Nicolas, Sainte-Parascève, la Dormition-sur-le-Marché... tandis que sortaient de terre les murs de Saint-Théodore.

Appels des marchands, boniments des camelots, sollicitations des mendiants, chants des baladins, litanies des pèlerins errants, hennissements des chevaux, bêlements, meuglements, tout se fondait en un sourd et énorme bourdonnement qui enveloppait la ville.

Une grande foire commençait.

Une multitude de *kogges,* aux proues et aux poupes effilées héritées des drakkars des anciens Scandinaves, des vaisseaux de Suède et de Danemark, quelques nefs germaniques aux formes plus lourdes embarquaient et débarquaient des marchandises venues de toute la Russie, de toute l'Europe du Nord, de Byzance même et, au-delà, de l'Orient mystérieux ; les caravanes apportaient, enlevaient, dans un va-et-vient sans fin, les richesses qui s'empilaient sur les berges. Marchands de Novgorod, Vladimir, Souzdal, Riazan, Tchernigov, Kiev... côtoyaient ceux d'Allemagne, de Suède ou d'Angleterre.

Et sur la rive gauche se dressaient les puissants remparts du *diétinets*, autrement dit le kremlin, la ville fortifiée, que dominaient les éblouissantes coupoles d'or de la cathédrale Sainte-Sophie, flanquée du palais de l'Archevêché.

Novgorod, la première des cités qui jalonnait la route de l'ambre, de la Baltique à Byzance, la première des cités où s'étaient installés Rurik et ses Varègues, ces Vikings venus de Suède et du Danemark, que les Slaves d'alors appelaient les Rous !

Novgorod, la porte du pays des Rous, la porte de la Russie, de ce royaume que les hommes du Nord créèrent jadis, lui donnant leur nom, de villes en forts, depuis la Neva jusqu'aux confins de la mer de Pont [1], le long de l'antique route que l'on nommait la voie des Varègues aux Grecs.

Novgorod aux vingt monastères, Novgorod la riche, dont les trappeurs et les marchands avaient tracé leurs pistes loin dans les forêts de l'est et du nord, donnant à la ville un territoire presque vierge, mais immense !

De la mer Baltique à l'océan du Nord s'étendait le domaine de Novgorod la Grande.

Même si l'État de Kiev qui unissait jadis la Russie avait sombré dans l'anarchie, grande était la prospérité du pays de Rous, splendides étaient ses églises, somptueux ses palais... N'eût été sa division en de multiples principautés rivales, on se serait cru revenu aux temps bénis de Vladimir le Grand et de Iaroslav le Sage. Si Kiev aux coupoles d'or restait la mère des villes, ses filles restituaient partout sa beauté : Vladimir, la seconde capitale, Souzdal, Riazan, Tchernigov, Galitch... et la riche Novgorod, la ville des marchands !

Devant les richesses qui s'échangeaient le long du fleuve, Iaroslav ne pouvait s'empêcher de songer à l'orgueil de ces riches marchands indociles, qui supportaient à peine la présence d'un prince, et à travers leur Conseil des seigneurs et leur Assemblée du peuple prétendaient se gouverner seuls, osant donner à leur ville elle-même un titre réservé aux princes : Monseigneur Novgorod le Grand.

Mais, en butte aux incursions des Tchoudes d'Estonie et des Finnois, à celles, de plus en plus audacieuses, des païens de Lituanie, et menacée plus encore par les ambitions cupides des Scandinaves et des marchands germaniques, appuyés sur la redoutable force militaire des chevaliers Porte-Glaive, Novgorod la marchande avait pourtant besoin d'un chef de guerre pour la défendre. Il lui fallait donc un prince, qu'elle surveillait, qu'elle redoutait, qu'elle rejetait, mais il lui en fallait toujours un.

Curieusement, chaque prince russe ambitionnait de régner sur la tumultueuse cité, croyant sans doute que, plus habile que les autres, il saurait s'y maintenir. Alors il ne cessait d'appuyer ou de susciter l'une des nombreuses factions qui s'affrontaient dans les *vetchés* – les assemblées du peuple. Ceux qui commerçaient avec Byzance et la Méditerranée soutenaient les princes du sud, gardiens des routes nécessaires à leur prospérité. Ceux qui vivaient des produits de l'Asie centrale, mais surtout du commerce du blé, défendaient les intérêts des princes de Souzdalie, qui commandaient la route de la Volga, l'accès aux steppes de l'est, et dont les paysans, défrichant peu à peu les épaisses forêts, transformaient les territoires, malgré la rudesse du climat, en un véritable grenier. Mais, une fois son candidat au pouvoir, chaque parti se disait qu'il existait sans doute, dans la même région, voire dans la même famille, un prince plus docile à ses intérêts, et le cycle recommençait jusqu'à ce que l'autre camp, profitant de ces divisions, installât à son tour son candidat sur ce trône éternellement branlant.

1. Mer Noire.

Non, ce n'était pas une sinécure que d'être prince à Novgorod! Iaroslav lui-même avait été appelé trois fois, chassé trois fois, et le voici revenu une quatrième. Alexandre lui-même, encore enfant, n'avait-il pas dû, huit années plus tôt, s'enfuir de nuit, en traîneau, avec son frère Fédor, pour échapper à la fureur de la ville? Combien plus tranquille était la vie à Péréiaslav-Zalieski, où Iaroslav pouvait à sa guise imposer sa volonté comme son frère aîné le grand-prince Youri le faisait à Vladimir et à Souzdal!

Mais qu'était Péréiaslav comparée à Novgorod? Si le puissant Youri, trônant dans la prestigieuse Vladimir, la deuxième capitale de la Russie, pouvait ne témoigner que des intérêts passagers pour la grande ville marchande, lui, Iaroslav, tant que Youri vivrait, ne quitterait point des yeux Novgorod! La ville ensorcelait : s'il y avait toujours un parti pour menacer le prince en place, il s'en trouvait toujours un, après son départ, pour lui ouvrir à nouveau la voie du trône...

L'amante jalouse et infidèle redevenait alors la sirène séductrice à l'appel de laquelle nul ne résistait jamais longtemps... Iaroslav et son rival, Mikhaïl de Tchernigov, avaient, chacun à son tour, cédé à cet appel sans cesse renouvelé et sans cesse trompeur.

Pourtant, depuis six ans maintenant, Iaroslav, habile et énergique, s'était maintenu contre vents et marées sur le trône périlleux de Novgorod la Grande. Alors, il pouvait écouter l'autre sirène qui berçait les rêves des princes de Russie :

« Souviens-toi du grand Vladimir et du sage Iaroslav, de la Russie puissante et unie sous leur sceptre, souviens-toi de la splendeur du trône de Kiev... Qui mieux que toi, Iaroslav, prince de Novgorod la Grande, frère du puissant grand-prince de Vladimir, pourrait relever la grandeur des princes de jadis? Va, va à Kiev... »

Et voici qu'en vertu de l'accord que Youri de Vladimir, le premier des princes du Nord, et Daniel de Galitch, le premier des princes du Sud, venaient de conclure, le trône de Kiev lui revenait... sans qu'il eût à combattre! Ou presque. Mais il suffirait d'une chiquenaude pour écarter le prince titulaire, Vladimir Rurikovitch, que plus personne ne soutenait.

Son frère Youri à Vladimir, son fils Alexandre à Novgorod, lui-même à Kiev, les princes de Souzdalie n'étaient-ils pas bien près de rendre son unité à la terre russe?

Cette fois, Iaroslav allait annoncer au Conseil de la ville qu'il laissait à la cité son fils, un homme à présent, pour veiller à sa sécurité, et que lui-même allait partir pour Kiev.

Que ceux qui l'aiment le suivent!

Une fois Iaroslav Vsevolodovitch maître de Kiev, les routes du sud seraient aussi sûres que celles de la Souzdalie pour les marchands de Novgorod, dont plus rien ne menacerait alors la prospérité...

Le prince et son fils, drapés dans leurs capes pourpres aux arabesques d'or, brillamment escortés des cavaliers de la droujina, distraitement salués par une foule bon enfant coiffée du traditionnel bonnet de Novgorod, traversèrent, remontant la rue slavonne, les ruelles étroites et surpeuplées du quartier slave, avant de déboucher sur le vaste et bourdonnant espace de la cour de Iaroslav, large marché entouré de neuf églises blanches, que séparait du Volkhov une rangée de fines arcades. Ils se frayèrent un chemin dans la cohue des marchands en longue robe, des charrettes, des débardeurs en tuniques sombres aux reins ceints d'une bande de laine, des badauds admirant les étalages, avec des femmes aux hauts diadèmes et des jeunes filles aux longues nattes tressées de rubans multicolores, venues s'extasier devant les boutiques des orfèvres.

Habitués qu'ils étaient à la ville, leurs narines ne réagissaient plus aux multiples senteurs de poissons, de cuir, d'épices ou de goudron qui, mêlées en effluves indéfinissables, enveloppaient le marché.

Ils n'accordaient plus d'attention aux cargaisons qui se déversaient sur les quais...

Ni aux bois, cires, lins, cuirs ou blés venus de Souzdalie.

Ni, ramenées des grandes forêts du Septentrion, aux peaux de martre, de zibeline, de renard brun, roux, bleu ou noir, de castor, d'ours, ou de petit-gris...

Ni à la plus précieuse des denrées du Nord : l'ambre!

Ni à la poix, au charbon, au soufre, à la potasse...

Ni aux convois de plomb, de cuivre, d'argent et d'or arrachés aux entrailles des montagnes de l'Oural, aux escortes lourdement armées.

Ni aux empilements de poissons séchés, fumés ou salés...

Ils ne prêtaient plus attention aux étals des marchands et des artisans où s'entassaient casques, épées, boucliers, armures, dont on vantait la valeur dans toute la Russie, tapis et nappes brodées, jarres d'argile, icônes resplendissantes. L'or et l'argent des bijoux, le bronze des vases et des hanaps étaient devenus banals à leurs yeux.

Le cortège princier longea le tribunal de commerce que la corporation de Saint-Jean, rassemblant les plus riches marchands de la ville, fiers de leurs privilèges héréditaires, avait fait élever dans l'ombre épaisse de Saint-Jean-Baptiste-des-Marnes, son église forteresse à qui revenait aussi l'honneur d'abriter les étalons des poids et mesures.

Passant devant le luxueux hôtel des marchands de Gotland, Iaroslav et Alexandre ne voyaient plus, accoutumés qu'ils étaient à régner sur la plus cosmopolite des villes de Russie, la variété des races qui s'entrecroisaient dans les rues : Caréliens aux cheveux blonds et aux yeux bleus, Permiens aux pommettes saillantes, Lapons aux vêtements de peaux brodées, Ougriens aux yeux bridés...

Ils n'entendaient plus la cacophonie des voix de la Babel du Nord où le russe ne dominait qu'avec peine les appels en allemand, en suédois, en grec, en finnois ou dans quelque langue mystérieuse des forêts.

Enfin, traversant le Grand-Pont, ils franchirent par la porte de l'Eau les remparts du diétinets, qu'on appelait aussi le côté de Sainte-Sophie, avant de s'arrêter devant le palais de l'Archevêché, au pied de la tour du Métropolite, où les attendait, derrière l'archevêque Spiridon, le Conseil de la Libre Novgorod.

Tous étaient là.

L'archevêque, dans sa blanche tenue d'apparat, avec sa crosse toute de pierreries et de saints reliefs d'argent, suivi de l'archimandrite, chef du clergé régulier.

Le *possadnik* Gavrilo, maire de la ville.

Le *sotskiï* Dimitri, qui lui était associé.

Le *podvernik* Youri, responsable des sessions de justice et de l'ordre du jour des Assemblées du peuple.

Le *tysiatskiï* Evgueniï, qui commandait les milices.

Et juste derrière eux, sous leurs bonnets de brocart, Oleg Ingvarevitch, Boris Petrovitch, Ivan Stepanovitch, et Dimitri, fils de Piotr, et Vladimir, fils de Gleb, et Fédor, fils d'Andreï, et tous les autres, puissants boyards et grands marchands, aux robes finement tissées d'étoffes éblouissantes que leurs ventres affichaient avec ostentation, aux pelisses fourrées de renard et de zibeline que de lourdes chaînes d'or retenaient sur leurs épaules, aux longues barbes orgueilleuses dévalant leurs poitrines, aux bagues et aux colliers si gros et si lourds que jamais leurs épouses n'auraient pu en supporter le poids!

Iaroslav recommanda son fils au Conseil. Sous les acclamations, il passa solennellement son glaive, insigne de son pouvoir, à la ceinture d'or d'Alexandre.

Pour une fois, le Conseil de Novgorod était unanime. Six ans, pour un prince, c'était long..., et certains commençaient à se lasser du trop énergique Iaroslav. Seulement par qui le remplacer? Comment en trouver un autre aussi habile à ménager et les uns et les autres? Oui, mais tout de même, c'est qu'il commençait à prendre trop d'autorité!

Ah...

Alexandre! Voilà la solution!

Sans doute il n'avait que seize ans, c'était bien jeune pour défendre la ville contre un quelconque danger. Mais quel danger la menaçait? Et, s'il le fallait, Iaroslav n'abandonnerait tout de même pas son fils! Non, cet Alexandre, trop jeune pour leur porter ombrage, mais déjà connu pour son intelligence, son abord aimable, son jugement rapide et sûr, son énergie et son courage – n'avait-il pas deux ans plus tôt victorieusement affronté, aux côtés de son père, les chevaliers Porte-Glaive? –, cet Alexandre était le prince qu'il fallait aux libres citoyens de Novgorod.

Et si Iaroslav lui-même, l'esprit soudain embrumé du vieux rêve kiévien, le proposait pour successeur, comment ne pas aller au-devant de ses désirs?

Le sort était jeté : dans quinze jours, devant le Conseil et l'Assemblée du peuple, Alexandre Iaroslavitch prêterait serment comme prince de Novgorod!

Alors, lorsque les acclamations s'apaisèrent, le possadnik, brandissant son grand sceptre en forme de « T », se tourna théâtralement vers le Conseil, et déclama d'une voix puissante la fière devise de la ville :

« *Qui peut quelque chose contre Dieu,*
Et contre Monseigneur Novgorod le Grand? »

LA *SANTA-FILOMENA*
L'an du Seigneur 1236, le dimanche 4 mai, fête de saint Cyriaque

Dès le second jour, prétextant qu'il était habitué à vivre à la dure, Rainfried von Waldberg avait abandonné le tabernacle de poupe pour aller, la nuit, s'enrouler dans une couverture sur la rambade de proue, aux côtés du comite Tommaso et de Paolo, le serviteur du patricien.

À la vérité, même s'il ne tenait pas outre mesure à partager la société du Vénitien et surtout de l'hôte sarrasin qu'on leur avait imposé, il avait vite compris qu'il ne parviendrait à trouver un peu de sommeil qu'à l'air libre.

Le jour durant, pâle et sombre en dépit d'une mer pourtant assez bonne fille, il restait longtemps à méditer au-dessus des vagues, silencieux.

Pour un peu, Domenico se serait félicité d'avoir troqué la compagnie du glacial moine soldat pour celle de l'élégant Hasan. À travers quelques conversations, limitées et prudentes, à voir son allure, ses attitudes, ses gestes, il retrouvait un peu dans le Syrien son double oriental, amateur de plaisirs raffinés, prêt au demeurant à courir l'aventure lorsque celle-ci l'appelait. Pourtant il ne parvenait pas à se déprendre d'un certain malaise. Il s'en étonnait, d'ailleurs : que pouvait-il bien craindre, lui d'habitude si peu impressionnable ? Mais non, décidément, savoir que l'homme près de qui il dormait était l'envoyé du sinistre Vieux de la Montagne lui glaçait par moments l'échine d'un froid qu'il ne pouvait contrôler.

Il faisait frais ce matin-là. Enveloppé dans un manteau, Domenico sortit du tabernacle avant son compagnon, occupé à ses ablutions. Devant lui, dans une aurore glauque, affalés entre les bancs de nage, la plupart de ses hommes paraissaient encore sommeiller, profitant de ce qu'un vif vent de nord-est poussait le vaisseau vers l'occident sans que l'on eût besoin de leurs coups d'aviron.

Tandis que le timonier fredonnait un vieux chant de Dalmatie, le comite arpentait la coursive.

Les nuages étaient bas et la mer d'un gris noir.

À bâbord, la sombre masse d'une chaîne de montagnes coupait l'horizon.

Il y avait bientôt neuf jours qu'on avait quitté Acre. On avait passé hier l'île de Kasos, puis le cap Sideros. Tommaso avait navigué aux étoiles jusqu'aux îles Dionisiades, à l'abri desquelles il avait fait mouiller quelques heures lorsque le ciel s'était couvert, avant de repartir à la première lueur de l'aube.

Le patricien regardait sans mot dire défiler la côte crétoise – terre vénitienne – lorsque retentit l'appel de la vigie.

Domenico s'approcha du comite, debout au pied du mât, les yeux rivés vers le nord-ouest.

« Bonjour, Tommaso, il semble que le jour nous amène de la compagnie ! »

Cinq, dix..., au moins quinze voiles ! Toute une flotte !

« Bonjour, seigneur... Ce n'est pas la route d'une caravane...

– Non, et je ne vois pas ce qu'une de nos flottes de guerre viendrait faire en ce moment dans ce coin de Candie. »

En un regard, les deux hommes se comprirent.

« Le vent nous jette en plein sur eux, seigneur. »

Domenico réfléchit un court instant, puis, sans forcer la voix :

« Inutile d'aller les frotter de trop près. Changez de cap. Barre à tribord. Affalez la voile. Tout le monde aux avirons. »

Tandis que le patricien regagnait l'espalle, Tommaso reprit en hurlant les ordres de son maître. L'équipage eut tôt fait de s'ébrouer et de prendre ses postes de nage. Hasan, qu'alarmèrent soudain les cris du comite et du contremaître Pietro, surgit de l'habitacle.

« Que se passe-t-il, ser Domenico ? »

Sans un mot, le Vénitien désigna la quinzaine de voiles blanches, bien nettes à présent, qui, poussées elles aussi par le vent favorable, filaient vers le sud-ouest.

« Des Vénitiens?

– J'en doute, seigneur Hasan. Mais ne craignez rien. Nous n'irons pas y voir de trop près et, qui qu'ils soient, ils ont sans doute des préoccupations plus importantes qu'une galère de rencontre. Je viens d'ordonner un petit détour. Avec l'aide de Dieu, votre mission n'en sera guère retardée.

– *Inch'Allah!* » murmura Hasan.

Bientôt, mû par soixante rames obéissant au rythme cadencé dicté par le contremaître, le vaisseau remonta plein nord.

Hasan, comme Rainfried, qui venait de les rejoindre, admira l'ordre et la célérité avec lesquels l'équipage avait exécuté les ordres. Domenico Contarini lui avait vanté la qualité de ses hommes. Dans cette première manœuvre imprévue et précipitée depuis leur départ d'Acre, ils semblaient confirmer la haute opinion que leur maître avait d'eux. Si les galériens de Venise étaient des hommes libres, on les recrutait rarement dans la catégorie la plus remarquable de l'humanité. Il fallait être bien misérable, ou avoir bien des choses à se reprocher à terre, pour aller volontairement s'encaquer des semaines et des mois avec cent vingt autres hommes sur ces étroites barques.

Mais un Contarini avait tout loisir de trier son équipage sur le volet. Certes, Domenico perdait bien parfois un homme ou deux à l'occasion d'une escale un peu prolongée – il avait dû recruter deux marins à Acre la veille du départ pour compléter son effectif, et les oreilles coupées de trois rameurs témoignaient qu'ils avaient cherché sans succès à rompre prématurément leur contrat –, mais, dans l'ensemble, il avait su se les attacher en les traitant avec un peu plus d'humanité que les autres et en rallongeant modestement leur maigre solde de marins de la république.

« Vous apercevez sans doute quelques bonnes têtes de forbans, avait dit la veille Domenico au Syrien, mais je peux compter sur eux... autant que l'on peut compter sur cette race d'hommes. Et lorsqu'il le faut ils savent tenir le sabre. Cela m'a été de quelque utilité, l'an dernier, en Romanie. »

Sa proue multicolore se taillait un chemin d'écume dans les eaux plombées de l'Égée.

Lentement, majestueusement, hérissant sa coque bleue liserée de rouge et d'or, brassant les vagues noires de leurs longues pales rouges, ses trois rangées de rames éloignaient insensiblement la trière du reste de la flotte.

Le centarque Ioannidès était justement fier de son nouveau commandement.

Jadis, il y avait des siècles de cela, dromons, trières et pamphyles impériaux régnaient en maîtres sur la Méditerranée. Dans la Mare Nostrum reconquise, les vaisseaux de Constantinople faisaient la loi.

Puis les Arabes étaient venus.

Puis les Génois et les Vénitiens.

Et les grands vaisseaux de l'Empire appauvri, rétréci, avaient cessé de sillonner les mers.

Et les galères de Venise avaient porté les croisés jusqu'au pied des murailles de la Ville impériale.

Mais aujourd'hui, à force de patience et d'énergie, jamais découragé par les revers, le Basileus Jean, comme il avait relevé l'armée, avait reconstitué une flotte. Cette trière flambant neuve, aux brillantes peintures, qui dominait de ses trois rangs de rames les basses galères et les dromons de transport qu'elle précédait, était le symbole de la renaissance. De ces navires si fameux, qui, au dire des chroniques, mouillaient jadis par centaines dans les ports de l'Empire, Jean Vatatzès n'avait ressuscité que quelques rares unités. Mais il ne les avait pas moins ressuscitées!

Le rideau jaune frangé de pourpre du pavillon de poupe s'écarta. Redressant sa taille massive, aspirant à pleins poumons l'air du matin, le grand drongaire de la flotte acheva de lacer les garde-joues de son casque doré dont le grand plumet rouge ondulait dans le vent. Rouge aussi son manteau, et dorée sa cuirasse! Nicétas avait abandonné ce matin les sobres vêtements qu'il portait jusque-là pour une tenue plus digne du commandant de la flotte de l'Empire romain.

Au-dessus de la tente jaune, sur le grand drapeau d'or qui flottait joyeusement, l'aigle à deux têtes de Byzance agitait ses ailes noires.

Nicétas rendit son salut au comte Grégorios, qui commandait les fantassins embarqués, et jeta un coup d'œil vers la côte. Comme il l'avait ordonné, le vaisseau amiral s'avançait en reconnaissance. On saurait bientôt si les troupes étaient au rendez-vous.

La grande île de Crète, plantée au milieu de la mer, sur la route de Terre sainte, avait immanquablement attiré la convoitise des Vénitiens, qui se l'étaient attribuée à eux-mêmes dans le partage de la Romanie. Mais l'arrogance de leurs gouverneurs et de leurs dignitaires avait jeté dans la révolte les archontes locaux, entraînant à leur suite les populations. Jean Vatatzès avait alors dépêché des troupes pour soutenir la résistance grecque. Mais, d'année en année, les Vénitiens s'étaient faits plus habiles; ils avaient, à force de promesses, de terres et de concessions de toutes sortes, gagné à leur cause toute une part de la noblesse pourtant belliqueuse de l'île. L'insurrection végétait aujourd'hui dans les montagnes les plus reculées, traquée par les mercenaires de la république. Aussi le Basileus avait-il ordonné au drongaire de conduire une flotte pour évacuer, en un point convenu, une partie de ses hommes au bord de la déroute.

Dans quelques heures, si tout allait bien, l'embarquement des troupes descendues du plateau de Lassithi, à la faveur d'une trêve locale, allait commencer.

Traversant d'un pas martial le pont où s'équipaient les soldats, Nicétas marcha droit au centarque et au guide crétois qui se tenaient au pied de la catapulte, derrière les chaudrons à feu du château de proue. Les deux hommes s'inclinèrent devant l'amiral.

« Messire Spyrolidis me signale, seigneur, que nous allons un peu trop à l'ouest, vers l'île de Spinalonga.

– Eh bien, centarque, qu'attendez-vous pour changer de cap?

– Votre bon plaisir, seigneur! Dois-je transmettre l'ordre à la flotte? »

Nicétas resta un court moment le nez en l'air, comme flairant le vent.

« Non, pas tout de suite. Dites-leur de garder le cap. Qu'ils profitent le plus longtemps possible du vent favorable; il sera toujours temps de manœuvrer à la rame quand ils seront près de la côte. »

La trière vira sur bâbord, voile carguée. Le mouvement des avirons se fit plus rapide. On entendait sourdement, dans l'entrepont, battre le tambour de nage.

Le drongaire semblait d'humeur guerrière, ce matin, le menton conquérant et la taille avantageusement cambrée dans sa tenue de parade.

« On voit qu'il a dormi, lui! » se dit Ioannidès, dont les traits tirés disaient assez la nuit blanche qu'il venait de passer.

Hier soir, sous le clair de lune, juste avant de baisser le rideau du tabernacle, Nicétas avait ordonné à la flotte de marcher aux étoiles. Lorsque le porte-enseigne Léon, son second, avait informé le centarque que le temps se couvrait, celui-ci s'était levé pour faire carguer les voiles et jeter les ancres, s'apprêtant à transmettre par fanal l'ordre aux autres vaisseaux dont les lanternes se balançaient dans l'obscurité.

Il avait fallu qu'à ce moment l'amiral sortît satisfaire un besoin naturel! Le centarque s'était vu intimer l'ordre de maintenir le cap et la voilure. Il fallait profiter du vent favorable! On n'y voyait plus rien? Et alors! Pas de récifs ni de hauts fonds entre ici et la Crète! Marchez, centarque, marchez!

Et le rideau jaune était retombé.

Et Ioannidès, comme ses quatorze pairs, là-bas, derrière, guettant la moindre saute de vent qui les eût déroutés dans ces ténèbres opaques, n'avait plus fermé l'œil.

Enfin, tout s'était bien passé. On se trouvait presque à pied d'œuvre... Si, avec l'aide du Seigneur, les troupes étaient là, l'embarquement serait terminé cet après-midi... Un record!

« Tiens, tiens, voilà des voyageurs qui ne semblent pas prendre plaisir à notre rencontre... »

Comme Ioannidès, Nicétas avait remarqué la voile qui grossissait au loin, venant à leur rencontre. Mais la voile venait de s'affaler, et, subitement, le navire s'était mis à remonter plein nord, à contrevent.

« Une galère... C'est un Italien... ou un pirate... Mais si près de la Crète, je gagerais fort que c'est un de nos bons amis de Venise. Accélérez la nage, Ioannidès, et filez plein est, je veux en savoir un peu plus long. »

À chaque coup de tambour répondait, venu des entrailles du navire, un rauque halètement de bête en travail. Des gardes descendirent dans l'entrepont veiller, fouet à la main, à ce que l'ardeur des hommes ne se ralentît point.

« Il se rapproche, ser Domenico. Et il est rapide.

– Oui. Navire de belle race, n'est-ce pas, Tommaso? Je ne savais pas les arsenaux de Vastace capables d'en produire de pareil.

– C'est donc un Grec? s'enquit Hasan, entendant le patricien prononcer le nom que donnaient les Francs à Jean Doukas Vatatzès.

– Une trière, seigneur Hasan, ou une trirème, si vous préférez, une galère à trois rangs de rames. Et ce que vous voyez là-bas, c'est la flotte de Nicée!

– En êtes-vous sûr? »

On distinguait à peine le pavillon, et Hasan s'étonnait de la certitude affichée par Domenico et son comite.

« J'ai assez navigué pour reconnaître tous les types de navires, seigneur Hasan. Celui-là est aux Grecs, croyez-moi! »

Le drongaire plissa les yeux, se pencha sur le bastingage. Ioannidès l'entendit marmonner entre ses dents : « Rapide, rapide... Rouge et or... »

Le drongaire resta ainsi un long moment.

« Rouge et or ! » scanda-t-il subitement d'une voix forte. Et empoignant aux épaules Ioannidès, surpris :

« Plus vite, centarque, plus vite, je veux savoir si Dieu me l'a vraiment envoyé ! »

L'officier se demanda si son chef n'était pas soudain frappé de déraison.

« Euh... Seigneur, la cadence est déjà rapide... Nous allons fatiguer l'équipage. Est-ce bien prudent ? »

Le regard de Nicétas fut à Ioannidès une réponse suffisante. Il alla donner ses ordres, glissant au passage un mot au comte Grégorios, debout au pied du mât.

L'excitation de l'amiral s'était encore accrue lorsqu'il le rejoignit.

C'était une belle galère dont ils allaient couper la route. Fine comme un doigt de femme. N'eût-il eu sa superbe trière, Ioannidès eût aimé la commander !

« Gloire à Christ triomphant ! s'écria le drongaire en baisant prestement la médaille qu'il portait à son cou. Je tiens ma revanche ! Aux postes de combat, centarque, aux postes de combat ! »

Ioannidès, ouvrant grands ses yeux cernés, resta bouche bée.

« Vous voulez attaquer, seigneur, mais nous ne savons même pas qui c'est. Pourquoi serait-il dangereux ?

– Moi, je sais qui c'est, Ioannidès, je sais qui c'est ! Et depuis quand un centarque de l'Empire discute-t-il les ordres ? » hurla Nicétas.

Le comte Grégorios, qui s'était rapproché, s'éclaircit la voix. Bravement, il demanda d'une voix mal assurée :

« Mmmh... Euh... Seigneur, je n'entends guère les choses de la mer, mais..., euh..., faut-il risquer un combat si près de la côte, alors que les troupes nous attendent ? »

L'intervention du comte redonna courage au centarque.

« Pardonnez-moi, seigneur, mais Candie est encore loin, La Sude [1] et La Canée plus encore. Cette galère ne peut nous faire courir aucun danger, d'autant que le capitaine de Sitia a accordé trois jours de trêve à nos troupes... »

Le soufflet qu'il reçut en plein visage interrompit sa phrase.

Aussi rouge que l'officier était devenu blême, le drongaire, le bras encore levé, siffla d'une voix vibrante de colère : « Aux postes de combat, centarque Ioannidès... Aux postes de combat...

– À vos ordres, seigneur. Je transmets à la flotte...

– Vous ne transmettez rien du tout ! Si ! L'instruction de garder son cap ! Je n'ai besoin de personne pour régler cette affaire, entendez-vous ? De personne !

– Une question seulement, seigneur, reprit l'officier d'une voix blanche : qui est-ce ?

– La *Santa Filomena*, centarque Ioannidès, la *Santa Filomena !* »

1. Souda.

Le comte regardait sans comprendre. Ioannidès avait tout compris. La peste soit de cet amiral à la vanité si chatouilleuse!

Nicétas aurait reconnu entre mille l'agile vaisseau qui avait déjoué sa surveillance au bras Saint-Georges, l'année précédente. Dans une aube brumeuse, il avait surgi à l'improviste dans le détroit, avec deux autres navires. Et non seulement les Vénitiens avaient fini, courant de toutes leurs rames vers la Propontide, par échapper à ses sept galères, mais ils en avaient même au passage incendié deux.

Et ce que Nicétas pardonnait le moins à ce Contarini – il avait vite appris par la rumeur le nom du commandant vénitien –, c'était que dans les manœuvres de la poursuite il avait fini par éperonner de son vaisseau amiral un de ses propres bâtiments!

Le ridicule!

L'humiliation!

Lorsqu'il avait fait son rapport au mégaduc Auxentios, il avait ressenti comme une brûlure la lueur ironique qui brillait dans les yeux du commandant en chef.

Et le Basileus... Le Basileus, disait-on, avait ri!

« Il fonce droit sur nous. C'est une attaque! Si nous maintenons le cap, nous ne pouvons pas l'éviter. M'ordonnez-vous de mettre cap à l'est, seigneur? S'il engage la poursuite, nous serons sans doute plus rapides à la longue. Ses rameurs ne soutiendront pas longtemps cette allure. »

Domenico fit involontairement claquer sa langue.

« Je n'aime pas tourner le dos à l'ennemi... »

Pour la première fois, un éclair de sympathie traversa le regard de Rainfried von Waldberg. Ainsi ce qu'on disait était vrai : ce Vénitien n'était pas seulement un marchand!

Pesamment – il était décidément mal à l'aise sur le pont instable d'un navire –, le chevalier vêtu de noir retourna à la proue. Ouvrant le coffre qu'il avait emporté, il revêtit lentement le haubert de mailles, la cotte d'armes marquée de la croix de l'Ordre, le baudrier de cuir et le casque oblong qui faisaient tout son bagage, avec son épée, son écu et l'ample manteau blanc à la croix noire dont, pour finir, il se drapa.

Tout son bagage... Avec la Bible, dont il lut en silence, brièvement, un passage.

De la poupe, Hasan regardait, pensif, la haute et lourde silhouette blanche. Si on lui avait dit qu'il allait devoir combattre des chrétiens aux côtés d'un chevalier de la Croix!

N'ayant emporté, pour son serviteur et lui, que des dagues plutôt décoratives, il avait choisi dans les coffres bien pourvus de la galère une légère épée turque, recourbée, au fil parfait.

Hasan réalisa soudain, lui qui n'avait appris que par jeu à manier les armes – non sans une certaine dextérité, du reste –, que c'était là son premier combat contre un véritable ennemi... Il fut surpris de constater qu'il n'avait pas peur : il ne s'était pourtant jamais senti l'âme d'un homme de guerre... Mais, à l'heure d'un combat imprévu où il allait risquer sa vie, ce n'était pas vers elle que se dirigeaient ses pensées, mais vers celle d'un jeune homme qu'il n'avait jamais vu, qu'il ne connaissait pas, qui il y a deux semaines lui était totalement indifférent... Louis, roi de France.

Pourquoi ne pas fuir? Non par peur, mais pour accomplir sa mission! Au diable l'honneur d'un Vénitien quand il s'agissait de la vie d'un roi.

« Ser Domenico, si je ne suis pas un guerrier, le Très-Haut m'est témoin que je n'en suis pas moins prêt à me battre. Pourtant... Vous savez ma mission... »

Domenico sourit. L'Assassin avait-il peur? Non... Il n'en avait pas l'air.

« Je n'aime pas tourner le dos à l'ennemi, et il m'arrive d'aimer jouer gros... mais jamais quand je suis sûr de perdre, seigneur Hasan. Leur flotte reste au loin... À l'allure à laquelle ils avancent depuis tout à l'heure, leurs rameurs seront beaucoup moins frais que les nôtres... Et puis il me semble qu'on ne s'agite guère, sur le pont, pour un navire qui s'apprête au combat. Comme s'il n'y avait pas grand monde sur cette trière... Que vient faire une flotte si près d'une côte, à votre avis?

– Débarquer des troupes?

– Ou en embarquer! Les affaires de Vastace ont pris à Candie une fort mauvaise tournure. Il n'a pas les moyens de les redresser. On murmure même qu'il cherche à négocier des trêves qui lui permettraient de sauver ses troupes en difficulté! Je ne vois pas à cette flotte d'autre raison d'être, seigneur Hasan, que de venir chercher ce qui peut rester dans cette région de troupes de Nicée. »

Domenico frappa légèrement l'épaule du Syrien.

« Et voilà pourquoi il ne doit pas y avoir beaucoup de soldats à leur bord!

– C'est d'autant plus curieux, cette attaque! » souffla Tommaso.

D'un geste nonchalant, le patricien, presque badin, s'accouda sur l'épaule du petit comite.

« Oui. Tu sais à quoi je pense? Qui commande une flotte, Tommaso?

– Eh! un amiral!

– Une flotte grecque, Tommaso. La flotte grecque? »

Le comite tourna la tête en souriant :

« Le mégaduc? Ou bien le grand drongaire... Vous croyez que...

– Ce serait trop drôle, avoue! »

Tommaso se fit sombre.

« Si par impossible c'était lui, est-il sage de tenter une deuxième fois le sort? »

Lui envoyant une bourrade, Domenico, égayé par son idée, éclata d'un rire joyeux. La bonne humeur de son maître détendit l'équipage qui, inquiet, souquait jusque-là en silence. Sans savoir pourquoi, certains des hommes se mirent à rire à leur tour.

Domenico dépouilla son manteau. Revêtu d'une tunique rouge serrée à la taille d'une ceinture de cuir sombre, largement fendue sur ses jambes finement musclées prises dans des chausses noires, il s'avança sur la coursive, brandissant son épée.

« Hardi, mes enfants! Sus à ce gros Grec, et que les autres là-bas essaient de nous rattraper! »

Tandis que ses hommes carraient sur leur épaule un bouclier de cuir, il prit Tommaso par le cou et murmura quelques mots à son oreille. Le comite parut d'abord surpris, puis sourit.

« Prêts à l'abordage, mes enfants! s'écria le patricien. Un coup de rame et il est à nous! »

Le comite et le contremaître coururent de groupe en groupe, donnant de brèves instructions. L'excitation gagnait les bancs de nage.

Hasan et Rainfried regardèrent Domenico avec surprise. Avait-il l'intention de renverser les rôles? L'approche de la bataille l'avait transformé : on aurait dit qu'il jubilait.

Les deux lions de bronze doré qui s'accrochaient à la proue du navire grec grondèrent comme le tonnerre. Deux boules de feu passèrent en sifflant au-dessus des rameurs, frôlèrent le bordé et les avirons et vinrent s'aplatir dans les flots qu'elles enflammèrent.

Tandis que les Vénitiens maîtrisaient un début d'incendie, déjà, à l'avant de la trière, les marins allumaient un pot à feu, les artilleurs bandaient la catapulte, le siphonaire surveillait les chaudrons embrasés où plongeaient les tuyaux alimentant la gueule des fauves de bronze.

C'était le feu grégeois – autrement dit le feu grec –, ce mélange incendiaire de salpêtre, de soufre et d'huile de naphte dont, depuis des siècles, la marine de l'Empire faisait grand usage.

Une volée de flèches manqua aussi son but.

« Saint-Marc! » hurla soudain Domenico, désignant de son épée, par-dessus le tabernacle de poupe, le lion d'or ailé qui frappait la bannière rouge de Venise.

« Saint-Marc! » tonna en retour l'équipage.

« Décidément, songea Rainfried, ce n'est pas qu'un marchand! »

« J'espère qu'il a toute sa raison », se dit Hasan.

Alors qu'elle allait couper la route de la galère, qui continuait plein nord, la trière avait incliné sa course pour venir la prendre par bâbord.

Devant Hasan et Rainfried médusés, les ordres fusèrent, exécutés dès avant qu'ils les eussent compris.

Rames de bâbord s'élevant hors de l'eau, rames de tribord hachant furieusement les flots, la galère vira presque sur elle-même, offrant son flanc à l'éperon de la trirème. Décoché à cet instant par des artilleurs qui n'avaient pas vu venir le mouvement, le pot à feu alla à son tour en sifflant se noyer dans les flots, avec les flèches qui lui faisaient escorte.

Le moine soldat et le sarrasin, toutes haines oubliées, échangèrent un instant un regard effaré. Les lions de bronze allaient cracher leur flamme, la proue effilée du vaisseau grec allait éventrer le bordé, balayer la coursive...

« Dieu... »

« Allah... »

Tout alla si vite. Ordres, sifflets, rames de tribord tirées d'un seul mouvement sur les bancs de nage. Soudaine frénésie des rameurs de bâbord.

Le rugissement des fauves.

Le choc renversa le chevalier. Hasan s'accrocha au mât.

Fracas de rames brisées.

Eperonnés? Incendiés?

Non. Les lions avaient craché trop tard. La nage effrénée de bâbord avait ramené in extremis la galère face au nord, la plaquant contre le flanc de la trière. Défilant contre sa coque, elle laboura les trois rangées d'avirons blancs aux pales rouges, qu'elle brisa comme du verre.

Les grappins volèrent sur le pont plus élevé du vaisseau grec. Et, avant que l'Allemand et le Syrien aient repris leurs esprits, les marins vénitiens, de rameurs aussitôt transformés en guerriers, épée à la main, couteau entre les dents, s'étaient déjà hissés sur le pont ennemi.

La folie de la manœuvre autant que sa rapidité avaient semé chez les Grecs la plus grande confusion. Archers, fantassins et marins prêts à aborder l'ennemi sur bâbord, croyant une seconde plus tard l'éperonner, se trouvaient pour finir abordés par tribord !

Bondissant sur la proue de la trière, Domenico jugea rapidement la situation : il y avait en effet assez peu de soldats sur ce navire. Si la foule des rameurs qui se pressaient dans l'entrepont ne se joignait pas au combat, il avait même un net avantage numérique. Il vit tout en bataillant deux groupes de ses hommes se ruer, comme il le leur avait ordonné par avance, sur les trappes d'accès à l'entrepont, d'où ne pouvait sortir qu'un seul homme à la fois.

Abordant vers la poupe, Hasan et Rainfried se hissèrent eux aussi à bord. Pareil à une tour, brandissant sa grande épée de toutes ses forces, le chevalier au manteau blanc faisait le vide autour de lui. À deux reprises, il dégagea Hasan, dont l'élégante escrime manquait de l'expérience des combats.

« À moi, Contarini ! »

Domenico vit bondir vers lui, se taillant un passage dans la mêlée à grands coups de sabre, un officier empanaché, pareil aux Césars des bas-reliefs antiques, tout d'or et de pourpre, au visage de furieux. Par leurs tenues qui tranchaient sur la grisaille des combattants, somptueuse pour l'un, élégante pour l'autre, les deux adversaires qui ne s'étaient jamais vus que de loin dans la brume se reconnurent dans l'instant.

Attaquant tout en force, le drongaire assenait des coups à assommer un cheval. Sans pouvoir riposter sous la violence de l'assaut, faiblement protégé d'un léger bouclier, Domenico s'employait à esquiver de toute son agilité la lourde lame qui sifflait dans les airs.

Il sentit un coup de vent fouetter sa joue. Y portant la main, il la retira ensanglantée.

La danse infernale continuait.

Les Grecs paraissaient faiblir. Les issues de l'entrepont restaient fermement verrouillées par les marins que le patricien y avait postés. Sur les bancs de nage, dans les sombres entrailles du navire, la panique gagnait. Récupérant à peine de la course folle imposée par l'amiral et du choc de l'abordage, qui, emportant les avirons de tribord, avait brisé les reins et assommé les nuques, ignorant la force exacte de l'ennemi qui les assaillait, voyant le pont inaccessible et entendant sur leurs têtes le vacarme du combat, les rameurs s'affolaient.

Le comte Grégorios, entraînant trois hommes avec lui, se précipita sur Rainfried. Ce colosse devait être éliminé du combat coûte que coûte. L'assaut simultané de quatre bons sabreurs obligea l'Allemand à reculer lentement vers la poupe. D'un coup d'épée, il abattit tout un pan de la tente jaune du drongaire, sans ralentir pour autant l'ardeur de ses adversaires. Au contraire, derrière le tabernacle à demi effondré, sous la grande aigle bicéphale qui flottait au-dessus des combattants, un autre soldat surgit, l'acculant à la rambarde. Le chevalier y prit appui de tout son poids pour repousser l'assaut lorsque, soudain, quelque chose céda. Alors Rainfried von Waldberg, lâchant son arme, tomba à la renverse, dans les eaux de l'Égée, de toute la hauteur du château de poupe.

Hasan, voyant la scène, ne se donna pas le temps de réfléchir. Il sauta dans les flots où le chevalier s'efforça un instant de surnager. Le poids de l'armure l'entraînait sans espoir. Bandant toutes ses forces, le Syrien lui sortit la tête hors de l'eau, au prix d'une gorgée froide et salée. Il était bon nageur, mais, gêné par sa robe, et en dépit des efforts de son compagnon, il comprit qu'il ne le soutiendrait pas longtemps...

Le filin... Gagner le filin...

Devant la pale du gouvernail grec qui ballottait au gré des vagues, heurtant par à-coups la coque vénitienne, un cordage pendait. D'un effort d'autant plus vigoureux qu'il risquait pour l'un d'eux d'être le dernier, les deux hommes parvinrent à s'en approcher. Tendant le bras, Hasan le saisit, puis Rainfried à son tour.

Sauvés!

Pour le moment...

Le souffle de Nicétas se faisait plus court. C'est qu'il n'était plus un jeune homme! Alors Domenico, le visage en sang, contre-attaqua.

Au tour de l'amiral d'esquiver les passes brillantes de son ennemi!

Tout alla très vite alors. Le Grec, reculant sous l'assaut, heurta un des montants de la catapulte à l'instant même où le Vénitien lui décochait une puissante estocade. Déséquilibré, il ne put la parer. Domenico sentit son arme s'enfoncer dans une masse molle. Le drongaire ouvrit tout grands ses yeux, porta la main à son ventre, là où s'arrêtait la cuirasse. Un flot de sang jaillit. Il s'effondra.

Dans le même instant Domenico pointa son épée vers le centarque Ioannidès qui venait de rejoindre Nicétas.

Ioannidès leva la main.

« Trêve, seigneur, trêve! »

Survenu à l'instant même où le patricien portait son coup fatal, le centarque aurait pu le détourner de l'amiral. Mais il avait eu un temps d'hésitation, bref, très bref.

Le temps d'un soufflet!

Et le grand drongaire était tombé en sang à ses pieds.

« Trêve, seigneur. Faisons cesser ce combat! »

Domenico balaya le pont du regard. La plupart des Grecs s'étaient regroupés autour du mât; la lutte avait nettement tourné en sa faveur. Mais là-bas les trois galères d'escorte, en voyant s'engager la bataille, avaient de leur propre initiative changé de cap et se rapprochaient rapidement.

« Soit. Si tu leur ordonnes de me laisser poursuivre ma route.

– Je m'y engage, seigneur, devant la Sainte Vierge Marie. Arrêtons tout ceci. »

Alors les deux commandants grimpèrent de concert sur la catapulte et, levant leurs épées, l'un en grec, l'autre en italien, ordonnèrent à leurs hommes de cesser le combat.

Emportant leurs blessés, les Vénitiens regagnèrent prestement leur bâtiment.

Alors que montaient au mât de la trière les pavillons indiquant à la flotte que la bataille était terminée, Domenico, lorsqu'il eut constaté qu'aucun des siens ne demeurait plus à bord, échangea un bref salut avec le centarque et sauta le dernier sur la poupe de la *Santa Filomena*.

Il songea seulement alors à Hasan et Rainfried qu'il avait perdus de vue à l'autre bout du pont, tandis qu'il défendait sa vie contre l'assaut du grand drongaire.

« Tommaso, tu les as vus? »

Le comite n'eut pas le temps de répondre. À la proue de la galère, sous la haute poupe de la trière, tout un groupe, penché par-dessus la rambarde, s'affairait avec agitation. On vit soudain surgir au milieu des tuniques grises et brunes la haute silhouette blanche du chevalier. Domenico et Tommaso accoururent au long de la coursive. Rainfried et Hasan étaient là, trempés. Le serviteur du sarrasin, qui avait lui-même bravement combattu, s'affairait auprès de son maître.

« Le chevalier est tombé... de la trirème, haleta brièvement le Syrien, d'une voix hachée. J'ai sauté... à son aide. Dieu soit loué... Nous avons pu attraper un cordage. »

C'était celui d'un des grappins lancés à l'abordage, qui avait manqué son but...

Retrouvant son souffle, Rainfried se tourna vers Hasan.

« Il semble bien, messire Hasan, que je vous doive la vie!

– Pendant le combat, vous avez sauvé deux fois la mienne! »

Et, pour la première fois depuis leur rencontre, les deux hommes se sourirent.

La fine coque rouge se détacha bientôt de la grande coque bleue. Tandis que le barbier s'occupait des blessés, la voile dressa sous le ciel son triangle blanc, et les rameurs, reprenant leurs postes de nage, appuyant sur les avirons au rythme lent qu'imposait leur fatigue, remirent la *Santa Filomena* sur la route d'occident.

La trière resta quelque temps désemparée. Puis des rames intactes apparurent à nouveau sur son flanc tribord, et lourdement, encadrée par deux galères qui l'avaient rejointe, elle remit le cap vers la côte.

La troisième galère accourue fit un moment mine de poursuivre le navire vénitien, puis, sans doute rappelée de la trirème, elle fit demi-tour et s'éloigna.

Dans son abri de poupe, Domenico lava son visage ensanglanté. Inquiet, il sortit un miroir de bronze. Il vit sourire Hasan; il sourit à son tour. Ce n'était qu'une estafilade. Elle témoignerait de sa vaillance sans compromettre l'harmonie de ses traits!

Allons, que l'on serve fromage, rôti froid, galettes et fruits!

À ses deux compagnons le Vénitien versa une pleine coupe de vin de Chypre, et tous trois, épuisés et heureux, savourèrent en souriant la joie de la victoire.

Ils entendaient au-dehors l'équipage arroser le succès d'un tonneau de vin grec que Domenico avait fait mettre en perce.

La fièvre du combat passée, le patricien se trouva bien fou d'avoir préféré au salut de la fuite l'attaque d'un vaisseau plus puissant que le sien, que soutenait au loin toute une flotte.

Mais il ne lut aucun reproche dans les yeux de ses deux passagers.

Oui, Domenico avait été fou d'accepter le combat, se disait Hasan. Mais son cœur éprouvait une secrète fierté, un bonheur inconnu. Lui, l'aristocrate de cour, le diplomate, le grand propriétaire, pour la première fois il avait combattu, il avait joué sa vie à la pointe d'une épée... et il était vivant... et vainqueur! Il considérait à présent son hôte forcé avec une sorte d'amitié. Il avait jusqu'ici deviné, dans l'allure, les attitudes, les gestes du Vénitien, bien des traits de lui-même, éprouvant par instants le sentiment curieux de voir en lui comme son double occidental. Mais quelque chose manquait pour qu'il lui inspirât une réelle sympathie. Le péril partagé avait eu raison de l'obstacle...

Et ce chevalier allemand? Templiers, Hospitaliers ou Teutoniques, l'Islam n'a pas de pires adversaires que ces guerriers à la croix cousue sur leurs manteaux blancs! Ce chevalier si froid qui il y a deux heures encore jetait sur moi un regard si hautain, je lui ai pourtant sauvé la vie. Et lui, par deux fois, a fauché un chrétien de son épée pour préserver la mienne!

Et cela n'est arrivé que parce que, au fond de l'Orient, un roi barbare et mécréant s'est mis en tête de conquérir le monde...

Comme Tes voies, ô Seigneur, comme Tes voies sont étranges!

Ce Contarini avait été fou de s'attaquer à pareil adversaire, songeait Rainfried von Waldberg. Mais quoi de plus honteux que la fuite? Il était chevalier. Le courage, fût-il témérité, valait pour lui plus que la vie. Christ récompenserait les preux.

Quelle que fût la réputation flatteuse qu'il avait gagnée au bras Saint-Georges, ce Vénitien raffiné, cet amateur de richesse aux délicatesses de cour lui avait paru bien loin de l'idéal d'un chevalier chrétien. Lorsqu'aux lèvres d'un Grand de Venise venait le nom de Dieu, n'était-ce pas au Veau d'or qu'il songeait en son cœur?

Mais après ce combat il comprenait mieux la grandeur de la république. Elle n'était pas que d'or, mais aussi de vaillance.

Domenico Contarini, que ne reconnaissez-vous la vanité des plaisirs de ce monde? Vous feriez un bien beau chevalier du Christ!

Mais peut-être, qui sait, ô marchands de Venise, votre soif de richesse, qui vous fait maîtres des mers, n'est-elle qu'un des moyens, dans les desseins du Seigneur, pour permettre aux épées de Ses humbles serviteurs d'assurer Son triomphe sur la Terre où Il a souffert?

Et toi, le sarrasin? Pourquoi m'as-tu sauvé, moi qui, de toutes mes forces, ai combattu ta foi? Quel étrange pays où l'on peut être à la fois preux et aveugle à la vérité!

Quand l'Empereur Frédéric, mon maître, et le Vieux de la Montagne, le tien, s'échangeaient ambassades et cadeaux, que pouvaient-ils bien se dire?

L'Empereur, dit-on, n'a pas de meilleur ami que le soudan de Babylone. Quand frère François, d'Assise, est venu le prêcher, le soudan, avec bienveillance, l'a écouté.

Et, malgré tout cela, le soudan est toujours infidèle!
Quel étrange pays!
Comme les voies du Seigneur y sont plus obscures qu'ailleurs!
Comme tout doit être plus simple lorsque, comme mes frères de Prusse et de Livonie, on n'a pour ennemis que de sauvages païens!
N'importe, sarrasin, tu m'as sauvé et je t'ai vu combattre. Tu n'es plus mon ennemi; pour toi je prierai le Seigneur de t'éclairer de Sa lumière!

Les événements avaient dissipé le malaise que la présence de Hasan causait auparavant à Domenico. Mieux, ils lui avaient donné le désir de faire réellement la connaissance de ce passager qu'on lui avait imposé.

Une bonne partie de l'après-midi, les deux hommes devisèrent, évoquant l'un sa vie à Venise, l'autre son existence à Damas, l'un son passé de grand seigneur négociant n'hésitant pas à courir les mers pour veiller à ses intérêts comme à ceux de sa cité, qui lui confiait comme à ses pairs des offices publics, l'autre ses missions diplomatiques qui l'avaient conduit dans plusieurs cours d'Orient. Le Vénitien, qui jusque-là s'était peu intéressé à la foi des infidèles, se montra même curieux de savoir qui étaient vraiment les Assassins et ce qu'était leur doctrine.

« En somme, seigneur Hasan, si j'ai bien compris, il en va des infid..., je voulais dire des musulmans, comme des chrétiens : les chiites rejettent l'autorité du Calife de Bagdad comme les Grecs celle du Pape de Rome. Quant à vos amis les Assassins..., pardon, les ismaéliens... »

Domenico sourit.

« ... pour les autres musulmans, ils sont un peu hérétiques! »

Hasan sourit à son tour.

« Si vous voulez, ser Domenico, si vous voulez...

– Savez-vous, seigneur Hasan, que je vous prenais pour un véritable Assassin? »

Le Syrien s'esclaffa.

« En vérité, ser Domenico, je crois vous avoir dit de mon mieux ce qui me rapprochait des ismaéliens. Quant aux Hachichiyyin, que vous appelez Assassins, ils ne sont pas à mes yeux ce que les gardiens de notre foi ont institué de plus respectable! »

Et posant gaiement la main sur l'épaule de son hôte :

« Croyez-moi, je ne suis pas homme à aller planter un poignard entre vos épaules! »

Sur ces mots, tandis que les nuages se déchiraient enfin, dévoilant un doux soleil déclinant sur l'horizon d'un bleu pâle, les deux hommes, accoudés à la rambarde de poupe, rirent de bon cœur.

Ce soir-là, tandis que des fenêtres du palais de Candie l'harmonie s'écoulait, assourdie, des flûtes et des rebecs, des harpes et des violes, derrière les croisées où les lampes brillèrent jusque tard dans la nuit, les vins de la Messara et de Monemvasia réjouissant ses convives, le nouveau duc de Crète, Stefano Giustiniani, traita, somptueusement, le noble seigneur Contarini et ses deux compagnons.

LE PRINCE

L'an 6744 de la création du monde, le samedi 17 mai, fête de saint Andronic et sainte Junie [1]

« Moi, Alexandre Iaroslavitch, prince de Novgorod, je jure sur les Saints Évangiles de régner et de gouverner en respectant les bonnes lois et les justes statuts jadis octroyés par les chartes de Iaroslav le Sage, de choisir les gouverneurs des provinces parmi les citoyens de Novgorod, de ne pas décider de la paix ou de la guerre sans le consentement du Conseil de la Ville, de ne pas rendre la justice en l'absence du possadnik, de ne pas distribuer les provinces ou les villes à mes boyards et de ne pas acquérir de propriétés pour moi ou pour les miens sur les terres de Novgorod sans son consentement.

En foi de quoi, je baise la croix. »

« Seigneur, bénis ton fils Alexandre, prince de Novgorod!

– Béni soit Alexandre Iaroslavitch, notre prince! »

– Longue vie à Alexandre!

Longue vie!

Longue vie... »

NOTRE-DAME DE PARIS

L'an du Seigneur 1236, le dimanche 8 juin, fête de saint Médard

« Eh bé!... Eh bé! »

Écarquillant les yeux, le nez en l'air, Gervais, la bouche ouverte, ne parvenait pas à exprimer plus précisément son ébahissement.

Son compère Régnier, dodelinant de la tête, les sourcils levés, n'était pas moins impressionné, mais il se gardait bien de ponctuer son étonnement d'exclamations qui eussent terni son prestige auprès de son rustaud d'ami. C'est que, contrairement à celui-ci, qui n'était pour ainsi dire jamais sorti de Montargis, n'ayant guère dépassé Nemours, il avait voyagé : non content d'aller une fois l'an vendre ses chapeaux aux foires de Melun, Montereau ou Orléans, il avait été par trois fois à Tours visiter l'oncle de sa femme!

Mais Paris, tout de même... Il allait lui aussi d'étonnement en étonnement. On lui avait bien raconté, mais il croyait qu'on exagérait!

« Eh bé!... Eh bé! »

1. 17 mai 1236.

Émerveillés, ils l'avaient déjà vue de loin, dominant la Cité de sa masse blanche, mais c'est seulement en parvenant sur le parvis, émergeant de la rue Neuve-Notre-Dame, que les deux compères du Gâtinais s'étaient rendu compte de sa taille. Gervais le savetier et Régnier le chapelier ne s'étaient jamais sentis aussi écrasés par une œuvre humaine! L'église de Montargis était bien petite à côté, et aussi Saint-Jean-Baptiste de Nemours... Et même la vieille cathédrale d'Orléans...

Écrasant aussi bien les maisons qui se pressaient autour de la place que la petite église Saint-Jean-le-Rond qui, tout contre sa façade, pareille à un enfant s'accrochant à sa mère, s'adossait à son flanc, elle dominait de ses tours et de sa haute toiture même l'altier palais épiscopal, dont le fier donjon semblait par contraste une humble tourelle.

C'est que, si monseigneur l'évêque de Paris était bellement logé, sa maison n'était rien auprès de celle que lui-même et ses prédécesseurs avaient voulue pour Dieu!

« Eh bé! »

Avec ses parois toutes blanches qu'hérissaient sculptures, frises et statues multicolores, Notre-Dame de Paris, après soixante-treize années de travaux, dressait haut dans le ciel une tour sud que sa sœur du nord, bardée d'échafaudages, se hâtait d'égaler. La gigantesque façade plongeait dans l'ombre l'étroit parvis et sa foule grouillante : bourgeois affairés, fidèles empressés, baladins des rues, simples badauds ou ribauds en goguette.

« Compère, tous ces saints, là-haut, ce sont donc les apôtres?

– Mais non! »

Régnier haussa les épaules.

« Tu vois bien qu'ils sont bien plus que douze! Ce sont les rois de France! »

Et le chapelier, ignorant que c'étaient les rois de Juda et d'Israël, d'étaler sa science.

« Vois-ci Pépin, vois-là Charlemagne! »

« Pitié, monseigneur, pitié! » hurla soudain, presque à son oreille, une voix aigrelette.

« Ma bourse! » s'exclama en écho Régnier, portant la main à sa ceinture. Un cliquetis de métal tombant sur le pavé ponctua ce double cri.

Près du chapelier, tout tremblant, un échalas déguenillé aux cheveux jaunes, dont la tunique trop courte couvrait mal la crasse de ses jambes nues, tenait à la main gauche le précieux sac de cuir dont, profitant de l'inattention de sa victime, il avait sectionné l'attache, d'un coup de ce ciseau qu'il venait de laisser tomber au sol. Un bras vêtu de drap écarlate lui serrait la gorge qu'une fine lame menaçait d'entailler.

« Pitié, monseigneur!

– Rends son bien à cet homme! »

Le coupe-bourse s'exécuta, penaud.

« Je ne suis qu'un pauvre homme, ne me livrez pas au guet! Pitié!

– Allez, file! »

L'étreinte se relâcha, l'homme au surcot de drap écarlate décocha un vigoureux coup de pied dans les reins du ribaud, qui, sans demander son reste, se fondit dans une foule à peine distraite par l'incident.

Il était de belle mine, grand, mince et basané, aux cheveux aussi noirs que sa courte barbe. Un étranger! Mais à voir comment il était vêtu et chaussé de neuf, à considérer le délicat stylet qu'il glissait à sa ceinture, il n'était point le dernier des manants.

« Monseigneur, soyez mille fois béni, vous me sauvez la vie! »

Hasan sourit aimablement.

« Ce n'est rien, ce n'est rien. Je l'ai vu à temps, c'est tout.

– Je suis cent fois votre débiteur! »

À cet instant, un clerc replet en robe grise s'approcha des trois hommes.

« J'ai tout vu, messires! Grâce vous soit rendue pour votre bonne action, mon fils. Et vous, mes enfants, que n'êtes-vous plus prudents? Vous n'êtes donc point de Paris?

– Non pas, mon père, non pas, nous sommes de Montargis, en Gâtinais, et c'est d'hier au soir que nous sommes dans Paris.

– C'est que Paris n'est point Montargis! Il n'est pas de si vaste cité sous le ciel et il y a ici bien des brigands prêts à détrousser les bons sujets du roi qui s'y promènent sans méfiance. »

Hasan, silencieux, s'amusait. Ce clerc voulait manifestement quelque chose.

« On a tôt fait de se perdre et de tomber dans quelque antre de coupe-jarrets! »

Gervais et Régnier opinaient du chef d'un air entendu.

« Vous avez bien bonne mine, mes enfants. Il me plairait de vous aider. Si j'osais, poursuivit le moine... Aimeriez-vous grimper à la tour? »

Tout en entretenant les deux compères, il jetait des regards obséquieux vers Hasan, dont la mise respirait le noble ou le grand bourgeois.

« Vous y verriez tout Paris. Il n'y a pas meilleur moyen pour s'y orienter, et... il n'est pas plus beau spectacle au monde!

– Si fait! Si fait! Mais... Est-ce bien permis? »

Le moine minauda.

« Mmm! Pour vous être agréables, mes enfants, pour vous être agréable, je vous ouvrirai la porte. Et à vous aussi, monseigneur, si vous le souhaitez! »

Il s'inclina avec un respect affecté vers Hasan, qui le gratifia d'une approbation gracieuse et muette.

Descendant quelques-uns des degrés qui, entre la cathédrale et l'Hôtel-Dieu, conduisaient à la berge, le clerc entraîna les trois hommes au pied de la tour sud, dans l'encoignure de l'enceinte épiscopale. Il gravit quelques marches et ouvrit une porte.

« Grimpez, mes enfants, grimpez. Prenez tout votre temps, car c'est bien haut, mais vous verrez, la récompense est digne de l'effort! »

Hasan, entrant le premier, mit la main à sa bourse, tandis que le clerc souriait d'un air patelin. Mais Régnier, se sentant envers lui une obligation et voulant étaler sa prospérité auprès du savetier, s'interposa avec vivacité.

« Laissez, laissez, monseigneur, laissez. Je suis votre débiteur! »

Et, royalement, il déposa une pièce dans la paume du clerc, qui marmonna en grimaçant quelque chose que le chapelier prit pour un remerciement.

Mauvaise affaire! Alors que ce seigneur avait l'air si bienveillant! Ah, mais c'est que nous n'allons pas en rester là! Nous avons de la ressource!

Rassemblant son souffle et son courage au pied des quelque quatre cents marches qu'il se serait bien passé de gravir, le clerc bondit à la suite des visiteurs.

« Mes enfants, mes enfants ! Pour vous remercier de votre bonté, laissez-moi vous guider jusqu'en haut. Je vous décrirai notre bonne ville. »

Suivis de leur cicérone improvisé, Hasan et les deux Montargois s'engagèrent dans l'escalier à vis.

Ils montaient.

Montaient.

Si Hasan grimpait d'un pas léger, ses compagnons durent bientôt se ménager des pauses. On entendait le clerc beugler comme un soufflet de forge.

De temps à autre une ouverture donnait sur les toits. On était déjà bien haut. Et pourtant on montait, on montait toujours sans que cet escalier, de plus en plus étroit, parût avoir de fin.

Montaient-ils au ciel ?

Hasan, qui n'avait pas pour habitude d'escalader les minarets, ne se souvenait pas d'avoir jamais effectué pareille ascension.

C'était la première fois qu'il pouvait se détendre depuis qu'il avait mis le pied en terre chrétienne. Quelle course !

Il avait eu de la chance. À Céphalonie, la *Santa Filomena* avait croisé une galère marseillaise qui revenait d'Orient. Hasan avait fait ses adieux à Domenico et à Rainfried et embarqué sur ce vaisseau qui lui évitait d'avoir à parcourir toute la vallée du Pô et surtout de traverser les Alpes.

Quittant presque aussitôt débarqué la république de Marseille, franchissant le Rhône à Arles, il était enfin parvenu au royaume de France. À Beaucaire, il s'était annoncé au sénéchal du roi, qui, au vu du sauf-conduit de Jean d'Ibelin, lui avait délivré un laissez-passer à l'attention de tous les officiers de la Couronne, le gratifiant – tant sans doute pour le surveiller que pour le protéger – d'une petite escorte.

Suivi de son serviteur et de ses cinq gardes du corps, Hasan avait galopé à franc étrier le long du Rhône et de la Saône, sans guère prendre le temps d'admirer les paysages ni de visiter les villes où, arrivant à la nuit tombante et repartant dès l'aube, il faisait étape. De relais en relais, le laissez-passer et l'escorte du sénéchal de Beaucaire faisaient de lui comme un courrier du roi : à peine les cavaliers avaient-ils sauté à bas de leurs chevaux fourbus qu'on leur présentait des bêtes fraîches, dût-on en priver les voyageurs à qui on les avait promises. Ordre du roi !

Poursuivant ce train infernal à travers la Bourgogne, ils avaient enfin vu, deux jours auparavant, se dresser dans l'ombre du soir les remparts de Paris, pénétrant dans la ville comme on s'apprêtait à en fermer les portes. Il n'y avait pas six jours qu'ils avaient quitté Beaucaire ! Descendant à toute allure la Grande-Rue-Saint-Jacques, traversant le Petit-Châtelet et le Petit-Pont, les cavaliers, épuisés, s'étaient enfin présentés à la grille du palais de la Cité.

Tout y était normal : le roi de France était toujours vivant.

Louange à Allah, le Vigilant !

La grande galerie d'arcades ouvragées aux colonnettes aériennes fournit l'occasion d'une pause. Seigneur, qu'on était haut ! Accrochés aux balustrades, des monstres et des démons de pierre, immobiles et terribles, regardaient de leurs yeux fixes la ville qui s'agitait en bas.

On fit un autre arrêt devant la batterie de cloches, qui, hissée depuis peu dans la tour toute neuve, rythmait désormais la vie des Parisiens. Le gros bourdon arracha encore un « eh bé! » à Gervais.

Et l'ascension reprit.

« Ça y est, on voit le jour! Courage, compère! »

Le jour! Et quel jour! Un soleil superbe illuminait le ciel. L'ombre du parvis, l'obscurité de l'escalier, l'avait presque fait oublier...

« Ooooh! »

Même Hasan, pourtant moins prompt à s'étonner que ses compagnons de rencontre, mit un instant à reprendre ses esprits. On était vraiment suspendu dans le ciel! Les maisons qui au pied de l'édifice se tassaient les unes contre les autres paraissaient minuscules. La foule sur le parvis semblait un fourmillement d'insectes.

Et tout autour, la grande ville de Paris, l'une des plus vastes cités d'Occident, dont on disait qu'elle grandissait aussi vite que la puissance du roi de France. Cent mille habitants peut-être – plus encore, qui sait? – se pressaient entre les remparts dont le roi Philippe avait, au siècle précédent, ordonné qu'elle fût ceinte.

Cent mille âmes... C'est beaucoup... Mais pas tant que cela, si l'on songe à Damas!

Le Syrien ne put s'empêcher de sourire à la pensée qu'il n'avait jamais eu le loisir de dominer sa ville de si haut.

Le clerc, soufflant et ruisselant, fut long avant de prononcer un mot. Enfin, il prit la parole, invitant les visiteurs à admirer le puissant édifice que la foi des Parisiens avait offert à Dieu.

L'énorme nef elle-même, si écrasante d'en bas, ne paraissait plus si grande, dominée qu'elle était par la haute tour blanche. Gêné par le soleil, Hasan mit la main en visière pour examiner, dressée à la croisée du transept, la fine flèche de bois, recouverte de plomb comme le toit tout entier. Au-delà s'étalaient sur l'eau scintillante du fleuve, où barques et barges, en foule, allaient et venaient sans cesse, l'île aux Vaches et l'île Notre-Dame, où se déroulaient jadis les jugements de Dieu. Mais aujourd'hui, ajouta le clerc, le roi Louis ne les prisait guère, et meilleure justice était rendue en sa Cour!

Le roi Louis...

Avant-hier, à la nuit, alors que Hasan donnait au chambrier de France la description précise des deux fedayin que lui avait fournie Saoud ibn-al-Babili à son départ de Damas, le roi, prévenu, les avait rejoints. Beau comme un archange, avec ses cheveux d'or.

D'autres auraient traité avec mépris, voire avec cruauté, l'envoyé de l'homme qui en voulait à leur vie. Mais Louis l'avait reçu avec douceur et bonté, non sans poser sur lui un regard pénétrant et un peu ironique.

Hasan avait alors compris pourquoi les Francs de Palestine plaçaient tant d'espoir en ce jeune homme dont on lui avait murmuré à l'oreille, sur les routes de France, que malgré sa jeunesse, alors que ses frères s'étourdissaient des plaisirs bien pardonnables de leur âge, lui, mesuré en tout sauf en sa foi en Christ, était l'image même du chevalier chrétien.

Il avait alors compris pourquoi le Sheikh el-Djebel avait conçu le projet de l'envoyer au royaume d'Allah.

Et le dessein de Siradj al-Din, pour politique qu'il fût, ne lui en parut que plus impie. Hasan acceptait que les fedayin réservent leurs coups à quelque prince perdu de vices ou à quelque vizir corrompu, mais à un preux, fût-il, parce que preux, leur plus redoutable ennemi, il ne pouvait l'admettre. Cela n'était pas digne de l'Islam. Ce roi-là, tout chrétien qu'il fût, était bien plus près de Dieu que la foule de ceux dont les lèvres reconnaissaient le Coran, mais dont le cœur ignorait ce que disaient les lèvres.

Youssouf Salahaddin était peut-être sunnite, mais il ne combattait point comme cela!

À se demander si Allah, furieux que l'Imam qu'Il avait délégué sur terre eût béni une aussi folle entreprise, n'avait pas dans Son courroux déchaîné les fils de Gengis Khan dans la seule intention de sauver ce jeune prince et de punir la témérité du successeur d'Ismaïl...

Mais qui connaît les desseins d'Allah?

« Voyez, mes enfants; voyez, monseigneur... »

Le clerc se montrait toujours aussi obséquieux avec Hasan.

« ... les clochers de la Cité. Il y en a près de vingt : là, Saint-Pierre-aux-Bœufs, là, Saint-Denis-du-Pas, là, Sainte-Madeleine, et là, Sainte-Marine, Sainte-Geneviève-la-Petite, Saint-Landry, Saint-Germain-le-Vieux, Saint-Christophe, Saint-Pierre-des-Arcis, le prieuré de Saint-Éloi... »

L'énumération des sanctuaires de l'île n'en finissait plus...

« Voyez là-bas les tours du palais du roi! Sa maison, ses écuries et ses jardins qui vont presque jusqu'aux îlots des Juifs et du Patriarche, et ici, à vos pieds, l'Hôtel-Dieu où sont reçus pauvres et malades, et là l'évêché, avec la galerie de pierre qui rejoint le chœur pour que monseigneur l'évêque puisse passer de son logis à sa cathédrale sans souffrir des intempéries. Voyez les échafaudages que l'on dresse sur le transept. Si vous revenez dans quelques années, vous verrez des portails aussi beaux que sur le parvis, et des rosaces plus belles encore que celle qui orne la façade! Enfin, là-bas, de l'autre côté, toutes ces maisons et ces jardins enclos dans ce grand mur, c'est le domaine du chapitre de la cathédrale... où j'ai l'honneur d'avoir mon humble logis », compléta le moine avec suavité.

Cette ville! Ces toits en multitude! Ce lacis de rues et de ruelles innombrables! Comment retrouverait-on les deux fedayin dans ce gigantesque labyrinthe? Mais où pouvaient-ils bien être? Se trouvaient-ils même déjà dans Paris? Y parviendraient-ils seulement jamais? Le glaive du Destin resterait-il à jamais suspendu sur la tête du roi de France? Et s'ils étaient là, où? Combien de temps se terreraient-ils dans quelque recoin avant de se décider à frapper? Ce matin leur signalement avait été transmis à toutes les portes, le prévôt l'avait fait donner à tous les sergents de la ville, on l'avait fait crier sur les places... Cela suffirait-il?

« Et ici, par-delà le Petit-Pont et le Petit-Châtelet, toutes ces rues qui grimpent vers la basilique Sainte-Geneviève que vous voyez là-haut, sur sa montagne, c'est ce que l'on appelle le Quartier latin. C'est là, mes enfants, c'est là, ainsi qu'au cloître Notre-Dame – où j'ai le bonheur de loger –, que de toute la chrétienté affluent les escholiers avides de savoir. »

Le moine se fit lyrique : « Car Paris, mes enfants, est le four où l'on cuit le pain spirituel du monde entier! »

Et toujours les églises, aussi nombreuses que les mosquées à Damas ! Plus encore peut-être... Saint-Séverin, que l'on commençait à transformer au goût du jour, Saint-Julien-le-Pauvre, Saint-Benoît-le-Bestourné... et tant d'autres.

« Et là-bas... »

Trois têtes se tournèrent d'un même mouvement vers le nord.

« ... Voyez le Grand-Pont et le Grand-Châtelet, Saint-Jacques-la-Boucherie, Saint-Gervais-Saint-Protais, les Saints-Innocents avec leur grand cimetière. Par-derrière sont les halles que feu le roi Philippe a fait bâtir pour abriter les marchands. Et plus loin... »

Le clerc regarda autour de lui d'une mine de comploteur comme si, les oiseaux mis à part, ils n'avaient point été seuls au sommet de cette tour.

« ... N'y mettez point les pieds, mes enfants, car vous n'en ressortiriez point ! C'est la cour des Miracles, où les estropiés guérissent aussi vite que les bourses disparaissent ! » poursuivit-il en clignant de l'œil.

« Aaah ! » s'exclamèrent de concert Régnier et Gervais, encore effrayés par leur aventure du parvis.

« Et là-bas, Saint-Germain-l'Auxerrois, Saint... »

Et, fastidieuse, l'énumération des églises continua.

Par-delà les remparts, au milieu des champs, à l'orée des bois, on distinguait des faubourgs, des fermes, des oratoires, des maladreries et quelques larges enclos : telle la riche abbaye de Saint-Germain-des-Prés, dominée par les trois tours de sa basilique, ou l'abbaye royale de Saint-Antoine qu'entourait le marais qui s'étendait au-delà de la porte Saint-Paul, ou bien encore, au nord, le prieuré bénédictin de Saint-Martin-des-Champs, non loin de la vaste enceinte du Temple, où les chevaliers à la croix rouge entassaient dans leurs coffres la richesse de leur ordre. À l'ouest, près de la Seine, un peu en avant du rempart, se dressait le puissant donjon du Louvre, où le roi serrait ses archives et son arsenal...

Tel était donc ce fameux Paris.

Ce qui avait le plus frappé Hasan, ce matin, lorsqu'il était parti à la découverte de la ville, quittant la chambre du palais où, épuisé, il avait dormi toute une journée d'affilée, c'était l'odeur. La puanteur, plutôt. Relents des caniveaux courant au milieu des rues, effluves des immondices jetées au hasard... Rien de très différent de Damas, en vérité, mais... c'était une autre odeur. Hasan avait craint de salir trop vite l'élégant costume que le roi lui avait fait porter et qui lui permettait de déambuler dans les rues sans que rien, hormis sa peau légèrement trop brune, ne trahît son origine.

Enfin, il commençait à s'y habituer. Damas ne sentait peut-être pas meilleur, après tout...

L'escalier parut moins long à la descente. Avant de s'y engager, Hasan avait cette fois gratifié le clerc d'une pièce qui avait illuminé son regard. L'effort d'accompagner les visiteurs jusqu'en haut de la tour n'avait donc pas été vain !

Abandonnant ses deux compagnons de rencontre, qui n'en finissaient pas de questionner leur guide, dont les réponses s'étaient faites soudain plus brèves maintenant que sa bourse était garnie, le Syrien se dirigea vers le grand portail central. Au-dessus de la porte s'étalaient en reliefs aux vives couleurs les scènes du jugement dernier tel que se le représentaient les chrétiens : la résurrection, la pesée des âmes, les anges aux robes immaculées entraînant sous leurs ailes dorées les âmes des justes au paradis, et les démons rouge et vert poussant en enfer les réprouvés, tandis qu'au sommet trônait, nimbé d'or, le Christ, juge suprême, auprès duquel Marie et saint Jean intercédaient en faveur des hommes. Hasan aurait bien poussé plus avant l'examen de ces sculptures à figure humaine, ignorées des pays d'Islam – car Dieu a fait l'homme à son image et les vrais croyants ne peuvent représenter l'image de Dieu –, mais il était assailli par une nuée béquillante de mendiants et d'estropiés nauséabonds, exhibant dans la grisaille indéfinissable de leurs hardes informes leurs moignons rougeâtres et purulents. L'aumône étant un devoir sacré auquel Hasan ne manquait jamais lorsqu'il se rendait au prêche du vendredi, il les gratifia de quelques pièces – un pauvre chrétien mérite la charité autant qu'un pauvre musulman – avant de leur échapper en pénétrant dans la nef.

À l'orée de l'immense vaisseau, il resta longtemps immobile, pensif. Ce qui le fascinait, surtout, c'était cette fantastique hauteur, cette aérienne légèreté des colonnades qui partaient à l'ascension du ciel...

Témoignage de la foi qui poussait les chrétiens à l'assaut de la Palestine!

Témoignage de l'orgueil des chrétiens!

C'était bien différent de la grande mosquée des Omeyyades, qui faisait depuis cinq siècles la fierté de Damas – car les Califes sunnites, tout imposteurs qu'ils fussent, savaient construire...

Là-bas, l'espace, immense lui aussi, était horizontal : la maison de Dieu prétendait accueillir la foule des croyants, mais non pas s'élancer, telle la tour de Babel, à l'assaut du ciel!

Tout en admirant l'élégance des colonnes et des voûtes nervurées, détaillant les vitraux aux éblouissantes couleurs, il s'habitua peu à peu au lieu. Le va-et-vient silencieux de la foule, la sourde litanie des fidèles en prière, les cierges et les chandelles éclairant çà et là des visages recueillis, les odeurs d'encens lui donnaient une solennité qui ne tenait pas seulement aux étonnantes prouesses des architectes.

C'était bien différent de la grande mosquée des Omeyyades...

Pourtant...

Les fidèles se pressaient devant la tribune dressée à l'entrée du chœur dans lequel s'alignaient, autour du trône de l'évêque, les stalles du chapitre. Un prêtre y donnait lecture de l'épître de saint Paul aux Éphésiens. Hasan se glissa parmi eux.

« *Je vous exhorte donc,*
prisonnier que je suis pour la cause du Seigneur,
à mener une vie digne de l'Appel qui vous a été adressé... »

Hasan posa son regard sur un grand crucifix qui s'adossait à l'un des piliers du transept. Les chrétiens avaient été assez fous pour diviniser le prophète Issa, fils de Maryam [1], à qui Allah avait envoyé l'Évangile, et pour diviser l'Un en trois!

Pourtant...

Le prêtre en aube blanche lisait toujours...

---

1. Marie.

« Il n'y a qu'un seul Seigneur,
une seule foi, un seul baptême;
il n'y a qu'un seul Dieu et Père de tous,
qui est au-dessus de tous, qui agit par tous,
et qui est en tous. »

C'était bien le même Dieu qu'à Damas qu'on adorait en ce lieu. C'était bien Allah – l'Unique – qu'Issa et Mohammed avaient tour à tour annoncé.

Ce n'était pas la faute d'Issa si on l'avait trahi en le divinisant!

Alors Hasan s'agenouilla dans l'ombre, à la manière des chrétiens. Il baissa la tête, ferma les yeux, oubliant sculptures et vitraux, crucifix et statues.

Au nom d'Allah,
le Clément, le Miséricordieux.
Louange à Allah, Créateur des univers,
le Clément, le Miséricordieux,
Souverain au jour de la Créance.
C'est Toi que nous adorons,
De Toi que nous implorons le secours.
Guide-nous sur le chemin ascendant,
Le chemin de ceux que Tu ravis,
non pas celui des courroucés,
ni des égarés.

Ô Toi dont témoignèrent Moussa, Issa et Mohammed,
Toi l'Unique, le Voyant, le Juge,
daigne sauver ce jeune homme qui est roi de France...

LE PALAIS DE LA CITÉ
L'an du Seigneur 1236, le samedi 14 juin, fête de saint Basile le Grand

« Y a-t-il quelqu'un qui ait procès? Le roi notre sire vous écoute. »

Il y avait grande foule dans la cour du palais. Installé sous un arbre près de l'oratoire Saint-Nicolas, ses conseillers assis sur des sièges disposés autour d'un large tapis, sobrement vêtu d'une cotte de drap azur et d'un surcot sans manches de tiretaine bleu sombre, Louis de France, coiffé d'un léger chapeau blanc, rendait la justice.

La douceur de l'air et l'éclat du soleil de ces journées de juin l'avaient incité à abandonner les sombres salles du palais pour la lumière du jour. Cette innovation semblait satisfaire le souverain comme le peuple, qui était accouru à l'audience; ainsi rassemblés, à l'air libre et à l'ombre des arbres, ils se sentaient plus proches l'un de l'autre que sous la solennité des voûtes.

Accompagné de son serviteur, Hasan, le visage détendu et reposé, richement vêtu à l'orientale d'une robe ourlée de broderies d'argent, la tête ceinte d'un turban blanc rehaussé d'une pierrerie, avait abandonné le costume français pour une tenue plus habituelle à un Damascène. Louis l'avait fait mander sitôt qu'il aurait tenu sa cour de justice, mais Hasan s'était présenté plus tôt, désireux d'assister à l'audience. Il se tenait debout, un peu à l'écart du public, non loin du tapis où siégeait le tribunal.

Toute justice en ce royaume émanait du roi, juge suprême par la volonté de Dieu, et Louis entendait exercer pleinement cette prérogative, la plus noble peut-être de sa charge. Sa présence donnait au jugement une solennelle autorité... Sa présence et non ses paroles, car Hasan nota que le roi parlait peu. Les plaignants exposaient leur affaire; les conseillers jugeaient, en hommes d'âge et d'expérience, et le roi se contentait d'opiner d'un mot ou d'un simple mouvement du chef. C'est qu'il se sentait encore bien jeune pour juger en toute sûreté des affaires humaines et, écoutant en silence, il cherchait à s'imprégner de la sagesse de ceux qui l'entouraient, rompus qu'ils étaient à la fréquentation des plaideurs.

On expédia d'abord une ou deux affaires bien simples et banales, avant d'appeler celle pour laquelle bien des badauds étaient venus aujourd'hui tout exprès dans la cour du palais.

De par tout le royaume, les officiers du roi, dont le domaine personnel s'étendait à présent sur la moitié de la France, étaient loin d'avoir la rigueur morale de leur maître, trop tentés qu'ils étaient d'abuser, à l'insu du jeune souverain, de l'autorité toute neuve que leur donnait depuis le roi Philippe la puissance grandissante de la monarchie. Sans doute n'était-on pas plus mal traité par eux que par les féodaux qui dominaient le reste du royaume, mais il n'y en avait pas moins beaucoup à dire sur l'administration royale.

Or il se trouvait que le prévôt de Montargis était accusé d'avoir abusé de sa position, confisquant injustement des biens appartenant à un riche bourgeois de la ville. Celui-ci en avait appelé au bailli, à Orléans, qui, de connivence avec le prévôt, l'avait débouté. Mais le bourgeois était têtu; il avait des amis à Paris et avait fait tant et si bien que l'affaire était montée jusqu'à la Cour du souverain.

Celui-ci avait saisi l'occasion de ce litige somme toute banal pour montrer à ses sujets, nobles et roturiers, que le roi jugeait en toute équité, soucieux de la seule vérité.

Nul en ce pays ne devait se croire au-dessus des lois! Pas plus un prévôt qu'un grand seigneur. Et les grands seigneurs, qui avaient déjà vu le roi adolescent accompagner ses armées aux côtés de la reine mère, allaient savoir bientôt ce qu'il en coûtait d'insulter le roi majeur!

Car Paris bruissait de rumeurs de guerre.

Le puissant Thibaut, comte de Champagne, infatué par son titre récemment acquis de roi de Navarre, multipliait les défis à son suzerain. Au mépris des coutumes, il avait même osé marier sa fille Blanche à l'héritier de Bretagne contre la volonté de Louis. Le roi, alors, avait convoqué l'ost [1] à Saint-Germain-en-Laye; il concentrait à présent ses forces près de son manoir de Vincennes, à une lieue de sa capitale, et, d'ici à quelques jours, il marcherait sur les terres de Champagne!

1. L'armée féodale.

Gardez-vous, manants et hauts seigneurs qui voudriez mal faire!
La justice du roi va passer...

Le prévôt était là, et le bourgeois, et le représentant du bailli. Les deux adversaires avaient fait citer de nombreux témoins, n'hésitant pas à prendre à leur charge les frais de leur déplacement.

Hasan reconnut bientôt parmi eux, endimanchés et mal à l'aise, les deux compères de Notre-Dame – d'autant plus mal à l'aise que l'un était cité par l'accusateur et l'autre par l'accusé!

Avec leur témoignage, le roi, la Cour et l'assistance commencèrent à montrer quelques signes d'amusement. Il apparut bientôt en effet que, si le prévôt avait manifestement abusé de sa position, le bourgeois était un grigou de la pire espèce, encore plus âpre au gain que son adversaire.

Cette fois, après un bref conciliabule avec ses conseillers, Louis énonça personnellement le jugement, condamnant le prévôt à rendre le bien mal acquis et à faire pénitence publique; quant au bourgeois, s'il recouvra son bien, il dut s'engager de mauvaise grâce à verser un don annuel aux moines de Saint-Séverin de Château-Landon pour l'entretien des pauvres.

Un murmure de satisfaction respectueuse parcourut le public, saluant l'équité de la sentence.

À l'instant où, à la fois fiers et intimidés, ils allaient s'éloigner du tribunal, Régnier et Gervais croisèrent Hasan. Ils s'arrêtèrent, interdits, avant de répondre avec des balbutiements à son aimable sourire. Ainsi accoutré, ce ne pouvait être qu'un prince sarrasin, comme on en voyait sur les enluminures des livres. Il venait sans doute rendre visite au roi. Comme celui-ci était puissant pour que des étrangers viennent ainsi d'au-delà des mers lui apporter leur hommage!

Quelle ville étonnante que ce Paris où au pied de la plus belle église qui fût au monde, dans un concours de peuple qui passait l'imagination, se croisaient au même instant coupe-bourses et princes de l'Orient! Que de choses ils auraient à raconter à Montargis!

Le chambellan s'approcha.

« Le roi vous fait mander, seigneur. »

Hasan suivit le souverain et sa suite, qui, escortés d'une escouade de gardes, rentraient dans le palais. Il était heureux. Le roi, qui depuis dix jours vivait entouré à toute heure de sergents armés de masses d'airain, pouvait enfin respirer!

La veille au soir, après souper, le même chambellan était venu le trouver : on avait, croyait-on, arrêté les deux Assassins. Deux hommes, en tout cas, qui ressemblaient en tout point à la description qu'il avait donnée d'eux.

L'un avait été promptement dénoncé par son logeur. Il y avait eu beaucoup de dénonciations, ces jours-ci, à Paris, mais la prévôté, d'abord quelque peu débordée, avait rapidement constaté qu'elles étaient généralement sans fondement autre que la bêtise ou la malveillance. Le cas de celui-là, toutefois, paraissait moins limpide. Il avait la peau si blanche qu'on aurait presque pu le prendre pour un Français, ou à tout le moins un Italien, et se donnait pour un bourgeois d'Antioche, fils d'un croisé et d'une sarrasine, venu en France recueillir l'héritage de son défunt père, quelque part en Normandie. Il exhibait pour appuyer ses dires des écrits truffés de quelques incongruités géographiques à faire bondir la plupart des Normands, et du reste passablement confus.

L'autre était arrivé à Paris quelques heures plus tôt, acheminé sous bonne escorte par les consuls de Marseille qui l'avaient arrêté à son débarquement, deux jours après que Hasan, avant de partir au galop pour Beaucaire, leur ait donné le signalement des hommes qu'il recherchait.

Il avait fallu que le Syrien s'entretînt longuement en arabe avec les deux fedayin pour les convaincre de son identité et de la réalité des nouveaux ordres de l'Imam. Au demeurant surpris de se rencontrer puisque chacun d'eux se croyait seul investi de sa mission, ils lui avouèrent alors en soupirant qu'ils étaient bien ceux qu'il cherchait. Ils éprouvaient une grande tristesse : ainsi le paradis d'Allah ne serait pas pour eux cette fois-ci! Ils devraient attendre encore! Mais ils se firent une raison. Ils devaient être dévoués en tout à l'Imam; c'était ainsi que – un peu plus tôt ou un peu plus tard, mais qu'était-ce en comparaison de l'éternité? – ils gagneraient leur récompense. Et si l'Imam voulait aujourd'hui protéger la vie du roi de France, ils devaient obéir avec ce même zèle qui les poussait, quelques heures plus tôt, à chercher le moyen de planter leur poignard dans le corps du monarque.

Allah est grand, et Mohammed est Son Prophète. Nous t'attendons, ô Mahdi!

Aussitôt Hasan s'était-il incliné devant le roi que l'on fit entrer, entre deux gardes, les deux Assassins, redevenus de paisibles jeunes gens au regard tranquille. Louis loua Hasan de son zèle et le pria d'adresser son salut au Vieux de la Montagne, ajoutant que le roi de France n'avait nulle rancune pour ceux qui savaient reconnaître et réparer leurs erreurs.

Le souverain savait que le Vieux n'était pas un infidèle tout à fait comme les autres; autant valait dès lors le ménager, comme l'avait fait en son temps l'Empereur Frédéric : peut-être, le jour venu, pourrait-on jouer de lui contre les autres princes sarrasins?

Un point, toutefois, restait à éclaircir dans l'esprit du roi : pourquoi le Vieux avait-il changé d'avis et rappelé ses tueurs? Sans doute son envoyé avait-il, lors de l'entretien qu'ils avaient eu ensemble à son arrivée, parlé de la venue d'un souverain barbare résolu à détruire tant les royaumes chrétiens que ceux des infidèles. N'était-ce point là un conte? Le revirement du Vieux n'avait-il pas sa véritable source dans les sombres intrigues qui divisaient sans cesse les princes et les rois des sarrasins?

« Mais, sire ambassadeur, à présent que, par la grâce de Dieu, notre vie est sauve et que vous vous êtes acquitté de votre mission, nous aimerions en savoir plus long sur les mystérieux dangers qui, avez-vous dit, menacent tant l'Orient que l'Occident.

– Votre Majesté me permettra donc de lui conter l'histoire de Shah Muhammad de Khwarezm... »

Louis, dubitatif, et ses conseillers, plus franchement sceptiques, écoutaient ce récit du bout du monde. Personne n'avait jamais entendu parler de ce Khwarezm que l'envoyé décrivait comme un vaste empire. Sans doute un royaume sarrasin situé à la frontière des Indes, où le bienheureux Thomas avait prêché l'Évangile? C'était si loin. En quoi la chrétienté était-elle menacée? Ne devait-elle pas au contraire se réjouir de ce que les infidèles, ses adversaires de toujours, aient aux confins de la terre des ennemis qui les fassent trembler?

D'ailleurs, qui savait si ce mystérieux souverain – comment avait-il dit? Chingiscan ou quelque chose d'approchant? – n'était pas le prêtre Jean ou son successeur, dont nul n'ignorait qu'il régnait vers le pays des Indes et qu'il pourrait prendre un jour à revers les méchants sarrasins?

En écoutant l'émissaire du Vieux de la Montagne, un autre récit, en effet, revenait à la mémoire de certains conseillers... Quelque quinze ans plus tôt, la nouvelle avait bien circulé en Occident qu'un grand empire sarrasin avait été détruit par une puissante armée venue d'Asie. Jacques de Vitry, évêque d'Acre, avait précisément annoncé que les armées du prêtre Jean s'étaient mises en marche pour exterminer les infidèles, et que tous les chrétiens devaient dès lors se lever pour reconquérir à leurs côtés la Terre sainte.

Lorsque l'on sut quelque temps plus tard que ces mystérieux conquérants avaient envahi la Géorgie chrétienne, puis écrasé les armées des princes russes, certains avaient commencé à se demander s'ils étaient bien chrétiens eux-mêmes, puisqu'ils attaquaient des royaumes fidèles à l'Évangile au lieu de poursuivre leur route vers Jérusalem.

Mais – le roi André de Hongrie l'avait expliqué au Pape – Dieu avait ordonné au prêtre Jean de punir les schismatiques d'Orient, qui s'étaient éloignés de la vraie foi en bafouant l'autorité de Rome!

Et, depuis, nul n'en avait plus entendu parler.

Mais, en vérité, que connaissait-on des confins du monde?

Louis, souriant, remercia l'envoyé de son récit, l'assurant que les chevaliers de France ne craignaient, avec l'aide du Seigneur, aucun ennemi, fût-il le Démon lui-même, et qu'ils sauraient bien combattre si, ce qu'à Dieu ne plaise, ces féroces cavaliers chevauchaient jamais jusqu'à eux.

« Sous trois jours, pour la fête des martyrs Marc et Marcellin, nous célébrerons à Vincennes, devant l'ost assemblé, les cérémonies d'adoubement de nos jeunes chevaliers. Il nous plairait que vous y fussiez, sire ambassadeur. Nous y ferons préparer des présents dignes de votre maître et de votre mérite.

– Nous y serons, seigneur. Il n'y a pas assez de mots dans les langues que je parle pour louer Dieu d'avoir préservé la vie d'un roi si magnanime. »

Hasan salua profondément, avant de se retirer, suivi des deux fedayin qui ne paraissaient pas autrement surpris de la mansuétude royale. Dieu ne veillait-Il pas sur eux comme Il avait veillé sur le roi de France?

Revenu sous le clair soleil de printemps, Hasan s'arrêta. Fermant les yeux, il respira longuement.

Sa mission était terminée! Il allait pouvoir, le cœur léger, s'abandonner à présent au plaisir du voyage en pays étranger...

Le roi avait-il cru à son récit? Ses conseillers certainement pas, en tout cas... Mais fallait-il leur donner tort?

Il regarda autour de lui les bâtiments du palais, secouant la tête.

N'était-ce pas folie d'imaginer que les Mongols, aussi terribles soient-ils, puissent jamais aller si loin que ce pays de France?

Sitôt l'envoyé parti, des rires fusèrent.

« Voilà un bien beau conte qui nous a été fait!

– En vérité! Et si ce n'est pas un conte, en quoi tout cela nous concerne-t-il? »

Louis se tourna vers un très vieil homme qui lissait sa longue barbe blanche d'un air pensif.

« Je vous vois là bien songeur, sire Barthélemy, n'opinez-vous point dans ce sens?

– Je ne sais, sire, je ne sais. Ne dit-on pas que la gent de Gog et de Magog habite ces contrées du lointain Orient? Et qu'elle en sortira au jour de l'Apocalypse? En vérité, ce que le sarrasin a dit de ces cavaliers – tout jaunes sur leurs petits chevaux, nourris de viande crue et d'une cruauté sans nom – m'a remémoré quelque chose.

– Quoi donc?

– Le récit des campagnes du roi Attila, qui vint au temps jadis du fond de l'Asie pour ravager la chrétienté... »

Il n'en dit pas plus, mais, l'espace d'un instant, aucun des conseillers n'eut plus le cœur à rire.

Attila... Le fléau de Dieu. Les chroniques en avaient gardé le souvenir. Seule la pure foi de la bonne sainte Geneviève avait sauvé la cité de Paris de sa fureur, seule la croix brandie devant lui par le grand pape Léon l'avait détourné de Rome, et il avait fallu que tous les chrétiens s'unissent pour vaincre ses légions infernales aux champs Catalauniques, entre Châlons et Troyes. Le roi des Francs, Mérovée, y avait lui-même combattu.

Se pouvait-il que le Seigneur, irrité des dissensions incessantes qui divisaient les chrétiens, plus ardents au péché qu'à la défense de la Terre sainte, envoyât sur la terre un nouvel Attila?

Mais qui connaît les desseins du Seigneur?

Sûrement pas le Vieux de la Montagne, en tout cas!

Il est vrai qu'il connaît peut-être ceux du Démon...

On ne s'interrogea pas plus sur ces matières qui échappaient au pouvoir des hommes. Le soleil avait depuis longtemps entamé sa course descendante; le dîner du matin était loin et il était grandement temps de souper. Le roi n'était pas avide des plaisirs de bouche, mais c'est pourtant d'un pas rapide qu'il rentra dans ses appartements.

À peine avait-il pénétré dans sa chambre, où était dressée une petite table avec un repas tout prêt, que l'on frappa timidement à la porte.

« Entrez, ma mie. »

Une toute jeune femme, blonde et mince, aux yeux rieurs, dont l'aimable sourire creusait sur ses joues deux gracieuses fossettes, s'approcha d'un pas léger. Elle leva les yeux vers le grand jeune homme qui lui souriait.

« Louis... »

Madame Blanche de Castille, qui s'ingéniait toujours, avec un soin jaloux, à éviter que les jeunes époux puissent, hormis la nuit, être jamais seuls ensemble, était partie la veille faire retraite au lieu dit Maubuisson, près de Pontoise, où, venant de faire poser la première pierre d'une abbaye, elle entendait tout ensemble surveiller les travaux et prier Dieu d'accorder la victoire aux armes de son fils.

Avec la complicité de quelques serviteurs sûrs, nul ne viendrait aujourd'hui troubler le repas que prendraient ensemble le roi et la reine de France!

Enroulant doucement ses bras autour de son mari, Marguerite de Provence posa avec une joie enfantine la tête contre sa poitrine. Louis caressa délicatement sa chevelure artistement tressée.

« Marguerite... »

Debout dans le clair rayon du soleil qui tombait de la croisée, l'esprit bien loin du comte Thibaut, du Vieux de la Montagne, d'Attila et de Chingiscan, deux jeunes gens, les yeux mi-clos, restèrent longuement enlacés.

LA MISSION DE FRÈRE JULIEN

L'an du Seigneur 1237, le jeudi 14 mai,
fête de saint Boniface de Tarse

Le frère portier frappa dans ses mains.

« Allons, mes frères, hâtons-nous, hâtons-nous! »

Son regard balaya tous les recoins de la cour qu'on achevait de nettoyer. Il secoua la tête d'un air satisfait.

« Vous n'avez plus besoin de moi, mon frère?

– Non point, mon frère, non point! Mais que signifie cette fébrilité? Vous qui êtes d'habitude si calme! Allez plutôt rejoindre vos compagnons, il est temps. »

Frère Ladislas eut un sourire indulgent en voyant frère Jérôme se hâter d'un pas nerveux vers le cloître. Depuis l'heure de prime [1], le jeune moine n'avait cessé de courir de l'un à l'autre, aidant qui à laver le pavé, qui à briquer les stalles de l'église, qui à acheminer des victuailles aux cuisines.

Mais comment ne pas pardonner son agitation? Il n'avait pas vingt-cinq ans, il allait partir demain jusqu'aux extrémités du monde pour le service du Seigneur, et voilà qu'aujourd'hui le plus auguste des visiteurs allait venir en personne patronner sa mission!

En fait, c'était un peu tout le couvent qui était dans la fièvre!

En haut de la colline, au-dessus du Danube, les lourdes portes de la citadelle s'ouvrirent à deux battants.

Un cavalier surgit de l'ombre du passage.

Sur sa lance haut brandie, l'éclat du soleil fit resplendir le champ rouge du pennon où s'étalait, toute blanche, la double croix de Hongrie.

Très droit, le regard dominateur, escorté du comte palatin et du chancelier, le roi Béla apparut à son tour dans la lumière, puis la lourde litière tendue de violet où, sur un amoncellement de coussins, le vieil archevêque Robert, primat du royaume, traînait son corps usé.

Le descendant de saint Étienne avait tenu à descendre de sa forteresse dont les remparts, enserrant son palais et la cathédrale Saint-Adalbert, dominaient la ville royale de Strigonium [2], étendue en contrebas au long du petit bras du fleuve, pour venir partager le frugal ordinaire des frères prêcheurs. Il entendait patronner en personne la mission évangélique que l'ordre du bienheureux Dominique, avec le soutien du Trésor royal, confiait à quatre de ses frères :

1. Vers 6 heures.
2. Esztergom.

évangéliser le royaume de Grande Bulgarie, la Grande Hongrie et les nomades des steppes !

À peine le jeune clerc envoyé au bas de la montée du château arrivait-il, essoufflé, annonçant que le roi venait de sortir avec son escorte de dignitaires, que frère Jérôme accourut rejoindre, auprès du maître provincial qui s'avançait dans la cour, les trois missionnaires avec qui il allait s'élancer sur les terres des païens. Pour la plus grande gloire du Seigneur.

Les cloches de Strigonium venaient de sonner l'heure de sexte [1].

Laissant sur sa droite les bains publics et les puissantes tours de bois de la porte Saint-Laurent, le cortège quitta la grand-route. Les cavaliers mirent pied à terre dans le faubourg, devant la porte du couvent. Le frère portier aida le vieil archevêque à s'extraire de sa litière : elle était trop grosse pour passer le porche.

Laissant les gardes à l'extérieur, le souverain s'avança, du pas ferme et sûr de lui d'un jeune roi de trente ans, plein de projets et d'ambition. Le chancelier soutenait le bras de monseigneur Robert. Le maître provincial, le prieur et les quatre missionnaires qui l'attendaient dans la cour s'inclinèrent devant Béla, mais lui baisa la main du provincial avant de rendre, avec beaucoup de grâce, son salut à chacun des moines.

Dire que l'on prétendait que ce roi était fier !

Il eut des mots particulièrement aimables pour le chef de la mission, le célèbre frère Julien qui, deux ans auparavant, avait en personne atteint la Grande Hongrie, par-delà le fleuve Éthyl [2]. Le provincial et le roi, suivi du prieur et des quatre missionnaires, de l'archevêque, toujours appuyé au bras du chancelier, et du comte palatin, le *nadorispan* Denis, entrèrent alors dans la toute récente maison de l'ordre.

Alignement de tuniques et scapulaires blancs, tous les frères attendaient, debout dans la nudité de l'église conventuelle. Le roi se signa devant l'autel et vint se placer au premier rang.

Monseigneur Robert, avec la lenteur parfois hésitante d'un âge vénérable et l'accent français de sa jeunesse, dont il n'avait jamais pu se départir, officia lui-même. Mais, lorsque vint le temps du sermon, c'est le prédicateur général qui monta en chaire.

Frère Ladomer avait belle prestance et la voix bien posée.

« *Voyages sans nombre, dangers sur les rivières, dangers des brigands, dangers de mes propres congénères, dangers des païens, dangers des villes, dangers des déserts, dangers de la mer, dangers des faux frères ! Labeurs, fatigues, veilles répétées, faim, soif, jeûnes fréquents, froid et dénuement !*

« Voici ce dont l'apôtre Paul disait aux Corinthiens qu'il osait se vanter !

« Voici ce dont, mes frères, avec l'aide du Seigneur, pour pourrez bientôt, à l'exemple de l'Apôtre, oser vous vanter ! »

C'était vingt ans plus tôt – là-bas, aux frontières des royaumes de France et d'Aragon... Constatant à force d'arpenter les chemins du pays albigeois que le fer et le feu n'avaient pu résoudre les brebis égarées à rejoindre le troupeau du Seigneur, regardant avec peine la pompe dont s'entourait un clergé oublieux de la pauvreté évangélique, frère Dominique de Guzman avait résolu de

1. Vers midi.
2. La Volga.

convaincre les hérétiques par la seule force de la parole de Dieu, et, à l'image de Christ, par l'exemple de l'amour et de la pauvreté.

Sur les routes du Languedoc, il avait rassemblé quelques frères à la foi ardente, et pieds nus, sans autres biens terrestres que leurs rudes robes de bure, vivant seulement des aumônes des fidèles, ils avaient entrepris de parler à ces hérétiques qu'on appelait cathares.

L'attraction de ces hommes purs qui vivaient dans leur chair la Vérité de Jésus fut immense. D'autres, en foule, voulurent les imiter, et les rejoindre. Et le Pape Innocent III autorisa frère Dominique à fonder, selon la Règle de saint Augustin, un nouvel ordre monastique, un ordre de frères mendiants dont la vie serait dévouée au prêche.

Aujourd'hui, quinze ans après la mort de celui qui était désormais saint Dominique, les frères prêcheurs s'étaient multipliés dans toute l'Europe. En France et dans d'autres contrées, les Dominicains combattaient sans relâche l'hérésie, appuyés sur la justice du tribunal de la sainte Inquisition que, pour hâter le triomphe de la Vérité, ils avaient créé avec le soutien de Rome. Ici, en Hongrie, où la pureté du dogme restait sans tache et où l'on ne connaissait point d'hérétiques, ils se mettaient en route sur les pistes désolées de l'Est pour porter la parole du Christ au fond des royaumes païens.

À l'extrême fin de sa vie, saint Dominique avait chargé maître Paul, le célèbre professeur hongrois de l'université de Bologne qui avait renoncé aux honneurs de cette terre pour la pauvre tunique blanche des prêcheurs, d'organiser les premiers monastères dominicains du royaume. Le roi Béla, comme son père André, avait chaleureusement accueilli le zèle des frères, et c'était la charité royale qui avait doté l'ordre, ici, à Strigonium, de cette maison provinciale dont l'austérité et les dimensions disaient tant sa fidélité à la règle originelle que sa nouvelle puissance.

Frère Ladomer leva les yeux au ciel.

« Tu as assigné, Seigneur, à ce royaume la noble et redoutable tâche d'être la marche de la chrétienté, son rempart contre les païens ! Mais la lumière dont Tu as éclairé le saint roi Étienne est devenue si aveuglante qu'à sa seule vue les païens s'agenouillent ! »

Frère Ladomer regarda le roi dans les yeux.

« Tu as révélé la Vérité aux Magyars pour que, retournant sur les pas de leurs ancêtres, ils chassent les ténèbres des plaines d'où, ignorant Ton nom, ils étaient jadis descendus ! »

Au regard aigu du prédicateur répondit la fière flamme qui s'alluma dans les yeux du souverain.

Comme ses prédécesseurs, Béla IV Arpad savait que Dieu avait investi son royaume et sa dynastie d'une mission civilisatrice et évangélique, face aux tribus peuplant les vastes contrées aux mornes horizons qui s'étendaient au sud et à l'est de la Russie. Enfoncée dans le cœur de l'Europe, la plaine hongroise était elle-même une petite steppe qui prolongeait l'immensité des steppes de l'Asie. Attila ne s'y était pas trompé lorsque, fondant sur l'Empire romain depuis les confins du monde avec ses féroces cavaliers, il avait décidé d'établir, à quelques lieues de Buda et de Pest [1], sa capitale de tentes et de chariots.

1. Aujourd'hui réunies en une seule ville : Budapest.

Qui savait s'il n'y avait pas dans le sang de Béla quelques gouttes de celui du « Fléau de Dieu »?

Aux Huns avaient succédé les Avars, autre tribu de nomades qui ravageait les contrées environnantes au point que l'Empereur Charlemagne en personne avait dû venir les soumettre.

Enfin conduits par leur prince, Arpad, les Magyars, abandonnant leur lointaine contrée de Grande Hongrie, au-delà du fleuve Éthyl, avaient établi ici, au bord du Danube, le royaume de leurs tribus errantes. Eux aussi terrorisaient les pays chrétiens, de l'Allemagne aux plaines d'Italie et au pays de langue d'oc, jusqu'au jour où un autre empereur, le roi Othon Ier de Germanie, rassemblant autour de lui toute la chevalerie allemande, écrasa devant Augsbourg, dans la plaine de Lechfeld, les Magyars païens.

Face à la puissance de l'Empereur, ceux-ci se soumirent sans réserve, et Othon le Grand, magnanime, les laissa maîtres de leur pays, pourvu qu'ils promissent de ne jamais plus attaquer les terres chrétiennes et de recevoir avec faveur les prêtres venus prêcher la foi du Christ.

Celle-ci progressa rapidement parmi les grands de Hongrie. Bientôt, le prince Géza reçut le baptême avec son fils Vajk, qui prit le nom d'Étienne. Et, lorsque ce dernier devint à son tour prince des Hongrois, l'Église du Christ n'eut pas de plus ferme défenseur que saint Étienne de Hongrie.

Alors les Magyars païens, touchés par la grâce du Seigneur, se transformèrent en une chevalerie dont l'Empereur comme le Pape n'eurent qu'à louer la bravoure et la piété.

En l'an mil, le jour de la Nativité du Seigneur, Étienne reçut du Pape Sylvestre le don d'une couronne royale, celle-là même, disait-on, que, dix-huit mois plus tôt, Béla avait, comme ses prédécesseurs, coiffée lors de son couronnement.

Les descendants de saint Étienne avaient fait peu à peu de leur royaume une des plus grandes puissances de la chrétienté, ajoutant à la plaine hongroise des origines les pays de Slovaquie, de Croatie, de Dalmatie, de Bosnie, de Transylvanie, sans jamais oublier qu'il y avait aux marches orientales de leur domaine des peuples toujours nomades qui vivaient encore dans l'obscurité du paganisme.

Et aujourd'hui, maître d'un royaume s'étendant des côtes de l'Adriatique jusqu'au-delà des Carpates, Béla venait accorder son patronage royal à l'une des plus audacieuses missions d'évangélisation jamais entreprises.

Cette fois, plus besoin de missionnaires armés et étrangers comme ces chevaliers Teutoniques, qui, après avoir aidé les Hongrois à lutter contre les Coumans païens en Transylvanie, s'étaient crus autorisés à y régner en maîtres et avaient obligé le roi André, son père, à les chasser de son royaume.

Cette fois, c'était la Hongrie chrétienne elle-même qui irait, avec l'aide des frères prêcheurs, riches de leur seule pauvreté, puissants de leur seul amour, porter la parole du Christ aux lointaines contrées d'où ses ancêtres étaient jadis sortis. Juste et émouvant retour aux sources! Ceux qui avaient jadis envoyé vers le Danube le peuple magyar méritaient bien que leurs arrière-petits-enfants viennent éclairer la nuit de leur ignorance du bien le plus précieux : la consolation de la foi.

Béla gardait les yeux levés vers le ciel, vers la haute croix où agonisait l'image du Sauveur, tandis que la pure voix des frères élevait jusqu'aux voûtes le chant de Sa gloire.

Le souverain et l'archevêque, au bras du provincial, puis le palatin et le chancelier, précédèrent l'ensemble des moines vers le réfectoire. Là s'alignaient sous les voûtes blanches les longues tables aux nappes immaculées et les rustiques bancs de bois où, chaque midi, les Dominicains venaient rompre le pain et partager en silence une soupe, un plat d'œufs ou de légumes et un peu de fromage. Pas de viande, bien sûr, car chacun sait qu'elle attise les passions et la luxure, sans compter que les vrais pauvres n'en mangent jamais!

Le frugal ordinaire, ce jour-là, avait été amélioré : au poisson à l'oignon relevé d'épices et d'herbes aromatiques, plat de fête dont les frères honoraient le roi, répondait le vin d'Eger dont le monarque avait tenu à faire don au couvent. Les frères menacés par le péché de gourmandise avaient senti se dilater leurs narines aux odeurs sucrées qui, s'échappant des cuisines, annonçaient de tentantes douceurs.

À la table d'honneur, qui barrait le fond de la salle, et d'où Béla, l'archevêque Robert, les dignitaires du palais et le provincial embrassaient du regard l'enfilade des tables, les quatre missionnaires debout auprès d'eux, le prélat fit lecture d'une page de la Sainte Écriture.

Il prononça enfin la prière.

On s'assit.

Le provincial avait bien sûr levé, en une telle occasion, la règle du silence que l'on observait le plus souvent durant les repas. S'étant entretenu sur les progrès de l'ordre en Hongrie et dans les pays voisins, le roi pria bientôt frère Julien de lui parler à nouveau des peuples de l'Est.

Julien, en effet, prenant la suite d'une première expédition de prédicateurs entreprise cinq ans auparavant, avait déjà accompli deux années plus tôt une mission à travers le pays des Coumans, la Russie et la Grande Bulgarie, atteignant pour la première fois la Grande Hongrie. Le rapport rédigé à son retour lui avait même valu l'honneur d'être appelé à Rome par les supérieurs de l'ordre pour le présenter au Pape Grégoire, tandis que quatre autres frères partaient sur ses traces. Ceux-ci tardant à donner de leurs nouvelles et l'inquiétude à leur sujet commençant à poindre, frère Julien avait sollicité l'honneur de partir à nouveau. Si le souverain avait déjà entendu de ses oreilles le compte rendu du missionnaire, il restait avide de détails qui transporteraient son imagination au milieu des peuples des grandes plaines, là où le Seigneur avait voulu que s'accomplisse la mission civilisatrice de la Hongrie.

Frère Julien accéda avec modestie aux demandes de Béla, s'excusant d'être un mauvais conteur. Il n'en fit pas moins revivre à son royal commensal le long voyage qui l'avait conduit jusqu'aux rives de l'Éthyl : de Strigonium à Constantinople et à travers la mer de Pont jusqu'aux steppes du Tanaïs. Il décrivit les rudes nomades coumans, dont les tribus erraient dans cette région, entre les bouches du Danube, la Caspienne et les principautés de Russie. Voisins redoutables pour les Russes – qui les appelaient Polovtses – mais aussi pour les Hongrois, victimes fréquentes de leurs incursions, les Coumans avaient déjà été visités par maints missionnaires, tant grecs que romains; dix années auparavant, un de leurs ducs, Bortch, avait supplié monseigneur Robert de venir jusqu'en Moldavie le baptiser avec son peuple. En présence de Béla, alors prince héritier, près de quinze mille âmes peut-être avaient en un seul jour été gagnées à la foi du Christ! Plusieurs chefs des Coumans, depuis lors, avaient reçu le baptême, et l'Évangile répandait peu à peu sa lumière dans ces âmes frustes. Julien avait même rencontré un de leurs rois, Koutan, gendre du défunt prince Mstislav de Galitch, qui avait témoigné de l'intérêt à sa prédication. Et l'archevêque Robert avait ordonné un dominicain évêque de Coumanie!

Cette progressive transformation des Coumans donnait de grands espoirs aux frères comme au roi et préfigurait la métamorphose des peuples des steppes lorsque la Hongrie chrétienne serait parvenue au terme de sa mission.

Anticipant la gloire que le Seigneur réservait à la dynastie d'Arpad, Béla s'était déjà intitulé roi des Coumans. Après tout, certains de ceux-ci ne vivaient-ils pas sous sa protection depuis qu'ils avaient échappé, quatorze ans plus tôt, à une brève mais terrible expédition de mystérieux barbares venus d'Asie?

Bien que Julien l'ait souvent et longuement entretenu de son voyage afin de préparer celui qu'ils allaient faire, frère Jérôme, le plus jeune des quatre missionnaires, se réjouissait plus encore que le roi d'entendre évoquer une nouvelle fois toutes ces contrées lointaines.

Grignotant une boulette de *tarhonya*, cette pâte séchée roussie à l'oignon qui accompagnait si souvent les plats en sauce, Béla nota avec amusement les yeux brillants que le jeune homme aux cheveux d'un clair châtain posait sur le conteur. Il paraissait un peu fragile auprès de ses trois compagnons : frère Julien, au cou puissant depuis longtemps débarrassé de la barbe drue qui lui mangeait le visage à son retour de mission, était la robustesse faite homme; frère Nicolas, plus sec qu'un cep de vigne dans les plis de sa peau olivâtre, paraissait n'avoir pas besoin des nourritures terrestres pour entretenir la rude énergie de son regard noir aux sourcils charbonneux; frère Thomas, qu'une taille plus rebondie et un teint plus rougeaud disaient moins indifférent aux plaisirs d'ici-bas, rayonnait d'un solide optimisme que le Démon aurait bien du mal à abattre.

Frère Julien narra bientôt sa marche vers le nord, traversant, déguisé en païen, le pays des Alains, pleurant le frère Gérard, qui, épuisé de fatigue, s'était endormi là dans le Seigneur, franchissant le gigantesque fleuve Éthyl auprès duquel le Danube à Strigonium semblait une modeste rivière, longeant le fleuve Oural, remontant au pays des Bulgares de la rivière Kama, qu'on appelait la Grande Bulgarie.

C'était de là que quatre siècles auparavant une partie du peuple bulgare s'était mise en marche, comme les Magyars eux-mêmes l'avaient fait, vers les contrées du Sud, pour aller fonder un royaume dans les Balkans. Bien des habitants de cette Grande Bulgarie menaient une vie fruste, encore à demi nomade; mais, déjà imprégnés par l'éclat de la civilisation russe et chrétienne, les Bulgares de la Kama avaient néanmoins fondé sur les bords de l'Éthyl une capitale, Bolghar, devenue une grande et prospère cité de quelque cinquante mille âmes, et quelques autres villes de moindre importance, où s'échangeaient les fourrures et les peaux venues des steppes contre les produits ouvragés de Russie et d'Europe.

Les sarrasins s'y montraient anxieux d'y propager leur erreur, comme Julien pouvait en juger, lui qui, pour progresser, avait dû un temps se joindre à la compagnie d'un prêtre de leur secte. Mais, malgré leurs efforts, le prêche des frères avait été bien accueilli, et les Bulgares lui avaient confirmé ce qu'annonçait le rapport de la précédente mission : dans les plaines froides et désolées du Nord vivaient encore les ancêtres des Magyars, dans un royaume païen qu'on appelait la Grande Hongrie.

Alors, les larmes aux yeux, au terme de ses fatigues, il avait enfin atteint la terre de ses pères ! Avec quelle émotion les pauvres habitants de cette contrée l'avaient-ils écouté ! Réduits à vivre de cueillette et d'élevage, de viande de cheval et de loup, buvant du lait de jument et du sang chaud, vivant dans des huttes de branchages, ils entendaient soudain un étranger leur révéler qu'il venait de la part d'un riche et puissant roi, régnant sur un grand royaume habité par leurs frères. La cordialité avec laquelle ils lui avaient offert leur humble hospitalité lui faisait augurer au mieux du succès des futures missions évangélisatrices.

Et ce serait là, cette fois, le terme et l'objectif assigné à la mission de frère Julien : séjourner chez ces frères perdus de la steppe, enfin retrouvés, et couvrir leur dénuement du chaud manteau de la foi !

Alors Béla, fermant les yeux, s'imagina déjà régnant sur les deux Hongries, enserrant dans un étau catholique et hongrois les princes russes zélateurs du schisme grec ! Peut-être lui serait-il donné de bouter l'erreur grecque hors de Russie comme elle l'avait été hors de Constantinople !

Ah, il ne faudrait pas que la reine Marie, sa femme, fille d'empereur byzantin et sœur d'impératrice, soupçonnât ses pensées ! Ni son beau-frère Jean Vatatzès, Basileus de Nicée ! Ils s'entendaient bien, du reste, rapprochés qu'ils étaient non seulement par les liens de famille mais aussi par l'intérêt politique – les Vénitiens étaient aussi envahissants en Dalmatie qu'en Romanie ! Mais enfin, pourquoi les Grecs, pourtant chrétiens sincères, s'entêtaient-ils dans le schisme ?

Frère Jérôme, à son tour, sans trop oser le dévisager, observait le roi Béla. Jamais il ne lui avait été donné de voir un roi d'aussi près... Quel port de tête altier ! Quelle énergie dans ses traits encadrés d'une fine barbe bien taillée ! Mais quelque chose le préoccupait sans doute. Que signifiaient ces gestes par moments si nerveux, ces tressaillements subits des muscles de son visage ? Il paraissait pourtant, comme lui, se réjouir tout entier au récit qu'il buvait aux lèvres de frère Julien.

La Russie... Après avoir traversé le pays des Mordves – de bien cruels païens – Julien l'avait parcourue sur le chemin du retour. Il en peignit les villes, avec leur multitude d'églises blanches aux coupoles d'or au pied desquelles, dans ce pays qui manquait de pierres, venaient se blottir les maisons de bois ; il parla de la magnificence des princes et de la pompe byzantine du clergé orthodoxe, évoquant en particulier la splendeur de Kiev, l'ancienne capitale, que tous les Russes regardaient encore comme la mère des villes et dont la forêt de coupoles dominait le fleuve Borysthène [1], presque aussi vaste que l'Éthyl ; et si quelques membres du clergé ruthène – ou russe, puisqu'on appelait de ces deux noms les habitants de ces contrées – avaient traité de haut ce moine envoyé par l'Église de Rome, beaucoup de prêtres oubliaient le schisme qui divisait la chrétienté lorsqu'il s'agissait d'aller porter la parole évangélique chez les rudes peuplades de l'Est dont les Russes, étant leurs voisins, savaient mieux que les autres les instincts grossiers et pillards.

---

1. Le Dniepr.

Ainsi l'évêque de Riazan l'avait-il fraternellement reçu, priant même avec lui pour la réconciliation des Églises, et même l'évêque Mitrophane de Vladimir ne lui avait pas fait trop mauvais accueil.

Sans doute, rappela frère Julien, une inquiétude tempérait-elle son bonheur d'avoir retrouvé la Grande Hongrie : ses habitants lui avaient révélé en tremblant qu'au terme d'une guerre de quatorze ans ils devaient payer tribut à un peuple mystérieux, et ils affirmaient que celui-ci, nourrissant des rêves de conquête insensés, s'apprêtait à rassembler d'immenses armées dans les steppes de l'Asie. Il avait même rencontré un curieux envoyé de ce peuple, qu'on appelait Tatars : il parlait plusieurs langues et lui avait appris que les Tatars allaient se mettre en marche pour conquérir l'Allemagne! Il ne fallait probablement voir là que des rodomontades, pourtant... Julien n'avait jamais pu tout à fait effacer le sombre doute que cette rencontre avait insinué dans son esprit.

Mais le roi ne l'écoutait déjà plus, les yeux absents, le sourire aux lèvres, il était plongé dans ses visions de grandeur.

Il fut ainsi un long moment, sans qu'aucun tressaillement ne vînt cette fois troubler la noblesse de ses traits.

Enfin, revenant plein d'enthousiasme du monde des rêves, Béla remercia chaleureusement le frère pour son passionnant récit. Il loua son courage, qui lui avait fait affronter d'infinis dangers, à la rencontre desquels il repartait vaillamment, pour la plus grande gloire de Christ, de la Sainte Mère Église et du royaume de saint Étienne.

Sur le seuil, une vive émotion inscrite sur son visage, le roi, dans un mouvement d'une joie sincère, embrassa d'une étreinte chaleureuse Julien et tous les missionnaires.

Si l'on avait dit à Jérôme qu'il serait un jour embrassé par son puissant souverain!

Au long de la rampe qui menait à la citadelle, répondant en souriant, du haut de son cheval, aux acclamations des passants, le jeune roi de Hongrie rêvait à sa grandeur future. En dix-huit mois de règne, il avait déjà en grande partie rétabli dans son lustre l'autorité royale que son déplorable père André avait eu la faiblesse d'aliéner, cédant aux pressions des barons. André II, capricieux, faible, débauché, avait laissé les grands parler en maîtres jusque dans les salles du palais royal, leur octroyant solennellement privilèges et libertés dans une Bulle d'or qui humiliait la Couronne et satisfaisait à peine leur rapacité, obligés qu'ils étaient de partager avec leurs alliés nobles, clercs ou bourgeois les droits que leur abandonnait le roi.

Parler en maîtres... C'était peu dire!

Béla revivait souvent cette journée terrible de l'an mil deux cent treize, lorsque sa mère, la reine Gertrude de Méran, pour avoir favorisé les amours de son frère avec la femme d'un grand, avait été massacrée sous ses yeux par le jaloux, suivi de barons envieux qui lui reprochaient sa suite somptueuse. Le roi André, à son retour de campagne, avait limité sa justice à faire empaler le meurtrier. C'est à peine s'il s'était soucié d'inquiéter ses complices. Il s'était contenté de se remarier... et d'oublier.

Mais le fils de la reine égorgée, lui, n'oubliait pas. La fausse reine Béatrice d'Este, au ventre lourd du fruit des œuvres de son méprisable père, il l'avait chassée du royaume ! Les provinces cédées à d'indignes favoris, ils les avait confisquées ! Le trésorier corrompu du royaume, il lui avait fait crever les yeux !

Il n'y avait en Europe que le piteux Jean d'Angleterre pour être tombé aussi bas qu'André ! À l'un la Bulle d'or, à l'autre la Grande Charte ! Aux deux la honte !

Lui, Béla, saurait s'entendre à mater cette noblesse indocile et élèverait la couronne de saint Étienne au sommet de sa gloire. Il serait le plus grand roi d'Europe, plus grand que le roi de France, ne cédant le pas qu'au seul Empereur Frédéric.

Il le dépasserait peut-être, convertissant les Russes à la vraie foi, régnant du Danube et de l'Adriatique jusqu'aux pays d'Oural. Un de ses fils – lui-même, qui sait ? – ceindrait peut-être un jour la couronne impériale et régnerait, nouveau Constantin, sur toute la chrétienté enfin réunie...

Et sous la pureté du ciel de mai, Béla IV Arpad, s'arrêtant un instant à l'entrée de la forteresse, embrassant du regard la vallée du Danube, respira à pleins poumons le printemps de son règne.

ZELIHA

L'an 634 de l'hégire, le seizième jour du mois de Shawwal [1]

Ô volupté !

Dans le bassin de marbre, fermant les yeux, Hasan s'abandonnait.

Loin la poussière de la ville ! Loin les âpres marchandages de la matinée sous les voûtes des *kaysariyyas*, où l'on tenait commerce des tapis, des bijoux et des brocarts de soie ! Loin la foule et l'agitation de Damas ! L'eau chaude et parfumée ruisselait sur son corps. Deux mains fines lui massaient la poitrine, glissaient au long de ses flancs, remontaient lentement ses cuisses, revenaient, caressantes, sur son torse, frôlaient doucement sa nuque...

Ah ! lorsque ces mains descendaient sur son dos, il oubliait le monde !

Ma Circassienne !

Une suave mélopée, dans une langue inconnue, le berçait doucement.

La vive lumière tombant des petites fenêtres haut perchées faisait briller la mosaïque de céramique bleue, sur la paroi du fond, où croix, étoiles et triangles, entrelacés, se mêlaient.

« *Le soleil descend sur la grande montagne,*
Un jour de plus passé loin de toi.
Un jour de moins me séparant de toi.
Les ruisseaux murmurent ton nom.
Gunda, Gunda, Gunda... »

Rejetant doucement la tête en arrière, il la posa sur un moelleux coussin de chair.

Elle lui avait expliqué le sens des paroles. C'était l'histoire d'un berger qui rêvait à sa belle, là-haut, dans les pâturages de son Caucase natal. Rien que de très banal, mais lorsqu'elle la chantait, dans la langue de ses pères, c'était pourtant si beau!

Dans le bassin de marbre, la tête contre ses seins – les seins de Zéliha – allongé entre ses cuisses – les cuisses de Zéliha – la poitrine baignant dans la tiédeur de l'eau, Hasan s'abandonnait.

« *Les oiseaux tourbillonnent dans la rougeur du ciel.*
Un oiseau de plus est venu de chez toi,
C'est un oiseau de plus qui reviendra vers toi.
Les cieux gazouillent ton nom.
Gunda, Gunda, Gunda. »

Comme elle le regardait, lorsqu'il venait la retrouver après une journée passée dans le monde! Quel air tendrement attentif, un peu admiratif aussi, lorsqu'il lui narrait tous ses faits et gestes! Et curieuse de tout, intéressée par le moindre détail! Avec tout cela, pleine de jugement! En vérité, Hasan s'était presque trouvé surpris de rencontrer autant de bon sens chez une si jolie femme.

« *Les moutons paissent dans les verts pâturages.*
Le vent du soir vient me parler de toi.
Le vent du matin te parle-t-il de moi?
La montagne chante ton nom.
Gunda, Gunda, Gunda. »

Comme sa vie avait changé! Il se croyait heureux auparavant; il n'avait fait qu'effleurer le bonheur. Il croyait en savoir assez sur l'amour; il n'en connaissait que l'ombre. Zéliha était entrée dans sa vie.

Lorsque, en octobre dernier, au retour de son voyage en France, il avait regagné Damas, elle l'avait servi pour son premier souper; d'une pièce voisine, une musique s'était élevée. Alors, insensiblement, balançant légèrement son corps si harmonieux, allant chercher le vin ou apportant une viande, elle s'était mise à danser.

Et la musique s'était accélérée. Devant lui, devant lui seul, son maître, la belle esclave avait ondulé sa danse d'envoûtement.

Frénétique était bientôt devenu le rythme. Ces hanches, ces hanches...

Hasan s'était souvent surpris à y penser, pendant son voyage, même lorsque, à Venise, il s'était abandonné aux talents d'une courtisane réputée.

Souvenir de ce banquet, veille de son départ...

Et, soudain, le désir, un désir insensé, s'était emparé de lui. Comme elle se rapprochait, comme elle s'offrait, roulant jusque sous ses yeux son ventre délicatement rebondi! Et il était son maître, il pouvait... quand il voulait. Mais il ne lui avait rien ordonné, c'était elle qui venait, elle qui voulait...

Il l'avait prise, là, sur les coussins, auprès du bassin où chantait le jet d'eau.

Ô volupté!

Prise et reprise.

Lorsque leurs corps s'effondraient, pantelants, sur la montagne de soie, elle trouvait la force de se lever, d'apporter à Hasan une coupe de vin, un plateau de loukoums. Alors ils se regardaient. Se souriaient. Se parlaient.

Zéliha lui fit raconter les pays d'Occident où il était allé. Sa tête sur son épaule, ses yeux restaient perdus, rêvant à ces terres inconnues. Il parla du grand drongaire de Nicée et de sa trière bleue, de la grande ville de Paris avec sa cathédrale blanche, du jeune et beau roi Louis qui lui avait offert, en présence de sa cour, au manoir de Vincennes, des vêtements somptueux. Il parla des hauts sommets des Alpes aux neiges éternelles et vit le regard de la belle se voiler en songeant au Caucase. Il parla de Milan, de Vérone, de Venise, du somptueux accueil que lui avait fait dans la cité des eaux ce seigneur vénitien sur le vaisseau duquel il avait combattu.

Oh, ses yeux lorsqu'il lui décrivait ce roi, ce patricien, ces fêtes, ces palais qu'il avait vus!

Il l'embrassait, lentement d'abord, goulûment quand leurs langues, se cherchant, se trouvant, faisaient renaître le désir dans leurs membres alanguis.

Prise et reprise.

Ô volupté!

Dévorant ses paroles et dévorant son corps, aimante, attentionnée...

Insatiable!

Elle l'avait épuisé.

Dans la chaleur de ses reins, comme aujourd'hui, comme souvent, il s'était senti un enfant, un enfant si choyé qu'on satisfaisait ses caprices avant même qu'il les eût formulés.

Dans l'extase de l'amour, dans les brumes du vin, l'esclave s'était muée en princesse lointaine.

D'où es-tu, belle esclave? Raconte-moi ta vie,
tu m'en as si peu dit.
– Je suis de Circassie, au pied des monts Caucase.
– Et quelle destinée t'a portée à Damas?
– Hélas, ô mon bon maître, enfant je fus ravie
par de cruels bandits.
M'arrachant dans les flammes, à mon père, à ma mère,
et à tout mon lignage,
en m'ôtant, tout enfant, la douceur maternelle,
ces vils Turcs m'infligèrent, dans leur désir cruel,
le sang de mes parents teintant leurs cimeterres,
la honte et l'esclavage.

Non, elle ne l'avait pas aussi joliment dit! Ou peut-être que si, et même mieux encore! Mais, si Hasan avait gardé de sa confession un souvenir poétique, la réalité de sa vie, dont par la suite elle lui avait peu à peu dévoilé les détails, avait pourtant été plus sordide. Fille d'un chef d'Abkhazie, Zéliha avait été enlevée par un parti de Turcs nomades; à douze ans, sa beauté précoce avait fait d'elle une concubine de leur émir. Puis il s'était lassé et l'avait vendue à un marchand d'esclaves syrien, qui savait combien les Circassiennes étaient appréciées en Syrie et en Égypte. Elle avait abouti dans la couche d'un riche et vieux marchand de Mossoul et, à la mort de ce dernier, son fils, dont l'unique femme était trop jalouse pour qu'il pût conserver longtemps une trop belle esclave, l'avait à nouveau vendue à un marchand de Damas.

Ce même Abdul à qui, mû par une fantaisie qui ne lui était pas habituelle, Hasan l'avait achetée.

Mais qu'importait aujourd'hui tout ce passé?

Certes, elle n'était point vierge! Mais s'était-il enquis de cela lorsqu'il l'avait d'abord choisie? L'expérience au contraire qu'elle avait malgré elle acquise donnait à leur amour tout le sel de la vie.

Car ils s'aimaient. Sa belle Circassienne lui avait ouvert son cœur. Dans sa triste condition d'esclave de soudard ou de vieillard, une lumière avait enfin brillé, qui avait nom Hasan. Du jour où elle le vit, lui avait-elle confié, elle l'avait aimé. Pour lui, elle avait renoncé à la foi de ses pères; par lui, elle avait découvert l'Appel que Dieu avait adressé aux hommes par la voix de l'Envoyé.

Lorsque, au petit matin qui suivit son retour, il s'était enfin endormi, l'esclave était le maître, le maître était l'esclave...

L'aristocrate syrien aux plaisirs nonchalants, l'ismaélien sceptique libre de ses pensées, acceptait, joyeusement, le joug de la passion. Dans son regard épris la noble Circassienne à la triste jeunesse lisait les mots amour, bonheur et liberté.

Ils s'aimaient.

Zaïnab, doucement, s'était effacée. Comme une sœur elle veillait toujours au confort de son époux... et de sa belle esclave.

La chanson s'était muée en fredonnement. Hasan sentit les mains fines se glisser, douces et expertes, entre ses cuisses.

Au bout de peu de mois, il l'avait affranchie.

Dans le bassin de marbre que chauffait doucement l'hypocauste, la tête entre ses seins, le menton noyé dans l'eau tiède et parfumée, Hasan s'abandonna au plaisir.

Le soleil jouait gaiement, en éclats scintillants, sur la mosaïque bleue où croix, étoiles et triangles, entrelacés, se mêlaient.

Zéliha, ma douce, ma chère, ma tendre épouse...

Ô volupté!

LES DEUX HENRI

L'an du Seigneur 1237, le mercredi 24 juin, fête de la Nativité de saint Jean-Baptiste

La paix! La paix enfin!

Tout le jour, le peuple de Cracovie, les Polonais de vieille souche aussi bien que les nombreux bourgeois allemands attirés par les libertés et les franchises que leur promettaient les princes de Pologne, soucieux d'étendre à leur pays la prospérité germanique, avaient acclamé les grands du royaume.

La richesse de cette cité, qu'on appelait la ville d'Or, éclatait dans le faste des réjouissances.

On fêtait la conclusion du traité de Plock, qui venait de mettre fin à plusieurs années de guerre entre Henri, duc de Silésie, chef de la branche aînée de la maison royale des Piast, et Conrad, duc de Mazovie, oncle du jeune prince Boleslaw V. Le meurtre de son père Leszek, qu'on surnommait le Blanc, par le duc Sventopolk de Poméranie, avait laissé le jeune homme et sa mère à la merci des convoitises de leurs parents : c'est que Boleslaw était duc de Cracovie, la ville royale, et, dans cette Pologne qui n'avait plus de chef, celui qui régnait sur la capitale pouvait un jour prétendre être couronné roi ! Les deux puissants seigneurs s'étaient disputé la tutelle du jeune prince et la régence du royaume. Conrad avait même un temps séquestré l'adolescent au fond d'un cachot, pour mieux prétendre agir en son nom !

Mais Boleslaw et sa mère s'étaient échappés. Ils avaient rejoint leur cousin de Silésie. Le maudit Conrad, déchu de la régence, trahi par Cracovie, avait bien tempêté, pillé, brûlé... Il avait pourtant dû s'enfuir ! Il avait dû plier, se retirant dans son duché ! Aujourd'hui, Boleslaw le prince et Henri le régent célébraient leur triomphe dans la capitale, entourés de leurs vassaux et, pour sceller la paix, de quelques seigneurs demeurés partisans du duc de Mazovie.

Les magnats rivalisaient de luxe : le col ceint de chaînes d'or ouvragées, resplendissantes sur leurs lourdes robes de cérémonie, ils avaient chevauché dans la ville d'Or sur leurs montures somptueusement harnachées, or et pierreries scintillant sur les fourreaux et les pommeaux des sabres et des épées, escortés de cavaliers aux brillantes cuirasses et aux boucliers ouvragés. Accompagné par les échevins de la cité, leur cortège s'était rassemblé au pied de l'église Sainte-Marie, au nord des fossés de la ville, sur l'esplanade où se tiennent les foires. Laissant derrière eux l'église Saint-Adalbert, franchissant la porte du Nord, ils avaient emprunté au milieu de la liesse populaire la route de Hongrie, entre les alignements de façades de bois qu'égayaient drapeaux, tentures et étoffes. Passant le cloître Saint-André et l'église Saint-Martin, ils avaient enfin majestueusement défilé vers la colline qui se dressait au-delà des remparts de la ville.

Là-haut, ses puissantes tours dominant le coude de la Vistule, le château royal du Wawel, aux toits flamboyants de bannières multicolores, aux créneaux garnis de sonneurs de trompes, de soldats brandissant haut leurs lances et d'archers aux armes luisant sous le soleil, avait ouvert grandes ses portes à la noblesse de Pologne et à son seigneur Boleslaw.

Au cœur de la citadelle, autour de l'évêque Wislaw, une nouvelle messe avait rassemblé dans la cathédrale la foule des seigneurs accourus en ce jour. Ensuite, l'hommage rendu à Dieu, la fête avait pu commencer.

Ce soir-là, entre les longs murs de pierre tendus de bannières et de draps aux couleurs des convives, autour des grandes tables recouvertes de blanches toiles de lin, assis dans des fauteuils aux dossiers sculptés, décorés de riches brocarts venus de Constantinople ou même des pays sarrasins, les seigneurs de Pologne dégustaient dans des plats d'or et d'argent les successions de viandes cuites à l'ancienne mode ou accommodées de sauces à la manière de France ou d'Italie, que venaient relever les épices de l'Orient : bœuf, cochons de lait, oies et cygnes rôtis, lièvres en civet, gigues de chevreuil, sanglier, bison, auroch en sauce brune et épaisse, cuissots de daims et de marcassins, élan ou castor en pâtés, accompagnées de millet, de chou, de gruau, d'orge au lard, de pain de seigle et de froment. Dans une puissante odeur d'épices, d'ail et d'oignon, tandis qu'ils rinçaient prestement aux aquamaniles qu'on leur présentait la graisse coulant sur leurs mains, des serviteurs déversaient sans cesse dans leurs hanaps éternellement vides le contenu des aiguières d'argent ciselé : bière, hydromel ou bien vin de Hongrie.

Le clou du repas fut un superbe pâté auquel le cuisinier du palais avait donné la forme d'un dragon, en mémoire de celui dont le voïvode Krak, fondateur de Cracovie, à laquelle il avait laissé son nom, avait jadis triomphé sur cette même colline du Wawel, lui mettant le feu au ventre pour l'obliger à boire l'eau de la Vistule jusqu'à ce qu'il en éclate.

Trônant de toute sa corpulence aux côtés du frêle Boleslaw, dont le visage un peu veule et les dix-sept ans malingres faisaient pauvre figure auprès de l'imposante tablée, le duc de Silésie, que le superbe collier de barbe grise ceignant son visage faisait surnommer le Barbu, respirait malgré un âge déjà avancé la force et la joie de savourer enfin la victoire. Déchirant à belles dents les viandes qui s'étalaient sur la table, le vrai triomphateur du jour levait hanap sur hanap au milieu des rires et des chants de ses nobles. Face à lui rayonnait le sourire de son fils, également prénommé Henri. Si celui-ci était surnommé le Pieux pour la dévotion qu'il témoignait – fidèle à l'exemple de la noble Hedwige, sa mère, qui avait préféré attendre le retour de son époux et de son fils bien-aimé à Wroclaw, dans le monastère qu'elle affectionnait, il n'en savait pas moins s'amuser comme tout vrai seigneur polonais.

Aux côtés des ducs vainqueurs, voïvodes, castellans et chevaliers de Petite Pologne et de Silésie arrosaient dans une bonne humeur bruyante le triomphe de leurs maîtres, et ceux qui suivaient hier Conrad de Mazovie oubliaient dans la bière et le vin l'échec de leurs combats passés. L'évêque Wislaw et les abbés des monastères de la ville, comme le représentant de monseigneur Pelka, archevêque de Gniezno et primat du royaume, tenaient dignement leur place au festin.

Boleslaw, heureux de trôner au cœur de son palais, après son exil silésien, s'efforçait tant bien que mal de tenir son rang, portant des toasts à ses cousins comme à tous les seigneurs que lui, le prince de Pologne, à qui devrait revenir la couronne en déshérence, entendait honorer. Si la prestance dominatrice du Barbu l'intimidait toujours, il jouissait pourtant auprès de lui d'une sécurité qu'il n'avait pas connue de longtemps dans son propre royaume. Il songeait en frémissant au cachot où son oncle Conrad l'avait jadis jeté. Il n'avait sans doute dû la vie qu'à son évasion! En Silésie, par contre, il avait toujours trouvé bon accueil auprès du chef de la branche aînée, qui se plaisait à jouer son rôle de protecteur.

Toutes ces querelles de famille n'étaient, hélas, pas nouvelles : depuis la mort du roi Boleslaw III, la dynastie des Piast, qui avait glorieusement gouverné la Pologne deux siècles durant, avait sombré dans une anarchie de frères et de cousins, refusant à tour de rôle, chacun à la tête de son duché, de reconnaître l'un ou l'autre pour roi, à moins qu'il ne fût son jouet. Cracovie étant reconnue comme la capitale du royaume, chacun bataillait pour y asseoir son autorité et prétendre hériter de la couronne de Mieszko Ier et de Boleslaw le Brave.

Les provinces de Grande et de Petite Pologne, de Mazovie, de Kujavie, de Poméranie et de Silésie étaient autant de principautés autonomes.

Il était loin, le temps où Boleslaw le Brave entrait victorieux dans Kiev, ébréchant son épée sur l'orgueilleuse porte d'Or qui marquait l'entrée de la capitale russe!

Il n'y avait plus de roi en Pologne...

Mais aujourd'hui chacun voulait croire – une fois de plus –, et Boleslaw le premier, les guerres intestines terminées. Conrad avait reçu une bonne leçon et il était désormais trop occupé par les incursions dévastatrices des Prussiens païens, les redoutables voisins de la Mazovie.

Le jeune prince eut un haut-le-cœur. Son teint avait viré au verdâtre. Sa complexion d'adolescent fragile lui rappelait soudain les dangers qu'il y avait à rivaliser de ripailles avec ses robustes cousins. D'une voix passablement éraillée – tant il s'était efforcé, inconsidérément, d'accompagner les chants tonitruants qui roulaient leurs couplets sous les larges poutres de chêne –, il balbutia quelques mots inaudibles.

S'agrippant à son fauteuil pour conserver ce qu'il croyait être sa dignité, c'est avec la plus grande difficulté qu'il parvint à se lever, avant de s'affaler dans les bras d'un serviteur sitôt qu'il eut lâché son appui. Traîné plus que soutenu, il atteignit en titubant la porte menant à l'air libre, non sans avoir, dans un enchaînement de hoquets, déchargé sur le foin frais dont on avait jonché le sol, au milieu des ossements et des déchets de viande qu'y jetaient les convives, le contenu de son estomac surmené, manquant de renverser un des candélabres que l'on venait d'allumer.

Tandis que des ricanements peu discrets saluaient la sortie du prince de Pologne, Henri le Jeune croqua une dariole fourrée de crème épaisse, dirigeant vers son père des yeux que plissait légèrement un discret sourire. La face rubiconde du duc de Silésie s'épanouit, dévoilant dents et chicots dans la broussaille de sa barbe.

Alors un rire, un énorme rire, secoua la puissante carcasse d'Henri le Barbu, entraînant toute la salle. Accoudé à la table, la main sur le front, son fils, tourné vers lui, riait en silence, les larmes aux yeux. L'hilarité générale mit de longues minutes à s'apaiser.

Karol, un castellan assis auprès du duc, lui glissa à l'oreille :

« Ma parole, il lui faudrait l'air pur de quelque monastère, il ne supporte plus celui de Cracovie! »

Ajoutant aux reliefs qui encombraient la table le pilon d'oie graisseux en partie dévoré qu'il tenait à la main, le Barbu, à demi levé, se pencha en avant, roulant son large estomac sur la nappe jadis blanche, balayant de son ventre tout emballé de soie la mie gluante de sauces d'un large morceau de pain tranchoir.

« Je t'ai ouvert la voie, à toi de jouer, maintenant! murmura-t-il à l'adresse de son héritier.

– Si Dieu le veut... », répondit celui-ci à mi-voix.

Henri le Barbu était réaliste. Il savait bien qu'il n'était pas le roi dont la Pologne avait besoin, pas plus que Conrad, son vieil adversaire – non qu'il se sentît indigne de la couronne –, mais il avait trop vécu, il avait trop d'ennemis... Il lui faudrait combattre trop longtemps pour s'imposer et, à son âge, le temps était compté. Non, la puissance qu'il avait acquise ne porterait tous ses fruits que pour l'homme de belle prestance qui lui faisait face, en qui la vigueur et l'énergie paternelle s'alliaient à la noblesse, au charme et à la piété de sa mère. Hedwige et lui en étaient convaincus : ils avaient engendré un roi!

Henri le Jeune savait l'ambition que ses parents avaient portée sur lui. Bien qu'il fût lui-même un homme mûr, il n'était pourtant pas pressé, confiant qu'il était, un peu, en sa force et, beaucoup, en Dieu : il voyait bien que, de tous les ducs en qui la dynastie s'était éparpillée, il était le seul à pouvoir relever la couronne tombée des mains débiles de ses cousins de Cracovie. Le jour venu, il lui suffirait d'une chiquenaude pour écarter Boleslaw...

Une lueur moqueuse passa dans les yeux du Barbu. Face à son fils, il se leva lourdement, brandissant son large hanap.

« Au roi de Pologne! » hurla-t-il de sa voix de stentor.

Henri le Jeune resta un instant interloqué. Se pouvait-il que l'alcool ait embrumé l'esprit de son père au point de lui faire proférer pareille énormité, alors que l'encre du traité de Plock était à peine sèche? Il était bien trop tôt, alors même qu'officiellement on fêtait la réconciliation du royaume autour de Boleslaw, pour proclamer tout haut ce que tous dans la salle, vieux amis ou anciens ennemis, finiraient bien, avec le temps, par admettre.

C'est alors seulement que, se retournant, il vit, derrière son fauteuil, toujours blême et titubant, le jeune duc de Cracovie, qui, revenu de son malaise, affichait assez ridiculement une mine faraude, ayant tout simplement pris le compliment pour lui! Les convives silésiens renouvelant avec ostentation le toast de leur seigneur, tournés à la fois vers celui qu'ils voulaient pour roi et vers celui qui croyait l'être, Boleslaw crut que son honneur exigeait de leur rendre une pareille politesse.

Un écuyer silésien lui tendit traîtreusement une profonde coupe remplie à ras bord de l'alcool le plus fort qu'il avait pu trouver. Se tournant vers l'assistance, ignorant les signes de prudence que lui adressait sans grand espoir son castellan Klemens, le duc la leva en tremblant.

« À... À t't'... À t'tous mes voyaux lassaux! »

Éructant malgré lui, le jeune homme fronça les sourcils, parut se concentrer, et rectifia péniblement :

« ... M'm'...mes l'l'loyaux v'vassaux! »

Il vida la coupe d'un trait sous des acclamations faussement admiratives, avant de s'effondrer, cette fois sans connaissance, sous les rires méprisants que tous, Silésiens comme Mazoviens, adressèrent au malheureux héritier de la couronne.

Henri le Barbu, ricanant, se pencha à nouveau vers Henri le Jeune.

« Non, mais regarde moi cet avorton! »

LES CHEVALIERS PORTE-GLAIVE

L'an du Seigneur 1237, le vendredi 26 juin, fête des saints Jean et Paul

Graves et puissantes, leurs voix chantaient la gloire de Marie.

Humbles devant Dieu et fiers devant les hommes, tout au long de la nef, ils s'alignaient, par dizaines, dans leurs longs manteaux blancs.

Sur leur épaule gauche se détachait la croix.

Noire pour la plupart. Rouge pour quelques-uns.

Et sous cette croix rouge, une longue épée couleur de sang.

Noire la croix des chevaliers de l'Hôpital de la Bienheureuse Vierge Marie de la Maison allemande, qu'on appelait les chevaliers Teutoniques...

Rouge la croix des frères de la Milice de Jésus-Christ de Livonie [1], qu'on appelait, pour leur épée de sang, les chevaliers Porte-Glaive...

En ce jour glorieux, dans la cathédrale Sainte-Marie de Marbourg-sur-la-Lahn, où vibrait le souvenir de la bienheureuse Elisabeth de Hongrie, les dignitaires des deux Ordres, réunis en chapitre général, célébraient par cette messe leur union contre les païens de l'Est.

Au premier rang était Hermann von Salza, le prestigieux grand maître, le seul homme au monde qui pût se targuer d'être à la fois l'ami de l'Empereur Frédéric et celui du Pape Grégoire.

À ses côtés se tenait le landgrave Conrad de Thuringe, qui portait un cilice à même la peau pour se mortifier.

Puis le précepteur d'Allemagne, Heinrich von Hohenlohe, aussi humble devant le Seigneur qu'il obligeait les impies à l'être devant lui.

Et Hermann Balk, le maître provincial de Prusse, dont il suffisait qu'une mère païenne prononçât le nom devant ses enfants pour qu'ils se missent à pleurer.

Et Dietrich von Bernheim, le maréchal de l'Ordre, à la mâchoire à demi broyée d'un coup de masse, dont il disait qu'elle comptait encore assez de dents pour en déchirer les païens s'ils le dépouillaient un jour de ses armes.

Et le commandeur Conrad von Tutele, administrateur de la justice, qui avait eu l'honneur d'être le chambellan de sainte Elisabeth et que nul fautif, païen, chrétien ou chevalier de l'Ordre, ne regardait sans trembler.

Et l'hospitalier Heinrich von Zeitz von Witkendorf, qui consumait ses nuits en prières pour la guérison des chevaliers blessés que l'on confiait à sa garde.

Et Rainfried von Waldberg, le commandeur de Venise, à la taille de géant et au cou de taureau.

Et derrière encore Heinrich von Berg, sans rival dans l'Ordre pour le maniement de la masse d'arme et la connaissance des Pères de l'Église.

Et Gerhardt von Malberg, dont la subtilité eût fait rendre les armes à un théologien byzantin.

Et Poppo von Osterna, le sabreur de païens.

Et Andreas von Velven, aux pénitences fameuses.

1. Ancien nom de la Lettonie et de l'Estonie.

Et Dietrich von Grüningen, Berthold von Tannenrode, Albrecht von Bastheim, Albrecht von Hallenberg, Dietrich von Depenov...

Et bien d'autres encore, venus des quatre provinces de l'Ordre désormais unifié, Terre sainte, Allemagne, Italie et Livonie.

Au-dessus de l'autel, sanctifiant la cérémonie de sa précieuse présence, reposait dans une châsse d'or, ramené de Terre sainte, un morceau de la vraie croix.

Onze années auparavant, le duc Conrad de Mazovie, après avoir dans une crise de jalousie fait exécuter son voïvode Christian, auxiliaire pourtant valeureux qu'il ne savait comment remplacer, avait appelé l'Ordre Teutonique à la rescousse de la confrérie des chevaliers de Dobrzin, qui l'aidait avec difficulté à défendre ses territoires contre les Borusses. Établis entre la Mazovie et la mer Baltique, ces barbares païens, qu'on appelait aussi Prussiens, pillaient depuis des lustres les campagnes de Pologne.

Conrad avait cédé à l'Ordre, pour vingt ans, le pays de Külm [1].

Il innovait à peine en faisant massivement appel à des chevaliers germaniques. Un peu partout les ducs polonais, jugeant leur population trop clairsemée, attiraient par divers privilèges des colons allemands pour coloniser des terres en friche, développer le commerce des villes ou les aider à résister aux incursions des barbares païens qui menaçaient le nord et l'ouest de la Pologne.

Mais l'Ordre était dirigé par le grand maître Hermann von Salza.

Il avait jusque-là végété en Palestine à l'ombre des deux grands Ordres des Templiers et des Hospitaliers. Même s'ils accueillaient des chevaliers de toutes nations, le Temple était dominé par les Français et l'Hôpital par des chevaliers d'origine latine ou anglaise, aussi les Allemands avaient-ils souhaité avoir un ordre qui leur fût propre. Mais, même si Hermann von Salza avait joué l'un des premiers rôles auprès de l'Empereur Frédéric durant sa croisade, il n'y avait pas place pour trois confréries de moines soldats en Terre sainte.

Sans renoncer à sa présence en Palestine – le siège de l'Ordre restait à Saint-Jean-d'Acre –, le grand maître s'avisa qu'il existait, bien plus près des terres germaniques, nombre de barbares païens : Prussiens, Lituaniens, Samogitiens, Coumans... qui menaçaient les royaumes chrétiens. Les Teutoniques combattaient déjà aux lisières de la Transylvanie, où le roi André de Hongrie les avait appelés pour imposer l'autorité de la Couronne de saint Étienne aux nomades coumans qui pillaient périodiquement les marches orientales de son royaume. Dès lors, laissant le premier rang de la lutte contre les sarrasins aux deux ordres concurrents, Hermann von Salza entraîna les frères vers l'Europe orientale, où les princes locaux luttaient avec difficulté, souvent dans le désordre, contre les païens.

Soutenu par les deux têtes de la chrétienté, il multiplia les recrues dans les terres du Saint Empire romain et, afin de rendre durables les succès de l'Ordre, il fit venir, sous son autorité, des colons allemands dans les terres conquises. Dans la Transylvanie rendue au Christ, on avait fondé des villes germaniques : Kronstadt [2], Hermannstadt [3], et d'autres encore.

---

1. Chelmno.
2. Brasov.
3. Sibiu.

Mais le roi André, jaloux de ses prérogatives, s'avisant alors que les redoutables moines combattants étaient en train d'établir une puissance qui lui échappait, les avait chassés de ses territoires.

Survenant à ce moment, l'offre du duc de Mazovie était un don du Ciel. Cette fois, Hermann von Salza était résolu à faire de la Prusse la terre d'élection de l'Ordre. À Rimini, scellant une Bulle d'or, l'Empereur Frédéric lui concéda d'avance les territoires conquis, sur lesquels le Pape Grégoire étendit de son côté sa protection pontificale. Dès lors, les faibles ducs polonais n'étant pas le puissant roi de Hongrie, rien n'empêcherait l'autorité de l'Ordre de s'étendre au fur et à mesure des conquêtes sur les rives de la mer Baltique, l'épée des chevaliers substituant à l'obscurité du paganisme la lumière du Christ, à la barbarie la civilisation du Saint Empire romain, et aux slaves prussiens des colons allemands.

Alors, sous la croix du Seigneur, affluèrent par dizaines les chevaliers, par centaines les sergents, par milliers les hommes d'armes, dans ces provinces brumeuses et barbares qui composaient la Prusse : Lubavie et Poméranie, Pogésanie et Nattangie, Sambie et Schalavonie, Nadruvie et Sudavie, Galindie, Warmie et Barthonie.

De son côté, loin vers l'est, l'Ordre des frères de la Milice de Jésus-Christ, qu'Albert de Buxhövden, troisième évêque de Livonie, avait fondé à Brême au commencement du siècle, s'était installé à Riga et bataillait de la Courlande à l'Estonie contre les Lituaniens et les Samogitiens païens. Mais décimés par les Lituaniens, isolés dans leur lointaine province, ils avaient prié le grand maître des Teutoniques, avec la bénédiction de Rome, de les accueillir au sein de son Ordre, puissamment soutenu par les deux piliers de la chrétienté.

À Viterbe, au mois de mai précédent, Grégoire IX avait promulgué la bulle scellant l'union des Teutoniques et des Porte-Glaive.

Le grand prieur et les chapelains de l'Ordre se tournèrent respectueusement vers Hermann von Salza. À pas lents, appuyé sur son bâton pastoral surmonté de la croix, le grand maître monta en chaire.

Tandis qu'à ses pieds s'alignaient les rangées de chevaliers aux manteaux blancs, derrière eux, les envoyés des puissances catholiques de la Baltique apportaient à l'Ordre le soutien de leur or, de leurs navires et de leurs hommes d'armes.

Les villes marchandes d'Allemagne – Brême, Lübeck ou Hambourg – étaient représentées à la cérémonie, ainsi qu'Erik de Suède, et même Valdemar de Danemark, qui ambitionnait d'établir son pouvoir en Livonie et avec lequel, après avoir essuyé une rude défaite de ses chevaliers, le grand maître espérait négocier un traité de réconciliation et d'alliance.

« Certains d'entre vous l'ont connue, mes frères... »

Son hommage rendu aux martyrs Jean et Paul, que l'on fêtait ce jour, le vieil homme à la longue barbe blanche, dont les années de luttes et d'épreuves ne semblaient pas émousser la force, évoquait, d'une voix attendrie, la pieuse mémoire d'Elisabeth, femme de Louis, margrave de Thuringe, fille du roi André de Hongrie, morte dans cette même cité de Marbourg six ans plus tôt. Il rappela comment, son mari disparu en Terre sainte, elle avait pris, à vingt ans, l'habit de l'ordre de saint François, consacrant dès lors tout son temps à secourir les pauvres et les malades, refusant même de les quitter pour rejoindre le roi, son père. Sur sa dot, elle avait élevé cet hôpital de Marbourg, que les landgraves avaient après sa mort confié à la garde de l'Ordre Teutonique. Elle avait tant de vertus que le Ciel s'était hâté de les couronner en l'appelant à lui, à l'âge de vingt-quatre ans.

Le 1er juin de l'an du Seigneur mil deux cent trente-cinq, le Saint-Père Grégoire notifia à la chrétienté que l'Église du Christ comptait une nouvelle sainte. Un an plus tard, on transféra sa dépouille dans la châsse de chêne revêtue de panneaux d'or aux merveilleuses ciselures, ornée de figures d'argent et de gemmes antiques, que lui avait offerte la piété des fidèles. On vit alors l'orgueilleux Frédéric lui-même, l'Empereur des Romains, vêtu d'un pauvre froc de bure brune, suivi par Béla de Hongrie, frère de la sainte, Venceslas de Bohême et Boleslaw de Pologne accompagner humblement le cortège conduisant Elisabeth de Hongrie à son dernier asile : la crypte de la cathédrale Sainte-Marie de Marbourg-sur-la-Lahn.

Lorsque l'Empereur avait soulevé la première pierre du tombeau, il s'était fait un miracle. Du corps de la sainte avait coulé de l'huile, que recueillirent les chevaliers de l'Ordre pour la distribuer à leurs églises et pieuses fondations.

Elle reposait là, sous leurs pieds...

« Profonde est ma joie, mes frères, de vous voir réunis en ce jour près du tombeau de notre bienheureuse protectrice ! »

Les yeux du grand maître étaient humides. C'est qu'il avait tant fait pour édifier la clairvoyante bonté du Pontife sur la sainteté de la princesse ! Elisabeth de Hongrie serait désormais la troisième patronne de l'Ordre, après saint Georges et la Sainte Vierge. L'hôpital de Marbourg, dont le Saint-Père avait fait don définitif à l'Ordre et que l'Empereur protégeait, porterait désormais son nom, et sa modeste chapelle ferait place à un vaste édifice dédié à la sainte, un édifice de lumière à la manière de France !

L'exemple de la sainte montrait le droit chemin. Les frères de l'Ordre devaient tout sacrifier pour la foi du Christ à l'exemple de la bienheureuse !

Le grand maître célèbra la bienveillance du Saint-Père et celle de l'Empereur, à qui, après en avoir obtenu la Prusse, il venait de rendre hommage pour la Livonie.

Ses yeux étaient à nouveau secs.

« Frère Hermann Balk, avancez ! »

Le maître provincial de Prusse se détacha des hommes aux manteaux blancs.

« Et vous, frère Gebhart, vous, frère Manfred, vous, frère Otto... »

Le doigt du grand maître désignait, impérieux, les chevaliers qui venaient l'un après l'autre se ranger derrière le maître provincial. Lorsqu'ils furent une dizaine, il fit une pause, s'éclaircit la voix, et, d'un ton bien différent de celui sur lequel il évoquait la sainte, il tonna :

« Mes frères.

– Tous vous avez lutté sans répit contre les cruels Prussiens, ces suppôts du Malin aveugles à la foi. Vous n'avez pas marchandé votre courage, comme les marques de vos corps peuvent en témoigner.

« Fidèles à votre vœu, vous n'avez tiré de vos combats et de vos victoires aucune vaine gloire, mais seulement la joie d'avoir servi le Seigneur, en approchant le jour où tous se réjouiront dans Sa Vérité.

« Fidèles à votre vœu, vous allez à nouveau marcher contre les païens qui désolent la Livonie. »

La voix s'enflait, amplifiée par les voûtes cintrées.

« Vous serez soixante chevaliers, que dès aujourd'hui nous désignerons, à répondre à l'appel de nos frères Porte-Glaive ! Vous irez à leurs côtés monter la garde sur les murs de leurs commanderies. »

Le grand maître frappa de son bâton pastoral le plancher de la chaire. Dans le silence de l'église on eût dit un coup de tonnerre.

« Allez, mes frères, allez ! Et vengez la mémoire des preux tombés sous les coups des féroces Lituaniens ! Vengez les morts tombés à Bauske ! Redressez l'étendard de la croix dont les païens maudits veulent rouler dans la fange le drap immaculé ! Vengez notre frère Folkwin, grand maître des Porte-Glaive, tombé au combat devant ces barbares impies ! »

L'humble regard des frères était devenu terrible. Qu'ils aient à l'épaule croix noire ou épée rouge, tous, en cet instant, brûlaient d'en découdre avec les ennemis du Christ.

« Saint Georges, trempe nos glaives du sang du dragon que tu as terrassé !

« Sainte Marie, donne à nos cœurs ta pureté virginale !

« Sainte Elisabeth, inspire-nous l'amour du Christ qui a guidé ta vie !

« Et vous, païens de Prusse, tremblez !

« Tremblez, barbares de Lituanie et de Samogitie ! »

L'assemblée frémissait.

Oui, maître, ordonne, et nous porterons par le glaive la croix de l'Église romaine et la suzeraineté du Saint Empire romain jusqu'au plus profond des terres païennes, et même au-delà, chez ces Russes schismatiques qui n'ont même pas l'excuse de n'avoir pas reçu l'Évangile !

« Frère Poppo von Osterna, avancez ! »

Un onzième frère sortit des rangs, grand et vigoureux.

« Frère Poppo, tant que son service appellera frère Hermann en Livonie, vous serez son lieutenant en Prusse. »

Poppo von Osterna s'inclina en silence.

Alors, avant que l'on ouvrît toutes grandes les portes de l'église, avant que le peuple qui attendait au-dehors ne vînt se prosterner devant la relique de la vraie croix, méritant ainsi les dix jours d'indulgence que le Pape Grégoire accordait pour cet acte de foi, le grand maître, d'une voix profonde, entonna :

« *Christ ist erstanden !* »

Et les chevaliers aux manteaux blancs reprirent en chœur l'hymne de l'Ordre :

« *Christ ist erstanden !* » « Christ est ressuscité ! »

L'ICÔNE

L'an 6745 de la Création du monde, le samedi 15 août, fête de la Dormition de la Sainte Vierge Marie, Mère de Dieu [1]

Mère!

Dans le lent balancement des croix et des bannières à l'effigie du Sauveur et de la Vierge Marie, d'un pas solennel rythmé par la gravité profonde des hymnes slavons, une procession s'étendait, splendide, entre les petites maisons de bois aux pignons sculptés, le long desquels la foule s'alignait, recueillie. Suivant à pas lents Youri Vsevolodovitch, grand-prince de Vladimir et de Souzdal, et l'évêque Mitrophane, elle montait vers les cinq tours blanches calottées de coupoles d'or aux hautes croix haubanées qui dominaient Vladimir, prestigieuse capitale de la plus puissante principauté de Russie, rivale de Kiev. Du monastère de la Dormition-de-la-Vierge à la cathédrale, déroulant ses ors à travers la nouvelle ville puis, franchissant la porte du Marché, dans la vieille enceinte de Vladimir Monomaque, le glorieux fondateur de la cité à laquelle il avait laissé son nom, elle magnifiait le Saint Nom de Marie, en ce jour anniversaire de Sa Dormition.

Lorsqu'Elle passait, portée par quatre moines sur un plateau de bois doré surchargé de fleurs et d'épis de blé, enchâssée de lamelles d'or, d'argent, de perles et de pierres précieuses, tous, jeunes et vieux, riches et pauvres, hommes à l'épaisse barbe et femmes en fichu, religieux et soldats, paysans russes ou artisans circassiens, marchands géorgiens ou ouvriers polovtses, tous s'agenouillaient, murmurant pour eux-mêmes les saintes litanies.

Elle. L'icône sacrée qui veillait aux destinées de la ville, de son peuple et de son prince.

Ô Mère!

On l'avait jadis portée jusqu'à Kiev, depuis la lointaine Tsarigrad [2], où résidaient le Tsar et le Patriarche des Romains, représentants de Dieu sur Terre. On la disait peinte par saint Luc et il n'en était pas en Russie de plus sainte ni de plus vénérée.

Le glorieux prince André, que l'on appelait Bogolioubski – l'Aimé de Dieu –, petit-fils du Monomaque, était alors allé la chercher au monastère de Vichgorod, où on la conservait, et l'avait lui-même portée à Souzdal puis à Vladimir. Lorsque le moment vint de la restituer à Kiev, il fut impossible de la déplacer. Les hommes les plus forts ne pouvaient seulement soulever ce simple cadre de bois! Le peuple sut alors que l'icône elle-même voulait rester dans cette ville et ne l'appela plus que la Mère de Dieu Vladimirskaïa : Notre-Dame de Vladimir.

Elle accompagnait le prince dans toutes ses campagnes, garante de ses victoires, montrant ainsi aux incrédules combien Dieu aimait le noble André Yourievitch!

---

1. 15 août 1237.
2. « La ville du Tsar », nom que donnaient les Russes à Constantinople.

Les épaules revêtues d'un long manteau vert sombre aux arabesques d'or, coiffé d'un grand bonnet fait du même brocart, son neveu Youri marchait, sûr de sa puissance. Premier des princes de Russie, avec son neveu Alexandre à Novgorod, son frère Iaroslav à Péréiaslav, il dominait de loin tous les autres. Si Iaroslav ne parvenait pas à se maintenir sur le trône de Kiev, qu'importait, après tout! C'était à Vladimir qu'était aujourd'hui le vrai pouvoir!

Sous l'éclatant soleil de l'été, dans le cortège chatoyant de toutes ses couleurs, Youri ne pouvait douter de la puissance du Seigneur, de Sa Mère, de la sainte Église orthodoxe... et du grand-prince de Vladimir.

Ces derniers temps, on avait vu accourir, des régions de la Volga, des messagers affolés, venus de Bolghar, en Grande Bulgarie, ou envoyés par les tribus mordves qui erraient dans les terres de l'Est. Ils imploraient l'aide de Youri. Un peuple barbare incendiait leurs cités ou les chassait de leurs pâturages. Que le grand-prince vienne à leur secours! Ces vieux ennemis de la Russie, qui ne se privaient pas d'en piller les marches, lui promettaient en échange la paix éternelle, ajoutant qu'il sauverait ainsi ses propres États d'une invasion certaine.

Déjà, l'année précédente, on avait reçu des ambassadeurs de Bolghar; il était venu, disaient-ils, un peuple puissant, de provenance inconnue, et dont nul n'avait jamais entendu la langue.

Eh! que Bolghar flambe et que soient dispersés les Mordves! Le grand-prince de Souzdalie ne les plaignait pas et n'avait nulle envie de les sauver. Quant à redouter une invasion de ces bandes nomades, de ces Tatars qui venaient venger les avanies que Mordves et Bulgares de la Volga avaient fait subir aux Russes... Que pourraient-ils faire contre ses escadrons cuirassés? Ce n'était pas la première fois que des pillards jaillissaient des steppes. Ce ne serait pas la première fois qu'on les reconduirait l'épée dans les reins. Sans doute ces Tatars avaient-ils fait quatorze ans plus tôt une apparition remarquée, anéantissant près de la rivière Kalka les armées de Kiev, de Tchernigov, de Volhynie, de Koursk, de Smolensk et de Galitch. Mais celles-ci avaient attaqué en désordre, les unes après les autres! Et on avait demandé des renforts à Youri! À quoi bon, alors que ces stupides princes du Sud n'étaient même pas capables de manœuvrer ensemble? Que ces Tatars viennent donc se frotter à l'armée de Vladimir et de Souzdal, et ils verront ce que valent les guerriers russes lorsqu'ils ont à leur tête des chefs clairvoyants et résolus!

Et que pouvait redouter la Souzdalie? Les envahisseurs, toujours, s'étaient attaqués aux vieilles terres du Sud!

Des esprits faibles s'étaient bien effrayés, douze jours auparavant, d'une longue éclipse de soleil, mais ce n'étaient là que des fadaises!

D'ailleurs, pourquoi ces Tatars attaqueraient-ils? Quatorze ans plus tôt, ils avaient fait savoir qu'ils n'en voulaient qu'aux Polovtses, au reste vieux ennemis des Russes, et ce sont les Polovtses qui avaient fait tant et si bien que les bouillants princes du Sud s'étaient jetés dans une bataille qui ne les concernait pas. Youri le savait bien, qui ne s'était guère précipité à leur aide. Et voilà que l'histoire recommençait avec les Mordves et les Bulgares de la Volga. Il serait plus sage que les princes du Sud. Il attendrait. Et s'il fallait un jour se battre...

Il leva les yeux vers l'azur radieux du ciel, que ne venait troubler aucun nuage.

Qu'ils y viennent!

Appuyé sur sa riche principauté et sa puissante famille, sûr de ses trois fils qui marchaient derrière lui, Youri Vsevolodovitch se prenait à rêver qu'avec l'aide du Seigneur et l'intercession de Sa Mère il pourrait un jour abandonner son titre de grand-prince de Vladimir et Souzdal pour relever celui de grand-prince de Russie, fièrement porté deux siècles auparavant par Vladimir le Grand et Iaroslav le Sage.

Il serait non seulement le premier des princes russes, mais le premier des princes orthodoxes!

Il ne céderait le pas qu'au Tsar. Non qu'il reconnût son autorité temporelle, certes! Les grands-princes de Russie n'étaient vassaux de personne – le Tsar Constantin Monomaque l'avait bien compris jadis, lorsque, ayant refusé de rendre justice à des marchands russes, il avait vu sa capitale attaquée par l'armée du grand Iaroslav le Sage! Mais, comme son père Vsevolod, qui avait passé de nombreuses années de sa jeunesse à Tsarigrad, le temple de l'Orthodoxie, la ville sainte où se trouvaient rassemblées les reliques de la Passion du Seigneur, il respectait la mission quasi sacerdotale dont Dieu l'avait investi.

Car, lorsque neuf siècles plus tôt le Seigneur avait éclairé de Sa lumière Constantin le Grand, Empereur de Rome, Il avait clairement indiqué comment Il entendait que soient menés les hommes : Il avait désigné César – que les Russes prononçaient Tsar – comme Son lieutenant sur terre, et le successeur de Pierre comme Son vicaire spirituel. La cour du Tsar était le reflet du Ciel sur la terre, sa magnificence donnait aux humains une idée de la splendeur divine. Les grades, les titres, les honneurs que César dispensait étaient l'image terrestre des hiérarchies célestes, avec leurs saints, leurs anges et leurs archanges... Le Tsar était un personnage sacré.

Lorsque Constantin avait dû séparer l'Empire en deux, il n'avait fait que reproduire dans la nouvelle capitale à laquelle il avait donné son nom l'ordonnance divine du pouvoir : au sommet des peuples d'Occident était le Tsar de Rome, avec à ses côtés l'évêque de la Ville, qu'on appelait le Pape; au sommet des peuples d'Orient était le Tsar de Constantinople, avec auprès de lui le Patriarche des Romains.

Le malheur des temps avait voulu que le Tsar de Rome tombât. Il n'y avait donc plus depuis des siècles qu'un seul Tsar, et il était à Constantinople. Les vrais chrétiens, les chrétiens orthodoxes, ceux qui restaient fidèles à l'ordre voulu par Dieu sur terre, se devaient de reconnaître la primauté du Tsar et du Patriarche; si ceux-ci n'étaient point leurs maîtres, ils restaient à jamais les premiers d'entre eux.

Hélas, les chrétiens d'Occident avaient quitté la voie droite. Le Pape, resté seul, avait fini par se croire à la fois Tsar et Patriarche. Il prétendait commander à tout le monde, il tranchait à son gré des questions de la foi et exigeait que les chrétiens d'Orient lui obéissent! Sans doute, comme il ne pouvait pas conduire des armées, il avait bien dû se résigner à la présence d'un nouveau Tsar, comme ce Frédéric qui régnait sur les pays d'Allemagne, mais il entendait être son maître, oubliant l'équilibre que Dieu avait voulu entre les deux pouvoirs. Dès lors, à l'Occident, papes et empereurs finissaient par s'affronter en luttes inexpiables, tandis qu'à Tsarigrad, où depuis neuf cents ans régnaient sans interruption les seuls vrais successeurs de Constantin, l'harmonie des origines s'était perpétuée. Même aujourd'hui, alors que les catholiques dévoyés, avec la bénédiction de leur Pape désireux de régenter le monde, avaient chassé le Tsar de sa capitale, des moines, des prêtres, des évêques, des métropolites faisaient le long et difficile voyage de Russie jusqu'à Nicée, où s'étaient réfugiés le Tsar et le Patriarche des Romains.

Quelles que soient les prétentions de ceux qui osent se parer du titre de Tsar, comme le roi d'Allemagne, qui veut régner sur Rome, ou celui des Bulgares des Balkans, qui rêve d'asseoir son trône sur les rives du Bosphore, tant que régnera le Tsar de Constantinople – fût-il réfugié à Nicée –, les princes russes, en bons chrétiens qu'ils sont, lui reconnaîtront le premier rang sur terre.

Youri Vsevolodovitch, deuxième prince chrétien après le Tsar!

Les cloches des églises accompagnaient la lente progression : de Saint-Georges, du Sauveur, de l'Élévation-sur-le-Marché, de la Nativité, ou de l'Exaltation-de-la-Croix, toutes répondaient au carillon de la cathédrale.

Mère!

Bien loin des rêves grandioses qui occupaient l'esprit du grand-prince, soutenant de son épaule le lourd plateau doré supportant l'Image, marchait, les traits noyés de béatitude, frère Cyrille.

Indicible était son bonheur lorsque, comme aujourd'hui, il était auprès d'Elle.

Indicible.

Ô Mère!

Jadis, à Souzdal, par une nuit de la Nativité, sur le mont de Yaroun, devant le monastère des Saints-Côme-et-Damien, une main inconnue avait déposé dans l'épaisseur de la neige un petit panier où vagissait un enfant. C'était un vieux moine, peintre d'icônes, qui l'avait ramassé, à moitié mort de froid. Le réchauffant de son manteau, il l'avait doucement déposé au pied du foyer. L'higoumène et les moines, qui s'apprêtaient à célébrer la naissance du Seigneur, virent un signe de Dieu dans cet enfant trouvé en un pareil instant. Au lieu de le remettre, comme on faisait d'habitude des enfants abandonnés, à l'orphelinat de la ville qui les élevait jusqu'à ce qu'ils soient en âge de travailler pour qui voudrait bien d'eux, ils décidèrent de le garder auprès de leur communauté. Le vieux moine, attendri, en reçut la garde. Dans un petit bâtiment attenant au monastère, il faisait plusieurs fois par jour venir une nourrice. Lorsque l'enfant grandit, le père Zacharie – c'était son nom – lui apprit la crainte et le respect de Dieu, ainsi que la particulière vénération qu'il éprouvait pour la Vierge Eléoussa, la Vierge de tendresse qui protégeait Vladimir, Souzdal, leurs peuples et leurs princes.

Rien n'arrivait de bon en cette terre de Russie, lui répétait le vieil homme, sans Son intercession. Pas même la venue d'un enfant. S'il était entré un matin de Noël dans la chaleur du monastère, c'est qu'Elle l'avait voulu, c'est qu'Elle veillait tout spécialement sur lui.

Le vieillard qu'il aimait comme un père lui avait appris son art.

Et aux rares occasions, parfois lors de grandes fêtes, où il allait à Vladimir, il allait La voir.

La Mère.

Sa Mère!

Le vieux moine était mort il y avait des années. Priant chaque soir pour lui, il ne doutait pas que Dieu ait accueilli cette bonne âme en Son paradis.

Et, désormais, Cyrille, l'enfant abandonné, en témoignage du si profond amour qu'il ressentait pour Elle, avait obtenu de l'évêque Mitrophane, grâce au vieil higoumène, d'être l'un des quatre moines qui portaient chaque année, au jour de la Dormition, l'icône vénérée.

La procession franchit la porte du kremlin, la plus grande citadelle de Russie, où le grand-prince Vsevolod avait autrefois enserré le palais, la cathédrale et la petite mais fastueuse collégiale où l'on vénérait l'icône de saint Démétrios de Salonique.

Bâtie au siècle précédent par André Bogolioubski qui voulait surpasser Kiev et sa fameuse cathédrale Sainte-Sophie, agrandie par Vsevolod, la cathédrale de la Dormition s'élevait dans toute sa gloire.

Le soleil de l'été faisait resplendir la pierre blanche, illuminant de ses rayons éclatants les reliefs qui couraient dans le marbre de ses murs. Les saints apôtres qui s'alignaient sur les fresques de la façade scintillaient de couleurs triomphantes.

Le voyageur ébloui voyait de loin briller l'or des cinq coupoles, dominant tout Vladimir, dont les remparts s'étendaient sur la rive escarpée de la rivière Kliazma. Et il s'en allait dire de par le monde que le grand-prince de Vladimir était un nouveau Salomon, car il avait construit dans sa ville un temple digne de Jérusalem! Du haut du large clocher qui se dressait près de la cathédrale, les cloches sonnaient à toute volée, leurs lourds battants lancés de toute la force des sonneurs contre la masse immobile de leurs panses de bronze...

Après avoir traversé la ville, escortée par tout le clergé, par le grand-prince et tous les siens, Elle venait reprendre Sa place dans les ors de la grande église.

Lorsque fut achevée la cérémonie, Cyrille resta dans la nef. C'était la première fois qu'il lui était donné de demeurer ainsi, presque seul, avec Elle. Il se jeta à genoux, joignit les mains, et, la tête un peu penchée de côté, un sourire d'enfant aux lèvres, les yeux mouillés de larmes d'amour, immobile, il La regarda.

La Mère du Seigneur irradiait de toute sa bonté. À chaque fois, Cyrille croyait La voir plus jeune, plus belle, plus douce, plus... vivante.

Avec Ses grands yeux tendres sous l'arc des longs sourcils, Son nez fin, Sa petite bouche aux lèvres rouges.

Ô Mère!

L'enfant qui posait doucement sa tête bouclée contre sa joue, qui la prenait gentiment par le cou, se demandait sans doute pourquoi Elle ne le regardait pas, pourquoi Ses beaux yeux, voilés de tristesse, portaient leur regard dans le lointain. C'est qu'Elle pressentait, la Mère, obscurément, dans sa robe noire aux franges d'or, brodée d'un motif évoquant une croix, les épreuves que l'avenir réservait à Son Fils!

Comme tout Vladimir en ce jour de fête, comme le grand-prince Youri, plus qu'eux encore car il savait que, depuis sa naissance, Elle lui vouait une tendresse spéciale dont il s'employait à être digne, Cyrille était heureux et confiant.

Comment ne l'eût-on pas été quand ce visage divin veillait sur la Russie?

Était-ce la lueur d'une lampe? Un reflet? Une illusion? La fatigue de la procession? Non. Sortant de son immobilité, Cyrille tourna la tête de droite et de gauche. Personne! C'était bien lui qu'Elle regardait! Une larme, deux, coulèrent sur la joue du jeune homme. Il L'avait toujours vue tendre, infiniment, mais lointaine, l'esprit ailleurs... Ce soir, Elle le regardait!

Lui.
L'enfant trouvé.
Ô Mère, pourquoi me regardes-Tu ainsi?
Pourquoi as-Tu l'air si triste?
Pourquoi si triste?
Dis-moi! Je ne comprends pas!
Oh, ne me regarde pas comme cela!
Qu'attends-Tu de moi?
Mère, je veux T'aider, Tu le sais.
Mais dis-moi!
Oh, non, ne pleure pas!

Mère!

Deuxième partie

LE TROISIÈME ÂGE DU MONDE

LA VOLGA

Le dix-septième jour de la onzième Lune,
dans l'année du Singe,
huitième du règne d'Ögödaï Qaghan, Souverain du Monde[1]

Le prince Batou, le visage émergeant d'un océan de fourrures, regarde s'étendre à ses pieds l'immense fleuve gelé.

Auprès de lui se dresse, fièrement porté par un de ses officiers, l'Étendard sacré, la haute hampe blanche où, balancées par le vent glacial, s'accrochent neuf queues de chevaux bais.

Les tambours de guerre roulent, lancinants.

Un peu plus loin, derrière le fils de Djötchi, immobiles, la bise blanchissant de givre leurs moustaches et leurs bonnets fourrés, les princes, comme leurs armées qui s'assemblent, attendent son ordre.

Si Ögödaï vieillissant, passé l'enthousiasme du Qouriltaï, s'est sans trop de mal laissé convaincre par Batou, Möngkä et le ministre Ye-liu Tchou-tsaï de rester à Qaraqorum, sa vie étant trop précieuse pour l'exposer à nouveau aux hasards des combats, toutes les branches de la famille d'Or ont tenu à être présentes aux côtés de Batou pour la conquête du bout du monde. Il n'y a là pas moins de dix princes : ses frères Orda, Berké, Cheïban et Sinqour, les fils d'Ögödäi – Qada'an et l'arrogant Güyük – et ceux de Toloui – Möngkä et Budjek – aussi bien que Baïdar et Büri, fils et petit-fils de Djaghataï, chacun à la tête d'un corps d'armée.

Lointain, un son de trompe vient rompre, un court instant, le sourd grondement des tambours.

Un peu en arrière de Batou, chef nominal de l'expédition, un peu en avant des princes, silencieux comme les autres sur sa petite monture : le véritable seigneur de la guerre qui commence.

Subötaï.

---

1. 5 janvier 1237.

Sans lui je ne serais pas là.

Sans lui jamais le Qaghan ne m'aurait confié ses meilleures troupes pour cette folle entreprise.

Il n'accaparera pas la gloire, il est bien trop fidèle.

Mais serai-je digne d'être secondé par un tel général, vainqueur au Khwarezm, en Chine et en Russie? Un général qu'un seul homme surpassât jamais dans l'art de la guerre : le Conquérant lui-même!

Quand les bardes chanteront les victoires qui l'attendent, ne rira-t-on pas de Batou, ce prince sans expérience qui voulait s'emparer du bout du monde et prétendait donner son nom aux triomphes de Subötaï Bahadour?

Sera-t-il autre chose, aux yeux de ses dix frères et cousins, eux aussi assoiffés de gloire, qui, dans son dos, le regardent, que l'ombre falote du grand général?

Ainsi s'interroge le fils de Djötchi.

Le roulement des tambours va s'enflant, martelant ses tempes qu'il sent soudain brûlantes.

Le feu dans le crâne et le froid dans le corps.

Car, malgré l'épaisseur des fourrures, tous ses membres frémissent. Sa respiration force par saccades le passage rétréci de sa gorge subitement nouée.

Personne, heureusement, ne peut voir en cet instant la lueur d'angoisse, de panique presque, qui s'est allumée dans les yeux de ce prince si fier.

Les trompes ponctuent de leurs appels l'énorme grondement.

Aujourd'hui, aujourd'hui seulement, Batou mesure, tel un enfant dépassé par son caprice, l'énormité des forces qu'il a mises en branle.

Car c'est aujourd'hui, aujourd'hui seulement, qu'il voit réunie toute son armée.

Jusqu'à perte de vue, sous le ciel gris et bas, la plaine blanche disparaît sous les colonnes humaines émergeant des forêts, brunes, grises, et toujours plus serrées; sous les triangles de leurs grandes bannières effrangées en flammèches, où ondulent au vent des bêtes fantastiques, rangée après rangée, escadron après escadron, régiment après régiment, les cavaliers s'arrêtent. Paisibles, indifférents, les petits chevaux râblés qui, du cœur de l'Asie, les ont amenés là attendent, obéissants, le coup d'éperon qui les mettra en route vers l'océan Occidental.

Le froid intense n'effraie pas les Mongols endurcis par le terrible climat de leur terre natale. Au contraire, c'est maintenant la saison de la guerre, quand la cavalerie peut franchir à pied sec les grands fleuves gelés!

Les roulements se font plus sourds, les roulements s'espacent.

Dix mille, vingt mille, cent mille regards se tournent vers l'éminence où flotte l'Étendard. Et ces regards qu'il ne peut voir percent le prince au tréfonds de son être.

C'est toi qui nous as conduits là. Alors...

Commande!

Il a fallu un an à Subötaï et Batou pour constituer l'armée. Enfin, l'un après l'autre, comme les premiers vents d'automne soufflaient sur la prairie, ses différents corps se sont mis en marche, chassant sur leur passage quelques tribus errantes, qui découvraient, effrayées, la puissance des Mongols. Lorsque la

Mère Terre prit son manteau d'hiver, les guerriers du Souverain du Monde n'avaient laissé derrière eux, dans la steppe, que des sujets, des esclaves... et des cadavres. Alors, mâchonnant pour unique nourriture quelques lanières de viande séchée et des boulettes de fromage dur mêlé d'orge et de mauvais pois secs, au trot de leurs petites montures à l'encolure épaisse dont l'endurance semblait ignorer la fatigue, dans la neige et le vent glacé, ils avaient chevauché vers leur point de rassemblement.

Ici.

Sur les rives de la Volga.

Cent cinquante mille cavaliers, venus de toutes les tribus des steppes, Mongols et Tatars, Märkits et Kéraïts, Naïmans et Turcs... C'est la plus vaste armée qu'aucun Qaghan ait jamais réunie.

Même le Conquérant!

Elle entraîne derrière elle trois cent mille chevaux de remonte avec leurs palefreniers, et tout un corps du génie, avec ses catapultes, ses balistes et ses trébuchets, démontés, entassés sur des chariots et des animaux de bât. Un gigantesque train d'équipages suit, avec les fourriers qui procureront la nourriture, les femmes qui aideront à l'installation des camps, veilleront au repos des guerriers et combattront à leurs côtés s'ils ne suffisent pas seuls à remporter la victoire.

Jamais les steppes n'ont été aussi fertiles, jamais les prairies de l'Asie n'ont nourri autant de chevaux, jamais les nomades n'ont prospéré en si grand nombre... Dans tout l'Empire, Ögödaï a fait lever des troupes; il a confié à Batou et Subötaï les mieux entraînés des *tümens* [1] impériaux, les meilleures unités de son armée personnelle. Et tant pis s'il a fallu pour cela réduire les forces de Chine, de Corée ou de Perse. C'est à ce prix que l'Étendard sera planté dans les flots de l'océan Occidental!

Les guerriers mongols sont au monde les plus endurants, les plus sobres, les mieux entraînés : chaque année, le Yasaq, la Loi de Témudjin, les oblige à traquer le gibier de la steppe dans une gigantesque battue hivernale, ordonnancée comme une campagne militaire.

L'habitude d'employer à la chasse des lignes de rabatteurs leur a ainsi enseigné la pratique du mouvement tournant qui déborde l'armée ennemie par les deux ailes, comme on déborde un troupeau de bêtes sauvages en fuite dans la prairie.

Rassemblés en grand nombre et en rangs serrés dans les régions giboyeuses, ils se rapprochent peu à peu de leurs proies, les enferment bientôt comme dans un filet, pour les abattre enfin à coups de flèche ou d'épée.

Ainsi se déroule la grande battue. Rien n'est changé cet hiver. Simplement, le gibier s'appellera Qiptchaq, Bulgare, Russe, Hongrois ou Polonais.

Aucune armée au monde n'a plus de discipline, aucune n'est plus strictement organisée : un décurion commande à un *arban* de dix hommes; dix arbans forment un *djaghoun*, et dix djaghouns un *minggan* [2]; les minggans enfin sont regroupés en tümens de dix mille hommes que commandent les noyons.

De battue en campagne et de campagne en battue, les orloks, les généraux mongols, ont appris à faire manœuvrer des dizaines de milliers d'hommes

1. Unités de dix mille hommes.
2. Unités de mille hommes.

comme des pions sur un échiquier. Un ordre, quel qu'il soit, est exécuté immédiatement, sans discussion. Que dans un arban un homme s'enfuie, et ses neufs compagnons seront mis à mort avec lui! Qu'un arban entier fuie, et les cent hommes du djaghoun seront mis à mort!

Le Yasaq ne pardonne pas la moindre désobéissance...

Témudjin Gengis Khan a forgé la plus belle machine de guerre que l'on ait jamais vue.

Et aujourd'hui, réalisant ses espoirs les plus fous, c'est lui, Batou, qui en dispose. Lui qui n'en éprouvait jusqu'ici qu'une profonde fierté, il ressent...

Non! Pas cela, il ne ressent pas cela!

Pas lui!

Mais qu'est-ce que cela peut être, si ce n'est... la peur?

Non la peur de mourir, non la peur de souffrir. Le dernier des Mongols connaît-il cela?

Mais la peur d'être indigne d'un aussi lourd honneur...

Mâchoire contractée, joues frémissantes, le prince tourne la tête vers les noirs régiments qui s'alignent à sa droite. Ce sont les plus terribles. Plus endurants, plus impitoyables encore que les Mongols eux-mêmes.

Ce sont les Tatars!

Jadis, non contents d'avoir mis à mort son père Yésugeï, ils avaient longtemps refusé la suzeraineté du Conquérant, s'alliant sans répit à ses ennemis. Alors Témudjin avait marché contre eux, et son profond génie avait vaincu leur courage jusque-là indompté. Il fit rassembler dans la plaine tout leur peuple captif, et lorsqu'ils furent tous réunis devant lui, vaincus mais toujours fiers, afin qu'ils ne se rebellassent jamais plus contre son autorité suprême, il ordonna à ses troupes de tuer tout Tatar mâle dont la taille dépasserait l'essieu d'un chariot!

Quand les cadavres des adultes recouvrirent la prairie, le Conquérant répartit leurs enfants entre les tribus mongoles, et celles-ci les élevèrent en soldats dévoués du Khan suprême, qui mettent depuis à son service l'âpre dureté de leur race. Ils sont si redoutés que c'est souvent de leur nom que leurs ennemis ont baptisé les Mongols.

Et les Tatars regardent Batou.

Le Qaghan a voulu que nous suivions tes ordres, alors...

Commande!

Les tambours de guerre se sont tus. Aucune trompe n'appelle. Au long de la Volga, cent cinquante mille cavaliers, figés sur leurs montures, attendent en silence.

Faisant faire à son cheval un brusque demi-tour, Batou contourne la ligne de ses parents impassibles. Enrageant d'avoir cru voir un sourire méprisant aux lèvres de Güyük, ce maudit cousin trop fier d'être fils du Qaghan, le prince se rue au galop vers un chariot bâché, entouré d'hommes en noir, isolé, immobile, dans la neige encore vierge d'un pré qu'aucun des cavaliers, malgré leur multitude, n'a osé fouler.

Violant sans hésiter le cercle de respect que l'attelage inspire, sautant à bas de son cheval, il bondit sous la bâche, écartant d'un regard le chaman qui s'y trouve. Au fond du véhicule, faiblement éclairées par quelques lampes à huile, dont la bise passant par une couture mal jointe fait vaciller les flammes, se dressent, dans leurs étoffes précieuses, les statuettes de feutre des idoles.

Seul dans la pénombre, Batou, agenouillé, frémissant, regarde fixement, la bouche entrouverte, celle qui, brillant en leur milieu, les domine d'une tête : la statue d'or du Conquérant.

« Ô Gengis Khan, vois ton armée!

« Souverain invincible, donne-nous un peu de ta force, un peu de ton génie!

« Dis à l'Éternel Tengri, auprès de qui tu sièges, que nous sommes les esclaves de Sa volonté. »

Batou Khan ne voit plus ni idoles, ni lampes, ni bâche, ni chariot. Seulement deux yeux de métal, mystérieux, insondables.

Le regard d'or l'oblige à fermer les paupières.

Dehors commencent à battre les tambours des chamans.

« Donne à ton petit... »

La prière du prince s'interrompt. Il allait dire « petit-fils ». Il n'a pas osé.

Fulgurante, la vieille brûlure revient, chassant le froid, chassant la peur.

Ce sang qui lui afflue aux tempes, est-ce celui du Conquérant? Ou d'un pillard märkit?

Batou ne frémit plus. Ses yeux grands ouverts fixent le regard d'or.

« Fais que Batou soit digne d'être ton petit-fils! »

Un rayon de lumière pâle balaie l'autel. Un officier, d'une main tremblante, a soulevé la bâche. Le général, inquiet, l'a envoyé.

« Ô khan, le bahadour Subötaï, les princes et l'armée attendent ton ordre. »

Tandis que cesse la lente danse, rythmée de coups de tambour et d'incantations inaudibles, des chamans aux masques cornus qui, tournant autour du chariot, attiraient l'attention des esprits vers l'autel ambulant où priait leur chef, Batou, rejoignant de toute la vitesse dont son cheval est capable son poste de commandement, saisit, dans le silence absolu, l'Étendard dans ses mains.

L'élevant aussi haut qu'il le peut, il fait pivoter sa monture en un cercle complet, présentant à l'armée l'emblème sacré.

Là-haut, dans le ciel, une déchirure perce la grisaille.

Galopant vers le fleuve, le fils de Djötchi s'avance le premier sur les glaces enneigées. Il se retourne vers la rive. Par la fente des nuages un bref rayon de soleil vient illuminer le prince, qui brandit la hampe blanche aux neuf queues de chevaux.

Batou n'a plus de doutes. Non plus que les cent cinquante mille cavaliers qui le regardent. Ce rayon de soleil, tombé à ce moment, c'est le regard d'or de Témudjin Gengis Khan! C'est l'âme du Conquérant qui descend habiter l'Étendard pour chevaucher comme jadis, invincible, à la tête de ses armées!

« En avant! »

Alors de cent cinquante mille poitrines monte l'ovation. Les bannières s'agitent au-dessus des tümens et des minggans, des djaghouns et des arbans. Les arcs et les piques s'élèvent par saccades au-dessus des bonnets de fourrure, scandant la joie des guerriers.

Les trompes sonnent.

La clameur s'éteint.

Les princes partent au galop rejoindre leurs tümens.

Les tambours de guerre roulent de nouveau.

La voûte céleste se referme.

Et lentement, aux points choisis la veille par le général, dans l'ordre voulu par lui pour ne pas menacer la solidité des glaces, tümen après tümen, la multitude brune et grise des guerriers de Batou, les sabots des chevaux entourés de feutre pour ne pas déraper, le sabre à la ceinture, les deux arcs et les carquois sur le dos, le lasso, la hachette et la massue de fer suspendus à la selle, quelques lanières de viande desséchée dans les sacs, s'engage, pique à la main, sur la Volga gelée...

Pour exécuter le commandement de l'Éternel Ciel Bleu.

LE BONHOMME
L'an du Seigneur 1237, le mardi 18 août, fête de saint Agapit

« Reprenez-en, sire Edouard, reprenez-en, vous êtes jeune, vous avez de l'appétit. »

Contrairement à son habitude, le jeune Anglais se fait prier avant de se resservir une petite portion du veau rôti, pourtant délicieux, dont le régale la maîtresse de maison. Donna Francesca, qui l'a déjà plusieurs fois eu à sa table, s'étonne un peu de lui voir un si maigre appétit, lui qui a coutume de dévorer plutôt deux fois qu'une. C'est à peine s'il a trempé quelques morceaux de viande dans les bols odorants remplis des fines sauces qu'elle a eu à cœur de préparer elle-même; pas plus la jaune, au safran et au gingembre, que la verte, où le même gingembre se marie avec la cardamome, les clous de girofle et toutes sortes d'herbes n'ont paru retenir son intérêt. C'est tout juste s'il a daigné toucher les beignets dorés et les pâtés en croûte dont la table était chargée.

En vérité, donna Francesca serait plus surprise encore si elle pouvait savoir que son invité, n'ayant connu pendant des années d'autre ordinaire que celui bien frugal des chevaliers du Temple, s'est fait une véritable passion de découvrir et de déguster, à chaque fois que l'occasion s'en présente, la cuisine des bourgeois du Continent.

Mais ce jeune homme, au demeurant si sympathique, est un peu bizarre. D'habitude vif et gai, parfois même un peu puéril pour son âge, il est ce soir renfermé et taciturne, avec dans le regard une expression étrange, comme s'il était ailleurs.

Oh, les Salmoiraghi ne s'en formaliseront pas. Cela s'est déjà produit une fois, même si ce n'était pas à ce point. Il est peut-être amoureux. Qui n'a pas été jeune?

Eh, mais qui sait si Ermengarde...

Donna Francesca regarde sa fille. Non, que va-t-elle chercher là! Ermengarde le traite en camarade, rien de plus.

Mais, après tout, c'est peut-être pour ça...

Il est plutôt gentil, d'accord, mais il n'a pas de bien, et puis il faut reconnaître qu'on ne sait pas vraiment d'où il vient. Il ne s'étend guère lorsqu'on lui parle de son passé.

Bah, des idées, tout ça, des idées...

Messire Arnolfo Salmoiraghi et donna Francesca, son épouse, ont pris l'habitude d'accueillir chez eux Edouard, le commissionnaire de Nicolo Bardolo, ce marchand vénitien avec qui maître Arnolfo est depuis si longtemps en affaires qu'il en est devenu un ami.

Depuis qu'il a débarqué sur le Continent, deux ans plus tôt, Edouard n'a pas manqué de chance. Quelques semaines après la grande diète de Mayence, alors que les marchands flamands qu'il accompagnait avaient décidé de retourner à Bruges, il a rencontré, à Spire, maître Bardolo, qui l'a aussitôt pris à son service. Occupé depuis lors à diverses missions liées aux nombreuses affaires que son employeur entretient avec la Lombardie, il va de ville en ville, demeurant très souvent à Milan, dont il goûte particulièrement l'atmosphère. Du bouillonnement intellectuel qui agite toute la vallée du Pô, et, plus que toute autre, la cité de Saint-Ambroise, jailliront peut-être un jour des réponses aux questions qui n'ont jamais cessé d'assaillir son esprit.

Lors de ses passages dans la grande ville lombarde, il apprécie l'accueil familial que lui réservent les Salmoiraghi, éveillant en lui de lointains souvenirs d'un vieux passé défunt.

Mais pas ce soir.

Ce soir, il n'apprécie rien.

Sa mine maussade, qui fait pour une fois pendant à celle de Raimonde, la vieille mère d'Arnolfo, n'empêche pas son ami Lorenzo, le fils de la maison, de taquiner sa jeune et jolie sœur Ermengarde, sous le regard mi-réprobateur, mi-amusé de ses parents.

Quelque chose pourtant sonne faux dans la gaieté des deux jeunes gens, comme dans celle que le marchand et son épouse, depuis le début de la soirée, s'efforcent d'afficher; et la morosité de leur hôte n'y est pas pour grand-chose.

C'est que, sous trois jours, Lorenzo s'en ira rejoindre les milices.

Car la guerre est là.

Sur les cols des Alpes, on a vu les avant-gardes allemandes faire flotter l'aigle de Souabe.

De Sicile et d'Apulie, les escadrons de sarrasins enturbannés montent vers le nord, tout dévoués à leur maître.

Après deux années d'intrigues et de négociations, et une brève campagne qui le rendit l'an dernier maître de Vicence, l'Empereur Frédéric a définitivement résolu de châtier par la force les dernières cités lombardes rebelles à sa volonté, à commencer par la première de toutes, l'âme de la rébellion : Milan. Et qu'importe si cela n'a pas l'heur de plaire à la Curie romaine !

Mais les bourgeois de Milan n'ont pas peur. S'ils tremblent, c'est de rage.

Frédéric de Hohenstaufen, nom honni !

Car le tyran d'aujourd'hui en évoque un autre. Un Frédéric est déjà entré dans la ville. Le grand-père, celui à la barbe rousse. De la cité trop éprise de sa liberté, il n'a pas laissé pierre sur pierre. Trois générations plus tôt ne se dressaient plus ici, au milieu d'un champ de ruines fumantes, que les églises. Ou plutôt ce que la fureur impériale, en s'apaisant, avait daigné épargner des églises...

Mais cette fois le petit-fils ne rentrera pas dans la ville. La commune, avec au premier rang le podestat Pietro Tiepolo, fils du doge de Venise, travaille jour et nuit à resserrer les liens avec ses alliés de la Ligue lombarde. C'est une puissante armée que les libres cités de Lombardie vont opposer à l'orgueil de l'Empereur.

Dès juin, la commune a envoyé les milices sur le territoire de Pavie, la rivale toute dévouée au tyran; il y a trois jours, les crieurs publics ont annoncé leur entrée à Lomello et Garlasco.

L'aigle noire ne tient pas encore dans ses serres le libre Milan!

Et Lorenzo, sous trois jours, rejoindra les milices.

Le repas va se terminer. Donna Francesca, soupirant, prête une oreille mélancolique au lent carillon du vieux clocher de Saint-Ambroise. Est-il déjà si tard? Étouffé sous les nuées d'orage qui depuis le matin ont plané sur la ville, le jour a de longtemps décliné.

Ce soir, on n'ira pas se coucher sans allumer les lampes...

Soudain, maître Arnolfo, sans crier gare, renversant son gobelet d'étain, se dresse à moitié sur son fauteuil, à l'effroi des convives. On dirait un poisson, ouvrant toute grande une bouche muette pour gober l'air. Le visage cramoisi, il semble étouffer.

Portant enfin sa main à son côté, il s'effondre, inconscient.

Donna Francesca bondit vers lui, lui soulève la tête, se tourne vers sa fille : « Va quérir le bonhomme, tout de suite! »

Puis, rougissante, croisant le regard courroucé de Raimonde, elle se remémore la présence d'Edouard et porte vers lui un œil angoissé. Lorenzo pose la main sur le bras du jeune Anglais.

« Soyez sans crainte, ma mère, j'ai toute confiance en notre ami Edouard ».

Francesca soupire et, tandis qu'Ermengarde sort précipitamment, elle se tourne à nouveau vers son mari, dont on ne perçoit qu'à peine la respiration.

Il n'y a pas longtemps que Lorenzo a parlé à Edouard du bonhomme. Si on l'appelle ainsi, comme ses frères qui, cachés chez les croyants, trompent la vigilance des chiens du Seigneur, c'est qu'il est si parfaitement bon que c'en est presque un saint. Edouard l'a entrevu un soir, au fond du jardin où il occupe, loin des yeux indiscrets, un petit appentis qu'Arnolfo a mis à sa disposition, lui faisant porter chaque jour quelque nourriture de sa cuisine... Bien peu de chose en vérité, car il ne saurait consommer de viande ni quelque préparation trop raffinée qui stimulerait trop le plaisir du palais.

Il vit seul dans sa cabane. C'est contraire à la règle qui veut que les bonshommes aillent toujours par deux, mais ici, au cœur de Milan, dans ce carrefour de l'Italie du Nord où défilent marchands et voyageurs venus de tous pays, dans cette ville truffée d'agents du Pape ou de l'Empereur, où souvent la commune se déchire en factions opposées qui se suspectent mutuellement du pire, où vont et viennent moines mendiants et prédicateurs de tout poil, ce serait prendre trop de risques. Sans doute la Curie pontificale a-t-elle toujours fait montre pour Milan d'une indulgence qui ne lui est pas habituelle; Rome passerait bien des choses à cette ennemie irréductible des ambitions impériales. Mais, si les passions multiples et contradictoires qui agitent la cité peuvent être une protection – qui irait se soucier d'un vieillard au fond d'un jardin? –, il est sage de ne pas contribuer à les exciter.

À travers les sociétés de la Foi et de la Sainte Vierge, qu'il est venu ici fonder en personne, Pierre de Vérone, l'inquisiteur général de Lombardie, garde l'œil sur toutes les hérésies, attendant patiemment l'occasion de sévir.

Le bonhomme est médecin. Le soir, il se risque dans les rues pour soulager la souffrance des corps et consoler les mourants.

Il entre, grand, le dos un peu cassé, appuyant ses petits pas chancelants sur un bâton, la peau blême, par endroits un peu bleuâtre, collée aux os, blanc de barbe et de cheveux, dans une longue robe noire semblant aussi vieille que lui. Le vieil homme y voit très mal; Ermengarde le guide avec déférence vers le marchand inconscient. Francesca et Lorenzo fléchissent trois fois le genou, murmurant par trois fois un bénédicité.

« Que Dieu vous bénisse, fasse de vous de bons chrétiens, et vous conduise à une bonne fin! » leur répond doucement le bonhomme.

Les lèvres pincées, la vieille Raimonde, si elle n'a pu s'empêcher de s'agenouiller, siffle pourtant dans le cou de sa bru :

« L'amener dans la maison, et en plus devant un étranger! Vous êtes folle, ma fille. Vous voulez nous conduire tout droit au bûcher!

– Préférez-vous qu'il meure, ma mère? » rétorque à voix basse Francesca, irritée.

Le bonhomme examine, la main légèrement tremblante, son hôte gisant, le nez presque à toucher son visage. Sans mot dire, il extrait du sac qu'il porte à l'épaule une petite fiole dont il passe le goulot sous le nez d'Arnolfo. Un frémissement semble parcourir celui-ci. Le bonhomme laisse la fiole sous les narines. Arnolfo gémit doucement, ouvre un œil, plisse les paupières avec une grimace. Reconnaissant sa femme, un nouveau gémissement aux lèvres, il tend faiblement sa main vers elle. Il respire à nouveau le remède, et dans un murmure à peine audible :

« Francesca, où suis-je?

– Vous avez eu une faiblesse, mon ami, mais le bonhomme vous a ramené à la vie », répond l'épouse, serrant avec effusion la main de son mari.

Celui-ci, qui paraît reprendre peu à peu conscience, se tourne vers le vieillard.

« Vais-je mourir, mon père?

– Je ne sais, mon fils, mais je ne le crois pas. Il vous faut à présent un grand repos.

– Mon père... »

Tentant de se dresser sur son coude, Arnolfo retombe, haletant.

« ... Je ne veux pas mourir sans être consolé. »

Ce soir-là, de longues heures s'écoulent avant que le bonhomme ne quitte la maison. Sans avoir demandé à être consolé, Arnolfo s'est endormi dans le lit où on l'a porté. Son souffle est régulier, ses traits semblent apaisés. La crise est passée, la fiole du bonhomme l'a ramené à la vie...

Edouard n'a pu abandonner ses hôtes. Il est resté là, au chevet du malade, jusqu'à ce que chacun, enfin rassuré, se résolve à monter se coucher, laissant qui son père, qui son fils, aux soins de son épouse. À l'instant où le vieillard sort de la chambre, Francesca et Ermengarde se jettent à ses genoux :

« Vous l'avez sauvé, mon père, soyez béni, mille fois béni ! »

En larmes, mère et fille lui baisent les mains, qu'il retire doucement, avec un léger sourire.

« Je ne sais si j'ai bien agi en l'aidant à revenir à cette vie...

– Mon père, si vous ne l'aviez pas ranimé, il serait mort sans être consolé... »

En le raccompagnant sur le seuil, s'arrêtant dans la pénombre, Lorenzo désigne le jeune homme roux.

« Mon père, voici Edouard, un ami anglais qui cherche à triompher du Mal. Il souhaite de tout son cœur vous entendre lui parler de la vraie foi. »

L'ancien Templier sent sur sa joue le souffle du bonhomme tant le vieillard s'approche près de son visage pour en discerner les traits.

« Viens, mon fils, viens quand tu voudras, demain si tel est ton désir, et je te dirai ce que l'on doit savoir. »

Le mercredi 19 août, fête de saint André le Tribun

Au fond du grand jardin, derrière une rangée d'arbres, dans un coin qui de loin semble couvert de friches, Edouard parvient à un petit potager. Le bonhomme, si faible qu'il paraisse, bêche lentement son étroit lopin de terre. Le jeune homme s'approche. Au bruissement des ses pas, le vieillard se retourne.

« C'est toi, Edouard, mon fils ?

– Vous me reconnaissez ? »

Le vieil homme sourit.

« À cette distance, je ne peux te voir, mais tu as une odeur particulière. Il n'y a guère d'hommes roux à la peau tachetée de son par ici ! Sois le bienvenu, et entre dans ma maison. »

L'intérieur de l'appentis est particulièrement dépouillé. Le seul meuble notable est une sorte d'établi de menuisier sur lequel s'alignent mortiers, pilons, vases et flacons.

« Assieds-toi, et dis-moi ce que tu cherches. »

Assis sur le châlit, aux côtés du vieillard dont les yeux si doux paraissent contempler un autre monde, de paix et d'amour, Edouard de Roscarnan soupire longuement.

« Le Malin inspire nos actes. Comment peut-on Lui échapper ? Les prêtres romains n'ont à la bouche qu'amour, justice et charité, mais leurs propres actes montrent à l'envi qu'ils sont eux aussi les jouets de Celui qu'ils prétendent combattre. Lorenzo m'a parlé de la foi des bonshommes, de leur exemple d'amour véritable et de pure charité. Mon père, peut-on vraiment Lui échapper ?

– Il y a deux principes, le Bien et le Mal, qui s'affrontent depuis la nuit des temps. Dieu a créé le monde de l'Esprit, le royaume de la pureté. De ce Dieu de justice et de vérité émanent les âmes, comme les rayons émanent du soleil. Alors, dans sa jalousie, le Malin a créé le monde d'en bas, dans lequel nous vivons. Le corps, la chair et leurs passions sont son œuvre. Il a attiré par ses artifices ces parcelles du monde spirituel que sont nos âmes, et il a imaginé de les enclore dans une tunique de peau, dans une prison de chair, vouée aux vanités passagères, aux souffrances et à la corruption.

« Mais Dieu a envoyé Christ pour nous ouvrir le chemin du salut, pour nous arracher à ce monde d'apparence qui n'est que néant ! Il n'existe qu'une voie pour que notre âme puisse rejoindre le monde d'en haut, le monde éternel, le seul monde réel, où l'Esprit nous attend : nous devons renoncer, autant qu'il est possible, à notre corps, cette enveloppe mauvaise qui est source de tous nos maux.

« Autant qu'il était en mon pouvoir, comme tous ceux que les croyants ont baptisés bonshommes, j'ai reçu d'un autre ami de Dieu le consolement, l'imposition des mains qui, transmise de bon chrétien en bon chrétien depuis Christ, donne à ceux qui la reçoivent l'entendement du bien ; j'ai fait vœu de renoncer au corps et à ses passions. J'espère y être parvenu, mais au prix de durs combats et de bien des souffrances, car en dépit du consolement, aussi forte que soit l'âme, le Malin trouve toujours un moyen de la soumettre à ses tentations.

– J'ai jadis essayé de renoncer au corps, mon père, mais il me poursuit et m'obsède. Certains jours, je sens même en moi le Malin qui m'appelle. Je me sens son jouet, sans force, sans autre volonté que la sienne. Je sais que c'est la sienne, et la mienne ne peut rien ! Comment parvenez-vous à surmonter les passions du corps ? »

Les yeux du vieillard semblent se porter très loin, un pâle et doux sourire éclairant sa bouche mince.

« C'est une longue, une très longue quête. Si j'ai bon espoir aujourd'hui de sortir vainqueur de la lutte, combien de vies m'a-t-il fallu pour en trouver la force ? Il est vrai que le Malin nous habite, Edouard ; le mal que nous faisons, nous n'en sommes pas toujours responsables car le Prince de ce monde est puissant et, tant que l'âme n'a pas trouvé en elle-même assez de force, c'est lui qui dirige notre corps, alors même qu'elle voudrait lui résister. Si ton âme aspire vraiment à se libérer, c'est déjà une grande chose. Un peu plus tard, dans une prochaine vie, qui sait ? peut-être pourras-tu, comme moi, trouver en toi la force de te détacher de l'enveloppe matérielle. C'est une très longue quête !

– N'est-on pas damné si l'on n'a pas la force, malgré sa volonté, de résister aux tentations du Malin ?

– Si tu as vraiment voulu leur résister, il t'en sera tenu compte, même si tu as échoué. Lorsque tu sentiras cette vie s'éloigner, trouve un père, trouve un bonhomme. Il te consolera de tous tes péchés, et ce consolement, si ta volonté a été sincère, t'ouvrira la porte d'une nouvelle vie où tu renaîtras, meilleur, plus proche de la libération de l'Esprit. »

Un long moment, le vieil homme répond aux questions d'Edouard, apaisant ses angoisses.

Edouard, ce soir-là, se sent rassuré. Le Prince des Ténèbres est si puissant... Que sommes-nous devant lui ? Lorsque nous agissons mal, c'est lui qui est à l'œuvre, non notre âme. Mais l'âme peut vraiment espérer, un jour, lui échapper. Il essaiera, sincèrement. Et, s'il échoue à nouveau, il espérera dans le consolement...

Et dire que l'Église de Rome persécute sans pitié ces saints hommes qui expliquent si bien la nature du monde ! N'est-elle pas ce que le Malin a trouvé de plus pervers pour tromper les âmes prisonnières de la chair ?

Guilhem de Puymirol, le bonhomme, reste immobile sur le seuil de sa cabane, le regard perdu, fixé dans la direction où il a senti Edouard s'éloigner.

La vraie foi compte-t-elle ce soir un nouveau croyant? A-t-il pu éclairer ce jeune homme tourmenté?

Il ne sait.

Mais l'essentiel n'est-il pas qu'après tant d'années de persécutions il se trouve toujours des hommes, comme lui, pour prêcher la Vérité, et des hommes, comme Edouard, pour venir la chercher?

Le vieillard se souvient.

Il se souvient.

Il revoit, bardés de fer, les chevaliers de France accourant par milliers.

Il a prêché, jadis, nu-pieds, sur les chemins du pays de Toulouse.

Il revoit les incendies, les meurtres, les pillages, perpétrés au nom de la croix et du pape de Rome.

Un jour, les Français l'ont arrêté, torturé et laissé seul, mendiant, sur le bord d'une route.

C'est miracle s'il en a réchappé.

Il se souvient.

De ce bourgeois de Narbonne qui le protégea, au péril de sa vie.

Il se rappelle la traversée sur ce bateau ballotté par les flots, auprès d'autres croyants.

Vingt ans déjà qu'il vit à Milan.

Ici aussi veillent ceux qu'en latin on surnomme les *Domini canes*, les chiens du Seigneur, les Dominicains, enfin!

Et parfois sur les places communes des villes d'Italie se dressent les bûchers de l'Inquisition, pareils à ceux qui embrasent les terres jadis heureuses du pays de Toulouse.

Mais, venue de l'Orient au travers des montagnes de Serbie et de Bulgarie où brûle toujours sa flamme, soutenue par ses évêques et ses croyants de Lombardie, ancrée dans le cœur des peuples martyrisés des pays de langue d'oc, infatigablement prêchée par les bonshommes ses frères, la foi des bons chrétiens, que leurs ennemis appellent cathares, triomphera un jour des œuvres du Malin!

Fermant les yeux, le bonhomme murmure sa prière : « Père Saint, Dieu droiturier des bons esprits... »

NIJNI-NOVGOROD
L'an 6745 de la Création du monde, du Seigneur 1237, le lundi 24 août, fête de l'apôtre Barthélemy

« Vous ne voulez pas une escorte, non plus? Puisque je vous dis que c'est impossible, c'est impossible! »

Sous ses sourcils broussailleux, le militaire, à la broigne de cuir passablement usagée, dévisage d'un air soupçonneux frère Julien et ses deux compagnons,

Thomas et Nicolas. Frère Jérôme, indisposé, a dû bien malgré lui demeurer à Souzdal.

« Ne vous emportez pas, Danilo Vladimirovitch. Nos frères ne savent pas tout ce que vous savez. Ils ne sont arrivés que d'aujourd'hui. »

Le prêtre tout de noir vêtu, à la barbe fournie et grisonnante, qui vient d'intervenir de sa voix douce et unie, a beau être présent dans la pièce depuis le début, il s'est jusqu'ici bien gardé de dire un mot, laissant les Hongrois se débrouiller par l'intermédiaire de leur interprète – un jeune homme de Moscou pas très éveillé – avec la mauvaise humeur du capitaine que le gouverneur, trop occupé dans son kremlin, a condescendu à leur envoyer.

La voix est douce, mais la mine sévère.

C'est que le père Alexis n'aime pas beaucoup voir rôder des moines romains par ici. Sous prétexte d'aller enseigner aux peuplades de l'Est l'amour du Christ, il les croit bien capables d'y semer la haine de la foi orthodoxe.

Mais il tient entre les mains le sauf-conduit qu'ils ont obtenu à Vladimir. L'évêque Mitrophane ne semble pas partager sa méfiance, et même le grand-prince Youri les autorise à traverser son territoire pourvu qu'ils ne cherchent pas à y prêcher. Il faut donc leur faire bonne figure.

Ce sera d'autant plus facile, en vérité, que leur mission n'a plus de raison d'être.

« Je suis émerveillé par le louable zèle qui vous mène de si loin, mes frères, semblables aux bons saints Cyrille et Méthode qui vinrent jadis de Constantinople porter la parole de Dieu aux peuples des Khazars et des Slaves, qui croupissaient alors dans l'ignorance. »

Son regard ironique et froid démentant ses paroles, le père Alexis poursuit :

« Hélas, mes frères, vous avez vu s'entasser devant les remparts de notre cité et sur ses places ces Bulgares hier si arrogants qui ne voient plus aujourd'hui de salut que dans la protection des princes chrétiens. Ils ont été chassés de leurs terres par ces cruels païens qu'on appelle les Tatars. Vous avez ouï parler, mon frère, de la ville de Bolghar?

– J'y suis allé, mon frère », répond Julien par l'entremise du truchement moscovite.

Il a déjà été à Bolghar! Ces moines romains sont décidément trop actifs!

« Bolghar a disparu dans les flammes, et de toutes les autres cités de la Grande Bulgarie, Bilyiar, Kernek, Joukotin ou Suvar, il ne reste pas une pierre debout. La Grande Bulgarie a vécu. »

Julien, à son deuxième passage en Russie, n'a pas besoin d'attendre la traduction pour deviner ce que le père Alexis vient de lui dire. Si, faute de pouvoir comprendre correctement leur langue, il n'a pas pu tirer grand-chose des réfugiés mordves, puis bulgares, que ces jours derniers il a rencontrés sur sa route, il était clair que ceux-ci fuyaient une terrifiante invasion. Par deux fois il a croisé, lancés au grand galop vers l'ouest, vers la capitale du grand-prince, des messagers à la mine sombre, nuages de poussière troublant pour un instant la paix des vastes plaines dont, sous l'immensité du ciel, ondulait doucement le manteau de blé doré et de vertes forêts. À Souzdal même, il a vu arriver par groupes des Mordves épuisés, grossissant sans cesse les rangs de leurs congénères que les Russes parquaient depuis plusieurs mois déjà dans des prairies à quelque distance de la ville; ils se disaient victimes d'un peuple venu de l'est avec une grande armée, qu'ils appelaient du nom de Tatars. On l'a d'ailleurs prévenu, à Vladimir : il ne vous sert à rien de poursuivre, la guerre désole le pays où vous vous rendez!

Mais Julien n'est pas homme à renoncer si facilement. Si depuis deux semaines il ne se fait plus guère d'illusions, c'est pour en avoir le cœur net qu'il a entraîné ses compagnons jusqu'à Nijni-Novgorod, à l'extrême limite du pays de Rous, au confluent de l'Oka et du grand fleuve Ethyl, qu'on appelle ici Volga.

Le grand-prince Youri a autrefois fait bâtir, en avant de sa frontière, ce poste avancé qu'il destinait à appuyer de futures expéditions contre les Bulgares et les Mordves. Julien a déjà séjourné dans cette bourgade où même le kremlin et l'église principale sont en bois. Il revenait alors de Grande Hongrie. Derrière les remparts de rondins couronnant des levées de terre battue, il n'avait guère rencontré que des soldats, des prêtres et des marchands. Lorsque la paix régnait, Russes, Bulgares et Mordves venaient là s'échanger les produits de leurs terres et de leur industrie.

Les soldats et les prêtres sont toujours là. Mais il n'y a plus de marchands. Les Russes sont casqués et mitrés, les Mordves et les Bulgares sont couverts de haillons. Ils n'ont plus rien à vendre... Si, quelques corps de femmes, aux soldats qui en veulent!

Ils mendient, ils supplient. Ils appellent à leur aide le grand-prince Youri et la Sainte Église orthodoxe.

Mais cette soumission subite de leurs vieux ennemis ne réjouit pas le cœur des officiers du prince, elle ne réjouit pas l'âme des prêtres de l'Église du Christ.

Entre les isbas, au pied des tours de son kremlin, sous les clochers de ses églises, dans l'air lourd du mois d'août annonçant les orages, Julien sent planer autour de lui un sentiment terrible, qu'il lit dans les regards, sur les rictus des bouches, qu'il entend fausser même les plaisanteries que s'autorisent les soldats.

D'autant plus oppressant que nul n'ose l'avouer.

On a peur, à Nijni-Novgorod...

Frère Julien voulait en avoir le cœur net? C'est à présent chose faite! La destruction de la Grande Bulgarie lui ferme la route de la Grande Hongrie.

Même s'il en avait parlé sans détour au roi Béla et au Pape Grégoire, d'ailleurs assez indifférents à ce détail, il avait voulu croire que cette grande armée barbare dont on lui avait annoncé la venue lors de son premier voyage était au pire une grosse bande de nomades pillards dont la rumeur, toujours encline à l'exagération, amplifiait l'importance.

L'évidence est aujourd'hui devant ses yeux. Si l'on ignore encore ses intentions, la grande armée barbare existe!

Qui sont donc ces mystérieux Tatars qui désolent les terres de l'Est?

À Souzdal, l'ecclésiarque du monastère des Saints-Côme-et-Damien lui a soufflé qu'il devait s'agir des Madianites, ce peuple jadis sorti des déserts d'Etriev, qui opprima Israël et fut repoussé par Gédéon. Saint Méthode de Patara n'avait-il pas annoncé qu'ils réapparaîtraient pour conquérir toutes les terres depuis l'Orient jusqu'à l'Euphrate et depuis le Tigre jusqu'au Pont-Euxin?

Mais, outre que la prédiction ne lui paraît guère concerner le pays de Rous, le robuste bon sens de frère Julien se satisfait peu de ce genre d'explication.

Depuis qu'à Souzdal il a commencé à mesurer la gravité de la situation, le missionnaire, toujours précis, a pris soin de consigner sur un petit rouleau de parchemin, d'une fine écriture serrée, toutes les bribes d'informations qu'il est parvenu à obtenir. Les histoires de souverains mystérieux mais bien humains habitant aux confins de la terre, qui se dessinent peu à peu à travers les récits, lui paraissent plus véridiques que de trop faciles interprétations bibliques.

Il y a deux jours, pourtant, quelques heures avant d'arriver à Nijni-Novgorod, une apparition fit sur les voyageurs une grande impression. En traversant une forêt, ils s'étaient écartés du chemin pour se reposer un moment et faire boire les chevaux à un étang qui se trouvait là.

Ils étaient tous les quatre, Julien, Thomas, Nicolas et le truchement moscovite qui leur servait aussi de guide et d'homme à tout faire.

À peine, assis en rond au bord de l'eau, avaient-ils déballé quelque nourriture pour se restaurer des fatigues de la route, qu'ils virent sortir d'un fourré, gesticulant drôlement de ses longs bras arachnéens, une étrange créature. Vêtu d'une longue robe noire singulièrement sale et rapiécée, le cou ceint d'une cordelette où pendait une croix, coiffé d'un bonnet de moine dont on ne savait plus s'il était noir ou gris, l'homme paraissait immense, tout maigre qu'il était, avec son visage livide. Une longue barbe graisseuse, au demeurant peu fournie, lui descendait jusqu'à la taille. Les lents et incessants mouvements de ses bras filiformes donnaient la curieuse impression qu'il nageait dans l'air.

Les frères se disposaient à lui offrir la part de leur modeste repas qu'il venait sans doute quémander. C'est alors qu'ils virent son regard, fiévreux, halluciné.

« Qui êtes-vous, étrangers? Malheureux aveugles, qui restez insouciants à parler et manger! Ah, Bête immonde, comme tu sais te jouer des hommes! »

À l'évocation de la Bête, il tendit son bras droit comme s'il voulait repousser quelque chose et resta ainsi un bon moment, le bras tendu et frémissant, la bouche ouverte, les yeux brûlants et fixes. Cela laissa à l'interprète le temps de traduire, en bredouillant plus que de coutume, son entrée en matière.

Le second bras se tendit à son tour, avec cette fois la vivacité d'un ressort de catapulte.

« Aveugles, aveugles! Que faites-vous ici? Partez, partez dans votre pays! Allez dire à vos peuples de pleurer et de prier! L'heure est venue pour les hommes de payer leurs péchés! Ne les entendez-vous pas? Ah, c'est que tu les rends sourds aussi! Le sixième ange a sonné de sa trompette. Il a délié les quatre anges qu'on retenait pour le jour du carnage du tiers de l'humanité. La cavalerie infernale est en marche! Les chevaux portent crinière de lion et leurs naseaux crachent feu, fumée et soufre! Et vous ne les sentez pas? Les cavaliers sont cuirassés d'une flamme bleue et sulfureuse! Ils sont deux cents millions! Elle va bientôt monter de la mer, la bête à dix cornes et sept têtes! »

Effrayé, en larmes, le jeune Moscovite s'était jeté à genoux en tremblant et, en dépit des regards pressants que lui adressaient les frères, semblait avoir perdu l'usage de la parole. Le peu de russe qu'il connaissait fit néanmoins deviner à Julien ce qu'évoquait l'étrange apparition.

C'était l'Apocalypse!

« Ils sont sortis de leur prison, les peuples de Gog et Magog, annonciateurs de la fin des temps. Ils arrivent, ils sont là! Allez, allez, qu'attendez-vous, partez dans vos pays! Et dites aux grands et aux petits, aux riches et aux pauvres, aux hommes libres et aux esclaves qu'il est temps de trembler et de se lamenter! Elle va périr, Babylone la Grande, mère des vilenies de la terre! Elle va périr, Babylone, la grande prostituée qui a grisé les habitants de la terre du vin de sa débauche! »

Son corps se secoua soudain de lents spasmes qui le faisaient curieusement onduler. Roulant des yeux exorbités, devenu muet, il brassa l'air en tordant ses longs doigts, et, presque à reculons, disparut dans le fourré dont il était venu.

Il fallut du temps au truchement pour retrouver la parole et confirmer à Julien – non sans mal – ce qu'il avait compris.

Les peuples de Gog et Magog? Ceux qu'Alexandre le Grand avait enfermés derrière les Portes de Fer dans les monts du Caucase? On disait en effet qu'ils déferleraient sur le monde au tour de l'Antéchrist.

Thomas et Nicolas se signèrent, tout pâles. Bien qu'ébranlé lui-même par l'étrange visite, Julien haussa les épaules.

« Allons, mes frères, remettez-vous! Vous avez entendu les récits qu'on nous a faits tout au long de la route. Attila lui-même n'était pas l'Antéchrist! »

On reprit prestement la route, remballant les victuailles, faute d'appétit.

Il fait lourd dans la pièce où demeurent, debout, les trois Dominicains.

« Quant au pays des Bashkirs, que vous appelez la Grande Hongrie, il n'existe plus. Les Bashkirs sont morts, esclaves, ou enfuis dans les forêts du Nord. »

Le père Alexis, en se lissant la barbe, détourne un instant son regard de son interlocuteur. Lorsque ses yeux croisent à nouveau ceux de frère Julien, leur expression a changé.

« Il n'est plus temps d'aller porter la parole de Christ dans les plaines de l'Est, mon frère. Il est temps pour les chrétiens de renforcer leurs remparts, d'équiper leurs guerriers... »

Son regard se dirige vers le coin de la pièce où une petite lampe à huile accrochée au plafond éclaire les icônes de Jésus, de Marie et de saint Georges.

« ... et de prier! »

« Vous voyez bien. Vous n'avez rien à faire ici. »

C'est le militaire à la broigne râpée qui reprend la parole. Il a l'air à présent plus inquiet qu'hostile.

« Rentrez chez vous. Et allez dire à votre roi ce qui se passe ici!

– Danilo Vladimirovitch a raison, frère Julien. »

C'est la première fois que le père Alexis daigne appeler par son nom le missionnaire hongrois.

« Vous rendrez meilleur service au peuple chrétien en avertissant votre roi des entreprises des païens qu'en demeurant ici. Nous sommes assez de prêtres et de moines. Ce sont des guerriers qu'il nous faut. »

L'inquiétude que les frères prêcheurs lisent à cet instant sur les visages de leurs interlocuteurs, comme l'atmosphère d'attente angoissée qu'ils sentent depuis leur arrivée peser sur la cité, tranche avec la belle confiance que, même si l'on y était attentif aux nouvelles de l'Est, on affichait à Vladimir et à Souzdal.

Que les païens règlent leurs affaires entre eux, disait-on là-bas!

Et qu'ils viennent, s'ils osent, affronter le grand-prince Youri, fils de Vsevolod, et ses escadrons de fer, bénis par Notre-Dame de Vladimir, protectrice de la terre russe!

SAINT BORIS ET SAINT GLEB

L'an 6746 de la Création du monde, du Seigneur 1237, le dimanche 6 septembre, fête de saint Michel archange

« C'est beau, ce que tu fais. »

Frère Cyrille, penché sur l'épaule de frère Jérôme comme il a l'habitude de le faire avec les peintres de son atelier, examine le tableau que le jeune Dominicain peint depuis deux semaines sur la planche enduite d'un fond blanc qu'il l'a aidé à préparer.

Alors que les quatre missionnaires étaient hébergés à Souzdal, au monastère des Saints-Côme-et-Damien frère Jérôme s'est trouvé pris d'une fièvre et d'un flux de ventre, peut-être dus à une eau gâtée, car un autre de ses compagnons, qui en avait bu comme lui, a aussi souffert d'une légère indisposition. À son grand dépit, frère Julien lui a interdit, malgré ses objurgations, de continuer la route vers l'est. Jérôme a supplié :

« Ce n'est rien, dans deux jours il n'y paraîtra plus. »

Pour sa première mission évangélique dans un pays lointain, il ne lui serait même pas donné d'atteindre seulement le but, avant même d'avoir prêché?

« Ne t'inquiète donc pas, tu nous rejoindras un peu plus tard. En attendant, rappelle-toi que nous avons fait vœu d'obéissance, et fais ce que je te dis. »

Jérôme a dû s'incliner.

Les frères prêcheurs ont reçu un bon accueil au monastère. L'higoumène Anastase, un vieil homme plein de sagesse et de bonté, ne manquait pas une occasion de déplorer la séparation des Églises et de louer la tentative des frères de porter la croix chez les peuples des steppes.

Il l'a encore fait à chacune des visites qu'il a paternellement rendues à frère Jérôme pour s'enquérir des progrès de sa santé, se réjouissant qu'il pût encore exister dans ce monde corrompu des jeunes hommes prêts à partir sur les routes en abandonnant tous les biens terrestres pour l'amour de Christ.

Pour dire le vrai, frère Jérôme n'avait pas tardé à remarquer que le vieil higoumène avait un peu tendance à radoter. Anastase ne pouvait soutenir longtemps une conversation sans rappeler qu'aux jours de sa jeunesse les gens étaient bien meilleurs chrétiens qu'aujourd'hui, ajoutant immanquablement qu'il se réjouissait d'être vieux pour ne pas avoir la douleur de voir le châtiment que Dieu ne manquerait pas d'envoyer aux hommes, en punition des péchés qu'il voyait s'accomplir partout dans le monde.

On était bien, au monastère des Saints-Côme-et-Damien.

Trop bien.

Au début, le jeune homme eut un peu honte d'être là, choyé comme un des leurs par les moines, tandis que ses compagnons affrontaient les fatigues et les privations du voyage, en attendant les dangers de la traversée des pays païens.

Mais quoi, c'était la volonté de frère Julien et il devait obéir!

Dès le lendemain de son arrivée, apprenant que le monastère était célèbre pour ses icônes, le jeune frère prêcheur avait obtenu d'en visiter l'atelier. Le moine qui en était responsable serait heureux, lui avait-on dit, de lui en faire les honneurs. Pénétrant dans le grand bâtiment de bois aux lourdes poutraisons, il s'attendait à rencontrer un vénérable père, riche de toute une vie de travail et d'expérience. Quelle n'avait pas été sa surprise de voir s'avancer vers lui, tout souriant, un jeune homme de son âge!

Une heure ne s'était point écoulée que le Russe et le Hongrois étaient devenus amis. À une immédiate sympathie s'est presque aussitôt ajoutée la découverte d'une passion partagée. En voyant une icône peinte par Cyrille, Jérôme comprit pourquoi on lui avait confié la direction de l'atelier. En répondant en grec, leur seule langue commune, aux incessantes questions de Jérôme, qui s'attachait aux moindres détails, Cyrille décela vite chez lui un intérêt qui allait bien au-delà de la simple curiosité. Quelques remarques astucieuses du visiteur démontraient clairement qu'il avait pratiqué le dessin et la peinture.

« Mon frère, pourrais-tu m'éclairer?

– Parle, je vais essayer.

– On dit dans mon pays que les chrétiens d'ici adorent les icônes comme si elles étaient divines. À ce que j'ai vu dans vos églises, cela me semble vrai. N'y a-t-il pas là quelque idolâtrie? Toi qui les peins et les fais peindre, tu sais bien qu'aussi belles qu'elles soient, elles n'en sont pas moins tout humaines.

– On m'a dit à moi que dans vos pays les chrétiens viennent vénérer les statues des saints, et qu'il est des images de la Sainte Vierge qu'on vient voir de bien loin.

– C'est vrai, c'est vrai. On s'étonne toujours plus de ce qui se passe chez les autres. Mais chez nous on enseigne à être vigilant sur ce point et à veiller à ce que le peuple ne tombe justement pas dans l'idolâtrie, en accordant à des images de bois un pouvoir qui n'appartient qu'à Dieu ou à Ses élus.

– Mais ces images aident les chrétiens à concevoir le monde de Dieu!

– Sans doute, et c'est pourquoi l'Église bénit leur culte. Mais ici...

– Nous ne sommes guère différents, mon frère... »

Cyrille, à ce moment, s'approcha d'un chevalet où reposait, presque achevée, une icône de l'Annonciation. Il le déplaça pour le poser dans la lumière tombant de la fenêtre. Les ors et la pourpre, éclatant d'une paisible splendeur, irradiaient de fraîcheur.

« Le monde de Dieu n'est pas loin de nous, il nous entoure de Sa lumière. Tu le sais bien, mon frère, toi qui as comme moi consacré ta vie au service du Seigneur. Mais cette lumière est si forte qu'elle aveugle la pauvre âme des hommes, perdue dans son obscurité. Et cette âme aveuglée ne peut même pas percevoir ce royaume de lumière, pourtant si près d'elle. »

De la pointe de ses doigts, Cyrille caressait le visage de la Vierge.

« L'Église doit secourir la faiblesse des fidèles. Ce que les yeux de leur âme sont trop faibles pour voir, elle le rend sensible à leur regard terrestre, et le regard terrestre parle à son tour à l'âme. »

Les yeux du jeune moine s'étaient mis à briller. Sa main paraissait tenir un pinceau invisible.

« Dans sa sagesse inspirée, l'Église guide notre main, dirige nos gestes. Avec son aide nous fixons sur le bois quelques traces des visions célestes. Aussi vives soient-elles, nos couleurs ne donnent qu'un pâle reflet de ces visions sereines et resplendissantes. Mais elles donnent un reflet. L'icône est la ligne qui dessine les contours. Elle est semblable à une fenêtre à travers laquelle se répand le pouvoir de la lumière. De même que les hymnes que nous chantons sont le reflet des hymnes chantés par les anges, de même les icônes sont l'image du monde de Dieu. »

Le regard de Cyrille s'était soudain perdu dans le lointain, tout voilé d'amour. À son âme venait d'apparaître, belle, tendre et vivante, Notre-Dame de Vladimir.

« Et, vois-tu, parfois, quand un peu de grâce a touché notre main, cette même fenêtre qui nous inonde de lumière, elle devient lumière, elle est lumière... »

Une larme avait coulé sur la joue de Cyrille.

Et, sans qu'il sût pourquoi, une larme coula sur la joue de Jérôme.

Un long moment, ils restèrent muets.

Bientôt Jérôme tomba malade.

Au tout début, le Dominicain n'avait guère le goût à la conversation, et Cyrille s'était bien gardé de le fatiguer. Sauf durant les quelques jours où il s'en était allé à Vladimir pour la fête de la Dormition de la Vierge Marie, il n'en était pas moins régulièrement venu, en silence, lui rendre visite et le veiller.

Très vite ils reparlèrent de dessin, de peinture. Le Dominicain témoigna le désir de visiter aussi, dès qu'il se sentirait mieux, l'atelier d'enluminure dont un autre moine avait la charge.

« Vois-tu, frère, j'aimerais bien, un jour, enluminer des livres, comme on le fait ici.

– Pourquoi ne le fais-tu pas?

– Je le ferai, si Dieu veut, quand je serai trop vieux et trop fatigué pour parcourir les routes. J'ai hésité, tu sais. Mais j'ai finalement choisi d'entrer chez les frères prêcheurs, qui ont bien voulu m'accueillir en leur sein. Je me suis dit que m'enfermer au chaud dans un couvent pour satisfaire un penchant personnel serait bien égoïste, alors qu'il y a au-dehors tant de misères et de pauvreté à soulager, tant d'âmes égarées à sauver... Oh, mais pardonne-moi, frère, je ne parle que pour moi. Ne va pas croire que je trouve égoïstes ceux qui travaillent dans les ateliers. Si je peignais comme toi, j'aurais peut-être honte de ne pas utiliser pour l'édification des fidèles le talent que Dieu m'a donné!

– Ah! ah! ne t'excuse pas, mon frère, chacun doit aller dans la direction où il se sent capable de faire le plus de bien. Moi, tu sais, je ne me vois pas passer mes journées nu-pieds sur les routes, je ne suis pas assez robuste pour ça!

– Tu l'es presque autant que moi.

– Ah bien, justement, regarde dans quel état tu es! »

Et le grand éclat d'un rire partagé conclut cet échange de propos.

Dès que Jérôme se sentit mieux, son ami lui fit apporter couleurs et pinceaux, lui montrant comment préparer l'enduit de la planche où il allait pouvoir, en attendant sa complète guérison, donner libre cours à son inclination.

C'est le produit de cette convalescence, aujourd'hui terminée, que Cyrille découvre à présent. C'est qu'à chaque visite qu'il faisait au malade celui-ci s'empressait de dissimuler son œuvre, prétextant que cela n'allait pas, qu'un peintre aussi doué que lui allait se moquer de sa maladresse, bref, qu'il n'était pas temps!

Au premier instant, Cyrille s'est trouvé surpris du thème choisi par son ami. Même s'ils ne sont pas traités selon les canons de l'art, faute pour Jérôme de connaître ceux-ci, il n'en a pas moins reconnu au premier coup d'œil saint Boris et saint Gleb. Étrange idée pour un catholique romain de peindre ces deux martyrs, patrons de la Russie, dont, il y a quelques semaines, il ignorait sans doute jusqu'à l'existence!

Boris et Gleb...

Les deux fils de saint Vladimir le Grand, que la haine de leur frère Sviatopolk avait jadis fait mettre à mort, purs et innocents, à quelque distance de Souzdal, à Kidekcha, à l'endroit même où s'élève aujourd'hui l'église dédiée à leur mémoire...

Dans le décor qui entoure les deux princes se dresse la cathédrale de la Nativité-de-la-Vierge; on aperçoit, derrière, le monastère des Saints-Côme-et-Damien, celui de Saint-Dimitri et d'autres encore. Au fond, petits mais bien visibles, le palais et l'église de Kidekcha, que Jérôme a eu le temps d'aller voir avec ses compagnons... C'est devant tout Souzdal que se tiennent, radieux, nimbés de leur auréole de lumière, les deux jeunes guerriers, dans leur robe de pourpre.

L'âme de Cyrille, soudain, s'écrie : « Blasphème! »

Mais son visage sourit.

Gleb a les traits de Cyrille, Boris ceux de Jérôme.

Mais quel est ce bruit de pas pressés dans l'allée du jardin?

C'est frère Thomas, le visage mangé de barbe et la robe encore maculée de la poussière de la route.

« Bonjour, mes frères. Ah, frère Jérôme, je vois avec plaisir que tu es rétabli!

– Frère Thomas, te voici déjà revenu?

– Nous sommes tous revenus, mon frère, il n'y a pas une heure que nous sommes arrivés au monastère et frère Julien m'envoie m'enquérir de ta santé. »

Thomas reste interdit, ouvrant tout grands les yeux.

« C'est toi qui as fait ça? » interroge-t-il regardant le tableau posé sur les genoux de Jérôme.

Le sourire silencieux et modeste du jeune homme lui paraissant un aveu suffisant, le moine à la taille replète, qui n'a jamais su tenir un pinceau de sa vie, considère un instant son jeune compagnon comme s'il avait accompli un miracle.

« Ton temps a été plus utilement passé que le nôtre.

– Qu'est-il arrivé?

– Tu vas le savoir. Frère Julien te fait dire de nous rejoindre, puisque te voilà guéri. »

Une longue flamme s'élève de la chandelle jaune. L'higoumène Anastase a fait porter aux frères un cierge de pure cire d'abeille réservé d'habitude aux offices.

Quatre visages, tendus, se penchent vers la lumière.

Il fait nuit à Souzdal.

La flamme, fragile et belle, attire à fleur de corps les âmes angoissées qui profitent de l'ombre pour ne plus se cacher.

Les longs plis tristes tordant les minces lèvres de frère Nicolas en une moue amère deviennent, jeu des ombres, de profondes ravines.

Jérôme, seul imberbe, semble un adolescent languissant de phtisie. Telle la bougie qui brûle, il paraît fait de cire.

Broussaille de la barbe ou cernes de fatigue? La rondeur de Thomas, elle-même, paraît fondue, réfugiée, par endroits, en bouffissures malsaines.

« C'est bien, Jérôme, je te l'accorde. Il en sera fait ainsi. Mais, de grâce, prends bien soin de toi! »

La mâchoire carrée appuyée sur le dos de la main, le regard si proche de la flamme que l'on croit voir danser, dans ses yeux, son reflet, frère Julien annonce, sur un ton paternel, sa décision finale.

« Oui, frère, prends bien soin de toi. Et n'attends pas pour revenir que les Tatars t'aient coupé la route, si le Seigneur les autorise à poursuivre leurs desseins.

– Nous connaissons et nous louons ton courage, frère, mais ne laisse point l'enthousiasme de ta jeunesse égarer ta raison. Si, ce qu'à Dieu ne plaise, les Tatars envahissaient le pays de Souzdal, veille bien à partir à temps! »

Thomas et Nicolas, à leur tour, prêchent la prudence à leur jeune compagnon.

Jérôme, les yeux baissés, sourit timidement.

Quelle journée, Seigneur, pour un convalescent!

Il avait rejoint pour le repas de midi ses frères arrivés en fin de matinée, qui lui avaient décrit Nijni-Novgorod et sa chape d'angoisse. Là-bas, jour après jour, interrogeant les réfugiés, les moines, les soldats, Julien avait noirci de sa fine écriture le parchemin qu'il déroule ce soir au pied du chandelier de fer.

À peine avait-on quitté le réfectoire qu'un officier se présenta, escorté de deux gardes et du vicaire Euthyme, l'économe du monastère.

On attendait les quatre missionnaires, sans délai, au kremlin de la ville.

Que leur y voulait-on?

Si quelques hommes comme le vieil Anastase n'ont témoigné pour eux que des sentiments fraternels, c'est un accueil plus mitigé que leur ont réservé, civiles autant qu'ecclésiastiques, les autorités russes. Le zèle des moines catholiques inspire de la méfiance. Dès leur arrivée à Souzdal, les frères ont dû promettre au représentant du grand-prince Youri de n'entreprendre aucune tentative de conversion à la religion romaine sur les réfugiés mordves installés dans la ville ou sur ses abords.

On ne saurait rien leur reprocher à cet égard. Ce n'était qu'en Grande Hongrie qu'ils entendaient prêcher.

Alors? Des nouvelles de leurs frères de Riazan, peut-être?

Trop zélés, justement, les missionnaires de l'expédition précédente, partis l'année d'avant, sur le sort desquels on s'inquiétait alors que leur courrier n'avait tout simplement jamais atteint les bords du Danube, ont été chassés de Souzdal, se réfugiant à Riazan. Mais ils ne sont plus que deux, cherchant désespérément la trace de leurs compagnons, partis en avant évangéliser les Mordves et qui, depuis des mois, n'ont à leur tour plus donné signe de vie.

Qu'avait-on donc à leur annoncer de si urgent, au kremlin?

L'économe Euthyme s'était penché à l'oreille de Julien. Grave, le missionnaire s'était tourné vers ses compagnons.

« Le grand-prince Youri est à Souzdal et nous demande! »

On se hâta le long de la Kamenka. Passé les remparts de la citadelle, on traversa la cour du palais où allaient et venaient des soldats en armes. Sous la conduite d'un dignitaire dont la cuirasse décorée annonçait le haut rang, on gravit prestement l'escalier jusqu'à ce qu'une porte s'ouvrît sur une grande salle aux basses voûtes blanches.

Autour de la longue table, debout, guerriers et prêtres tournèrent alors leurs regards vers les moines romains. Assis au haut bout, le menton volontaire, le regard impérieux, dans une robe précieuse, un homme les observait, silencieux.

C'est alors qu'ils les virent. Terribles. Debout, chargés de chaînes.

Quels visages effrayants! Cette peau cuivrée, ces yeux noirs en amande dans lesquels on ne lisait rien, ces hautes pommettes striées chacune de trois cicatrices courtes et parallèles, ces longs cheveux poisseux qui tombaient en tresses de leur crâne à demi rasé...

Et cette odeur repoussante...

Youri Vsevolodovitch sourit, eut quelques mots aimables. Soudain, devenant plus grave :

« Il est grand temps pour vous, mes frères, de reprendre la route de Hongrie. »

Il tendit un rouleau à l'homme qui se tenait debout derrière lui, vêtu d'une fine chemise russe mais aux traits évoquant, adoucis, civilisés, en somme, ceux des deux barbares enchaînés. Un Polovtse, peut-être, car c'est avec une haine à peine contenue qu'il les considérait...

Très lentement, l'homme traduisit le texte qu'il avait sous les yeux, dans un hongrois heurté, ânonnant, mais enfin... en hongrois :

« Moi, le Qaghan, envoyé du Roi des cieux... »

Les quatre moines s'entre-regardèrent.

Ces deux sinistres messagers, que les soldats du grand-prince ont arrêtés, galopant dans la plaine, portaient une lettre. Une lettre pour le roi Béla.

Les Tatars n'étaient pas encore entrés en Russie que leur chef adressait déjà un ultimatum au roi de Hongrie!

Julien se souvint de l'homme jadis rencontré en Grande Hongrie, qui lui avait annoncé que les Tatars allaient se mettre en route pour conquérir l'empire d'Allemagne.

Ce soir, après tout ce qu'il a vu et entendu ces dernières semaines, sa conviction est faite. Ce ne sont pas là de simples barbares comme les Coumans ou jadis les Pétchénègues, qui les uns et les autres avaient pourtant été pour les Russes et les Hongrois des adversaires redoutables. Il pressent une terrible menace. Le nom d'Attila lui vient à nouveau à l'esprit.

Cette fois, il faut, de toute urgence, alerter le roi Béla et le Pape Grégoire!

Youri s'est fait apaisant.

« Prévenez votre roi, car les Tatars ont déjà maintes fois défait les Polovtses, que vous appelez Coumans, et ils pourraient, en contournant les principautés russes et en traversant leurs terres, venir jusqu'aux frontières de son royaume. Qu'il se prépare à les y battre, comme ses ancêtres ont jadis battu les Polovtses. Mais dites-lui que, si les Tatars poussent l'audace jusqu'à entrer en Souzdalie, il n'aura pas besoin de rassembler son armée! Le grand-prince de Vladimir saura traiter ces gens comme il convient. »

Et Youri toisa, méprisant, les deux prisonniers au regard insondable.

L'higoumène Anastase a fait porter aux frères un cierge de pure cire d'abeille, car il faut bien cela pour écrire à un roi.

Julien, cette nuit, va rédiger un rapport qu'il remettra lui-même à Béla, et, demain, il ira à nouveau interroger les prisonniers tatars.

Mais quel est son devoir?

Puisque la Grande Hongrie a disparu, et avec elle le but de sa mission, il devrait sans doute rentrer sans délai sur les bords du Danube pour porter lui-même au souverain les terribles nouvelles.

Ne doit-il pas plutôt, renvoyant ses frères avec son message, demeurer à Souzdal pour suivre les événements et pouvoir continuer ainsi à informer le Pontife et le roi?

Lorsqu'il y a quelques instants il a annoncé qu'il allait demeurer, Thomas et Nicolas se sont sur le coup récriés : ils ont fait leur devoir, ils doivent tous rentrer. Leur frère rendra mieux service à Strigonium ou à Rome que perdu à Souzdal.

Mais ils se sont vite inclinés.

Le vœu d'obéissance...

Celui-là même que Julien avait opposé à Jérôme lorsqu'il avait voulu, malade, prendre la route de Nijni-Novgorod

Le jeune homme, justement, n'entendait pas cette fois s'incliner si vite. Oui, Julien rendra mieux service à l'Église et au roi à Strigonium ou à Rome, et s'il faut que l'un d'eux reste pour informer demain et l'Église et le roi, que ce soit lui, Jérôme, à qui Dieu n'a pas permis d'aller jusqu'au bord de l'Ethyl.

Julien a hésité.

Jérôme a insisté. Quoi, si Dieu a voulu qu'il se repose ici et rétablisse sa santé éprouvée par le voyage tandis que ses compagnons continuaient à en affronter les fatigues, n'est-ce point qu'Il le destine à une mission particulière?

« Allez parler au Saint-Père et au roi, mon frère. Je resterai à Souzdal! »

Julien vient de céder.

« Prends bien soin de toi... Nous connaissons et nous louons ton courage... »

Devant les mots d'amitié de ses frères, qui louent son dévouement, les yeux modestement baissés, Jérôme a un peu honte.

Son dévouement est bien réel. Mais l'aurait-il manifesté si fort s'il ne s'était doublé d'un autre désir?

D'un désir tout égoïste.

Demeurer plus longtemps auprès de son ami Cyrille, pour découvrir avec lui l'art des icônes.

CORTENUOVA
L'an du Seigneur 1237, le samedi 28 novembre, fête de saint Étienne le Jeune

Pour courir plus vite ils ont jeté leurs armes.

Ils s'enfuient, affolés, le long du chemin.

Courez, courez, misérables.

Vous êtes perdus.

Edouard connaît bien le grondement qui s'approche. N'est-il pas chevalier?

Il s'aplatit autant qu'il le peut auprès du corps pantelant de maître Bardolo, gravement blessé au ventre.

Passer pour mort, c'est la seule sauvegarde!

Labourant la boue de novembre, le galop des lourds destriers projette des mottes de terre molle sur les deux corps gisant sur le bas-côté...

La cavalcade a tôt fait de rattraper à l'orée de la clairière le groupe hors d'haleine des piétons [1] lombards.

La mêlée est brève.

Le temps de quelques hurlements de terreur et d'agonie...

Leur œuvre achevée, les cavaliers, sans hâte, se regroupent sur le chemin.

À faible distance d'Edouard, qui garde un œil ouvert sur la scène, leur chef, paré comme s'il devait jouter devant les dames, immobilise sa haute et jeune monture houssée de bleu, à la musculature épaisse et nerveuse à la fois, piaffante comme un étalon arabe. Redressant fièrement sa puissante stature, il rejette en arrière, d'un geste souverain, son manteau écarlate.

Un dragon vert et or, la gueule rouge grimaçant de tous ses longs crocs blancs, s'accroche de ses griffes à l'acier du grand heaume au poli de miroir. Le cylindre luisant tourne lentement et de droite et de gauche. Derrière les fentes noires perçant la barre dorée d'une croix rivetée d'argent, un regard invisible se délecte un moment de la vue du massacre. Sur la housse du destrier, sur le bouclier oblong, sur la cotte d'armes bleue galonnée d'écarlate que l'homme a enfilée sur son haubert de mailles au semis de vermeil, le même monstre à gueule rouge crache sa flamme d'or.

Mailles d'un superbe acier, d'ailleurs, tout comme l'épée qu'il porte à son ceinturon de grand prix, et la hache, rouge de sang lombard, qu'il tient dans sa main droite!

Terrible image de puissance!

Surtout quand on a le nez dans la boue!

Derrière un écuyer portant haut une flamme où ondule le dragon, les autres cavaliers, à l'armure plus discrète, n'ont pas moins fière allure.

Ce sont des Allemands. Les Italiens ne sont pas si lourdement équipés.

Maître Bardolo gémit.

Vont-ils l'entendre? Vont-ils venir parfaire leur ouvrage?

L'œil d'Edouard s'est refermé.

1. Fantassins.

Que le temps est long...

Enfin, sur un ordre tombé du cylindre d'acier, ils vont, au petit trot, se perdre dans la brume.

Edouard, se relevant, tire précipitamment le blessé à l'abri d'un fourré, à l'écart du chemin.

Fourrier de l'armée milanaise, le marchand vénitien avait tenu à s'assurer que l'intendance ne ferait pas défaut aux Lombards qui s'apprêtaient à résister à l'Empereur. Ce soin particulier qu'il mettait à tenir tous ses engagements l'aura cette fois perdu.

La bataille de la veille et la débâcle de la nuit ont ruiné les espoirs de Milan et de ses alliés.

Avec ses quinze mille soldats, chevaliers germaniques, toscans ou siciliens, archers sarrasins venus de l'Apulie, cavaliers et piétons des villes italiennes fidèles à l'Empire, Frédéric, après avoir ravagé la région de Brescia, a su par une habile manœuvre attirer dans un piège l'armée de la Ligue des cités lombardes.

Taillés en pièces par les charges massives des chevaliers allemands, assaillis de tous côtés par les colonnes impériales dans un affolant tintamarre de trompes sarrasines, effrayés par la vue de l'énorme éléphant qui de la tour de bois dressée sur son échine élevait jusqu'au ciel les bannières de César, les Lombards ont évacué dans la panique, tout le soir et toute la nuit durant, la ville de Cortenuova. Sous les volées de flèches tombant dru comme pluie, milices populaires débandées, condottieri vaincus rameutant comme ils peuvent leurs derniers mercenaires cherchent, toute honte bue, leur salut dans la fuite, laissant sur le terrain tentes, bagages et armes.

Ce matin, avant le jour, ils ont – humiliation suprême! – abandonné aux mains de l'Empereur le *carroccio* d'or, le char porte-bannière traîné par des bœufs blancs, avec son autel surmonté de cierges, de reliques et d'une croix étincelante, dont Milan était si fier.

Dès les premières lueurs de cette aube de novembre a commencé la curée. Qui dira le nombre des morts et des blessés qui agonisent sur la route de Milan?

« À boire... Donne-moi à boire...

– Messire je ne peux pas, vous êtes blessé au ventre. »

La conscience revient dans le regard fiévreux de maître Bardolo. La bave coulant sur sa barbe grise, il contemple un instant son ventre ensanglanté, que le tranchant rageur d'une épée toscane a laissé béant.

Il râle sourdement, longuement.

Il râle... Il souffre... Il n'est rien de pis qu'une blessure au ventre...

Il se fait peu à peu à l'idée de la mort.

Edouard regarde agoniser ce marchand bourru, mais brave homme, qui l'a honnêtement employé deux années durant, et qu'il a servi avec conscience dans les cités de Lombardie.

La chance qui l'accompagnait depuis son arrivée sur le continent l'a-t-elle quitté cette nuit, sur les bords de l'Oglio?

La brume se lève-t-elle sur une nouvelle vie?

« Je suis mort, Edouard...

– Pas encore, messire

– Je suis mort. Écoute-moi... »

La voix est faible, le jeune homme approche son oreille de la bouche tremblante.

« Tu as été un commissionnaire fidèle... fidèle et efficace... Tu vas me rendre... un dernier service... Promets-moi... Tu ne regretteras pas...

– Parlez, messire.

– C'est ma dernière volonté... Promets-moi !

– Vous avez ma parole.

– Je ne veux pas... rester ici comme un chien, avec tous ces cadavres... qu'on brûlera demain... »

Un râle.

« Je veux... reposer à Venise, près des miens... dans le caveau qui m'attend au couvent des Saints-Apôtres... à qui j'ai fait tant de dons... aux côtés d'Elvire... ma pauvre chère épouse... Ramène mon corps... à Venise !

– Je le ferai, messire.

– Tu trouveras dans ma sacoche... plus qu'il n'en faut pour payer le voyage... Mais toi tu auras plus... bien plus... Va voir Enrico, mon intendant... Il te donnera la récompense que tu auras méritée... Et il t'aidera à t'employer... »

La main du marchand s'agite... Sa voix faiblit...

« Ma sacoche... Ouvre-la... Je vais écrire à Enrico... Il ne discutera pas... Il y a un étui en cuir... Là, c'est ça... Sors le carnet et le crayon... »

Sa cuisse faisant office de pupitre, Edouard approche le carnet du visage du Vénitien.

Dans un ultime effort, pressant entre ses doigts son crayon de plomb, gémissant entre ses dents serrées, Nicolo Bardolo, en pleurant de douleur, trace, péniblement, quelques lignes.

Son bras retombe, épuisé.

« Tu présenteras cela à Enrico... quand tu lui remettras mon corps. »

Il ferme un instant les paupières, contractant la mâchoire, puis, regardant Edouard droit dans les yeux :

« Tire ton poignard ! »

L'Anglais, surpris, s'exécute.

« Achève-moi, Edouard... »

Les deux hommes se regardent en silence.

« Edouard, pour l'amour de Dieu... »

Alors, comme autrefois en Terre sainte on faisait des mourants à la fin des batailles, le jeune homme tranche, rapide et précis, la gorge du vieux marchand.

LE LÉGAT

L'an du Seigneur 1237, le lundi 30 novembre, fête de l'apôtre André

Dans son palais de Strigonium, le bras appuyé sur une colonne de la fenêtre géminée, au délicat chapiteau de fleurs et de feuillages, Béla laisse distraitement son regard errer sur le grand fleuve où s'abandonne au fil de l'eau un convoi de chalands. C'est à peine s'il les voit, à peine s'il a conscience du tressaillement nerveux qui lui étire par instants la bouche du côté droit.

« Que faut-il en penser, sire? »

Le regard royal balaie lentement, sur l'autre rive, les paisibles champs de Slovaquie vêtus de leur manteau d'automne.

Se peut-il que cette paix soit si cruellement menacée?

« Vous connaissez autant que moi la réputation du frère Julien, sire légat. Le Saint-Père en personne l'a fait venir à Rome pour entendre de vive voix le récit de sa première mission. Ce n'est point un homme à qui l'on peut aisément en faire accroire! »

Le roi de Hongrie, repoussant la croisée, se tourne vers la pièce. Près de la cheminée où flambe un grand feu, caressant sans y prendre garde Hestia, la petite levrette anglaise de la reine Marie, siège – en compagnie du vieil archevêque primat Robert – monseigneur Salvio Salvi, évêque de Pérouse, légat du Siège apostolique au royaume de saint Étienne. Il est venu solliciter l'avis du souverain au sujet d'une inquiétante missive que le frère Julien, récemment rentré en Hongrie, vient de lui faire parvenir.

Selon le missionnaire, qui donne force détails, un effrayant danger pèse sur le royaume : dans les confins du monde un peuple mystérieux a levé une gigantesque armée et marche vers l'Ouest. Au pays de Rous – paraît-il –, on nomme ces gens Tartares [1]...

Surgissant d'un pays inconnu que l'on appelle Cathay [2], leur prince – Gurgutam selon les uns, Gingiscam selon les autres – a poursuivi de sa vengeance un soudan infidèle, maître d'un vaste empire, qui l'avait insulté. De là, il marcha sur le pays des Perses, qu'il subjugua en totalité. Ayant ainsi éprouvé sa force, son audace excitée par toutes ces victoires, il entreprit alors de conquérir tous les royaumes de la terre.

Les Tartares vinrent d'abord écraser les Coumans et la Grande Hongrie. En Grande Bulgarie, ils n'ont laissé debout aucune ville, massacrant les populations avec une férocité inconnue. Trois armées au moins marchent vers l'Occident.

Se déplaçant avec une étonnante rapidité, ils ont pris position, tels des fauves à l'affût, près de Souzdal et Riazan. Le grand-prince de Vladimirie se fait fort de les repousser, mais les réfugiés de Grande Hongrie ou de Grande Bulgarie ne sont pas loin d'avoir fait partager à Julien leur certitude : cet hiver, chevauchant sur les terres, les fleuves et les marais gelés, l'infinie multitude des Tartares submergera la Russie.

Qui sont ces féroces envahisseurs? Qui les envoie?

Sont-ce les fils d'Ismaël? Ou bien les Madianites, vaincus par Gédéon?

Aujourd'hui, le duc Gurgutam est mort, mais, dans un immense palais aux portes dorées, son fils, le Caan, trône sur un grand lit de parade tout tapissé d'or et de pierres précieuses. Ses immenses armées se gonflent avec le temps de la foule des vaincus, que ses généraux obligent par la terreur à se battre pour eux.

À tous ces récits qu'il a faits au roi et au légat, le Dominicain a joint une lettre comminatoire, interceptée par les Russes, que le prince des barbares ose adresser à Béla. Sur le chemin du retour il l'a fait traduire en bon latin par un

1. Déformation de « Tatars », qui sera adoptée par les Occidentaux pour désigner les Mongols.

2. Déformation de Khitaï, nom donné à la Chine du Nord.

Couman qui possédait à la fois cette langue et celle des Tartares. Le prince Georges de Vladimirie [1] en personne a demandé au missionnaire de la transmettre à son souverain : ne lui avait-on pas rapporté que, de jour comme de nuit, le Caan et ses ducs tenaient déjà conseil sur la manière de vaincre et de conquérir le royaume de Hongrie?

On dit qu'ils se proposent de venir jusqu'à Rome et même au-delà!

Forfanterie de barbares?

Ce n'est pas l'avis de frère Julien...

Arpentant lentement la pièce, le roi poursuit, tordant par instants la bouche et se caressant sa barbe :

« Je tiens prête une lettre pour l'Empereur Frédéric. Ma chancellerie va aviser le duc d'Autriche et le patriarche Berthold, mon oncle, à Aquilée; je ferai aussi écrire au prince de Pologne. »

Béla connaît presque par cœur le message que le mystérieux Caan des Tartares a eu l'audace de lui adresser.

« Moi, le Caan, envoyé du Roi des cieux qui m'a donné sur toute la terre le pouvoir d'élever ceux qui me rendent hommage et d'abaisser ceux qui me résistent, je m'étonne, roi de Hongrie, alors que je t'ai déjà envoyé par trente fois des ambassadeurs, que tu ne leur aies rien répondu et ne m'aies pas non plus fait parvenir d'ambassade ni de lettres.

« Je sais que tu es un roi riche et puissant. Tu as sous tes ordres de nombreux soldats et tu es le seul maître d'un grand royaume. Voilà pourquoi tu ne te soumets pas aisément à moi de ton plein gré.

« Comme il serait pourtant bien préférable et plus sûr pour toi de me rendre spontanément hommage!

« J'ai appris en outre que tu tiens sous ta protection mes esclaves coumans. Je t'enjoins dès lors de ne pas les garder auprès de toi plus avant si tu ne veux pas m'avoir comme ennemi! Songe qu'il leur est bien plus facile de s'échapper qu'à toi, car, n'ayant pas de maisons, ils peuvent fuir avec des tentes mobiles! Mais toi qui habites des palais, qui possèdes villes et châteaux, comment échapperas-tu à mon courroux? »

Trente ambassades! De quoi parle ce barbare? Béla n'en a jamais reçu une seule! Quant aux Coumans qui, pliant sous les coups des envahisseurs, se réfugient peu à peu à l'ombre de la double croix de Hongrie, peut-il les abandonner à leur mystérieux ennemi, lui qui s'est proclamé leur roi?

Béla marque un silence.

Tartare... C'est le nom dont les anciens désignaient les Enfers...

N'est-ce qu'une coïncidence?

Revenant près de la fenêtre, ouvrant à nouveau la croisée pour respirer la fraîcheur de l'automne, il reste un instant silencieux, contemplant le Danube.

Il y a longtemps, bien longtemps, quand Rome était encore païenne, du haut de cette même citadelle, l'Empereur Marc-Aurèle, venu ici défendre la civilisation que menaçaient de toutes parts les barbares, tandis qu'il écrivait entre deux combats des livres de philosophie, voyait, tournant la tête, les mêmes champs et le même fleuve...

Se peut-il que leur paix soit si cruellement menacée?

Le roi se tourne lentement vers l'évêque de Pérouse.

---

1. Youri de Vladimir.

« Mandez au Saint-Père Grégoire, seigneur légat, qu'un immense péril menace le peuple chrétien, comme il ne s'en vit point depuis le temps du saint Pape Léon et du roi Attila ! »

CRÉMONE
L'an du Seigneur 1237, le mardi 1er décembre, fête de saint Ansan

Parées des aigles de Souabe, claquant au vent, dans les sonneries triomphantes des cors, trompettes, timbales et buccins, que martèle le roulement incessant des tambours de victoire, les oriflammes impériales précédent l'immense cortège.

Dans Crémone la fidèle, César célèbre son triomphe.

La foule enchaînée des captifs fait le tour de la ville. Mille chevaliers, trois mille hommes de pied sont prisonniers de l'Empereur.

Traîné devant eux, à la suite du vainqueur, le chef de l'armée ennemie lui-même, Pietro Tiepolo, podestat de Milan et propre fils du doge de Venise, le dos lié à la hampe brisée de la bannière, inclinée jusqu'à terre, du carroccio milanais...

Le peuple en délire acclame le somptueux trophée de victoire, tiré par l'éléphant qu'offrit à l'Empereur le soudan de Babylone, aux flancs recouverts d'un drap d'or où se déploient orgueilleusement les ailes noires du grand aigle vainqueur. De la tour fixée sur son dos, les joueurs de trompettes proclament à tous les vents le triomphe d'Auguste.

Des centaines de prisonniers, ployant sous leur fardeau, portent sur leurs épaules les plus belles pièces de l'énorme butin abandonné par la Ligue dans les champs de Cortenuova.

Imperator invictus!	Empereur invaincu!
Felix Victor	Heureux Vainqueur
ac Triumphator!	et Triomphateur!
Divus Caesar Augustus!	Divin César Auguste!

Resurgis du fond des âges, les vieux titres de gloire reviennent spontanément aux lèvres des chevaliers, des capitaines, des officiers, rayonnants de fierté, tout tremblants d'émotion, qui se pressent aux côtés du maître, superbe et triomphant, dans son armure dorée, incarnation humaine de l'oiseau roi frappant son long manteau et armoriant les housses de son orgueilleux palefroi.

Frédéric a abandonné le lourd heaume de bataille pour un casque de parade cerclé d'un diadème dont les pierreries brillent sous le soleil de décembre.

Sur sa cotte d'armes resplendissent de majesté les trois lions d'or léopardés sur fond de gueules [1] qu'il s'est choisis pour armes personnelles.

1. Sur fond rouge, en héraldique.

Ezzelino da Romano et Gebhard von Arnstein, ses lieutenants fidèles, rugissant presque de joie, s'avancent, en grand appareil, le casque serré sous le bras gauche, transfigurés par cet instant de gloire. L'Allemand mince et blond, sa peau pâle tendue par l'exaltation, l'Italien trapu et basané, ses lourdes lèvres gonflées d'orgueil, ses poings d'ours refermés sur une formidable énergie...

Alors d'un même geste, sans s'être concertés, bras et main tendus à se rompre, ils honorent le maître du vieux salut romain.

Et d'une même voix :

«Ave, Caesar!»

Les imitent aussitôt, ange et démon unis pour la même cause, le bel Enzio, fils naturel du Souverain, gracieux adolescent au sourire éclatant, le visage encadré de longues boucles blondes, et, un rictus de joie fendant sa barbe épaisse aux poils d'un noir de jais, son œil unique brillant comme un charbon ardent, le marquis Uberto Pallavicino, dont jadis au berceau un coq vint picorer la face.

Dix bras, cent bras se tendent : la cohorte des capitaines et des officiers, revenue douze siècles en arrière, hurle sa vénération pour l'Empereur des Romains.

«Ave, Caesar!» «Salut, César!»

Frédéric, le regard serein, mais frémissant de tous ses membres, suivi de sa flamboyante escorte, précédant l'étendard de la croix haut brandi par un escadron de chevaliers Teutoniques, lance son cheval au trot sur le front des troupes, alignées pour une dernière parade sous les murs de Crémone.

Par centaines, par milliers, les bras italiens se tendent.

«Ave, Caesar!»

Deux mille chevaliers allemands, cuirassés de fer, dressant vers le ciel leurs mains gantées de mailles, répondent en écho :

«Heil dem Kaiser!» «Salut à César!»

Pressé par les éperons d'or, le trot majestueux du grand palefroi s'accélère. Le visage vibrant d'une joie contenue a pris la noblesse d'un marbre antique, le regard d'azur, fixe, métallique, insondable, semble à peine voir la mer d'adorateurs, la forêt de bras levés.

«Ave» *«Heil»*

«Ave» *«Heil»*

«Ave» *«Heil»*

«Caesar!»

Il ne reste à Milan qu'à implorer la paix! Plus d'ennemis!

Que le Pontife romain abandonne enfin ses préventions jalouses, et c'est à Rome, au pied du Capitole, que César ressuscité célébrera son triomphe!

Demain, sans plus attendre, avec sa proclamation de victoire, il enverra ses trophées au Sénat et au peuple de Rome, comme le faisaient ses prédécesseurs de jadis.

Plus rien désormais ne s'oppose à la réalisation du plan grandiose que Frédéric a conçu pour son royaume d'Italie [1] : plus de cités indépendantes et égoïstes, plus de seigneuries anarchiques et batailleuses. À l'image des justiciaires de Sicile, à l'image des préfets de l'ancienne Rome, il nommera pour chaque province un vicaire général, choisi, muté, révoqué par lui seul, dont l'administration, surveillée par lui-même, fera enfin régner la Justice et la Raison.

Plus rien désormais ne s'oppose au grand rêve qui l'habite depuis cette journée d'il y a vingt-deux ans où, dans la cathédrale d'Aix-la-Chapelle, devant la châsse d'or de Charlemagne, il ceignit la couronne impériale.

Chasser pour toujours les ténèbres des temps barbares!

Restaurer l'Empire romain dans la splendeur de ses lois!

Frédéric arrête sa monture, faisant face à ses troupes; contemplant la multitude des visages, son regard se pose sur quatre cavaliers que le hasard – mais est-ce bien le hasard? – a placés côte à côte : auprès de deux émirs arabes de sa garde personnelle se tiennent deux chevaliers Porte-Glaive venus de Riga, dans la lointaine Livonie, sur ordre de Hermann von Salza, leur grand maître.

Caressant de l'index sa lèvre supérieure, l'Empereur considère un long moment ce symbole... Sous les aigles romaines, l'Orient et le Septentrion venus servir César...

Les confins du monde connu...

Alors tous ceux qui vivent, exaltés, ce moment de grandeur, fascinés par la puissance qu'irradie le cavalier aux aigles et aux lions, emplis d'une admiration si intense qu'elle en devient inquiète, ne trouvent que deux mots pour qualifier cet homme :

Dominus mundi!
Le Maître du monde!

LE SULTAN D'ÉGYPTE
L'an 635 de l'hégire, le douzième jour du deuxième mois de Rabi [2]

«Allah ul'akbar...» « Dieu est grand... »

Des minarets d'al-Qahirah [3], des mosquées d'al-Fustat [4], s'élève l'appel à la prière...

1. Constitué par l'Italie du Nord, jusqu'aux États de l'Église.
2. 2 décembre 1237.
3. Le Caire.
4. Le Vieux-Caire.

Le triangle blanc de leur voile incliné sous le vent, silencieuses, les felouques glissent sur les eaux bleues du Nil.

Dans la lumière aux couleurs d'arc-en-ciel tombant des fenêtres de stuc ajouré garnies de verres multicolores, vêtu d'une ample robe blanche ourlée d'une broderie d'or, les épaules couvertes d'un long manteau noir liséré d'argent, le turban orné d'une boucle d'émeraude et de rubis, un homme à la barbe grise reste un instant accroupi sur le tapis de prière qui dessine sous ses genoux tout un jardin de soie.

Sa bouche, ce matin, se plisse d'amertume.

Il se sent las, aujourd'hui.

Demain il va falloir repartir pour Damas, combattre al-Salih Ismaïl, son frère rebelle et la coalition des princes syriens jaloux de sa puissance!

La guerre, toujours la guerre...

Et les peuples aveugles envient le destin des sultans!

Non, depuis vingt ans qu'il règne, cela n'a pas été de tout repos de gouverner l'empire de son oncle Youssouf [1], des cataractes du Nil aux montagnes du Kurdistan!

Querelles de famille, complots des princes syriens, ambitions des Turcs seldjoukides, croisades des Francs...

La guerre, toujours la guerre...

La victoire a toujours accompagné ses étendards. Mais combien de temps lui faudra-t-il encore gouverner par les armes, quand la paix est si belle?

La tenture s'écarte, interrompant les pensées d'al-Malik al-Kamil. Un homme mince dont la barbe noire se parsème de quelques fils d'argent s'accroupit vivement, se prosternant devant le premier prince de l'Islam.

Al-Kamil sourit.

« Nous sommes seuls, Fakhr ed-Din, relève-toi! »

Et, se redressant lui-même lourdement, le sultan entraîne son ami sur la terrasse d'où l'on domine, du haut de la citadelle, la ville et la vallée du Nil.

Enserré dans ses remparts, le lacis des rues et des ruelles se perd entre les terrasses des hautes maisons ocre, qui tracent dans la plaine une marqueterie de pierre parsemée de larges taches de verdure : les parcs et les jardins des anciens palais fatimides. De la marqueterie émergent, par dizaines, les minarets : à l'ouest, rampe hélicoïdale de la mosquée d'ibn-Tulun, au nord, tours encore fières d'al-Azhar – la mosquée splendide, l'ancienne université chiite aujourd'hui déchue de sa grandeur passée... Les medersas l'ont remplacée, où l'on enseigne la loi de l'Islam sunnite... Mosquée de Hakim où, chaque semaine, on prononce la *khotba*, le prêche du vendredi... Minarets d'al-Aqmar ou d'al-Salih Talai, ou là-bas, plus au sud, celui d'Amr ibn al-Açi, dans l'enceinte d'al-Fustat, la ville ancienne... Forêt de minarets, humbles ou orgueilleux, témoignant de la foi de la ville capitale que, dans un mélange d'admiration et de mépris, les chrétiens appellent toujours, du nom d'un vieux fort grec, Babylone d'Égypte.

Mais, à al-Fustat ou al-Qahirah, il n'y a pas que des mosquées : à leurs côtés, souvenirs vivants et respectés des temps passés, églises et synagogues

1. Saladin.

demeurent en paix. Qu'il soit chrétien ou juif, un sujet d'al-Kamil a droit à la protection du sultan, tout comme un musulman!

Quand Youssouf Salahaddin, de la maison d'Ayyoub, chassant d'al-Qahirah le chiisme avec les derniers Fatimides, fit dire la prière au nom du Calife de Bagdad, il ordonna d'édifier sur un éperon, au flanc des monts Muqattam qui dominent la ville, une puissante citadelle d'où les sultans sunnites pourraient surveiller la cité chiite. Abandonnant les voluptueuses demeures des Califes fatimides, il ordonna de dresser son palais au cœur même de la forteresse, qu'il avait faite semblable aux redoutables châteaux construits en Syrie par les Francs.

Soixante années se sont écoulées depuis et le sage gouvernement des sultans ayyoubides n'a pas fait regretter aux Cairotes l'anarchie des derniers temps de l'ancienne dynastie. Al-Malik al-Kamil est juste et pacifique; il ne craint pas ses sujets. Mais il est politique, c'est-à-dire prudent. Il réside à l'abri des remparts de la citadelle, et derrière les créneaux aux formes arrondies, pierrières et catapultes alignées, leurs boulets de pierre soigneusement empilés, restent prêtes à bombarder la ville, si quelque agitateur venait un jour à échauffer le peuple et à le soulever...

« Quelles nouvelles amènes-tu aujourd'hui, Fakhr ed-Din?

– Je viens t'entretenir, si tu le permets, de l'ambassade que les ismaéliens nous ont suggérée, et aussi... »

Ménageant une légère pause en tirant de son manteau un long rouleau de parchemin, l'émir poursuit :

« ... je viens t'apporter une lettre de l'Empereur. »

Un éclair de bonheur illumine un instant les traits fatigués du sultan. L'émir, souriant à son tour, lui tend la missive que, s'accoudant à la balustrade, al-Kamil déroule aussitôt.

Une lettre de Frédéric...

Lorsque dans son palais d'al-Qahirah, lorsque dans sa tente de commandement sur les bords de l'Euphrate, le poids du pouvoir pèse plus lourd qu'à l'habitude sur les épaules du premier des princes musulmans, celui-ci ne reçoit rien avec plus de joie qu'une lettre de son ami, l'Empereur des chrétiens.

Tout comme là-bas, sur les rives du Rhin ou sur les bords du Pô, dans ses palais de Sicile ou ses châteaux de Souabe, quand il vient à douter de la nature humaine, le premier des souverains chrétiens ne trouve pas de meilleur réconfort qu'une lettre de son ami, le sultan d'Égypte.

Par-delà l'agitation des hommes qui, sous eux, près d'eux, contre eux, forts de leurs certitudes, faibles de leurs passions, tâtonnent dans leur nuit, l'Empereur et le sultan parlent de philosophie ou de mathématiques, d'astronomie ou de poésie, de Dieu et de la nature des êtres.

Des mystères du monde, enfin!

Ainsi, eux qui sont au sommet de la pyramide humaine oublient, le temps d'une lettre, les jeux de la politique et de la guerre, portant ensemble leurs yeux vers le trop proche horizon qui cache à l'humanité d'où elle vient, et où elle va.

Abolissant les distances et traversant les mers, leurs esprits, pour un instant réunis, méditent ensemble sur ce qui est au-delà...

Devant la châsse de Charlemagne, à Aix-la-Chapelle, le jeune Frédéric s'était engagé lors de son couronnement à prendre la croix afin de chasser les musulmans d'al-Qods, que les chrétiens appellent Jérusalem. Mais, les années passant, l'Empereur avait perdu toute envie de combattre les Arabes qu'étant roi de Sicile il avait appris à connaître mieux que tout autre chrétien. On lui avait dit qu'à Babylone d'Égypte régnait un souverain éclairé. Ne pourrait-il s'entendre avec lui sur le sort de la Ville sainte ? Le Pape, pourtant, exigea qu'il partît.

Quand il avait appris que Frédéric irait en Palestine, al-Kamil, contraint à la guerre contre son frère al-Muazzam, souverain de Damas, s'était demandé s'il n'était pas possible de s'accorder avec cet empereur que l'on disait si admiratif de l'Islam. Ne pourrait-il l'aider à amener son frère à la paix, en échange d'un accord sur al-Qods ? Plutôt que de s'engager dans une longue guerre, ne pourrait-on à la fois rétablir la paix dans l'ancien empire de Youssouf et l'établir, enfin, entre musulmans et chrétiens ?

Les ambassadeurs avaient pris la mer.

Et les deux souverains s'étaient découverts tels qu'ils s'étaient rêvés.

À l'intérêt commun s'était ajoutée l'amitié.

Mais l'Empereur avait trop tardé à s'embarquer. Le Pape, qui le détestait, prit prétexte de sa lenteur pour l'excommunier !

Et, pendant ce temps-là, al-Muazzam était mort, et al-Malik al-Kamil avait pris Damas.

Quand Frédéric avait débarqué à Acre, il n'avait pas d'autre choix pour retrouver son prestige aux yeux des chrétiens que de reprendre Jérusalem.

Mais al-Kamil n'avait plus rien à gagner à laisser les chrétiens entrer dans al-Qods ; il y perdrait au contraire sa réputation aux yeux des musulmans.

Ce serait donc la guerre ?

La solution était pourtant si simple.

Puisque al-Qods était sainte pour les juifs, les chrétiens et les musulmans, puisque le Dieu d'Ibrahim [1], d'Issa, de Mohammed, était le même Dieu, l'Unique, elle n'avait à être ni chrétienne ni musulmane.

Al-Qods devait être à tous ceux qui honoraient Dieu.

Aux trois peuples du Livre.

Ainsi pensaient les deux souverains.

Mais les hommes n'auraient pas compris. Pour eux, al-Qods ne pouvait appartenir qu'à une seule religion : la vraie – c'est-à-dire celle qu'on leur avait apprise. Et son sort ne pouvait se décider que par les armes. C'eût été trahir que de songer à négocier sans combattre !

Alors puisque, au nom de leurs religions d'amour, les hommes voulaient la guerre, leurs souverains, en soupirant, décidèrent de la leur donner.

Armés de pied en cap, au son des trompes et des tambours, chrétiens et musulmans arpentèrent la Palestine. Les chevaliers Teutoniques vinrent promener leurs sinistres heaumes noirs sous les murs des villes musulmanes ; les mamelouks vinrent faire des moulinets de leurs terribles cimeterres devant les remparts des villes chrétiennes.

Il n'était guère de jour sans qu'un discret messager quittât l'état-major égyptien de l'émir Fakhr ed-Din, ou l'état-major allemand du grand maître Hermann von Salza : les deux souverains s'informaient en secret des mouvements

1. Abraham.

de leurs troupes, afin qu'elles ne puissent jamais se rencontrer, car il aurait alors fallu livrer bataille.

Un jour les Templiers, qui n'avaient rien compris, adressèrent au sultan un message. Ils lui disaient comment prendre l'Empereur par surprise.

Et le tuer.

Les musulmans n'avaient pas d'ennemis plus redoutables que les chevaliers du Temple, gardiens de la Palestine chrétienne. Mais les chevaliers du Temple obéissaient au Pape, et le Pape Grégoire haïssait Frédéric. Plutôt que de voir Jérusalem reconquise par un excommunié, ils préféraient voir l'Empereur tomber sous les coups des Arabes.

Car telle est la logique des hommes.

Al-Malik al-Kamil annota d'une main désabusée la lettre des Templiers et la fit sur-le-champ porter à Frédéric :

« Je suis écœuré par la conduite des chevaliers du Calife des chrétiens ! »

Enfin le simulacre réussit. Les hommes, qui n'auraient pas compris qu'on ne fît point la guerre, s'effrayèrent à l'idée qu'elle allait avoir lieu.

Car telle est leur logique.

Les négociations officielles purent enfin commencer. L'émir Fakhr ed-Din, patiemment, tissa avec Frédéric la trame d'un accord. Bientôt l'Empereur et le sultan purent se rencontrer sans déchoir aux yeux de leurs sujets. Dans la tente de brocart autour de laquelle patrouillaient les chevaliers à la croix noire et les mamelouks aux turbans blancs, les lumières brillaient chaque soir jusque tard dans la nuit. Nul ne s'en étonnait, imaginant le chrétien et le musulman défendant âprement, farouchement, l'intérêt de leur foi.

Les hommes eussent été bien étonnés si on leur avait révélé que le sort de la Ville sainte était depuis longtemps réglé et que les lumières ne brillaient si tard que parce que Frédéric d'Allemagne et al-Kamil d'Égypte, ensemble, rêvaient à l'avenir...

À la cour d'al-Qahirah comme à celle de Palerme se pressaient astronomes, mathématiciens, astrologues, médecins, philosophes, poètes, juristes, grammairiens. Musulmans, juifs, chrétiens..., tous étaient bienvenus pourvu qu'ils soient savants et puissent assouvir – ne serait-ce qu'un peu – l'insatiable curiosité des deux souverains.

Durant ces inoubliables soirées de Palestine, dans la fraîcheur des soirées d'hiver adoucie par la chaleur des braseros parfumés, entre les tapis de soie réchauffant de leurs couleurs la tente galonnée de versets du Coran, on parla d'Aristote et de la course des étoiles, de la circulation du sang et de la genèse de l'Univers, de l'immortalité de l'âme et de l'éternité du monde... Et, lorsqu'on ne s'interrogeait pas sur l'application de l'algèbre à la géométrie, on improvisait des poèmes...

Le quinzième jour du premier mois de Rabi de l'an 626 [1], on signa solennellement le traité de paix, conclu pour dix années : Frédéric serait roi de Jérusalem ; il aurait Bethléem et Nazareth et un corridor jusqu'à Acre ; musulmans et chrétiens viendraient prier librement sur leurs Lieux saints ; l'Empereur protégerait les pèlerins musulmans, le sultan protégerait les pèlerins chrétiens...

La politique avait reculé devant l'amitié, le fanatisme devant la bonne volonté.

1. 11 février 1229.

Quand Frédéric rentra dans al-Qods, le patriarche Giraud, sur les ordres du Pape, refusa de couronner un excommunié.

Alors, dans l'église du Saint-Sépulcre, devant ses barons et ses chevaliers à la croix noire prosternés devant lui, l'Empereur posa lui-même sur sa tête la couronne des rois de Jérusalem.

Qu'importait la vindicte du Pape quand chrétiens et musulmans pouvaient enfin, protégés par deux puissants souverains, prier ensemble dans leur Ville sainte !

C'est l'an prochain que le traité de paix vient à échéance. Frédéric et al-Kamil le renouvelleront, bien sûr. Mais qu'en sera-t-il quand ces deux souverains ne seront plus ? Al-Kamil est sans illusion.

Ce sera la guerre.

Comme d'habitude.

Combien de temps faudra-t-il encore aux hommes pour qu'al-Qods – la Sainte – mérite enfin, pour toujours, le nom que juifs et chrétiens lui donnent : Yeru-Salem, la Cité de la Paix ?

La Paix. Le sultan a vu son visage, un jour... Ce n'est pas celui de Frédéric ni celui que lui renvoient ses miroirs. Les princes ne peuvent échapper au tourbillon des luttes de ce monde...

Non, c'est le visage du petit homme aux grands yeux purs qui vint, pieds nus, le voir au plus fort de la guerre.

En ce temps-là – c'était en l'an 616 [1] –, le cardinal Pélage, un Espagnol fou furieux envoyé par le Pape, assiégeait Dimyat [2] avec l'armée des croisés. Ignorant tout du pays, il n'en rêvait pas moins, dans son ambition aveugle, de conquérir al-Qahirah. Un jour, un petit homme vêtu comme un mendiant vint voir le cardinal.

« Monseigneur, faut-il tant de morts pour plaire à Dieu ? On m'a dit du soudan de Babylone qu'il a l'âme élevée. Concluez une trêve et allons lui enseigner la foi du Christ. Au lieu d'avancer vers lui avec nos armures d'acier, allons les mains nues lui parler le langage de Jésus, tout d'amour et de paix ! »

Dans un rugissement dont nul ne savait dire s'il était de rire ou de rage, le légat éconduisit ce pauvre moine assez faible d'esprit pour lui tenir un langage si absurde !

Le petit homme, qui dans une illumination avait quitté l'Italie pour ramener en Terre sainte la Paix de Dieu par la seule force de l'amour, partit alors à pied, avec un seul compagnon, vers le camp égyptien. Là, les gardes crurent d'abord que ces religieux chrétiens venaient parlementer et acceptèrent de les conduire au sultan. Leur jetant un coup d'œil distrait au milieu de l'agitation de son état-major, apprenant qu'ils n'étaient en fin de compte chargés d'aucun message des commandants chrétiens, celui-ci pensa avoir affaire à des déserteurs prêts à se convertir à l'Islam – il s'en trouvait souvent. Il s'apprêtait à les congédier avec de bonnes paroles lorsqu'il croisa le regard du petit moine.

« Interprète, que dit cet homme ?

– " Je viens, Seigneur, de la part de Dieu, pour faire le salut de ton âme ! " »

1. 1219.
2. Damiette.

« Il est fou! » songea le sultan. Mais dans les yeux si purs il ne vit pas de folie, il ne vit que l'amour, la bonté... et cette qualité qu'il prisait par-dessus toutes les autres : l'intelligence!

« Qui es-tu?

– Mon nom est frère François, d'Assise. »

Le petit homme eut alors un sourire si radieux que le sultan, oubliant soudain la tension de la guerre, le lui rendit, sans réserve.

D'un geste, al-Kamil fit s'écarter la foule qui l'entourait. Il donna quelques ordres. Les gardes firent reculer les moines à l'orée de la tente et, devant le sultan, des serviteurs déroulèrent un splendide tapis brodé parsemé de croix. Le moine oserait-il les piétiner?

« Approche, frère François! »

Le petit homme marcha sans hésiter, comme s'il n'avait rien vu. Puis, parvenant devant son hôte : « Comme tu le vois, j'ai marché sur ces croix. Ce sont les croix du mauvais larron. Vous pouvez les garder, si vous voulez. Nous, nous gardons la nôtre, qui est la vraie! »

Dans sa spontanéité, la réponse désarma le sultan...

Frère François devait rester plusieurs jours auprès d'al-Malik al-Kamil, lui expliquant la foi du Christ. Le souverain l'avait écouté avec attention et amitié, lui posant maintes questions. La foi du Christ, il la connaissait, bien sûr, mais la façon dont cet homme-là en parlait l'éclairait d'un jour nouveau.

D'un jour si beau...

Pourtant, si bien qu'il en parlât, en quoi cela pouvait-il changer sa foi en l'Islam?

Quoiqu'il n'en avouât rien, le petit homme semblait désappointé. Il avait mis toute son âme à prêcher le sultan, et il avait vu le sultan l'écouter avec passion. Et le sultan, pourtant, restait fermé à la foi chrétienne! Il n'avait pas prévu cela : si Dieu ne lui donnait pas la force de réussir, il s'attendait à trouver le martyre.

Il n'avait pas réussi, et, en fait de martyre, on voulait le couvrir de cadeaux dont il n'avait que faire!

Le dernier jour, regardant avec un peu d'amusement son interlocuteur, Al-Kamil conclut en lui disant, mi-ironique, mi-consolateur :

« Je me convertirais bien à votre religion qui est belle, mais à quoi bon? Nous serions massacrés tous les deux. »

Il persuada François de l'accompagner dans une mosquée, et le moine accepta, précisant qu'il y prierait pour son Dieu, qui était partout.

Le sultan le gratifia d'un sauf-conduit pour atteindre les Lieux saints et lui demanda de prier pour son âme. François promit.

Il n'accepta qu'un seul cadeau, un olifant dont il userait désormais pour rassembler ses frères.

Lorsqu'il sortit du camp égyptien pour retourner à celui des Francs, alors qu'au même moment chevaliers chrétiens et musulmans, à quelque distance de là, s'entr'égorgeaient avec fureur, les terribles mamelouks de la garde égyptienne, alignés comme à la parade dans leur plus belle tenue, leurs émirs somptueusement parés montant leurs étalons d'Arabie, sous les bannières de l'Islam qui flottaient dans le vent, saluèrent en silence, sur ordre du sultan, le petit homme aux pieds nus, en robe de bure usée.

Du seuil de sa grande tente surmontée d'un étendard vert à croissant d'or, al-Malik al-Kamil regarda partir ce moine chrétien qui l'avait tant ému. Si plein de bonté et d'intelligence soit-il, il y avait pourtant une chose que François d'Assise n'avait pu admettre : le sultan n'avait pas besoin de changer de religion !

Car ils avaient la même.

François idolâtrait le Christ ? Mais al-Kamil le vénérait !

François ne croyait pas à l'enseignement du Prophète ? Mais sans lui, dans leurs montagnes kurdes, les ancêtres d'al-Kamil auraient-ils jamais accueilli l'enseignement de Moussa et d'Issa ?

Il n'y a de dieu que Dieu. Issa et Mohammed furent Ses envoyés. Et toutes les croyances dont les hommes d'Orient et d'Occident ont entouré Allah ou Ses prophètes ne font guère qu'obscurcir cette Unique Vérité.

Dans la salle aux colonnettes d'albâtre où les deux hommes sont rentrés s'installer sur un sofa, al-Kamil, achevant sa lecture, laisse le parchemin s'enrouler de lui-même.

« Tiens, veux-tu lire toi aussi ?

– L'Empereur m'a fait l'honneur de m'écrire également. »

C'est que depuis le temps – voici douze ans déjà – où, sillonnant la Méditerranée, il menait les négociations entre la cour d'al-Qahirah et la cour de Palerme, Fakhr ed-Din, comme son maître, s'honore de l'amitié de l'Empereur Frédéric. Celui-ci l'a de sa propre épée adoubé chevalier, comme le roi Richard, au cœur de lion, a autrefois adoubé al-Kamil adolescent. Depuis lors, Fakhr ed-Din porte sur son bouclier et sur son étendard les trois lions du blason personnel de Frédéric de Hohenstaufen.

« Et qu'en est-il de cette ambassade que souhaitent tant les ismaéliens, dont tu voulais m'entretenir ?

– J'ai reçu, seigneur, un autre message. Sheikh Siradj al-Din el Muzaffar ibn al-Hussein te souhaite paix, longue vie et prospérité.

– Lorsqu'il émane du sheikh el-Djebel [1], un souhait de longue vie est plus qu'un souhait, c'est une promesse ! » ironise le sultan.

« Depuis quelque temps, il semble que la vie d'un prince musulman... ou même chrétien prenne aux yeux des ismaéliens un prix qu'elle n'avait pas jadis. »

Al-Kamil sourit. Comme on finit par tout savoir en ce monde, il avait appris comment les ismaéliens, par crainte des Mongols, avaient sauvé le roi de France du poignard de leurs propres fedayin.

« Ils ont raison de craindre les Mongols ! Nous avons suffisamment eu affaire en Syrie aux résidus de l'armée du défunt Shah Djélal ed-Din de Khwarezm, qui n'ayant plus de maître ni de pays se louent comme mercenaires au plus offrant, pour savoir que ces Turcs sont de terribles combattants. Pourtant les Mongols les ont brisés comme du verre ! »

Se faisant sans répit depuis des années les échos des nouvelles d'Asie centrale, les ismaéliens n'ont pas ménagé les efforts pour faire prendre conscience du danger aux princes musulmans. Ceux-ci sont désormais suffisamment

1. Le « Vieux de la Montagne ».

inquiets pour accepter l'idée d'une ambassade commune auprès des souverains chrétiens en vue d'une possible alliance contre les Mongols. Les ismaéliens ont même convaincu leur adversaire de toujours, le Calife de Bagdad.

« Tu te souviens de l'assemblée de Salamiyya où j'avais réuni, il y a cinq ans, les princes de Syrie, mes parents, parce que le bruit courait déjà d'une attaque des Mongols qui venaient de déferler sur l'Azerbaïdjan ? L'attaque n'a pas eu lieu, et nous sommes tous retournés à nos soucis et à nos rivalités. J'ai cru comme les autres que ces barbares s'étaient essoufflés, qu'ils avaient déjà englouti une proie trop grosse pour eux. Il y a peu, je doutais encore de l'ampleur du danger. Connais-tu les nouvelles de Grande Bulgarie ? »

Oui, Fakhr ed-Din a appris qu'au dire de quelques marchands revenus du Nord il ne reste plus rien de ce pays lointain des bords du fleuve Ethyl, où se propageait peu à peu la foi du Prophète.

« Et l'on dit qu'ils s'apprêtent à envahir le pays chrétien de Rous ! »

Les ismaéliens ont pour une fois raison : il est temps d'adresser une ambassade aux rois d'Occident !

Une ambassade, donc... Mais qui va la conduire ?

Un ismaélien ? Les souverains sunnites n'en sont guère enchantés, et le Calife de Bagdad s'y oppose fermement.

Un Égyptien ? Kaï-Khosrau, sultan des Turcs seldjoukides, rivaux des Ayyoubides, fait la moue à cette idée. Pas autant qu'al-Kamil, pourtant, qui depuis son traité avec Frédéric a suffisamment été accusé de faire le jeu des chrétiens pour ne pas souhaiter se mettre en avant trop ouvertement dans cette proposition d'alliance.

Un envoyé des Seldjoukides ? Al-Kamil se fait plus que prier pour accepter pareille idée... Ils étaient encore en guerre il y a si peu de temps.

Un envoyé du sultan de Damas, alors ? Ou du malik de Homs, ou de la régente d'Alep ? Mais al-Malik al-Kamil part demain les combattre !

Qui, alors ?

Faisant taire la vive irritation que lui inspirent les atermoiements des princes sunnites – l'heure est à la diplomatie –, le sheikh el-Djebel s'est employé à trouver une solution. Il vient d'adresser sa dernière suggestion à al-Qahirah, à Damas, à Konya [1] et à Bagdad.

« Sheikh Siradj al-Din propose de confier l'ambassade à Hasan ar-Rashid ibn-Salman ibn-Husayn, un homme proche des ismaéliens mais qui respecte – au moins en apparence – l'enseignement de la sunna, celui-là même qui a accompli il y a un an et demi cette curieuse mission auprès du roi de France, qui l'a renvoyé comblé de cadeaux. Te souviens-tu de lui, seigneur ? C'est un homme discret, mais de noble naissance, qui n'a point trop d'ambition pour lui-même, mais sait se faire apprécier de tous.

– Je me souviens de lui, en effet. Il s'est entremis une ou deux fois entre mon frère al-Ashraf et moi-même. Un homme raffiné, aimable, aimant la paix, à l'esprit curieux et fort intelligent, pour autant que je m'en souvienne... »

Al-Kamil sourit.

« Le genre d'homme que j'aime, en quelque sorte... Allons, va pour Hasan ar-Rashid ! Il faut tout de même bien qu'elle parte, cette ambassade ! Tu peux écrire à Siradj al-Din que le sultan d'Égypte agrée sa suggestion.

1. Capitale des Turcs seldjoukides.

– Très bien, seigneur.
– Il va se rendre à nouveau auprès du roi de France?
– Et du roi d'Angleterre, et je suppose aussi auprès de l'Empereur.
– Pour ce qui est de Frédéric, je l'aviserai de toute façon moi-même de ce que nous savons des Mongols dans ma réponse à sa lettre. »

Le sultan marque une pause.

« Fakhr ed-Din!
– Seigneur?
– Demain, mon ami, tu chevaucheras à mon côté... Comme toujours! »

Demain, dans la cacophonie des trompes et des timbales militaires qui écorchent tant ses oreilles plus friandes d'élégante musique de cour, le maître de l'Égypte sortira d'al-Qahirah par Bab al-Nasr – la porte de la Victoire à la tête de ses émirs chamarrés et de sa garde mamelouke aux uniformes jaunes, l'élite de son armée.

KOLOMNA

L'an 6746 de la Création du monde, le lundi 4 janvier, fête des Soixante-Dix Apôtres [1]

Sous les nuages bas d'un gris d'acier, entre les arbres dépouillés réduits à leurs squelettes, silencieuse hors le piétinement de milliers de sabots dans la neige durcie, la colonne de cavaliers cuirassés de brun, aux boucliers rouges et aux casques coniques, avance au petit trot, étirée en longueur. Au-dessus des cavaliers de tête, enveloppés dans leurs grands manteaux de pourpre qui dissimulent presque les ornements d'or et d'argent de leurs cuirasses, ondulent dans le froid les étendards au lion d'or de Souzdalie.

Kolomna est proche. Donc les Tatars aussi. Pourtant on ne les a encore jamais aperçus. Auraient-ils par miracle levé le siège? Ou bien serait-il déjà trop tard? Le visage fermé, Roman Ingvarevitch, prince d'Ijeslavets, le jeune prince Vsevolod Yourievitch, son voïvode Eremeï Glebovitch, au visage buriné par les années passées sous le haubert à combattre pour le grand-prince de Vladimir, et le colossal Vassili Borissovitch, voïvode de Kolomna, chevauchent côte à côte, attendant sans un mot, dans une anxiété partagée, le retour des éclaireurs.

Tous quatre, à cet instant, se remémorent les paroles par lesquelles la foudre est tombée sur la Russie.

« Nous sommes envoyés par le khan Batou, fils et petit-fils de Khan, pour faire savoir à tous les princes russes que le Ciel Éternel, par la volonté du Qaghan, lui a donné tout pouvoir sur leurs territoires et la suprématie sur eux tous, et que personne ne peut lui résister ni refuser de lui payer tribut. Aussi, maintenant que nous sommes tout près de vos terres, nous vous ordonnons de vous sou-

1. 4 janvier 1238.

mettre et de nous payer ce tribut. Si vous agissez ainsi, nous vous ferons grâce, mais si vous refusez, ce qui arrivera, le Ciel seul, lui, le sait. »

Ainsi avaient parlé les envoyés de Batou, intimant à Youri Ingvarevitch, prince de Riazan, l'ordre de lui remettre un dixième de ses sujets et de ses biens, en signe de soumission.

Youri Ingvarevitch a refusé avec hauteur.

« Vous pourrez tout prendre ! Mais il faudra d'abord que nous soyons morts au combat ! »

La tête de Youri Ingvarevitch ne repose plus sur ses épaules...

Scrutant sans cesse la masse noire des forêts, Vsevolod sent peu à peu l'angoisse lui nouer la gorge. Il est terrible de ne rien savoir ! Où sont les Tatars ? Combien sont-ils ? Que veulent-ils ? Il n'en a plus aucune nouvelle depuis qu'avant-hier il a fait sa jonction avec Roman Ingvarevitch, sorti de Kolomna à la pointe de l'épée.

Dans les derniers jours de l'automne, ils ont surgi à l'improviste des épaisses forêts environnant la Volga, alors qu'on les croyait en train de guerroyer contre les Polovtses ou contre ce qui restait des Mordves et des Bulgares de la Kama.

Même son père, le puissant Youri Vsevolodovitch, grand-prince de Vladimir et de Souzdal, semble avoir brusquement perdu sa proverbiale assurance. Quand le voïvode Vassili Borissovitch, envoyé par le prince Roman, lui a décrit la chute et la destruction de Riazan, suivant de quelques jours l'anéantissement de la fine fleur de sa chevalerie, Youri, avant de lui répondre, a silencieusement prié.

Tandis que son frère Vladimir galope vers le bourg fortifié de Moscou qui garde la frontière au sud-ouest de la Souzdalie, à moins de quatre-vingts verstes [1] d'ici, pour en renforcer les défenses, Vsevolod Yourievitch dirige en toute hâte vers Kolomna assiégée l'armée de secours que le grand-prince s'est enfin décidé à rassembler.

Que veulent les Tatars ?

Vous n'allez pas tarder à le savoir, prince Vsevolod !

Batou et le général Subötaï, bien informés par leurs agents sur les forces de la Russie, ont décidé d'attaquer d'abord votre père et sa puissante Souzdalie.

Mais, en bons stratèges, ils ont d'abord pris soin de vous isoler.

Il fallait avant tout nettoyer les arrières. Conformément à la disposition qui leur était habituelle, les Tatars ont avancé sur trois colonnes : celle du Nord, sous le commandement direct du khan et de son général, a d'abord éliminé le danger que pouvait représenter la Grande Bulgarie, qui leur avait dans le passé opposé par trois fois, depuis la première expédition de Subötaï, une résistance tenace.

La colonne du Sud, commandée par Möngkä et son frère Budjek, est partie conquérir la steppe méridionale, entre la Volga et le Dniepr, avec mission de soumettre les Polovtses et les Alains.

Celle du Centre, nettoyant les dernières résistances des peuples de la région, s'est concentrée dans les forêts.

---

1. Quatre-vingts kilomètres.

Et lorsque Batou et Subötaï n'eurent plus à l'est du grand fleuve Volga ni dans les plaines du Don d'ennemis capables de leur nuire, rejoignant la colonne centrale, ils marchèrent sur Riazan.

Car, avant d'attaquer la Souzdalie, ils entendaient encore la couper du reste de la Russie en frappant celle-ci à son point le plus vulnérable : la principauté de Riazan, affaiblie par les rivalités qui déchiraient sa famille princière.

Un groupe de cavaliers vient au-devant de Vsevolod et de Roman. Rien à craindre : ce sont justement les éclaireurs qu'ils ont envoyés ce matin!

« Seigneurs, nous avons repéré les Tatars. Ils campent devant Kolomna, à deux heures d'ici. Ils sont très tranquilles et n'ont l'air de se douter de rien. Ils n'ont pris aucune mesure de défense et par endroits leurs effectifs sont assez clairsemés pour qu'une charge rapide nous conduise sans peine jusqu'aux portes de la ville. »

Vsevolod interroge du regard le voïvode Eremeï.

« Seigneurs, avançons! La garnison attend notre arrivée. Dans deux heures la nuit tombera; ce sera le moment où nous surprendrons ces chiens! Nous souperons vainqueurs, ce soir, dans Kolomna!

– Bien dit, seigneur voïvode! »

Lorsqu'il avait rejeté l'ultimatum de Batou, Youri Ingvarevitch, prince de Riazan, savait quel avait été le sort des Mordves et de la Grande Bulgarie. Aussi s'était-il empressé d'envoyer son frère Roman à Vladimir pour demander de l'aide à son puissant suzerain.

Mais le grand-prince Youri Vsevolodovitch se souciait peu de dégarnir ses terres. Si, contrairement à leurs prédécesseurs qui visaient toujours Kiev, les Tatars attaquaient les principautés du Nord, c'était à la Souzdalie qu'ils devaient s'en prendre, pas à Riazan! S'ils s'apprêtaient vraiment à marcher sur le Nord, l'attaque sur Riazan ne pouvait être qu'une diversion pour l'inciter à disperser ses troupes. Il ne fallait pas compter sur lui pour tomber dans ce piège grossier. Youri Vsevolodovitch ne se laissait pas impressionner! Que ces irascibles princes de Riazan mettent une fois pour toutes fin à leurs querelles qui sont la fable de toute la Russie, et ils seront bien capables de repousser ces quelques bandes tatares qui leur font si peur!

Mais Oleg de Pronsk ou Yaroslav de Mourom n'avaient pas attendu ces recommandations pour accourir avec leurs troupes auprès de leur cousin Youri Ingvarevitch.

Lorsque Fédor, fils de Youri, envoyé au-devant des Tatars, eut perdu la vie, lorsque sa veuve Euphrasie, folle de douleur, se fut jetée par une fenêtre du palais avec son jeune fils, les trois princes, la mort dans l'âme, sans espoir d'un secours de Souzdalie, marchèrent à la rencontre de l'ennemi et engagèrent le combat avec toutes leurs armées. Des heures durant, les vagues d'assaut tatares déferlèrent sur les soldats russes. Yaroslav de Mourom tomba le premier, puis Oleg de Pronsk et, les uns après les autres, les voïvodes, les guerriers, se couchèrent dans la neige pour ne plus se relever. Cela tint du miracle si Youri parvint à en réchapper et à se réfugier dans sa capitale de Riazan avec ses derniers escadrons.

Les Tatars vainqueurs ravagèrent entièrement le Sud de la principauté; les villes de Pronsk, de Belgorod, d'Ijeslavets, tous les villages alentour, furent détruits jusqu'aux fondements et tous leurs habitants mâles abattus sans pitié...

Le 16 décembre, fête du prophète Aggée, sans qu'aucune patrouille russe les ait vus venir dans la profondeur des forêts, les Tatars se présentèrent sur les rives de l'Oka, sous les murs de Riazan.

Cinq jours durant, le khan en battit les murailles de ses machines de guerre, maintenant sans cesse aux remparts la totalité des défenseurs tandis que ses troupes, méthodiquement, se relayaient.

Le sixième jour, 21 décembre, fête de sainte Julienne, les survivants de la garnison, épuisés, virent s'avancer les tours de siège et, au-dessus de la foule des Tatars qui poussaient devant eux leurs prisonniers, une quantité innombrable d'échelles.

Et les Tatars entrèrent dans Riazan.

Ils décapitèrent Youri, coupable d'avoir résisté au commandement du Souverain du Monde mandaté par le Ciel Éternel, puis, dans la cathédrale de Saint-Théotokos, ils passèrent au fil de l'épée la princesse Agrippine Rostislavna et toutes ses parentes qui avaient cru trouver là un refuge, avant d'incendier l'édifice où périt tout le clergé.

Riazan fut rasé et sa population – égorgée, empalée, écorchée vive ou noyée dans le fleuve – systématiquement massacrée. Toutes les femmes, de tous âges, sans oublier les nonnes, furent violées avant de mourir.

On laissa pourtant s'échapper quelques survivants, artistement mutilés : quelques témoins devaient subsister pour que la terreur se répandît dans toute la Russie...

Après un tel désastre, Roman d'Ijestlavets, le dernier des princes de Riazan, retranché dans Kolomna, non loin du confluent de l'Oka et de la Moskowa, effrayé de la chute de la capitale, de la mort des siens et de la défaite de leurs armées, implora à nouveau l'aide du grand-prince de Vladimir, lui adressant le voïvode Vassili Borissovitch.

Cette fois, Youri Vsevolodovitch avait compris que le gros des Tatars était à Riazan et qu'il allait le couper du reste du monde!

C'est alors qu'il décida de dépêcher son premier fils Vsevolod vers Kolomna, son second fils Vladimir vers Moscou, dans l'espoir de maintenir une communication avec les princes du Sud.

Voici deux heures que l'on avance.

Peu à peu se retire le jour pâle de janvier... Les lourds nuages gris s'assombrissent... Les Tatars sont toujours invisibles!

On aperçoit la rivière Oka gelée. Le trot s'accélère. On va bientôt voir apparaître les remparts de bois de Kolomna. Tout va se jouer très vite. Fonçant par surprise dans la pénombre, il faudra culbuter l'ennemi au grand galop sans lui laisser le temps de reprendre ses esprits. On a pu recevoir un messager de la garnison : dès qu'apparaîtront les étendards de Souzdal, elle fera une sortie avec toutes ses forces. Les Tatars seront pris dans une nasse entre les défenseurs de la ville et l'armée de secours!

Deux éclaireurs accourent, la mine sombre.

« Seigneurs, la cavalerie tatare est rangée en bataille devant la ville! »

Vsevolod et Roman ont chacun un mouvement rageur du poing : la surprise est manquée!

Mais que signifient ces cris? Quel est ce cavalier qui remonte la colonne au grand galop? Pavel Konstantinovitch, le chef de l'arrière-garde!

« Seigneurs, seigneurs! Les Tatars approchent en grand nombre!

– Les Tatars? Où cela?

– Là, derrière nous, à trente minutes de marche!

– Comment cela, derrière nous? »

LA CITÉ DES LAGUNES

L'an du Seigneur 1238, le mardi 5 janvier,
fête de saint Télesphore

« Belle bête, pas vrai? »

Tout en appuyant sur sa gaffe pour orienter la barque face aux remous que provoque la rapide manœuvre de la galère qui pivote devant elle, le gondolier est fier d'étaler sa science devant l'étranger qu'il a pour passager.

« Belle bête, oui! À elle seule, elle a tenu tête à toute la flotte de Vastace, le roi des Grecs! On dit qu'il y avait bien cinquante navires, et tous armés de pierrières et de feux grégeois! Elle appartient au seigneur Domenico Contarini, qui a tué de sa main l'amiral de Vastace! C'est pour ça qu'il a mis sur son pavillon un aigle à deux têtes renversé sous les griffes du lion de Saint-Marc. »

Edouard de Roscarnan regarde le fin vaisseau rouge et or se ranger le long d'autres galères à un appontement du môle, au pied des robustes tours élégamment crénelées du château du doge et de ses épais remparts, que flanque un portique à colonnes et percent des fenêtres aussi gracieuses qu'étroites.

« Ah! le seigneur Contarini, vous ne le connaissez pas, pour sûr! Le Grand Conseil l'a choisi comme podestat de Chioggia. Il vient de temps en temps à Venise sur sa fameuse galère. On dit qu'il ira loin. Eh! par saint Victor, pour tuer l'amiral de Vastace devant ses cinquante navires, c'est que ça doit être quelqu'un! »

Le marinier se racle bruyamment la gorge et fait don au canal Saint-Marc d'un superbe crachat.

« Là, devant le château, c'est la *piazzetta*, la petite place qui conduit à la basilique de Saint-Marc. Vous voyez ses coupoles, là-bas! Et son campanile à gauche. Je ne vous dis pas comme elle est belle! Même si vous avez voyagé, ça dépasse tout ce que vous avez pu voir ailleurs! Les deux colonnes, là, on les a ramenées d'Orient, comme les chevaux de bronze de la basilique, comme plein de choses ici! »

Le gondolier ricane de satisfaction comme si c'était lui qui avait pillé tout l'Orient...

Les narines d'Edouard frémissent aux bonnes odeurs des boulangeries qui s'alignent face au palais ducal. Il touche enfin au but...

Ce n'est pas trop tôt...

Il fait froid. L'humidité perce jusqu'aux os le jeune homme blotti sous son manteau. Dans la brume qui nappe le vaste plan d'eau du canal, c'est à peine si l'on devine, de l'autre côté, l'église du couvent bénédictin de San Giorgio Maggiore. Un unique vaisseau descend vers la mer, poussé par le vent vers la passe du Lido; çà et là, quelques barques s'affairent. Dix peut-être... ou quinze. Rien de plus. Venise semble engourdie, comme les navires qui se pressent, serrés les uns contre les autres, le long du quai des Esclavons : galères effilées, tarides ventrues, marcilianes à un mât, barques de toutes formes et de toutes tailles, dominées par les hauts châteaux des grosses nefs à deux ou trois ponts.

Bien qu'il ait servi pendant deux ans un maître vénitien, c'est la première fois que l'ancien Templier découvre la cité des lagunes.

« Ah, si vous êtes là au printemps, vous verrez! C'est autre chose! Des bateaux partout, des petits, des gros! Il faut toujours louvoyer pour éviter la gondole de quelque seigneur, qui ne s'écarte pas d'un pouce, et en faisant attention à ne pas aller se jeter sur un gros chaland plein de marchandises. Tiens, tous ces bateaux à quai, vous n'avez qu'à les imaginer tous en train de naviguer en même temps! »

Il n'y a pas une heure qu'Edouard est arrivé de Cavarzere, à bord d'une grosse barge descendue de Vérone qui, surchargée de bois, de poix et de drap gris, avait pourtant accepté quelques passagers. Elle l'a déposé à l'autre bout du quai des Esclavons, près de l'arsenal, avec ses trois gros sacs. Repérant immédiatement l'étranger, un gondolier lui a aussitôt proposé de le conduire où il voudrait, pour un prix que même un nouvel arrivant pouvait juger exorbitant. Après avoir fait affaire en le divisant par quatre et chargé avec l'aide du marinier son lourd bagage, Edouard s'est affalé dans la barque. Il a hâte d'achever enfin ce macabre voyage dans les brumes de l'hiver et de se chauffer au feu de la Ca'Bardolo.

Après s'être fait passer pour mort près d'une journée entière, le nez dans une boue froide, Edouard, jetant le corps de son employeur – emballé dans la toile d'une tente lombarde – sur un des deux chevaux abandonnés qu'il avait récupérés aux abords du champ de bataille, avait quitté la région de Cortenuova. Il faisait assez frais pour que son fardeau ne se décompose pas tout de suite, mais, même par ces temps troublés, il lui aurait été difficile de voyager pendant des semaines avec un cadavre en travers de son cheval de remonte!

Au premier monastère rencontré, où il eut grand mal à se faire ouvrir – les moines craignant aussi bien les vainqueurs que les fuyards –, il raconta son histoire. Qu'on le crût ou non, peu importe! La moitié de l'argent contenu dans l'aumônière de maître Nicolo eut raison des préventions et il obtint des moines que l'on traitât le défunt comme il avait vu faire jadis des chevaliers tués en Terre sainte qui voulaient reposer sur leurs terres d'Occident : on fit bouillir le corps dans une grande cuve pleine d'eau et de vin jusqu'à ce que les chairs se séparent des os. Cela fait, on remplit un sac avec la chair bouillie, un autre avec les ossements.

Soucieux d'accomplir sa promesse, Edouard avait été quelque peu contrarié qu'un des chiens du monastère ait profité de la distraction d'un moine pour dévorer le cœur, que l'on avait soigneusement mis de côté.

Contournant Brescia, qui risquait d'être la prochaine cible de l'Empereur, il lui avait fallu ensuite avancer prudemment, tantôt se réfugiant dans quelque monastère, tantôt faisant demi-tour à la vue d'un village en flammes dans une région où pullulaient les bandes armées, singulièrement celles du terrible Ezzelino da Romano, qui s'employait à imposer partout l'ordre impérial qu'il faisait déjà régner d'une poigne de fer autour de Vérone et de Padoue.

Par trois fois, il avait failli se décourager et abandonner son tas de viande et d'os sur le bord d'une route. Mais il avait promis! Et puis il avait bien envie de découvrir Venise, lui qui n'avait vu que Gênes lors de son voyage outre-mer! Enfin – il faut l'avouer –, la récompense promise par maître Bardolo l'aiderait heureusement à construire un avenir que son esprit avait du mal à concevoir nettement.

Passant à hauteur de la chaîne que l'on tendait jadis en cas de danger entre Saint-Grégoire et Sainte-Marie-du-Lys, la gondole remonte le Grand Canal, le marinier déversant dans les oreilles de son passager un flot incessant de commentaires.

Edouard l'écoute distraitement, dodelinant de la tête, la bouche entrouverte : comme c'est étonnant, on dirait que les maisons sont bâties sur l'eau! Pas trace de sol. Tout juste s'il y a un bout de quai de temps à autre...

Si une grande partie de la cité est encore en bois, on ne voit plus guère sur le Grand Canal que des bâtiments de pierre et de brique : entrepôts, maisons de riches marchands aux façades austères égayées par des alignements de fenêtres géminées aux colonnettes de marbre blanc, demeures de grands seigneurs tapissées de reliefs et de marbres multicolores souvent arrachés aux palais byzantins et acheminés d'Orient à grand prix.

Dépouillant peu à peu l'Empire grec jusqu'à en devenir les maîtres, les grands noms de Venise ont copié dans la lagune les palais de Constantinople...

Et le gondolier, tout en passant le coude du Grand Canal, d'égrener les noms de ces glorieuses familles que leurs rivalités, sourdes ou déclarées, n'empêchent pas d'être les piliers de la république et de sa grandeur : Dolfin, Foscari, Dandolo, Falier, Querini, Tiepolo, Morosini, Contarini...

« Tenez, voilà justement le palais du seigneur podestat de Chioggia, dont vous avez vu la galère. On l'appelle la Ca'Contarini di San Samuele, pour ce qu'il dépend de cette paroisse, ou aussi la Ca'Contarini-Sanudo parce qu'il a été construit par son père qui avait épousé une Sanudo. C'est qu'ils sont nombreux, les Contarini – tous de très hauts seigneurs! »

Edouard, tout en rétablissant son équilibre sous la secousse imprimée à la gondole par deux grandes barques qui, descendant le canal à vide, semblent jouer à faire la course, considère l'élégante façade couronnée d'une frise, avec la loggia aux dix fenêtres blanches de son étage noble et son balcon surmontant une série de reliefs alternant rosaces et carrés. Au pied du palais, amarrées à des piquets rouge et or le long d'une étroite plate-forme de pierre sur laquelle s'ouvre un grand porche à cinq arcades, trois gondoles de même couleur se balancent au gré du vent et des vagues.

« Ah! il ne faut pas parler de palais! Il n'y a que le doge qui y ait droit... Les autres ont seulement des « maisons », comme ils disent... Ca'ceci, Ca'cela... Mais vous verriez l'intérieur... Ah, vous verriez! »

Et le marinier reprend son énumération de grands noms qui paraît sans fin : Gradenigo, Michiel, Orseolo, Zorzi, Bembo, Pisani, Ruzzini, Memmo, Bragadin, Sagredo, Zeno, Giustinian..., l'interrompant de temps à autre pour désigner la demeure d'une de ces puissantes familles : Ca'Marcello, Ca'Barzizza, Ca'Dandolo, Ca'Loredan...

Tandis qu'au long des appontements, au pied des entrepôts ou des maisons marchandes, se pressent de plus en plus nombreux les navires de tout type, Edouard voit se relever lentement le tablier d'un pont de bois, pour laisser le passage à un gros chaland mâté à l'allure pataude qui descend paresseusement vers eux.

« C'est le pont levant du quartier de Rivo Alto, ou Rialto, si vous préférez. Ça fait des siècles que les marchands s'y sont établis. Il y a près du pont le plus grand marché de la ville. Ah ! il y a bien à Rialto de quoi racheter les possessions de tous les barons de Romanie ! Ça leur serait bien utile, à eux qui n'ont pas un sol vaillant ! »

Le gondolier éclate d'un rire édenté.

« Savez-vous, messire, qu'aux temps anciens, un pigeon miraculeux a conduit ici des gens du continent qui fuyaient la guerre, et que c'est comme ça qu'on a fondé Venise? Tiens, regardez, le palais, là, près du pont, c'est le siège du Patriarche... »

« On trouve tout, ici, messire. Le bois de l'Apennin, le fer de Brescia ou de Carinthie, l'argent d'Allemagne ou de Bohême, l'or de Hongrie ou de Silésie, les toiles de chanvre ou de lin, les draps de laine, de soie, d'or ! Les épices et les sucres de l'Orient, les parfums d'Arabie, les fourrures du Nord, le corail, l'ambre... Tout, je vous dis, tout ! »

Par-delà le pont, la barque tourne soudain sur la droite, dans un petit canal.

« C'est le *rio* des Saints-Apôtres. On l'appelle comme ça parce que leur église est à côté. Et voilà la Ca'Bardolo, messire... Vous êtes arrivé ! »

Sa course réglée, ses sacs déposés sur le petit appontement de pierre, Edouard s'engouffre sous le porche, sur les pas d'un employé accouru à l'arrivée de la gondole. Sans s'attarder dans le vestibule, il grimpe jusqu'à l'entresol bas de plafond où, derrière une lourde table de chêne couverte de parchemins en rouleaux et d'épais volumes de papier solidement reliés, l'intendant Enrico, petit homme maigre et ridé à la tête serrée dans un bonnet de laine, concentre son regard aux sourcils broussailleux sur l'abaque où courent ses doigts.

« Edouard, de Roscarnan ? Bien sûr que je te connais ! Tu sers bien les intérêts de messire Nicolo. Nous n'avons qu'à nous louer de toi ! Mais dis-moi, as-tu des nouvelles de lui ? Nous sommes tous morts d'inquiétude, ici, depuis que nous avons appris cette terrible bataille ! »

Quand tombe le soir, il y a grand deuil à la Ca'Bardolo. Les deux filles du défunt ont accouru avec ses gendres. On est allé quérir sans tarder le prieur du couvent des Saints-Apôtres. Demain on fera mander partout qu'au jour de la sainte Marcienne on portera en terre les restes de messire Nicolo.

LES CONSEILS

L'an 6746 de la Création du monde, le lundi 18 janvier, fête de saint Athanase le Grand[1]

Seigneur, j'ai péché par présomption. Mais le peuple n'est point responsable de l'orgueil de son souverain. Inspire-nous, Seigneur, de sages décisions!

Accoudé sur le bras de son faudesteuil sculpté, le menton appuyé sur le dos de la main, Youri Vsevolodovitch se repent en silence de ses décisions passées...

Quand les Bulgares et les Mordves sont venus le trouver, le grand-prince les a renvoyés en cachant à peine sa satisfaction du malheur qui les frappait.

Quand Roman Ingvarevitch, prince d'Ijeslavets, est venu le trouver, il l'a renvoyé en raillant la désunion des princes de Riazan.

Quand il a compris, il était trop tard.

Tels des démons soudain surgis du ciel, les Tatars ont encerclé l'armée qu'il avait confiée à son fils Vsevolod pour secourir Kolomna. Ce fut un massacre. Roman d'Ijeslavets et le voïvode Eremeï se firent tuer avec tous leurs soldats.

Un soir, dans son kremlin de Vladimir, Youri vit arriver Vsevolod et le voïvode Vassili Borissovitch, blessés, hâves, sales et couverts de sang. Dans une charge furieuse sur un point faible de la ligne tatare avec quelques cavaliers de la droujina du prince, ils avaient réussi – quasiment par miracle – à s'échapper :

« Père, les Tatars sont à nos frontières. »

Quelques jours plus tard, on apprenait que Kolomna était pris et incendié.

Hier, dans son kremlin de Vladimir, Youri vit arriver l'un de ses capitaines, épuisé, son armure de cuir lacérée, son manteau en lambeaux.

« Seigneur, les Tatars ont pris Moscou! Ils ont brûlé la ville, décapité tous les habitants et les soldats. Votre fils Vladimir est entre leurs mains. »

La principauté de Vladimir et de Souzdal est désormais contournée par l'ouest.

Ce soir, dans son kremlin de Vladimir, Youri promène son regard sur les visages fermés qui l'entourent. Assis en demi-cercle dans leurs manteaux fourrés autour du foyer qui réchauffe la basse salle voûtée, les membres du Conseil méditent sombrement.

Vsevolod Youriévitch, fils aîné du grand-prince, une vilaine balafre sur la joue gauche et le bras en écharpe.

Sviatoslav Vsevolodovitch, prince de Iourev-Polski, frère puîné du grand-prince, promenant de droite et de gauche un regard globuleux et inquiet.

L'évêque Mitrophane, à la longue barbe grise, tout de noir vêtu, une grande croix d'argent pendant sur sa poitrine.

Mstislav Youriévitch, fils cadet du grand-prince, caressant pensivement sa jeune barbe.

Piotr Oslyadyukovitch, voïvode de Vladimir, qui se demande encore comment son vieux camarade Eremeï a pu se laisser surprendre de la sorte, à Kolomna.

---

1. 18 janvier 1238.

Vassili Borissovitch, voïvode de Kolomna, dont l'épais manteau de fourrure amplifie encore la carrure d'ours.

Youri Vsevolodovitch considère un moment le témoin muet qui assiste à la scène, tout auréolé d'or dans son cadre de bois.

Seigneur Christ, ne nous abandonne pas!

À sept cents verstes de là [1], la cloche a sonné dans le diétinets. À son appel, les boyards, les marchands, les maîtres artisans et toute leur clientèle de chefs de familles libres, abandonnant leurs occupations, se sont mis en route vers l'archevêché.

Le Conseil des seigneurs et le Vetché de la Ville répondent à l'appel de leur prince.

« Citoyens de Novgorod, vous savez comme moi quel terrible fléau a frappé la Russie! »

L'assemblée écoute en silence l'exorde de son prince, qui a perdu à Riazan toute la famille de sa mère.

Ils sont là, comme à chaque Conseil, dans leurs plus beaux atours, rangés selon l'usage derrière l'archevêque et l'archimandrite : le possadnik Gavrilo, le sotskiï Dimitri, le podvernik Youri, le tysiatskiï Evgueniï..., les dignitaires de la libre Novgorod.

Ils écoutent avec respect, attendant le moment où Alexandre Iaroslavitch leur présentera sa requête.

« Père, rassemblez ici toutes les troupes de Souzdalie. Faites de Vladimir une forteresse inexpugnable. Les Tatars auront fort à faire pour vaincre la meilleure armée de la Russie, adossée à sa plus puissante citadelle!

– Bien dit, mon neveu, ils ne seront pas près de rentrer dans Vladimir.

– Prince Sviatoslav, prince Vsevolod, pardonnez-moi, mais ce serait s'enfermer nous-mêmes dans un piège!

– Piotr Oslyadyukovitch, rappelez-vous que les Tatars ont écrasé toutes les armées qu'ils ont rencontrées en rase campagne, celles des Bulgares, celles des Mordves, celle de Youri Ingvarevitch, et la mienne!

– Mais ils ont aussi pris toutes les villes qu'ils ont assiégées, Bolghar, Riazan, Kolomna et les autres.

– Même Riazan ne saurait être comparé à Vladimir. Et ils ne l'ont pris que parce qu'il n'avait plus assez de défenseurs après que son prince eut perdu en bataille l'essentiel de son armée.

– Si nous nous concentrons à Vladimir, cela laisse le champ libre aux Tatars pour ravager la Souzdalie en toute impunité!

– Nous ne pourrons être partout à la fois, de toute façon...

– Mais comment nourrirons-nous pareil concours de peuple et de troupes? »

« Citoyens de Novgorod, vous savez que le grand-prince Youri a demandé à tous les princes de Souzdalie de lever toutes leurs troupes et de se réunir sous sa

1. Environ sept cents kilomètres.

bannière pour résister aux Tatars. Mais ce n'est pas seulement la principauté de Vladimir et de Souzdal qui est menacée, c'est la Russie tout entière. La république de Novgorod pourrait-elle se désintéresser du sort commun? »

Le possadnik jette un coup d'œil de côté au sotskiï : nous y voilà!

« Je vous ai réunis pour que nous décidions ensemble des mesures que doit prendre la république pour combattre le fléau des Tatars. Mon père Iaroslav, qui fut votre prince, me l'a lui-même écrit : il ne doute pas que l'armée de Novgorod, dans une heure aussi grave, se joindra aux armées de Souzdalie pour rejeter, dans un effort commun, l'envahisseur dans ses steppes! »

Alexandre se tait, attendant une approbation. L'assemblée reste silencieuse. Qui va parler le premier?

Le tysiatskiï Evgueniï, commandant les milices, s'éclaircissant la gorge, se hasarde enfin :

« Si nous avions par milliers des cavaliers bardés de fer, comme les princes de Souzdalie, nous serions les premiers à répondre à l'appel du grand-prince, mais que peuvent les milices de la ville contre les terribles Tatars?

– Les milices de Novgorod n'ont pas moins de courage que les chevaliers de Souzdalie!

– Sans doute, mais les chevaliers de Souzdalie ont la guerre pour métier, alors que les miliciens sont de paisibles citoyens.

– Allons, Evgueniï, tes miliciens savent se battre! Et tu sais bien que toute l'infanterie du grand-prince Youri est constituée par les miliciens de ses villes! »

« Vous opinez donc, Vsevolod, pour concentrer toute notre défense sur Vladimir. Soit. Mais laissez un instant Piotr Oslyadyukovitch nous exposer son point de vue.

– Partez vers le Nord, Seigneur, avec vos meilleurs guerriers, le plus loin possible des Tatars. Cela laissera le temps à vos frères et à vos neveux de rassembler toutes leurs troupes. Vous leur manderez de vous rejoindre à votre camp. Et, lorsque vous aurez réuni la plus puissante armée qu'ait connue la Russie depuis Iaroslav le Sage, vous pourrez manœuvrer pour prendre les Tatars à revers. Au surplus, cela vous fera gagner le temps nécessaire pour mieux connaître leurs intentions. »

Le prince Sviatoslav frappe du poing sur l'accoudoir de son faudesteuil.

« C'est bien dit, sire voïvode, vous avez raison, il faut prendre les Tatars à revers!

– Et la ville? Qui défendra Vladimir?

– Nous pourrons y maintenir une importante garnison, et, s'il le faut, nous armerons les habitants valides; il suffit que la ville tienne jusqu'à ce que le grand-prince puisse lancer son offensive. »

Le jeune prince Mstislav, qui n'a pas encore parlé, demande doucement :

« Et notre mère? Et nos sœurs?

– Elles resteront à l'abri des remparts de la ville.

– Et si la ville tombait? Il y a tout de même ce risque, dès lors que le grand-prince n'y sera plus.

– Alors, seigneur, envoyez votre famille sous bonne escorte au plus épais des forêts, là où les cavaliers tatars n'aiment pas s'aventurer. Elle regagnera Vladimir lorsque vous aurez écarté le danger.

– Supposer que Vladimir puisse tomber, c'est admettre que le plan de Piotr Oslyadyukovitch a bien peu de chances de réussir ! Père, votre armée adossée à Vladimir sera invincible !

– C'est vrai, mon neveu, vous avez raison, il faut d'abord défendre Vladimir !

– C'est assez, Sviatoslav, de grâce ! Invincible ? Le crois-tu vraiment, mon fils ? »

Sous le regard aigu de son père, Vsevolod hésite.

« Je..., je crois, mon père, que c'est notre meilleure chance de ne pas être vaincus. »

« Non, prince, nos miliciens ne seront d'aucune aide aux armées de Souzdalie. Par contre, nous ne pouvons nous passer d'eux pour défendre la ville. Si Dieu, comme nous l'espérons tous, favorise les armes du grand-prince Youri, la présence ou l'absence de nos troupes à ses côtés changeront peu de chose, mais si, par malheur, les Tatars parvenaient jusqu'à Novgorod, comment nous défendrions-nous si nos milices n'étaient plus là ?

– S'ils parviennent jusqu'à Novgorod, Dimitri Ivanovitch, nous n'aurons plus qu'à prier ! Vous avez ouï le récit du siège de Riazan. »

Le possadnik Gavrilo, maire de la ville, qui jusque-là s'est tu, s'avance, appuyé sur son grand sceptre en forme de « T ».

« Prince, le devoir des milices est de protéger le peuple de Novgorod. C'est pour cela qu'elles existent.

– Elles le protégeront mieux en repoussant les Tatars à quatre cents verstes d'ici qu'en attendant l'arme au pied qu'ils arrivent sous nos murs !

– Prince, le devoir des milices est de rester à Novgorod !

– Bien, bien... S'il en est ainsi, que soit fait le vœu unanime du Conseil de la libre Novgorod ! J'irai donc seul, à la tête de ma droujina, rejoindre mon père Iaroslav et mon oncle Youri !

– Prince, ta droujina, comme les milices et toi-même – comme nous tous –, n'a qu'un devoir : défendre Novgorod ! Ta droujina n'aidera guère plus le grand-prince que nos milices, mais elle est aussi indispensable qu'elles pour protéger la ville. »

« Vous n'avez encore rien dit, Vassili Borissovitch ?

– J'opine comme le voïvode Piotr, seigneur. Notre seule chance de vaincre les Tatars, c'est de manœuvrer mieux qu'eux. Vladimir serait une souricière pour votre armée.

– Et vous, monseigneur ?

– Je ne suis point guerrier, seigneur, et ne saurais en cette matière avoir d'avis sage. Je ne puis que prier Dieu de vous inspirer la meilleure décision. Pour moi, quelle qu'elle soit, je resterai à Vladimir, avec le troupeau dont je suis le pasteur, pour l'encourager à lutter contre les païens et lui apporter la consolation de la religion.

– Belles paroles, monseigneur ! Nous avons, je crois, assez débattu. Quel est, en définitive, votre conseil, Vsevolod ?

– Rassembler l'armée sous Vladimir et résister jusqu'à ce que les Tatars, devant la vanité de leurs efforts, rentrent chez eux ou s'en aillent vers des régions moins fortement défendues.

– Votre conseil, Piotr Oslyadyukovitch ?

– Rassembler l'armée le plus loin possible, observer les Tatars, manœuvrer plus vite qu'eux et les écraser au lieu que vous aurez vous-même choisi.

– Votre conseil, Mstislav ?

– Résister à Vladimir.

– Votre conseil, Sviatoslav ?

– Il serait bon de défendre Vladimir avec toute notre armée... Il serait bon aussi qu'elle prenne les Tatars à revers...

– C'est assez, mon frère. »

« Que le Conseil de Novgorod se choisisse un autre prince ! Qu'il aille chercher Mikhaïl de Tchernigov ! Qu'il me délie de mon serment, pour que je puisse rejoindre mon père et mon oncle et défendre à leurs côtés la Russie ! »

D'émotion, le jeune prince a presque les larmes aux yeux.

Le possadnik Gavrilo s'approche de lui.

« Prince, nous t'aimons, tu le sais, comme nous n'avons peut-être jamais aimé aucun de nos princes. Permets-moi un instant de te parler comme un père, et puisse le prince Iaroslav pardonner mon audace ! Tu es jeune, Alexandre Iaroslavitch, et plein de la fougue de ton âge. Tu te sacrifierais sans hésiter sur le champ de bataille. Mais, auprès de tes parents de Souzdalie, tu ne seras qu'un prince parmi d'autres et – pardonne-moi – tu ne seras pas le plus expérimenté. Ici, à Novgorod, tu es notre seul prince. Tout un peuple espère en toi. Ta place est ici, auprès de lui, pour que tu l'aides à faire face aux événements qui l'attendent, quels qu'ils puissent être.

– Pour l'amour du Christ, laissez-moi partir avec ma droujina. Je reviendrai à Novgorod quand le peuple aura besoin de moi, j'en fais le serment !

– Non, prince ! »

« Vsevolod, vous défendrez Vladimir avec la garnison. Mstislav, vous vous tiendrez aux côtés de votre frère et prendrez soin de votre mère, de vos sœurs et de vos neveux.

– Bien, père.

– Piotr Oslyadyukovitch, vous assisterez les princes Vsevolod et Mstislav de votre longue expérience.

– Bien, seigneur.

– Quant à moi, je vais partir avec ma droujina et le gros de l'armée vers la Volga, jusqu'au-delà d'Ouglitch. Vos troupes m'y rejoindront, Sviatoslav. Je vais sans délai faire mander à notre frère Iaroslav et à nos neveux Vasilko, Vsevolod et Vladimir, ainsi qu'à Alexandre, à Novgorod, de nous y rejoindre avec toutes les troupes dont ils pourront disposer. Vous viendrez avec nous, voïvode Vassili.

– Bien, seigneur.
– Et vous, monseigneur Mitrophane, vous prierez pour nous et supplierez la Vierge Marie d'intercéder auprès de Son Fils! »

LE DÉPART
L'an 635 de l'hégire,
le quatorzième jour du deuxième mois de Djumada [1]

« Mais qu'est-ce que cela signifie? Je ne te comprends plus! »

Hasan est stupéfait. C'est la première fois que Zéliha lui fait pareille scène.
« Cela signifie que j'en ai assez d'être enfermée depuis deux ans derrière ces moucharabiehs!
– Mais enfin, tu es la reine, ici! Tes moindres désirs sont exaucés sur-le-champ. Même Zaïnab fait tout pour satisfaire la moindre de tes fantaisies.
– J'en ai assez de ne pas pouvoir sortir au grand jour!
– Tu sors quand tu veux! Quand t-ai-je empêchée d'aller voir tes amies, d'aller à la mosquée, d'aller au bazar acheter bijoux ou brocarts?
– Oui, voilée, dans une litière aux rideaux tirés!
– Mais qu'y puis-je, c'est l'usage. Nous devons le respecter, nous n'avons pas le choix. Tu sais bien que s'il ne tenait qu'à moi...
– Oui, oui... Toi et tes amis, vous jouez aux esprits libres, mais vous ne tolérez pas la moindre entorse à ces convenances que vous jugez de si haut.
– C'est la plus élémentaire des prudences, tu le sais bien!
– Je le sais bien. Et je m'y suis toujours soumise. Mais aujourd'hui tu as l'occasion de me faire sortir de ce monde étouffant et tu me la refuses!
– Par Allah, ne crie pas comme cela... C'est impossible, ne comprends-tu pas? Impossible! Il y aura avec moi un envoyé du sultan de Roum [2], un dignitaire égyptien et un émissaire du Calife. Crois-tu que l'un d'eux amènera une femme avec lui?
– Mais c'est toi l'ambassadeur! »
Depuis plus d'une année, Zéliha a été une épouse adorable, tendre, aimante... et sensuelle... Hasan ne se lasse pas de la couvrir de bijoux, d'étoffes précieuses... et de baisers. Peu à peu, elle s'est mise à faire la pluie et le beau temps dans la maison. Il n'est pas de caprice qu'on ne lui satisfasse sur-le-champ. Hasan la croyait aussi parfaitement heureuse qu'il l'est lui-même.
Et soudain...

Dès le début novembre, depuis sa forteresse de Masyaf, Sheikh Siradj al-Din, grand missionnaire des ismaéliens de Syrie, avait fait suggérer à Hasan qu'il pourrait rendre à l'Islam un nouveau service en conduisant une ambassade

1. 1er février 1238.
2. Sultanat seldjoukide d'Anatolie.

en Occident. Vers la fin de décembre, Saoud ibn al-Babili, l'homme de confiance du Sheikh, le messager de toutes les affaires secrètes, lui avait personnellement rendu visite, traversant sous la haute protection du sultan al-Kamil lui-même les lignes égyptiennes qui encerclaient la ville.

Puisque son voyage à Paris lui donnait désormais la réputation d'un spécialiste des affaires d'Occident, puisque, incapables de s'entendre entre eux sur le nom d'un ambassadeur, les souverains musulmans avaient de guerre lasse agréé la suggestion du Sheikh el-Djebel, Hasan se trouvait désormais mandaté par al-Malik al-Kamil, le sultan turc Kaï-Khosrau et al-Mustansir, Calife de Bagdad – en ne citant que les plus grands noms – pour s'en aller décrire au roi Louis de France, au roi Henry d'Angleterre et à l'Empereur Frédéric le terrible danger qui les menaçait.

Hasan ne pouvait décemment pas refuser!

Pourtant, son voyage en France suivi de son retour par l'Italie avait assouvi beaucoup de sa curiosité pour les pays d'Occident. Et puis, à l'époque, il fallait bien admettre qu'il s'ennuyait un peu, dans le confort routinier qui finissait par affadir sa vie quotidienne! Tandis qu'aujourd'hui...

Il y a Zéliha.

Il y a l'amour.

Comment pourrait-il vivre sans elle pendant de si longs mois?

Mais il ne pouvait décemment pas refuser...

Son premier mouvement fut d'emmener son épouse. Mais une courte réflexion lui démontra que c'était impossible. Outre que ce n'était pas la coutume dans une ambassade, surtout lointaine – et qui plus est en pays chrétien! – de se faire accompagner de ses femmes, il mènerait sa mission surveillé, autant que secondé, par les émissaires de Bagdad, d'al-Qahirah et de Konya. Non, Zéliha, hélas, devrait, en bonne épouse musulmane, rester à Damas pour veiller sur la maison de son mari en attendant patiemment son retour. Et Hasan, en bon serviteur de l'Islam, déférerait au désir du grand missionnaire, du calife et des sultans, sacrifiant pour quelques mois son bonheur conjugal.

Qu'est-ce après tout que quelques mois, dans une vie?

Lorsqu'il avait annoncé à la jeune femme qu'il allait devoir repartir en Occident et l'abandonner jusqu'à l'automne, elle l'avait écouté sans mot dire, tristement. Il l'avait prise tendrement dans ses bras.

« Tu vas me manquer, tu le sais. J'aurais tant voulu pouvoir t'emmener... »

Le lendemain, Zéliha, entrant d'un pas décidé dans le salon où il lisait un compte rendu de son intendant de Quteyfa, s'était plantée devant lui.

« Je pars avec toi! »

Hasan lui avait doucement expliqué que c'était impossible. Il lui avait détaillé toutes les difficultés que cela soulèverait, les conséquences que celles-ci pourraient avoir sur sa mission. Zéliha était intelligente, nul doute qu'elle comprendrait!

Mais elle n'avait pas voulu comprendre. Il ne se passait pas de jour qu'elle ne demandât, ne suppliât, n'exigeât de l'accompagner, imaginant les solutions les plus fantaisistes pour surmonter les obstacles qu'il lui avait décrits.

Ce matin Hasan était convoqué au Palais par al-Malik al-Kamil.

Lorsque celui-ci eut rejoint avec ses mamelouks le puissant corps de bataille que ses émirs avaient déjà commencé à déployer devant la ville, tout alla très vite. Al-Salih Ismaïl, le frère rebelle, perdit confiance; la fidélité des princes syriens qu'il avait ralliés devint hésitante. On négocia, et au dix-huitième jour du premier mois de Djumada [1] al-Salih Ismaïl abandonna la ville au sultan d'Égypte en échange d'un petit apanage dans la plaine de la Békaa, au pied du mont Liban, autour de Baalbek.

Installé dans la citadelle, au palais princier, al-Kamil prépare désormais l'attaque d'Alep, où se concentrent les derniers rebelles.

C'est un véritable conseil qui s'est tenu ce matin autour du sultan pour préciser le message que la délégation aura à délivrer aux souverains chrétiens. Il y avait là l'émir Fakhr ed-Din, ami et confident d'al-Kamil, Saoud ibn al-Babili, à nouveau dépêché par le Sheikh el-Djebel avec les dernières nouvelles reçues d'Alamout sur les mouvements des armées mongoles, et les trois émissaires désignés par al-Kamil, le sultan de Roum et le Calife pour accompagner Hasan...

Le départ aura lieu dans peu de jours. Bien qu'on soit en plein hiver, Sheikh Siradj al-Din a déjà organisé la traversée. Si les hasards de la navigation, nombreux en cette saison, ne l'entendent pas autrement, l'ambassade sera à Paris au début du printemps.

Lorsque tout à l'heure, à son retour du palais, Hasan annonça à Zéliha que le départ était si proche, ce fut l'explosion! Jamais il n'avait vu sa femme dans cet état! Jamais il n'avait seulement imaginé que ce pourrait être possible!

« Tu ne m'aimes pas! Tu es comme les autres! Tu veux faire de moi une esclave... pour ton seul plaisir!

– Comment peux-tu oser me dire cela, à moi? C'est moi qui t'ai libérée! Je t'ai achetée à un marchand d'esclaves, ne l'oublie pas! Tu étais peut-être mieux chez ton vieux bouc de Mossoul? Ou avec le pillard turc qui a massacré ta famille? Tu dois pourtant savoir ce que c'est que l'esclavage! Où as-tu jamais été plus libre qu'ici?

– Dans mon pays, dans le Caucase!

– Eh bien, retournes-y, dans ton Caucase! Dans tes montagnes sillonnées par les bandes seldjoukides, les mercenaires khwarezmiens, les cavaliers mongols et les pillards sans dieu ni maître! Si c'est cela ta liberté...

– Prends garde que je ne te prenne au mot!

– Tu n'en as aucun droit, tu es ma femme!

– Tu vois, tu vois! TA femme! En Occident les femmes peuvent sortir, se montrer à visage découvert, comme dans mon pays. Mais tu ne veux pas que j'aille là-bas. Tu ne veux pas que je respire. Tu veux que je reste ici, dans ton harem, à t'attendre sans rien faire. Pendant combien de temps? Six mois, un an? Le temps d'épuiser les charmes des femmes de Paris ou de Venise? Et pendant ce temps-là, tu veux sans doute que je passe ma vie à me bourrer de sucreries comme cette vieille chamelle de Zaïnab? Et si j'ai trop grossi, tu t'en offriras une nouvelle au retour... »

Saisissant un vase de fine céramique bleue posé sur une colonnette d'albâtre, Zéliha le jette violemment contre les boiseries... et hurle de surprise et de douleur.

1. 6 janvier 1238.

Hasan considère sa main comme si elle lui était étrangère. C'est qu'il ne l'a pas sentie partir. Il y a du sang sur le chaton sculpté de sa bague, qui a labouré la joue de Zéliha... Gisant à terre, la bouche ouverte, portant la main à sa joue déchirée, celle-ci regarde son mari avec les yeux d'une enfant soudain dégrisée.

Hasan s'agenouille, les larmes aux yeux.

« Ô mon aimée. Que sommes-nous en train de faire? »

Hasan ar-Rashid s'est fait excuser auprès de son ami Ahmed ibn Roschd, qui l'avait invité à souper. Il a commandé à son cuisinier ses plats les plus raffinés, fait servir dans des carafes de cristal ses vins les plus fins, appelé un vieux joueur de lyre aveugle, célèbre dans tout Damas.

Longtemps, tendrement, doucement, Hasan et Zéliha se sont aimés.

Il est tard. La lune d'hiver brille depuis longtemps au-dessus de Damas. La jeune femme se blottit contre son mari.

« C'est que je m'ennuie tant quand tu n'es pas là. Et tu es si peu là! »

VLADIMIR

L'an 6746 de la Création du monde, le mercredi 3 février, fête de sainte Anne la Prophétesse [1]

« Où sont les princes de Riazan? Où est votre grand-prince? Ne l'avons-nous pas fait prisonnier? Tous ont péri en vous abandonnant à la mort! »

Depuis la porte d'Or dont la masse blanche domine les murailles de Vladimir, puissantes levées de terre couronnées de tours et de galeries de bois, une volée de flèches répond au héraut des Tatars.

Terribles paroles pourtant...

Car dans la cité où s'entassent, angoissées, quarante mille personnes, soldats de la garnison, habitants de la ville ou réfugiés du voisinage, on sait bien, hélas, ce qu'a été le sort des princes de Riazan, et, depuis une semaine qu'ils ont quitté la ville, on ignore tout de ce qu'il est advenu du grand-prince et de son armée!

Au pied de la chapelle couronnant la porte d'Or, les princes Vsevolod et Mstislav, le voïvode Piotr Oslyadyukovitch et l'évêque Mitrophane voient soudain un cavalier traîner enchaîné derrière lui, maigre, épuisé, tremblant de froid, un prisonnier ensanglanté dans lequel ils finissent par reconnaître le prince Vladimir, capturé à Moscou.

« Soumettez-vous, et vous reverrez votre prince! »

Vsevolod et Mstislav restent muets. Ils se tournent vers l'évêque Mitrophane.

« Mes enfants, ne nous laissons pas induire en tentation par ces impies. Ne pensons pas à cette vie flétrie et éphémère. »

1. 3 février 1238.

Vsevolod prend par deux fois son inspiration, puis, d'une voix qu'il s'efforce de rendre la plus ferme possible, il hurle au héraut :

« Si mon frère doit mourir, nous saurons nous montrer dignes de lui ! »

Alors, tranquillement, lentement, sous les yeux de ses frères, les Tatars, insensibles aux hurlements du mourant – en jouissant, bien plutôt –, mettent à mort – avec raffinement – le jeune prince Vladimir.

Plus loin, à quelques dizaines de pas en arrière des bourreaux, un cavalier brandit une longue hampe blanche où se balancent dans le vent neuf queues de chevaux bais.

Derrière lui encore, précédant une rangée de porteurs de bannières triangulaires frappées d'animaux fantastiques, deux hommes se tiennent immobiles sur leurs petits chevaux caparaçonnés de cuir rouge, sous leurs grands casques guillochés d'argent et surmontés d'un toupet de crin, aux larges garde-joues et aux longs couvre-nuques. Les écailles de cuir cloutées de leurs armures de buffle disparaissent sous l'épaisseur des fourrures luisantes. Sur leur poitrine pend la *païdja* [1] d'or, frappée du faucon des princes ou du lion des généraux en chef.

Ce sont les chefs suprêmes des Tatars.

Le khan Batou et le général Subötaï.

Lorsqu'il y a quelques jours, dans leur campement établi au bord de la Moskowa, près des ruines de Moscou, ils apprirent que Youri Vsevolodovitch avait quitté sa capitale, rassemblant leurs tümens, ils les conduisirent aussitôt, chevauchant comme l'éclair, aux portes de Vladimir.

Lentement, dans un roulement de tambours qui paraît ne devoir jamais finir, les cavaliers tatars, multitude brune sur la plaine blanche, encerclent la cité...

Le vendredi 5 février, fête de sainte Agathe

« Oh ! Jérôme, regarde ! »

Du haut de la porte d'Airain, frère Cyrille presse le bras de son ami dominicain. L'higoumène Anastase les a quelques jours plus tôt envoyés avec six autres moines mettre à l'abri des remparts de Vladimir les trésors les plus précieux du monastère des Saints-Côme-et-Damien. À peine étaient-ils arrivés qu'ils s'étaient trouvés prisonniers de la ville encerclée par les Tatars.

Au loin, vers l'est, s'élèvent des colonnes de fumée noire.

« Jérôme, qu'est-il advenu de tous nos frères ? »

Le jeune Hongrois serre l'épaule de son ami. Cyrille sanglote doucement, comme un petit enfant.

« J'ai toujours vécu à Souzdal. C'était ma ville. »

Subötaï, après avoir pris avec une effrayante rapidité les dispositions pour mener un siège en règle et envoyé une avant-garde surveiller les mouvements des troupes du grand-prince, a expédié hier matin la moitié de son armée vers Souzdal, à trente verstes de Vladimir. En ce moment brûlent la ville, sa cathédrale, ses églises et tous ses monastères...

---

1. Tablette, insigne du rang.

Le samedi 6 février, fête de saint Boukolos de Smyrne

Sur la ligne ennemie, la brume se dissipe.

Un à un, les défenscurs, tombant à genoux, implorent le Seigneur.

Car, de mémoire de Russe, on n'a jamais vu cela.

Groupés sous leurs bannières en un ordre parfait, les Tatars, silencieux, ont achevé de déployer leur appareil de siège.

Depuis l'aube est terminée l'immense palissade que Subötaï a fait ériger pour protéger ses troupes des tirs des défenseurs, aussi bien que pour empêcher les messagers de quitter la place et pour barrer la route à d'éventuels secours.

Sur un ordre soudain, abritée derrière elle, une myriade d'archers décoche vers les remparts toute une nuée de flèches.

Derrière les archers, immobiles, effrayantes, les machines de guerre...

Quand Piotr Oslyadyukovitch, dont la longue vie a connu tant de batailles, a vu les envahisseurs édifier leurs machines, il a fait pour lui-même le signe de la croix.

Quoi, ces cavaliers venus du fond des steppes disposent de pareils engins! Et ils ont été capables de les amener avec eux, démontés!

Au milieu des balistes à cordes et à ressorts à quatre ou cinq servants se dressent sur des plates-formes terrassées, protégées de barrières et de claies, de gigantesques trébuchets, servis par près de quarante hommes.

C'est la force qu'il faut pour ramener la verge de l'engin et son contrepoids en position de tir...

Subötaï a fait venir servants et ingénieurs du Khwarezm et de Chine...

Les charpentiers ont achevé de préparer les échelles et les échafaudages d'assaut, que l'on traînera au pied des murailles. Devant chaque porte de la ville comme aux points les plus faibles des remparts attendent, prêts à les ébranler de leurs têtes de fer, d'énormes béliers, gardés par des essaims de petits guerriers bruns.

Vsevolod et Mstislav, hier soir, voulaient tenter une sortie, mais le voïvode les en a dissuadés.

« Ils sont bien trop nombreux pour que nous puissions les affronter en rase campagne! Ce sera bien assez si nous parvenons à défendre la ville! »

Sa voix a tremblé lorsqu'il a répété :

« Ce sera bien assez... »

Le dimanche 7 février, fête de saint Luc le Steiriste

« Ils arrivent! Ils arrivent! »

Un flot continu de réfugiés se presse devant la cathédrale de la Dormition, mais elle est si bondée, jusque dans les galeries, qu'il ne faut plus guère espérer y entrer. Dans la pénombre que dissipent à peine la lumière glauque tombant des fenêtres et la lueur vacillante des cierges, on prie debout.

Il n'y a plus la place de se mettre à genoux.

Au fond de la nef, dans le sanctuaire réservé au clergé, au milieu des odeurs d'encens et des litanies des prêtres et des moines entassés autour d'eux, seuls l'évêque Mitrophane, l'archimandrite Pakhôme du couvent de la Nativité, l'higoumène Théodose, du monastère de Saint-Sauveur, et Daniel, higoumène du monastère de la Dormition, demeurent agenouillés devant l'autel, implorant sans répit la protection de la Vierge Marie.

Plus belle qu'Elle ne le fut jamais, illuminée de cierges, Notre-Dame de Vladimir regarde tristement ces hommes en prière qui n'espèrent plus qu'en Elle.

Car ici, sur la terre, il n'y a plus d'espoir.

Elle est tombée, la rivale de Kiev, la capitale du Nord qui dressait fièrement au-dessus de ses remparts les tours de ses églises aux calottes dorées, la ville dont on vantait la science des écoles monastiques, le talent des ateliers d'icônes, la richesse de la bibliothèque...

Ce matin, au petit jour, ils ont donné l'assaut.

Toute une journée, toute une nuit durant, sans un instant d'interruption, l'artillerie tatare a fait pleuvoir des rochers sur la cité, écrasant les isbas, éventrant les toits des églises et des monastères.

Des pots enflammés ont couvert la cité de brasiers.

Quand s'avança la nuit, sous les nuages bas illuminés d'or et de sang, on vit bientôt si clair qu'on crut que Lucifer, le Porteur de Lumière, éclairait de sa torche l'œuvre dévastatrice des légions de l'enfer.

Les dômes d'or des églises scintillaient de reflets de mort.

Hier soir, après avoir perdu leurs derniers espoirs au cours d'une ultime inspection des remparts, Vsevolod, Mstislav et le voïvode Piotr se sont succédé à la cathédrale, priant l'évêque Mitrophane de leur accorder la tonsure monacale pour qu'ils puissent mourir en odeur de sainteté.

Heure après heure, des combattants de tout rang ont suivi leur exemple.

La grande-princesse Agatia, sa fille, ses belles-filles sont à leur tour venues du palais pour entrer en religion.

Après un dernier regard à l'icône sacrée, Vsevolod, repartant au combat, a murmuré, sinistre :

« Il ne nous reste plus qu'à prier Dieu de conserver l'existence, la gloire et le saint nom de la terre russe ! »

Ce dimanche, à l'aube, juste après les matines, vers l'église du Sauveur, le rempart s'est effondré. Dans le même moment, les Tatars ont enfoncé les défenses de la Nouvelle Ville en trois autres endroits.

Par les quatre brèches, ils se ruèrent aussitôt...

Un cri s'éleva – un hurlement, plutôt : « La ville est prise ! »

Dix voix, cent voix, mille voix le relayèrent...

Et quarante mille âmes furent saisies de panique.

Chacun courait en tous sens dans les rues, espérant trouver un abri sûr contre la fureur des Tatars. On se bousculait aux portes des églises. Dans la cohue, les bataillons qui tentaient de se porter sur les points les plus menacés se trouvaient bloqués, incapables d'avancer ni de manœuvrer. Les princes et le voïvode ont tenté en vain de discipliner la foule, qui compromettait toute défense. Y renonçant enfin, ils se sont repliés – péniblement – vers le kremlin, au centre de la cité.

Dans Vladimir en désarroi circulaient les rumeurs les plus folles, les espoirs les plus fous : on disait que Vsevolod avait quitté la ville en emportant les trésors du grand-prince pour en faire cadeau à Batou, dans l'espoir d'obtenir la vie sauve pour les assiégés...

Vsevolod n'a pas quitté Vladimir. Un peu avant midi, avec son frère et son voïvode, il a trouvé la mort au combat.

L'envahisseur est entré dans l'enceinte du Monomaque, le cœur de la cité. Inexorable, il progresse.

Il incendie les maisons de bois encore debout, massacre la population sans distinction d'âge ni de sexe, tuant sans pitié au milieu des flammes tous ceux qui ont cru trouver refuge dans les églises.

« Faites place, faites place à la grande-princesse ! »

Cris, larmes, cantiques...

Âmes des riches ou des pauvres, âmes des grands ou des humbles communient en ce jour dans une même misère.

Dans la nef surpeuplée, les gardes parviennent à frayer un chemin à Agatia Vsevolodovna et aux princesses qui la suivent avec leurs enfants.

Barricadant aussitôt derrière elles les portes du sanctuaire, l'évêque Mitrophane les fait monter, ultime et dérisoire refuge, dans la tribune du chœur.

« Seigneur, étends Ton bras invisible et reçois Tes serviteurs ! »

Grimpés sur les toits, au pied des cinq coupoles d'or, les derniers défenseurs tentent désespérément de repousser la foule des Tatars qui, après avoir couvert le parvis d'un tapis de cadavres, vient battre les hauts murs couverts de fresques et de reliefs.

« Priez, mes frères, pour que Notre-Seigneur, dans Sa miséricorde, nous pardonne dans l'au-delà les péchés pour lesquels Il nous châtie ici-bas ! »

« *Goïda ! Goïda !* »

Le refrain des Tatars scande les coups du bélier contre la lourde porte barrée de madriers...

Cyrille et Jérôme ont trouvé refuge dans une petite pièce donnant sur le sanctuaire, un réduit, plutôt, où l'on range d'habitude les ornements du culte. À leur surprise, lorsqu'ils sont arrivés deux heures plus tôt, escortant l'archimandrite Pakhôme, c'est l'évêque lui-même qui les a envoyés là.

Ils prient. Comme chacun dans la cathédrale.

La porte basse s'ouvre. C'est l'évêque Mitrophane qui serre contre lui un grand cadre enveloppé de noir.

« Frère Cyrille, l'heure est venue de prouver à Notre Mère la réalité de ton amour ! »

Cyrille le regarde avec surprise. Écartant un pan du voile qui le dissimule, le prélat offre au regard du jeune moine le merveilleux visage de la Vierge de Vladimir.

« Nous avons sans doute trop péché pour qu'Elle puisse intercéder en notre faveur ! Il n'y a plus d'espoir ! La ville est prise. Elle brûle. Demain il n'en restera rien. »

L'évêque laisse retomber le voile.

« Rien, hormis cette icône.

– Comment cela, monseigneur?

– Le prince André, qui était homme prudent, a jadis fait creuser deux étroits souterrains, l'un partant du palais, l'autre de la cathédrale. Le souterrain de la cathédrale commence sous cette dalle. Il conduit sur la pente, en contrebas des remparts, dans un bosquet au-dessus de la Kliazma. Vous vous y cacherez le temps qu'il faudra. Tu vas partir et sauver l'icône! »

Cyrille, pâle d'émotion, prend le cadre que lui tend Mitrophane. L'évêque le saisit par les épaules.

« Fils, nul ne saurait être mieux désigné que toi pour La protéger! »

Le prélat pose sa main baguée sur l'épaule de Jérôme, lui disant en grec :

« Pars avec ton ami. À vous deux, vous parviendrez peut-être à échapper aux Tatars. Et, quand tu rentreras dans ton pays, dis-leur là-bas ce que tu as vu à Vladimir! Et, s'ils te disent que cela ne peut leur arriver, réponds-leur que nous étions sûrs, nous aussi, que cela ne pouvait nous arriver! »

La dalle glisse. À la lumière d'une torche, les deux hommes s'enfoncent dans l'obscurité de l'étroit boyau. Et, tandis qu'on entend les coups sourds des béliers qui s'acharnent contre les portes de la cathédrale, Cyrille, levant la tête, voit au-dessus de lui, par l'ouverture de la trappe, l'évêque de Vladimir dessiner de ses doigts le signe de la croix.

MAFALDA

L'an du Seigneur 1238, le lundi 22 février,
fête des saints Thalasse et Limnée

« Oh, Edouard, que c'est bon! »

Enlaçant de ses jambes brunes les cuisses blanches de son amant, Mafalda roule avec lui dans les fourrures qui tapissent le lit aux lourdes courtines grenat tirées sur leurs ébats.

S'étalant sur le dos au milieu des coussins en bataille, les bras ouverts en croix, Edouard, en nage, souffle d'épuisement. Appuyée sur sa poitrine dont elle caresse les quelques poils roux tout en reprenant elle aussi sa respiration,la jeune fille le regarde en souriant de ses jolies dents pas encore gâtées, avec un ronronnement de petite chatte, parfois interrompu par un bref gloussement... quand elle lui pince par surprise un mamelon, par exemple...

L'Anglais n'a plus la force de réagir à ces caresses et à ces provocations. Si jeune qu'elle soit, l'élève promet de dépasser le maître...

Edouard lui a dès l'abord trouvé un charme étrange, avec sa peau sombre, des yeux légèrement en amande, des cheveux très noirs, des pommettes hautes, un sourire enjôleur, et ce grain de beauté qui marque sa joue gauche.

Certains la trouvent laide. Pas lui. Au contraire. Peut-être parce qu'il a vécu en Orient, où l'on croise parfois des races bien étranges.

Il est vrai qu'elle porte en elle le sang de ces mystérieux Tartares qu'évoquent quelquefois, ces temps-ci, dans leurs conversations mondaines, les Vénitiens bien informés, quand ils se lassent de maudire l'Empereur Frédéric.

Sa mère, une fort belle femme paraît-il, dont on vantait la blondeur – au demeurant de famille honorable, bien que désargentée – avait épousé un marchand génois qu'elle aimait fort.

Eh oui, même entre cités rivales, cela arrive!

Ce marchand commerçait avec la Gasarie [1], où il se rendait de temps à autre, emmenant immanquablement sa femme avec lui, tant il ne pouvait se passer d'elle. Au début de l'an mil deux cent vingt-trois, ils se trouvaient tous deux à Soldaïa, principal port de la contrée. Les Génois avaient créé là un comptoir prospère, où ils venaient chercher les fourrures du Nord – petits-gris ou renards noirs – mais aussi les esclaves des deux sexes, raflés dans leurs pillages par les tribus nomades errant au bord du Borysthène ou du Tanaïs et que l'on revendait un bon prix jusqu'en Égypte...

Il se trouva qu'en ce temps-là, en poursuivant les Coumans, les Tartares vinrent en Gasarie. Ils saccagèrent Soldaïa, pillant, tuant, déportant. Le marchand génois fut égorgé, la belle Vénitienne violée. Demeurée en vie on ne sait comment, on la retrouva quelque temps plus tard, dans les ruines, devenue folle. Une galère l'emmena à Constantinople, et de là à Venise. À l'automne, elle y accoucha d'une fille et mourut peu après.

Recueillie par des parents éloignés, âgés et sans fortune, la fillette fut un peu délaissée, un oncle de sa mère, ecclésiastique en Ombrie, pourvoyant de loin et chichement à son entretien. Comme elle avait néanmoins – on ne sait trop comment – appris à lire et avait une jolie voix, on la plaça, avant qu'elle eût douze ans, auprès de dame Isabella Contarini, femme du seigneur Domenico, qui cherchait alors une demoiselle de compagnie pour lui faire la lecture des romans de chevalerie qu'elle affectionnait. Donna Isabella, qui s'ennuyait fort, son mari passant alors plus de temps en Romanie qu'à Venise, se prit aussitôt d'affection pour la petite bâtarde des Tartares et s'employa à parfaire une éducation qu'elle trouvait un peu rustre, en dépit de qualités de lectrice extrêmement rares chez une fille qui ne fût point de la haute société. Mais sa mère, après tout, était de bonne maison!

Mafalda apprit vite, très vite. Vêtue avec goût, sachant se tenir dans le monde, de commerce agréable, elle est aujourd'hui la première demoiselle de compagnie de sa maîtresse, qui ne peut guère se passer d'elle.

« Ma petite sœur », l'appelle tendrement donna Isabella.

Demeurée sans enfants, celle-ci, qui, à plus de trente ans, aurait l'âge d'être sa mère, en a fait la confidente de tous ses secrets.

D'abord logée avec les servantes dans le dortoir commun du second étage – celui des domestiques –, elle s'accoutuma peu à peu à aller passer de fréquentes nuits dans la haute chambre aux boiseries sculptées, tendue de tapisseries de grand prix, de donna Isabella qui, détestant dormir seule, réclamait de plus en plus souvent sa petite Mafalda. Lorsque le seigneur Domenico revint définitivement d'Orient, auréolé du prestige de deux victoires navales contre le grand drongaire de Vastace, la jeune fille retrouva plus souvent qu'à son goût la salle commune sous les combles. Et bien qu'elle fût amenée à demeurer souvent auprès de sa maîtresse à Chioggia, où sa nouvelle dignité de podestat appelait désormais ser Domenico, elle n'eut point de mal à obtenir de donna Isabella

1. Crimée.

l'usage d'une petite pièce située juste au-dessus de sa chambre et délaissée depuis quelque temps. Sans doute n'était-elle pas grande, et le lit un peu passé de mode dont sa bienfaitrice lui avait fait cadeau occupait à lui seul la moitié de l'espace. Mais Mafalda en avait fait un petit nid agréable, avec les tentures colorées qui garnissaient ses murs et la petite cheminée qui en faisait en hiver un havre de chaleur.

C'est là que, depuis un peu plus d'un mois, quand la maîtresse ne sollicitait pas la compagnie de sa « petite sœur », Edouard venait rejoindre la jeune fille à la peau de cuivre.

À la Ca'Bardolo, l'intendant Enrico avait scrupuleusement exécuté les dernières instructions que son patron agonisant avait griffonnées sur son carnet, au champ de Cortenuova. L'Anglais se trouvait nanti d'un pécule qui, s'il savait se montrer économe, lui permettrait de vivre sans se priver durant un bon moment. Mais cela n'allait tout de même pas très loin. Or, les filles et les gendres de maître Bardolo ayant quelque mal à s'entendre sur sa succession et la reprise de ses affaires, Enrico ne voyait plus d'emploi pour lui dans l'immédiat. Il eut toutefois la présence d'esprit de se rappeler que l'intendant du seigneur Domenico Contarini, Matteo, dont il était un lointain cousin, cherchait un homme ayant quelque expérience en affaires et surtout sachant lire, écrire et au besoin parler un grand nombre de langues. C'est qu'un seigneur aussi riche que ser Domenico avait des intérêts dans bien des pays!

Enrico recommanda Edouard, et le marché fut fait.

On le logea au palais Contarini-Sanudo, au second étage, bien sûr, mais, comme il n'était point domestique, dans une chambrette qu'il partageait avec un jeune clerc auquel l'intendant Matteo confiait ses écritures.

Dès le second soir, il demanda à son compagnon qui était la jeune beauté brune qui paraissait loger dans la pièce voisine.

Dès le troisième, il lui sourit.

Dès le quatrième, il lui parla.

Dès le sixième, il laissa le clerc dormir seul dans la chambrette.

La chair! De quelles chaînes, Seigneur, ne nous as-tu pas chargés?

Très jeune, Edouard avait été initié à ses plaisirs, y trouvant dans l'instant une joie qu'il aurait voulue sans fin, et dans les jours suivants la honte du péché qu'attisaient les sermons du curé Alfred, décrivant chaque dimanche les tourments de l'enfer. La paix de l'enfance l'avait alors quitté sans retour. Lorsque son esprit désormais déchiré se fut bientôt persuadé que son destin était de servir Dieu en combattant les infidèles, il fut reçu au Temple, fit le serment de chasteté et partit en Terre sainte. Il se battit bravement contre lui-même, mortifiant son corps lorsqu'il sentait monter en lui l'appel du Démon; il triomphait souvent..., pas toujours..., des œuvres du Malin. Mais à quel prix!

Il est vrai qu'il y avait frère Michel, un jeune chevalier de Hongrie...

Ensuite il y eut ce retour en Angleterre... la commanderie de Galway, près du pays de Galles... Guillaume du Marais... la commanderie de Faxfleet, enfin..., ce page, ce procès...

Edouard avait d'abord eu du mal à accepter son exclusion du Temple. Puis il avait admis que ce n'était pas sa voie...

Depuis qu'ayant abandonné la vie de chevalier il vivait dans les villes et sur les grands chemins, il cédait de plus en plus volontiers aux appels de ses instincts, voyant autour de lui qu'il n'était point le seul à aimer le péché. Par moments, toutefois, sa pénitence était en proportion du brutal appétit dont il avait fait montre. Il sombrait dans la mélancolie, se voyait à jamais rôtir sur la broche des démons qui le piquaient de leurs tridents comme on fait d'un mouton pour voir s'il est bien cuit! Il infligeait alors à son corps des macérations et des épreuves propres à atténuer la colère de Dieu...

Dieu... Depuis qu'il avait traversé l'Allemagne, il croisait, dc-ci, de-là, des hommes qui en parlaient étrangement. En Lombardie, il s'était peu à peu persuadé, écoutant tantôt quelque moine vaguant aux yeux illuminés qui prenait la parole sur la place d'un village, tantôt quelque sombre prêcheur murmurant à voix basse près de l'âtre d'une ferme qui l'accueillait pour la nuit, que tout peut-être n'était pas comme le disaient les prêtres de Rome. En lui enseignant que le monde d'ici-bas était l'œuvre du Malin, le bonhomme de Milan lui avait fort donné à réfléchir...

À la chair, en tout cas, il n'avait guère eu loisir de sacrifier au long de la route troublée qui l'avait conduit de Cortenuova à Venise! Et lorsque, reposé, ayant retrouvé dans la ville des lagunes confort et sécurité, il vit devant sa chambre passer Mafalda, la tension qui souleva ses braies l'invita sans retard à passer à l'action.

Mafalda l'attendait. Il le comprit dès le premier regard. Elle languissait de connaître les plaisirs de l'amour.

Edouard était expert, il l'instruisit longtemps.

Elle voulut progresser et en apprendre plus. Edouard lui fit don de toute sa science.

Quel air triste d'abord, mécontent ensuite, furieux enfin, ne prenait-elle pas lorsque donna Isabella, un soir, demandait sa présence pour la nuit! Heureusement, depuis un mois sa maîtresse souffre de quelque fièvre, comme souvent l'hiver – c'est d'ailleurs la raison pour laquelle l'une et l'autre ne sont pas reparties tout de suite à Chioggia à la suite du seigneur Domenico. Aussi donna Isabella appelle-t-elle rarement, la nuit, sa « petite sœur », ne voulant pas risquer de lui donner son mal.

Edouard et Mafalda ont vite pris l'habitude de boire un peu de vin, relevé de ces épices qui échauffent les sens. Avant-hier, la jeune fille a amené des herbes qu'on mélangea au vin. Quelle volupté ils eurent! À en crier d'un plaisir proche de la douleur... ou d'une douleur qui était un plaisir...

« Où as-tu eu cela?

– Je connais une femme qui a des secrets... »

En quelques mots échangés, l'ancien Templier eut tôt fait de comprendre que Mafalda, comme lui, ne se contentait pas de l'enseignement des prêtres de Rome. Cela les rapprocha encore...

Edouard s'était peu à peu aperçu que son amante ne semblait pas témoigner pour donna Isabella toute l'affection qu'on aurait attendue. Dans la longue conversation qu'ils eurent cette nuit-là, il se hasarda à l'interroger discrètement sur ce sujet. Mafalda répondit simplement, haussant les épaules avec une moue : « Elle est bête! »

Mais le jeune homme a compris qu'il y a autre chose.

Quelques soupirs ponctuant leurs propos, un voile passant parfois dans le regard de son amie ont suffi à lui faire soupçonner la vérité...

Quelques questions d'apparence anodine n'ont fait que la confirmer...

Il a deviné que Mafalda, si elle ne lui en a rien avoué, est dévorée d'une passion d'amour, et que, aussi fort qu'elle désire son corps – son premier corps d'homme ! –, il n'en est pas l'objet !

Il en est sûr : celui qui incendie son cœur et embrase son esprit...

C'est ser Domenico Contarini, podestat de Chioggia, héros des guerres de Romanie !

Edouard a repris son souffle. Ce soir encore on a mêlé des herbes au vin... Il serre contre lui le petit corps de cuivre, caressant les cheveux noirs de la tête blottie sur son épaule.

« Edouard !

– Oui, ma petite diablesse ?

– Viens me retrouver demain soir après souper, au pied du campanile de Saint-Samuel-Prophète, à l'heure de complies. Je t'emmenerai voir la femme qui a des secrets... »

LE PLATEAU D'ARGENT

Le dix-septième jour de la première Lune,
dans l'année du Chien,
dixième du règne d'Ögödäi Qaghan, Souverain du Monde [1]

« L'orlok Burundaï m'envoie, ô khan, t'apporter de sa part un cadeau qui te fera plaisir. »

Assis sur son trône, entouré d'officiers, enveloppé de fourrures derrière le grand feu qui crépite au milieu de sa yourte, Batou fait signe au centenier de s'avancer et de dévoiler son présent.

L'homme s'agenouille devant le prince.

Il dépose sur le sol un plateau d'argent ciselé enlevé dans un temple chrétien.

Sur le plateau, un gros paquet pointu, emmailloté de toiles...

Lorsque le centenier commence à les dérouler, le sommet d'un casque apparaît : un casque doré, un casque de prince !

Batou sourit.

Le centenier continue, impassible, à enlever les toiles.

Durcie par le froid, les yeux fermés, les dents serrées entre ses lèvres noires restées entrouvertes, le nez collé par le gel sur le nasal doré de son casque, une tête de prince est à ses pieds.

« On l'appelait Youri Vsevolodovitch. »

Sur un signe du prince, un serviteur lui tend une coupe de qoumiz.

Toujours à genoux, le centenier élève jusqu'à lui le plateau où il vient de poser le trophée.

---

1. 5 mars 1238.

Pendant un long moment, silencieux, jubilant, le fils de Djötchi savoure, gorgée par gorgée, sa victoire.

Abandonnant les ruines de Vladimir, Subötaï était parti vers le Nord poursuivre le grand-prince, tandis que, pour le couper de la dernière source de renforts qui lui restait, Batou faisait marcher une armée sur la principauté de Novgorod, sous les murs de laquelle il avait donné rendez-vous à son général.

Sur leur route, ils firent le vide.

Kostroma, Iourevets, Iaroslavl, Rostov, Ouglitch, Iourev-Polski, Kachine, Dmitrov, Gorodets, Péréiaslav-Zalieski...

Noms de ruines fumantes qui dressent leurs moignons noircis dans la blancheur des neiges...

Au nord d'Ouglitch, sur les bords de la rivière Sit, le grand-prince Youri, secondé par son frère Sviatoslav, leurs neveux Vsevolod, Vladimir et surtout Vasilko, le valeureux prince de Rostov, avait pris position avec presque toutes les troupes que la Souzdalie pouvait rassembler. Seul son frère Iaroslav n'avait pas encore pu le rejoindre. Mais, ébranlé à l'annonce de la chute de sa ville et du massacre des siens, Youri a hésité : plutôt que d'affronter tout de suite ces terribles Tatars, qui semblaient insensibles aux rigueurs de l'hiver, ne valait-il pas mieux attendre les renforts de Iaroslav et ceux qu'il avait demandés à Novgorod, pour pouvoir se jeter sur l'envahisseur avec la totalité des forces de la Russie du Nord? Youri pouvait tenir là en attendant le moment favorable, abrité par la Volga et les rivières Mologa et Sit!

Le temps passant, sans nouvelles de son frère ni de Novgorod, il décida d'envoyer en reconnaissance une puissante troupe pour localiser l'ennemi. Hier matin, à l'aube, le boyard Doroje, qui la commandait, revenait au camp, le visage sombre. S'inclinant devant son maître, il dit simplement :

« Seigneur, les Tatars nous ont encerclés. »

Quelques heures plus tard, commandés par l'orlok Burundaï, les cavaliers tatars apparurent.

Youri fit disposer ses troupes dans la plaine enneigée.

Par un froid à fendre les pierres, les princes aux cuirasses rehaussées d'or se signèrent, chantèrent un cantique avec toute leur armée et, sous les bannières au lion d'or de Souzdalie que raidissait le gel, lancèrent leur cavalerie au galop, suivis par les nobles, les chevaliers, et l'infanterie des milices urbaines.

Mais aucune charge ne put briser le cercle des Tatars.

Au terme de la journée, massacrée ou en fuite, l'armée russe était anéantie.

Burundaï pouvait envoyer son présent à Batou Khan, qui, laissant une partie de ses troupes assiéger Torjok, sur le territoire de Novgorod, venait à sa rencontre pour le soutenir en cas de besoin.

Allons! La campagne commence sous les plus heureux auspices! Que l'on écrive une nouvelle fois au Qaghan pour lui décrire le sort de ceux qui résistent à sa volonté!

C'en est presque trop facile!

Ces guerriers d'Occident sont courageux et bien armés, mais ils combattent comme des aveugles! Quand leurs éclaireurs ont chevauché une demi-journée, ils s'estiment contents et font demi-tour... Les éclaireurs mongols, eux, peuvent chevaucher des jours entiers! Et leurs armées ne cessent de manœuvrer en ordre dispersé; à Riazan, Batou s'attendait chaque jour à voir fondre sur lui les armées du grand-prince de Vladimir, mais celui-ci n'a bougé que lorsque les forces de Riazan eurent été anéanties. Ces dernières semaines, il pensait voir une puissante armée venir de Novgorod, mais celle-ci n'a envoyé aucune troupe!

On peut les frapper où l'on veut, quand on veut... Ils ne voient rien, ne savent rien, ne préparent rien...

C'est presque trop facile!

Un noyon se fait annoncer.

« Ô khan, le prince de Rostov est à tes pieds! »

En veillant soigneusement à ce qu'il n'en heurte pas le seuil, ce qui serait du plus mauvais présage, on traîne dans la yourte Vasilko Konstantinovitch. Blessé, enchaîné, le prince à la barbe et aux cheveux blonds trouve la force de se redresser d'une taille qui domine tous les petits hommes noirauds debout au pied du trône.

Batou et le prisonnier s'affrontent du regard.

Batou est de bonne humeur, aujourd'hui...

« On m'a parlé de ta bravoure, prince Vasilko. Par dix fois tu as chargé mes guerriers, par dix fois tu les as fait reculer. Tu as bien servi ton grand-prince. Si tes frères et tes oncles s'étaient battus comme toi, qui sait ce qui serait advenu? »

Le khan fait une pause... Le temps pour l'interprète de traduire ses propos.

« Nous, Mongols, nous aimons la bravoure et la fidélité. Tu es mon invité, valeureux prince. Sois mon ami! Tu souperas ce soir à ma table et tu m'y raconteras tes faits d'armes! Et quand tu nous connaîtras, tu viendras combattre à nos côtés pour faire la volonté du Grand Ciel Éternel et du Qaghan, Son envoyé! »

Vasilko reste un long moment sans répondre, se mesurant toujours du regard avec Batou. Il paraît réfléchir à ce qu'il va dire. Puis, lentement :

« Ennemi du Christ et de mon pays, jamais je ne serai ton ami! Peuple maudit, tu es voué aux ténèbres! Il existe un Dieu, et tu seras anéanti quand la mesure de tes crimes sera comble! »

Toute bienveillance disparaît aussitôt du regard du khan. Il aboie un ordre que Vasilko ne comprend pas mais dont il devine sans peine le sens. À peine l'a-t-on poussé hors de la tente qu'il tombe, percé de coups.

On jettera son corps décapité dans la forêt voisine de Chérensk.

Grommelant, Batou se fait porter une nouvelle coupe de qoumiz et fait sortir tous les assistants, hormis le serviteur chargé de lui remplir sa coupe sitôt qu'il l'aura vidée.

Il se détend à nouveau. C'est presque avec tendresse qu'il se met à considérer la tête bleuie posée à ses pieds.

Voilà donc le premier des puissants khans d'Occident qu'il s'est juré de soumettre!

Ô Éternel Tengri! Ô Gengis Khan! J'accomplirai Votre volonté!

Et Batou, grisé par l'alcool, voit le plateau et la tête se dédoubler... Il imagine alors, un large sourire aux lèvres, les tapis de sa yourte couverts de plateaux d'argent... de plateaux et de têtes... les têtes de tous ces khans de l'Europe dont il a appris par cœur les noms et qu'il est destiné à vaincre : Béla de Hongrie, Venceslas de Bohême, Boleslaw de Pologne, Louis de France, Henry d'Angleterre, Ferdinand de Castille, Jacques d'Aragon, Sanche de Portugal, Haakon de Norvège, Valdemar de Danemark, Erik de Suède, Ivan de Bulgarie... et, sur un plateau d'or, la tête de leur Qaghan, Frédéric d'Allemagne!

Revenant à la réalité, Batou ramène son regard satisfait sur Youri Vsevolodovitch.

Allons, souris-moi encore, jolie tête!

LE DEUIL
L'an 635 de l'hégire, le vingt-deuxième jour du mois de Radjab [1]

« Au noble Frédéric, Auguste César, glorieux Empereur des Romains, fils de l'Empereur Henri, petit-fils de l'Empereur Frédéric, victorieux par la grâce de Dieu, puissant par Sa puissance, exalté par Sa gloire, illustre roi d'Allemagne et d'Italie, de Sicile et de Jérusalem, l'émir Fakhr ed-Din ibn ach-Cheikh, qu'accable le chagrin.

Au nom de Dieu clément et miséricordieux!

Louange à Dieu, l'Unique, qui n'a ni commencement ni fin, et qui par un seul mot a créé les sept cieux, les sept terres et les dix-huit mille mondes!

Saurai-je, ô Seigneur, mon ami, adoucir la tristesse de la nouvelle que je t'apporte?

Hier encore il me parlait.

Dans l'agitation du moment, je crois qu'il va m'appeler comme jadis pour méditer à ses côtés.

En t'écrivant, je crois le faire revivre, comme lorsque, accablé par les affaires de l'État, il me priait de prendre pour lui la plume et de t'adresser, en son nom, son salut, son amitié, et les hautes réflexions qui agitaient son esprit.

Dieu vous avait faits frères,
l'un sous le signe de la Croix,
l'autre sous celui du Prophète.

Il vous avait faits frères, le Conciliateur,
pour que vos mains se rejoignent par-dessus l'agitation des petits hommes, qui mesurent le Très Haut à l'aune de leur superstition!

Il vous avait faits frères, le Vigilant,
pour que les facettes de Sa Révélation, éparpillées par les humains, ne fassent plus qu'un unique miroir reflétant dans toute Sa lumière, Sa perfection et Son unité!

Cette nuit, voici quelques heures à peine, Il a voulu séparer les frères.

---

1. 10 mars 1238.

Louange à Dieu, donneur de vie et donneur de mort!

Il a rappelé à Lui Son Serviteur al-Malik al-Kamil Nasiraddin Abou-l-Maali Muhammad, sultan d'Égypte, neveu et héritier d'al-Malik an-Nasir Salahaddin Abou-l-Muzzafar Youssouf [1], d'auguste mémoire.

Puisse-t-Il, l'Infiniment Bon, les compter tous deux au premier rang de Ses élus!

Comme toi, il a lutté contre les jaloux et les ignorants.

Comme toi, il a lutté contre tous ceux pour qui l'intensité de la Foi n'a pour mesure que les flots de sang versés.

Il t'a donné al-Qods.
Et les ignorants l'ont honni!
Tu as protégé les croyants et leurs Lieux saints.
Et les ignorants t'ont honni!
Mais Il a lu, le Grand Voyant,
Il a lu, l'Infiniment Bon,
Il a lu, le Miséricordieux,
dans l'âme de Son serviteur al-Malik al-Kamil,
comme Il a lu dans la tienne.
Et Il sait ce que vous avez fait pour que Sa Paix s'étende sur le monde.

Louange à Dieu, le Juge, l'Équitable!

Alors que la discorde divise plus que jamais les croyants, alors que de sombres nuées se forment, tourbillonnantes, dans les déserts de l'Asie, que les cavaliers de Satan se rassemblent à nouveau, nombreux comme les sauterelles, aux frontières des peuples du Livre, ce n'est qu'avec plus de douleur que nous pleurons cette fleur de la civilisation, cet ami de la paix – cet ami, tout simplement.

Mais voici qu'approche le cortège des pleureuses.

Mes tâches au palais m'appellent, pressantes, en ce jour de deuil...

J'aurais voulu me confier, m'épancher, te consoler aussi, ô Seigneur mon ami, dont je sais que le cœur va saigner comme le mien.

Voici que se lamente le cortège des pleureuses.

Mes tâches au palais m'appellent, pressantes, en ce jour de deuil...

Jamais je ne t'ai écrit une lettre si brève, qui dans sa sécheresse va rendre plus cruel encore le coup que j'aurais tant voulu atténuer.

Les dignitaires affluent, éplorés – ou simulant les pleurs comme ils savent le faire.

Les vizirs, au Palais, m'appellent, pressants, en ce jour de deuil...

Cette nuit, les yeux brûlants d'une fièvre fatale, al-Malik al-Kamil, sultan d'Égypte, m'a fait quérir.

« Les sultans et les empereurs n'ont pas d'amis. Moi j'en ai un. Écris à Frédéric que je meurs en m'honorant de son amitié.

À mon fils al-Adil, désormais sultan d'Égypte, tu écriras ceci : Les sultans et les empereurs n'ont pas d'amis; cultive cette fleur si rare, l'amitié d'un grand prince!

1. Saladin.

Tu écriras aussi à Frédéric qu'en ce cruel instant où le pouvoir va dresser autour de lui toutes ses embûches le fils s'honorerait de l'amitié du grand Empereur qui fut si précieuse au père. »

Mes tâches au palais m'appellent, pressantes, en ce jour de deuil...

Que Dieu affermisse ton cœur dans la douleur que ma lettre t'apporte!
Qu'Il prolonge tes jours et allonge tes années!
Que nuit et jour Il te garde sain et sauf!
Qu'Il te comble d'abondantes grâces et te donne la victoire sur tous les ignorants!

À Dimashk al-Sham, le vingt-deuxième jour du mois de Radjab, l'année 635 de l'hégire, jour sombre s'il en fut. »

L'AUBERGE
L'an 6746 de la Création du monde, du Seigneur 1238, le mardi 16 mars, fête de Saint Sabinos

Au fond de la grande salle surpeuplée aux parois de rondins noircis, assis dans l'angle à une petite table adossée au mur, éclairé par une mauvaise chandelle de suif, un jeune homme châtain aux joues mal rasées écrit, penché sur un parchemin, oublieux du vacarme qui l'entoure. Près de lui, silencieux, un jeune moine à la barbe brune.

L'auberge est encombrée de réfugiés. Dans la pénombre enfumée par le grand foyer crépitant, les hommes, vêtus des plus diverses façons – armures défraîchies, tuniques rapiécées, pelisses du meilleur renard ou du plus méchant lapin, robes cossues de marchand, soutanes noires de moine –, se pressent sur les bancs, s'efforçant de trouver, avec la chaleur de la promiscuité, une place autour des grandes tables. Près de l'âtre, serrées les unes contre les autres, trois femmes en riches manteaux, une jeune et deux plus âgées, le regard un peu apeuré, l'air légèrement écœurées par l'odeur lourde de corps mal lavés et de chou douteux, mangent sans plaisir le bol de borchtch gras qu'une servante crasseuse vient d'apporter. À leurs côtés, deux hommes au torse couvert d'une brillante cuirasse, luisant aux flammes du foyer, semblent veiller sur elles tout en vidant leurs écuelles. Quatre moines sans âge psalmodient en slavon dans leurs longues barbes souillées de graisse. Mais surtout, dans toute la pièce, sales, rougeauds, velus, balafrés, barbe et cheveux en broussaille, des groupes de soldats braillards aux armes hétéroclites oublient leurs misères en faisant mettre en perce les derniers tonneaux de bière. Parfois, tonitruant dans une demi-lucidité, un officier s'efforce tant bien que mal de faire taire une querelle d'ivrognes.

Tournant le dos à la salle, le jeune homme châtain, une pelisse bien fourrée jetée sur une rude robe qui fut jadis blanche, retiré dans son coin, toujours indifférent au vacarme ambiant, fait sans répit crisser sur la feuille une longue plume jaune qu'il plonge dans un petit flacon noirâtre. Son compagnon en robe noire, toujours silencieux, lui jette par moments un regard complice.

Ceux qui ont trouvé refuge dans cette auberge de campagne sont des privilégiés : autour, dans la bourgade, d'autres fuyards, moins chanceux, moins riches – ou moins armés – qui n'ont pu trouver d'abri dans les isbas ou dans l'église, s'apprêtent, emmaillotés dans des haillons, à passer la nuit dehors sous des abris de fortune.

Une nuit de l'hiver russe, une nuit de vent glacé d'où certains, épuisés, affamés, gelés, ne s'éveilleront plus.

De temps à autre, la porte s'ouvre, un homme, un groupe d'hommes entrent ou cherchent à entrer. Mais la salle est bondée, les servantes doivent enjamber les corps étendus ou accroupis à même le sol, évitant comme elles peuvent les mains entreprenantes de guerriers graveleux, répondant par un flot d'injures, une plaisanterie ou parfois un sourire, aux invites salaces de militaires en manque de femmes.

Le groupe de soldats assis près de la porte tire désormais l'épée à chaque arrivée, moyen efficace de faire comprendre que l'on est au complet.

Le jeune homme châtain pose un instant sa plume pour vider le fond de son bol refroidi.

« Laissez-moi passer !

– Il n'y a plus de place, allez voir ailleurs. »

Une fois de plus, le même dialogue se répète à l'entrée.

« On se serrera, laissez passer !

– Il n'y a plus de place, tu comprends ? »

La discussion qui s'échauffe fait se tourner vers la porte le jeune homme à la plume. Quatre soldats se sont levés, l'épée au poing. Celui qui leur fait face, debout dans l'embrasure, la main sur le pommeau de son arme, s'écarte soudain, livrant passage à une espèce de géant, à la carrure encore élargie par son épais manteau au grand col de fourrure.

« Par saint Boris et saint Gleb ! » profère le nouveau venu d'une voix rugissante, couvrant un instant le tumulte de l'assemblée. Dégainant de la main droite une lourde épée, il saisit au collet, d'un mouvement puissant du bras gauche, parmi les quatre gardes qu'il domine d'une tête, celui qui paraît le chef, le soulevant de terre.

« Laisse-moi passer, petit soldat ! »

Les autres gardes hésitent, impressionnés tant par la force de l'inconnu que par la richesse de sa pelisse, son casque ouvragé à visière et la belle facture de son épée.

« Oui, seigneur, pardonne-nous », articule la voix étouffée du sous-officier, avant que le géant ne le lâche, lui assenant en souriant une dernière bourrade. Le nouvel arrivant s'avance en boitant dans l'auberge, suivi des deux guerriers qui l'escortent. Tentant d'abord de se rapprocher du foyer – tâche difficile vu le concours de peuple qui obstrue le chemin –, il avise soudain le moine à la barbe brune et le jeune homme châtain seuls à leur petite table, et oblique pesamment vers le fond de la salle, les réfugiés se bousculant les uns les autres en grommelant pour lui laisser passage. Ayant fait déguerpir un archer de son tabouret, il pose celui-ci à côté de l'homme à la plume, tandis que, profitant de la brèche ouverte dans la cohue des buveurs par la chute d'un ivrogne, ses deux soldats s'entassent péniblement autour d'une des grandes tables.

« Vous pousserez bien vos grimoires pour un soldat blessé qui doit reprendre des forces, moines! »

Le géant souffre manifestement de la jambe.

« Nous pousserons nos grimoires, répond Cyrille, tandis que Jérôme, surpris, enroule à demi son parchemin, mais je ne suis pas sûr que vous ayez besoin de forces supplémentaires.

– Ah, ah! même mourant, je soulèverais encore un Tatar dans chaque main... Holà, drôlesse! s'interrompt le nouveau venu, agrippant par le bras une servante portant une marmite de borchtch. Remplis-moi un bol et remplis aussi ceux de mes amis... Et amène-nous de la bière!

– Il n'y en a plus, seigneur.

– Ah çà, drôlesse, va me chercher ton maître, et nous allons voir s'il n'y en a plus.

– C'est inutile, brave seigneur, sourit la jeune femme, dévoilant des dents jaunes et irrégulières. Il n'y en a vraiment plus. Les soldats ont très soif, ces temps-ci! Il n'y a plus que du kvas. »

Une lourde main aux poils noirs s'abat sur la croupe de la servante : « Va pour le kvas, mais ensuite il me faudra autre chose pour me réchauffer! » « Dites-moi donc, mes amis! Que fait ici un moine romain, et en compagnie d'un moine russe? »

Hésitant, frère Jérôme croise le regard de son ami, qui lui a traduit la question, puis celui du géant, plutôt amusé et pas antipathique.

« Qu'est-ce qui lui fait croire que...

– Allons! répond avec une tape sur le crâne son massif commensal, qui comprend assez de grec pour ne pas attendre la traduction. Ça a beau avoir poussé, on voit encore ta tonsure, et avec ta robe claire – si sale qu'elle soit – et ta barbe encore fraîche, tu peux bien parler grec, ce n'est pas difficile de deviner que tu viens d'Occident! Que fais-tu par ici? »

La conversation se poursuit par le truchement de Cyrille.

« Je suis venu, avec d'autres frères, porter la parole de Dieu aux peuples païens de la Grande Hongrie.

– J'ai rencontré ces temps-ci quelques païens qui auraient bien besoin de ton ministère, tout romain que tu sois! Et pourquoi la Grande Hongrie? De quel pays viens-tu?

– De Hongrie, précisément.

– De Hongrie... »

Le géant se fait un instant silencieux. Puis, d'une voix sombre :

« Dis-moi, moine, ton roi, là-bas, sait-il ce qui se passe ici?

– Oui, seigneur, mes frères sont partis l'avertir, et j'ai mission de lui écrire pour qu'il sache tout sur la venue des Tatars.

– Tu écris au roi Béla?

– J'écrivais jusqu'à ce que tu me fasses ranger mon parchemin.

– Alors déplie-le, déplie-le, et continue, je me ferai petit.

– C'est difficile! s'exclame Jérôme en riant.

– Ah, ah! j'essaierai, en tout cas. Comment t'appelles-tu, moine? demande le militaire au moine russe.

– Frère Cyrille, seigneur, du monastère des Saints-Côme-et-Damien, à Souzdal.

– Et notre ami hongrois?

– On l'appelle frère Jérôme, et vous-même, seigneur?

– Je suis Vassili, fils de Boris, voïvode de Kolomna... »

Et dans un soupir :

« ... enfin, autrefois voïvode de ce qui a été Kolomna.

– Vous venez de Kolomna?

– De Riazan, de Kolomna, de Vladimir, et pour finir des bords de la rivière Sit!

– Quelles nouvelles apportez-vous, seigneur?

– Dis-moi, Jérôme, tu connais le roi Béla?

– Il a fait à notre monastère l'honneur de sa visite à l'occasion du départ de ma mission.

– Mmm, mm. Je vais t'aider, Jérôme. Il faut qu'il sache, il doit tout savoir. Le grand-prince Youri est vaincu et mort – vous ne le saviez pas ? –, et je ne vois pas quel autre prince russe pourrait arrêter les Tatars. Je ne sais pas ce qui les pousse, mais je crois que si Dieu n'en décide pas autrement, ton roi sera bientôt leur cible.

– Mes frères sont rentrés en Hongrie avec une lettre du Caan des Tartares, qui exige sa soumission! interrompt Jérôme.

« Tu vois bien!

– Quant à nous, nous avons vu leur puissance à Vladimir...

– Et vous en avez réchappé? Dieu était vraiment avec vous!

– Sans doute, répond brièvement Cyrille.

– C'est comme moi sur la Sit. Ils ont dû me croire mort. J'ai pris un tel coup sur le crâne que j'ai perdu connaissance, et, quand je me suis réveillé, il n'y avait plus personne sur le champ de bataille que les cadavres et les corbeaux. Ah, nous n'avons pas dû être nombreux à en réchapper dans le froid, la neige qui tombait et les hurlements des loups... »

La servante apporte borchtch et kvas.

« Aaah, ce n'est pas un plat princier, mais ça fait du bien de boire chaud! Dix jours à galoper comme des perdus dans ce pays d'enfer! »

Ses lèvres essuyées du revers de la main, le voïvode saisit de ses poings d'ours ses commensaux par le col.

« Ah, moines! je n'avais jamais vu ça! J'en ai fait des campagnes, j'en ai vu des armées, et combien de fois ai-je affronté des nomades qui convoitaient nos richesses! Mais, si redoutables qu'ils soient, c'étaient toujours des pillards : leur coup fait, ils rentraient chez eux. Les Tatars eux-mêmes, il y a quinze ans, lorsqu'ils sont apparus pour la première fois, ont eu beau écraser les armées de la moitié de la Russie, ils ont ensuite disparu dans la steppe comme ils étaient venus et ils n'avaient plus jamais fait parler d'eux depuis.

« Mais cette fois... Jamais une pareille armée n'a surgi de la steppe, jamais on n'a vu tant de guerriers à la fois, jamais on n'a vu des nomades emmener avec eux du matériel de siège... Ils ne viennent plus pour piller, ils viennent pour conquérir et détruire. Savez-vous qu'ils prétendent que leur maître – ce Caan qui a écrit à votre roi – est le Souverain du Monde?

– Nous le savons, et, en voyant l'œuvre de ses guerriers, nous nous disons que ce souverain-là doit ressembler de bien près au Prince des Ténèbres... »

Le kvas et le bortch aidant, les trois hommes se narrent leur odyssée, qui depuis Vladimir, qui depuis la Sit...

Cyrille et Jérôme étaient restés deux jours, sans nourriture, mâchant de la neige, tapis dans le bosquet déplumé où aboutissait, derrière un rocher qu'ils avaient eu bien du mal à déplacer, le souterrain de la cathédrale. Au-dessus d'eux avait rougeoyé toute une nuit l'incendie qui consumait la grande Vladimir...

Le deuxième jour ils virent dans la plaine se rassembler sous leurs bannières les escadrons tatars. Au soir, lorsqu'il leur parut que le gros de l'armée avait quitté la ville, ils se risquèrent sur la pente, descendant vers la Kliazma. De fait ils purent escalader sans être vus la palissade construite par les assiégeants le long de la rivière et s'enfuir dans la nuit. Il n'y avait plus de Tatars de ce côté-là de Vladimir...

Affamés, se guidant tant bien que mal à la lumière d'une lune blafarde, se terrant au moindre bruit, ils avaient marché jusqu'aux abords de Bogolioubovo, à dix verstes à l'est de la ville. On avait bien vu des fumées s'en élever, mais qui sait? Peut-être n'y avait-il plus de Tatars? Peut-être les moines avaient-ils survécu? Peut-être y restait-il quelque chose à manger?

Par miracle, en effet, le monastère de l'Intercession-de-Notre-Dame, sur la rivière Nerl, avec sa délicate église blanche dont l'unique coupole se reflétait dans l'eau coulant à ses pieds, était presque intact. En route pour Souzdal, les Tatars avaient juste allumé quelques incendies dans l'ancien palais où André Bogolioubski était jadis tombé sous les coups de ses meurtriers, et seul un petit groupe de cavaliers avait pris la peine de descendre dans la vallée de la Nerl, jetant pour la forme quelques flèches enflammées sur les toits du monastère. Il grouillait de réfugiés – comme ici, dans cette auberge – et il n'y avait guère de quoi nourrir longtemps tout ce monde. Pas de chevaux non plus. L'higoumène, lorsqu'il vit le fardeau sacré dont Cyrille était chargé et sut la mission que l'évêque Mitrophane, dont il était l'ami, lui avait confiée, fit pourtant rassembler autant de nourriture qu'il put dans deux grands sacs que les deux moines calèrent sur leurs épaules.

Cela fut leur sauvegarde dans le pays ravagé qu'ils traversèrent ensuite. Où aller?

Au sud? C'était la principauté de Riazan, dont on disait qu'après le passage des Tatars il ne restait rien.

À l'est? Mais les Tatars en venaient!

Au nord? C'est là-bas que le grand-prince était parti avec toute son armée, et les Tatars venaient de se lancer à sa poursuite!

À l'ouest, alors! Avec l'aide de Dieu!

Les bandes tatares sillonnaient le pays. Les deux jeunes gens devaient sans cesse se cacher, rebrousser chemin, contourner quelque point qui semblait dangereux. Ils s'efforçaient de dormir le moins longtemps possible de peur de ne pas se réveiller dans le froid mordant, en dépit des pelisses que l'higoumène leur avait données, et de marcher autant que leurs forces le leur permettaient, pour sortir au plus tôt de ce pays de misère. Parfois, ils passaient une nuit sans sommeil à écouter hurler les bandes de loups qui cherchaient leur pitance. Il leur arriva de s'agréger pour un soir à quelque groupe de paysans réfugiés dans une forêt, mais ils n'avaient guère d'aide à attendre de ces pauvres hères terrorisés, dont on se demandait comment ils pourraient se nourrir d'ici à la fin de l'hiver.

Longeant la Kliazma, ils songèrent à s'approcher de Dmitrov. On leur dit que Dmitrov avait été incendié par les Tatars ! Ils se souviendraient longtemps de ce charnier qu'ils avaient découvert, dans ce village à l'ouest de la ville ! Et cette odeur...

Ils remontèrent la Moskowa presque jusqu'à sa source et c'est ainsi que ce matin ils ont rencontré, plus épuisés et plus démunis qu'eux, les réfugiés de Volokolamsk, où les Tatars venaient de surgir, à près de cent verstes de là.

De son côté, Vassili Borissovitch, errant seul à pied le long de la Sit, avait fini par rassembler une dizaine de guerriers rescapés et quelques chevaux errants. Les hasards d'une chevauchée échevelée leur firent traverser la Volga puis renoncer à aller vers Tver, avant de les conduire à Volokolamsk juste pour voir les incendies embraser la ville de bois. Après quelques combats d'arrière-garde où le voïvode put regrouper quelques soldats de la garnison en fuite, il s'est retrouvé, comme tout le monde, au milieu des réfugiés sur la route de Viazma.

« Qu'est-ce que tu transportes avec toi ? »

Vassili désigne le grand cadre soigneusement emballé de toiles et de cordes, posé contre la paroi à côté de Cyrille. Alors celui-ci, qui jusque-là a préféré demeurer prudent, juge le moment venu de révéler sa mission.

« Tu te moques de moi, moine ? C'est l'évêque Mitrophane qui vous aurait fait sortir de Vladimir ? Et ce cadre, là, c'est... Non, non ! Tu te moques de moi.

– Regarde, seigneur voïvode. Mets-toi bien devant moi, là, que personne ne nous voie ! »

Et doucement, discrètement, au pied de la table, dans l'angle de la pièce où ils sont rencognés, dénouant un des liens, Cyrille révèle au regard ébahi du voïvode le visage inoubliable de Notre-Dame de Vladimir...

LE CIMETIÈRE DE MURANO

L'an du Seigneur 1238, le samedi 20 mars, fête de saint Benoît de Nursie

Par une nuit brumeuse et sans lune, des fanaux glissent doucement sur la lagune, s'approchant du rivage. Des embarcations accostent sans bruit dans les roseaux.

Enveloppées de grands manteaux, à travers des sépulcres aux pierres déchaussées et des allées envahies par l'herbe, des ombres se dirigent sous la bruine vers la chapelle abandonnée qui se dresse entourée d'arbres, au bord de l'eau, au-delà du cimetière.

Une chapelle aux épais murs de brique, aux minuscules fenêtres...

Une chapelle très ancienne...

Peut-être remonte-t-elle aux temps immémoriaux où, fuyant les invasions qui désolaient le continent, des réfugiés démunis de tout cherchèrent refuge sur quelques îles sablonneuses au ras de la lagune, à l'abri d'un rempart d'eau qui les séparait d'une terre d'Italie que l'Empereur de Constantinople ou son exarque de Ravenne ne savaient plus défendre.

C'était avant Venise...

Une faible lueur clignote derrière les petites fenêtres de l'antique bâtiment.

Là-bas, comme étouffées, quelque part dans la brume, les cloches de Santa Maria e San Donato bercent, rassurantes, le paisible sommeil des habitants de Murano.

Au seuil de la chapelle, une sorte de moine, au large capuchon rabattu sur les yeux, accueille les ombres sortant du cimetière et les guide dans la nuit, près de l'ancien autel, vers une porte basse donnant dans une salle grossièrement voûtée. Les uns après les autres, les arrivants baissent leurs capuches et ôtent leurs manteaux. Hommes et femmes de tous âges, mais jeunes principalement, entourent un homme en noir, très maigre, d'une pâleur extrême, debout devant un second autel surmonté de trois statuettes difformes, pareilles à celles qui poussent sur les toits des cathédrales françaises.

Le front de la plus grande, dont la tête animale évoque celle d'un bouc, est marqué d'un pentacle [1] qui pointe vers le haut, vers le flambeau qui brille entre ses cornes.

Le moine au capuchon rejoint l'homme en noir.

Monté derrière l'autel, d'une voix métallique, à la lueur fantomatique des torches qui projettent sur les parois l'ombre inquiétante des statues, celui-ci, encadré par le moine et une femme sans âge, au visage terne comme l'oubli, en longue robe grise, ouvre ce qui paraît être une cérémonie religieuse.

« Ô Seigneur, notre Maître, vois Tes fidèles réunis pour entendre Ton message... »

Un long moment, il psalmodie.

« Amen ! » répond par instants l'auditoire qui se presse dans la petite salle.

On croirait une messe...

Mais, en tendant l'oreille, c'est un curieux bréviaire qu'on semble y enseigner...

« Loué sois-Tu, Seigneur !
« Ô Toi le Créateur du monde !
« Toi qui as façonné le corps d'Adam,
« Loué sois-Tu ! »
« Amen !
« Le jour viendra où, du haut du Ciel où est Ta place,
« Tu précipiteras le faux dieu qui y trône !
« Tu retrouveras Ta gloire première,
« Et Tes fidèles jouiront de l'éternelle béatitude.
« Amen !
« Le jour de gloire est proche, mes frères !

1. Étoile à cinq branches.

« Il arrive, il est là...
« Ô Toi, Notre-Seigneur,
« Ô Toi, le Porteur de Lumière,
« Illumine le monde du flambeau de Ta science! »

Après un ultime « Amen! » l'officiant s'interrompt. Il saisit sur l'autel une coupe d'argent et la tend à la femme qui se tient à sa gauche. Ayant avec solennité absorbé le breuvage, elle tisonne les braises dans le brasero placé au pied de l'autel, y jette une poignée d'herbes. Les flammes s'avivent et montent. Elle respire à pleins poumons, se tourne vers l'assemblée...

De ses yeux révulsés, on ne voit que le blanc...

« Que vois-tu, ô ma sœur? »

Haletante, la sorcière répond d'une voix altérée : « Je les vois, je les vois!

– Qui vois-tu, ô ma sœur?

– Ils sont des centaines, des milliers, des myriades entières...

– Qui cela, ô ma sœur, qui cela?

– Les cavaliers... »

La bouche de la femme se tord d'un rictus de joie.

« Les cavaliers de l'Apocalypse... Ils viennent, je les vois. Ils ont des têtes de chien, des crocs aiguisés... Leur odeur est pestilentielle... Leurs chevaux nains sont couverts de poils... Ils galopent à la vitesse de la foudre... Ils arrivent! »

L'iris réapparaît, exorbité, enfiévré, entre les paupières démesurément écartées de la sorcière. Son terne visage est presque devenu beau, d'une beauté que la lueur des flammes dansantes rend singulièrement inquiétante.

« Et que vois-tu encore, ô ma sœur?

– Je Le vois, je Le vois... »

La sueur baigne ses tempes, ses mains se mettent à trembler...

« Qui vois-tu, ô ma sœur?

– Lui, LUI! »

La sueur coule à grosses gouttes. Ses pupilles enflammées scintillent de joie devant la vision fascinante qui ne se révèle qu'à elle. Tous ses membres frémissent. Sa respiration se fait toujours plus hachée.

« Il vient à nous, Il approche... Il a la beauté de l'Archange, Il porte le diadème, Il est enveloppé de pourpre... Ô mon Maître... »

Son corps en transe n'est plus qu'un désir frénétique, sa voix un halètement rauque.

« Tes légions déferlent sur le monde, le faux dieu tremble sur son trône. Ton heure est arrivée, ô mon Maître... »

Ses paroles se précipitent, s'entrechoquent.

« Ô mon Maître, Tu es là! Oui, oui! »

Elle se laisse choir sur les marches de l'autel. D'un geste hystérique, elle remonte ses robes jusqu'à la taille.

Écartant ses cuisses nues, elle s'abandonne, elle s'offre, au pied du brasero.

« Possède-moi, mon Maître... Oh, possède-moi!
Possède-moi, oui, oui... »

Sa voix est un cri de bête, son corps un arceau que ne soutiennent plus que deux talons tremblants sur le pavé humide et une nuque convulsée sur la marche moisie. Ses robes sont retombées sur son visage.

Un hurlement. Le tremblement s'arrête. Tout son corps se tend, se tend comme un arc bandé... et s'effondre, lourdement, dans les sanglots.

Épuisée, hagarde, les traits ravagés, la sorcière s'est tue. Elle regarde autour d'elle sans comprendre... L'homme en noir lève les bras au-dessus du brasero.

« Ô Lucifer, ô Satan, ô Samaël !

« Ô Dieu Unique, ô Toi, le plus grand,

« ordonne et nous T'obéirons, nous qui nous réjouissons de Ta venue !

« Daigne faire de nous les serviteurs de Ta victoire !

« Ô Toi que le faux dieu a par jalousie plongé en enfer,

« Ô Toi le véritable Créateur du monde,

« chasse des cieux Ton frère indigne !

« Ô Lucifer, ô Satan, ô Samaël... »

Trente voix, altérées par l'émotion que la scène a fait naître, reprennent en un sourd grondement :

« Ô Lucifer, ô Satan, ô Samaël...

« Que Ton règne arrive !

« Ô Belzébuth, entraîne par millions tes cavaliers de feu !

« Ô Léviathan, ô Moloch, guidez les légions de la vengeance !

« Ô Astaroth, ô Adramelech, ouvrez à vos fidèles les portes du Royaume !

« Ô Azazel, ô Béhémot, ô Bélial, ô Mammon, ô Belphégor...

« Ô vous tous les Anges chassés des cieux par le faux dieu...

« Venez !

« Viens, Samaël, nous T'attendons ! »

Le moine remplit à nouveau la coupe.

« Ô Lucifer, ô Satan, ô Samaël... »

L'un après l'autre, chaque assistant défile devant l'homme en noir dont la flamme des yeux illumine la face blême, ses lèvres murmurant des incantations en une langue inconnue. Chacun crache sur le crucifix – renversé – que l'homme lui présente, donne à l'officiant un baiser, vide la coupe et rejoint l'assemblée.

Le moine allume, à l'entrée de la salle, deux autres braseros...

Il souffle les torches...

Seule la lueur des braises perce les ténèbres...

La chaleur monte...

Le breuvage fait perler la sueur sur les visages...

Les mains glissent d'un corps à l'autre...

« Ô Lucifer, ô Satan, ô Samaël... »

Edouard de Roscarnan caresse le beau visage luisant d'une jeune femme aux cheveux tressés auprès de laquelle il s'est tenu durant toute la cérémonie. Les regards embrasés se croisent. Fermant les yeux, elle tend sa gorge en avant, ouvrant ses lèvres humides. L'Anglais l'embrasse goulûment.

C'est l'heure d'Asmodée [1]...

La sorcière, revenue à elle, malgré son souffle encore court, s'approche d'un très jeune homme aux grands yeux bleus et aux longs cheveux blonds, d'une beauté presque féminine. Elle le caresse doucement, elle le tire vers elle...

1. Démon de la luxure.

« Viens, mon fils, viens, tu es presque aussi beau que Lui! »

À quelques toises de là, dans sa hutte de branchages, une vieille mendiante en loques, qui a trouvé asile en ce recoin abandonné de l'île, se signe en frémissant. Comme en d'autres nuits de sabbat, elle a cru entendre, portés par le vent de la lagune, les rauques halètements des démons qui s'accouplent.

LES PILLARDS

L'an 6746 de la Création du monde, le jeudi 25 mars, fête de l'Annonciation de la Bienheureuse Vierge Marie [1]

Cyrille reprend conscience. Un moment il a cru que ces galopades, ces cris, ces cliquetis d'épées, ces hurlements de femmes, ces coups qu'il recevait n'étaient qu'un mauvais rêve.

Mais non, il est bien là, les mains liées dans le dos, jeté comme un paquet en travers d'un cheval de bât qui le secoue de son trot, la tête meurtrie par l'un des gros sacs chargés de butin que l'animal porte sur ses flancs. Il se tourne vers l'arrière.

Mon Dieu, vont-ils me laisser ainsi longtemps la tête en bas?

Sur une autre monture, attachée à la sienne, et chargée elle aussi du produit du pillage, Jérôme est ballotté dans la même piteuse posture.

Le voïvode Vassili avait proposé aux deux moines de se joindre à sa petite troupe, leur confiant à chacun un cheval. Si Jérôme avait appris à se tenir plus ou moins en selle, l'expérience était une nouveauté pour Cyrille qui voyageait accroché de toutes ses forces à l'encolure et à la crinière de l'animal le plus placide que Vassili eût emmené avec lui.

Les trois femmes qui se chauffaient au foyer de l'auberge et leurs protecteurs aux brillantes cuirasses s'étaient également joints au cortège. La plus jeune était la veuve d'un riche boyard de Dmitrov, échappée de justesse au pillage où son mari avait trouvé la mort. Escortée par ses cousins, elle retournait à Kiev, où vivaient ses parents.

Jérôme aussi descendrait vers Kiev – ou vers Galitch – pour rejoindre la Hongrie. Vassili et Cyrille, eux, préféraient attendre à l'abri des solides remparts d'une grande ville des nouvelles de Souzdalie et de Novgorod pour décider, l'un auprès de qui il pourrait reprendre le combat, l'autre à quel prince du Nord il pourrait confier son précieux fardeau. On décida donc en commun de marcher vers Smolensk, capitale de la principauté où l'on chevauchait désormais, située sur les bords du Dniepr, que l'on pouvait suivre jusqu'à Kiev. De là, un courrier princier pourrait adresser au roi Béla la lettre de Jérôme.

On fit d'abord une halte de quelques jours à Viazma, que les Tatars ne semblaient pas menacer et qui parut comme un havre de paix providentiel pour se

1. 25 mars 1238.

remettre de la fuite éperdue des semaines précédentes. De Viazma, on rallia Dorogobouj, sur le Dniepr, où l'on s'accorda à nouveau une petite halte.

Et ce soir on devait coucher à l'abri des puissants remparts de Smolensk...

Seigneur, où coucherons-nous, ce soir?

Vers midi, alors qu'on n'était plus qu'à deux ou trois heures du but, une quarantaine de cavaliers surgirent au grand galop sur la route. On crut d'abord à une troupe venue de la ville. Soudain, en poussant des hurlements, ils s'écartèrent du chemin, se divisant en deux colonnes qui encerclèrent les voyageurs.

« Les Tatars! » songea Cyrille.

Mais non, c'étaient de grands gaillards sur de hauts chevaux; sous leurs casques de fer ils portaient barbe et cheveux blonds!

Vassili Borissovitch dégaina son épée en blasphémant. La mêlée fut brève et inégale. Si le voïvode parvint à coucher dans la neige trois des adversaires avant de tomber lui-même, le crâne fracassé d'un coup de hache, si les deux hommes aux brillantes cuirasses défendirent avec acharnement leur jolie cousine avant de succomber, les assaillants ne tardèrent pas à submerger l'escorte.

Bientôt ne restèrent plus que les deux moines et les trois femmes, qui n'avaient bien sûr pas combattu, ainsi que trois soldats qui s'étaient rendus, espérant la vie sauve. Mal leur en prit. Les faisant s'agenouiller, on leur trancha la nuque avant de les dépouiller de leurs armes.

Après avoir hésité, et manifestement résisté à une tentation, le chef des pillards fit attacher sur un cheval la jeune et jolie Kiévienne, dont il avait apprécié la qualité des vêtements, et qu'il réservait sans doute pour un meilleur moment. Ses hommes, moins délicats, satisfirent aussitôt leurs instincts à même le sol enneigé avec les deux autres femmes, bien qu'elles ne fussent plus de première jeunesse, leur tassant de la neige dans la bouche pour qu'elles cessent de hurler. Lorsqu'une vingtaine de soudards leur furent passés sur le corps, on les abandonna, dénudées et sans connaissance, dans la plaine blanche, au long du grand chemin...

Les deux moines s'attendaient à subir le sort des soldats, mais le chef des pillards, hésitant là aussi car il reconnaissait des religieux chrétiens, préféra les faire lier et jeter en travers de leurs propres montures. Après avoir déchiré un coin du voile qui protégeait l'icône, il fit serrer celle-ci, avec les armes prises et ce qu'il trouva de butin, dans un des grands sacs bruns dont il chargea les chevaux.

Cyrille ne voit plus rien. Sa vue se brouille sous les larmes.

Ô Seigneur, pourquoi m'infligez-Vous cette épreuve? Moi qui n'ai jamais voyagé, qui n'ai jamais connu autre chose que la chaleur des monastères de Souzdal ou de Vladimir! Je devrais être mort avec mes frères, à l'heure qu'il est. Mes souffrances seraient terminées.

Mais à quoi bon cette fuite exténuante dans le froid, dans la faim? Ces frayeurs? Ces angoisses?

À quoi bon échapper aux Tatars?

Si c'est pour finir misérablement aux mains des païens lituaniens!

LA CROIX D'IGNACE

Le deuxième jour de la troisième Lune,
dans l'année du Chien,
dixième du règne d'Ögödäi Qaghan, Souverain du Monde[1]

Sous son bonnet pointu aux hauts bords relevés, son cheval piétinant dans la boue devant l'Étendard sacré, le prince Batou, la mâchoire serrée, est de la plus méchante humeur qu'on puisse imaginer. Sauf à être interrogé, aucun de ses commandants de tümens ne se hasarderait à lui adresser la parole.

Le prince est d'autant plus furieux qu'il ne peut s'en prendre qu'à lui-même. C'est lui, l'auteur de la faute, lui seul!

La campagne contre la principauté de Novgorod avait pourtant bien commencé.

Tandis que, quittant Vladimir, Subötaï remontait vers le nord à la poursuite du grand-prince Youri, Batou avait marché sur Torjok, près des sources de la Volga, ravageant Tver sur son passage. Torjok avait résisté plus longtemps qu'aucune autre ville russe : deux semaines entières! Mais il avait bien fallu que, comme les autres, elle capitule et subisse le sort de ceux qui n'obéissent pas au commandement du Souverain du Monde! Elle était tombée le jour même où Batou, abandonnant un moment la conduite du siège pour renforcer Burundaï avec une partie de ses troupes, avait reçu de l'orlok ce présent qui l'avait tant réjoui : la tête du grand-prince Youri de Vladimir.

Il suffisait alors d'avancer à travers la plaine et les étangs gelés. En moins de deux semaines on serait parvenu sous les murs de Novgorod, la cité dont chacun vantait la richesse, où l'on se promettait de procéder au plus beau pillage de la campagne.

Novgorod et ses trésors...

Mais il a fallu que Batou juge utile de faire reposer ses troupes – comme si les Mongols étaient des femmelettes! Il a fallu qu'il juge bon d'attendre le renfort d'une partie des troupes qui, sous Subötaï, liquidaient en Souzdalie les dernières velléités de résistance! Bref, il a fallu qu'il perde trois semaines!

Il ne se le pardonne pas!

Pour une fois insuffisamment informé, il n'a pas mesuré ce qu'était le dégel dans ce pays de cours d'eau, d'étangs et de marais.

De l'eau, de l'eau partout. Les rivières, sorties de leurs lits, étaient devenues des mers. Des herbes inoffensives ondulant sous le vent cachaient des mares traîtresses où s'engloutissait parfois un cavalier entier. Et là où il n'y avait pas d'eau... La boue!

Et quelle boue!

Les chemins n'étaient plus que fondrières. Dans la plaine aux trois quarts inondée, les chevaux s'enfonçaient jusqu'aux genoux dans le magma gluant.

Au fur et à mesure que l'on s'approchait de la ville aux trésors, on voyait les formations se disloquer, des minggans entiers tourner en rond. Des groupes de cavaliers, les jambes trempant dans l'eau, regardaient, hébétés, les campagnes

1. 18 avril 1238.

et les forêts noyées qui s'étendaient devant eux, désespérant d'y discerner le moindre passage.

L'armée mongole, l'armée des fantastiques chevauchées dans l'infini des steppes, s'engluait irrésistiblement dans les marais de Novgorod...

Batou s'était entêté. Les tümens s'étaient tant bien que mal traînés jusqu'à mi-chemin du lac Seliger et du lac Ilmen. Puis, au lieu dit la Croix-d'Ignace, au pied du grand crucifix de bois qu'il fit abattre dans sa rage, le prince dut se rendre aux conseils de ses officiers.

Il ordonna à l'armée de faire demi-tour.

Il était temps de rejoindre Subötaï et de la conduire vers le sud, vers les steppes du Don où montures et cavaliers pourraient trouver le repos indispensable après cette rude campagne de Souzdalie.

On n'était pourtant plus qu'à une vingtaine de parasanges [1] de Novgorod!

Le même jour, dimanche 18 avril, fête de saint Jean le Décapolite, l'an 6746 de la Création du monde

Igor Vassiliévitch et Sergueï Andréiévitch se regardent avec stupéfaction.

Eux qui ne s'adressent plus la parole depuis neuf ans – depuis qu'Igor a refusé sa fille en mariage au fils de Sergueï –, lorsque, sortant en même temps de leurs isbas pour voir pourquoi les cloches carillonnaient si joyeusement, ils ont entendu les crieurs annoncer la nouvelle, ils sont d'un même élan tombés dans les bras l'un de l'autre!

Et, partout autour d'eux, on danse, on s'embrasse, les vieillards s'agitent comme des gamins, les femmes rient à gorge déployée, les jeunes gens hurlent de joie en jetant leurs bonnets en l'air. On crie, on chante, on rit... La ville est en délire.

Les Tatars ont fait demi-tour!

Une fois encore, les efforts d'Alexandre Iaroslavitch n'avaient pas obtenu du Conseil de la Ville qu'il consentît à dégarnir ses remparts pour porter secours à Torjok assiégé, cité pourtant vassale qui l'appelait au secours. Tous les moyens disponibles devaient être consacrés à renforcer les défenses de Novgorod!

Pourtant, lorsque, apprenant à peu de jours d'intervalle la chute de Torjok et l'anéantissement de l'armée souzdalienne sur les bords de la Sit, le Conseil des seigneurs et le Vetché de la ville se précipitèrent une fois de plus à l'archevêché, à l'appel d'une cloche frénétique, le prince, l'archevêque et le possadnik eurent toutes les peines du monde à maîtriser le tumulte affolé d'une assemblée évoquant une volière où un renard aurait pénétré. Ceux qui avaient voulu secourir Torjok accusaient les autres de trahison; tout le monde s'entendait pour fustiger l'orgueil des Souzdaliens, l'incapacité des princes russes à s'entendre, l'impéritie du grand-prince Youri; plusieurs, clamant leur indigna-

1. Une centaine de kilomètres.

tion, expliquaient à qui voulait l'entendre ce qu'il aurait fallu faire, et tout particulièrement ce qu'eux-mêmes auraient fait s'ils avaient été grands-princes de Vladimir et de Souzdal! On se lamenta longuement sur les fautes des hommes qui avaient attiré la colère divine...

Enfin, la prostration succédant à l'affolement, l'assemblée se résigna à confier à Alexandre toute autorité pour organiser la défense.

On fit rentrer dans la cité autant de nourriture qu'on en pouvait trouver. Les terrassiers travaillaient de l'aube à la nuit pour renforcer les remparts. Les guerriers expérimentés de la droujina princière faisaient manœuvrer les milices tout au long du jour. On se préparait à armer tous les hommes valides...

Mais bien qu'Alexandre parcourût presque chaque jour en personne les rues de la ville pour soutenir le courage de ses habitants, bien qu'on multipliât partout les prières publiques, bien que l'archevêque Spyridon – après avoir tonné pour que les Novgorodiens renoncent au péché – ait rappelé la protection spéciale que Dieu avait toujours accordée à la république, la panique, le désespoir gagnaient le peuple entier. Beaucoup, sans attendre, prenaient déjà la route du nord, vers le lac Ladoga, vers la Carélie...

Nul ne se berçait d'illusions. Là où le puissant grand-prince de Souzdalie, avec sa cohorte de frères et de neveux aux nombreuses droujinas n'avait même pas pu préserver la grande Vladimir, sa capitale, par quel miracle Novgorod pourrait-elle résister aux Tatars?

Par quel miracle?

Par le dégel!

Ce soir, le prince Alexandre et l'archevêque, suivis du possadnik et des hauts dignitaires du Conseil des seigneurs et du Vetché de la ville, se rendront en procession à la cathédrale Sainte-Sophie pour rendre grâce à Dieu d'avoir épargné Son courroux à la cité.

Fallait-il donc que les princes tyranniques de Souzdalie aient beaucoup péché pour que le Seigneur n'ait consenti à sauver que la libre Novgorod!

Mais, si elles partagent la joie générale, les autorités de la république savent que le dégel n'est pas éternel. Les Tatars pourront revenir. Tous les moyens devront donc être plus que jamais mobilisés pour renforcer les défenses de la ville.

Ce printemps-ci, tous les vaisseaux de Novgorod resteront donc au port.

Pour la première fois, ils n'iront pas même chercher les harengs d'Angleterre...

LES HARENGS
L'an du Seigneur 1238, le mardi 20 avril, fête de saint Caedwalla

« Mais qu'est-ce, à la fin, que cette histoire de harengs? »

Le chancelier écarte les bras avec agacement en incendiant du regard le secrétaire penaud qui vient le déranger : sire Hughes Pateshull n'apprécie guère que l'on vienne le troubler en pleine séance de la Chambre des comptes pour lui signaler qu'une députation des marchands de harengs sollicite une audience ! Ils ne pourront, paraît-il, eux que nul ne songe d'habitude à plaindre, vendre cette année le produit des pêches, et leur confrérie vient supplier le Trésor royal de leur accorder par avance quelque exemption de taxes.

Exempter les marchands de hareng ! Et où irait-on s'il fallait secourir toutes les confréries de marchands chaque fois que ceux-ci font une mauvaise année ? Ils ne se privent pas, quand la saison est bonne, de pleurer misère dans leurs demeures bourgeoises pour gruger ce même Trésor royal !

Et puis, même si elle est médiocre, ils n'en mourront pas ! A-t-on jamais vu cesser le commerce du hareng ? Les flottes de pêche du royaume sillonnent chaque année la mer du Nord à la poursuite des grands bancs de poissons ; elles reviennent gorgées de prises dans les ports de la côte orientale, où les conserveries salent, sèchent et fument le hareng dont se régalent tous les habitants de l'Europe du Nord.

Alors les bateaux de Suède, du Danemark et d'Allemagne accostent pour acheter les produits des conserveries d'Angleterre, qu'ils revendent jusque dans le lointain pays de Rous. On n'a jamais vu les peuples du Nord renoncer au hareng !

Que le trésorier fasse son affaire de ces importuns !

Le secrétaire s'éclaircit la gorge et hasarde timidement :

« Monseigneur, il est averti, il est descendu à la porte parlementer avec eux ; c'est lui qui m'a demandé de vous transmettre leur requête. »

Diable ! Après ce qui s'est passé cet hiver, il ne serait tout de même pas politique de mécontenter ces marchands... Cette insistance mérite enquête.

« Eh bien, allez le quérir, commande Hughes au secrétaire, s'il juge utile de me déranger, c'est bien le moins qu'il vienne lui-même m'en faire savoir les raisons ! »

Le chancelier, courroucé, fait reprendre le cérémonial immuable de la Chambre des comptes – immuable, mais cette année pourtant quelque peu perturbé.

À Pâques et à la Saint-Michel, tous les shérifs du royaume se succèdent d'habitude à la Cour, à Winchester, pour rendre au roi les comptes de leur administration.

Mais, depuis le début de l'hiver, il était dit que rien ne marcherait comme à l'accoutumée.

Tandis que le roi Henry tenait à Westminster sa Cour de Noël, monseigneur Richard de Cornouailles, particulièrement populaire dans la Cité de Londres, s'était rebellé contre son souverain et frère, qui avait par deux fois négligé de prendre son avis et celui des grands du royaume pour arranger le mariage de Richard de Clare, son pupille, et surtout l'union de son favori Simon de Montfort, comte de Leicester, avec leur sœur Aliénor. Ce n'était qu'après le premier dimanche de carême que l'on avait fini par trouver un accommodement !

Encore avait-il fallu pour cela réunir seigneurs et bourgeois en un parlement [1], où le roi jura de ne plus rien entreprendre sans l'assentiment des conseillers qui avaient leur confiance !

---

1. Colloque.

Ensuite Madame Jeanne d'Écosse, venue d'Édimbourg visiter le roi Henry et le comte Richard, ses frères, s'en vint à mourir le quatrième jour avant les nones de mars. Il fallut alors que toute la Cour menât grand deuil!

Bref, le temps passa, on approcha de Pâques, de menues contrariétés s'ajoutèrent aux grandes, et la Cour était toujours à Londres. On apprit bientôt que Baudouin, l'Empereur de Constantinople, qui parcourait les cours d'Occident à la recherche de subsides pour résister aux entreprises des Grecs, allait venir en Angleterre et que le Pape exigeait qu'on lui fît bon accueil. Alors, subitement, le roi décida de remettre à plus tard le voyage à Winchester.

On bouleversa tous les projets. Il fallut avertir in extremis les shérifs que c'était au palais de Westminster qu'ils viendraient cette année rendre leurs comptes... et il en résulta deux semaines de retard!

Et c'est ce moment que les marchands de hareng choisissent pour venir se lamenter! Au moins, à Winchester, on n'en aurait pas entendu parler!

Le shérif de Lancaster fait son entrée, salue respectueusement sire Hughes, assis derrière la grande table des comptes. Déroulant un long parchemin, il énumère devant la Chambre haute les dépenses qu'il a faites pour la Couronne. Au fur et à mesure de l'énoncé des chiffres, un clerc place des jetons noirs sur la table. Sur le tapis qui la recouvre sont tracées des lignes horizontales et sept lignes verticales : pour les pence, les shillings, les livres, et les dizaines, centaines, milliers et dizaines de milliers de livres; les jetons s'alignent dans la colonne correspondant aux dépenses annoncées.

Ce damier couvert de jetons qui évoque le jeu d'échecs que les croisés ont jadis rapporté de Terre sainte, c'est l'Échiquier d'Angleterre.

Puis le shérif déclare les recettes des impôts et des taxes, que le clerc représente par des jetons blancs qui, superposés aux premiers, viennent les annuler. Lorsqu'il a terminé sa lecture, le clerc compte les jetons blancs en excédent, qui donnent le solde du Trésor – obligatoirement créditeur dans l'intérêt du shérif – sur le comté de Lancaster. Aux côtés du chancelier, les clercs du grand rôle notent les sommes annoncées sur un rouleau de parchemin, tandis que dans la pièce voisine, où siège la Chambre basse, les serviteurs du shérif apportent les sacs de pennies d'argent dus par leur maître.

Le trésorier, averti de la mauvaise humeur de sire Hughes, pénètre en hâte dans le grand bâtiment et gravit rapidement l'escalier.

Parvenu à la Chambre haute, il se tient debout, silencieux, attendant qu'on daigne l'interroger.

Avec la dignité qu'exigent ses fonctions de chancelier de l'Échiquier – charge nouvelle que le roi Henry vient de créer pour lui –, Hughes Pateshull détourne la tête du registre des comptes et demande, ironique :

« Eh bien, messire trésorier, il paraît que nous ne mangeons plus assez de hareng?

– Pardonnez-moi, monseigneur, d'avoir laissé troubler votre office, mais il est assez peu courant qu'une délégation de marchands se rende ainsi au Palais, aussi ai-je cru de mon devoir...

– Soit, soit... Que se passe-t-il?

– Je crois bien, monseigneur, qu'en fait de n'en point manger assez tous les manants d'Angleterre vont pouvoir se gorger de harengs sans débourser plus d'un shilling!

– Ne vendent-ils donc rien?

– Rien, monseigneur, ou quasiment, et ils ne vendront rien. Le port de Yarmouth, où les navires venus de mer Baltique accostent d'habitude en ce début de printemps, reste désespérément vide, ou c'est tout comme.

– Allons, cela ne s'est jamais vu!

– Sans doute, monseigneur, mais les marchands m'en ont expliqué la raison, et leurs dires viennent confirmer des rumeurs qui m'étaient venues aux oreilles ces dernières semaines.

– C'est-à-dire?

– Le comte Birger, maire du palais de Suède, songe, paraît-il, à mener une campagne en mer Baltique, et il aurait fait une grande réquisition de vaisseaux de transport pour embarquer son armée. Aussi les navires de Gothie [1] ne sont pas au rendez-vous.

– Mmm... Soit! »

Le chancelier a effectivement entendu parler au Conseil du roi des ambitions du redoutable conseiller du pâle Erik XI; l'explication n'est pas invraisemblable.

« Mais, au pis, la défection des marchands de Gothie ne réduit pas la vente de moitié! Les habitants de la Rous, par exemple, ne restent-ils pas singulièrement friands des conserves d'Angleterre?

– Assurément, monseigneur, mais les rares marchands allemands qui sont quand même venus à Yarmouth ont affirmé qu'aucun navire ne quittera cette année Novgorod, par où passe tout le commerce de la Rous. Et qu'il ne se fera du reste guère de commerce, cette année, en ce pays...

– Quoi! La Rous veut aussi conquérir la Baltique?

– Ils craindraient plutôt d'être les victimes de la Suède! Mais il paraîtrait que ce n'est pas là la raison de leur défection. Le bruit court que tous les hommes valides du pays, y compris les marins, sont requis pour se défendre contre une invasion plus immédiate et, dit-on, plus terrible. Les rares informations dont les marchands disposent parlent de nomades cruels venus d'Asie qui auraient réuni une immense armée pour piller les richesses des villes de la Rous. Oui, monseigneur, cette malencontreuse conjonction de deux guerres pourrait bien mettre à la ruine toute la corporation. Elle devra brader sur place le produit des pêches. Si cela continue, on pourra bientôt au cœur de l'Angleterre se procurer cinquante harengs en saumure pour un seul shilling!

– Pas de chance, pas de chance pour eux, en effet. Mais quoi, le Trésor ne va tout de même pas leur acheter leur hareng au prix fort! Ce sont les aléas du commerce. En admettant que nous en ayons les moyens, il est hors de question de créer un précédent de ce genre : aujourd'hui les harengs, demain, que sais-je? La poix ou les épices! Il faut que les marchands sachent que, s'ils gagnent de l'argent, ils peuvent aussi en perdre; de même que le chevalier, s'il peut conquérir la gloire au combat, peut aussi y laisser la vie. Chaque État a ses heurs et malheurs, et chacun doit assumer celui où Dieu l'a mis.

– Vous avez raison, monseigneur, mais ne pourrait-on tranquilliser ces braves gens, qui sont de fidèles sujets du roi, et en temps normal de sûrs agents de la prospérité du royaume, en leur accordant audience et en leur promettant

1. Gotland, île au sud de la Suède.

une modeste exemption d'impôt, pour ceux d'entre eux qui viendraient à être les plus démunis, par exemple ? »

Sire Hughes émet un grognement. Un chancelier de l'Échiquier n'aime guère entendre parler d'exemptions fiscales...

Un clerc revient de la Chambre basse. Les comptes étaient bons : il tend au shérif, en reçu de son paiement, la moitié d'un tally, pièce de bois fendue en deux, où des encoches marquent les sommes versées, et dont le Trésor conserve l'autre moitié. Ainsi, s'il élève jamais une contestation, il sera aisé de vérifier que le demi-tally présenté par le shérif est bien le bon...

La scène a laissé à sire Hugues le temps de la réflexion.

« Mmm, oui, oui, il y a peut-être moyen de mettre sur leur plaie – qui du reste n'est pas encore saignante – un baume peu coûteux. Réfléchissons-y ensemble, voulez-vous ? Suivez-moi dans mon cabinet. À propos, sont-ils nombreux ?

– Pas tellement, mais il y a aussi avec les marchands des ouvriers des entrepôts ou des conserveries de l'estuaire qui craignent pour leur emploi. Ils ne sont nullement agressifs et font montre du plus grand respect.

– Un respect qui les conduit à vouloir forcer sans y être invités la porte du palais du roi... Ils ont des meneurs ?

– Trois d'entre eux semblent parler pour tous.

– Soit, eh bien, tenez, allez dire à ceux-là que je compatis à leur malheur et que je les convie dans deux heures à ma table, pourvu que la foule se disperse. Donnez les instructions nécessaires et rejoignez-moi aussitôt.

– Bien, monseigneur.

– Et puisqu'ils sont bien « respectueux », faites donc distribuer aux manants qui les accompagnent du pain et un tonneau d'eau-de-vie, un seul – que cela n'aille pas les exciter, mais qu'ils en aient assez pour crier : Vive le roi !

– Il en sera fait ainsi, monseigneur. »

« Sire trésorier ! »

À l'instant de franchir, d'un pas pressé, le seuil de la porte, l'interpellé se retourne. Un large sourire fend le visage du chancelier de l'Échiquier.

« Au menu..., évitez le poisson ! »

Le trésorier se prend à sourire également en descendant l'escalier : heureusement, nous ne sommes pas vendredi !

De retour d'une partie de chasse, le roi Henry arbore, sous les longs cheveux roux qu'il tient du roi Jean, son père, un teint frais et des joues roses. Il paraît content de sa journée, qu'il a commencée dès l'aube, en allant ouïr successivement deux messes.

Car il n'est pas plus confit en dévotion que lui, ni plus soucieux de respecter dans leurs plus infimes détails, en bon vassal du Saint-Siège, tous les rites de la Sainte Église...

Ah ! si le Seigneur pouvait profiter de ces heureuses dispositions pour l'éclairer !

Sans doute le roi Jean n'est-il pas un exemple à suivre, lui qui a bien failli à la fin de sa vie justifier le surnom qu'on lui donnait depuis les jours de sa jeunesse, lorsqu'il n'était qu'un jeune prince sans apanage, en perdant son royaume comme il avait déjà perdu son duché de Normandie ou son comté d'Anjou. Alors que les seigneurs en révolte l'acculaient à la côte, seule une fatale indigestion de pêches et de cidre nouveau lui a épargné la honte de redevenir Jean sans Terre!

Mais s'il était, comme son fils, incapable de se tenir longtemps à une résolution, s'il était de plus violent, et si sa parole n'avait que la valeur du vent, du moins le roi Jean était-il intelligent!

Ainsi songe Pierre des Roches, évêque de Winchester, serviteur successif de deux Plantagenêts, en voyant Henry s'installer guilleret à la table du Conseil.

Le roi se tourne, hilare, vers le chancelier de l'Échiquier : « Eh bien, sire Hughes, il paraît que le hareng nous donne des émotions?

– J'ai en effet reçu ce midi une délégation des marchands de hareng...

– Cela devait sentir bon! » s'esclaffe le roi, obligeant les conseillers à sourire à ce trait d'esprit de leur souverain.

Le chancelier se racle la gorge avec un air d'amusement contraint et résume en quelques mots tout ce qu'il a appris.

Étienne de Segrave, justicier de Chester – et officieusement d'Angleterre –, lève les sourcils.

« Il semblerait que les païens s'agitent beaucoup aux confins du monde, ces temps-ci. Cette étrange ambassade dont vous m'avez parlé..., commence-t-il, se tournant vers l'évêque de Winchester.

– Ah oui, interrompt le roi, ces sarrasins que vous avez reçus hier sont-ils vraiment ces affreux Assassins dont on m'a conté les méfaits dans les récits des campagnes de mon oncle Richard?

– Je ne sais si eux-mêmes méritent ce nom, sire, répond Pierre des Roches, mais c'est bien le Vieux de la Montagne qui les a envoyés.

– Et ce Vieux de la Montagne, disiez-vous – reprend le justicier –, se donne la peine d'envoyer si loin des ambassadeurs proposer une alliance à un roi chrétien?

– Veulent-ils se convertir? » hasarde le roi.

L'évêque, soupirant, s'interdit de lever les yeux au ciel... Le Vieux de la Montagne, se convertir!

« Non, sire. Ils venaient vous proposer une alliance pour combattre des païens qui menacent leurs royaumes.

– Infidèles et païens, quelle différence cela fait-il? s'étonne Henry. En quoi cela concerne-t-il un roi chrétien? »

Voilà, songe Pierre des Roches, le premier propos sensé du jour...

« Cela ne le concerne pas, sire. Ou plutôt, si : laissons ces chiens s'entre-dévorer, et nous, lorsque nous marcherons contre les ennemis du Christ survivants, nous n'en nettoierons que plus aisément la surface de la terre, afin que le monde tout entier soit soumis à la seule Église catholique et qu'il n'y ait qu'un seul pasteur et un seul troupeau... Aussi ai-je répondu à ces sarrasins qu'un roi chrétien n'avait que faire de leurs querelles et que le roi était à cette heure en charge de trop lourds soucis pour les recevoir. Ils prétendent que ces barbares pourraient venir jusqu'en France et en Angleterre. Quelle fable ridicule! À l'heure qu'il est, ils doivent préparer leurs bagages pour retourner à Douvres et chercher un passage. Et je ne doute pas que les autres souverains chrétiens leur fassent la même réponse.

– Car ils vont visiter les autres souverains? s'étonne le chancelier.

– Leur chef est demeuré à Paris, où ils prétendent que le roi Louis le reçoit avec beaucoup d'égards. On se demande d'ailleurs quel intérêt ils auraient à ne solliciter que le seul roi d'Angleterre.

– Le Vieux de la Montagne doit avoir bien peur, ricane le justicier. Qui sont donc ces païens qui l'effraient tant? »

Le prélat hausse les épaules.

« Des barbares nomades et féroces, rassemblés par un empereur cruel, qui auraient déjà détruit, il y a quinze ou vingt ans, un puissant royaume sarrasin!

– Puissent-ils en détruire d'autres! s'exclame Gaultier, archevêque d'York. Du reste, sont-ils aussi païens que les sarrasins le disent? Nul n'a jamais entendu parler de ce cruel empereur, mais ne dit-on pas, par contre, qu'il y a à l'Orient le royaume chrétien du prêtre Jean, qui viendra un jour prendre à revers les infidèles?

– Très juste, souligne Pierre des Roches. Après tout, qui sait si ce n'est pas du prêtre Jean que les sarrasins ont tant peur? Ils viendraient alors ici pour solliciter une trêve qui leur éviterait d'être pris en tenaille entre les chrétiens d'Orient et d'Occident. Quand on connaît leur fourberie, ils en seraient bien capables. »

Et tous de s'accorder sur la fourberie des sarrasins...

« Non, non, quoi qu'il en soit, nous n'avons aucun intérêt à aider ces maudits infidèles », conclut l'évêque de Winchester.

Henry lève l'index sentencieusement.

« J'ai une idée », s'écrie-t-il.

Les assistants font leur possible – sans grand succès – pour mettre un peu d'admiration respectueuse dans l'étonnement dont témoigne leur regard.

« Une idée pour aider les sarrasins à survivre aux ravages des païens! » poursuit le roi, agitant son index.

Personne ne cherche plus à mêler quoi que ce soit à son étonnement, et Pierre des Roches évite à nouveau de lever les yeux au ciel en préférant les fermer.

« Oui, oui », dit le roi, ravi de son effet. Et écartant les bras, paumes levées : « Vendons leur des harengs! »

Cette fois, un franc éclat de rire secoue tout le Conseil, autour du monarque qui s'esclaffe bruyamment.

Cette synthèse royale des deux sujets par lesquels s'est ouverte la discussion met fin au débat sur l'un comme sur l'autre!

Alors, devant le regard bleu, atone et satisfait, de Henry III Plantagenêt, l'évêque de Winchester, qui a conservé de ses anciennes fonctions de chef du Conseil privé l'habitude de tout régenter avec autorité, ramène la discussion sur des sujets plus habituels...

Et plus sérieux!

MINDAUGAS

Le huitième jour de la troisième Lune de la saison claire, dans la dix-neuvième année du règne de Mindaugas, kunigaikstis des Lituaniens [1]

« Courbe-toi devant le grand-prince! »

Le garde aux bracelets de fer appuie lourdement sur la nuque de Cyrille. Levant craintivement les yeux – comme Jérôme prosterné près de lui –, le jeune moine croise le regard bleu, cruel et amusé de l'homme jeune à la large carrure, vêtu d'une simple tunique serrée à la taille d'une ceinture de cuir, qui le domine du haut des marches tapissées de fourrure où s'élève son trône.

Le regard du chat qui a envie de jouer un peu avec la souris qu'il tient entre ses griffes.

Le regard du prince des païens!

Au-dessus du trône est accrochée sous un énorme crâne d'élan, avec une large épée et un long bouclier, une cuirasse garnie de plaques de fer décorées de reliefs et rehaussée d'ornements dorés, comme le casque conique qui la surmonte.

L'armure du prince des païens!

Autour, alternant avec des crânes de chevaux, de taureaux et d'élans, les parois de rondins de la grande salle sont tapissées d'autres armures. Mais ce sont des trophées. Russes et allemands. Au fond, face au trône, pour que le prince puisse se repaître de leur vue, un grand heaume bosselé, un haubert de mailles déchiré, une cotte d'armes blanche maculée de sang où s'étale sous la croix une grande épée rouge. C'est l'armure de Folkwin, le dernier grand maître des chevaliers Porte-Glaive.

Mindaugas est de bonne humeur. Il regarde avec satisfaction la vaste pièce, cœur de son puissant château de Varuta, où, à côté des quelques prisonniers que l'on a jugé bon de conduire jusqu'à lui, on a entassé les objets de prix rapportés de Russie. Caressant sa belle barbe blonde, il pose une nouvelle fois les yeux sur la jolie Kiévienne qu'on vient de lui présenter. Il savoure l'idée que ce soir il pourra la presser dans ses bras musculeux aux brassards d'or ciselé.

Quelle idée, par contre, de lui avoir amené ces deux moines chrétiens qui, s'ils sont jeunes, n'ont point l'air particulièrement vigoureux!

Il est vrai que, parfois, il aime s'amuser avec les prêtres chrétiens..., les prêtres de l'ennemi!

Oui, Mindaugas est de bonne humeur. Les rapports des groupes de reconnaissance sont formels. Polotsk et surtout Smolensk, dont on connaît depuis longtemps la faiblesse des princes, ne sont quasiment plus en état de résister à une attaque massive... Car ce n'est plus à des raids de pillage sans lendemain comme du temps de ses pères et de ses aïeux que songe Mindaugas!

Les puissants princes de Souzdalie ont été étrillés par de terribles envahisseurs nomades. Voilà qui est parfait! Ils seront incapables de secourir Smolensk et Polotsk.

---

1. 24 mai 1238.

Novgorod effrayée se terre derrière ses remparts. Quelle bonne nouvelle! L'heure est venue...

Rimgaudas son père avait pris le contrôle d'un vaste territoire. Pourtant, lorsqu'il mourut, la Lituanie n'était encore pour une grande part qu'une mosaïque de petites principautés et chefferies autonomes dont les seigneurs reconnaissaient parfois, du bout des lèvres, l'autorité théorique d'un prince un peu plus puissant que les autres. Il en avait toujours été ainsi, et, au fond de leurs épaisses forêts, les Lituaniens n'en avaient pas plus mal vécu pour autant.

Mais les temps avaient changé... Sans doute les Russes avaient-ils périodiquement émis des prétentions sur le pays : jadis – il y a bien longtemps, au temps des grands-princes de Kiev –, les misérables populations qui l'habitaient envoyaient même à la capitale du pays de Rous un piteux tribut annuel de balais et de teilles, leur unique richesse. Mais la Russie s'est affaiblie, les Lituaniens se sont mués en redoutables guerriers, et, de conquérantes, les ambitions des Russes sont devenues chaque année un peu plus défensives.

Ce n'est plus là qu'est le danger.

Le danger porte de grands heaumes noirs et de longues robes blanches sur des hauberts d'acier.

Le danger, c'est une grande croix noire sur un étendard blanc.

Le danger, ce sont les chevaliers Teutoniques!

Ou plutôt les chevaliers de la Croix, comme on les appelle ici...

Ils sont entrés chez les Prussiens, frères des Lituaniens et lentement, méthodiquement, ils progressent, jamais rebutés par une défaite, consolidant chaque victoire par un nouveau château qui marque l'inexorable avancée de leur frontière.

Et les châteaux de bois deviennent châteaux de brique.

Et les Prussiens vaincus, s'ils veulent rester en vie, doivent venir adorer l'étrange dieu crucifié au nom duquel on les a faits esclaves.

Au nord combattaient les chevaliers de l'Épée. Ils étaient courageux et cruels. Mais pas assez nombreux... Les Lituaniens, avec leurs alliés Semgalliens, les avaient vaincus à plusieurs reprises et, pour finir, écrasés deux ans plus tôt avec leur grand maître, au bord de la rivière Saule.

Avec leur grand maître dont l'armure s'étale, trophée sanglant, à l'autre bout de la salle.

C'est alors que les chevaliers de l'Épée appelèrent à leur aide les chevaliers de la Croix.

Établis à Riga, auprès du grand-prêtre que les chrétiens ont installé là, ceux-ci ont résolu de soumettre Lituanie et Samogitie comme ils soumettent peu à peu la Prusse, comme leurs prédécesseurs à l'épée de sang avaient soumis Lettons, Lives et Estes. Mais leurs longues dents vont cette fois se briser sur un adversaire plus coriace! Si courageux soient-ils, les Prussiens sont condamnés à succomber, comme les Lives, les Estes [1] ou les Lettons avant eux, car ils sont divisés. Mais, d'ici peu, la Lituanie tout entière obéira à un seul prince qui montrera aux chevaliers de la Croix ce que valent ses guerriers. Il verrouillera la vallée de la Nemunas [2] qui marque la limite du pays prussien.

1. Estoniens.
2. Le Niémen.

L'étau qui se referme depuis la Prusse et la Livonie, Mindaugas le brisera!

Il lui reste encore à convaincre quelques princes récalcitrants de lui rendre leur hommage. Il les convaincra vite... Eux ou leurs successeurs... S'ils en ont. Sinon, ils finiront comme ses frères et ses neveux, égorgés au détour d'un escalier de leur citadelle, stupidement accidentés à la chasse ou malencontreusement noyés dans un marais..., quand ils ne mourront pas d'avoir abusé de quelque breuvage indigeste.

Mindaugas n'a pas regardé sur les moyens pour devenir le kunigaikstis, le grand-prince des Lituaniens.

Mindaugas n'a pas de temps à perdre.

Car il ne suffit pas de briser l'étau. Un peuple qui se défend reste un peuple faible. Un peuple fort est un peuple qui attaque! Pour garantir sa force et son indépendance, il faut à la Lituanie un empire. Et il est tout trouvé...

Avant un an, avant six mois, Smolensk et Polotsk seront lituaniens!

Et si les Tatars viennent? On leur résistera.

Et s'ils avancent quand même? On reculera alors dans les profondes et inextricables forêts qui couvrent le cœur du pays lituanien, et leurs cavaliers des plaines vierges s'y perdront, comme les chevaliers de la Croix.

Et, lorsqu'ils seront partis, on recommencera.

Combien de guerriers Mindaugas a-t-il au fond de ses forêts, derrière les remparts de rondins des forteresses dressées sur des buttes au milieu des vastes clairières, tapissées de cultures, qui trouent, çà et là, l'épaisseur des bois?

Il ne le sait pas lui-même. Tout ce qu'il sait, c'est qu'il en a assez...

Cyrille, déplaçant son regard sur la gauche, ne maîtrise pas un mouvement de recul. Le garde à l'armure de cuir et aux bracelets de fer lui rabaisse vigoureusement la nuque vers le sol. Du haut de son trône, le kunigaikstis a souri.

Les chrétiens ont toujours la même réaction, lorsqu'ils croisent le regard du Serpent sacré!

« Ainsi, moines, on me dit que vous allez pouvoir nous raconter tous les malheurs qui arrivent à nos pauvres voisins de Russie? »

Un homme, à droite des marches du trône, traduit au fur et à mesure, en russe, les propos de son maître.

« Ah, mais c'est que toi, tu n'as pas la robe d'un moine russe; tu as bien plus l'air d'un de ces moines qui marchent à la suite des chevaliers de la Croix. »

Un autre homme, à gauche du trône, qui paraissait jusque-là veiller sur le serpent – un prêtre peut-être? –, traduit à son tour, en latin cette fois.

Un long moment Cyrille et Jérôme, successivement questionnés, doivent assouvir la curiosité de Mindaugas. Ils sont hâves, ils sont sales, leur barbe est en broussaille. Depuis deux mois on les a traînés dans le pays de Smolensk, puis à travers les forêts, les étangs et les marais de Lituanie, peuplés de serpents et de bêtes sauvages, de grues, surtout, qui nichent dans les arbres et tourmentent les hommes de leurs croassements et de leurs battements d'ailes. Attachés en caravanes de misère avec d'autres prisonniers emmenés comme esclaves, on les contraignait à des travaux infamants. Certains mouraient en route, d'autres étaient distribués dans les villages qu'on traversait parfois, près d'un château de bois; ceux qu'on avait jugés assez dignes d'intérêt pour être exhibés devant le kunigaikstis poursuivaient leur route jusqu'au *pils* [1] de Varuta, sa citadelle.

Ces Tatars sont des gens à mon goût, songe avec amusement le grand-prince en écoutant complaisamment le récit du ravage de la Souzdalie. Dommage que les Lituaniens soient bien moins nombreux qu'eux... Dommage aussi que Mindaugas n'accepte pas d'autres maîtres que Perkunas, le seigneur du Tonnerre, et les dieux qui l'entourent... Si nous devons nous rencontrer, eux et moi, nous ne pourrons donc, hélas, pas nous entendre, je le crains...

« C'est toi qui transportais cela? »

Le kunigaikstis désigne quelque chose derrière Cyrille. Celui-ci ose se retourner, non sans jeter un coup d'œil apeuré sur le garde aux bracelets de fer, qui demeure cette fois immobile.

Appuyée contre un coffre clouté grand ouvert rempli d'orfèvrerie et d'ornements sacerdotaux pillés dans les églises et les monastères du pays de Smolensk, débarrassée des toiles qui la protégeaient, Elle est là!

Les larmes viennent aux yeux de Cyrille. Elle a besoin de lui. Il faut qu'il La ramène en Russie. Elle ne peut pas rester ici, dans le palais barbare de ce féroce païen, avec cet horrible serpent qui révèle trop bien quel est le dieu qu'on vénère en ce lieu! Elle ne peut pas rester ici, prisonnière de l'Ennemi Infernal aux légions duquel Elle a déjà échappé, à Vladimir!

Arrière, Satan!

« Je n'aime pas les peintures des chrétiens! Qu'on la brûle! Tout de suite, là-bas, dans le foyer! »

Mindaugas fait signe à l'interprète, qui traduit pour Cyrille. Deux guerriers s'approchent et saisissent l'icône. Cyrille, aussitôt, sans réfléchir, les yeux fous, joignant les mains, s'écrase contre terre le plus bas qu'il peut.

« Seigneur, non! Par pitié! »

Le kunigaikstis sourit. Il s'en doutait! Cette icône doit avoir une valeur particulière.

« Elle est à toi? Dis-moi qui c'est!

– Seigneur, c'est la Bienheureuse Vierge Marie, mère du Seigneur Jésus. Elle est toute bonté et n'a jamais fait de mal à quiconque. Si Votre Seigneurie l'épargne, nul doute qu'Elle lui en tiendra compte... Si Votre Seigneurie l'épargne, Elle et les pauvres prisonniers qui sont ici. »

Cyrille, reprenant un peu ses esprits, se souvient que Jérôme et lui-même sont à la merci du grand-prince, et qu'il serait chrétien d'associer à toute supplique les autres prisonniers présents dans la salle.

« Ah oui? En vérité, je n'ai l'intention de faire de mal à personne, ici », répond Mindaugas, le regard à nouveau posé sur la belle Kiévienne.

Le chat est d'excellente humeur. Les souris l'amusent. Il a envie de jouer.

« Dis-moi, elle est à toi, cette belle dame que tu appelles Marie?

– Oui!... Enfin, non... Elle est...

– Tu ferais tout pour elle?

– Oui, seigneur!

– Alors je te la rendrai.

– Oh, seigneur, puisse-t-Elle vous bénir pour cette action! »

1. Château.

Le kunigaikstis sourit de toutes ses dents.

« Je te la rendrai d'ici quelque temps, quand ton ami et toi aurez fait ma volonté... »

L'AMBASSADE

L'an 635 de l'hégire, dixième jour du mois de Shawwal [1]

Hasan se détend sous les massages de la jeune fille rieuse que dame Bertrade, qui dirige l'étuve, a affectée à son service. Assis dans un large baquet de bois recouvert d'un épais drap de Bruges et rempli d'une eau tiède et parfumée, il songe à d'autres bains et à d'autres massages...

Ah, Zéliha !

Il est grand temps de prendre la route d'Italie pour y voir l'Empereur et trouver enfin à Venise la galère qui me ramènera près de toi... C'est que, vois-tu, tout ambassadeur que je sois, allant de cérémonie en fête et de fête en cérémonie, en cette ville de Paris où les jolies femmes ne sont pourtant pas avares de leurs charmes, il y a bien des moments où, moi aussi, je m'ennuie fort quand tu n'es pas là...

Sur la planche posée devant lui en travers du baquet, une servante vient d'apporter une collation de fruits et de petits gâteaux, agrémentée d'un cruchon de vin. Ces étuves parisiennes ne valent certes pas les hammams de Damas, mais il faut bien admettre qu'elles ne sont point des endroits désagréables...

Demain Hasan ira annoncer son départ au roi. Pourvu que celui-ci ne cherche pas à le retenir ! Cela fait tout de même plus d'un mois et demi qu'il est à Paris.

Louis, se rappelant sa précédente visite, a reçu son ambassade avec beaucoup d'égards, lui accordant plusieurs entretiens en privé, insistant pour qu'il demeure le plus longtemps possible au palais de la Cité où il était logé et participe à toutes les célébrations qui se feraient en ce temps à la cour.

Hasan connaît à présent bien du monde, à Paris. Il a rencontré la reine mère, Madame Blanche de Castille, sa belle-fille Madame Marguerite, la jeune et charmante reine de France, et monseigneur Guillaume, évêque de Paris. Il s'est entretenu avec les dignitaires de la Cour – tels le connétable Amaury de Montfort, messires Jean de Beaumont et Ferry Pâté, les maréchaux de France, ou le chambellan Gautier de Villebéon – aussi bien qu'avec de grands seigneurs comme le comte de Champagne ou le comte de Soissons, pour ne citer que ceux-là...

Le roi a accordé une grande attention aux propos des quatre envoyés de l'Orient, les questionnant fréquemment. C'est que, si deux ans plus tôt il avait écouté avec quelque scepticisme le récit de Hasan sur la chute de l'empire de Khwarezm, il est à présent convaincu de la réalité de la menace. Il n'y a pas

1. 26 mai 1238.

deux semaines, une lettre lui est à nouveau parvenue du roi de Hongrie l'avisant des ravages que les Tartares avaient faits dans la grande principauté de Vladimirie, au pays de Rous qui marque la limite de la Chrétienté.

Quant à une alliance avec les princes musulmans... Le roi a éludé la question.

Mais elle était toute théorique, car, contrairement aux vœux du Sheikh el-Djebel, ni Hasan ni les diplomates qui l'accompagnent n'ont en fait obtenu aucun mandat précis des souverains d'Orient – déjà incapables de s'entendre entre eux – pour conclure un accord en bonne et due forme avec ceux d'Occident. Il y a quelques jours, on a appris la mort du sultan al-Kamil, le seul homme assez puissant et assez sage pour donner corps à une telle alliance. Voilà du reste un événement qui ne va pas simplifier la situation politique entre l'Euphrate et le Nil...

Mais l'essentiel est moins dans la signature d'un traité que dans la prise de conscience par les souverains chrétiens de la menace qui approche. Maintenant que le sultan d'Égypte n'est plus et que l'accord qu'il avait conclu avec l'Empereur approche de son terme, on pourrait redouter plus que jamais que Louis – qui a fortement impressionné Hasan par la profondeur de sa dévotion chrétienne – ne se prépare à entreprendre une croisade.

Tous les efforts ont déjà été vains pour dissuader le comte Thibaut de Champagne, qui en a fait le vœu, de prendre la croix dès qu'expirera la trêve, ou le connétable Amaury, qui s'entête à vouloir l'accompagner.

Puisse du moins cette ambassade avoir convaincu le roi que, pour ce qui est de se croiser lui-même, le moment serait aussi mal choisi pour les chrétiens que pour les musulmans!

Se relayant les uns les autres, Hasan et ses trois compagnons ont narré en détail tout ce que les musulmans savaient de ce terrible peuple des Mongols – qu'ici on préfère appeler Tartares – venu de l'Est mystérieux pour détruire la civilisation et tous ceux qui croient en Dieu.

Ils ont longuement décrit cette race d'hommes monstrueux et cruels descendue du Nord qui, non contente d'avoir déjà occupé en Orient de vastes territoires, a envoyé partout des lettres comminatoires et des ambassades terribles, au nom de son chef qui se prétend envoyé par le Très-Haut pour dompter les nations rebelles à sa loi.

Le roi Louis et son Conseil les ont écoutés d'un air grave évoquer ces barbares à la peau de cuivre et aux yeux en amande avec leurs grosses têtes disproportionnées à leurs corps, qui se nourrissent de chair crue, sont d'incomparables lanceurs de flèches et ont des chevaux si rapides qu'ils peuvent en un seul jour parcourir l'espace de trois journées de marche.

Lorsque Hasan eut parlé de la destruction de la Grande Hongrie, Louis s'est tourné vers ses conseillers.

« Tout cela est pure vérité, messires, le roi Béla me l'a déjà fait dire. »

Hasan a exposé au roi que plus rien ne protégera l'Occident si l'Orient est vaincu, ni l'Orient si l'Occident succombe.

« Quand brûle la maison du voisin, songe alors à la tienne... »

Le roi est convaincu. Mais que peut-il faire pour renforcer encore les défenses de son royaume? Ses châteaux sont puissants, ses villes bien remparées, sa chevalerie est brave... Si – ce qu'à Dieu ne plaise – les Tartares venaient à renverser les défenses de la Hongrie et de l'Allemagne et à déferler sur les plaines de France, le roi priera, ira à Saint-Denis lever l'oriflamme, convoquera le ban et l'arrière-ban de ses vassaux, et, marchant à la tête de l'ost assemblé, courra sus à l'ennemi. Et c'est à Dieu qu'il appartiendra alors de faire connaître Sa volonté.

Mais Louis garde confiance dans la force de la Hongrie et la puissance de l'Empire. Les Tartares, du reste, auront-ils vraiment l'audace de les attaquer?

Lorsque Hasan eut dit au roi qu'il entendait se rendre outre-Manche, celui-ci répondit, d'une moue ironique :

« Vous n'aurez point grand profit, seigneur ambassadeur, à aller visiter mon beau-frère d'Angleterre... »

Hasan, qui connaissait la rivalité opposant Louis et Henry à propos du Poitou, s'enquit avec prudence et respect du pourquoi de la chose. Lorsqu'il se fut convaincu qu'en effet Henry Plantagenêt était aussi différent que possible de son oncle Richard, au cœur de lion, et qu'hormis Béla de Hongrie, déjà bien informé, les deux seuls souverains qu'il y avait vraiment matière à visiter étaient Louis de France et, bien sûr, l'Empereur Frédéric, il renonça à son voyage d'Angleterre.

Le sultan al-Kamil lui avait adjoint un Égyptien, homme d'expérience. C'est à lui que Hasan confia le soin de traverser la Manche. Comme Louis l'avait annoncé, il reçut d'abord un accueil glacial, aussitôt congédié par l'évêque de Winchester. Tenace, il avait insisté, obtenant à grand-peine une audience du roi Henry, mais celui-ci n'avait rien écouté...

La mission d'Angleterre n'avait servi à rien...

L'envoyé d'al-Kamil était parti à Londres avec l'émissaire du Calife. N'était resté à Paris auprès de Hasan qu'un nommé Mahmoud, qui se disait homme de confiance de Sadeddin Köpek, grand vizir des Turcs seldjoukides. En fait, il s'appelait autrefois Théodore : c'est un Grec, originaire de Sinope, et converti à l'Islam comme il s'en trouve beaucoup au pays de Roum. Gras et suant pour un rien, mielleux et cauteleux, il soigne à l'excès une belle paire de moustaches qui se relèvent en boucles à ses extrémités. Hasan, qui en sa présence se sent sans cesse épié par son regard faussement bienveillant, ne le peut guère supporter, mais, n'ayant pas le choix, il s'est obligé à lui faire bonne figure et à accepter avec constance sa douteuse compagnie.

Le grand vizir s'en remet décidément à des hommes peu faits pour relever la sinistre réputation qui entoure son nom...

PERKUNAS

Dans la dix-neuvième année du règne de Mindaugas,
kunigaikstis des Lituaniens,
le septième jour de la quatrième Lune de la saison claire,
fête du Solstice [1]

Saule, dans son char, descend sur l'Occident : la Vierge-Soleil a achevé sa course. Dievas, le Ciel, rougeoie de tous ses feux. C'est l'heure de Perkunas, le Forgeron céleste.

Seigneur du Tonnerre et maître du Feu, en ce moment, là-bas, tout le long de la mer, il chevauche sa jument de plomb sortie en bondissant d'une étable de fer; ses chevaux noirs nourris de pierres galopent à sa suite. Ils vont boire une eau d'argent dans leur abreuvoir d'acier.

Quelque part entre la Nemunas et la Daugava, là où les chevaliers et les prêtres chrétiens n'ont jamais pu pénétrer que pour connaître le martyre, là où la mère des Forêts protège les Lituaniens en son impénétrable sein, une foule de guerriers blonds, entourée d'un grand concours de peuple, se recueille, silencieuse, devant le Baublys vénéré, le grand Chêne sacré autour duquel, en longues robes blanches, dans l'odeur entêtante d'une sorte d'encens, prêtres et Vaidelutes – les Vierges aux longs cheveux – tournent, ivres de cervoise, en une danse lente et muette.

Les trompes de bergers, en longues sonneries que scandent des cymbales, appellent tous les dieux.

Au pied de l'Arbre divin, couverte de traces brunes, s'étend la Pierre sacrée.

À sa droite, sous le large toit d'un autel protecteur, brûle le Feu Perpétuel.

Trois hautes statues s'élèvent à sa gauche.

Perkunas roule des yeux furibonds. Couronnée de flammes d'or, sa face peinte en rouge, ceinte d'une barbe crépue, exhale la colère, insufflant sa fureur à l'âme des guerriers.

À gauche de Perkunas se dresse Andojas, joyeux jeune homme à la tête couronnée d'épis de blé, qui rend les champs fertiles et donne la chance au combat. Au pied de sa statue dort un couple de gros serpents repus de grain et de lait.

À droite de Perkunas se tient Pekollos, le souverain nocturne. Il est vieux et funèbre, sa longue barbe est grise et son visage blême. Un voile blanc couvre sa tête au regard malveillant. Crânes animaux et humains s'empilent à ses pieds car il préside à la mort et à la corruption de toute chose.

Ce soir, c'est Saulgriezi, la fête du Solstice.

À l'appel des trompes, elles approchent, elles sont là.

Ne les sentez-vous pas?

Elles sont là, invisibles...

Elles flottent dans les airs, elles rampent sous la terre, grimpent dans les branchages, ondulent dans les feuillages...

---

1. 21 juin 1238.

Toutes les divinités de la Baltique!

Vèjas, seigneur du Vent, Bangputtis, maître des Ondes, qui commande aux tempêtes, Puskaitis, souverain de la Terre sauvage, qui vit sous les sureaux et veille sur les arbres, Giraitis, le protecteur des bois, Upinis, qui fait couler les rivières, Lytuvonis, dispensateur de pluie, Ezerinis, le souverain des lacs, Zemyna, la Mère de la Terre, Ceruklis, qui protège le blé, Kaunis, qui glisse au cœur des hommes les folies de l'Amour...

Auprès d'eux les Laumès, qui tissent le Destin...

Tandis que s'aventurent à la suite des dieux les génies et les elfes, dans l'obscurité de la forêt, n'osant pas s'approcher, redoutant Perkunas, rôdent Ragana la sorcière, qui aime à tourmenter les hommes et enlève les enfants sans défense, et sa cour démoniaque de *velniai* [1] difformes...

Face au Chêne sacré, sur un grand siège d'or, dressé sur une estrade à trente pas de l'arbre, trône un noble vieillard.

Une mitre à trois cornes couronne sa tête chenue. Une large bande de fine toile ceinture sa robe blanche de quarante-neuf tours. Sa main tient fermement le bâton à trois crochets, signe de sa puissance.

C'est le Krive Krivaitis.

Le grand-prêtre très saint que tout le monde vénère.

Vêtu de la même robe aux larges manches, sa taille mince épaissie d'une bande à trente tours, ses cheveux blonds enserrés d'une couronne de fleurs et de feuillages, debout dans le demi-cercle de ses guerriers, le visage baigné des ultimes rayons de la Vierge-Soleil, Mindaugas demeure immobile face à la danse des prêtres et des Vaidelutes, regard fixé sur la cime du chêne et bras levés au ciel.

Une Vierge émet alors, sans cesser de danser, un long murmure plaintif et monotone, à peine audible d'abord, puis de plus en plus fort; une autre, à son tour, élève son murmure. Une autre. Encore une autre... Les Vierges aux cheveux blonds pris en deux longues nattes psalmodient toutes ensemble, leurs corps se balancent de droite et de gauche tandis qu'elles tournent, lentement, autour du Chêne sacré.

Les prêtres aux barbes grises lèvent à leur tour les bras au ciel; ils entonnent d'une voix sourde un chant sacré, appelant l'attention de tous les dieux.

Tout s'arrête.

Alors s'élève dans le silence la voix puissante du kunigaikstis.

« Ô Perkunas! Ô Forgeron céleste! De Ton marteau divin qui écrase les démons, aide Tes fils à écraser les démons à la croix!

« Ô Andojas! Donne aux guerriers la joie de la Victoire!

« Ô Pekollos! Étreins les chevaliers de la Croix entre Tes bras glacés! »

Longtemps Mindaugas invoque les trois dieux. À chaque incantation la foule des prêtres, des guerriers et du peuple reprend en chœur leurs noms :

« Perkunas! » « Andojas! » « Pekollos! »

Sous le ciel qui s'obscurcit et la lune qui monte, tandis que s'allument une à une les torches, Cyrille et Jérôme contemplent, effrayés, le rituel des païens.

---

1. Démons.

Pourquoi les a-t-on tirés du chantier de Varuta, où ils trimaient avec d'autres à renforcer les défenses de la citadelle du grand-prince, pour les amener là, au premier rang du cercle des guerriers, devant ce vieux sorcier assis sur son trône d'or?

Ils ont eu beau scruter tous les visages, ils ne voient pas ici d'autres prisonniers qu'eux-mêmes et un chevalier de la Croix, immobile auprès d'eux. Maigre, son visage aigu ceint d'une barbe brune, redressé de toute sa haute taille dans son haubert de mailles et sa cotte déchirée frappée de la croix noire, la mâchoire frémissante, il regarde avec morgue la scène démoniaque qui se déroule sous ses yeux.

Des porcs, des moutons, des chèvres sont conduits les uns après les autres devant la Pierre sacrée. À chaque nouvelle invocation, deux prêtres se saisissent d'un animal et un troisième, prestement, lui ouvre la gorge, inondant de son sang la pierre et le tronc du grand chêne.

« Perkunas! » « Andojas! » « Pekollos! »

Mindaugas abaisse les bras. Le silence se fait. Il se tourne soudain vers le groupe des prisonniers, fait un signe. Quatre prêtres s'approchent de Cyrille et de Jérôme et les poussent auprès du kunigaikstis. De la foule se sont détachés deux autres hommes. Les deux moines reconnaissent les interprètes qu'ils avaient rencontrés au pied du trône de Varuta.

Un cinquième prêtre s'avance, élevant dans ses mains un grand crucifix où agonise un christ de bois.

Un sixième le suit, portant entre ses bras l'icône de Vladimir.

Là-haut, sur son trône d'or, le vieillard, impassible, pose sur les deux chrétiens un regard de mépris.

« Moine, le grand-prince Mindaugas va te rendre ce soir l'image à laquelle tu tiens tant! »

Au milieu de la foule des païens brandissant une multitude de torches, Cyrille, tassé sur lui-même, regarde leur chef avec les yeux d'une bête traquée.

« Je t'ai dit que je te la rendrais quand ton ami et toi aurez fait ma volonté! »

Sa voix est presque douce. Son regard amusé comme à Varuta.

« Renie ton dieu maudit! Prosterne-toi devant Perkunas! »

Le prêtre au crucifix tend les bras devant Cyrille.

« Crache! »

Cyrille, la bouche ouverte, tremble de tous ses membres. Là, devant lui, tout près, le Seigneur au visage accablé de souffrances...

« Non, non! »

L'interprète pose doucement la main sur son épaule.

« Le grand-prince ne promet pas souvent, mais il tient ses promesses. L'icône sera à toi. Regarde, regarde-la... »

Cyrille se retourne. Un porteur de torche s'est approché pour mieux faire ressortir les ors encadrant le doux visage de la Vierge de tendresse.

« Elle sera à toi... Sinon, elle sera au Feu perpétuel, qui l'attend là-bas... Fais ton choix... »

Comment croire la parole des païens? Comment croire? Seigneur, inspire-moi!

À travers les larmes qui troublent sa vision, le jeune moine croit voir s'animer le visage de Jésus.

Soudain il ferme les yeux... Et crache.

Un rugissement. Des cris. Échappant à ses gardiens comme un fauve en furie, le chevalier de la Croix fonce tête baissée sur Cyrille, le frappant au ventre de son crâne comme il l'eût fait d'un bélier.

« Chien de Russe ! »

Plus vif que l'éclair, en dépit des gardes qui le poursuivent entre les prêtres affolés, l'Allemand, les yeux enflammés, se précipite, malgré ses mains liées dans le dos, sur le kunigaikstis, tentant de lui assener un violent coup de crâne au visage. Mindaugas, esquivant le choc, le maîtrise entre ses bras vigoureux. Un cri rauque s'échappe de ses lèvres : le chevalier, rassemblant toutes ses forces, a brusquement planté ses dents dans l'avant-bras dénudé du grand-prince. Le sang perle.

« Aaah ! »

Mindaugas à son tour arrache d'un coup de dents l'oreille de l'Allemand, qui lâche prise sous la douleur. Laissant deux robustes guerriers le pousser jusqu'à la Pierre sacrée, il saisit le couteau du sacrifice.

Empoignant d'un geste sec les cheveux du prisonnier, il lui tranche la gorge de part en part. Elle s'ouvre en un sourire monstrueux lorsque le kunigaikstis, tirant de toute sa force son crâne vers l'arrière, lui brise les vertèbres !

Le flot de sang a inondé la Pierre sacrée et le tronc du grand chêne.

Les torches s'agitent. Une longue acclamation monte de la foule.

Les dieux seront contents, ce soir.

Aux pieds d'Andojas, les deux serpents, éveillés, observent le spectacle.

Debout devant son trône, le Krive Krivaitis lève son bâton à trois pointes.

Alors, telle la voix du Forgeron céleste, résonnent, énormes, prodigieuses, les *daouditie*, ces trompettes de bois bien plus grandes qu'un homme qui vont proclamer jusqu'au fond des forêts la joie de Perkunas !

Dans le feu crépitant en grandes flammes d'or, on a jeté de l'ambre, et la clairière embaume.

Mindaugas, haletant, regarde le corps étendu à ses pieds.

Il a toujours été fidèle à Perkunas qui jusqu'ici ne l'a jamais abandonné...

Mais le dieu crucifié doit être bien puissant pour inspirer à ses fidèles une pareille force...

Et une pareille haine !

Reprenant son souffle, il revient vers Cyrille.

« Adore, adore dans Sa puissance le divin Perkunas ! »

Cyrille, comme ivre, se laisse pousser devant l'idole démoniaque et, sans plus résister à la pression des prêtres, se prosterne à ses pieds.

« Il a fait ma volonté. Rappelle-toi ma promesse : il aura l'icône si tu la fais aussi. »

Le prêtre tend le crucifix devant Jérôme.

« Crache ! »

LE TRIBUNAL DE DIEU

L'an du Seigneur 1238, le lundi 28 juin,
fête de saint Irénée

« Mon père, je serais heureux si vous vouliez bien me dire pourquoi je suis cité devant ce tribunal.

– Vous êtes accusé d'hérésie et de croire autrement que l'enseigne la Sainte Église.

– Mon père, je ne sais qui m'a accusé mais c'est une calomnie. Chacun sait que je suis innocent et que je n'ai jamais professé d'autre foi que la véritable foi chrétienne.

– Peut-être appelez-vous votre croyance la foi chrétienne parce que vous considérez que la nôtre est fausse et hérétique. Je vous demande si vous avez jamais accepté une croyance différente de celle que l'Église romaine a reconnue comme la véritable?

– Je crois en la vraie foi en laquelle croit l'Église romaine et que vous enseignez.

– Il se peut bien que quelques membres de votre secte se trouvent à Rome et que vous les appeliez l'Église romaine. De plus, quand je prêche, je dis beaucoup de choses qui nous sont communes, par exemple que Dieu existe, et vous croyez ainsi à certaines des choses que je prêche. Vous n'en êtes pas moins hérétique si vous ne croyez pas à d'autres choses auxquelles on doit croire...

– Je crois à tout ce qu'un chrétien doit croire.

– Je connais vos ruses. Vous pensez que ce que croient les membres de votre secte doit être ce qu'un chrétien doit croire. Mais nous perdons notre temps à discuter. Répondez simplement : croyez-vous à un seul Dieu, le Père, le Fils et le Saint-Esprit?

– J'y crois.

– Croyez-vous en Jésus-Christ né de la Vierge Marie, qui a souffert, est ressuscité et est monté aux cieux?

– J'y crois.

– Croyez-vous que le pain et le vin sont changés, par vertu divine, en corps et sang de Notre-Seigneur, pendant la sainte messe?

– Ne dois-je point croire cela?

– Je ne vous demande pas si vous devez y croire, mais si vous y croyez!

– Je crois à tout ce que vous et les autres bons docteurs m'enjoignerez de croire.

– Ces « bons docteurs » sont sans doute les maîtres de votre secte! Si je suis d'accord avec eux vous croyez comme moi; sinon, non!

– Je ne demande pas mieux que de croire comme vous si vous m'enseignez ce qui est bon pour moi!

– Vous ne le considérerez bon pour vous que si je vous enseigne ce que vos autres maîtres vous prêchent! Dites-moi, enfin, croyez-vous que le corps du Seigneur est présent sur l'autel?

– J'y crois!

– Je vois, je vois, vous pensez sans doute qu'il y a en effet un corps sur l'autel, et que, comme tous les corps, il appartient au Seigneur. Nous ne savons pas, du reste, à quel Seigneur vous songez...

– Je crois au Seign...

– Silence! Répondez d'abord à ma question! Je vous demande si le corps qui se trouve sur l'autel est bien celui de Notre-Seigneur, né de la Vierge Marie, mort sur la croix et ressuscité des morts?

– Mais... Et vous, mon père, n'y croyez-vous pas?

– J'y crois, entièrement.

– Alors, je vous crois, mon père, je vous crois!

– Je ne vous demande pas si vous croyez que j'y crois, mais si vous, vous y croyez!

– Si vous voulez interpréter tout ce que je dis autrement que d'une façon simple et claire, je ne sais plus que dire. Je suis un homme simple et ignorant; s'il vous plaît, ne relevez pas contre moi chacune de mes paroles.

– Si vous êtes simple, répondez simplement et non d'une façon évasive.

– Je vais le faire, mon père, je vais le faire! »

Frère Giovanni Schio a un sixième sens. Il flaire l'hérétique à dix pas! On ne le trompe jamais. L'hérétique se présente souvent devant le tribunal en témoignant plus d'insouciance que le bon chrétien qui sait nécessairement être coupable d'avoir péché. Aux réponses qu'il fait aux questions qu'on lui pose, il donne parfois un tel accent de sincérité et de simplicité qu'il déroute aisément les jeunes frères encore peu aguerris aux ruses du Démon.

Mais frère Giovanni, sitôt que son long nez a reniflé l'odeur de l'hérésie, s'entend à démasquer le mensonge sous les paroles en apparence les plus orthodoxes!

L'hérétique, alors, perd sa belle assurance. Il s'égare dans ses explications, hésite, veut faire croire à son ignorance...

« Mon père, si j'ai fait quelque chose de mal sans le savoir, j'en supporterai volontiers le châtiment, seulement aidez-moi à éviter l'infamie dont je suis accusé par malice et sans que je sois coupable.

– Alors, voulez-vous jurer que vous n'avez jamais rien appris de contraire à la foi que nous savons être la vraie?

– Si je dois jurer, je le ferai volontiers.

– Je ne vous demande pas si vous devez jurer, mais si vous le voulez!

– Si vous m'ordonnez de jurer, je jurerai.

– Je ne vous ordonne pas de jurer, car, si vous croyez que les serments sont défendus, vous transférerez le péché sur moi qui vous force à jurer. Mais, si vous voulez jurer, je vous écouterai.

– Pourquoi dois-je jurer si vous ne me l'ordonnez pas?

– Afin d'écarter de vous le soupçon d'hérésie.

– Mon père, enseignez-moi comment je dois jurer.

– Si je devais jurer, je lèverais la main, j'étendrais les doigts et je dirais : Aidez-moi, mon Dieu! J'atteste devant Vous que je n'ai jamais appris aucune hérésie ni cru ce qui est contraire à la vraie foi qu'enseigne la Sainte Église.

– Je vais jurer comme vous me l'enseignez.

– Prenez garde! Si vous voulez jurer pour échapper à votre châtiment, un serment ne me suffira pas, ni dix, ni cent, ni mille, parce que vous les considérerez sans valeur, comme prêtés par nécessité. Il m'en faudra un nombre sans limites! En outre, si j'ai, comme cela se pourrait bien, des témoignages contre vous, vos serments ne vous empêcheront pas d'être brûlé. Vous salirez votre conscience sans échapper à la mort! Mais, si vous voulez simplement confesser votre erreur, vous pourrez être traité avec miséricorde... »

Frère Giovanni parcourt lentement des feuillets posés devant lui, jetant de temps à autre à l'hérétique un coup d'œil chaque fois plus sombre. Il tend une feuille à l'un des deux assesseurs assis à ses côtés. Celui-ci la lit, hoche lentement la tête et regarde l'hérétique avec suspicion.

Le greffier, assis devant la tribune, achève de noter scrupuleusement les questions et les réponses.

En dépit de la touffeur qui pèse aujourd'hui sur Bologne, il fait frais dans la salle voûtée de l'officialité [1], où siège le tribunal.

L'hérétique, pourtant, transpire à grosses gouttes.

Il sent peser sur lui le lourd regard des frères assis derrière lui dans la salle, que l'on fait venir là, conformément aux statuts du Saint-Siège, pour garantir l'impartialité du procès.

Ce sont les seuls assistants...

Dieu lui-même ne fut-il pas le premier inquisiteur? Il condamna Adam et Ève en secret sans s'adresser à une cour de justice! La sainte Inquisition doit donc s'inspirer de ce modèle pour éviter les ruses que le Serpent peut suggérer aux criminels : le Saint-Père Grégoire l'a sagement établie et les frères prêcheurs auxquels il l'a confiée veillent à suivre l'exemple qu'enseigne la Sainte Bible.

Ainsi frère Giovanni Schio, inquisiteur de Bologne, de l'ordre de saint Dominique, humble parmi les humbles, se dévoue corps et âme à la chasse aux hérétiques.

C'est que l'époque est troublée.

Partout l'hérésie pullule : cathares, patarins, bougres, vaudois, amauriciens... Partout les esprits s'agitent, au lieu de se reposer sereinement dans la foi du Seigneur! Il est vrai que, depuis le début de ce siècle, de terribles nuages s'accumulent...

L'abbé Joachim de Flore, dont le Pape Grégoire a dans sa jeunesse grandement admiré les écrits, n'avait-il pas raison?

Ne sommes-nous pas à la veille du troisième âge du monde? Le troisième et dernier, l'âge de l'Esprit saint, succédant à l'âge du Père, qui commença avec la Création du monde et celle d'Adam, et à l'âge du Fils, celui de la Rédemption, initié par la naissance du Christ? De même que les trois membres de la Sainte Trinité sont semblables entre eux dans leur essence, les trois âges de l'Univers doivent s'écouler de façon identique. Adam a initié le premier âge, et Jésus le second. Un homme doit venir, a écrit Joachim, pour ramener le temps du Christ et des Apôtres et préparer ainsi le retour du Messie.

Isaïe, Jérémie, Daniel, tous les prophètes de l'Ancien Testament ont décrit les terreurs de la fin du premier âge! La fin du second lui sera donc pareille...

1. Tribunal de l'évêque.

Car, si l'heure du jugement approche, elle sera précédée par l'Apocalypse, et, avant que le Messie ne revienne juger à jamais les hommes, il est dit que l'Antéchrist se jettera à l'assaut du monde. La personne du Christ ne saurait se renouveler sans engendrer aussitôt l'Antéchrist!

La Bête livrera à l'Église une lutte terrible, mais l'Église triomphera. Les ordres religieux qui vivent dans la simplicité des Apôtres seront son bras, infatigable, indomptable, et lui donneront la victoire.

Alors viendra le temps de l'Évangile Éternel, celui que l'ange de l'Apocalypse porte à travers les cieux pour le présenter à toutes les nations de la terre...

Dominique est venu, combattant les hérétiques avec la pureté de son cœur et la nudité de ses mains.

Et aussi François, l'enfant d'Assise...

Tous deux ont préparé, comme l'a annoncé Joachim, le retour au temps des Apôtres. Tous deux ont préparé le retour du Messie!

Depuis trente ans passés, dans toute l'Italie, les prédicateurs décrivent au peuple les malheurs à venir et l'engagent à faire pénitence. Mais les hérétiques et les adorateurs du Malin eux aussi se répandent, prêchant leurs fausses religions pour mieux préparer la venue de leur maître... À Milan, l'année dernière, la populace hérétique a osé prendre d'assaut les églises, souiller les autels et pendre les crucifix à l'envers!

Il y a cinq ans, la terreur du peuple devint telle que partout les frères prêcheurs appelèrent à prier pour la paix du monde et à multiplier les actes de pénitence. Dans les villes de Lombardie et de Toscane, on vit certains jours, par dizaines, ramper sur leurs genoux à vif des pénitents enchaînés à l'énorme croix qu'ils portaient sur l'épaule, tant était grand leur repentir d'avoir péché...

Tous étaient enivrés d'amour céleste car leur âme avait bu l'esprit de Dieu, ce vin spirituel après la dégustation duquel toute chair se met à délirer!

Comme d'autres frères, Giovanni Schio arpentait les routes... Il prêcha à Bologne, à Florence, à Padoue, à Trévise, à Feltre, à Bellune... Sa voix était belle et sa foi était grande. Sa parole touchait si bien les cœurs que l'on voyait à ses pieds des factions jadis irréconciliables déposer leurs armes, échangeant aussitôt pardon et promesses de paix. Ezzelino da Romano lui-même, le terrible lieutenant de l'Empereur, fondit par deux fois en larmes devant lui.

Sa réputation devint bientôt telle que des foules immenses accoururent à ses prêches. Dans les villes où il passait, on en faisait l'arbitre de tous les conflits.

Et la paix revenait dans les cités déchirées de passions égoïstes...

C'était le temps du Grand Alléluia.

Par sa seule éloquence, frère Giovanni persuada une armée qui assiégeait Vérone de renoncer à son entreprise, et le peuple, éperdu de reconnaissance, le proclama podestat de la ville. Il accepta cet honneur, non pour lui-même évidemment, mais pour hâter l'avènement de ce règne de paix, de justice et d'amour qui semblait soudain si proche, et qu'il espérait de toute son âme. Résolu à lutter sans répit contre les ennemis du Seigneur, il fit bientôt conduire au bûcher, sur la grand-place, soixante hérétiques des deux sexes et de tous âges, allant les débusquer jusqu'au sein des plus nobles familles, indifférent aux dangers des vengeances terrestres. Et tout autour de lui, illuminés de joie en voyant dans les flammes se tordre les riches et les puissants, hommes et femmes du peuple chantaient des cantiques, prêts à lui faire un rempart de leurs corps si les méchants venaient à s'en prendre au saint inquisiteur qu'inspirait Jésus-Christ.

Frère Giovanni, pourtant, n'éprouvait pas de joie. Comme il aurait voulu que ces hérétiques abjurassent leur vicieuse croyance! Puisqu'il avait échoué à apporter la lumière à ces malheureux, demeurés si aveugles qu'ils n'avaient pas d'eux-mêmes voulu sauver leur âme, il ne lui restait plus, s'il voulait leur salut, qu'à les faire brûler!

Alors, au pied des bûchers où hurlaient ces misérables, frère Giovanni priait, les yeux baignés de larmes.

« Seigneur, pardonne à ces égarés! Ils ne savent pas ce qu'ils font! Puisse cette flamme terrestre les purifier de leur immonde perversion et leur épargner les flammes éternelles! Seigneur, sois clément! »

Car la sévérité de frère Giovanni est celle d'un bon père qui aime ses enfants. Son cœur est plein d'amour.

Frère Giovanni donnerait tout pour le salut de son prochain.

Frère Giovanni est bon.

Si bon qu'il conduirait sans hésiter sa propre mère au bûcher si par de fausses croyances elle mettait son âme en péril : dans son abnégation, il saurait, si déchiré que son cœur fût alors, résister stoïquement à la tentation égoïste de préférer sauver le corps de la malheureuse plutôt que son âme!

Touché de tant d'amour, le peuple voyait en lui comme une sorte de saint. On disait qu'il n'avait pas ressuscité moins de dix morts, qu'il traversait les rivières à pied sans se mouiller...

Vicence, sa ville natale, le pria à son tour de réviser les statuts municipaux pour mieux faire régner la justice. Il brûla bien trente hérétiques qui jusque-là se vautraient impunément dans leur erreur...

Mais le règne de paix, de justice et d'amour n'est, hélas, pas venu.

Car, un jour, le Malin fit son œuvre...

Alors que frère Giovanni retournait à Vérone, des esprits malintentionnés soulevèrent Vicence. Il y revint en hâte, rétablissant le bon ordre et rallumant les bûchers aux cendres à peine éteintes. Mais la bataille reprit, les méchants le capturèrent et le jetèrent aussitôt au fond d'un cachot. Le Saint-Père lui-même eut toutes les peines du monde à l'en faire sortir...

Bientôt, dans la Marche de Trévise et en Lombardie, la guerre se ralluma entre les villes jadis rivales qu'on croyait réconciliées, et c'en fut fini du bref espoir de paix!

Depuis ce temps, le trouble des esprits ne fait que croître, car le peuple demeure dans l'attente angoissée des événements terribles qui vont précéder le Jugement dernier.

Frère Joachim a fait ses calculs : il a démontré que, depuis la naissance de Notre-Seigneur, le deuxième âge doit compter quarante-deux générations de trente ans.

Il s'achèvera donc en l'an mil deux cent soixante!

Faut-il vraiment croire toutes les prédictions de l'abbé Joachim? Au vrai, frère Giovanni n'en sait rien, mais il sait que lui-même et ses frères doivent en tout cas se préparer... On relève dans la Bible, lorsqu'on sait les interpréter, de troublantes paroles, que l'on voit chaque jour s'accomplir...

Et, quoi qu'ait dit ou non l'abbé de Flore, frère Giovanni a suffisamment d'amis proches de la Curie pour savoir que l'entente qu'affichent encore officiellement le Pape et l'Empereur n'est guère qu'une façade...

Des lendemains terribles attendent l'Italie!

Certains, sous le manteau, lorsqu'ils voient défiler l'Empereur Frédéric, avec ses gardes sarrasins, ses animaux monstrueux, ses danseuses voilées..., se demandent à mi-voix si ce n'est pas là le cortège de l'Antéchrist!

Est-il comme il l'affirme l'Empereur des lumières, ou bien plutôt l'Empereur de la fin des temps?

Frère Giovanni, là-dessus, a son idée...

Frère Joachim, justement, n'a-t-il pas averti qu'à l'aube du troisième âge un Empereur viendrait flageller l'Église? Comme, au début du second, les Empereurs de Rome l'avaient persécutée.

Et Frédéric ne prétend-il pas ressusciter l'ancienne Rome?

Des lendemains terribles attendent l'Italie...

La sainte Inquisition, si lourde que soit déjà sa tâche, doit redoubler d'efforts!

Il y a plus d'une heure que l'interrogatoire se poursuit.

« Vous connaissiez donc Bernardo di San Daniele?

– Oui, seigneur inquisiteur...

– N'ajoutez pas la flagornerie à vos perversions. Répondez sans détour.

– Pardon, mon père... Oui, bien sûr, il a logé chez moi quelques mois, à la fin de l'année dernière. Chacun sait cela. J'ai chez moi deux galetas que je loue à des étudiants, et je vous l'ai dit. Des centaines de gens font comme moi...

– Les bons chrétiens dénoncent sans délai les hérétiques qui viennent à loger chez eux!

– Mais je ne savais pas qu'il était hérétique!

– Ah! vous vous trahissez! Personne n'a dit ici qu'il était hérétique, c'est donc que vous le saviez!

– Mais, seigneur... Mon père... C'est vous qui... Je croyais...

– Assez! Vous connaissez aussi Gottfried Leiermann?

– C'est un étudiant allemand. Il est parti de chez moi aux alentours de Pâques. Je vous assure que je ne sais pour ainsi dire rien de lui. »

L'inquisiteur brandit un feuillet.

« On vous a vus plusieurs fois, ensemble, aller boire à la taverne!

– Qui a dit cela?

– C'est faux?

– Non, non, mais...

– Alors pourquoi voulez-vous savoir qui l'a dit? Pour aller le tourmenter? Ou demander à vos complices de le tourmenter? Il ferait beau voir que l'on donnât les noms des bons chrétiens qui dénoncent les hérétiques. L'Église se doit de les protéger pour encourager leur exemple!

– J'ai été boire avec lui, c'est vrai, mais il avait bonne mine et ne tenait en apparence que des propos chrétiens.

– En apparence, avez-vous dit! En apparence! C'est donc que la réalité est autre?

– Mais je n'en sais rien!

– Comment, vous aviez un doute et vous n'en avez point fait part à la sainte Église?

– Mais je n'avais pas de doute!

– Vous savez donc quelle était la vraie religion de cet homme?

– Mais non!

– À votre place, je ne continuerais pas longtemps à me moquer ainsi du tribunal! Si vous n'aviez pas l'hérésie chevillée au corps et s'il restait en vous la moindre parcelle de conscience chrétienne, vous diriez ce que vous devez dire pour échapper aux flammes du bûcher!

– Mais que dois-je dire, mon père?

– Vous vous moquez encore, il y a une heure que je vous le demande! Si vous ne savez toujours pas, commencez donc par nous rapporter tous les propos de ce Bernardo et de ce Gottfried, et donnez-nous les noms et le portrait de tous ceux que vous savez les avoir fréquentés! »

Il manque encore quelques preuves à frère Giovanni. Mais son dossier est déjà bien étoffé.

Après que se fut éteint l'espoir du Grand Alléluia, il s'est retiré dans un monastère de Bologne, vivant humblement en simple moine, lui que ses ennemis accusaient faussement de pécher par orgueil, sous prétexte que le peuple voyait en lui un saint. Pourtant, s'il ne prêche plus sur les grands-places, il n'oublie pas un instant sa mission d'inquisiteur de la foi!

Depuis l'année passée il s'attache tout particulièrement à poursuivre une pestilence encore peu répandue, mais qui lui paraît singulièrement perverse car elle semble s'étendre et s'inscrire dans le plan qu'a dressé le Démon pour régner sur le monde. Les lucifériens sont rares en Italie alors qu'il s'en rencontre en plusieurs régions d'Allemagne; or voici qu'apportée par des voyageurs, des étudiants, des marchands allemands, cette infection descend sur la plaine du Pô... Frère Giovanni s'emploie à la tuer dans l'œuf!

Ah, le Démon a bien conçu son entreprise! D'abord vinrent les bougres et les cathares. Ils dirent aux esprits faibles et aux âmes inquiètes prêtes à se détourner de leur Sainte-Mère l'Église qu'ils vénéraient le Christ, aimaient Dieu et le Bien... Mais que les malheurs d'ici-bas venaient de ce que ce monde-ci était tout entier l'œuvre du Malin! Ainsi, tout en se réclamant du Seigneur et en prétendant qu'eux seuls étaient les bons chrétiens, ils semaient pernicieusement l'idée que le Malin était au moins aussi puissant que Dieu puisque c'était lui le véritable créateur du monde.

Et aujourd'hui les lucifériens arrivent. Ils disent : « Si c'est Satan qui a créé le monde, alors c'est lui le véritable dieu! C'est donc lui qu'il faut adorer et c'est sa volonté qu'il faut faire! »

Et voilà comment le Démon détourne peu à peu les esprits faibles et recrute ses légions...

« Pas d'autres noms?

– Pas que je sache.

– Prenez garde de ne rien nous celer. Mais votre liste est conforme à celle que nous détenons. Peut-être êtes-vous enfin touché par la grâce du repentir? Dites-moi – et ne cachez plus rien, vous voyez bien que nous savons tout –, dans la taverne... et ailleurs, il vous est bien arrivé d'aborder les sujets de la religion avec Gottfried Leiermann.

– Oui, sans doute... Mais je n'y ai point vu d'hérésie.

– Depuis quand êtes-vous juge de ce qui est hérétique ou non? Vous affirmez donc que tous ses propos étaient strictement conformes à l'enseignement de notre Sainte Église? Prenez garde! Le tribunal allait être touché par l'espoir de votre repentir, mais vous êtes en train de pousser sa patience à bout. Vous jouez avec le feu... Je me fais bien entendre?

– Oui, seigneur inquis... Je veux dire : mon père. Pitié! Vous savez ce que sont les jeunes gens, ils plaisantent souvent sans penser à mal! »

Le dossier est presque complet. Ce Gottfried qui a si subitement disparu de l'université était selon toute apparence un adepte de Lucifer. Les noms que l'hérétique vient de lui donner – et dont lui-même ne connaissait en fait qu'une partie – vont sans doute permettre à frère Giovanni de rassembler les dernières pièces de son édifice.

Quelle honte! Les étudiants, qui devraient être la fleur de la Chrétienté, se montrent excessivement perméables aux plus pernicieuses influences! Ici, à Bologne, frère Giovanni a identifié le principal foyer de l'infection luciférienne, et, malgré toutes les ruses du Démon, il est sur le point de le démanteler. Mais il menace d'en apparaître déjà ailleurs, que ses frères siégeant dans les autres cités vont s'employer à étouffer dès qu'ils recevront ses rapports.

Un de ces foyers, fort inattendu, donne toutefois un souci particulier au frère inquisiteur.

« Où dites-vous que ce Gottfried est parti?

– Je vous l'ai dit, mon père. Chez un sien cousin, qui travaille pour un marchand de Rhénanie établi à Venise. »

Venise! Toutes les informations convergent. Depuis quelques mois, les adeptes de Lucifer y sont apparus et s'y montrent de plus en plus actifs. Hélas, l'Inquisition ne peut y opérer comme elle le fait ailleurs. La république s'y oppose, arguant, avec raison jusqu'ici, semble-t-il, que la plus parfaite orthodoxie règne en son sein et que le tribunal du patriarche de Grado saura bien extirper tout commencement d'hérésie.

Il est donc temps de lui envoyer les inquisiteurs en lui prouvant son erreur. Ce n'est malheureusement pas si simple! La ville est amie du Saint-Siège, qui ne peut s'aliéner un aussi puissant soutien à l'approche de l'orage qui menace... Or Venise ne tolère pas le moindre empiétement sur son indépendance!

Mais que va-t-il se passer si l'on n'arrache pas sans délai les racines du mal? Le moment est venu pour frère Giovanni d'adresser sans plus attendre son rapport à la Curie pontificale – Non! Plutôt au Pape lui-même, qui l'aime et le protège! – et d'en attendre les instructions.

« Ainsi, vous êtes convaincu d'avoir eu commerce avec des hérétiques et de l'avoir su, ou soupçonné. Malgré cela vous n'avez dénoncé ni votre frère, dont vous saviez qu'il avait fréquenté jadis des cathares notoires, ni ses amis, malgré les opinions erronées qu'ils ont professées devant vous, ni ceux que vous avez logés en votre maison, ni aucun de ceux avec qui ils avaient commerce et dont vous connaissiez les noms. Vous avez reconnu avoir gardé le silence sous prétexte d'amitié pour eux et parce que vous redoutiez de les voir souffrir les tourments infligés aux hérétiques. Savez-vous bien que ressentir de la pitié pour un hérétique, ce n'est pas seulement de la faiblesse, c'est de l'hérésie ! Une hérésie aussi indigne que d'éprouver de la compassion pour Satan et ses démons brûlant en enfer !

« C'est d'autant plus impie que les peines infligées aux hérétiques ne sont que des pénitences pour le bien de leur âme et la purification de leurs péchés. Car l'Église est une mère aimante, qui n'inflige qu'à contrecœur à ses enfants égarés des châtiments salutaires !

« Vous êtes donc vous-même infecté d'hérésie.

« Pourtant le tribunal, eu égard à la sincérité de votre repentir, si tard qu'il se manifeste, a décidé dans sa bonté de ne point vous infliger toutes les rigueurs de la loi. Vous ne serez pas livré au bras séculier, mais demeurerez en la prison de monseigneur l'évêque, nourri au pain de douleur et à l'eau d'angoisse, jusqu'à ce qu'il nous apparaisse que votre esprit est entièrement purgé du ferment purulent de l'hérésie.

« Et méditez d'ici là ces paroles du grand Pape Grégoire VII :

« “ *L'Église romaine ne s'est jamais trompée et, comme l'atteste l'Écriture, ne pourra jamais se tromper !* ” »

RAIMONDO

L'an du Seigneur 1238, le mardi 13 juillet,
fête de saint Anaclet

« Ce n'est pas terminé ?

– Cela ne devrait plus tarder, messire, bientôt. »

Raimondo Ortolàn hoche la tête. C'est bientôt le moment. Il n'a pas pu faire annoncer sa venue. Pourvu que ser Domenico soit de bonne humeur aujourd'hui ! Avec toutes les responsabilités qui reposent sur ses épaules, s'intéressera-t-il à son projet ?

Il est vrai qu'il reste très vigilant sur la bonne marche de ses affaires privées, semblable en cela à tous les grands seigneurs, si occupés soient-ils par les charges de l'État !

Mais, justement, il ne s'intéresse qu'aux affaires qui rapportent. Raimondo saura-t-il faire miroiter avec assez d'habileté les profits futurs de son entreprise ?

« Ne trépigne pas comme cela, ça n'avance à rien !

– Tu as raison, Edouard, mais c'est plus fort que moi. C'est peut-être tout mon avenir que je joue aujourd'hui. »

Depuis que Raimondo et Edouard se sont aperçus qu'ils étaient nés exactement le même jour, pour la fête de saint Ubaldo de Gubbio, en l'an mil deux cent dix, une étroite complicité semble les unir. Edouard a même été jusqu'à confier à son nouvel ami ce qu'il tait d'habitude : son passé de chevalier du Temple. C'est que Raimondo, qu'il a rencontré hantant le portique et les magasins de la Ca'Contarini di San Samuele, et qui devait être alors en mal de confidences, lui a très tôt révélé le détail de sa vie et de ses espérances...

L'un comme l'autre n'a peut-être pas été très prudent, mais que voulez-vous, on a parfois de ces sympathies!

Les tâches de l'un, les ambitions de l'autre sont ce qui les amène, aujourd'hui, sur ce banc de pierre dans la galerie du Palais de la commune de Chioggia, attendant que le podestat Domenico Contarini sorte de la salle où il préside le Conseil.

Raimondo est marchand. Ce n'est point marque de grande originalité à Venise. Mais c'est un marchand pauvre... Enfin, pas un marchand riche... Et cela est déjà moins fréquent.

À force de labeur, son père, Ludovico, avait fini par édifier, sur une montagne de petites affaires, une modeste prospérité. Oh! juste ce qu'il fallait pour faire figure honorable lorsqu'il se montrait dans la ville au bras de son épouse, et élever dignement son fils et ses deux filles, seuls enfants survivants de sept accouchements!

Il se lança alors dans une entreprise plus ambitieuse en plaçant, une année, quasiment tous ses fonds sur la caravane de Romanie.

La tempête, cet automne-là, drossa plusieurs vaisseaux sur les récifs de Cerigo [1], au sud de la Morée. Ceux dont Ludovico avait acheté des parts étaient du nombre. Il perdit tout... y compris ses esprits, et le chagrin le tua du reste peu après. Heureusement, avant la catastrophe, il avait réussi à marier convenablement ses filles, qui prirent sans barguigner leur mère à leur charge.

Restait le fils... Il n'avait pas dix-neuf ans. Il revendit la maison, le seul bien qui restât, et, puisqu'il avait été formé pour succéder à son père, une fois partagé avec ses sœurs le produit de la vente, il risqua dans les affaires le petit capital qui lui revenait.

Mais il avait un vice!

Un vice qui scandalisait au plus haut point son père, qui avait, pour son malheur, prétendu le lui faire passer de force...

Il avait le mal de mer!

Un mal de mer incontrôlable, irrépressible!

Sur le pont d'un navire, il devenait une chiffe molle incapable de rendre le moindre service ni de tenir le moindre raisonnement. Même lorsque le temps était au beau, la plus petite vaguelette lui soulevait le cœur...

Il avait découvert cette terrible tare à treize ans lorsque son père l'avait fait embarquer pour Raguse [2].

« Cela passera! » avait plaisanté Ludovico, que n'avait guère inquiété jusque-là le teint blême du garçon, quand il rentrait d'une brève et paisible navigation sur la lagune.

Cela ne devait jamais passer...

Au contraire!

Après quelques traversées dans l'Adriatique d'où Raimondo revenait sous les quolibets des équipages, son père, furieux, décida de frapper un grand coup : lorsqu'il eut seize ans il l'envoya à Constantinople par la caravane de Romanie, persuadé qu'au retour il serait enfin digne de porter le nom d'Ortolàn!

---

1. Cythère.
2. Dubrovnik.

Au retour, il était mourant, squelettique, n'ayant quasiment rien pu manger depuis des semaines. Sa mère, Matilda, fit alors à Ludovico une scène épouvantable – la seule qu'elle lui fît jamais –, et celui-ci se résigna à diriger son fils vers les affaires de terre ferme.

C'est donc vers l'Italie que Raimondo se tourna à la mort de son père. Mais, à moins d'avoir de puissantes relations, il est difficile d'y faire fortune : il n'y a plus guère de place pour un nouveau venu ! Si le jeune homme a réussi à faire honorablement fructifier son petit capital, cela reste tout de même bien modeste...

C'est sur le commerce d'Orient que les gros profits sont possibles... Mais pour commercer en Orient, quand on n'a pas assez de bien, il faut prendre soi-même la mer !

Pourtant Raimondo n'entend pas rester un marchand besogneux, comme Ludovico avant lui ! Il a d'abord songé à faire un bon mariage, jetant son dévolu sur une jeune femme qui cumulait les avantages d'être bien tournée de sa personne et fille unique d'un riche marchand. Deux ans durant il plaça patiemment ses pions. Puis le père de la belle, sans crier gare, la fiança à un meilleur parti : le fils d'un marchand plus riche encore qu'il ne l'était lui-même !

Dépité, Raimondo se mit alors à chercher une idée, une idée qui ne l'obligerait pas à s'embarquer... Et aujourd'hui enfin, à force de fréquenter le *fondaco* des Allemands, le bâtiment affecté par la république aux marchands d'Europe centrale pour y loger et y entreposer leurs marchandises, il est sûr de l'avoir trouvée !

Seulement, pour que cette idée devienne une réalité, il lui faut de l'argent... Bien plus qu'il n'en a !

Depuis quelque aventure qu'ils avaient eue ensemble outre-mer, Ludovico était resté fort proche de ser Galeazzo Contarini, père de Domenico, qui consentait parfois à lui donner un petit coup de pouce dans ses affaires. C'est ainsi que Raimondo est de ceux qu'on voit assez souvent sous le portique de la Ca'Contarini di San Samuele. Mais, si Ludovico avait avec ser Galeazzo une relation privilégiée, Raimondo n'a avec le seigneur Domenico que des rapports respectueusement distants. C'est pourtant à lui que le jeune homme a naturellement pensé pour l'aider à mener son entreprise à bien...

« Bon, Raimondo, il faut que je te quitte, je dois aller à l'entrepôt avant midi. Je saluerai plus tard le seigneur Domenico. »

Edouard donne une tape amicale sur l'épaule du jeune marchand.

« Bonne chance ! »

Dans la grande salle du premier étage, au Palais de la commune, de riches tapisseries relatent les hauts faits dont Chioggia fut le centre. La plus grande, sur la paroi du fond, derrière le fauteuil du podestat, illustre la déconfiture des Padouans, pendant la guerre qu'on appela « du Château d'Amour ».

Au haut bout de la table autour de laquelle s'alignent, auprès du chancelier de la commune et du salinier en charge des douanes, les douze seigneurs et grands bourgeois du Petit Conseil, le podestat, vêtu en écarlate d'une cotte d'été et d'un manteau léger, coiffé d'un bonnet de même couleur, se tourne vers un clerc qui se penche à son oreille.

« Ortolàn? Tiens! Il demande une audience? Qu'il reste là, je le verrai en sortant. Nous avons terminé. »

De fait, le débat s'est dilué en conversations particulières, plaisanteries, propos d'affaires... L'ordre du jour est épuisé.

« Messires, je lève la séance. Le Seigneur bénisse votre dîner! »

Domenico est satisfait.

Il navigue désormais en arbitre subtil entre les rivalités, sourdes ou déclarées, qui, ici comme à Venise, opposent les grandes familles. Son autorité est assurée. Sa réputation l'est aussi, et donc... son avenir!

Lorsque, à peine revenu d'Orient auréolé de la gloire de ses combats contre Vastace, le Grand Conseil de Venise l'élut podestat de Chioggia, la surprise fut totale...

On attendait Marino Morosini ou Raniero Dandolo. Lorsque au second tour du scrutin on vit à nouveau sortir des urnes le même nombre de boules rouges pour chacun d'eux, on s'apprêta, après un dernier tour dont on n'espérait plus grand-chose, à les départager par tirage au sort, comme on avait déjà dû faire lors de l'élection du doge Tiepolo. C'est alors que Morosini, durant la longue suspension de séance précédant le dernier tour, abattit une carte inattendue, en avançant un troisième nom : celui du héros de Romanie, dont les talents militaires n'étaient plus à prouver et dont, malgré sa relative jeunesse, les qualités d'administrateur avaient été amplement démontrées auprès du baile de Négrepont. Morosini détestait tant Raniero Dandolo qu'il préférait renoncer pour lui-même au poste qu'il convoitait plutôt que risquer de voir le sort favoriser son adversaire!

S'étant prestement concertés, ses partisans votèrent en masse pour Contarini, et ce qu'il avait prévu se réalisa : quelques électeurs de Dandolo reportèrent leurs voix sur le troisième homme qui se trouva, contre toute attente, élu sur-le-champ.

Marino Morosini vint chaleureusement féliciter le vainqueur du scrutin puis Raniero Dandolo, avec un sourire contraint.

Domenico, s'il se rangeait plutôt parmi les partisans du doge Tiepolo, avait pris soin de ne s'aliéner aucun grand nom de Venise et, habituellement sociable et presque toujours charmeur, il veillait à entretenir avec les principales familles des relations convenables, lorsqu'elles n'étaient pas cordiales. Il avait reçu ce jour-là, sans coup férir, les dividendes de sa prudence.

Il y avait longtemps que les grandes effusions n'étaient plus guère de mise dans sa vie conjugale. Pourtant lorsqu'il rentra chez lui, déjà tard dans la nuit, il pénétra en trombe dans la chambre à coucher, souleva dans ses bras donna Isabella, subitement tirée du sommeil dans un hoquet de frayeur et, virevoltant dans la pièce, la couvrant de baisers, il s'écria : « Ma mie! nous allons rénover la maison de votre mère! »

Donna Isabella était en effet native de Chioggia. Elle y avait hérité de sa mère une maison cossue – où il lui était arrivé, parfois avec Domenico, d'aller séjourner un moment – et aussi des salines... Le futur podestat n'était donc pas un inconnu dans sa nouvelle ville.

La chance!

Ce providentiel partage des voix entre Morosini et Dandolo lui donnait la chance de sa vie!

Lorsqu'on connaissait les ambitions – au reste légitimes – de Marino Morosini ou de Raniero Dandolo, on pouvait bien chuchoter que Domenico, bien qu'il fût encore jeune, s'apprêtait à suivre les traces du doge Tiepolo...

Car le podestat, à Chioggia, est un peu comme un doge. Et Chioggia constitue l'un des points stratégiques de la lagune. Bâtie sur une île, à l'abri du cordon littoral dont la sépare un large canal, c'est comme une petite Venise, riche et prospère, avec ses palais, sa flotte, ses marchands. À son image, elle est gouvernée par un Grand Conseil de cent membres, choisis parmi les citoyens les plus importants, qui désigne en son sein le Conseil de la commune, autrement dit le Petit Conseil. Lorsqu'en mil deux cent quinze ils eurent vaincu les Padouans au terme de la guerre du Château d'Amour, les Chioggiotes demandèrent en effet à la république suzeraine le droit de s'administrer sur son modèle, acceptant pour présider ses assemblées et surveiller son administration le podestat qu'elle voudrait bien lui désigner.

Chioggia, avant toute chose, est la cité du sel. Soixante-dix salines à tout le moins!

Lorsque, voici des siècles, les premiers réfugiés arrivèrent, démunis, dans les îles sablonneuses de la lagune vénète, fuyant les barbares qui ravageaient l'Italie, ils n'avaient rien à eux que quelques animaux, qu'ils élevèrent, et quelques graines, qu'ils semèrent. Rien d'autre. Sauf l'eau de la lagune.

De l'eau salée!

Alors ils recueillirent le précieux minéral, en chargèrent des chalands que l'on halait le long de l'Adige, du Pô ou de la Brenta, et le vendirent...

Avec les produits des ventes on créa d'autres salines, on construisit des bateaux que l'on chargea de sel, les envoyant dans l'Adriatique.

Les bateaux ramenèrent en échange toutes sortes de denrées, que l'on revendit...

Avec les bénéfices, on construisit des bateaux plus grands que l'on chargea à leur tour de sel.

Ils ramenèrent plus encore de denrées, qu'à nouveau l'on revendit...

Et un jour, les flottes de Venise sillonnèrent la Méditerranée, achetant tout, partout, et vendant tout, partout! Le sel n'était plus qu'un élément parmi d'autres de la richesse de la république. Mais Venise n'en veillait pas moins sur son sel comme elle veillait sur toute chose.

Domenico doit avant tout s'attacher à détourner des salines chioggiotes les proches appétits de Padoue, qui préférerait avoir du sel chez elle, plutôt que l'acheter au prix fort à Venise, et il doit préparer la ville à les défendre si besoin est, comme en mil deux cent quinze... Le danger n'est pas mince car sur Padoue règne désormais Ezzelino da Romano, l'ombre de l'Empereur, qui, au lendemain de la bataille de Cortenuova, a envoyé ses soudards piller les bords de la lagune.

Le podestat doit aussi faire en sorte que les navires chioggiotes perturbent le trafic des derniers concurrents qui demeurent, n'ayant pas encore accepté de signer un accord avec la république, telles les salines de Cervia, près de Ravenne : depuis deux ou trois siècles, Venise a toujours veillé avec un soin jaloux à contrôler le trafic du sel que l'on extrait tout au long de la côte adriatique.

Car la république n'aime pas la libre concurrence. La république n'aime que les monopoles..., pourvu qu'ils soient vénitiens.

Voyageurs qui, passant dans les eaux de Venise,
Voyant sortir des ondes ses palais, ses églises,
Ses colonnes de marbre, ses coupoles de cuivre,
Pareils à tous ceux-là que sa beauté enivre,

Ensorcelés d'amour pour la ville irréelle,
Demandez à tous vents : Dieu, que l'on me révèle
Le merveilleux secret d'un tel enchantement!
Ne cherchez pas plus loin; apprenez simplement

Qu'elle est bâtie de sel,
Et cimentée de sang!

Les flottes de Chioggia sont les premières à patrouiller devant les bouches du Pô, pour ne laisser passer que les navires qui agréent à Venise, après – bien entendu – qu'ils se sont acquittés d'une taxe. La république s'est arrogé le droit de contrôler le trafic du grand fleuve, suscitant l'opposition furieuse et passionnée de Salinguerra di Torrello, marquis de Ferrare et beau-frère d'Ezzelino, qui équipe sur le fleuve des vaisseaux chargés de forcer le blocus vénitien.

Chioggia est le poste avancé des ambitions de la république en territoire italien.

Être son podestat n'est pas une sinécure. Pour qui sait soigner ses contacts et a le sens de l'organisation, c'est l'occasion de briller!

Entre les deux gardes aux hoquetons marqués des couleurs de la ville qui redressent leurs lances, la grande porte s'ouvre et de la salle s'écoule l'essaim bourdonnant des conseillers, trop importants pour prêter attention au petit homme fluet assis sur le banc de pierre. Ser Domenico sort le dernier, achevant une conversation, salue aimablement son interlocuteur et s'approche du banc.

« Raimondo! Quelle surprise! Vous semblez bien vous porter! On me dit que vous voulez me voir. Il se trouve que je n'ai ce midi aucun engagement, venez donc dîner avec moi, vous me direz votre affaire. »

Escorté par quatre gardes du corps, Domenico Contarini, suivi du jeune marchand, sort du Palais de la commune par l'arrière du bâtiment, du côté du canal qui sépare en deux l'île et la ville de Chioggia. Chemin faisant, on parle de la santé, des affaires en général, des entreprises de l'Empereur...

Sur le canal attend une gondole rouge et or surmontée d'un dais et pavoisée de deux petits pavillons : celui de la cité et le pavillon personnel du podestat où le lion de Saint-Marc terrasse l'aigle bicéphale. La barque se détache du quai, remontant le canal vers le nord de l'île, où s'étend la propriété de Domenico et d'Isabella. Le podestat a ses appartements au Palais de la commune, mais il y réside rarement, préférant la demeure familiale. Les autres barques s'écartent respectueusement sur le passage de la gondole du premier magistrat...

« Et quelle est donc votre affaire, Raimondo?

– Vous savez, seigneur, qu'une terrible faiblesse m'interdit de pratiquer le commerce maritime! Je suis donc condamné à rester en Italie, où tant de monde tient déjà le haut du pavé. À moins d'aller chercher ailleurs sur la terre ferme un lieu où de grands profits attendent des marchands audacieux...

– Auriez-vous trouvé ce lieu, Raimondo?
– Je le crois.
– Quel est-il?
– Cracovie.
– Cracovie? »

Domenico regarde le jeune marchand avec surprise. Quelle étrange idée! Venise commerce bien sûr avec l'Europe du Centre et du Nord, avec Augsbourg, Ulm, Nuremberg, Vienne, Breslau [1] ou Cracovie. Tout un peuple de transporteurs assure, par caravanes de bêtes de somme ou de lourds chariots, la traversée des Alpes entre le Frioul ou le Trentin et les villes germaniques. Mais, au-delà des Alpes, on rencontre bien plus rarement les marchands vénitiens que leurs marchandises. Ce sont plutôt les marchands allemands qui descendent s'approvisionner à Venise et y apportent les métaux ou les produits métallurgiques destinés au grand commerce méditerranéen.

Raimondo vante au podestat la richesse de la capitale polonaise, où s'échangent les produits de Pologne, de Scandinavie, d'Allemagne, de Russie et de Hongrie. La Pologne est un pays d'avenir; toute divisée qu'elle soit entre ses princes rivaux, ceux-ci favorisent par tous les moyens l'immigration et le commerce dans un pays trop vaste pour sa population. On y accueille à bras ouverts les Allemands, on y reçoit même les Juifs! Alors pourquoi pas un Vénitien? Raimondo expose comment sa présence à Cracovie pourrait éviter des intermédiaires coûteux et inutiles, comment, achetant sur place au meilleur prix et constituant lui-même ses caravanes entre la Pologne et l'Adriatique, il abaisserait sensiblement le prix de revient des marchandises arrivant à Venise qui, vendues à leur cours habituel, dégageraient ainsi de bien plus fortes marges.

Domenico l'écoute poliment, d'un air dubitatif.

La gondole accoste à un petit appontement.

Les deux hommes traversent le jardin, entrent dans la maison, bâtisse de brique assez austère qu'égaient seulement les colonnades blanches des portes et des fenêtres du premier étage.

S'asseyant à table, ils reprennent un temps des propos plus badins... Puis :

« Dites-moi donc, Raimondo, de quels produits vous voudriez faire commerce. »

Le jeune marchand balance la main d'un geste vague.

« De fourrures, de drap, de métaux, de pièces d'orfèvrerie dont les Polonais, comme les Hongrois, semblent friands – que sais-je encore? –, de tout ce qu'on peut vendre ou acheter dans ces contrées!

– Ah oui? Pourquoi pas! Pourquoi pas! »

Peu d'enthousiasme dans ces paroles, dites d'un ton distrait...

« Mais croyez-vous, mon cher Raimondo, que les marchands allemands verraient d'un très bon œil commercer à Cracovie un marchand de Venise? Ce sont eux qui contrôlent le commerce en Pologne, aussi bien qu'au Danemark, en Suède ou en Livonie. Ne seraient-ils pas des intermédiaires obligés pour toutes choses, des intermédiaires qui vous marchanderaient durement leurs services?

---

1. Wroclaw.

– J'ai pensé à cela, seigneur. Je me suis fait au fondaco des Allemands quelques relations qui pourront m'être utiles; je m'y suis même lié avec un marchand polonais! Mais j'ai pensé aussi qu'il est en ces contrées une autre denrée, fort rare et fort prisée : l'ambre.

– L'ambre... L'ambre se trouve chez les païens de Prusse et de Lituanie.

– Donc sur le territoire que le Pape et l'Empereur ont octroyé aux chevaliers de Sainte-Marie de la Maison allemande... N'êtes-vous pas, seigneur, l'ami du commandeur Rainfried de Waldberg?

– Si fait, j'ai cet honneur. Mais le commandeur va quitter Venise le mois prochain pour la Prusse et la Livonie, où l'envoie désormais le grand maître Hermann de Salza.

– Je sais cela, seigneur. »

Déjà, du temps de l'ancienne Rome, on vendait en Italie des perles d'ambre de la Baltique, ces curieuses pierres translucides, d'un beau brun doré aux doux reflets, qui emprisonnent parfois des feuilles, des insectes... On en fait des colliers, des ornements d'oreilles, des chatons de bagues... On en trouve çà et là en Europe, mais la seule région où l'ambre abonde, c'est la côte de Prusse et de Lituanie. Les habitants païens de cette région ont l'habitude depuis des générations de vendre le produit de leur collecte à des marchands allemands venus tout exprès. Mais aujourd'hui, au fur et à mesure qu'ils avancent, ce sont les chevaliers Teutoniques qui deviennent peu à peu les maîtres de l'ambre... Et, s'ils méprisent le profit pour eux-mêmes, ils veillent avec un soin jaloux à remplir les coffres de la croisade, qui paient les armes, financent les châteaux, soldent les troupes à pied...

« Les chevaliers de Sainte-Marie de la Maison allemande peuvent commercer avec qui ils l'entendent. Si Votre Seigneurie pouvait évoquer ce projet avec le commandeur Rainfried avant qu'il ne parte là-bas... »

Domenico garde le silence, pensif.

Un curieux homme que le commandeur! Aussi peu expansif que possible. Et pourtant, depuis qu'une fraternité d'armes les a rapprochés, il semble éprouver pour Domenico non seulement de l'estime mais même de l'amitié, allant jusqu'à accepter des invitations à dîner, même s'il veille à ne goûter que les plats les plus simples et les moins raffinés. Les chevaliers de l'Ordre n'ont pas le droit de prendre leurs repas hors de leurs maisons ni d'une façon générale de frayer avec des laïcs, mais le grand maître a accordé cette licence aux plus hauts dignitaires, pourvu qu'ils l'utilisent avec circonspection.

Las des tâches administratives qu'exige la direction de la Maison capitulaire de Venise, lien entre l'Europe et la Terre sainte, Rainfried a sollicité de Hermann von Salza de la quitter pour aller combattre, les armes à la main, les païens sur les côtes de la Baltique.

Cet homme si impassible semble pourtant cacher une faiblesse. Domenico a observé qu'en la présence de certaines jeunes femmes le commandeur paraît nerveux, mal à l'aise.

Les tourments de la chair, sans doute, a d'abord pensé le patricien... Il ne doit pas être facile tous les jours d'être un moine soldat! Pourtant Rainfried de Waldberg semble souvent indifférent aux plus sensuelles beautés. Seule la vue de jeunes femmes blondes, minces, à l'allure fragile, à laquelle Domenico accorde pour sa part peu d'attention, voile immanquablement son regard d'un étrange désarroi.

Bah! qui n'a pas ses secrets?

Le podestat ne lui a jamais rien demandé. Peut-être est-ce le moment de tirer profit de sa froide amitié...

« Parlez-moi donc de l'ambre, Raimondo! »

BRESCIA

L'an du Seigneur 1238, de l'hégire 635, le samedi 7 août, fête de saint Donat d'Arezzo, vingt-quatrième jour du mois de Dju-l-hidje.

« Regarde, Hasan! »

L'Égyptien désigne du doigt les bannières flottant sur deux tentes orientales : azur au soleil d'or, verte au croissant d'argent, et toutes deux brodées d'un verset du Coran.

« Ce sont des étendards d'Égypte... »

Ainsi, le sultan al-Malik al-Adil est resté fidèle à l'amitié de son père, au point d'envoyer à l'Empereur Frédéric des troupes, ici, en Lombardie!

Mais ce sont les drapeaux du monde entier qui flottent dans ce camp!

L'aigle bicéphale de Byzance.

La double croix de Hongrie.

Les lis de France.

Les léopards d'Angleterre.

La tour de Castille, sommée de trois tourelles d'or.

Et, triomphante, sur le palais de toile vers lequel les pas de leurs chevaux dirigent les ambassadeurs, l'aigle noire de la maison de Souabe.

Les envoyés d'Orient découvrent en silence le camp fastueux et bigarré que César a fait dresser sous les murs de Brescia. Chaque nation a regroupé ses tentes autour de son comte, de son émir, de son drongaire... Appels en allemand, en italien, en arabe, en espagnol, en grec, en français... Ce camp, c'est Babel... Rugissements, barrissements... Près du palais de toile, des palissades de bois protègent la ménagerie impériale. Un autre enclos, immense : c'est là que l'on bâtit et que l'on répare les machines de guerre. Monstrueuses, énormes, terribles, elles se dressent en multitude au pied de la colline qui porte les remparts de la ville rebelle. Trébuchets et mangonneaux, malvoisines et pierrières, chats et béliers, beffrois et chats-chastels, alignés dans la plaine, encerclent Brescia de leur étreinte mortelle.

Depuis son écrasante victoire de l'automne – à laquelle s'est rapidement ajoutée la fierté de voir l'impératrice Isabelle lui donner un nouveau fils –, Frédéric a entrepris de remodeler l'Italie. Il a reçu la soumission de Lodi, de Vigevano, de Novare, de Verceil, de Savone, d'Albenga... À la diète de Turin, les nobles de Savoie et de Piémont se sont bousculés pour lui rendre hommage. Renvoyant son podestat milanais, Florence a nommé à sa place un Romain qu'il lui a désigné. Dans tout le pays lombard il fait édifier de nouveaux châteaux et réparer les anciens. Leurs garnisons assureront sa domination sur cette contrée assez audacieuse pour l'avoir défié...

Partout il s'affaire à créer un État sur le modèle de sa Sicile natale. Au Piémont et en Lombardie, il a nommé le premier des vicaires généraux qui gouverneront désormais les nouvelles provinces impériales, avec leur cohorte de fonctionnaires – sous-vicaires, capitaines de forteresses, officiers de finance et de justice... – tout dévoués à leur souverain.

Que l'Empereur dise : « Je veux ! »

Et une loi est faite, imposée, obéie...

Milan, désemparé, jeté par la défaite au bord de la guerre civile, s'était d'abord résolu à traiter.

Mais l'Empereur a exigé une capitulation sans condition.

Alors la ville s'est rappelé la vengeance de son grand-père à la barbe rousse... S'il faut mourir, que ce soit du moins la tête haute ! Avec toute l'énergie que donne le désespoir, Milan s'est raidi dans sa rébellion, entraînant à sa suite cinq autres cités, Alexandrie, Plaisance, Bologne, Faenza... et Brescia.

Les six ultimes ennemis de César. Six moustiques irritants au flanc de l'éléphant !

Il y a plus de huit mois qu'il a triomphé au champ de Cortenuova, et ces six villes plus tenaces que la gale le narguent encore ! Si en rase campagne les troupes de Frédéric ont aisément raison de leurs milices, elles peuvent encore, derrière leurs remparts, soutenir de longs sièges.

Cette fois, l'Empereur a résolu de frapper un grand coup. Comment Brescia résisterait-elle au déploiement de force, arrogant et splendide, qui s'étale complaisamment sous les yeux des quatre ambassadeurs et de leurs serviteurs ?

L'Empereur a fait mieux que rassembler des troupes.

Pour donner au châtiment des Lombards rebelles la sanction de l'univers, il a fait appel à tous les rois du monde !

Car ce n'est pas son ambition personnelle qu'il défend ici, mais bien leur cause à tous ! Tous sont menacés par la rébellion qui infecte ses sujets révoltés...

Il ne s'agit point en effet de six villes isolées au sein d'un vaste empire.

Il s'agit des six têtes d'une hydre monstrueuse...

Cela vous concerne, vous et les autres rois de la terre ! Ayez l'ouïe fine et l'œil ouvert et considérez bien quel encouragement à la sédition serait donné à tous ceux qui veulent se soustraire au joug du pouvoir souverain si l'Empire romain subissait des dommages du fait de cette révolte !

Car cette sempiternelle rébellion des Lombards est bien plus grave que le soulèvement de tel ou tel grand seigneur auquel chaque prince est tôt ou tard confronté !

Elle est bien plus grave car, cette fois, c'est le peuple des cités, ce sont les bourgeois des villes, qui prétendent se gouverner eux-mêmes, sans dépendre d'aucun seigneur !

Quelles idées perverses ne viendrait-il pas aux bourgeois de Paris, de Londres, de Tolède, de Strigonium..., de toutes les villes d'Europe ? Quel vicieux désir de liberté infâme, source de désordres infinis, ne se répandrait-il pas dans les esprits faibles si la sédition des Lombards triomphait, reniant l'ordre que Dieu a donné au monde en le confiant à la garde des rois ?

Oui, dans cette guerre de Lombardie, Frédéric, le premier des souverains chrétiens, dont le puissant génie a conçu le superbe édifice qui va apporter à ses peuples l'ordre, la justice et la paix, lutte au nom de tous les monarques que Dieu a placés sur la terre contre les impies qui rejettent l'autorité sacrée du Souverain!

Aussi a-t-il réclamé à tous des renforts, aussi les a-t-il obtenus – non qu'il fût faible, certes, mais pour que la plus vive terreur s'empare des sujets rebelles quand ils verront les forces des rois se joindre à l'armée impériale et pour qu'ils comprennent qu'aucun souverain ne tolérera qu'un de ses pairs soit la victime de leur folie!

Auprès des Allemands de l'enfant-roi Conrad, son fils, des chevaliers et des sarrasins de Sicile, des milices de Florence et de Toscane, de la noblesse d'Italie du Nord, des guerriers de Lombardie impériale, de Rome, des Marches, de la Romagne, sont venus combattre des chevaliers de Bourgogne, de France et d'Angleterre, de Hongrie et de Castille.

Jean Vatatzès, l'Empereur d'Orient, a lui aussi apporté son concours à son ami Frédéric, l'Empereur d'Occident.

Al-Malik al-Adil, le sultan musulman, a dépêché ses émirs auprès de son ami l'Empereur des chrétiens.

Car il n'est plus entre les rois de querelles religieuses, lorsqu'il s'agit d'écraser dans l'œuf l'hydre monstrueuse de la liberté!

Louis de France a hésité. Frédéric l'inquiète. Depuis quelque temps, il parle trop haut, trop fort... Dans cet ordre parfait qu'il dit voulu par Dieu et prétend établir sur l'Italie, où est donc l'Évangile? Ne va-t-il pas jusqu'à oser s'attribuer à lui-même l'épithète sacrée de « divin »!

Mais Louis sait – et Madame Blanche de Castille n'a pas manqué de le lui rappeler – que la maison de France est l'alliée traditionnelle de la maison de Souabe. N'est-ce pas le roi Philippe qui, en écrasant à Bouvines l'armée de son compétiteur Othon, ouvrit définitivement à Frédéric le chemin de l'Empire?

Des chevaliers de France, eux aussi, sont donc là...

Le Pape lui-même, que la jalousie incite d'habitude à une coupable indulgence pour les cités rebelles, si remplies d'hérétiques qu'elles soient, a bien compris cette fois que Dieu a voulu la victoire impériale. Son envoyé, frère Élie de Cortone, ministre général des Franciscains, ami personnel de Frédéric, a assuré ce dernier de l'entier soutien du Pontife.

Seul dans une pièce aux parois de toile et de tapisseries, meublée de coffres somptueux et de sièges pliants alignés de part et d'autre d'un trône ouvragé, enrichie d'une foule d'objets précieux de toute provenance, Hasan admire à la lueur des torchères une horloge astronomique d'or et de gemmes où l'on voit se mouvoir dans le ciel le Soleil, la Lune et les planètes.

Quand il s'est présenté tout à l'heure avec sa suite dans les bureaux de campagne de la chancellerie impériale, Pierre des Vignes, chancelier de l'Empire et juge de la Grande Cour, l'a accueilli avec chaleur, lui annonçant que l'Empereur, qui ne l'attendait pas si tôt, était parti ce soir inspecter les positions de l'armée et avait résolu de souper avec les artilleurs d'un trébuchet particulièrement exposé aux tirs de défense de la ville. Le souverain se devait de veiller au moral de ses troupes...

Que les ambassadeurs viennent demain, à l'heure de sexte [1], dans la tente impériale, où l'Empereur des chrétiens tient à honneur de les recevoir en présence des plus hauts dignitaires de sa Cour, avec tout l'apparat qu'exige la grandeur des princes qui les envoient!

L'Empereur des chrétiens se plaît tant à recevoir les envoyés de l'Islam! En attendant, s'ils n'étaient point trop fatigués du voyage, le chancelier serait hautement flatté de les recevoir sous sa tente, ce soir, à souper.

Trop fatigué, Hasan ne l'était point! Servi par de jeunes pages noirs vêtus de fines soieries, il prit plaisir à s'entretenir avec le subtil Pierre des Vignes, dont le discours, quoique frisant parfois le pédantisme, chatoyait d'un brio qui était une fête pour l'esprit. Près de lui était assis Moamin, le fauconnier impérial, arabe et musulman, homme plein de finesse, occupé à rédiger un livre sur son art, et surtout à noter, rassembler et classer une multitude d'observations qui permettront à son maître, passionné de fauconnerie, de rédiger un traité de la chasse dont la science et l'exactitude éclipseront tout ce qu'en ce domaine on aura écrit avant lui.

« L'Empereur Frédéric est mieux servi que le roi Henry! » glissa au Syrien l'envoyé d'Égypte au sortir du repas.

« C'est que l'Empereur Frédéric n'est point le roi Henry! »

Le souper s'est terminé tôt. Il faisait encore jour lorsque Hasan rejoignit la superbe tente qu'on lui avait attribuée. Un Coran l'attendait, posé sur une petite table de voyage. Il était ouvert à la sourate Ya-Sin. Une main inconnue avait souligné de rouge le verset 58.

Paix à tous! Tel est le Verbe du Créateur miséricordieux.

Le voyage d'Italie a été plus long que le Syrien ne l'avait prévu. En dépit de la chaleur qui accablait le pays de Bourgogne, il s'y était trouvé pris de fièvres, ainsi que l'envoyé du Calife. Il avait dû s'arrêter. Apprenant qu'on se trouvait à proximité de la célèbre abbaye de Cluny, il s'y était fait porter dans une litière de louage, et, reçu et soigné avec le respect qu'imposait son sauf-conduit royal, y avait rapidement recouvré la santé sous la fraîcheur des voûtes et dans la pureté des chants chrétiens qu'en dépit de sa faiblesse il allait ouïr, le soir, dans la grande église.

Plus d'une semaine se passa pourtant avant que l'ambassade puisse reprendre la route. Il fallut ensuite traverser les Alpes sous des orages diluviens et l'on perdit au Mont-Cenis une partie du bagage. Retrouvant enfin un soleil vigoureux dans la plaine du Pô, Hasan, apprenant que l'Empereur avait mis le siège devant Brescia et envoyant en avant un de ses serviteurs avertir Frédéric de son arrivée, a pris la route de la cité lombarde, dépassant des groupes de cavaliers ou de piétons, de plus en plus nombreux, qui convergeaient vers la ville rebelle.

Le Syrien n'avait guère eu le temps de se délasser dans son logement de toile que le grand chambellan vint en personne le quérir. On l'attendait.

Sous le scintillement des étoiles le camp s'était endormi, tranquille. Ses feux brillaient dans l'obscurité. Sa rumeur s'était tue. Qu'il était donc curieux dans cette nuit d'Italie d'entendre seulement gronder les fauves et barrir l'éléphant...

1. Vers 11 h 30.

Cette horloge planétaire est arabe... Les chrétiens ne savent pas en faire de pareilles... Un cadeau du sultan d'Égypte, peut-être?

Soudain une voix, derrière lui.

« *Salam alaikum* [1], Hasan ar-Rashid ibn Salman ibn Husayn! »

L'ambassadeur se retourne en une profonde révérence.

« La paix soit avec toi, illustre Frédéric, ô César victorieux! »

Il sait comment on parle à l'homme d'un blond roux qui se tient près de lui... Le voici donc!

Celui que les musulmans surnomment le sultan baptisé.

Regard enjôleur.

Bleu.

Si bleu.

On avait exagéré en prétendant que, si l'Empereur des chrétiens avait été un esclave, on n'en eût point donné deux cents dirhams! Il n'est pas très grand, sans doute, sa carrure est moyenne et ses traits sont un peu fades, mais il reste un bel homme, étrangement juvénile, avec ses beaux yeux bleus.

Si bleus.

Le ciel a cette couleur, sous le soleil d'été.

On devine pourtant les terribles tempêtes qui doivent se lever quand s'amassent les nuages de la colère.

Lorsque, avec l'autorité qui lui était naturelle, al-Malik al-Kamil posait sur vous son regard serein d'intelligence et de noblesse d'âme, on s'inclinait d'un profond et tranquille respect.

Lorsque, avec la majesté qui lui est naturelle, son ami Frédéric fixe votre regard de ses yeux pénétrants, si charmeurs qu'ils se montrent, on lui rend un hommage où la fascination le dispute à la crainte.

« Tu as vu, m'a-t-on dit, mon ami al-Kamil un mois avant sa mort... »

La conversation se poursuit en arabe. Avec quelle surprenante aisance l'Empereur s'exprime-t-il en cette langue!

Dès lors que Hasan lui dit avoir rencontré à deux ou trois reprises le sultan d'Égypte, recevant un jour en cadeau de sa part un précieux livre de poésie tout enluminé d'or, Frédéric ne se départit plus à son endroit d'une chaleur qui lui fait oublier l'impression inquiétante du premier moment.

Disert, l'Empereur, sincèrement ému au souvenir de son ami défunt, évoque les soirées de Palestine, où l'on philosophait et versifiait, les galères rapides qui traversaient la Méditerranée pour faire part d'une méditation ou transmettre la solution d'un problème d'algèbre...

Soupirant, il déplore le conflit qui sépare chrétiens et musulmans.

« Nous avons tant à nous donner et tant à nous apprendre! »

Frédéric s'approche de la grande horloge d'or.

« Vois ce cadeau merveilleux que m'ont jadis fait porter de Syrie le Vieux de la Montagne et le sultan de Damas... Il livre les secrets des planètes et du ciel... Tu viens de la part du Sheikh el-Djebel, n'est-ce pas? Quelle chance a cet homme d'inspirer tant de dévouement à ses fidèles! Ah, si je pouvais compter comme lui sur une armée de dévoués, prêts à se sacrifier pour la cause sacrée de l'Empire! »

---

1. « La paix soit avec vous. »

Longuement l'Empereur questionne l'ambassadeur sur ses croyances, ses ancêtres nizarites, ses missions passées, sa famille... Il sourit en regardant son hôte parler de Zéliha... La nuit s'avance...

Vins et liqueurs coulent dans les coupes d'or. Hasan, ensorcelé, en vient à oublier la majesté du souverain pour se croire entouré par la chaleur d'un ami.

Ces yeux...

Le charme a opéré...

« Allons, Hasan, nous sommes entre nous. C'est assez des protocoles de cour. Appelle-moi donc sire, cela suffira bien !

– Les désirs de Votre Majesté sont des ordres, sire ! » répond l'ambassadeur, en souriant largement.

César daigne répondre à la plaisanterie d'un sourire complice.

Frédéric confie à Hasan des souvenirs d'enfance, lorsque, petit prince héritier, orphelin abandonné par les grands de Sicile qui se souciaient de lui comme d'une guigne, laissé à lui-même par son tuteur le Pape Innocent III, qui se préoccupait surtout de prévenir son éventuelle accession au trône impérial, il quittait dans l'indifférence son palais mal gardé pour errer à l'aventure dans les rues de Palerme.

Ah, le soleil de Palerme...

Dans cette baie si belle qu'on l'appelle la Conque d'or.

« J'étais un enfant sans mère, petit roi sans couronne, fils d'un empereur mort... Jouet de barons insolents, je n'avais rien.

« Qu'un nom.

« Un nom qui, quinze ans plus tôt, faisait tant trembler que sa sonorité suffisait encore à effrayer le plus puissant des Papes.

« Frédéric de Hohenstaufen ! »

Chassant de Sicile il y a quatre cents ans les gouverneurs byzantins, les Arabes avaient fait de l'île un jardin. Les émirs qui la gouvernaient au nom du Calife de Bagdad y édifiaient des palais de rêve, dans les bruissements des feuillages, le chatoiement des fleurs et le clair ruissellement des fontaines que célébraient les poètes. Dans un monde résonnant du fracas des armes, Palerme, sa capitale, était comme un écrin où se serait réfugiée dans les ors de Byzance, sous la garde vigilante de vieux sages en turbans, toute la civilisation de la Méditerranée.

Lorsque, arrivant de Coutances et du Cotentin, dans le lointain duché de Normandie, à bord de leurs bateaux effilés hérités de leurs ancêtres danois, les deux frères Robert Guiscard et Roger de Hauteville – conquérants de l'Apulie et de la Calabre dans le temps où leur duc s'emparait de l'Angleterre – eurent chassé à leur tour les émirs du Calife, ils tombèrent en arrêt devant la Conque d'or...

Aux beautés de l'île, les rois normands ajoutèrent des églises dignes de Constantinople... et n'enlevèrent rien. À Palerme on priait au nom du Christ ou bien de Mohammed. Deux cent cinquante églises et autant de mosquées... Les Roger, les Guillaume recevaient à leur cour les savants musulmans comme les prêtres chrétiens... Dans cette synthèse du monde, d'Orient et d'Occident, les marchands accouraient pour échanger leurs biens.

La Sicile, en ce temps, était heureuse...

Le roi Guillaume II vint à mourir sans fils. Il légua sa couronne à sa tante Constance. Celle-ci avait pris pour époux le fils de Frédéric à la barbe rousse, Henri, qu'on appelait le Cyclope lorsqu'on voyait son corps, et le Cruel lorsqu'on voyait son âme.

Henri VI d'Allemagne, écartant sans pitié les autres héritiers, devint roi de Sicile...

À Rome le Pape prit peur.

Il avait tort, car ce n'était pas sur Rome que le Cyclope avait posé son œil unique. Pas tout de suite.

C'était sur Constantinople.

Mais l'Empereur Henri mourut à trente-deux ans, enrageant de n'avoir pas ceint sur son front la double couronne d'Orient et d'Occident.

Il venait d'avoir un fils. On ne l'attendait plus. Constance avait passé quarante ans. On n'enfante pas à cet âge.

Elle enfanta pourtant. Et l'on cria au miracle. D'étranges prédictions circulèrent sur cet enfançon vagissant.

Le Pape Innocent III se fit nommer tuteur du petit roi de Sicile et n'eut plus qu'une idée : désigner un empereur à sa convenance pour écarter le risque de voir à nouveau la Sicile et l'Empire unis dans une même main, enserrant dans un étau Rome et les États de l'Église – qu'on appelait le Patrimoine de Saint-Pierre, et qui garantissaient au Saint-Siège sa sécurité terrestre.

Constance, bientôt, mourut. L'enfant roi de quatre ans n'était rien qu'un symbole qu'on honorait pour la forme, les jours de fête, avant de l'oublier dans son appartement, fragile souvenir d'une glorieuse monarchie tombée en déchéance...

Dans ses courses solitaires où les matrones le gavaient de pâtés et de gâteaux tant elles savaient qu'au palais on oubliait parfois de le nourrir, le garçonnet aimait particulièrement le dédale de la ville musulmane, les ruelles des bazars aux étalages odorants et colorés. Il entendait monter des synagogues, des églises, des mosquées, la prière des juifs, des chrétiens, des musulmans. Il s'était fait des camarades de son âge au hasard des rues. Il appréciait particulièrement la fréquentation des familles musulmanes, qui l'accueillaient parfois mieux encore que les chrétiennes, au point que, très tôt, il en apprit la langue. Il s'initiait peu à peu, il est vrai, à tous les idiomes qui s'interpellaient dans ce monde bigarré qu'était Palerme.

Ah, le souvenir de ces bains frais dans la moiteur de l'été, dans la baignoire de marbre d'un riche marchand arabe!

Les imams des mosquées souriaient au petit roi, passaient doucement leurs mains dans ses blonds cheveux emmêlés, l'invitaient à s'asseoir à l'ombre fraîche des colonnes de leurs sanctuaires. Ils lui parlaient, cherchaient à assouvir sa curiosité insatiable, sa soif de savoir et de comprendre... Sauf quand quelque prélat nommé par le Saint-Père, qui s'inquiétait parfois de l'éducation d'un enfant qui devait tout de même régner sur la Sicile, lui prêchait, pour un temps, l'enseignement du Christ.

Frédéric ouvre un livre posé sur un des coffres. Il soupire.

« Ces livres de science et de philosophie qu'un cadi, qui m'avait en grande affection, me donnait à lire, je les revois comme si c'était hier! Des heures durant, Hasan, tournant et retournant leurs pages, j'y cherchais le Savoir et m'enivrais de son parfum balsamique !

« Et, autour de moi, ambitieux de tout poil, imbéciles de tout rang, soudards allemands, hobereaux siciliens et prélats onctueux déchiraient de leurs ongles rapaces ce qui avait été la fleur des royaumes d'Europe...

« Et moi, pendant ce temps, je découvrais les lois naturelles qui commandent aux êtres, aux plantes et aux planètes...

« C'est alors, tout enfant, que je compris l'immensité du monde et la petitesse des hommes... »

LA QUARANTIA CRIMINELLE

L'an du Seigneur 1238, le samedi 18 septembre, fête de saint Ferréol

Troublant, troublant...

À la lueur des chandelles qu'il a fallu allumer en cette fin d'après-midi obscurcie par l'orage, ser Raniero Dandolo, penché par-dessus son ventre, feuillette lentement de ses doigts potelés l'épais dossier qu'il a tiré de son étui de cuir rouge.

À défaut d'avoir été élu podestat de Chioggia, il est devenu aujourd'hui l'un des trois principaux conseillers de la Quarantia – le puissant Conseil des quarante auquel le Grand Conseil délègue nombre de ses pouvoirs, et qui juge à Venise les grands procès criminels.

Il prend son temps...

C'est que l'affaire est grave.

Sous un air impassible, ser Raniero admire en connaisseur : du beau travail ! Du beau travail, vraiment !

Sur les grandes feuilles de parchemin noircies d'une fine écriture serrée s'alignent, soigneusement classées, dépositions et dénonciations. Du premier coup d'œil il a repéré en tête de certaines lignes des signes codés. Nul doute qu'ils n'identifient les dénonciateurs, qui demeurent ainsi anonymes pour qui n'a pas accès à leur liste secrète, enfermée dans les coffres de la sainte Inquisition.

La Quarantia criminelle elle-même ne travaille pas mieux !

Raison de plus, raison ultime, pour que jamais l'on n'autorise l'Inquisition à enquêter à Venise ! Les Conseils de la Ville seuls ont à connaître de ses secrets, de ses vices, de ses crimes et de ses perversions... Pour les étrangers, fussent-ils le Pape lui-même, Venise, cité apostolique et sainte, doit être irréprochable !

Sous ses lourdes paupières, le conseiller jette de discrets coups d'œil au frère prêcheur en robe blanche assis aux côtés du patriarche de Grado, évêque métropolitain de la république. Leonardo Querini n'était pas installé depuis une journée sur son siège archiépiscopal qu'il apprenait l'arrivée du fameux moine dont l'éloquence avait enflammé un temps les villes d'Italie, et dont on murmurait qu'il était presque un saint.

Frère Giovanni Schio en personne a fait le chemin de Venise pour présenter au nom de la Curie les conclusions de son enquête!

Le nouveau patriarche a aussitôt examiné le dossier. C'est lui qui a proposé d'urgence à l'inquisiteur un rendez-vous avec son cousin, le conseiller Dandolo.

Accablant... L'Inquisition a raison. Un nid d'hérétiques lucifériens s'est constitué à Venise, au nez et à la barbe des autorités. Des voyageurs allemands, des marchands même ont véhiculé l'infection dans cette cité qui se piquait de parfaite orthodoxie. Et elle commence à se répandre – oh, doucement encore – dans la plèbe vénitienne...

Dans la plèbe seulement? Voire!

Ser Raniero, sous une dignité en apparence toujours inaltérée – hors une légère vibration de son double menton –, n'en bout pas moins de fureur. Ni les autorités civiles ni les autorités religieuses n'ont rien su de cela! Il n'y a guère plus de trois semaines qu'un vague soupçon est né, issu des divagations d'un ivrogne. La belle affaire!

Un regard à la mine sévère et pincée du patriarche lui indique que le prélat se serait bien passé d'inaugurer son ministère avec une pareille histoire.

Quel beau prétexte pour démontrer que Venise n'est pas plus que les autres à l'abri de l'hérésie et que nul tribunal n'est plus efficace pour juger cette matière que la sainte Inquisition! Si la bête n'est pas étouffée dans l'œuf, que pourra-t-on répondre aux arguments prudents, mais insistants, de la curie pontificale? Et l'heure n'est pas à froisser le Saint-Père! En ce moment même, à Rome, sous son égide, des envoyés de Venise et de Gênes, les deux cités rivales, inquiètes des projets de l'Empereur, négocient en secret un pacte d'amitié...

Il va falloir agir vite.

Bien que ce ne soient encore que des signes isolés, il semble qu'un malaise diffus menace de troubler la sûreté que la ville dispense d'habitude à ses citoyens.

Ainsi, en dépit d'une police habituellement efficace, les crimes se multiplient, et pas seulement les crimes de rôdeurs ou de voleurs! Hier encore, on a retrouvé le corps dénudé d'un jeune garçon, émasculé, la gorge tranchée, les mamelons mutilés; il y a un mois, c'est le corps nu d'une jeune femme, éventrée, les deux seins coupés, qu'on a repêché, flottant dans la lagune, exactement semblable à celui que l'on avait découvert, six mois auparavant, dans les filets d'un pêcheur de Murano...

Crimes rituels... Crimes rituels... Rumeurs ou réalité? Les interrogatoires de frère Giovanni ne permettent pas de trancher. Crimes de malades, plutôt...

Pourtant tout cela se tient. L'infection luciférienne n'est apparue, semble-t-il, qu'il y a moins d'un an, coïncidant pratiquement avec l'affolement qui s'est emparé des esprits à l'annonce de l'écrasante victoire impériale de novembre, et qui ne parvient guère à s'apaiser depuis. Et c'est justement depuis la fin de janvier que l'on a recensé cinq crimes étrangement voisins dans leur atrocité.

Cinq corps venus d'on ne sait où, flottant sur la lagune...

Une vive lueur illumine un court instant les visages de l'inquisiteur et du prélat. Le grondement du tonnerre fait vibrer les grandes fenêtres aux vitres serties de plomb du palais patriarcal.

Le conseiller Raniero réunira demain autour du doge, dans le plus grand secret, ses huit collègues du Conseil de la commune.

LA PORTE SAINT-ANTOINE

L'an du Seigneur 1238, le lundi 20 septembre, fête de saint Eustache et de ses compagnons

« Oh, Guillaume! Guillaume! Fais bien attention à toi! »

Dame Berthe, en larmes, s'accroche au cou de son fils.

« Allons, ma mie, remettez-vous! Notre fils n'est plus un enfant, et la Hongrie n'est pas le bout du monde! »

Maître Laurent Boucher, l'orfèvre, affiche une sérénité que dément dans sa voix un léger trémolo. Même son aîné Roger et sa belle-fille Elisabeth semblent émus.

Dans le chaleureux soleil matinal qui dore au-dessus d'eux les pierres de la porte Saint-Antoine, seul Guillaume rayonne d'un sourire éclatant.

« C'est vrai, ma mère! La Hongrie est un grand royaume chrétien et bien des Français ont déjà fait le voyage. Le primat de Hongrie ne vient-il pas de France? Déjà, au siècle passé, l'aïeul du roi actuel a pris pour femme une Châtillon avant d'épouser en secondes noces la propre fille de notre roi Louis VII. Le roi André, son père, a épousé une Courtenay. Et ce sont les Français qui ont acclimaté le vin dans ce pays. Il y a là-bas des prêtres, des marchands, des architectes même qui viennent de chez nous...

– Tout comme, interrompt Thomas de Fehérvár, les Hongrois sont nombreux à venir étudier à Paris! Ne craignez rien, madame. Moi qui ai fait le voyage, je peux bien vous le dire. L'Allemagne est prospère et sa traversée n'offre point de danger; l'Empereur Frédéric veille à ce que ses routes soient sûres. »

Une sonnette tinte soudain. L'un des chevaux se cabre en hennissant, soulevant la poussière de la chaussée.

Le serviteur des deux jeunes gens s'emploie à le calmer.

« Oh, tout beau! Tout beau! Ah, la sale bête! Quand est-ce que notre roi la fera rentrer dans sa bauge! »

Un cochon au collier garni d'un grelot vient sans crier gare de se jeter entre les jambes du paisible animal qui ne l'avait pas vu venir. Depuis que le prince Philippe, fils du roi Louis le Gros, a trouvé la mort désarçonné par un de ses semblables, le roi a interdit de laisser vaguer les porcs dans Paris, mais une exception a été faite depuis pour ceux de l'abbaye royale de Saint-Antoine, qu'on aperçoit au loin, au-delà du marais.

On rit.

Guillaume se tourne à nouveau vers sa mère, que l'incident semble avoir quelque peu détendue.

« Et puis je ne pars pas pour si longtemps. Si Dieu veut, avant trois ans je serai de retour! Je me perfectionnerai dans mon art en ce royaume qui le prise tant, puis je reviendrai à Paris pour y exercer notre métier... »

Thomas a depuis longtemps appris à son ami en quelle faveur la noblesse hongroise tient l'orfèvrerie...

C'était par un mercredi de juin que Guillaume Boucher avait pris sa décision.

Ce soir-là, on avait banqueté fort bruyamment et joyeusement, célébrant un événement de taille : Thomas de Fehérvár venait d'être reçu docteur en droit canon !

La veille, accompagné de dix camarades des facultés de droit et des arts, dont ses vieux complices Mainfroi de Cologne et Albert de Worcester – Alphonse de Burgos étant, ses études achevées, rentré en son pays –, il s'était présenté devant le jury qui trônait majestueusement dans la nef de l'abbaye de Sainte-Geneviève.

Derrière les examinateurs se tenaient, comme c'est la coutume, impressionnants dans leurs robes noires, le recteur, le chancelier et les hauts dignitaires de l'Université. La présence de monseigneur Guillaume d'Auvergne, évêque de Paris, rehaussait encore la solennité du moment. Dans la nef se pressaient professeurs, bacheliers, libraires, parcheminiers, relieurs, enlumineurs et autres artisans proches des facultés, mais aussi de jeunes escholiers ou de simples curieux qui venaient assister à l'examen public.

Lorsque Thomas eut juré n'être point marié, celui-ci commença par une dispute [1] sur le thème : « Est-il licite pour les prêtres de lire les écrits des païens, des infidèles ou des hérétiques ? » qu'on lui avait communiqué deux jours auparavant pour qu'il eût le loisir de se préparer. Thomas présenta d'abord sa thèse avant de réfuter avec brio celles contraires à la sienne, s'appuyant sur Gratien, qui avait longuement traité du sujet, aussi bien que sur les écrits de saint Jérôme, saint Ambroise et saint Augustin. Sans hésiter un instant, c'est avec un remarquable à-propos qu'il cita l'Ancien Testament, Bède le Vénérable, saint Paul, Cassiodore ou saint Grégoire le Grand... Il adressa ensuite au jury sa harangue, par laquelle, selon la tradition, il devait faire la louange de la discipline à laquelle il s'était consacré. Invoquant Jésus-Christ, il commenta avec talent des textes qu'il avait choisis parmi les œuvres des juristes les plus prestigieux – singulièrement une décrétale du pape Grégoire –, démontrant ses propositions par majeure et mineure, et bien sûr en vers rimés, comme le veut la coutume.

Guillaume, présent dans la nef, ébloui par la virtuosité et le savoir de son ami dont il avait en fait un peu de mal à suivre toute la subtilité des raisonnements, l'avait jugé sans conteste le plus brillant des candidats examinés ce jour. Ce devait être aussi l'avis du jury, car, après un conciliabule des plus brefs, chaque examinateur opina successivement : « J'approuve qu'il soit docteur, car il l'a bien mérité ! »

Alors, après avoir en un bref discours fait l'éloge de la faculté et de ses maîtres, Thomas, à genoux, reçut des mains du chancelier de l'Université les insignes de son nouveau rang : un livre fermé – car le savoir doit rester fermé à ceux qui n'en sont pas dignes – que l'on ouvrit ensuite – car un docteur se doit d'ouvrir ses connaissances à ceux qui le méritent –, un anneau d'or en témoignage de ses épousailles avec la science et un bonnet magistral, signe du respect qui lui était désormais dû.

Ses maîtres, un par un, vinrent l'embrasser, et le recteur lui-même lui donna bénédiction, accolade et baiser de paix.

Il fallut alors fêter le succès !

---

1. Dissertation.

Un succès d'autant plus brillant que Thomas l'avait obtenu après quatre ans seulement passés à la faculté de droit, alors qu'on n'y parvenait d'habitude qu'au bout de cinq ou six années...

Il est fort coûteux de devenir docteur, car il ne suffit pas d'acquitter, avant l'examen, les taxes obligatoires à l'archidiacre, au vicaire ou aux examinateurs, ni de faire au président du jury les cadeaux que les circonstances imposent. Il faut aussi – c'est la coutume – régaler tout ce beau monde! Précédé de joueurs de fifres et de tambours et d'un sonneur de cloches chargé d'annoncer la grande nouvelle, le joyeux cortège des professeurs et des étudiants avait accompagné le nouveau docteur à travers les rues de Paris pour aboutir à la taverne de maître Benoît, tout enguirlandée pour la circonstance. On dut s'y entasser tant il y avait de monde, mais, quand chacun eut bu à satiété du meilleur vin d'Auxerre, nul n'en tint rigueur à Thomas, car le bon tavernier s'était ce soir-là surpassé.

Heureusement, monseigneur Matthias, désormais évêque de Vac, qui était prévoyant, avait fait porter à son neveu quelques bons marks d'argent pour tenir dignement son nouveau rang...

Le bon oncle... Thomas aurait-il pu, sans lui, faire le voyage de France et s'y offrir toutes ces années d'études? Sans doute est-il issu d'une famille noble, mais elle est peu fortunée. Matthias, alors chancelier du jeune roi Béla, vit bientôt que son neveu se passionnait pour la philosophie et qu'il était peu fait pour le métier des armes, ne prenant guère de plaisir aux exercices physiques, et de surcroît handicapé par la légère boiterie qu'occasionnait une jambe devenue un peu courte à la suite d'un accident d'enfance. Il proposa alors à sa sœur, la mère de Thomas, de payer à celui-ci des études à Paris. Elle pleura d'abord, car, mal remise de son veuvage, elle n'avait nulle envie de voir partir son fils. Puis elle accepta : un diplôme de l'Université de Paris, c'était l'assurance d'une fonction enviée et respectée au royaume de Hongrie!

Et maintenant, pour Thomas, il est temps de rentrer. Non sans que le cœur lui saigne : tant d'amis et tant de souvenirs l'attachent aux rives de la Seine! C'est sa jeunesse qu'il va laisser ici... Mais il se console à l'idée de revoir son pays. Il ira sans doute enseigner tout d'abord dans une grande école ecclésiastique, à l'université de Veszprem peut-être, avant – qui sait? – d'être distingué par le roi pour servir dans sa chancellerie...

C'est vers la fin du banquet, alors que la plupart des convives avaient quitté la taverne, renouvelant à Thomas leurs congratulations en un latin enfiévré par le vin de Bourgogne, que Guillaume est venu s'asseoir auprès de lui. Bien qu'il n'eût rien à voir avec l'Université, le nouveau docteur avait tenu à ce que son ami fût présent, à la table de leurs vieux camarades de la faculté des arts.

« Tu vas partir bientôt...

– Eh oui, cet été. J'ai du mal à l'imaginer, tu sais.

– Ne m'as-tu point dit que l'on prisait les orfèvres, dans ton pays?

– Si fait.

– Peut-être m'y accueillerait-on, alors?

– Tu voudrais partir avec moi?

– Oui. »

Thomas est resté un moment silencieux, puis, vidant une dernière coupe, il se décida.

« Mon oncle te recommandera à Szemény Bödögei, l'orfèvre de la reine! »

C'est ainsi que ce lundi de la Saint-Eustache, au pied des remparts de Paris, tandis que sonnent les cloches de l'église Saint-Paul, une famille émue salue de la main les trois cavaliers – Thomas, Guillaume et le jeune serviteur parisien tout heureux de faire le voyage – qui, sur la chaussée surélevée tracée au milieu du marais que défrichent moines et Templiers, s'éloignent vers Melun.

LE BAL

L'an du Seigneur 1238, le lundi 27 septembre, fête des saints Côme et Damien

« L'Excellent Seigneur ser Jacopo Tiepolo, par la grâce de Dieu doge de Venise, duc de Dalmatie et de Croatie, maître du quart et demi de l'empire de Romanie, et la très haute dame Medania, dogaresse de Venise ! »

L'animation se fige, un silence soudain tombe sur la bourdonnante assemblée qui, sous les hautes solives sculptées aux vives couleurs, promène ses soies, ses brocarts et ses draps de haut prix dans la grande salle lambrissée de cuir doré et richement encourtinée de la Ca'Contarini di San Samuele, autour des longues tables aux fines nappes couvertes d'orfèvrerie où elle attend de pouvoir prendre place.

Les visages se tournent respectueusement vers la porte.

Le doge fait son entrée, en chaussures rouges, coiffé d'un mortier bordé d'hermine. Son manteau, dont la même fourrure blanche vient souligner la pourpre, est drapé sur une robe en tissu d'Arabie, un fort bel achmardi [1] dont les broderies d'or détachent leurs orfrois sur un vert soutenu évoquant l'émeraude.

Quelques invités maîtrisent une moue réprobatrice. Le doge tend un peu trop à leur goût à se comporter en monarque. Qu'il soit vêtu avec ostentation dans ses fonctions officielles honore la république, mais qu'il mette trop de luxe dans son vêtement privé dénote un regrettable manque de modestie... Quelle que soit, en effet, la qualité de la foule qui se presse dans la salle, l'invitation du podestat de Chioggia n'a d'autre caractère que privé, et le doge, avant de l'accepter, a dû solliciter l'approbation du Conseil de la commune.

Ah, il est vrai que ser Domenico donne cette fête en l'honneur de cet ambassadeur sarrasin qu'il loge chez lui et semble cajoler avec un soin particulier ! Il paraît que c'est un envoyé du Vieux de la Montagne et qu'il a combattu aux côtés du podestat contre le grand drongaire de Vastace... Ser Domenico a vraiment des relations partout !

Souriante sous son large chaperon d'azur, son visage qui fut beau encadré d'un voile élégamment plissé, la dogaresse, du moins, sait mesurer sa tenue. Son manteau bleu aux longues manches fendues, discrètement relevé de quel-

1. Étoffe de soie verte brodée de fils d'or.

ques filets d'argent, met bien en valeur sa robe à corsage serré, émeraude elle aussi, aux reflets chatoyants – mais sans broderies d'or –, qui vient s'évaser sur ses hanches en plis délicats. Des tissus de grand prix, mais point d'ostentation! Voilà un exemple de noble modestie pour ces femmes trop frivoles qui ne songent qu'à étaler leur parure!

Il faut dire qu'il en est de bien belles, dans ces robes lamées d'or...

Tous ces témoins critiques gagneraient sans nul doute à poser leur regard sur leurs propres vêtements et ceux de leurs épouses. En dépit de tous les édits tentant de réfréner le luxe excessif, Venise – pardon! La Sérénissime République de Venise! – ne peut plus s'empêcher d'éblouir le monde – de s'éblouir elle-même – du scintillement de sa richesse. Ce n'est pas pour rien que son doge s'intitule seigneur du quart et demi de l'empire de Romanie, qui fut jadis celui de Byzance! L'or, la pourpre et l'encens ont quitté les rives du Bosphore pour venir s'entasser dans les îles de Rialto...

Certaines dames n'exhibent-elles pas un buste tout doré de besants [1]?

Vêtu d'une robe blanche brodée d'argent que couvre un manteau bleu pâle aux arabesques d'or, laissant flotter sur son dos un long pan de son turban d'un lait immaculé que relève une broche enchâssant des rubis et plantée d'une aigrette, l'ambassadeur sarrasin ne vient point déparer cette brillante assemblée, non plus que les trois autres envoyés qui lui font escorte. Tandis que l'orchestre, qui avait accueilli le doge d'une marche solennelle, revient à des airs plus légers, Jacopo Tiepolo, très détendu, le sourire aux lèvres, échange quelques mots avec eux.

Bien qu'il appartienne à l'une des douze familles apostoliques de la république –autrement dit à l'une de celles qui, dit-on, la fondèrent –, ser Domenico, tout en s'attachant à ne pas prendre de positions trop marquées, penche discrètement du côté du doge, qui souhaite élargir à la nouvelle noblesse l'accès aux allées du pouvoir, trop réservées à son goût aux anciennes familles. Ser Jacopo tient donc lorsqu'il le peut à honorer de sa présence les fêtes qu'une ou deux fois l'an le podestat de Chioggia vient donner dans son palais de Venise.

Un page présente au doge, qui quitte son mortier – un autre à donna Medania, qui ôte son chaperon –, une couronne tressée de feuillages d'or perlés et émaillés, à l'image de celles que portent déjà le podestat, son épouse et la plupart des invités. Dans le frôlement des étoffes précieuses, doucement d'abord, résolument bientôt, l'assemblée retrouve son bourdonnement de ruche.

Donna Isabella, avec une animation et une gaieté qui ne lui sont pas coutumières, converse avec la dogaresse, qui hoche la tête en souriant. Quelle est donc cette joie qui éclaire son visage habituellement maussade?

Le seigneur de Venise et celui de Chioggia, avec l'ambassadeur, joignent leur sourire à celui des deux femmes.

Comment, vous ne savez donc pas? C'est que donna Isabella, alors qu'on n'y croyait plus, s'apprête à donner à son époux le bien le plus précieux. Ses prières ont enfin été exaucées : cette fois, on en est sûr, elle est enfin enceinte! D'un fils, si Dieu veut...

Les trois hommes, avec donna Medania et donna Isabella, se dirigent lentement vers les chaires à hauts dossiers des places d'honneur.

---

1. Pièce d'or de Byzance.

L'hôte frappe dans ses mains. Des serviteurs s'alignent, à l'entrée de la salle, portant au-dessus de leur tête des plateaux chargés de victuailles magnifiquement présentées.

Chacun s'assied alors à la place qui lui est destinée.

Le banquet peut commencer...

Le ciel était gris aujourd'hui. On a fait sans attendre illuminer la salle. Les bougies de cire – quelle dépense! – brûlent en abondance sur les candélabres de fer fixés aux murs – entre les larges tapisseries illustrant des épisodes fameux de l'Ancien Testament – ou aux colonnades des fenêtres, et sur les deux grands lustres de bronze qu'on a hissés au plafond, figurant l'un l'enceinte de Jérusalem et l'autre celle de Constantinople.

Pendant que s'écartaient les convives, les serviteurs ont prestement fait disparaître pièces d'orfèvrerie et reliefs du repas, nappes, planches et tréteaux, repoussant contre les parois les sièges qu'ils n'enlevaient pas.

On va et vient dans la grande pièce ainsi débarrassée.

Donna Medania et donna Isabella ont disparu un moment pour rajuster leur toilette.

L'orchestre a reçu le renfort de nouveaux musiciens.

L'heure du bal est venue.

Le murmure de l'assemblée s'amplifie soudain, les mouvements diffus qui l'animaient s'ordonnent en un large reflux dégageant tout le centre de la salle. Tandis que les invités se pressent au pied des tentures ou dans la fraîcheur des fenêtres entrouvertes, ser Jacopo, sa main droite levée tenant la main gantée de donna Isabella, suivi de ser Domenico pour sa part cavalier de la dogaresse, s'avance lentement vers le haut bout de la pièce où joue doucement l'orchestre.

Parvenus devant les musiciens, les deux couples se retournent vers la perspective du somptueux carrelage émaillé où se reflètent, entre les fleurs dont on l'a jonché, les lumières des lustres. L'orchestre élève aussitôt ses accents dans l'harmonie lente, majestueuse, mais fortement scandée d'une danse royale.

Poignet plié sur la hanche, main baguée tenant haut celle de leur cavalière, le doge et le podestat ouvrent le bal.

Si vous avez cru que l'essaim coloré qui emplissait la salle a éclaté au hasard entre fenêtres et tentures, vous vous êtes trompés! Car voici que des deux rangées de robes, manteaux et surcots éblouissants se détachent, deux par deux, belles dames et nobles patriciens, qui, à la suite de leur hôte et de leur seigneur, défilent à leur tour, en un ordre parfait, au son des chalumeaux, des chifonies, des vielles et des flûtes.

Aux côtés d'une jouvencelle blonde aux beaux yeux caressants, Hasan s'est risqué à son tour dans le cortège quelque peu compassé des danseurs; ses compagnons, eux aussi, s'y résolvent. Ils ont eu à Paris une ou deux occasions de s'exercer... et ils doivent bien s'avouer qu'ils ont trouvé quelque charme à ces danses chrétiennes.

Dans le soir qui tombe sur le Grand Canal, les passagers des barques glissant sous la lune voilée de nuages, les oreilles bercées par la noble beauté des accords mourant dans la pénombre, regardent en rêvant les fenêtres illuminées aux verres multicolores. Deux jeunes gens du peuple, aux humbles vêtements, font signe à leurs amis de cesser de ramer. Dérivant lentement, blottis l'un contre l'autre, ils échangent, amoureux, une si tendre caresse et un si doux baiser...

Allons, on n'est pas vraiment pauvre lorsqu'on est vénitien!

Vient un moment où s'arrêtent les danses. Une file de serviteurs s'avance. Ils circulent de l'un à l'autre, plateaux d'argent en main, proposant, avec des sucreries, vins ou jus de fruits rafraîchis tout le jour à l'ombre, dans l'eau tirée des puits. La salle bruit à nouveau du murmure des voix.

Ah, ce claré, cet hysopé, cet hypocras..., Les danseurs échauffés se délectent des vins d'Italie et de Romanie qu'on a mêlés de sucre, de cannelle, d'aromates et d'épices, en devisant par groupes sur le fond d'une musique qui, la soirée avançant, se fait plus entraînante.

Retrouvant un nouvel appétit en dépit du somptueux banquet, on se presse autour des oranges, des dragées, des oublies, des figues et des dattes...

Les dames, quelques hommes aussi, parmi les plus âgés, se reposent un moment dans les fauteuils pliants alignés le long des murs.

Le podestat de Chioggia réalise ce soir, pour la première fois, que ser Galeazzo, son père, a vu petit... Il n'a pu inviter autant de convives qu'il l'aurait voulu. La salle de réception du palaïs est trop exiguë... Le palais lui-même est trop exigu!

Il croise un regard brillant.

« Bonsoir, petite Mafalda. Vous plaisez-vous ce soir? »

La jeune femme lui adresse une gracieuse révérence.

« Seigneur, je suis au paradis! Quelle bonté d'avoir invité à une pareille fête une servante telle que moi!

– Donna Isabella vous aime tant! Elle n'a pas oublié que, dans un mois d'ici, vous aurez vos quinze ans! Il est temps pour vous de vous montrer au bal. Et depuis quand, chère Mafalda, n'êtes-vous qu'une servante? »

Sur un dernier sourire, le patricien se perd dans la foule de ses connaissances...

Mafalda a le souffle court : il lui a parlé ce soir, alors qu'il y a tant de gens importants! Le doge lui-même! Et il a dit que pour lui elle n'est pas une servante!

« Chère Mafalda! » Il l'a appelée : « Chère Mafalda »!

Et il lui a souri!

L'esprit enfiévré par une coupe d'hypocras, la jeune femme à la peau de cuivre se laisse emporter par ses songes. Elle se voit, ici, parée des plus beaux draps à seignes d'orfroi [1], ouvrir le bal au bras de ser Domenico...

Elle rêve.

À ses cheveux noirs tombant sur sa nuque en boucles délicates.

À ses beaux yeux sombres qui savent tant l'émouvoir.

À son fin visage au menton altier.

À la blancheur de ses dents.

À la discrète cicatrice qui rappelle son courage.

À son sourire...

Il portera comme ce soir un manteau bordé d'hermine, lilas aux motifs d'or, qu'un fermoir émaillé retiendra à l'épaule, sur une robe de velours cramoisi, dont les larges manches dégageront ses avant-bras revêtus de drap d'or.

---

1. Draps entièrement brodés d'or.

Sa belle main nerveuse jouera négligemment avec ses gants de soie brodés...
« Ma petite sœur! Où te cachais-tu? Viens, n'aie pas peur. Il faut que je te présente... »
Mafalda, dégrisée, se force à sourire. Son regard tombe sur le ventre de donna Isabella, qu'elle sait légèrement plus bombé que d'habitude... Ce ventre... Oh, ce ventre...

Hasan circule un temps avec l'envoyé d'Égypte, échangeant avec lui quelques impressions à voix basse. Ils parlent de la France, de l'Empire, de Venise..., comparent ces États aux maîtres si différents... et comparent les puissances qui commandent à ces maîtres... À Louis de France la foi, à Frédéric d'Allemagne le pouvoir, à la république de Venise l'argent...
Sur les Mongols – qu'on appelle ici Tartares –, l'Empereur n'avait quasiment plus rien à apprendre : al-Malik al-Kamil lui avait longuement écrit, ainsi que le roi Béla, dont le comte palatin commandait justement à Brescia le contingent hongrois. Tout cela, d'ailleurs, n'inquiète pas Frédéric à l'excès : la Hongrie est puissante, et il se tiendra prêt à lui porter assistance si son roi le demande.
Néanmoins, comme Louis, il a longtemps retenu les ambassadeurs d'Islam dans les tentes somptueuses de la Grande Cour impériale. Plus d'un mois entier. Ils y seraient encore, s'il n'avait tenu qu'à lui!
C'est qu'il prend tant de plaisir à disserter en arabe, à philosopher avec des musulmans...
Quel homme étrange...
Un soir – le dixième jour du mois de Moharrem [1] –, Hasan s'était retiré dans sa tente.
C'était le jeûne de l'Achoura.
Cinq cent cinquante-huit ans plus tôt, jour pour jour, à Kerbala, en Irak, l'imam Hussein, fils d'Ali ibn Abou Talib, gendre et successeur du Prophète – qui l'avait tenu enfant sur ses genoux, le couvrant de baisers –, avait connu le martyre. Le descendant du vizir de Nizar, si bien qu'il s'accommodât du sunnisme, ne pouvait ignorer pareille célébration.
Si sa mission ne lui avait pas permis de respecter les dix jours de deuil qui précédaient pour les chiites cette fête douloureuse, il avait tenu ce soir à s'isoler pour prier et méditer sur la souffrance, la passion et l'expiation...
Le chancelier Pierre des Vignes en personne vint alors le chercher, d'ordre de l'Empereur. Hasan était furieux mais ne put refuser.
Assis sur des tapis dans la tente impériale, là même où le premier soir Frédéric l'avait reçu, l'attendaient autour du Souverain, sous la protection des gardes musulmans de Sicile, les plus beaux esprits de la Cour, ces conseillers mystérieux dont l'Empereur aime à s'entourer. Auprès de maître Théodore d'Antioche, le grand philosophe envoyé quelques années plus tôt par le sultan al-Kamil, il y avait là les principaux astrologues, philosophes et mathématiciens qui le suivent partout dans ses voyages pour répondre aux incessantes questions que lui suggère son esprit en perpétuelle quête.
Chrétiens, juifs, musulmans...

1. En 1238 : le 24 août.

De derrière la tenture, comme venue de très loin, coulait une musique douce, envoûtante et triste, une musique de l'Orient.

Alors entra un homme, tout vêtu de lin blanc, la tête enserrée dans un grand turban. Il s'assit.

« Ô Dieu, envoie Ta bénédiction sur Mohammed le Choisi, Ali l'Agréé, Fatima la Pure, et Hassan et Husseïn, les petits-fils du Prophète, ceux que Tu as libérés du péché et purifiés parfaitement... »

Et, autour de l'Empereur des chrétiens, on pria pour l'Imam Husseïn, tombé à Kerbala...

Quel homme étrange que l'Empereur...

Lorsqu'il pense à Louis de France, Hasan voit un vaste étang d'eau pure, fraîche, claire et paisible, hormis de brefs sursauts qui s'apaisent très vite. Au fond de l'étang, plus transparent que verre, on lit, écrit en lettres d'or, le nom de Jésus-Christ...

Lorsqu'il songe à Frédéric d'Allemagne et de Sicile, il imagine un de ces volcans qui parsèment la Méditerranée et qu'il n'a qu'entrevus. Masses silencieuses et terribles lorsqu'ils sont au repos, emprisonnant dans leurs flancs de mystérieuses puissances qu'ils libèrent soudain en torrents de feu, remodelant à leur fantaisie tout le monde alentour, et faisant trembler tout celui d'au-delà...

Il respecte et aime Louis, l'ennemi des musulmans; il admire et craint Frédéric, leur ami... Et lui, le descendant du vizir de Nizar, il se prend chaque jour un peu plus à regretter al-Malik al-Kamil, le grand sultan sunnite.

Déambulant entre les invités – propos badins ici, sourires engageants là –, Hasan s'arrête par instants pour s'efforcer, autant par jeu que par curiosité, de deviner quelques bribes des propos qui s'échangent dans la foule. À son deuxième voyage en Italie, parlant passablement et latin et français, il s'essaie à comprendre la langue du pays...

« ... Avec le petit Paganuzzi? Vous êtes sûre?

– Comme je vous le dis, ma chère. Sa mère ne voit rien. Mais vous savez comme elle est. Quand il s'agit de sa fille... »

« ... il va échouer, je vous le dis. Savez-vous que pour diriger ses machines il avait fait venir un ingénieur de renom, un Espagnol nommé Calamandrinus?

– Non.

– C'est un Grec, et il s'appelle Calamandrinos.

– Il est espagnol et s'appelle Calamandrinus... »

« ... mille besants, mille besants, c'est une somme!

– Qui ne risque rien n'a rien, mais une occasion pareille...

– Pour cinq cents besants, je ne dis pas... »

« ... Frère Giovanni de Vicence? Giovanni Schio? C'est impossible!

– J'en suis sûr! Je le reconnaîtrais entre mille. Un aussi saint homme! Comment pourrais-je jamais oublier son visage! »

« ... bref, l'Ezzelino s'est fait enlever l'ingénieur à son nez et à sa barbe. Et, à ce qu'on dit, les Brescians l'ont couvert d'or, l'ont marié à une fille ravissante, lui ont donné une de leurs plus belles maisons, lui ont confié leur artillerie, et, maintenant, l'Espagnol s'acharne à démolir toutes les machines de l'empereur pour garder ce qui vient de lui tomber du ciel.

– C'est un Grec.

– Je ne sais pas ce qu'il est, mais l'Ezzelino a dû se faire féliciter par son César de patron... »

Quelques invités sortent prendre le frais dans le gracieux escalier au colimaçon ajouré qui conduit dans la cour. Certains les y ont déjà précédés. Des jeunes gens parlent avec animation, négligemment assis sur la margelle du puits.

« ... je t'assure qu'elle n'a pas cessé de te regarder!

– Tu te moques, tu te moques, elle n'a jamais fait attention à moi, tu le sais bien!

– Je t'assure... »

Cela fait du bien de prendre un peu l'air... Toute cette foule là-haut, ces bougies... Et le vin!

« ... heureusement que cet orage nous a rafraîchis, ce n'était plus tenable.

– On voit que vous n'étiez pas en mer ce jour-là... »

On poursuit en plein air des conversations entamées à l'étage.

« ... un cadavre mutilé, parfaitement, près du canal de Saint-Pierre, et on chuchote que ça n'est pas le premier... Oh, ma chère, quelle surprise! Justement, nous parlions à l'instant d'Andrea Paganuzzi, qui semble témoigner bien de l'admiration pour votre belle enfant.

– Ce benêt? C'est bien le moins qu'il l'admire! Ah! ma Catarina en rirait, si elle le savait... »

« ... il patauge sous la pluie et la maladie décime ses chevaux et son bétail. Il va échouer, cette fois, je le sens!

– Je formule une prière pour que vous sentiez juste et que Brescia soit sauvée... »

La musique s'est faite discrète, s'effaçant derrière la belle voix d'un *canzoniero*. C'est l'heure des chanteurs et des poètes... Deux voix s'élèvent, en duo, propres à faire rêver tous ceux qui ont un jour voulu chanter leur amour aux dames, et à faire soupirer toutes celles à qui l'on a prétendu le chanter : un canzoniero d'Italie et un troubadour de Provence, coiffés de fleurs tressées, pinçant délicatement les cordes de leurs citoles, alternent couplets en toscan et en langue d'oc. Dans la salle, les conversations s'apaisent, on remonte de la cour...

Quelques dames proches des chanteurs jettent un coup d'œil vers un mince garçon blond, qui semble très jeune et se tient en arrière, près de l'orchestre qui s'est tu. Comme il est beau dans sa tunique d'azur, avec ses cheveux d'or sous sa couronne de fleurs, ses longs cils et ses grands yeux bleus... Ne dirait-on pas un ange?

L'Italien et le Provençal, rimant leur dernier couplet, s'écartent gracieusement, laissant la place à l'aimable apparition. Le jeune homme s'avance, ferme un instant les yeux, gratte quelques accords sur sa citole, fait deux pas encore...

Le murmure n'avait jamais cessé tout à fait d'accompagner le troubadour et le canzoniero. Dans l'instant la mélodie l'éteint.

Frôlements d'étoffes... On se bouscule un peu...

On veut voir cette voix!

Ser Domenico est enchanté de son effet. Tenu informé par les meilleurs chanteurs de la cité, qui viennent souvent charmer ses soirées chioggiotes ou vénitiennes, il a appris l'arrivée cet hiver d'un jeune *Minnesänger* d'Allemagne, qui n'avait pas vingt ans mais dont la voix comme le corps étaient un vrai miracle. Un moment paralysé par un refroidissement contracté dans les brumes de la lagune, le jeune homme s'est ensuite produit dans des banquets privés, particulièrement prisé, comme il se doit, des marchands allemands établis à Venise. On a parlé de lui...

Mais jamais encore il n'a chanté devant pareil concours de hauts seigneurs et de nobles dames!

Cette voix...

Homme? Femme? Ou bien enfant? On ne sait pas. L'un et l'autre, l'un ou l'autre, l'un puis l'autre...

La voix des anges...

Vision du paradis...

Peu de gens ici comprennent l'allemand.

Qu'importe!

Aux premiers rangs, les dames semblent près de se pâmer d'amour.

Quelques-uns de leurs compagnons eux-mêmes ont parfois dans le regard une lueur étrange.

Ser Domenico sourit. De tous les invités qui font cercle autour du chanteur, il en est un qui semble tout particulièrement fasciné, posant sur le jeune homme des petits yeux brillants : ser Raniero Dandolo, l'épais conseiller de la Quarantia.

Ser Raniero est connu pour engrosser régulièrement ses chambrières, quitte parfois à pourvoir discrètement à l'entretien du fruit de ses passades ou plus souvent à effacer son péché par quelques herbes abortives. Aurait-il aussi d'autres penchants?

Mais non, cette flamme n'est pas celle du désir...

Canzoniero et troubadour rejoignent le Minnesänger, reprenant son refrain.

L'instant magique passe.

Silence.

Battements de mains.

Chœur d'exclamations...

L'intensité du moment a tant ému l'assemblée qu'on la sent toute vibrante. Les flûtes donnant le ton, l'orchestre, aussitôt, attaque une danse vive, rythmée de timbres et de clochettes. Les plus jeunes gens s'élancent avec grâce, leurs aînés les suivent avec une élégance plus posée...

Comme le doge, comme les plus hauts seigneurs, le maître des lieux s'écarte. C'est pourtant un excellent danseur. Mais il ne convient pas au seigneur podestat de Chioggia de danser autre chose que des danses royales...

Ser Raniero Dandolo lui pose la main sur l'épaule.

« Pourrais-je vous parler en privé, ser Domenico? »

KOUTCHOUQ

Le seizième jour de la huitième lune,
dans l'année du Chien,
dixième du règne d'Ögödäi Qaghan, Souverain du Monde[1]

La sentinelle va et vient, sous la lune blafarde, du feu de camp à la tente du général.

La yourte de Subötaï, blanchie à la chaux, est semblable à toutes celles qui abritent les nomades et leurs familles d'un bout à l'autre de l'Asie. Des pièces de feutre huilé liées les unes aux autres, assujetties par des cordes de crin, recouvrent un mince échafaudage fait de claies aux attaches de cuir, posées en cercle et supportant des perches dont l'extrémité est fixée dans un anneau de bois. La portière est, selon la tradition, tournée vers le midi, et le cercle supérieur reste ouvert pour laisser passer l'air et la fumée.

Bien qu'aucun mets ne s'y réchauffe plus, les braises du foyer rougeoient encore devant le général en légère tunique grise, accroupi sur les tapis, qui regarde, immobile, la lune se détacher dans l'ouverture du toit. Ses armes sont accrochées à des cornes suspendues au treillis de bois.

Un bruit de voix étouffées le fait se tourner vers la portière dont le feutre relevé sur un bord laisse entrevoir la sentinelle, à la lueur du feu de camp.

« Ne t'inquiète pas, soldat, s'il dort, je ne troublerai pas son sommeil », murmure une voix nerveuse. Et le visage de Koutchouq apparaît dans le triangle de l'entrée.

« Pardonne-moi, général, mais cette fois, j'en ai assez! »

Koutchouq est un commandant de minggan qui a combattu aux côtés de Subötaï dans bien des campagnes. Les deux hommes se sont connus en Perse, alors que le premier était un tout jeune soldat; son dévouement et son courage ont plu au général, qui a veillé depuis à ce que son avancement fût à la mesure de ses qualités, et l'a fait venir auprès de lui lors de la dernière campagne de Chine. Subötaï lui doit d'ailleurs la vie : sous les murs de Kaifong, l'ultime capitale du roi des Kin, un jour qu'il chevauchait avec une petite escorte, il avait été la cible d'un raid inattendu de l'ennemi. Son cheval tué sous lui, il aurait sans doute succombé si Koutchouq, voyant sa situation, ne s'était taillé un chemin à la force du sabre pour venir le prendre en croupe.

Après tant d'années, une camaraderie réelle unit le général et l'officier, qui autorise celui-ci à parler avec une franchise parfois brutale. C'est là d'ailleurs son principal défaut : Koutchouq s'emporte facilement, et Subötaï hésite de ce fait à le proposer comme commandant de tümen, en dépit de ses indéniables qualités. Voyant la colère de son compagnon d'armes, le bahadour sourit à demi dans la pénombre : qu'a-t-il encore?

« Tu me connais, Subötaï, jamais je ne discuterai un ordre, et moins que tout un ordre de mes princes. Si j'ai failli, si je suis indigne de servir, j'accepterai la

1. 28 septembre 1238.

sentence et la sanction, mais qu'au moins on me dise de quoi je me suis rendu coupable! »

La voix vibre d'une rage mal contenue. Toujours accroupi près du foyer, le général joue en silence avec une des tresses grisonnantes qui tombent le long de ses tempes. De l'autre main, il fait signe à Koutchouq de s'asseoir.

L'officier obtempère. Il respecte un instant le silence de son chef mais bientôt, n'y tenant plus, il reprend : « Sois franc avec moi, Subötaï. Puisque le grand Batou Khan est bien trop haut au-dessus de moi pour me donner ses raisons! »

« Nous y voilà... », songe le vieux guerrier accroupi. Et à mi-voix :

« Que reproches-tu à notre chef, Koutchouq?

– Un soldat n'a pas de reproches à adresser à son chef. Il peut pourtant estimer certains chefs plus que d'autres... »

Et se penchant au-dessus du foyer :

« Subötaï, j'ai combattu sous bien des princes, et d'abord sous le Conquérant et sous Ögödäi. Jamais Gengis Khan ni son fils, malgré la hauteur où l'Éternel Tengri les a placés, ne m'ont traité comme le prince Batou! »

Un chef d'armée est d'abord un meneur d'hommes, et un meneur d'hommes doit connaître ceux-ci. Si Subötaï connaît Koutchouq comme s'il l'avait fait, la personnalité ombrageuse de Batou n'a plus de secrets pour lui. Les douloureux soubresauts qu'inspire à son humeur sa blessure secrète continueront à importuner son entourage aussi longtemps qu'elle n'aura pas été cicatrisée.

Et c'est pour qu'elle le soit à jamais que Batou a voulu entreprendre cette campagne!

Deux ans après que l'armée a quitté la Mongolie, les princes peuvent faire avec satisfaction le bilan de leur première campagne contre l'Occident. Tous les adversaires qu'ils ont affrontés ont été écrasés, le plus puissant prince de Russie est resté sur le champ de bataille avec toute son armée. Lorsque les tümens se seront reposés le temps d'un été, lorsque guerriers et chevaux venus d'Asie auront comblé les pertes de l'hiver, il leur sera aisé d'achever la Russie et de marcher sur l'océan Occidental.

En attendant, après avoir vaincu et ravagé la Souzdalie, les tümens de Batou ont pris la direction du sud, gorgés de conquêtes et de massacres, pour se refaire dans les steppes verdoyantes du Don.

Sur leur chemin ils balayèrent toutes les résistances.

La cité de Kozelsk avait osé envoyer ses troupes au-devant de l'envahisseur dont elle avait défait l'avant-garde. Résolus à se venger, le prince et son général vinrent assiéger la ville. Elle résista sept semaines, farouche, abattant dans une sortie désespérée les machines de siège, couchant en foule les assiégeants au pied de ses remparts. Trois commandants de tümens y perdirent leurs fils. Même lorsque les Mongols y eurent enfin accompli leur vengeance, ils ne l'appelèrent plus, en souvenir de leurs morts, que la cité du chagrin.

Et pendant ce temps, tandis que des régions entières étaient dépeuplées et des villes jadis prospères réduites à des champs de ruines, de misérables caravanes se traînaient sur les pistes de l'Asie : jeunes femmes et adolescents épargnés du massacre pour le service et les plaisirs des conquérants, artisans condamnés à encenser par leur art le maître des nomades, tous ceux qui présentaient quelque utilité marchaient vers Qaraqorum...

Débouchant de la vallée du Don, les troupes de Batou firent enfin leur jonction avec l'aile sud de son cousin Möngkä, qui poursuivait la conquête des steppes avoisinant la mer de Pont.

Batou, pourtant, ne se joint guère à l'étalage de satisfaction de ses cousins et de ses généraux; il reste face à eux d'une suffisance hautaine, toujours critique, toujours insatisfait, susceptible au point de prendre en mal la plus bénigne observation...

C'est qu'il n'est pas à l'aise dans son rôle de chef nominal d'une expédition dont le véritable ordonnateur est Subötaï Bahadour, à la tête de troupes qui ne sont pas les siennes – il n'a à lui que quatre mille hommes! –, avec pour lieutenants des princes qui sont ou seront un jour plus puissants que lui, à commencer par ce Güyük qu'il déteste et qui attend patiemment que l'alcool ait rongé le foie de son père pour prétendre lui succéder sur le trône du Conquérant.

Il lui faut donc prouver qu'il est le chef autrement qu'en titre. Chacun doit le savoir. Chacun doit trembler devant lui comme il tremblerait devant le Qaghan. Et un chef mongol ne doit tolérer aucune faute, aucune erreur, aucune faiblesse. Parce que son autorité ne repose pas sur le prestige de son passé et de ses victoires, parce qu'il la sent minée par la tache de sa naissance, Batou la fait peser plus lourdement qu'aucun autre sur tous ceux qui pourraient prétendre la mettre en doute.

« Si Batou est venu jusqu'ici, Koutchouq, ce n'est pas pour parader devant ses troupes, c'est pour devenir le premier de la famille d'Or autrement qu'au titre d'une branche aînée dont aux yeux de certains la filiation reste douteuse, en dépit du Conquérant lui-même. Tu sais comme moi combien il est juste et aimé auprès de ses soldats et de ses bas officiers. Tu sais qu'ils le surnomment parfois " le bon khan ". C'est là sa vraie nature. En réalité, il ne se montre fier et arrogant qu'avec ceux qui pourraient se croire assez haut placés pour le juger. En fait, il ne supporte pas que Güyük ou un autre puissent ne voir en lui qu'un prince de raccroc. »

Le général fait une pause.

« Moi aussi il m'irrite parfois... Le moindre mot, la moindre plaisanterie, il les prend comme des attaques personnelles. Mais cela va changer, Koutchouq, crois-moi. Je l'observe continuellement depuis le début de la campagne : il sera un bon général, un chef courageux et avisé; il est en train de faire ses preuves. Bientôt, lorsque l'Étendard flottera sur l'Europe, chacun saura ce qu'il vaut, et il tiendra alors son rang naturellement, comme un grand prince victorieux, sans avoir à se hausser le col comme il le fait trop souvent aujourd'hui. »

Et devant la moue dubitative de son lieutenant :

« Patiente, patiente un peu, et tu verras...

– Peut-être as-tu raison, Subötaï, je le souhaite. Et tu sais que je resterai, puisque tu es là. Mais d'autres que moi auront-ils la même patience? »

Le bahadour tisonne machinalement la braise :

« À qui penses-tu?

– Aux mêmes que toi, général! »

C'est la principale crainte de Subötaï : la susceptibilité écorchée de Batou pourra-t-elle s'accommoder longtemps de la froide hauteur qui est, elle, bien dans la nature d'un Büri, et surtout d'un Güyük, cassant, autoritaire, toujours grave et hautain, qu'on ne voit presque jamais rire ni même vraiment s'amuser, trop fier qu'il est d'être, pense-t-il, le futur Qaghan? Et ceux-ci supporteront-ils longtemps que leur cousin se montre encore plus hautain qu'eux? Tant qu'ils guerroyaient séparément, cela ne posait guère de problèmes, mais, maintenant qu'ils se sont retrouvés, que va-t-il se passer?

L'indiscipline est punie de mort. Que fera le général si les princes eux-mêmes menacent la discipline?

L'ENQUÊTE

L'an du Seigneur 1238, le mercredi 29 septembre, fête de la dédicace de saint Michel archange

« Edouard! Edouard de Roscarnan! Ah çà, que fais-tu là?

– Seigneur ambassadeur, on est venu m'arrêter ce matin à la Ca'Contarini. J'ai été prévenu peu avant l'aube et j'ai pu m'enfuir à temps. Je savais, seigneur, que tu étais sur le départ. C'est pourquoi je suis venu me cacher à bord de ta galère, en espérant de ta bonté qu'elle acceptera de m'emmener en Terre sainte.

– Tu fais beaucoup d'honneur à ma bonté. Les tribunaux de Venise n'arrêtent pas les gens au hasard. Quel crime as-tu commis?

– Je suis pourchassé par l'Inquisition, seigneur, pour hérésie.

– L'Inquisition n'enquête pas à Venise.

– Elle y enquête en ce moment, seigneur, avec les conseillers de la Quarantia criminelle.

– Es-tu coupable? »

Face au regard impérieux de Hasan, l'Anglais se tait un instant. Le soleil perce la brume, venant illuminer la lagune vénète où la galère défile doucement dans le chenal.

« J'ai vécu deux ans en Lombardie. J'y ai entendu professer bien des doctrines qui ne sont pas celles de Rome.

– Si tu n'es pas toi-même hérétique, que crains-tu?

– C'est l'Inquisition qui décide si l'on est hérétique... J'avoue, seigneur, avoir fait et dit assez de choses dans ma vie pour redouter sa décision.

– Je dois à l'hospitalité de Venise de respecter ses lois. Il me faut te remettre aux autorités de la république. »

Edouard soupire. Au loin, par-delà le sillage de la galère, il devine encore, se fondant dans les dernières brumes de l'été, le château des doges et les quais de la ville hérissée de campaniles.

L'ambassadeur va-t-il faire rebrousser chemin au vaisseau? Le sarrasin va-t-il le livrer aux enquêteurs du Pape?

Tout a été très vite.

Ne pouvant ni se passer du concours de frère Giovanni Schio et des frères qui l'accompagnaient ni accepter de laisser l'Inquisition appliquer sans contrôle les statuts du Saint-Siège sur le territoire vénitien, le Conseil de la commune, saisi par le conseiller Dandolo, a aussitôt désigné en son propre sein trois « Sages à l'hérésie », chargés tout à la fois de faire rapidement la lumière sur les menées des lucifériens avec l'aide des inquisiteurs... et de surveiller à tout instant les faits et gestes de ceux-ci! Ser Raniero Dandolo est du nombre.

Peu habitués à être eux-mêmes placés sous constante surveillance, ne pouvant lever le petit doigt sans y être autorisés par les lois de la république dont les trois Sages imposaient un respect maniaque, les inquisiteurs réfrénaient péniblement leur irritation, ayant reçu de la Curie, qui les avait avisés qu'ils seraient tenus personnellement responsables de tout incident, instruction impérative de collaborer en tout avec les autorités de Venise.

Dans la journée qui suivit la réunion du Conseil, on identifia sans grande peine, avec l'aide des précieux renseignements issus des minutieux dossiers de frère Giovanni, les quelques étrangers, allemands principalement, suspects d'hérésie luciférienne, dont les interrogatoires de la sainte Inquisition avaient fourni les noms.

C'étaient des clercs, des commis de marchands. De peur d'être chassés de la ville et de perdre le profit de leur commerce, leurs patrons se mirent en quatre pour faciliter la tâche des enquêteurs.

Faisant de leur côté collecter en toute hâte, dans toutes les villes de la lagune, auprès des autorités ecclésiastiques ou civiles, tous renseignements, informations, rumeurs qui auraient pu ces derniers mois révéler ici ou là un comportement douteux en matière de religion, le patriarche de Grado et la Quarantia criminelle ont vite décelé un sanctuaire luciférien dans une chapelle abandonnée d'un ancien cimetière de Murano. Une vieille mendiante à demi folle qui avait dressé là sa hutte de branchages s'était ouverte des terreurs qui la hantaient les nuits de sabbat à un curé de l'île, lequel, lui croyant l'esprit dérangé, n'avait pas tout d'abord accordé foi à ses propos. Dans la chapelle on retrouva, brisée derrière un ancien autel, une idole cornue et diabolique.

On interrogea les rares habitants de ce coin isolé. Avaient-ils vu, aperçu, entendu quoi que ce soit qui pût sembler étrange, certaines nuits?

On interrogea les mariniers de l'île. Avaient-ils transporté ou vu transporter des gens au comportement bizarre, ou simplement des inconnus?

Les informations glanées furent d'abord décevantes. Si elles autorisaient à penser qu'il se tenait bien, certaines nuits, des réunions suspectes, rien de précis ne permettait d'identifier un seul de leurs possibles participants.

Un gondolier, toutefois, se rappela qu'au premier matin du printemps, de très bonne heure, de ce côté-là de l'île, il avait embarqué pour Venise un couple fort mal assorti qui paraissait n'avoir pas dormi de la nuit : la femme était sans âge et enveloppait dans sa cape grise un visage si terne que, six mois plus tard, le marinier n'avait rien retenu de ses traits. Ce qui l'avait frappé, c'était l'homme – le garçon, plutôt, car il semblait fort jeune : très blond, il était si beau, avec ses yeux bleus, qu'on aurait dit un ange; il parlait italien avec un fort accent allemand et sa voix était étrangement mélodieuse. Sur la lagune, un moment il se mit à chanter, sous le regard devenu soudain perçant de la femme en gris qui voilait son visage.

Le gondolier se souvenait de ce regard avec frayeur, et de cette voix avec émerveillement.

Dans la brume qui dissimulait les rivages, il s'était cru un instant sur cette rivière dont les légendes disent qu'elle mène au royaume des ombres.

Les yeux de la mort et la voix des anges...

Ce chant sur la lagune a perdu Edouard.

Voici deux jours, au soir de la Saint-Côme et Saint-Damien, c'est du côté des cuisines que le jeune Anglais a participé au souper et au grand bal donnés par ser Domenico Contarini en son palais de Venise; n'étant jamais qu'un commis, il n'avait en effet aucun droit à s'amuser à l'étage noble auprès des hauts seigneurs et des gentes dames.

Ah! on aurait été bien surpris de savoir qu'il était chevalier!

Ce soir-là, dans la grande salle illuminée, un jeune Minnesänger venu des bords du Rhin a ébloui l'assistance par la beauté de son chant et de son visage. Ce fut pour le conseiller Dandolo une révélation. Avec l'accord de ser Domenico et du doge lui-même, il fit arrêter le chanteur dans l'instant, sitôt qu'on l'eut attiré hors de la Ca'Contarini. Il passa le reste de la nuit à l'interroger.

Ser Raniero eut à peine besoin d'exhiber devant le garçon quelques outils propres à rendre la mémoire à ceux qui l'ont perdue et à rendre sincères les plus fieffés menteurs! Confronté au redoutable conseiller de la Quarantia criminelle et au fameux inquisiteur de Bologne, le jeune homme fondit bientôt en larmes et raconta tout ce qu'on voulut. Ser Raniero ne le ménagea pas. Il était pressé et tenait au surplus à montrer à frère Giovanni que les enquêtes à Venise n'avaient rien à envier en célérité à celles de la sainte Inquisition. Frère Giovanni, le teint blême et les yeux cernés, se serait bien passé qu'on vienne le tirer de sa couche au milieu de la nuit pour cette démonstration d'efficacité vénitienne. Il mit toute sa bile dans le noir regard qu'il posait en silence sur le garçon terrorisé, laissant le conseiller mener l'interrogatoire, tandis qu'un chanoine censé représenter le tribunal du patriarche ne pouvait s'empêcher de reprendre à tout moment son somme interrompu.

Hier matin, ser Raniero, bien qu'épuisé, s'est couché content. Lui aussi avait désormais sa liste de noms, et elle ne devait rien à l'Inquisition!

Confessant en pleurant son hérésie, le petit Minnesänger avait dénoncé et décrit tous les hérétiques qu'il connaissait. On ne saurait sans doute jamais qui était la femme au visage terne comme l'oubli qui l'accompagnait sur la lagune, mais on en avait identifié d'autres...

Ainsi un Anglais, un certain Edouard, commis depuis quelques mois chez ser Domenico Contarini...

Tiens, tiens, s'est dit le Sage à l'hérésie. Ce cher Domenico a beau donner, comme c'est bien légitime, toute son attention à sa ville de Chioggia, il devrait peut-être mieux surveiller la fréquentation de sa maison de Venise... D'autant que...

Le chanteur a parlé aussi d'une jeune femme à la peau cuivrée, aux pommettes hautes et aux yeux en amande, qu'il ne connaissait pas mais était presque sûr d'avoir revue le soir même, à la Ca'Contarini.

Qui pourrait-ce donc être hors cette petite bâtarde des Tartares, qui suit partout donna Isabella? Mais on n'ira pas l'arrêter ni l'interroger. Par sa maîtresse, elle touche de trop près au podestat de Chioggia.

Lorsque hier le jeune clerc, tout dévoué à ser Raniero, à qui celui-ci avait confié le soin de coucher par écrit les questions et les réponses, a remis au propre ses notes de la nuit, il a omis à dessein la jeune femme à la peau cuivrée, aux pommettes hautes et aux yeux en amande. C'est sur un parchemin à part, dûment référencé, qu'il a noté cette partie de la déposition. Le conseiller l'a enfermé lui-même dans un coffre secret, dissimulé dans les boiseries de son propre palais.

Ce renseignement-là ne sera pas pour la Quarantia criminelle.

Les patriciens de Venise ont soin de ne point se compromettre mutuellement dans des affaires sordides...

Sauf le jour où ils y trouvent intérêt...

Les agents du Conseil des quarante ont rapidement reçu leurs instructions. Cette nuit, une vingtaine d'arrestations ont été discrètement opérées.

Quant au cas de l'Anglais, puisqu'il touchait aussi aux Contarini, ser Raniero se devait de s'en charger lui-même. Hier soir, reposé, il demanda audience au podestat pour l'informer des révélations faites par le chanteur... De celles du moins dont il souhaitait parler à ser Domenico.

Mais Lucifer veille sur ses serviteurs.

Il est à l'extrémité de la Ca'Contarini di San Samuele un escalier qui n'est guère utilisé que par le podestat, parfois, lorsqu'il veut faire une sortie discrète, et par Mafalda, lorsqu'elle descend chez sa maîtresse ou monte rejoindre sa petite chambre. Sur un palier, à hauteur du premier étage, deux portes : le cabinet du podestat, sa chambre conjugale...

Mafalda, hier soir, passait dans l'escalier.

Quand Edouard est revenu – tard –, la jeune femme l'a aussitôt appelé. Il devait fuir. Demain à la première heure on viendrait l'arrêter...

La galère qui emmenait l'ambassade sarrasine vers la Terre sainte avait quitté le canal Saint-Marc, s'engageant sur le chenal du Lido, lorsqu'on entendit un grand branle-bas dans la soute aux vivres : le pitancier, qui venait d'y descendre, jaillit de la trappe en vociférant, poussant devant lui un grand jeune homme roux, tout trempé. Il le conduisit devant le comite, tandis que le contremaître dirigeait la manœuvre. Le comite eut la tentation de faire demi-tour pour déposer à terre ce passager clandestin qui s'était hissé avant l'aube sur le navire par l'une des pales du gouvernail, profitant de la pénombre pour se glisser dans la soute.

Mais il avait des passagers de marque.

Il a donc préféré solliciter l'avis de leur chef.

Il se tient, muet, auprès de Hasan et d'Edouard. Il n'a visiblement rien deviné des propos sur l'hérésie, l'Anglais s'étant dès le début adressé au Syrien en arabe.

On approche de la passe du Lido.

« Seigneur ambassadeur, les inquisiteurs sont les plus féroces ennemis de ceux qui ne partagent pas, si peu que ce soit, la foi du Pape de Rome. Tu es musulman. Me livreras-tu aux chrétiens les plus fanatiques ? »

Hasan fait la moue. Pendant son séjour, en visitant les magasins ou les bureaux de la Ca'Contarini, il a, à quelques reprises, pris plaisir à converser en arabe avec ce jeune homme, qui lui a d'ailleurs confié ses souvenirs de Palestine, où il a, paraît-il, fait autrefois un pèlerinage. Il le trouve plutôt sympathique et apprécie fort peu le principe même de l'Inquisition. Mais il est ambassadeur, il doit respecter les lois des pays qu'il visite...

On est presque à San Nicolo di Lido.

Il y a une jetée... La galère pourrait y faire halte.

On déposerait le passager imprévu au monastère...

« Seigneur, tu es envoyé par le Sheikh el-Djebel. Si le Calife de Bagdad avait une Inquisition, le Sheikh el-Djebel et ceux qui le servent ne seraient-ils pas les premiers à monter au bûcher? »

Bien vu! La remarque fait rire Hasan.

« Tu te trompes, Édouard. Si le Calife prétendait faire monter au bûcher le Sheikh el-Djebel ou l'un de ceux qui le servent, on le retrouverait un matin endormi pour toujours, un poignard fiché entre les côtes. »

Si délicate que soit sa situation, le jeune homme sourit à son tour. Il imagine le Pape Grégoire gisant, avec un couteau cathare ou luciférien planté dans son vieux corps.

Le regard du comite, intimidé, nerveux, adresse à Hasan une question muette. La mer Adriatique s'ouvre devant le vaisseau. San Nicolo di Lido n'est plus qu'à une encablure...

S'exprimant en français, langue que le comite, qui a déjà fait plusieurs fois le voyage d'Acre ou de Constantinople, comprend suffisamment, l'ambassadeur agite négligemment la main.

« Dieu veille sur tout! En lui ouvrant la trappe de notre soute, Il a sauvé ce jeune homme de la fureur d'un mari jaloux, mais Il l'a ainsi obligé, pour laver son péché, à aller pèleriner à Jérusalem! »

Le comite, ouvrant grands les yeux, en reste bouche bée.

Hasan reprend en arabe :

« J'espère n'avoir qu'à peine menti. Je veux bien te croire et je ne te livrerai donc pas à l'Inquisition. Mais que tu m'aies dit ou non la vérité, si tu as de l'honneur, jure-moi d'aller à al-Qods prier Dieu de te purifier de tes péchés. Je ne sais quelle est vraiment ta croyance, mais qu'importe! Il y a là-bas les Lieux saints de trois religions. »

LES CHEVALIERS DE LA CROIX

L'an 6747 de la Création du monde, du Seigneur 1238, le jeudi 25 novembre, fête de sainte Catherine d'Alexandrie

« Janité, non! Non!

« Noooon! »

Frère Jérôme éclate en sanglots, se tournant vers Cyrille, en larmes lui aussi. Là-haut, sur le chemin de ronde, ils ont vu surgir Janité qui courait, affolée, jetant tout autour d'elle un regard éperdu.

Elle s'est penchée par-dessus le parapet, a paru hésiter un instant, sans doute effrayée par la hauteur du rempart.

Elle s'est précipitée dans le vide, la tête la première.

Pieds et mains entravés, parqués avec la douzaine d'autres esclaves dans l'enclos d'une palissade au centre de la cour, les deux moines assistent, terrifiés, dans les hurlements de rage et de terreur, dans la fumée des incendies, au spectacle effrayant qu'offre la forteresse.

Là-bas, droit devant, dans l'énorme brèche que catapultes et béliers ont ouverte ce matin, s'agite furieusement une masse grise et compacte. De toutes parts, guerriers et paysans accourent pour endiguer l'irruption de l'ennemi. Mais, sur les points de défense qu'ils dégarnissent alors, on voit déjà les assaillants se hisser du haut de leurs échelles.

Et là, dans la cour, juste devant l'enclos des prisonniers, auxquels nul n'accorde plus d'attention, vieillards trop faibles pour combattre, femmes et jeunes enfants, sachant quel sort les attend, préfèrent tendre leur cou à la hache de Broné, une vieille femme robuste comme un cheval, habituée à couper le bois comme un vieux bûcheron.

Une mère en larmes murmure quelque chose à l'oreille de son enfant avant de lui poser la tête sur le billot de fortune.

La vieille abat sa hache.

La mère pose à son tour la tête sur le billot.

La vieille abat sa hache.

Une autre mère suit...

Cette file de pauvres gens qui marchent en silence à la mort, malgré les pleurs des enfants et le désarroi des regards, paraît presque paisible dans le tourbillon d'hommes, de chevaux et de bétail affolés qui tournoie dans la cour du pils de Drulenai. Les projectiles de pierre et les incendies ont fait s'effondrer écuries et étables, libérant des bêtes en proie à la panique.

Sur le rempart sud, un officier lituanien, pressé de toutes parts, se tranche la gorge de sa propre épée plutôt que d'être fait prisonnier.

Dans la brèche, on voit bientôt flotter au-dessus de la masse en furie, un peu en arrière, un grand drapeau blanc barré d'une croix noire.

C'était avant-hier, au petit jour. Le village et les champs n'émergeaient pas encore des nappes de brouillard. Jérôme et Cyrille dormaient sur leur litière de paille, dans l'odeur lourde et chaude des vaches et des brebis dont ils étaient les compagnons.

Un cri, alors, frappa comme la foudre le village endormi.

« Les chrétiens! Les chrétiens! »

Au nom de l'ennemi abhorré, ceux qui dormaient encore s'éveillèrent en sursaut, ceux qui ne dormaient plus bondirent hors de leurs fermes de chaume.

Les chrétiens, ici, à Drulenai? Par quel sortilège avaient-ils pu progresser sans qu'on ait donné l'alarme? Sur le tertre où l'on distinguait à peine la masse sombre des tours et des remparts de bois du pils, tout paraissait calme. La garnison, sans doute, dormait toujours.

Alors, en toute hâte, les familles se regroupèrent, prenant sur leurs épaules un ballot de leurs maigres biens, poussant devant elles leur bétail, porcs, brebis, vaches pour les plus riches, chèvres pour les plus pauvres. On entassait en hâte sur le dos des animaux de bât des sacs de froment ou de seigle...

Perkunas, Andojas... Ô dieux de Lituanie! Protégez vos enfants!

On entendit enfin, dans la forêt, le son des cornes d'alarme. D'autres cors répondaient du pils, appelant les guerriers à s'armer et à courir aux remparts.

C'est Janité elle-même qui, en obligeant les vaches à se lever, a révélé aux deux jeunes moines la cause de cette subite agitation.

« Venez, venez...

– Pourquoi ? »

Elle parlait avec précipitation. Bien qu'ils aient appris un peu de lituanien pendant leur détention, les deux hommes ne comprirent pas sa réponse. Sauf un mot : « *krikscioniai* » – chrétiens !

La jeune femme souligna son propos en mimant un guerrier qui tire son épée et en dessinant sur son épaule le signe de la croix.

C'était donc une attaque !

« Venez, venez... », leur cria-t-elle encore en poussant les vaches à l'extérieur. Son jeune frère Milas, entraînant les brebis, les pressait aussi de les suivre.

Stonelis, le père, leur parla à son tour, très lentement, pour qu'ils comprennent bien :

« Venez avec nous à l'abri du pils. Vous êtes chrétiens, mais ils ne le savent pas ! » Et il désigna de la main la forêt d'où l'on s'attendait à voir surgir l'ennemi.

Prané, la mère, serrait contre elle, dans un linge, le serpent du foyer.

Quels braves gens ! Même leur serpent n'effrayait plus Cyrille et Jérôme. Ils devaient au début maîtriser un frisson lorsque, en pénétrant dans la salle commune de la ferme où brûlait en permanence le feu domestique, sous les filets de viande et les chapelets de saucisses qui pendaient aux poutres du toit, ils voyaient, lové dans un coin, l'animal familier qu'en l'honneur des idoles chaque famille entretenait. Puis ils s'habituèrent à ce reptile bonasse, gavé de grain et de lait, qui passait à dormir le plus clair de son temps.

Mindaugas a tenu sa promesse. Lorsque Cyrille et Jérôme eurent, sous ses yeux, renié le Christ et adoré Perkunas, il leur fit rendre l'icône de Vladimir, et, s'étant suffisamment amusé d'eux, s'en désintéressa.

On les envoya au fief de Drulenai, privé de beaucoup de ses jeunes hommes qui avaient dû rejoindre les troupes du grand-prince, pour aider aux travaux des champs et renforcer les défenses du château.

On les confia à la garde d'une famille un peu plus aisée que les autres, dont un des fils venait de partir au combat, où son aîné avait déjà trouvé la mort. Restaient le cadet et Janité, la fille de la maison, toute fragile, adorable avec sa peau rose et sa grande natte blonde. Elle venait parfois aux champs apporter aux deux hommes quelque aliment pour soutenir leurs forces. Dès leur arrivée, ses parents et son jeune frère s'étaient d'ailleurs comportés envers eux comme s'ils avaient été des manouvriers lituaniens plutôt que des esclaves. On ne les enfermait même pas la nuit – à quoi bon ? Comment auraient-ils pu survivre et se guider, seuls, dans la profondeur des forêts ?

Et bientôt ils les traitèrent mieux encore... Car ils étaient fascinés par la belle dame à l'enfant peinte sur un rectangle de bois tout doré, que Cyrille avait amenée avec lui, d'ordre du kunigaikstis ! Ils venaient parfois l'admirer, hochant silencieusement la tête, échangeant entre eux, à mi-voix, des mots que les deux moines ne comprenaient pas.

Janité s'intéressait particulièrement à Jérôme. Elle se demandait pourquoi ce jeune homme avait l'air si triste et ne parlait jamais.

Dans les semaines qui suivirent le solstice d'été, Jérôme resta comme prostré, ne disant plus un mot, obéissant comme un animal docile aux ordres qu'on lui donnait, cherchant plus que jamais la compagnie de Cyrille, mais sans plus lui adresser la parole. Lorsque son travail lui en laissait le temps, il s'en allait ôter le voile de l'icône et la regardait, immobile, la bouche entrouverte, comme stupide, jusqu'à ce que quelqu'un vienne le chercher.

Il avait renié Christ et adoré l'idole!

Des lèvres, sans doute, et point du cœur.

Mais il l'avait fait!

Lui qui, partant sur les routes, était prêt à souffrir le martyre chez les païens a adoré leur dieu! Et cela par amitié humaine... Car si, pour Cyrille, cette image est sacrée, justifiant s'il le faut le plus grand sacrifice, pour Jérôme elle n'est qu'un portrait de Marie. Superbe. Mais point divin.

Lorsque s'apaisa le tumulte de la fête barbare, il dut s'avouer que ce n'était pas tant pour Marie qu'il avait renié Dieu que pour son ami...

Il vit alors son âme rôtir, pour des siècles de siècles, dans les tourments de l'enfer... Ils obsédaient son esprit sans repos, commençant déjà à le torturer sur terre. C'était seulement lorsqu'il voyait l'icône que ses angoisses s'apaisaient un peu. Regardant fixement la Sainte Vierge de bois, de plâtre et de peinture, il y guettait sans se l'avouer le signe du pardon, en rêvant sans y croire qu'elle pourrait lui parler, comme elle semblait parfois s'adresser à Cyrille.

Celui-ci, pourtant, revivait souvent, lui aussi, dans ses cauchemars la cérémonie du Solstice.

Il semblait avoir vieilli de plusieurs années. La chute de Vladimir, la fuite dans l'hiver devant les Tatars, la captivité chez les païens et, surtout, ce terrible reniement auquel l'avait contraint leur grand-prince avaient ôté de son regard ce qui y demeurait de juvénile, y substituant une profonde gravité. Lui aussi soulevait souvent le voile de l'icône. Car sa contemplation rallumait pour un temps dans ses yeux la flamme de la joie.

Il savait que c'était autant par amitié pour lui que pour l'amour de Marie que Jérôme, lui aussi, avait commis sans murmure l'acte honteux exigé par Mindaugas. Et cela lui donnait deux raisons pour tenter d'apporter à son ami réconfort et consolation!

Il y parvint enfin. Ses efforts, secondés par l'oubli qu'accordait à Jérôme la fatigue du travail aux champs, par la bonté de la famille chez qui ils vivaient, par la douceur de Janité et, sans doute, de Là-Haut, par l'infinie miséricorde de la Vierge de tendresse, eurent peu à peu raison de la mélancolie du jeune Dominicain. Celui-ci, se persuadant que rien n'arrivait que le Seigneur n'eût voulu, en vint alors à se demander si le destin qu'Il lui avait tracé n'était pas de venir ici, dans ce village de Lituanie; sauver l'âme des braves gens qui l'entouraient en leur enseignant la foi du Christ. Comment ne pas espérer devant le regard émerveillé que Janité et les siens posaient toujours sur l'icône de Vladimir?

Cyrille a raison. Elle porte en Elle un peu de la lumière divine... Ainsi tout prend son sens... L'épreuve que Jérôme a traversée faisait partie du plan de Dieu...

Il sortit bientôt si complètement de son mutisme qu'il s'employa avec ardeur, dans l'espoir de pouvoir leur prêcher, à apprendre la langue des paysans de Drulenai.

Mais il se méprenait sur les desseins du Seigneur.

Jérôme comme Cyrille ignoraient qu'à Riga était arrivé un nouveau commandeur. Le grand maître des chevaliers de la Maison allemande, qu'on appelle ici les chevaliers de la Croix, l'avait envoyé de Venise pour seconder Dietrich von Grüningen, qui allait succéder à Hermann Balk comme maître provincial chargé d'organiser avec ses frères Porte-Glaive la croisade de Livonie.

Sitôt Rainfried von Waldberg eut-il débarqué sur les rives de la Düna [1], à la fin du mois de septembre, avec rang de maréchal, que Hermann et Dietrich lui commandèrent d'intensifier la lutte contre les païens de Lituanie, dont l'audace ne connaissait plus de bornes. Le commandeur se fit minutieusement expliquer par ses supérieurs et ses frères les particularités du pays et les mœurs de ses habitants. Le maître provincial l'autorisa à consulter les états de service des chevaliers présents en Livonie.

Car les chevaliers de la Croix ne laissent rien au hasard!

Du haut en bas de leur hiérarchie, quiconque exerce un commandement doit consigner par écrit, pour le communiquer à ses chefs, tout ce qu'il sait sur ceux des frères qu'il a sous ses ordres – leurs actes de bravoure, leurs actes de piété, leurs péchés et leurs fautes, leurs forces et leurs faiblesses – et tout ce qu'il faut penser de chacun d'eux. Dûment recopiés par les religieux de l'Ordre – qui ne combattent pas mais prient, soignent et écrivent, tous ces rapports, scrupuleusement mis à jour, qu'ils viennent de Prusse ou d'Allemagne, de Terre sainte ou de Livonie, aboutissent dans des coffres de plomb aux lourdes serrures que le grand maître, où qu'il aille, garde auprès de lui.

À ces coffres plombés où reposent, mis à nu, tous les secrets des âmes de chaque chevalier de la Maison allemande, nul autre que lui n'accède jamais, hormis – peut-être – l'Empereur Frédéric.

Le commandeur Rainfried choisit ainsi quelques frères, qui lui parurent les plus propres à l'assister dans ses entreprises.

Ayant alors réuni les renseignements et les hommes qui lui seraient utiles, il se mit au travail. Comme objectif de sa première expédition, il choisit le château de Drulenai, qu'il ne croyait pas assez fort, à ce qu'il en savait, pour résister à un puissant assaut.

Un puissant assaut supposait des hommes : Dietrich von Grüningen lui confia une centaine de sergents à cheval et sept cents piétons lives et estes; il supposait des machines : on construisit des catapultes. Mais il fallait surtout acheminer cette armée dans les inextricables forêts de Lituanie. Pour qui n'est point du pays, et n'en peut donc connaître les tortueux sentiers, les seules voies praticables sont les fleuves et les rivières, hasardeux au demeurant lors des crues que provoquent fonte des neiges, pluies de printemps et pluies d'automne. C'est pourtant dès novembre que le commandeur entendit attaquer – précisément, pensait-il, parce que l'ennemi en cette saison relâcherait sa surveillance.

Le nouveau maréchal, désignant pour le seconder deux autres chevaliers, a sollicité du maître provincial, qui le lui a accordé, l'honneur de commander lui-même l'expédition.

Dieu a favorisé l'audace de Ses serviteurs. Le jour, les barges camouflées de branchages, spécialement construites pour la circonstance, s'abritaient à cou-

1. La Daugava.

vert des arbres, dans la forêt inondée par les pluies ininterrompues du début du mois. La nuit, la faible clarté que dispensaient les astres suffisait pour qu'on les dirigeât, en silence, le long des cours d'eau.

Ainsi, sans un bruit – car le commandeur Rainfried avait ordonné à tous, sous peine de mort immédiate, de n'ouvrir la bouche que dans une absolue nécessité –, de jour en jour, l'armée chrétienne, lentement, s'est approchée de son but. Un matin un radeau coula. Quelques hommes qui crièrent furent aussitôt tirés à coups de flèches depuis les autres barges. Instruits par cet exemple, c'est alors en silence que les naufragés se soumirent au verdict du Seigneur, que celui-ci entendît qu'ils fussent sauvés ou pour la plupart entraînés sous les eaux par le poids de leurs armes...

Dieu a voulu que nul guetteur lituanien n'aperçût l'armée – ou ne devinât sa destination – jusqu'à ce que, se frayant finalement dans les sous-bois, trois jours durant, un chemin à coups d'épée, elle approchât des champs qui entouraient le château de Drulenai.

Furieux est le combat!

Les Lituaniens reculent sous la poussée puissante des sergents à cheval.

Au pied de la brèche, sur la levée de terre où s'élèvent les remparts, les piétons baltes se bousculent derrière les cavaliers, excités à l'idée du pillage – la seule liberté que leur laissent leurs maîtres – et redoutant que l'incendie qui s'étend ne les prive de cette joie.

Un moment ils ont fléchi sous les coups farouches des défenseurs. La panique les gagna. Ils reculèrent en désordre... Mais le maréchal avait par précaution laissé en arrière une ligne de sergents allemands...

Les cavaliers en cotte grise mirent au galop leurs grands chevaux. Calés sur leurs étriers, saisissant à deux mains leurs lourdes haches de bataille, ils taillèrent dans les chairs de leurs propres soldats, broyant les crânes, tranchant les membres...

Les piétons éperdus repartirent au combat.

Ils préféraient encore les Lituaniens...

Cette fois, ça y est! Les assaillants sont dans la cour! L'ennemi lâche pied!

Les guerriers qui le peuvent se réfugient dans la plus haute tour où le seigneur Vitenis rassemble ses dernières troupes. La brèche dégorge alors un flot de cavalerie et de piétaille hurlante. Mais, hors les animaux et les prisonniers chrétiens, ils ne trouvent plus dans l'enceinte âme qui vive...

Il n'est pas encore temps de piller. Il faut à présent attaquer le donjon.

Des flammes soudain s'élèvent de la haute tour de bois.

Les assaillants n'ont pas eu à se donner la peine de l'incendier. Le seigneur Vitenis y a lui-même pourvu. Si le menu peuple est d'habitude massacré ou réduit en esclavage, les princes et les nobles capturés par les chrétiens n'ignorent pourtant pas qu'ils pourront sûrement racheter contre rançon leur liberté. Mais le seigneur et ses commandants savent que la liberté ne leur serait guère profitable : le kunigaikstis ne leur pardonnera pas de s'être ainsi laissé surprendre!

Tout en haut de la tour où ronfle l'incendie, on distingue, dans la fumée qui monte et les flammes attisées par le vent, Vitenis et ses hommes, acharnés à faire pleuvoir madriers ou traits enflammés sur les chrétiens qui s'écartent du donjon, se gardant plutôt mal que bien sous leurs boucliers et leurs targes.

Le tumulte s'apaise. On n'entend plus que le sourd grondement du feu et les craquements du bois. Des flocons blancs tournoient dans l'air.

Une dernière fois, Vitenis apparaît au créneau. Brandissant son épée, il hurle :

« Perkunas »

et saute dans les flammes.

Plusieurs guerriers l'imitent.

Ils sont partis au verger merveilleux gardé par les Géants, où les feuilles sont d'or et les pommes de diamant...

Au verger merveilleux de l'éternel printemps où, dans la lumière radieuse d'un jour sans fin, la Mère des Vents accueille les âmes des héros...

Un long moment se passe.

Plus une flèche ne tombe du sommet de la tour noyé dans la fumée. Tous, là-haut, sans doute, ont succombé, asphyxiés ou brûlés.

À ceux qui n'ont pas osé suivre leur seigneur sur le chemin des héros, Pekollos, le souverain nocturne, le vieillard livide au regard de mort, a ouvert la porte du royaume de la nuit.

Sous le ciel bas et gris, il étend son blanc suaire glacé sur les morts de Drulenai. En quittant ce monde, Vitenis et les siens n'ont point douté qu'ils seraient vengés. Cette nuit, lorsqu'ils ont compris que le rempart ne résisterait pas aux coups des béliers et au tir incessant des machines que les chrétiens avaient acheminées, démontées, jusqu'au pied du pils, ils ont pu faire franchir la ligne ennemie à deux messagers.

Quand le kunigaikstis apprendra ce qui s'est passé ici, ce sera au tour des chrétiens de trembler.

À moins qu'ils n'aient veillé, avant de tomber entre ses mains, à rejoindre d'eux-mêmes leur dieu crucifié, des moines et des prêtres, écorchés vifs sur la croix qu'ils adorent, pleureront des heures durant leurs lambeaux de chair arrachés un à un. Des chevaliers et des sergents allemands, se tordant sur le pal, gémiront en souvenir du pils de Drulenai !

Fracas de bois brisé et crépitement de flammes.

Une partie du donjon vient de s'effondrer.

La neige tombe à gros flocons.

Elle éteint les incendies, recouvre les cadavres.

Devant la palissade, les esclaves entravés voient disparaître en monticules informes l'amoncellement de têtes et de corps décapités par la vieille bûcheronne, qui a achevé son œuvre en se fracassant le crâne avec sa propre hache.

Trois prisonniers allemands appellent à l'aide. Les vainqueurs viennent ôter les entraves de la douzaine d'esclaves, sans plus s'occuper d'eux.

Cyrille et Jérôme errent, libres, dans la cour où piétons baltes et sergents germaniques, lentement, vont et viennent en silence, reprenant leur souffle après la fureur du combat. Cyrille serre contre lui, enveloppé dans sa vieille toile noire, son précieux fardeau. Lorsque, avant-hier, à leur arrivée au pils, les gardes, de peur d'une trahison, les ont séparés des paysans pour les attacher et les reléguer derrière la palissade, c'est Janité elle-même qui a pris l'image sainte et l'a posée dans l'enclos, aux pieds de Cyrille.

Mère de miséricorde, pour cette action, intercède auprès de Ton Fils! Qu'il sauve des flammes de l'enfer cette jeune âme qui eût tant mérité de recevoir la lumière de la foi!

Le jour baisse.

Nuages d'un gris de plomb.

Tapis blanc d'où émergent poutres et murs noircis.

Tout de blanc et de noir, sous la grande croix de l'étendard qui, dans la bise de novembre, flotte désormais sur le château vaincu, les trois maîtres de cet univers d'où toute couleur semble avoir disparu se tiennent immobiles, au milieu de la cour, sur leurs grands chevaux sombres.

Cyrille et Jérôme s'arrêtent, silencieux. Pour la première fois ils les voient...

Les chevaliers Teutoniques.

De sous un appentis à demi effondré qui protège de la neige des corps amoncelés, un cri fait se tourner les trois cavaliers blancs.

Un animal, sans doute?

Non, c'est un vagissement.

Un goujat [1] se précipite, fouille entre des corps ensanglantés de femmes. Écartant les robes, il en dégage un enfantelet en larmes. Celle qui le cachait, râlant encore, blême, trouve aux portes de la mort l'ultime force de saisir le soldat par la jambe, dans un dernier regard terrifié, suppliant... L'envoyant aussitôt rejoindre les démons d'un coup de pied ferré au visage, le goujat montre à ses maîtres le petit corps qui se débat en hurlant.

Le grand chevalier, au centre, lui fait signe d'attendre.

Il n'est point cruel.

Il est soldat du Christ.

Si sa mission est de porter le fer chez les païens dont la présence sur terre outrage Notre-Seigneur, il sait qu'un enfant au berceau, même s'il appartient à une engeance maudite, n'a pas encore eu le temps de pécher. C'est donc à Dieu qu'il faut laisser le soin de son salut!

D'un geste impérieux, il appelle un aumônier en manteau blanc. Le prêtre se presse, relevant sa robe pour enjamber débris et cadavres.

Il connaît son devoir.

Murmurant quelques mots de latin, aspergeant de quelques gouttes d'eau le front de l'enfançon qui le regarde, étonné, il donne le baptême à l'enfant des païens, lui assurant ainsi, s'il plaît à Dieu, le salut de son âme.

Alors seulement, l'aumônier s'éloignant, le goujat dépose sur le sol le nourrisson apaisé, tire tranquillement son couteau...

Et l'éventre.

Allons, dans ce carnage que les païens, ces bêtes brutes, ont fait d'eux-mêmes, préférant griller de toute éternité dans les flammes de l'enfer plutôt que recevoir la consolation de la foi, une âme, au moins, si Dieu veut, sera sauvée!

Le grand chevalier à la croix noire, à la carrure si puissante que Cyrille et Jérôme croiraient presque revoir le voïvode Vassili, ôte son heaume, secoue sa

1. Valet d'armée.

massive tête blonde sous la fraîcheur de la neige, ferme les yeux, respire. Le combat a beau avoir cessé depuis un bon moment, il est toujours en nage.

Il contemple, drapées dans leur blanc linceul, les ruines de sa conquête.

Qu'importe, après tout, si ces suppôts de Satan sont si dévoués au mal qu'ils s'ôtent eux-mêmes la vie! Il se trouvera bien en Allemagne assez d'hommes pour repeupler ces terres maudites!

Le maître provincial saura qu'il peut compter sur son nouveau lieutenant. Dès sa première expédition, le commandeur Rainfried, maréchal de Livonie, a fait reculer les païens, ôté une forteresse aux serviteurs du Démon!

Voilà enfin l'Ennemi! Celui qu'il a jadis fait serment de combattre jusqu'à ce que ses forces défaillent! Non point ces chevaliers sarrasins auxquels ils ne manque parfois que le baptême pour figurer au rang des preux, mais ces barbares grossiers et idolâtres, qui ne se cachent même pas d'adorer le Serpent!

C'est bien ici, dans les pays baltiques, qu'il trouvera enfin à accomplir son vœu...

Dieu, tout à l'heure, ne lui a-t-il pas adressé un signe?

Chevauchant au pied des murailles pour y encourager l'assaut, Rainfried vit en effet gésir dans le fossé une très jeune femme blonde, toute frêle, avec une longue natte. Sans doute s'était-elle jetée du haut du rempart...

Il arrêta un instant son cheval, oublieux des traits qui pleuvaient du château.

Ô seigneur! Ce visage!

La jeune morte tenait tournés vers le ciel ses yeux bleus grands ouverts.

Comme jadis une autre jouvencelle... Il y a vingt-quatre ans!

Oui, c'est bien ici, dans les pays baltiques, qu'il expiera enfin, dans la fureur des combats, le crime d'avoir jadis cédé aux emportements de la passion et aux tentations du Malin...

Le maréchal s'essuie le front.

Il a bien servi aujourd'hui les trois maîtres auxquels il a alors, comme tous es chevaliers de la Maison allemande, dévoué toute sa vie :

Christ,
le Pape
et l'Empereur.

LES DEUX PILIERS DU MONDE

L'an du Seigneur 1238, le dimanche 5 décembre, fête de saint Sabas

Mais que veut-il donc?

Que je vienne ramper à ses pieds?

Moi, Frédéric!

Ainsi le Pape n'a rien abandonné de ses prétentions!

Ah, j'ai voulu croire aux protestations d'amitié que la Curie m'apportait jusque devant Brescia. Mais je sais tout, aujourd'hui, des menées secrètes des agents de Rome. À Brescia, justement, tandis que ce pauvre Élie de Cortone, qui pensait être l'ambassadeur du Pape, se répandait, naïf comme il est, en bonnes paroles auxquelles il croyait dur comme fer, un agitateur pontifical – un de ces prêtres haineux et fanatiques que Grégoire aime tant – se démenait dans la ville, encourageant les rebelles!

Oui, j'ai dû abandonner le siège de cette cité maudite! La pluie, l'épidémie ont eu raison de mes efforts. Mais elle ne perd rien pour attendre...

Du moins ai-je compris sous ses murs qui est mon ennemi!

Ce n'est point tant l'arrogance des bourgeois d'Italie que l'orgueil de celui qui, du fond de ses palais et de ses sanctuaires, attise autant qu'il peut leur furieuse folie...

La Curie ne se donne même plus la peine de cacher son jeu. Tout est prétexte à incident, de la nomination des évêques de Sicile jusqu'à des accusations sordides sur mon comportement en Terre sainte!

À peine étais-je devant Brescia qu'elle osait nommer Grégoire de Montelongo légat de Lombardie!

Grégoire de Montelongo! Quelle injure!

Aucun homme ne me hait plus que lui!

Sauf un, sans doute...

L'autre Grégoire!

Ainsi, depuis le siècle passé, ils poursuivent tous, insatiables, la même politique : alors que Dieu a partagé le pouvoir sur les hommes entre le spirituel et le temporel, entre l'Église et l'État, entre le Pape, qui veille au salut des âmes, et l'Empereur, qui règle ici-bas l'ordonnance de la société humaine, le Pape veut tout, pour lui tout seul!

Ah, grand Pape Innocent, mon bon tuteur, toi qui me flattais et me caressais, déployant avec tout l'art de ton ostentation ta lourde sollicitude à protéger ma couronne de Sicile, comme tu t'ingéniais, alors que je n'étais qu'un enfant abandonné dans un royaume déchiré par les luttes des factions, un enfant qui t'admirait, à m'interdire à jamais d'accéder au trône impérial de mes pères!

Bon Pape Innocent qui as hissé au trône des Césars l'usurpateur Othon de Brunswick, et, trahi par ton protégé, n'as reconnu l'Empereur légitime que contraint et forcé, volant au secours de la victoire...

Le Souverain Pontife, au lieu de s'occuper des âmes, veille jalousement sur son Patrimoine de Saint-Pierre, sur ses terres qui coupent en deux l'Italie impériale, prétendant sans l'ombre d'une preuve que Constantin le Grand lui-même en a fait don à la papauté.

Son patrimoine, il a voulu l'étendre au monde, asservissant un à un tous les rois. Jean d'Angleterre, aux abois, n'a rien trouvé de mieux que de rendre au Pape hommage pour son royaume, et la Curie, depuis, ne se prive point de soutirer tout l'argent qu'elle peut de ce royaume vassal.

Et le roi d'Aragon, et le roi de Portugal se sont eux aussi déclarés les vassaux du Saint-Siège!

Le Pape ne se contente pas d'être Pape, il veut aussi être empereur, mettant ainsi en cause l'ordre voulu par la Providence!

Il faut donc désormais qu'il élimine l'Empereur, qu'il en fasse une marionnette ridicule et débile!

Qu'il prenne garde, le Pontife. Qu'il ne franchisse pas le Rubicon!

Ah, c'est qu'il prend peur! Il voit que le titre d'Empereur des Romains n'est plus un vain mot. Il voit qu'en Sicile, en Toscane, dans la Lombardie soumise, l'État romain renaît de ses cendres.

L'État! Quand les barbares l'ont abattu jadis, les hommes, tombés dans l'obscurité, privés de la lumière des lois, se sont réfugiés sous la coupe des plus forts. Le règne de la force et des bas instincts a succédé au règne du droit. L'Empire s'est émietté en une poussière de royaumes et de baronnies. À l'harmonie a succédé l'anarchie.

Des deux piliers du monde, l'État et l'Église, l'un s'était effondré!

L'Église alors avait sauvé ce qui pouvait l'être, apportant aux hommes abandonnés par l'État, aussi imparfaite qu'elle fût elle-même, la lumière de la foi.

Un jour le Pape s'inquiéta de l'anarchie du monde. Il trembla pour sa vie. Soudain une idée lui vint : il irait trouver le plus puissant des rois et restaurerait pour lui le nom d'Empereur. Et ce roi, plein de fierté et de reconnaissance, serait le bras armé de l'Église, exécutant fidèlement les volontés de celui qui lui aurait donné le diadème.

Mais Charlemagne, mais Othon le Grand, mais tous leurs successeurs comprirent bientôt que leur mission était tout autre que d'être le soldat du Pape.

Ils comprirent qu'elle était de restaurer l'ordre voulu par Dieu!

Des deux piliers du monde, ils devaient relever celui que les barbares avaient abattu.

Alors elle s'effraya, l'Église, du phénix qu'elle avait fait renaître de ses cendres!

C'est qu'elle y avait pris goût, l'Église, à l'anarchie du monde...

Elle avait pris goût à régenter sans partage une Chrétienté où elle seule pouvait prétendre représenter sur terre la volonté de Dieu.

À régenter les corps aussi bien que les âmes.

À dire : ceci est bien, ceci est mal.

Parce que Dieu l'avait dit?

Non, parce que ses Pontifes et ses prélats l'avaient décrété.

Et le Pape a pris goût à régenter l'Église...

Le premier des évêques est devenu le premier des tyrans.

Alors, elle s'effraya, l'Église, de voir les cendres s'animer, de voir se redresser auprès du trône de Pierre, côte à côte, son égal, le trône de Constantin.

Alors, elle n'eut de cesse que d'abattre la puissance de celui qu'elle eût voulu sa créature. Un Empereur auprès du Pape? Oui, sans doute, mais un soudard sans cervelle qui donnerait de grands coups d'épée selon le bon plaisir de l'évêque de Rome!

Si le Pape ne hait rien tant que les Grecs, qui sont pourtant aussi anciens et aussi bons chrétiens que lui, ce n'est pas seulement que leurs prêtres refusent d'obéir à l'autorité qu'il s'est lui-même arrogée sur l'Église. C'est qu'ils donnent le plus mauvais exemple qui soit : chez eux, depuis Constantin, la dignité impériale n'a jamais déchu, l'État n'a jamais cessé d'exister. Bien sûr qu'il était heureux, le bon Pape Innocent, de voir les marchands de Venise étendre leurs mains avides sur Constantinople, sur cet Empire romain d'Orient où l'Empereur et le Patriarche perpétuaient l'ordre divin qu'il voulait détruire! Oh, sans doute s'était-il vertueusement indigné de ce que des croisés chrétiens attaquassent d'autres chrétiens au lieu de combattre les infidèles, mais comme cette conquête servait bien ses plans!

Même Othon de Brunswick, l'usurpateur qu'Innocent avait pris plaisir à susciter et à couronner, même lui, avec ses gros muscles et sa petite cervelle, une fois ceinte la couronne, avait refusé, à l'horreur de son créateur, de jouer le rôle de chien de garde auquel on le destinait.

Et, aujourd'hui, il a peur, le Pape!

Peur parce que jamais on n'a été aussi près de restaurer l'État. Parce que jamais, par-dessus l'obscur taillis des coutumes issues des temps barbares, la lumière de la loi n'a jailli aussi aveuglante.

Parce que moi, Frédéric, source et garant des lois et du droit, j'ai ouvert le règne de la justice et de la raison.

Parce que, si la raison éclaire les hommes, ils auront tôt fait de voir ce que l'Église de Rome a fait de la parole de Dieu.

Derrière ta simarre immaculée, quel insatiable appétit de puissance ils vont découvrir!

Derrière les manteaux pourpres de tes cardinaux, que d'avidité, que de vices, derrière les robes violettes de tes évêques, que de cupidité, que de stupre!

Alors ils comprendront – ils le devinent déjà – que la véritable Église, celle de Pierre, c'est celle de ceux qui ont tout abandonné, de ces frères mendiants qui vont par les routes, prêchant l'Évangile et ne vivant que de la charité des fidèles. De ces disciples de François et de Dominique, que tu affectes de protéger pour mieux surveiller leur zèle, faute de pouvoir l'étouffer!

Et, ce jour-là, vous tous, princes de l'Église, qui usurpez le nom de Dieu pour sucer le sang des chrétiens, enveloppés de vos chasubles d'or, parés de vos bagues d'émeraude, au chaud dans vos palais édifiés par la sueur des fidèles, alors que Christ sur sa croix était nu, vous devrez dépouiller vos richesses, retrouver la pauvreté évangélique, et abandonner les affaires de ce monde pour ne vous consacrer qu'à votre seule mission : le salut des âmes.

C'est cela qui vous fait si peur.

C'est pour cela que le règne de la raison vous effraie.

Dire que j'ai voulu croire à ta sincérité!

Dire que j'ai cru que mes ennemis s'appelaient Lombards, Milanais ou Brescians!

Alors que derrière ces marionnettes furieuses, dans l'ombre de tes chapelles, dans ta vieille peau racornie comme la mort, avec Dieu à la bouche et Bélial dans le cœur, tu œuvrais, fourbe que tu es, à maintenir le monde dans les ténèbres qui font ta puissance.

Ne va pas trop loin, vieille araignée. J'ai mieux à faire que de m'occuper de toi. Je dois achever de redresser le pilier de l'État avant de débarrasser celui de l'Église des immondices et de la pourriture dont toi et les tiens l'avez couvert!

Prends garde!

Je ne te crains pas.

Ne va pas trop loin...

Pape Grégoire!

L'ORFÈVRE DE LA REINE

L'an du Seigneur 1238, le samedi 25 décembre,
fête de la Nativité de Notre-Seigneur Jésus-Christ

«Annuntio vobis gaudium magnum,	*« Je vous annonce une grande joie,*
quia natus est nobis	*car il nous est né*
hodie Salvator Mundi,	*ce jour d'hui, le Sauveur de ce monde,*
alleluia! »	*alléluia! »*

Monté sur une estrade couverte d'un velours cramoisi, un enfant de chœur aux cheveux tout bouclés élève son chant gracieux. Vêtu d'une longue robe blanche, une auréole dorée fixée à sa coiffure et deux grandes ailes accrochées dans le dos, il accueille, un peu intimidé, cinq chanoines qui entrent par la grande porte du chœur. Leurs aubes blanches se couvrent de peaux de chèvre, des panetières pendent de leurs épaules. Ils avancent appuyés sur leurs houlettes de pasteurs.

Car ce sont les bergers qui ont suivi l'Étoile...

Des galeries supérieures descend la voix des anges :

« Gloria in Excelsis Deo	*« Gloire à Dieu au plus haut des Cieux*
et in Terra pax	*et paix sur la Terre*
hominibus bonae voluntatis,	*aux hommes de bonne volonté,*
alleluia! »	*alléluia! »*

Le chœur des pasteurs dans l'église répond au chant venu du ciel.

Derrière le maître-autel se dresse un reposoir, fermé d'une courtine de soie, gardé par deux chanoines qui figurent les sages-femmes.

« Bergers, qui cherchez-vous?

– L'Enfant sauveur dans ses langes, selon l'annonce angélique. »

Les gardiennes de la crèche tirent doucement le rideau.

Alors, parmi les fleurs, dans la lumière des cierges, s'offre à l'adoration la statue de la Vierge, qui porte Son Enfant.

« Salve, Virgo singularis,	*« Salut, Vierge sans seconde,*
o gloriosa Domina	*ô glorieuse Dame*
excelsa super sidera,	*plus élevée que les astres,*
qui te creavit provide	*à celui qui t'a élue tu as offert*
lactus sacrato ubere! »	*le lait de ton sein sacré! »*

Le cortège, lentement, retourne vers le chœur.

La célébration peut commencer...

« Dominus dixit ad me	*« Le Seigneur m'a dit :*
Filius Meus es tu,	*tu es Mon Fils,*
ego hodie genui te. »	*aujourd'hui je t'ai engendré. »*

Devant l'autel de la cathédrale primatiale de Saint-Adalbert, monseigneur Matthias dit la messe des Bergers.

Devant lui, magnifiques, le roi Béla et la reine Marie.

Les princesses leurs filles.

Et, dans leurs longs manteaux fourrés, les grands du royaume : le comte palatin et le chancelier, le trésorier et l'écuyer de bouche, l'écuyer de l'écurie, l'échanson et le maître de la porte... et tous ceux des comtes et des barons qui sont venus fêter à la Cour la Nativité de Notre-Seigneur Jésus.

Aussi, tout le peuple de clercs, d'artisans et de serviteurs qui travaillent au palais.

Ceux des riches bourgeois, enfin, qui sont montés de la ville basse jusqu'à la citadelle pour entendre la messe dans l'église cathédrale, marchands hongrois ou allemands, aussi bien que français, wallons ou italiens...

Nuit de recueillement et d'espoir.

Nuit de fête et nuit de joie.

« *Laudem Deo dicam per saecula,*	« *Je chanterai par les siècles la louange de Dieu,*
qui me plasmavit in manu dextera,	*qui m'a façonné dans sa main droite,*
et reformavit cruce purpurea. »	*et recréé par la croix de sang.* »

Le froid est tombé d'un coup, vers la minuit, comme on se dirigeait vers l'église. Nul ne s'y attendait. Après la neige des jours précédents, il faisait presque doux.

Si beaux que soient les chants, si sainte que soit la nuit, on se prend à rêver à la chaleur des couettes et des courtepointes sous lesquelles, tout à l'heure, on se pelotonnera... et à la chaude collation qu'auparavant on prendra... en attendant le somptueux festin que l'on fera demain, après la messe du matin. Le dîner de légumes et de poissons était certes copieux – pour la vigile de Noël le jeûne se doit d'être joyeux ! – mais il est bien loin...

Par l'allée centrale, tout à l'heure – bientôt ! –, le roi et la reine se dirigeront à pas lents vers le portail.

Et toute l'assemblée leur emboîtera le pas.

Sous le ciel constellé d'étoiles – où brillera celle qui, en cette même nuit, montra jadis aux bergers le chemin de Bethléem – le cortège traversera l'esplanade enneigée séparant la cathédrale du palais royal.

« *Populus gentium*	« *Le peuple des humains*
qui ambulabat in tenebris,	*qui allait dans les ténèbres,*
quem creasti,	*que j'ai créé*
quem fraude subdola	*et que par sa traîtresse fourberie*
Hostis expulit paradiso,	*l'Ennemi a chassé du paradis,*
vidit lucem magnam ! »	*a vu la grande lumière !* »

Il fait froid, cette nuit, à Strigonium.

Si beaux que soient les chants, si sainte que soit la nuit, dans l'église on grelotte, si l'on n'a pas pris soin de se couvrir de fourrures.

Demain, dans la grande salle du château bâti, comme la cathédrale, par son aïeul Béla III, après la messe du Verbe divin, Béla IV Arpad recevra à sa table, comme chaque année, les dignitaires de sa Cour et tous ceux qu'il entend honorer.

Dès l'aube, tandis que l'on mettra à la broche quartiers de viande et volailles, les cuisiniers s'affaireront, courant des rôtisseurs aux gâte-sauces, goûtant potages, assaisonnements et vins, veillant à ce que nulle saveur désagréable ne vienne incommoder les palais du roi, de la reine, des comtes et des barons.

La plupart des fidèles présents cette nuit n'auront bien sûr pas l'honneur de dîner auprès des souverains, mais ce n'est pas seulement dans les hautes salles du palais que l'on se réjouira. Demain, à Strigonium, même les plus miséreux recevront en aumône des couvents et des monastères – quand ce n'est pas de la charité des riches bourgeois – un repas qui, si modeste soit-il, leur procurera sans doute un plus vif souvenir que le festin royal n'en laissera à ses hôtes, trop habitués qu'ils sont à la meilleure chère.

« ... *Rex omnipotens,*	« ... *Roi tout-puissant,*
Princeps pacis	*Prince de la paix,*
per saecla sempiterna.	*pour l'infinité des siècles.*
Multiplicabitur ejus imperium	*Sa puissance s'étendra*
in Jerusalem, Judaea sive Samaria,	*à Jérusalem, en Judée ou en Samarie,*
et pacis non erit finis	*et il n'y aura pas de frontière à la paix*
nunc et in aevum. »	*maintenant et pour l'éternité.* »

Perdus dans l'assistance, tout en se réjouissant de la cérémonie, Thomas de Fehérvár et Guillaume Boucher, frémissants sous leurs manteaux trop légers, ne peuvent pourtant s'empêcher par moments, pareils à beaucoup d'autres, d'oublier le froid en songeant à leurs lits de cette nuit, et à la table de demain... Ils s'y réchaufferont en compagnie de clercs de la chancellerie et de familles dont les chefs occupent à la Cour quelque charge honorable, à défaut d'être noble. Guillaume va ainsi prendre place auprès de son nouveau patron, maître Szemény Bödögei, l'orfèvre de la reine.

La recommandation de monseigneur l'évêque de Vac s'est avérée une sûre introduction...

« *Rex regum Domine,*	« *Ô Seigneur roi des rois,*
natus de Virgine,	*né de la Vierge,*
ex dono gratiae	*par le don de Ta grâce*
fer opem hodie	*accorde-nous Ta protection,*
nobis remedium	*en nous offrant en ce jour*
praebens sempiternum. »	*le remède éternel.* »

Quittant Paris, les deux jeunes gens ont tout d'abord traversé la Champagne, avant de pénétrer sur les terres de l'Empire, dans la comté de Bourgogne [1], où l'on parle encore, comme en France, la langue d'oïl. Traversant par Mulhouse le pays d'Alsace, ils franchirent le Rhin et, au-delà, les monts que pour la

1. La Franche-Comté.

sombre robe de leurs sapins on nomme Forêt-Noire. Descendant alors la vallée du Danube, par Ulm, Ratisbonne et Passau, ils atteignirent les terres du duc d'Autriche, et, après un bref arrêt dans sa capitale de Vienne, ils arrivèrent enfin dans les États du roi de Hongrie par la cité de Pozsony [1].

Quelle fête permanente n'était-ce pas pour Guillaume que de découvrir – lui qui rêvait depuis si longtemps de voyages – tant de villes et tant de paysages, tant de gens divers et tant de parlers différents!

Ils passèrent, sans s'y arrêter plus que le temps d'une nuit de repos, Strigonium et sa citadelle royale, car Thomas entendait avant tout aller à Vac retrouver sa mère et saluer son oncle. Ils descendirent la boucle du grand fleuve, passant sous Visegrad, dont le puissant château, du haut de sa montagne, veille sur toute la vallée, et s'engagèrent dans le bras gauche du Danube, en cet endroit où le divisent de longues îles.

«Alleluia,	*«Alléluia,*
Dominus dixit ad me :	*le Seigneur m'a dit :*
Filius Meus es tu,	*tu es Mon Fils,*
Ego hodie genui te.	*aujourd'hui Je t'ai engendré.*
Alleluia. »	*Alléluia. »*

À Vac, où Thomas alla d'abord embrasser sa mère, qui avait bien vieilli depuis son lointain départ et tomba en larmes à sa vue, monseigneur l'évêque fit fête à son neveu, qu'il trouva bien mûri et heureusement forci depuis que, paraissant encore fragile jouvenceau, il s'en était allé à Paris voici bien neuf années. À Guillaume, tout roturier qu'il fût, il réserva le meilleur accueil, admirant qu'il ait voulu si jeune faire le voyage de Hongrie pour se perfectionner dans son art. Lorsqu'il sut que le jeune Français avait travaillé pour l'archevêque de Sens, à la plus grande satisfaction de celui-ci, il promit à Thomas qu'il recommanderait en effet son ami à maître Szemény Bödögei.

Quant au jeune docteur lui-même, c'est nanti d'une lettre d'introduction auprès du chancelier royal en personne qu'il s'est rendu à la Cour, sans que son bon oncle eût omis d'écrire également à l'évêque de Veszprem et au chancelier de l'université qui fait l'ornement de cette ville.

Remontant la boucle du Danube, les deux jeunes gens sont alors retournés à la ville royale, que dans le latin des clercs on appelle Strigonium, dans le hongrois du peuple Esztergom, et Gran dans la langue des marchands allemands. Car la Cour y réside en ce temps de Noël.

« Grates nunc omnes reddamus	*« Maintenant rendons grâces*
Domino Deo,	*au Seigneur Dieu,*
qui Sua nativitate	*qui par Sa nativité*
nos liberavit	*nous a libérés*
de diabolica potestate. »	*de la puissance du diable. »*

L'orfèvre de la reine s'est de prime abord montré un peu bougon. Il avait assez d'apprentis comme cela, maugréa-t-il, et ne saurait employer tout le

1. Nom hongrois de Bratislava.

monde. Prenant la défense de son ami, qui ne pouvait le faire car l'orfèvre s'était exprimé en hongrois, Thomas s'est récrié. Apprenti? Mais ce n'est point de cela qu'il s'agit! Lorsqu'il eut décrit les talents de Guillaume à Szemény Bödögei, celui-ci, levant les bras au ciel, dit en latin au jeune Parisien que, s'il savait réellement faire de si belles choses, il lui trouverait bien, ne fût-ce que pour complaire à monseigneur l'évêque, place dans son atelier. Mais il tenait à vérifier sur pièce les propos de Thomas, dont il craignait que l'amitié les ait rendus trop flatteurs.

Plus d'un mois s'est passé. Le maître orfèvre n'a pas eu sujet de se plaindre. Au contraire, sa froideur première s'est muée en accueil chaleureux dès qu'il vit de quoi le jeune Parisien se montrait en effet capable.

Hormis le plaisir de découvrir enfin les pays étrangers, Guillaume n'a nul regret d'avoir accompagné son ami Thomas jusqu'à la Cour de Hongrie : il est bien vrai qu'en ce pays où les arts de Byzance viennent rencontrer ceux de l'Occident l'orfèvrerie est si fort en honneur qu'elle y passe pour le plus distingué d'entre eux! L'orfèvre de la reine est ici un grand personnage... Bien plus estimé que maître Laurent son père ne le sera jamais, malgré tout son talent! Il est vrai que maître Bödögei n'a pas comme lui plus de cent concurrents...

« *Laetentur caeli*	« *Que les cieux se réjouissent*
et exsultet terra	*et qu'exulte la terre*
ante faciem Domini,	*devant la face du Seigneur,*
quoniam venit. »	*puisqu'Il est venu.* »

Dans l'atelier du maître, Guillaume a découvert à profusion de merveilleux objets, dignes des plus belles pièces qu'il admirait jadis dans la boutique de son père ou de son frère...

Couronnes et diadèmes d'or ou de vermeil ornés de plaques d'émaux champlevés et de nielles où s'alignent saints et armoiries...

Croix processionnelles à simple ou double traverse, croix-reliquaires délicatement filigranées qui recevront bientôt quelque pieux souvenir ou bien croix pectorales d'autant plus ciselées que leur taille est réduite, crosses épiscopales parées de perles fines, calices où les feuillages enroulent leurs volutes autour de monstres fabuleux...

Autels portatifs chargés de figures bibliques en émail cloisonné, de cristaux de roche taillés ou de grands camées inspirés de Constantinople...

Châsses où des rinceaux se fondent en spirale autour des chapiteaux tandis que de corolles de feuilles ajourées surgissent des gemmes multicolores et que s'entrelacent parmi les bas-reliefs des fauves stylisés...

Reliures de livres dignes de renfermer la Parole divine, écuelles et hanaps gravés, cuillers d'onyx à monture d'argent...

Et les bijoux, en abondance : médaillons, bracelets, boucles d'oreilles et pendentifs, anneaux de toutes sortes, bagues-cachets au large chaton gravé de l'arbre de vie, de croix ou d'animaux étranges, épingles et fermaux sertis de pierres précieuses...

Des années de travail, et du plus bel ouvrage...

Il faut bien tout ce luxe pour satisfaire ces superbes seigneurs et ces dames fastueuses couvertes de joyaux, qui s'alignent fièrement dans la nef. Guillaume a pourtant vu des grands seigneurs de France... Mais Thomas ne lui a pas menti en affirmant qu'à la Cour de Hongrie les vêtements dépassaient en splendeur tout ce qu'il connaissait. C'est qu'ici on s'approche de Byzance... Si au siècle dernier le roi Béla III a épousé des princesses françaises, il n'oublia jamais ses années de jeunesse passées à Constantinople, à la droite du Basileus dont il fut un moment l'héritier présomptif. La reine Marie, éblouissante d'or, n'est-elle pas une Lascaris? Son père était Empereur de Nicée et sa sœur en est impératrice! La cathédrale elle-même, si elle rappelle celles d'Allemagne, s'enrichit d'ornements venus de l'Orient...

« Cantate Domino,	*« Chantez pour le Seigneur*
canticum novum,	*le cantique nouveau,*
cantate Domino,	*chantez pour le Seigneur,*
omnis terra. »	*par toute la terre. »*

L'archevêque Robert, trop affaibli par l'âge, n'a plus la force de célébrer lui-même le saint sacrifice. Aussi Thomas a-t-il la fierté, cette nuit, de voir officier dans la cathédrale illuminée son oncle Matthias, l'évêque de Vac, que le roi Béla a prié de venir dire à Strigonium, en lieu et place de l'archevêque, les messes de la Nativité.

« Gloria Patri et Filio	*« Gloire au Père et au Fils*
et Spiritu Sancto,	*Et au Saint-Esprit,*
sicut erat in principio	*comme Il était au commencement*
et nunc et semper,	*et maintenant et toujours,*
et in saecula saeculorum,	*et pour les siècles des siècles,*
amen. »	*amen. »*

Il fait décidément bien froid, ce soir, à Strigonium...
Très froid...
Monseigneur Matthias lui-même ne semblerait-il pas témoigner quelque hâte?
Le prélat se tourne enfin vers l'assemblée.

« Ite, missa est! »	*« Allez, la messe est dite! »*

LE PIED-BOT

L'an du Seigneur 1239, le lundi 28 février, fête de saint Protère

« De l'eau chaude! Vite!
– Elle vient, demoiselle, elle vient!
– Hâtez-vous, notre maîtresse va mal! »

Mafalda rentre précipitamment dans la chambre où donna Isabella se tord de douleur.

Une agitation fébrile règne dans la maison de Chioggia.

On n'attendait pas l'événement avant plusieurs semaines.

Mais quand les douleurs ont commencé, ce matin, on ne put s'y tromper.

On s'est précipité au Palais de la commune pour avertir le podestat. Hélas, il était trop tard. Ser Domenico était parti dès l'aube inspecter les défenses de Conche, Fogolana et Villanova, au cœur des salines, et n'en reviendrait pas avant la nuit tombée. Le chancelier, averti, a bien fait envoyer une barque rapide, mais trouvera-t-on aisément le podestat dans la brume tenace qui recouvre la lagune?

En attendant le maître, devant l'affolement des serviteurs, c'est Mafalda, la fidèle demoiselle de compagnie de donna Isabella, qui a pris d'autorité les choses en main. Sa maîtresse, sachant combien elle peut compter sur elle, en a été grandement soulagée. C'est heureux car la pauvre est bien faible! Alors que sa grossesse se déroulait jusque-là sans incident aucun, elle a été victime, depuis trois semaines, de plusieurs malaises, perdant l'appétit, rendant plus d'une fois le peu de nourriture qu'elle avait pu absorber. Inquiet, ser Domenico a fait venir le meilleur médecin de Chioggia, qui prescrivit une saignée pour purger son épouse de ses humeurs, et diverses médications. Les remèdes, hélas, furent insuffisants, et donna Isabella y puisa peu de force. Ces derniers jours, elle n'avalait plus guère que les bouillons que Mafalda, avec une affection bien digne de l'amitié que sa maîtresse lui portait, tenait, depuis plus d'un mois, à préparer elle-même, y mêlant selon l'usage tantôt beurre, miel et vin, tantôt lait d'ânesse, écorce de laurier ou plantes aromatiques...

Hier, enfin, elle se sentit beaucoup mieux, et c'est l'esprit tranquille que son époux s'en est allé, à l'aube.

Les serviteurs sont bien heureux que Mafalda soit là! Dès les premières douleurs, elle fit quérir la sage-femme qu'elle-même avait recherchée, avec l'accord de sa maîtresse et du podestat, en prévision de l'événement. Elle tient tant à ce que donna Isabella ne tombe pas entre des mains inexpertes!

En vérité, la dame a bien de la chance d'avoir à ses côtés celle qu'elle nomme sa « petite sœur »!

On apporte des baquets pleins d'eau fumante dans la chambre où, seule avec la matrone, Mafalda s'affaire autour de la parturiente.

Celle-ci gémit, crie, hurle. Tournant la tête de droite et de gauche, roulant des yeux exorbités ou fronçant intensément ses sourcils sur ses paupières fermées, en nage, trempant les draps blancs et la pile de coussins, elle se débat, se calme pour un temps, se débat à nouveau.

« Allons, remplissez la cuve, vite... »

La chaleur monte dans la pièce. Un grand feu crépite dans la cheminée. On sait qu'un accouchement par trop grande froidure peut être cause d'une naissance difficile...

Dans la cuve fumante recouverte de toile, la sage-femme a versé une abondante décoction où se mêlent semences de lin et d'orge, maulves, fenugrec, fleurs de camomille et toutes sortes d'herbes dont elle garde le secret, qui aident à enfanter.

« Que va-t-on faire, demoiselle Mafalda? Que va-t-on faire? » s'enquiert une servante toute jeunette.

Elle s'inquiète. Rien ne semble devoir apaiser sa maîtresse. La matrone connaît pourtant bien son métier : tout à l'heure, passant ses longs doigts grêles dans la matrice de la femme en gésine, elle en a oint l'orifice d'huile de violettes tiède, logeant alors entre ses cuisses un pot de terre chaud plein d'un liquide odorant, afin qu'elle en reçoive les fumées par sa nature; elle a glissé dans ses narines de la poudre d'encens...

« On va lui donner un remède qui apaisera un moment sa douleur, puis on la baignera. Avec l'aide de sainte Marguerite, elle se sentira mieux et tout se passera bien... Allons, ne restez pas ici, vous allez troubler la maîtresse ! »

Sur la lagune, dans la brume, une barque à dix rameurs file, de toute la force de son équipage, vers l'île de Chioggia.

Sitôt les servantes parties, profitant de ce que donna Isabella s'apaise un peu, la matrone, une femme sans âge au terne visage, verse un peu d'eau chaude dans un bol où elle a préparé une mixture. Elle approche le breuvage des lèvres brûlantes...

« Non, non... De l'eau, je veux de l'eau... »

Fronçant le nez devant l'odeur d'absinthe, Isabella refuse de boire.

Mafalda lui prend la main.

« Buvez, chère maîtresse, cette femme connaît des médications infaillibles. Avec l'aide de Celui par qui tout arrive, celle-ci ne va pas tarder à apaiser vos tourments.

– Bien, bien... Si tu le dis, chère petite sœur, je vais me forcer... »

Le temps passe. On est anxieux, dans la maison. On y parle à voix basse, quand on ose parler.

Tout paraît plus calme à présent, derrière la porte fermée de la chambre des maîtres.

Le remède et le bain ont dû faire leur office...

Une barque à dix rameurs file vers l'île de Chioggia.

« De l'eau chaude, encore !

– Voilà, demoiselle, voilà ! »

La servante descend aux cuisines, remplit deux seaux à la grande bassine qui fume dans la cheminée, se hâte de remonter auprès de sa maîtresse.

Un cri.

Seigneur, ce cri !

De frayeur, la servante laisse choir ses seaux à terre.

Elle court à l'étage, éperdue, comme d'autres avec elle.

Mafalda, qui semble soudain avoir perdu le calme qu'elle conservait depuis le matin, jaillit de la chambre.

« Un prêtre, vite ! Allez quérir un prêtre ! »

La sage-femme sort à son tour.

« C'est inutile, demoiselle, il est trop tard ! »

Une barque à dix rameurs accoste à l'appontement.

Mafalda s'approche du grand lit aux draps ensanglantés.

Étendant doucement la main, elle baisse les paupières de sa maîtresse sur un regard fixe et terrifié.

Enveloppé dans un linge, inerte, un petit corps.

À l'instant d'expirer, donna Isabella a mis au monde un fils mort-né.

Une galopade dans l'escalier.

Le podestat se précipite dans la chambre.

« Ma mie! Oh, ma mie! »

Tandis que les serviteurs, humblement, se reculent, obéissant à Mafalda qui leur fait signe de sortir, ser Domenico, voyant sa femme défunte et son enfant mort, maîtrise mal ses sanglots.

Il s'effondre, plus qu'il ne s'agenouille, sur le prie-Dieu qui, sous un crucifix, garnit un angle de la pièce.

Il reste longtemps abîmé en prières.

Lorsque enfin il se relève, la sage-femme en robe grise, au visage terne comme l'oubli, a quitté la chambre, sans bruit. Auprès du grand lit à colonnes, seule reste Mafalda.

Elle s'approche, timide, les yeux humides d'émotion.

« Seigneur, j'aurais tant voulu vous voir heureux, ce jour.

– Merci, petite Mafalda. Merci pour Isabella, surtout. Nul mieux que toi ne pouvait l'assister... Je sais que tu as fait tout ce qui était humainement possible. »

Avec un regard d'enfant perdu, il passe, doucement, la main dans les longs cheveux noirs de la jeune femme.

Mafalda ferme les yeux, transportée de bonheur.

La voie est enfin libre pour conquérir le cœur de ser Domenico!

Tous deux quittent la pièce. Les servantes reviennent. L'une d'elles s'approche du lit, pousse un cri bref et rauque et recule, effrayée.

Une autre se penche. Ses épaules frémissent. Elle se signe.

Soulevant le drap recouvrant le petit corps du nouveau-né défunt, elles ont vu toutes deux, dans ce lit de douleur, tel un sabot fourchu, la marque du Malin.

L'enfant mort a un pied bot.

LE GRAND MAÎTRE

L'an du Seigneur 1239, le samedi 19 mars,
fête de saint Joseph, époux de la Bienheureuse Vierge Marie

Les murs de pierre sont nus, hormis un crucifix, l'étendard de la croix et un écu frappé de l'aigle de l'Empire.

De meubles, presque pas.

Un coffre... Deux chaises pliantes...

Et, au milieu de la salle voûtée, un haut lit drapé de blanc.

Deux hommes de belle stature vont et viennent en silence. Ils portent la tunique noire que revêtent en leurs commanderies les chevaliers Teutoniques.

On n'entend point leurs pas sur le dallage jonché d'herbes odorantes.

Par la porte entrouverte montent les litanies : dans la chapelle on prie.

L'un des deux hommes s'arrête, soupirant, devant une fenêtre. C'est le commandeur de Barletta, de l'autre côté de l'Apennin, où l'Ordre a un château. Il est accouru ici lorsqu'il a su... Les mains croisées dans le dos, les épaules tassées, il jette un triste coup d'œil sur la ville et le port, dans l'ultime rougeoiment dont le soleil du soir embrase la vaste baie...

Il soupire.

Comme tout est paisible ! Pas un navire à l'horizon sur la mer Tyrrhénienne...

Un gémissement.

Il se retourne.

Sur le haut lit drapé de blanc agonise frère Hermann von Salza, grand maître de l'Ordre des chevaliers de l'Hôpital de la Bienheureuse Vierge Marie de la Maison allemande de Jérusalem.

Alors qu'il avait accompagné en Italie les troupes que l'enfant roi Conrad amenait à l'Empereur, son père, frère Hermann, pour soulager son corps perclus par une vie passée en chevauchées, s'en est allé prendre les eaux à Salerne, où dispensent leurs soins les meilleurs médecins d'Europe, en ce royaume de Sicile si cher au cœur de son ami l'Empereur Frédéric.

Et c'est là, dans le château qui surplombe la ville et domine la baie, que les fièvres l'ont pris.

Il se tourne et se retourne.

Quand s'ouvrent ses paupières, il fixe les nervures de la voûte, paraissant ne pas voir ses frères qui, régulièrement, viennent essuyer d'un linge la sueur de son visage. Dans son regard perdu ils lisent le désespoir.

Pourquoi ? Que signifie cela ?

Un homme ordinaire peut redouter la mort. Pas Hermann von Salza !

Ils pensent vrai. Le vieil homme, si las, ne regrette pas la vie.

Il a perdu, d'ailleurs, toute envie de lutter.

S'il pleure, c'est de partir sur un terrible échec.

Car ce soir, il le sait, tout est consommé !

La jeunesse revigorerait-elle soudainement ses membres que tous ses efforts ne pourraient rien changer à l'arrêt du destin.

Sans doute est-ce pour cela que Dieu lui a envoyé les fièvres. Frère Hermann von Salza a fait son temps sur terre. Il n'y servirait plus de rien.

Seigneur, avons-nous tant péché que Tu veuilles ainsi laisser déchaîner la folie dans le cœur de Tes serviteurs ?

Frère Hermann, ici-bas, aime et admire deux hommes. À tous deux il a prêté serment de fidélité. Mais, bien plus que ses maîtres, ils sont avant tout ses amis. Ils ont nom Grégoire et Frédéric, et assis sur leurs trônes – celui de Pierre, celui de Constantin – ont charge de guider tout le peuple chrétien.

Grégoire, digne continuateur du grand Pape Innocent, dont l'inflexible volonté s'emploie à ramener l'Église du Christ sur les sentiers dont la faiblesse humaine l'a de siècle en siècle éloignée ! Avec amour, il a accompagné au travers des embûches et des pièges de ce monde la divine candeur de frère François, d'Assise, pauvre parmi les pauvres. Il a fait un saint de Dominique de Guzman, le prêcheur aux pieds nus, une sainte d'Elisabeth de Hongrie, la princesse qui donna sa jeunesse aux miséreux... Il a œuvré de toute son âme à réformer les mœurs des prélats simoniaques et prévaricateurs. Là où régnaient désordre et corruption, il a donné à la sainte Inquisition la noble mission de traquer partout l'hérésie qui infecte les âmes et les livre au Malin.

Il a tant fait pour l'Église et le peuple chrétien!

Frédéric, digne continuateur du grand Empereur à la barbe rousse, dont le puissant génie va bientôt rétablir l'ordre majestueux qui régnait sur l'Empire au temps de Constantin! Sans tirer une seule fois l'épée, il a libéré Jérusalem et le Saint-Sépulcre de Monseigneur Jésus. De son royaume de Sicile où il a redressé État, loi et justice, il a fait un modèle qu'il étend aujourd'hui à toute l'Italie. À l'Allemagne il a donné le premier recueil de ses lois. Là où régnaient désordre et corruption, il a institué justiciaires et vicaires qui sont comme son ombre et traquent sans faiblesse ceux qui désobéissent aux lois de la raison.

Il a tant fait pour l'Empire et le peuple chrétien!

Pauvre peuple... À présent, qui va donc te guider?

Sans doute ont-ils tous deux partagé un péché.

Le péché qui guette tous ceux qui s'élèvent jusqu'au sommet du monde. L'orgueil.

Leurs génies sont trop puissants. Leurs âmes trop fières. Leurs vouloirs trop rigides.

Eux qui – comme jadis l'Empereur Othon III et le Pape Sylvestre, morts dans la force de l'âge avant d'avoir pu réaliser l'œuvre de paix et de justice qu'avaient conçue ensemble leurs deux âmes sœurs – auraient dû unir leurs génies pour lever le lourd rideau qui dissimule la lumière à l'humanité pécheresse, ils se sont affrontés.

Folie...

Lorsque la Ville et le monde apprirent que le cardinal Hugolin d'Ostie allait succéder au Pape Honorius III sous le nom de Grégoire, frère Hermann, qui connaissait bien le jeune Empereur, comprit que de la rencontre de tels hommes ne pourrait naître que le suprême Bien, ou le suprême Mal.

Dès l'abord ils se heurtèrent : huit mois après son élection, le Pontife excommuniait Frédéric pour le peu d'empressement qu'il mettait, en dépit de ses promesses solennelles, à partir en croisade. Le grand maître, alors, se mit à l'œuvre. Son habileté de diplomate eut finalement raison de l'intransigeance de Grégoire qui, même après que Jérusalem eut été délivrée, s'entêtait à ne point pardonner à l'Empereur.

Frère Hermann, alors, s'assigna une tâche. Pour la vie.

Puisque Grégoire comme Frédéric voulaient bien lui tendre la main en amis, il prendrait celle de l'un, il prendrait celle de l'autre, et de toutes les forces que Christ lui donnerait il les rapprocherait jusqu'à ce qu'elles se joignent.

Tant de fois il crut avoir enfin réussi... Et tant de fois il dut à nouveau monter sur son destrier pour galoper de la Curie romaine à la Grande Cour impériale, de la Grande Cour impériale à la Curie romaine, afin de renouer les fils d'une trame qui n'en finissait pas de se déchirer.

Tant de fois...

Jusqu'à ce que ses jointures le fassent souffrir au point qu'il puisse à peine trouver la force de monter à cheval...

Mais ce soir, il le sait, tout est consommé.

Bientôt, parmi les chrétiens, ce sera la guerre. Une guerre inexpiable. Une guerre plus terrible encore que celles qui opposèrent, jadis, le Sacerdoce et l'Empire. Une guerre qui ne prendra fin qu'avec la destruction d'un des deux adversaires !

Qui va réfréner les colères du Pontife, lorsque Hermann ne sera plus là ? Et celles, plus effrayantes encore, de l'Empereur ?

Des deux hommes, c'est sans doute à ce dernier qu'il a voué le plus d'amitié – peut-être parce qu'il a l'âge d'être son fils... Et c'est lui, justement, qui l'inquiète le plus. Si avide de tout savoir, au point qu'il se pose des questions qu'aucun être sensé ne devrait se poser, où va-t-il aller, si plus personne auprès de lui n'a assez d'amitié, de courage et de sincérité pour le remettre dans le chemin d'où pourrait l'écarter sa curiosité insatiable ?

Et ce terrible affrontement survient alors même que de mystérieux barbares, bien pires et plus nombreux que tous les païens de la Baltique, ravagent les marches de la Chrétienté !

Qui sont ces Tartares qui osent menacer jusqu'au roi de Hongrie ? Ne sont-ils pas envoyés par Dieu pour punir les hommes de leur aveuglement et de leurs péchés ?

Oh, Seigneur, non, ayez pitié !

Mais, s'ils viennent, du moins les chevaliers de la Maison allemande sauront-ils les combattre.

Car s'il a échoué dans sa noble tentative de réconcilier les deux têtes de la chrétienté, frère Hermann, à l'heure de rendre ses comptes à son Créateur, n'a-t-il pas la consolation d'avoir mené à bien l'autre œuvre à laquelle il a voué ses efforts ?

À cet Ordre Teutonique dont il a la charge, il a donné un lustre jusqu'à lui inconnu. Parce qu'il l'a voulu, parce qu'il a compris que c'était là-bas qu'ils rendraient le mieux service à Dieu, les chevaliers de la Maison allemande, par leur foi, leur courage, leur sacrifice, étendent chaque jour un peu plus l'ombre de la croix sur les terres païennes de la Baltique.

Si cela ne portait ombrage à son humilité, frère Hermann pourrait être fier de ses chevaliers !

Dans son regard perdu, pourtant, quand s'ouvrent ses paupières, on lit le désespoir.

Tout à l'heure, dans sa fièvre, il a rêvé.

Il a vu, dans une chevauchée effrénée, les cavaliers au manteau blanc abattre leurs lourdes épées sur des femmes, des vieillards et des enfants...

Faut-il que cela le trouble ? Il en est ainsi dans toute guerre, si sainte soit-elle ! Et chacun connaît la barbarie des guerriers païens !

Ce n'est pas cette vision, en effet, qui le trouble. C'en est une autre. Quand s'arrêta la chevauchée, sur la plaine jonchée de cadavres, il a vu le plus grand des chevaliers ôter son heaume noir. Son visage, sa barbe, ses yeux même n'étaient plus ceux d'un homme : ils étaient, comme son heaume, entièrement faits d'acier !

Seigneur, pour enflammer le cœur des guerriers, l'amour ne suffit pas ! C'est terrible à dire, Seigneur, mais Tu le sais, pour enflammer le cœur des guerriers, fussent-ils Tes soldats, il faut un peu de haine !

Frère Hermann, donc, a excité en eux, avec l'amour du Christ, la haine des païens.

Mais la haine, une fois plantée, croît plus vite que l'amour.

Ses chevaliers déjà pensent trop à la guerre, et plus assez à la paix de Dieu, dont il serait si beau qu'on pût l'établir sans recourir aux armes.

C'est ainsi qu'il a dû réfréner l'ardeur de ses frères de Livonie toujours prêts à aller se battre – bien qu'ils soient menacés par les féroces Lituaniens – contre les Russes schismatiques.

Schismatiques, peut-être, mais chrétiens! Quelle folie! Depuis qu'aux côtés de l'Empereur frère Hermann a connu l'émir Fakhr ed-Din et approché le sultan al-Kamil, il sait qu'il est même chez les sarrasins des princes et des nobles qui sont plus près de Dieu que bien des grands seigneurs qui se disent chrétiens. Quand il aidait Frédéric à négocier avec le soudan de Babylone, combien de fois, patiemment, a-t-il dû expliquer à ses propres moines soldats, tout dévorés du désir de combattre pour la croix, pourquoi il était juste de vouloir faire la paix avec ce sarrasin-là!

Dès lors, si fort qu'il vénère la Sainte Église catholique et romaine, comment pourrait-il laisser les chevaliers du Christ attaquer la Russie chrétienne lorsque tant de barbares païens rôdent encore le long de la Baltique? Pas d'assaut inutile contre les Russes aussi longtemps qu'eux-mêmes ne pactiseront pas avec les ennemis de Dieu!

La nuit est depuis longtemps tombée.

Un chapelain de l'Ordre a reçu l'ultime confession du frère Hermann von Salza.

Alors que déjà il s'éloigne, dans un dernier effort le vieil homme remue encore les lèvres. Si quelqu'un se penchait à cet instant vers lui, dans un faible murmure il entendrait ceci :

« Empêche de croître, Seigneur, l'arbre de la haine. Fais que mes chevaliers... Tes chevaliers... dans les terribles épreuves qui viennent... Fais que les chevaliers de la Maison allemande gardent l'amour au cœur!

« Et que la Prusse chrétienne devienne à tout jamais la terre de la paix! »

Il se tait, la bouche ouverte, les yeux perdus.

Plusieurs heures encore il va rester ainsi. Insensible, immobile.

Est-il passé?

Par deux fois devant ses lèvres on est venu porter un plateau poli, par deux fois un mince souffle est venu embuer la surface brillante.

Au troisième passage, elle reste tout unie.

C'est fini.

Demain, avant de faire transférer le corps dans sa commanderie, la plus proche de Salerne, le commandeur de Barletta prendra sa plume et écrira trois lettres.

La première apprendra aux grands commandeurs de l'Ordre qu'il doivent sans tarder réunir un chapitre général, qui donnera aux chevaliers de la Maison allemande un nouveau grand maître.

Les deux autres apprendront à Grégoire et à Frédéric qu'ils ont perdu leur ami.

Le seul lien qui – malgré eux – les unissait encore.

Par la porte grande ouverte montent déjà les chants.

Seigneur, accueillez l'âme de frère Hermann, qui, de tout son cœur, fut Votre serviteur!

LA SENTENCE
L'an du Seigneur 1239, le jeudi saint 24 mars, fête de saint Gabriel archange

Des gants tissés d'or dissimulent ses mains tavelées de vieillesse où courent de grandes veines bleuâtres.

Une haute tiare blanche qu'un diadème vient cercler couronne sa tête chenue qu'il maintient toujours droite malgré le poids des ans.

Sa maigreur s'enveloppe d'une grande chape de pourpre bordée de bandes dorées, sur laquelle retombe une large étole blanche ponctuée de croix noires.

De ses doigts qu'il ne parvient plus à commander tout à fait, il serre autant qu'il peut son bâton pastoral d'argent tout constellé de sculptures et de gemmes.

Il est chaussé de pourpre comme les Empereurs de Rome et de Byzance.

Accrochée à sa peau de vieux parchemin, une longue barbe blanche donne une grave noblesse à ses traits décharnés où se dessine déjà le visage de la mort, qui viendra le saisir le jour où Dieu voudra.

Mais au fond des orbites profondément creusées brille une flamme intense. Comme si les forces chassées par la vieillesse des membres de ce corps que l'on croirait débile, au lieu de se dissoudre comme chez les autres humains, s'étaient au contraire rassemblées, concentrées.

Dans deux yeux.

Devant lui, à ses pieds, emplies de tout ce que Rome compte de dignitaires, religieux ou laïcs, s'étendent, vastes et majestueuses, les cinq nefs de Saint-Jean-de-Latran.

Sur le fond de l'abside trône dans Sa gloire, entouré des Apôtres et des évangélistes, le Christ Pantocrator.

« Nous, Grégoire, évêque, serviteur des serviteurs de Dieu... »

Là-haut, lentement, sombrement, sonnent les cloches.

Debout devant l'autel, debout dans les travées, alignés par dizaines, prêtres et moines, immobiles, tiennent dans leurs mains un cierge.

En ce jeudi saint de l'an mil deux cent trente-neuf, depuis le trône de Saint-Pierre dressé sous le haut baldaquin tout doré et sculpté, sa voix encore puissante vibrant de colère contenue, le Pape Grégoire IX fulmine contre Frédéric II la sentence d'excommunication.

S'il a en apparence respecté la tradition qui commande d'attendre cette date pour annoncer au monde une pareille nouvelle, il y a quatre jours que les dés sont jetés : le dimanche des Rameaux, réunissant les cardinaux en consistoire secret, Grégoire leur a donné lecture de la bulle qu'il venait de sceller. Il a voulu sans attendre les mettre devant le fait accompli, car il sait qu'une lettre est en route, que, dans une ultime tentative pour détourner la foudre, Frédéric, alternant flatteries et menaces, leur a écrit pour qu'ils le préservent du coup qui devait le frapper. Il ne lui laissera ni le temps ni le plaisir de semer la division dans la Curie !

> « En vertu de la toute-puissance du Père, du Fils et du Saint-Esprit, des Apôtres Pierre et Paul, ainsi que de celle que Nous détenons par Nous-même, Nous excommunions et anathématisons Frédéric, que l'on nomme Empereur, pour avoir provoqué, dans la ville de Rome, un soulèvement contre l'Église romaine, par lequel il avait l'intention de chasser de son siège le Pontife romain et ses frères, de porter atteinte à l'honneur et à la dignité du Siège apostolique, à la liberté de l'Église, ainsi qu'au serment par lequel il lui était subordonné. »

Ainsi l'heure est enfin venue.

Dieu est témoin que Grégoire a tout fait pour éviter cela ! Longtemps, faisant violence à ses sentiments profonds, il a écouté Hermann von Salza, qui, dans sa grandeur d'âme et son inébranlable fidélité, assurait le Pontife qu'il ramènerait toujours Frédéric dans la voie de la raison, et de fait – pour un temps – y parvenait souvent. Longtemps, face aux empiétements que l'Empereur se permettait sur les droits sacrés du Saint-Siège, il a accepté compromis et accommodements.

Il a eu tort.

> « Nous l'excommunions et l'anathématisons également pour avoir refusé de laisser occuper certains évêchés et d'autres églises libres à l'intérieur de son royaume. »

Consciente du drame qui se noue, dans la vaste basilique, l'assemblée tout entière semble, oppressée, retenir son souffle.

Lorsqu'il y a plus de dix-huit ans, alors qu'il n'était encore qu'Hugolin de Segni, cardinal d'Ostie, il avait remis lui-même la croix à l'Empereur lors de son couronnement, Grégoire avait cédé comme les autres au charme du jeune souverain que les Allemands émus appelaient avec affection « l'enfant d'Apulie »...

Alors qu'on avait pu croire invincible l'Empereur Othon de Brunswick, il avait suffi que paraisse, dans l'éclat de ses seize ans, le jeune roi de Sicile, pour que les villes d'Allemagne ouvrent toutes grandes leurs portes...

> « Nous l'excommunions et l'anathématisons également pour avoir capturé, emprisonné, dépossédé et tué certains ecclésiastiques dans son royaume. »

Lors de son élévation à l'Empire, Frédéric s'était engagé à aller en Terre sainte libérer le Saint-Sépulcre des mains des infidèles.

Mais bientôt celui qui se proclamait Empereur des Romains avait montré sa vraie nature en retardant sans cesse, de fausses excuses en vrais mensonges, son départ en croisade. Même le trop patient Pape Honorius avait fini par se lasser de ses atermoiements. Lorsque Grégoire fut lui-même élevé au trône de Pierre, quelques mois de pontificat suffirent à lui dessiller les yeux. Comme il avait justement fait, alors, d'excommunier l'orgueilleux souverain ! Il fallut bien toute la diplomatie de Hermann von Salza, tout le désir de paix du Pontife, pour que celui-ci se résolût à lever la terrible sanction.

Car si Frédéric, enfin, avait bien repris Jérusalem, c'était au prix d'un accord infamant avec le soudan de Babylone, seigneur des infidèles, qui, au mépris du Christ, venaient prier leur faux dieu dans l'enceinte du Temple de Salomon, sous la protection de celui qui se disait Empereur des chrétiens!

> « Nous l'excommunions et l'anathématisons pour avoir détruit et laïcisé dans son royaume des églises consacrées au Seigneur. »

Les années ont passé, pendant lesquelles Frédéric, tout en s'ingéniant à faire en apparence bonne figure au Saint-Siège, quand il ne se répandait pas en protestations d'amitié, n'a pas ménagé les avanies à celui-ci.

Ainsi n'a-t-il pas hésité à rompre l'arbitrage rendu six ans plus tôt par Grégoire entre lui-même et les villes de Lombardie ni à faire peu de cas des accords passés sur le pourvoi des évêchés de Sicile. Mais des querelles de ce genre, hélas, n'ont été que trop fréquentes dans l'histoire agitée du Sacerdoce et de l'Empire!

Cette fois, en vérité, il y a bien plus grave...

Observant tous les faits et gestes de l'Empereur, Grégoire l'a peu à peu compris.

La vérité est simple et terrible.

Cet homme-là ne craint pas Dieu!

Même Henri IV devant Grégoire VII, même Frédéric Barberousse devant Alexandre III, si loin que les aient entraînés leurs prétentions et leurs ambitions, gardaient au fond d'eux-mêmes la crainte du Seigneur.

Pas Frédéric II.

Grégoire, sans doute, ne peut rien prouver. L'Empereur veille scrupuleusement à se comporter en bon chrétien; il se réclame sans cesse de Jésus-Christ, traque partout l'hérésie...

Pourtant...

Il y a bien des indices. Son amour scandaleux pour tout ce qui vient des sarrasins... Son admiration pour l'ancienne Rome – la Rome païenne, la Rome d'avant Constantin... Les expériences étranges auxquelles on prétend qu'il se livre au fond de ses châteaux, pour satisfaire une curiosité maladive...

N'a-t-il pas eu l'audace de demander à des mages sarrasins pourquoi le païen Aristote postulait que l'Univers avait existé de toute éternité? Le seul fait de poser pareille question ne revient-il pas à mettre en doute l'existence du Créateur?

Pas de preuves.

Mais une certitude!

Qu'est donc cet homme, Seigneur, s'il ne Te redoute pas?

Sinon un tyran!

Le plus terrible de tous, car il n'est en lui-même aucun frein qui le retienne.

Les lois qu'il prétend imposer au nom de la raison, que sont-elles, sinon les caprices qu'engendre son cerveau aveuglé d'orgueil et d'ambition?

Qui osera lui faire des remontrances lorsqu'il fera le mal, s'il n'écoute même pas la parole de Dieu?

Qui protégera les peuples de son arbitraire?

> « Nous l'excommunions et l'anathématisons parce que, contrairement à son serment, il s'est emparé des évêchés dans l'île de Sardaigne. »

Comme il a eu tôt fait de flairer le mal chez Frédéric, le Pontife a jadis, d'instinct, flairé le bien.

C'était chez un petit moine qui s'était présenté, sans rien, à la Curie.

Sans rien..., sinon le rêve de ramener l'Église à la pureté des premiers âges.

Certains le croyaient fou – au mieux simple d'esprit; d'autres voyaient en lui un imposteur, mais pas le cardinal Hugolin d'Ostie. Dès qu'il vit et entendit François d'Assise, il comprit que c'était Christ lui-même qui l'inspirait. Il résolut alors d'assister cet homme de Dieu – l'être le plus pur peut-être que la terre ait porté depuis Notre-Seigneur! Il serait son intermédiaire avec le monde corrompu d'ici-bas; lui-même, Hugolin, si imparfait pourtant, écarterait de son chemin les obstacles que dresseraient devant lui l'aveuglement et la malignité des hommes, afin que son esprit puisse se consacrer tout entier à la tâche immense de revivifier l'Église du Christ, trop souvent éloignée de l'Évangile par la faiblesse de ses serviteurs.

En la personne de François d'Assise, c'était un peu comme si Christ était revenu sur la terre renouveler Son message.

Hugolin, en son temps, a beaucoup médité sur les prédictions de l'abbé Joachim de Flore, qui annonçait pour prochaine la venue du troisième âge du monde – l'âge de l'Esprit saint. La venue de François n'y préludait-elle pas, comme celle de Notre-Seigneur avait ouvert l'âge du Fils?

Mais le retour de Christ – ou d'un être qu'Il inspire – ne doit-il pas s'accompagner de la venue de l'Antéchrist – ou d'une de ses créatures?

Le Pape pense souvent à l'une des prédictions de frère Joachim : à l'aube du troisième âge un empereur viendra flageller l'Église, comme, au commencement du second, les empereurs païens la persécutaient, comme, à l'aurore du premier, Pharaon tyrannisait les enfants d'Abraham...

N'est-ce pas là pour Grégoire l'explication ultime de cette aversion que depuis douze ans Frédéric lui inspire, image inversée de cet amour qu'il ressentait si spontanément pour François?

> « Nous l'excommunions et l'anathématisons pour avoir, dans son royaume, dépouillé les Templiers et les Hospitaliers de leurs biens mobiliers et immobiliers, sans leur verser les dédommagements convenus par traité. »

Lorsqu'il reçut les nouvelles de la bataille de Cortenuova, Grégoire pria, et pleura, de rage et de tristesse.

Mais que pouvait le Pape quand déferlaient sur l'Italie, dans leur grand arroi de guerre, les chevaliers allemands? Quand galopaient sur leurs fins chevaux, plus vifs que des démons, les cavaliers sarrasins? Quand les villes soumises dépêchaient à leur maître piétons et cavaliers armés de pied en cap?

Que pouvaient les soldats des Clés de Saint-Pierre face à l'armée impériale?

Si fort que cela coûtât à son ombrageuse fierté, le Pontife a courbé le dos, dans l'espoir de jours meilleurs, n'hésitant pas à assurer Frédéric de son amitié, se contentant d'encourager en sous-main, autant qu'il pouvait le faire sans sacrifier les apparences, tous ceux qui avaient encore assez de courage pour lui résister.

Il attendait un signe du destin.

Parfois, lorsqu'il se retournait sur sa couche sans trouver le sommeil, qui ne vient plus guère à cet âge, il venait – lui d'habitude si énergique – à perdre courage. Il voyait le Patrimoine de Saint-Pierre broyé dans un étau dont les mâchoires s'appelaient royaume de Sicile et royaume d'Italie. Et lorsque le tyran aurait fait de l'Italie entière une caserne pareille à celle des légions de l'ancienne Rome, Grégoire l'imaginait, tout droit sur son cheval, en haut des cols des Alpes, son œil de rapace posé sur les pays d'Allemagne dont il avait endormi les princes en se donnant l'allure de protéger leurs libertés...

Par une de ces nuits sans sommeil, il avait songé à cette lettre inquiétante que lui avait adressée Salvio Salvi, son légat auprès des rois de Hongrie et de Bulgarie...

Elle lui était parvenue vers la Noël, trois semaines après qu'on eut appris à Rome la victoire impériale. À l'en croire, une immense armée barbare s'apprêtait à surgir des confins du monde pour se jeter sur l'Europe, et son chef avait déjà envoyé un ultimatum à Béla de Hongrie. Celui qui en avait apporté la nouvelle, après s'être avancé jusqu'aux limites ultimes du pays de Rous, c'était frère Julien lui-même, que Grégoire avait personnellement reçu au retour de sa première mission au-delà de l'Ethyl. Le Pontife avait pris plaisir, alors, à l'entendre narrer ses aventures. C'était un de ces hommes qui ne se laissent pas impressionner par des racontars, en même temps qu'un de ceux dont le courage et le dévouement honorent l'Église de Dieu. La réalité de cette armée barbare semblait, hélas, ne faire aucun doute.

Que fallait-il en penser? Sans doute des peuplades sauvages surgissaient-elles d'âge en âge de ces régions désolées situées au septentrion du monde : il y a peu d'années encore les Coumans menaçaient la Hongrie chrétienne; avant eux il y avait eu les Petchenègues; et, huit siècles plus tôt, le roi Attila était parvenu jusque sous les murs de Rome, avec ses Huns cruels.

Avec l'aide de Dieu le puissant roi de Hongrie, s'ils l'attaquent vraiment, saura repousser ces mystérieux Tartares, comme il l'a fait jadis des Coumans et des Petchenègues.

À moins qu'il ne faille voir autre chose dans ce lointain orage qui menace la chrétienté?

Attila lui-même n'était-il pas le fléau de Dieu?

Cette nuit-là, lorsqu'il trouva enfin un mauvais sommeil, le Pape Grégoire rêva que le mal étendait son règne sur le monde... Il vit d'abord l'Empereur réduire en esclavage l'Église du Christ, son pasteur et son troupeau; ensuite jaillit des ténèbres la multitude des Tartares, aux visages de démons; dans des hurlements de joie satanique, elle écrasa sous les sabots de ses innombrables chevaux les chrétiens courbés sans force sous le joug du tyran... Et Grégoire, alors, le corps baigné de sueur sous son lourd édredon, s'est dressé sur son lit, la bouche grande ouverte..., surpris et soulagé de ne voir dans sa chambre ni l'Empereur ni les Tartares.

Le signe qu'il espérait, pourtant, est finalement venu le jour où, en dépit de sa puissance, Frédéric échoua devant Brescia.

Ainsi, il restait encore en Italie des forces suffisantes pour faire reculer l'Empereur!

Le Pape, ce jour-là, reprit confiance.

> « Nous l'excommunions et l'anathématisons pour avoir, dans son royaume, extorqué par voie de chantage des versements et des prestations spéciales des églises et des monastères. »

Alors vint l'heure du choix.

Choix terrible!

Grégoire est vieux, si vieux...

Plus de soixante-dix années qu'il est sur cette Terre...

Il semble si vénérable qu'il s'en trouve pour colporter qu'il a près de cent ans!

Pourtant, lorsque l'armée impériale s'est repliée devant Brescia, il a compris ce que le Seigneur attendait de lui.

Oui, il y avait en Italie, à Brescia, à Milan, à Alexandria, à Bologne, à Faenza, à Plaisance, des hommes assez courageux pour se dresser contre la tyrannie qui partout s'étendait.

Mais comment pourraient-ils, seuls, vaincre l'Empereur? Leurs villes sont bien remparées; il lui faudra les assiéger de longs mois durant. Parfois, comme à Brescia, il reculera. Mais comment, le temps passant, pourront-ils ne pas succomber, îlots de résistance et de fierté perdus dans un océan de servitude?

Seuls, ils sont trop faibles.

Seul, Grégoire est trop faible.

Ensemble?

> « Nous l'excommunions et l'anathématisons pour avoir retardé sans cesse le rétablissement de la puissance romaine en Terre sainte. »

Oui, Grégoire a compris ce que le Seigneur attend de lui. S'Il l'a laissé vivre jusqu'à ce jour, c'est pour qu'il mène l'ultime combat contre cette tyrannie impie qui menace le monde!

Qui protégera les peuples contre l'arbitraire?

Qui, sinon l'Église du Christ? Et son vicaire!

Pour cela il n'a plus qu'une arme.

L'excommunication.

Les premiers prétextes venus ont été les bons. On taxera le Pontife de mauvaise foi, de mensonge, de rancune. On le dira haineux, mesquin, calomniateur... Cela importe peu. Seul compte tout ce qui peut arrêter le tyran!

Il ne le laissera pas entrer dans Rome, il ne lui donnera pas le plaisir de cheminer jusqu'au Capitole dans l'appareil triomphal d'un César romain et de réduire le Pape à n'être plus que son évêque!

Demain une nuée de cavaliers portera la nouvelle aux quatre coins du monde.

Bientôt, à chaque grand-messe, au son des cloches, à la lumière des cierges, dans toutes les églises, comme aujourd'hui à Saint-Jean-de-Latran, les prêtres du Christ annonceront aux fidèles que Frédéric de Hohenstaufen est exclu de la communauté des croyants.

Nul ne devra plus avoir commerce avec lui, d'aucune sorte, sauf à s'exclure lui-même de la société des chrétiens!

Ses vassaux seront déliés de leur serment de fidélité, ses sujets ne lui devront plus obéissance!

Médite, Frédéric, le sort de Lucifer – le Porteur de Lumière, le plus beau des anges – qui voulut s'élever jusqu'à égaler Dieu et fut précipité dans les ténèbres en châtiment de son orgueil!

> « Nous excommunions et anathématisons le nommé Frédéric, en raison de tout ce qui précède, ce dont nous l'avons averti de la façon la plus expresse, sans qu'il ait voulu Nous écouter. »

Mais les évêques, les papes eux-mêmes, ont trop usé de l'excommunication. Cette sentence jadis si terrible, qui frappait de stupeur le condamné et éloignait de lui ses parents les plus proches, n'effraie plus autant. Frédéric, contre qui Grégoire l'a déjà prononcée il y a onze ans, n'en aura cure!

Le Pontife sait bien ce qui va désormais advenir.

Non pas la chute de l'Empereur maudit. Ce serait bien trop simple!

Ce qui va advenir, c'est que dans chaque province d'Italie, dans chaque ville, dans chaque famille, les hommes vont se dresser les uns contre les autres.

Les Guelfes vont se lever contre les Gibelins...

Les Gibelins contre les Guelfes...

Comme autrefois au temps de Barberousse.

Guelfes, partisans du Pape, que l'on nomme ainsi du nom de la maison de Welf, l'ancienne rivale de la maison de Souabe pour le trône impérial...

Gibelins, fidèles de Frédéric, qui tirent leur nom de la cité de Waiblingen, dont les Staufen sont les seigneurs...

Au premier rang du Sacré Collège, le puissant cardinal Colonna, qui a jusqu'au dernier moment tout fait pour éviter la rupture, cache ses futurs desseins sous des sourcils froncés et un visage fermé.

Une rumeur, tout au bout de la nef...

Ce sont des fidèles des Frangipani, les alliés romains de l'Empereur, qui, sans attendre la fin de la lecture, se sont levés, suivis de leurs parents et de leur clientèle, et, bruyamment, ostensiblement, tournant le dos au Pape, quittent la basilique.

La guerre, cette fois, sera sans merci.

Henri IV, excommunié, a dû aller à Canossa s'humilier devant Grégoire VII; Frédéric Ier, vaincu par les Lombards sur le champ de Legnano, a dû accepter à Venise les conditions d'Alexandre III...

Frédéric II ne s'humiliera pas, il n'acceptera aucun compromis. Grégoire le sait. Comme il sait que lui-même, pour ce qui lui reste de vie, jamais plus ne cédera quoi que ce soit à son adversaire!

Cette fois, entre le Pape et l'Empereur, entre le Sacerdoce et l'Empire, la guerre sera à mort!

Il se trouvera bien en Europe des princes assez chrétiens, ou assez ambitieux – ou assez téméraires – pour accepter des mains du Pontife la couronne des Césars et se jeter à l'assaut de l'Italie impériale ou de l'Allemagne, comme Frédéric lui-même l'a fait autrefois!

Et dans toute l'Europe les rois devront choisir. Henry d'Angleterre, Jacques d'Aragon, Sanche de Portugal devront se souvenir que leurs pères se sont reconnus vassaux du Saint-Siège. Louis de France, lui aussi, devra faire son choix entre l'alliance terrestre avec les Staufen et l'amour qu'il ressent pour Dieu et Son Église.

Ce que la voix vibrante du Pape Grégoire annonce à la Chrétienté, c'est que s'ouvre aujourd'hui non la lutte de deux puissances terrestres, encore moins de deux hommes...

Mais la lutte titanesque de Christ et d'Antéchrist!

La lutte de la Lumière contre les Ténèbres!

Car, Empereur Frédéric, toi qui admires tant les empereurs d'autrefois, quoi que tu prétendes, tu n'es pas Constantin.

Tu n'es pas Charlemagne.

Tu n'es pas même Auguste, le grand empereur païen.

Moi, je sais qui tu es.

Tu es Néron!

> « Parce que, en raison de ses discours et de ses actes, il est accusé par beaucoup de gens dans le monde entier de ne pas avoir la vraie foi chrétienne, nous procéderons, avec l'aide de Dieu, en temps et en lieu opportuns, comme la loi le prescrit en ce genre de chose. »

L'irréparable est accompli.

L'assemblée reste immobile et muette, comme frappée par la foudre.

Seuls grondent, sinistres, annonciateurs de mort, les lourds battants de bronze, tonnant contre les panses des énormes bourdons.

Personne ne lève les yeux vers le Christ dans l'abside.

Sur le rouleau qu'il tient on lirait : *Le Seigneur donne la paix.*

Dans Saint-Jean-de-Latran, comme le veut la coutume, prêtres et moines, par dizaines, soufflent d'un coup les cierges, plongeant dans la nuit la vaste basilique qu'un jour triste et gris n'a pas la force d'éclairer.

Et tous s'écrient en chœur :

> « Dieu éteigne ainsi la vie de l'excommunié! »

LE GOÉLAND

L'an du Seigneur 1239, le samedi 26 mars, fête de saint Castule

Le printemps a chassé les nuages.

Hormis quelques traînées laiteuses, le ciel est bleu jusqu'à l'horizon. D'un bleu tendre comme si le soleil qui l'éclaire n'osait pas encore dépouiller sa pâleur hivernale.

À cette hauteur, on croirait embrasser du regard toute la Livonie.

À condition de savoir ce qu'est la Livonie...

Mais le goéland ne le sait pas.

Lui qui du haut des cieux jouit de spectacles inconnus aux humains demeure indifférent à ce qui les agite.

Ce qu'il voit, loin sous lui, ce n'est pas le golfe de Riga.

Ce n'est qu'une étendue d'eau parmi d'autres...

Une réserve de poissons parmi d'autres!

Car son univers est peuplé d'oiseaux et de poissons, et dans son langage de goéland, il doit appeler *Eau* ce monde d'ici-bas que nous appelons *Terre.*

Autour de l'eau, c'est vrai, il y a beaucoup de terre...

C'est nécessaire pour faire son nid, mais, cela mis à part, ce n'est pas très intéressant, car on n'y trouve guère de poissons!

On y rencontre en fait toutes sortes d'animaux bizarres et inutiles... Sauf parfois quand ils meurent vu que l'on peut alors en manger un morceau, ou lorsqu'ils sont vraiment tout petits parce qu'on peut s'en nourrir après les avoir tués soi-même...

Il y a tout de même un curieux animal à deux pattes dont l'existence est de quelque intérêt, car dans les endroits où il vit on trouve beaucoup de nourriture.

On le croise parfois sur l'eau, monté sur des espèces de baleines avec des ailes sur le dos.

Dans le sillage de ces baleines ailées, on pêche souvent de bonnes choses que les animaux à deux pattes abandonnent derrière eux... Des morceaux de poisson ou de viande, par exemple, qu'ils ont dû oublier de manger...

Justement, aujourd'hui, la fantaisie a pris au goéland de quitter pour quelques heures son univers aquatique peuplé d'oiseaux et de poissons pour aller rôder autour des bipèdes et voir ce qu'ils ont pu jeter de bon.

Devant lui, au fond du golfe, s'ouvrent les bouches d'un fleuve.

Il se tord jusqu'à l'horizon, au milieu d'une terre plate couverte de forêts.

Ici, sur la côte livonienne que dominent les chevaliers allemands, il a pour nom Düna; plus loin, il longe le pays des Lituaniens qui le nomment Daugava; plus loin encore il s'enfonce dans le pays des Russes, qui l'appellent Dvina.

Le goéland, quant à lui, ne voit qu'un large ruban d'eau, sans doute plein de poissons, au bord duquel habitent, de loin en loin, ces animaux bipèdes qui jettent de si bonnes choses.

Il lui importe peu qu'ils s'appellent Allemands, Lituaniens ou Russes.

Dans son univers d'eau, d'oiseaux et de poissons, il ne sert pas à grand-chose de savoir distinguer ces trois espèces-là!

Il leur arrive de se battre entre elles.

Cela doit vouloir dire qu'elles se disputent une nourriture!

C'est bien normal...

Et cela n'a pas grande importance dès lors qu'elles ne viennent pas disputer le poisson aux goélands!

Mais, direz-vous, le goéland, dans sa petite cervelle de goéland, ne peut pas se dire tout cela!

Peut-être, peut-être... Mais qu'en savez-vous?

Rappelez-vous comment frère François – je veux dire saint François d'Assise – parlait aux oiseaux, qu'il appelait ses frères! Et comment les oiseaux l'écoutaient...

Voyons, rappelez-vous!

Il cheminait sur la route d'Assise à Spolète.

En approchant de Bevagna, il les rencontra qui l'attendaient, innombrables, dans la prairie et dans les arbres.

Il les bénit aussitôt, et, les voyant ainsi immobiles et attentifs, il leur fit alors un sermon plein de douceur et d'amour, les exhortant à remercier tout le jour le Seigneur qui leur avait donné pour s'ébattre l'immensité du ciel et mettait en abondance la nourriture à leur disposition, si bien qu'ils avaient rarement à se préoccuper du lendemain!

Les oiseaux, tout heureux de ce discours, remuaient leurs ailes et tendaient le cou pour mieux voir le saint homme. Se gardant bien de l'importuner de leurs chants, ils restèrent sagement auprès de lui aussi longtemps qu'il ne leur eut point donné la permission de s'envoler.

Prétendrez-vous mieux que François d'Assise savoir ce que pense un goéland?

Le goéland, donc, descend en tournoyant au-dessus de la Düna.

C'est qu'il arrive au-dessus des nids des bipèdes!

Gris, bruns ou rouges, les nids de toutes tailles se pressent les uns contre les autres le long du fleuve. Sur la berge, les baleines ailées se reposent.

Si frère François était là pour lui parler, il dirait au goéland que cet endroit, c'est la ville de Riga, et que le premier nid y fut construit au début de ce siècle par un évêque allemand, assisté de quelques chevaliers. C'était un fort de bois qui protégeait un marché où les baleines ailées des marchands germaniques – ou plutôt leurs bateaux, comme on dit en langue humaine – venaient charger leur ventre des denrées livoniennes.

Quand ils n'y faisaient pas de commerce, les bipèdes s'y battaient beaucoup : les Lives qui habitaient tout d'abord la région tentèrent de massacrer les Allemands, qui arrivaient de plus en plus nombreux; ils n'y parvinrent pas et la ville n'a pas cessé de s'agrandir, bien qu'elle eût presque entièrement brûlé quinze ans après sa fondation. Aujourd'hui c'est une cité prospère dominée par la masse de sa cathédrale et de son château. L'évêque Nicolas s'efforce d'y sauvegarder son autorité face à l'encombrante puissance des chevaliers Teutoniques, dont l'étendard noir et blanc flotte sur la forteresse. S'ils sont venus l'aider à lutter contre les païens, ils commencent à témoigner de fâcheuses tendances à empiéter sur ses pouvoirs et sur ses privilèges...

Sous les ailes du goéland se dressent les tours du château des chevaliers et de la vaste cathédrale de brique, les clochers de l'église de Juris ou de l'église Saint-Pierre, ou bien encore de Saint-Jacques, pour ne citer que ces trois-là... Les maisons sont de bois, aux grands pignons pointus. Les plus hautes, les plus belles, se pressent près du port, là où vivent les marchands germaniques. On aperçoit de nombreux chantiers que l'hiver a gelés : on bâtit des maisons pour les corps, des églises pour les âmes...

Le goéland descend, descend... jusqu'à se poser sur une baleine ailée qui dort sur la berge...

Il y a de bonnes odeurs, par ici, il doit y avoir du bon poisson...

D'ailleurs il y a beaucoup d'autres goélands à l'affût, dirait-on...

Tiens, voilà deux bipèdes qui marchent le long de la berge... Un en noir et un en blanc... Ils s'arrêtent près de ma baleine... Ils me regardent. Je n'aime pas beaucoup ça. Les bipèdes ne sont normalement pas très dangereux, mais tout de même... Quand on regarde avec insistance un animal d'une autre espèce, c'est de peur qu'il ne vous mange – ce qui n'est pas leur cas – ou bien pour le manger – ce qui se pourrait bien... Mieux vaut s'éloigner un peu...

« Oh, je crois bien que nous l'avons effrayé! » s'écrie frère Jérôme en souriant. Avec Cyrille, il regarde le goéland s'élever, tourner, planer et aller se poser plus loin, sur un pilier d'appontement.

Tous deux aiment ces oiseaux. Ils sont comme le symbole de la mer, de cette mer qu'ils ont découverte cet hiver pour la première fois de leur vie, de cette mer qui a tant aidé leurs âmes à retrouver la paix.

Ils sont arrivés à Riga au début de décembre, à la suite de l'armée victorieuse de Rainfried von Waldberg. Celui-ci avait pris beaucoup d'intérêt à écouter le récit de leur odyssée que lui fit Jérôme. Il posait toutefois peu de questions, et presque uniquement d'intérêt militaire. Il fit surtout préciser au jeune Hongrois ce à quoi ressemblaient les régions de Lituanie où il était passé, et surtout ce fameux pils de Varuta, la principale forteresse du grand-prince des païens. Le commandeur se recueillit un instant pour prier lorsqu'il connut la fin terrible d'un de ses frères, sacrifié au soir du solstice d'été sur l'autel des démons. Il considéra d'abord avec suspicion le jeune moine russe, avec qui il ne pouvait converser puisque, contrairement à Jérôme, il ignorait le grec; mais le Dominicain lui exposa que, bien qu'il fût schismatique, il n'était guère de meilleur chrétien que Cyrille. Rainfried – à qui Jérôme se garda bien d'avouer le reniement auquel Mindaugas les avait contraints – voulut bien le croire. Lorsqu'il sut de quelle mission l'évêque Mitrophane avait chargé Cyrille, il s'inclina même avec un profond respect devant la Vierge de Vladimir. Il considérait avec réprobation l'idolâtrie des Russes pour les icônes, mais il dut bien admettre que cette image représentait mieux Marie que toutes celles qu'il avait vues jusqu'alors. Il ordonna donc qu'on l'emballât avec soin, car Cyrille n'avait plus pour la protéger qu'une méchante toile déchirée, et traita dès lors le moine russe avec la même faveur que le moine hongrois.

Il les fit recevoir par l'évêque, à qui Jérôme dut à nouveau narrer leur aventure, et qui les envoya tous deux, munis d'un mot de sa part, au monastère de Dünamunde, que les moines de Cîteaux avaient bâti à quelques lieues de la ville, sur l'embouchure de la Düna.

C'est dans la paix de Dünamunde que Jérôme et Cyrille ont passé l'hiver. Les moines blancs, au début, accueillirent avec méfiance un religieux russe, mais Jérôme leur dit quelle hospitalité il avait rencontrée au monastère des Saints-Côme-et-Damien, à Souzdal, et la gentillesse de Cyrille eut bien vite raison des préventions qu'il inspirait à ses frères catholiques.

Ce fut pour les deux hommes comme une résurrection. Il y avait plus de dix mois qu'ils avaient quitté Souzdal, et ils avaient depuis lors traversé tant d'épreuves... Les Tatars... Le froid... La faim... Les Lituaniens... L'esclavage... Les travaux forcés... La mort de la douce Janité dans la terrible chute du pils de Drulenai.

Par-dessus tout les hantait, cicatrice mal fermée qui déchirait leur âme, le souvenir du terrible reniement que leur avait imposé le grand-prince des païens.

Il leur semblait avoir vieilli de bien des années depuis leur première rencontre, dans l'atelier d'icônes...

Mais la paix de Dünamunde, comme une douce chaleur, gagna bientôt leurs cœurs.

Loin les combats des chevaliers et des païens, loin aussi les Tatars...

Vie paisible du monastère, réglée selon un ordre immuable... Coucher avec le soleil, lever vers la minuit pour chanter les vigiles, recoucher jusqu'à l'heure de matines, lever avec le jour, réunion du chapitre, messe matutinale, travail, messe conventuelle puis travail à nouveau, repas de midi, sieste et méditation, travail encore, vêpres, souper, complies... et coucher derechef.

Peu de travaux à faire à l'extérieur, en hiver... Jérôme et Cyrille furent envoyés au scriptorium, où l'on recopie les livres. Lorsqu'il vit leur talent, le prieur leur demanda de les enluminer. Ainsi, pour quelques mois, Jérôme réalisa le rêve qui l'habitait de décorer les livres, et Cyrille put accomplir la tâche au monde qui le rendait le plus heureux : peindre. Assis côte à côte, pendant des heures, sans relâche ils travaillaient, ne s'arrêtant que le temps d'un sourire, se donnant l'un à l'autre un avis, un conseil...

Enfin, il y avait la mer.

Ils ne l'avaient jamais vue.

Il n'y a pas de mer en Souzdalie. Il n'y a pas de mer en Hongrie, hormis l'Adriatique, au sud-ouest du royaume – mais Jérôme n'est jamais allé jusque-là. Lorsqu'on lui parlait de la mer, il pensait au grand lac Balaton, qui lui avait fait grande impression lorsqu'il était tout jeune.

Mais la mer, c'est autre chose!

Comme une image de l'infini, de l'immensité de Dieu, auprès de laquelle est posé, perdu sur sa langue de sable, le monastère de Dünamunde.

Et l'air! L'air de la mer a une autre odeur. Il pénètre en vous comme pour vous laver de l'intérieur, comme pour vous purifier.

Et les oiseaux! Quel humain n'a pas rêvé qu'il lui était donné de s'élever dans les airs et de survoler le monde, et de le voir comme, sans doute, Dieu le voit? Cyrille et Jérôme ne sont pas différents. Pourtant, ce rêve, ils ne l'ont jamais fait plus vivement qu'ici, en voyant mouettes et goélands surgir de l'infini, tourner un temps au-dessus des hommes, pour repartir ensuite se perdre dans l'immensité.

Certains jours, la brume vient voiler la limite entre l'eau et le ciel. La ligne de l'horizon, ultime frontière du monde, disparaît à la vue... Mais de cela les oiseaux ne s'effraient pas, continuant à aller et venir entre le monde restreint des hommes et le monde infini de Dieu...

Jérôme et Cyrille aiment à regarder mouettes et goélands...

Ils aiment à marcher, même les jours de grand froid, même les jours où elle gronde, sur le bord de la mer...

La règle monastique, le travail et la mer...

Tel fut leur hiver en Livonie.

Mais le printemps, aujourd'hui, est là.

Ils vont devoir partir.

S'ils sont restés à Dünamunde, c'est parce que en la saison d'hiver on ne voyage pas.

Cyrille et Jérôme continuent à arpenter la rive, regardant distraitement les barques et les kogges halées sur le sable ou alignées le long des quais de bois, devant les hauts entrepôts aux pignons pointus. Avec le printemps, avec le beau temps, le port semble frémir, pareil à un dormeur encore ensommeillé mais qui, confusément, sent qu'arrive bientôt l'heure de s'éveiller. Une kogge effilée, déjà, a hissé sa voile et glisse sur le fleuve, en direction du golfe.

Les deux moines se taisent.

Ils n'aiment pas cette kogge qui s'en va vers la Baltique sous le premier soleil de printemps.

Bientôt, songe Jérôme, sur une kogge pareille, Cyrille s'éloignera et se perdra sur l'horizon. Et Cyrille s'imagine, perdant de vue Riga et son ami, affronter l'immensité de la mer pour accomplir sa mission sacrée.

Dieu a voulu que Novgorod soit épargnée par les Tatars. C'est donc à Novgorod qu'il se rendra pour déposer l'image de la Mère aux pieds du prince Alexandre, fils du grand-prince Iaroslav, qui a succédé à son frère Youri sur le trône martyrisé de Vladimir et de Souzdal.

« Tu n'as pas besoin de partir... Nous La confierons à des gens sûrs, à d'honnêtes chrétiens... Nous prierons le commandeur Rainfried, ou l'évêque Nicolas, de Lui donner une escorte digne d'Elle. Elle n'a plus rien à craindre. Tu as fait ton devoir. L'évêque Mitrophane, du haut des cieux, doit te bénir... »

Cyrille reste un long moment immobile, silencieux, regardant la kogge qui s'éloigne.

« Mon devoir ne sera accompli que lorsque l'icône sera sous la protection des princes et du clergé de Russie. Jusque-là, qui sait ce qui peut advenir? Qui aurait dit que nous tomberions aux mains des Lituaniens alors que nous étions presque aux portes de Smolensk?

– Tu ne pourras rien faire de plus pour Elle que toute une escorte de bons chrétiens solidement armés...

– Si, car elle signifie pour moi bien plus de choses que pour n'importe lequel d'entre eux. Le voïvode Vassili aussi était solidement armé...

– Cyrille, que vas-tu devenir, là-bas, en Russie? Nous avons vu brûler Souzdal. Les Tatars ont tout détruit de ce qui t'était cher. »

Jérôme prend les mains de son ami.

« Ne t'inquiète plus pour Elle. Tu L'as sauvée. Viens avec moi en Hongrie. Nous entrerons ensemble dans le même monastère. Côte à côte nous enluminerons les livres, nous peindrons des images pour l'édification des hommes, et pour autant que le Seigneur nous prêtera vie, jusqu'à ce qu'aient chu et blanchi nos cheveux et que soit obscurcie notre vue, nous travaillerons ensemble à perfectionner notre art, et nous ferons chaque jour un peu plus beaux ces livres et ces images. »

Cyrille sourit doucement, comme il le fait si bien.

« Dis-moi! Que ferait un pauvre moine russe dans un monastère hongrois, catholique et romain?

– Romain ou grec, quelle importance? L'aïeul de notre roi a vécu des années à Constantinople! Notre reine Marie est fille d'un empereur grec et sa sœur est impératrice de Nicée! »

Cyrille regarde son ami droit dans les yeux.

« Frère, oublies-tu que tu as fait vœu devant Christ de cheminer sur les routes pour y prêcher Sa foi ? »

Jérôme rougit légèrement, baisse la tête.

« Et moi, en vérité, je dois remettre la sainte icône entre les mains d'Alexandre de Novgorod. Je dois le faire moi-même, tu comprends ? Je le dois. Nous pécherions tous deux, mortellement, si nous reniions aujourd'hui ce à quoi nous nous sommes voués. »

Cyrille n'a jamais dit – mais Jérôme l'a deviné – que dans ses rêveries il imaginait qu'il ne ramenait pas l'icône à Novgorod, qu'il la gardait pour lui seul... Parce que lui seul saurait L'aimer assez pour La préserver de toutes les embûches !

Parce qu'il La protégerait mieux que tous les princes de Souzdalie, qui n'avaient pas su La défendre de l'assaut des Tatars !

De temps en temps, il soulèverait un coin du voile qui La cacherait aux autres humains. Avec amour il Lui sourirait, et dans Ses grands yeux noirs il lirait la tendresse.

Mais, s'il agissait ainsi, ce n'est pas la tendresse qu'il lirait dans Ses yeux, ce serait la tristesse...

Il doit porter l'icône à Alexandre de Novgorod !

Les deux hommes ont repris leur marche silencieuse. Cyrille pose doucement la main sur l'épaule de Jérôme.

« Nous ne sommes pas encore séparés, mon frère. Il fait beau aujourd'hui mais le printemps est encore fragile. Je serais fou d'exposer Notre-Dame aux dangers de la navigation, et la route par terre reste pour longtemps difficile. Il faudra attendre des semaines encore... »

Allons, souriez-vous, frères. Des semaines..., c'est une éternité !

Le goéland est repu. Il n'a plus rien à faire près des nids des humains. Il pousse un petit cri, comme s'il les saluait, déploie ses ailes blanches et s'élève dans les airs.

Il s'élève...

Il s'éloigne...

La cathédrale de l'évêque, le château des chevaliers deviennent petits, tout petits... La Düna est à nouveau réduite à un large ruban d'eau.

À cette hauteur, on ne saurait deviner quels animaux habitent sur ses rives. Ni à quoi ils s'occupent...

D'ailleurs, quelle importance ?

Et le goéland, indifférent, se perd dans l'immensité du ciel et de la mer.

Laissant sur les quais de Riga deux jeunes hommes songer que là-haut, dans les cieux, il voit ce que voit Dieu.

LE MONASTÈRE DE PADOUE
L'an du Seigneur 1239, le lundi 28 mars,
fête de saint Gontran, premier jour de l'octave de Pâques

Ainsi il a osé!

Le ciel est étoilé. Le parc est silencieux.

Sauf lorsque s'interpellent les patrouilles de la garde, qui se croisent dans leurs rondes autour du monastère.

« Soldat de Rome!

– Soldat de l'Empereur! »

Soudain, un rugissement.

C'est un des léopards que Frédéric a amenés à sa suite, avec vingt-quatre chameaux et l'éléphant dont il ne se sépare jamais dans ses tournées triomphales.

Vêtu d'un bliaud fauve au liséré doré passé sur une robe incarnat, le dos couvert d'un grand manteau bleu sombre que retient sur sa poitrine une boucle d'agathe, tête nue, les mains nerveusement serrées derrière le dos, il marche de long en large dans la vaste pièce. Un grand feu brûle dans la cheminée qui en tient le haut bout. Le printemps naissant est encore frais...

Au-dessus du foyer deux larges écus sont accrochés. L'un est d'or et porte l'aigle noire de l'Empire, l'autre est de pourpre et s'orne des trois lions de l'Empereur.

Aux murs, de larges tapisseries célèbrent les hauts faits de Constantin, de Charlemagne, d'Auguste ou d'Alexandre...

Couverte jusqu'au sol d'un drap de velours vert, une longue table se dresse au centre de la salle. Dessus, quelques livres aux superbes reliures, des parchemins vierges, un encrier d'étain et une plume d'oie, un chandelier d'argent... À son extrémité, un trône drapé de rouge et de violet.

Autour, posés en un apparent désordre sur des coffres sculptés, ou dressés sur le sol, des objets divers, toujours splendides, parfois étranges. Le plus beau en est une horloge astronomique d'or et de pierreries...

Aux poutres du plafond pend un lustre d'airain.

Voici plus de deux mois que l'Empereur est à Padoue, où l'a invité son fidèle Ezzelino – depuis un an son gendre – pour contrecarrer les menées de son frère Alberico da Romano, du marquis Azzo d'Este et de quelques autres nobles jaloux de sa puissance grandissante, récompense de l'aveugle fidélité qu'il porte à son maître.

Le souverain a pris logis, avec toute sa Cour, au monastère de Sainte-Justine, où l'abbé Arnold et ses moines ont le coûteux honneur de veiller à ce qu'il ne manque de rien.

Depuis son arrivée, il sait que l'on approche du point de non-retour. Pour apaiser le Saint-Siège, il a renouvelé ses édits contre les hérétiques. Pour lui donner à réfléchir, il en a appelé aux cardinaux contre son despotisme.

Devant la Cour et le peuple, il n'a cessé d'afficher la plus parfaite sérénité. Depuis deux mois chasses et fêtes se succèdent. Le dimanche des Rameaux, il y a une semaine, il est apparu au milieu des Padouans qui se divertissaient, selon leur ancienne coutume, dans la prairie municipale du Prato della Valle, entre la ville et le monastère, en se livrant à toutes sortes de jeux. Du trône surélevé qu'il se fit installer, il contempla joyeusement les festivités, avant de laisser son chancelier Pierre des Vignes donner libre cours à sa riche éloquence en prononçant un discours célébrant la grandissime affection et l'infinie bienveillance que l'Empereur éprouvait pour sa bonne ville de Padoue et pour ses habitants.

Lequel des sujets pleins de respect qui écoutaient alors pouvait s'imaginer qu'au même instant, à Rome, le Pape Grégoire annonçait à ses cardinaux sa décision de lancer contre ce maître si généreux et si serein la terrible sentence d'excommunication?

Même s'il a espéré jusqu'au bout éviter la rupture, il n'est guère surpris. Il y a des mois qu'il y est préparé. Il va écrire aux rois d'Europe pour les mettre en garde contre l'appétit de puissance du Saint-Siège : si le pouvoir impérial vient à succomber, la théocratie romaine asservira tous les souverains, à commencer par le roi de France, en dépit de sa piété.

L'Empereur marchera donc sur Rome pour soumettre son rival. Il envahira le Patrimoine de Saint-Pierre qui coupe en deux ses territoires italiens. Il ira débusquer le vieillard fanatique jusqu'au fond de son palais du Latran!

Quelles pauvres raisons celui-ci n'a-t-il pas trouvées pour l'excommunier!

Vieilles querelles sur le pourvoi des évêchés ou sur l'argent obtenu des églises et des monastères... Est-ce pour cela qu'on excommunie?

Oser affirmer qu'il a retardé sans cesse le rétablissement de la puissance romaine en Terre sainte, lui qui a recouvré Jérusalem! Quel mauvaise foi éhontée!

La vérité, c'est que le Pape le hait. Depuis toujours.

Pourquoi pareille haine? Frédéric n'a-t-il pas toujours respecté l'enseignement de la foi catholique? N'a-t-il pas rendu aux chrétiens le sépulcre du Christ? Ah, certes, le Pape n'accepte pas que l'Empereur redevienne son égal, comme au temps de Constantin! Mais la haine, chez Grégoire, dépasse la vieille rivalité des Papes et des Empereurs...

Ce qui terrifie le Pontife, ce ne sont pas tant les ambitions impériales – elles ne sont pas nouvelles.

Ce qui le terrifie et le met en fureur, c'est que Frédéric ait entrepris de chasser l'ignorance de la surface de la terre!

Mes ennemis et à leur suite des peuples imbéciles prétendent bien des choses absurdes.

Ils disent que j'ai fait enfermer un condamné à mort dans un tonneau aux interstices hermétiquement bouchés de goudron, en le faisant observer sans cesse, jour et nuit, pour voir si à l'instant où il mourrait, de soif, de faim ou d'étouffement, quelque chose s'échapperait qui pourrait être son âme. Absurde! L'air que nous respirons est invisible et pourtant il existe!

Ils disent que, pour savoir si c'est l'activité ou le sommeil qui profite le plus à la digestion, j'ai fait prendre un copieux repas à deux hommes dont j'ai envoyé l'un au lit et l'autre à la chasse, avant de leur faire ouvrir le ventre quelques heures plus tard. Absurde! Pour le savoir, il me suffit de faire appel à ma propre expérience!

Ils disent qu'un jour, à Bari, j'ai mis à l'épreuve François d'Assise, le faisant coucher dans la même chambre que la plus belle courtisane de l'Empire. Absurde! Si j'avais rencontré François d'Assise, ce qui à mon regret ne s'est jamais produit, quoi qu'on en dise, j'eusse aimé en effet le mettre à l'épreuve, mais point d'aussi grossière façon!

Mais il est au moins un point où ils ont raison.

C'est que je veux savoir!

Partout je veux connaître les choses qui sont, comme elles sont!

À mes philosophes, j'ai ordonné de rassembler tous les textes, grecs ou latins, des grands penseurs de Rome et de la Grèce, et, lorsqu'on les avait perdus, je les ai fait chercher chez les Arabes, qui les avaient traduits pour leurs bibliothèques.

À mes astrologues, j'ai commandé d'observer sans relâche la course des astres. Michel Scot, qui fut le plus cher de mes maîtres, m'a expliqué leur marche sur cette horloge d'or que m'ont envoyée le sultan de Damas et le Vieux de la Montagne.

À Pise, Leonardo Fibonacci, huit jours durant, tandis que j'avais interdit qu'on vînt me déranger avec les soucis du quotidien, m'a enseigné les algorithmes et comment l'algèbre s'applique à la géométrie. Ce furent peut-être les journées les plus heureuses de ma vie, car j'ai pu exercer sans obstacle ma passion pour les mathématiques, cette activité princière s'il en fut!

Pour Abd al-Haqq ibn Sabin, de Ceuta, dont le sultan al-Rachid du Maroc m'a vanté la science, je prépare une lettre où je pose cinq questions : sur quoi repose la conviction du grand Aristote que l'Univers a existé de toute éternité? Quelle est le but de la science théologique et quels sont les fondements irréfutables de cette science, si tant est qu'elle en ait? Quels sont les attributs fondamentaux de l'Être et quel est leur nombre exact : sont-ils dix comme l'affirme le Stagyrite [1] ou cinq comme l'assure Platon? Quelle preuve avons-nous de l'immortalité de l'âme, si tant est qu'elle existe? Et que signifie la parole du Prophète : *le cœur du croyant repose entre les doigts du Miséricordieux*?

Comme c'est l'observation visuelle qui doit servir de fondement aux sciences naturelles, j'ai demandé à Shihab ed-Din Ahmed ibn Adrisi al-Qarafi, qu'on surnomme en Orient l'étoile Polaire du savoir, de m'enseigner dans ses lettres les règles de l'optique, dont il connaît tous les secrets.

J'ai rendu son prestige à l'école de médecine de Salerne. Je l'ai faite digne d'Alexandrie, de Bagdad, de Cordoue! J'y ai attiré les meilleurs maîtres des pays d'Islam. Aux élèves, j'ai ordonné d'étudier Hippocrate et Dioscoride, Oribase et Galien, mais aussi Avicenne et Averroès, et j'ai exigé qu'au rebours de ce qui s'enseigne dans les écoles d'Occident, qui se satisfont des livres, ils observent ensuite la réalité et n'acceptent aucune théorie sans l'avoir préalablement expérimentée.

En vérité, c'est pour tout cela que Grégoire me hait tant!

Parce que, au lieu de croire aveuglément, comme la plupart des hommes, à l'autorité des anciens, au lieu de recopier stupidement ce qu'ils ont écrit, je pré-

1. Aristote, né à Stagyre.

fère observer la nature et le monde. À tous ceux dont la science se borne à se fier sans critique à ce que l'on a affirmé avant eux, je réponds que la certitude ne s'acquiert pas par l'oreille, mais par les yeux!

Il suffit que la Bible ou un Père de l'Église aient déclaré une chose pour qu'il soit interdit de la mettre en question!

Et Grégoire me hait parce que moi, les questions, je les pose! Et je les poserai jusqu'à ce qu'on m'en apporte la réponse.

Où se situent le paradis? le purgatoire? et l'enfer? sous la terre? au-dessus? à l'intérieur?

Une âme peut-elle revenir de l'au-delà pour se manifester à nous?

Quelles sont les dimensions de la Terre? Repose-t-elle sur elle-même ou est-elle supportée par d'autres substances? Quelle distance la sépare de l'ultime voûte céleste? Quelle est la profondeur de l'abîme qu'elle surplombe? Y a-t-il dans la Terre des espaces vides ou bien forme-t-elle un corps compact comme les météores?

Pourquoi les eaux des océans sont-elles amères? Pourquoi les eaux douces jaillissent-elles intarissablement du sol? Pourquoi surgit-il par endroits des eaux chaudes comme si elles provenaient de chaudrons posés sur un brasier?

D'où provient le feu qui jaillit ici et là de la Terre, comme près de Messine dans le volcan Etna ou sur les îles Eoliennes dans le volcan Stromboli?

Combien existe-t-il de sphères célestes et qu'est-ce qui les guide? Sont-elles habitées? Par qui? Quelles sont leurs véritables dimensions et quelles distances les séparent les unes des autres? Qu'y a-t-il au-delà du septième ciel?

Sur tout cela, et sur bien d'autres choses, j'ai interrogé les plus vénérables docteurs des chrétiens, des juifs et des musulmans.

Sur tout cela, et sur bien d'autres choses, j'ai interrogé les philosophes de la Syrie, de l'Irak, du Hedjaz...

Pour moi, le sultan du Maroc et l'émir de Cordoue, le seigneur de Tunis et celui de Tripoli, l'émir de Kairouan et celui de Grenade ont consulté leurs savants...

Al-Malik al-Kamil a transmis mes questions aux plus grands esprits d'Égypte.

Grâce à lui, je me suis adressé aux sages de l'Arabie Heureuse [1], où régnait autrefois la reine de Saba.

À sa demande, le docte al-Hanifi est venu me parler de mathématiques et d'astronomie.

D'Antioche il m'a envoyé maître Théodore, un juif des plus savants, qui passa à Bagdad et à Mossoul des années en études, et dont je m'honore d'avoir fait le philosophe de ma Cour.

L'Écossais Michel Scot, riche de la science des universités d'Oxford et de Paris, est venu partager avec moi son universel savoir. Je n'ai pas fini de le pleurer...

Avec Juda Ben Salomon Cohen, le grand mathématicien de Tolède, de quels passionnants problèmes n'ai-je pas discuté!

Avec Jacob Ben Abbamari, de Provence, tandis qu'à ma demande il traduisait l'œuvre d'Averroès, j'ai exploré jusqu'à ses ultimes conséquences la philosophie d'Aristote.

---

1. Le Yémen.

Moïse Ben Salomon, de Salerne, m'a fait découvrir la pensée du grand Maimonide.

J'ai lu le livre de la Sagesse indienne, où les Arabes ont décrit les doctrines des brahmanes des Indes, ce pays lointain dont nous savons si peu...

Partout où l'on affirme sans preuve, j'ai interrogé la raison.

En son nom, partout où l'on s'interdit d'agir au nom des traditions, j'ai imposé l'action.

Puisque, Pape Grégoire, tu as voulu la guerre, ce n'est pas seulement ta soif de puissance que je vais combattre, ce n'est pas seulement l'orgueil d'une Église qui s'égare chaque jour un peu plus dans le temporel et qui, trop soucieuse de dominer les esprits, oublie que sa mission est de soigner les âmes.

Ce que je vais combattre, c'est l'ignorance sur laquelle est assis ton pouvoir!

Un moment, Frédéric se rappelle son enfance, ses courses dans les rues de Palerme, cette ville encore européenne et déjà si orientale; il songe à l'Orient si fascinant, si raffiné, si cultivé... Tandis que l'Occident s'enfonçait dans la barbarie, ce sont les musulmans qui ont sauvé la tradition des anciens Grecs. Sur leurs traces, ils ont poursuivi l'étude de la philosophie, de l'astronomie, des mathématiques, de la médecine...

L'Empereur se remémore ses entretiens et ses correspondances avec al-Malik al-Kamil, le grand sultan à l'esprit si ouvert...

Al-Kamil, mon ami, le seul homme qui m'ait vraiment compris.

Al-Kamil, autre moi-même...

Le cœur pourtant peu sensible de Frédéric se serre, l'espace d'un instant...

Mais comment les musulmans ne seraient-ils pas plus avancés dans les sciences que les chrétiens, eux qui ont su dépouiller la religion de tout le fatras de superstitions auxquelles l'Église romaine impose de croire aveuglément, faisant griller sur les bûchers ceux qui les mettent en doute?

L'Islam a épuré Dieu... Unique, invisible et omniprésent!

Unique! Débarrassé de cet obscur mystère de la Trinité qui complique la foi chrétienne.

Le mystère de la Trinité? Quelle créance faut-il lui accorder quand l'Église elle-même a débattu trois ou quatre siècles avant d'en proclamer le dogme?

Peut-être est-il bien plus simple que ne le disent les prêtres de Rome! Un soir, en Palestine, al-Kamil a raconté à Frédéric, en souriant, l'air de rien, que, dans les temples de l'ancienne Égypte, on n'adorait jamais un dieu sans lui associer deux acolytes...

Appelez le dieu « Père », flanquez-le du Fils et du Saint-Esprit, et le tour est joué! La Trinité, qui sait si ce ne sont pas les prêtres de Pharaon qui l'ont inventée? Et quelque zélateur du Christ, entre le Jourdain et le Nil, aura trouvé l'idée bonne...

Ah, l'Islam...

Si Frédéric pouvait trouver chez les chrétiens dont il est le souverain le même dévouement que chez ses fidèles sarrasins! Pourtant, ces Arabes des montagnes de Sicile, ils s'étaient révoltés dans les temps d'anarchie qui avaient marqué son enfance, et il avait dû commencer par les combattre et les vaincre avant de les autoriser à s'installer à Lucera, au cœur de sa chère Apulie. Mais ces vaincus, stupéfaits de la miséricorde de leur vainqueur, lui ont fait don de leur fidélité.

Serviteurs d'une obéissance aveugle, prêts à se sacrifier sur un geste de leur maître... A-t-il besoin d'envier le Vieux de la Montagne?

Comme les chrétiens ont été stupides de placer à leur tête un homme quelconque, qui se croit tous les droits alors que, sans nul lien avec le Messie, il n'en a aucun! Les Califes des musulmans, eux, appartiennent sans interruption à la famille de leur Prophète!

Si le Ciel l'avait fait naître dans la lignée des Califes, jusqu'où ne serait-il pas allé?

Mais peut-être le Ciel a-t-il voulu éprouver la maison impériale des Staufen, lui imposant pour s'élever des luttes stériles en apparence, mais qui trempent sa nature pour l'ultime confrontation et la victoire finale qui enveloppera de ses ailes le trône enfin redressé de Constantin le Grand? Le cinquième Empereur de la dynastie ne s'est-il pas déjà élevé plus haut que son glorieux grand-père à la barbe rousse?

Peut-être le Ciel l'a-t-il voulu ainsi...

Le Ciel...

L'Empereur a ouvert la fenêtre, respirant à larges bouffées l'air frais de la nuit.

Il reste immobile, le visage levé vers l'immensité du firmament.

Le Ciel...

Que veut-il? Veut-il seulement quelque chose?

Et si Dieu était indifférent à l'agitation des hommes?

Ce serait pour eux comme s'Il n'existait pas...

Comme s'Il n'existait pas...

Les juifs sont venus, qui ont affirmé l'unicité de Dieu.

Les chrétiens sont venus, qui ont donné au monde Sa parole, que les juifs avaient confisquée pour eux-mêmes.

L'Islam est venu, qui a rétabli dans son unicité le Dieu universel que les chrétiens avaient divisé en trois...

Quelle sera la prochaine étape de la Révélation?

Silencieuse est la nuit. Immense le firmament.

Il n'est personne pour voir les épaules de l'Empereur s'affaisser soudain, sa silhouette se tasser, sa bouche s'entrouvrir en un cri muet, ses mains se crisper sur le bord de la fenêtre. Ses yeux grands ouverts ne cillent plus; ils ne fixent plus les étoiles, mais un horizon invisible. Son regard s'est voilé comme s'il se tournait en lui-même.

Et il reste ainsi, totalement immobile, respirant à peine, comme terrifié, comme écrasé.

Combien de temps?

Des secondes?

Des minutes entières?

Plus encore?

Combien de temps?

Soudain il sursaute, regarde autour de lui comme s'il sortait d'un rêve, semble soulagé de ne voir aucun témoin de sa faiblesse. Alors, lentement, il se redresse. Son regard à nouveau s'anime, fier et impérieux, brillant d'un immense défi.

Ainsi, c'est donc cela...
Il en est sûr désormais.
Au-delà du Dieu vengeur des juifs,
Au-delà du Dieu incarné des chrétiens,
Au-delà du Dieu immatériel de l'Islam, il y a...

le Néant!

C'est donc cela...

L'Empereur regarde, sur un trépied de bois, le pur visage du Christ qui orne la superbe icône dont Jean Vatatzès, Empereur des Grecs, lui a fait présent. Le regard, d'une infinie miséricorde, semble vivant. Christ est là, près de lui, dans sa bonté et sa souffrance. Une belle image vraiment, une superbe image... Mais une image, rien qu'une image...

La main baguée de l'Empereur caresse un petit cylindre d'or, sur un coffre, près de l'icône. Elle soulève un délicat loquet de vermeil. Le cylindre s'ouvre. Il contient deux rouleaux de papier couvert de fins caractères, de cette antique écriture des Hébreux dont Frédéric, par curiosité, s'est efforcé d'apprendre les rudiments. Il aime ce cylindre d'or, moins pour ce texte sacré, qu'à défaut de pouvoir aisément lire lui-même il s'est fait traduire, que parce que c'est un cadeau du peuple, du petit peuple juif des juiveries [1] d'Allemagne.

Un jour, il vit arriver à la Cour un groupe de rabbins. Leurs vêtements n'étaient pas riches. Ils saluèrent humblement l'Empereur.

« Auguste Souverain, nous venons de la part de pauvres gens qui ont voulu faire un présent au nouveau Salomon qui les a protégés des méchants. C'est bien peu de chose pour Votre Majesté qui a reçu des offrandes de tous les rois du monde. Mais nous vous supplions de daigner accepter ce modeste cadeau : il contient toute leur foi et tout l'amour qu'ils portent à Votre Majesté. »

C'était en l'an mil deux cent trente-cinq. On avait, à Fulda, retrouvé les corps sanglants de garçonnets morts de mystérieuse façon. On accusa les juifs. Ne disait-on pas depuis longtemps que, dans les cérémonies diaboliques qu'ils célébraient, ces meurtriers du Christ sacrifiaient des enfants? Le peuple de Fulda se rua sur la juiverie, où il fit un carnage. La rumeur se répandit. Il ne disparaissait pas un enfant dans toute l'Allemagne sans que les juifs fussent aussitôt désignés comme coupables. La foule se massait, furieuse, aux abords des juiveries et des synagogues. Lorsque sa haine avait pris assez d'ampleur, elle en massacrait les habitants et les fidèles... Les évêques firent arrêter des juifs en masse, certains parce qu'ils les croyaient coupables, d'autres parce que c'était le seul moyen de les protéger de la populace en furie. Des centaines de familles s'entassaient dans les geôles, nourries de pain moisi et d'eau croupie par des geôliers qui leur crachaient au visage.

L'affaire devenait grave. Les évêques, prudents, préférèrent en appeler à César.

Il résidait alors en son palais de Haguenau, dans la province d'Alsace où il se plaisait fort. Il se fit porter toutes les pièces du dossier, les examina une à une et vit qu'elles ne prouvaient rien. Mais suffirait-il qu'il l'affirmât pour que le peuple ignorant le crût?

1. Quartiers juifs.

Pour confondre l'ignorance, il fallait ruser avec elle...

L'Empereur annonça tout d'abord qu'il ferait périr tous les juifs de l'Empire si des meurtres rituels avaient réellement eu lieu.

Le peuple fut content. Les massacres cessèrent, dans l'attente des bûchers qui purgeraient bientôt la terre de cette engeance maudite.

Alors Frédéric ordonna une grande enquête dans toute l'Allemagne. Il convoqua des princes, des seigneurs, des évêques, des abbés et leur demanda en public leur opinion sur les juifs. À ses multiples questions, il obtint les réponses les plus contradictoires.

Ayant ainsi démontré que l'élite des chrétiens ne pouvait rien prouver, il dépêcha des messagers aux rois de l'Occident pour qu'ils lui envoient des juifs convertis à la foi du Christ mais néanmoins experts dans la loi de Moïse. Avec eux il étudia le Talmud et le Berechet [1] et démontra que non seulement ils n'exigeaient aucun meurtre rituel mais qu'ils interdisaient même les sacrifices d'animaux avec effusion de sang.

Alors, devant la majestueuse cour de justice qu'il avait réunie, écrasant l'ignorance sous l'immensité de son savoir, il fit éclater au grand jour l'innocence des juifs. La plupart des gens, convaincus, rentrèrent chez eux penauds et les juifs retrouvèrent la sécurité – au prix bien entendu d'une taxe exceptionnelle dont il était bien normal que fût récompensée la justice impériale.

Quelques-uns pourtant demeurèrent persuadés au fond d'eux-mêmes que ces suppôts de Satan avaient trompé le souverain, mais ils n'osèrent point le lui dire et rentrèrent aussi chez eux... l'esprit inquiet.

Cet Empereur, en vérité, n'était-il pas lui-même un mage, pour connaître si bien les livres sacrés des juifs?

Frédéric fait tourner les rouleaux de papier... Ces gens sont étonnants. Il leur suffirait d'accepter des lèvres l'Évangile – quoi qu'ils aient en leur cœur – pour devenir des sujets comme les autres et connaître enfin la paix. Faut-il qu'ils aient foi en ces lignes pour préférer depuis tant de siècles être traités en parias!

Tant de misères et tant de souffrances... pour ce qui n'est jamais qu'un rouleau de papier...

Sur le coffre repose, près du cylindre que l'Empereur referme, un Coran précieux, à la reliure d'or et d'ivoire, offert par son ami défunt, al Malik al-Kamil. Frédéric l'ouvre, admire une fois de plus l'harmonie des caractères, relit un verset :

« Dieu a envoyé d'en haut le plus beau des récits. »

Puis, feuilletant quelques pages :

« Ainsi Nous exposons intelligiblement Nos signes à un peuple doué de raison. »

L'Empereur revient à la fenêtre, le Coran à la main. Il lève les yeux vers la voûte étoilée.

Doué de raison...

Il repose sur le coffre le Livre précieux. Un beau livre vraiment, un superbe livre...

Pour lui, des armées entières ont surgi de l'Arabie pour conquérir le monde.

Mais un livre, rien qu'un livre...

1. La Torah (Berechet : *Bereschit*, premier mot de la Genèse).

Si beaux que soient ces livres, si belles ces images et si profonds ces textes, ils sont l'œuvre de l'homme.

Et ils ne prouvent rien...

L'homme ne doit-il pas croire que ce qui peut être démontré par la force des choses et par la raison naturelle?

Or qui a jamais démontré l'existence de Dieu?

Le vieil Aristote n'avait-il pas raison en affirmant que l'Univers n'avait ni commencement, ni fin?

Et, s'il avait raison, c'est qu'il n'y a pas eu de Création, et donc de Créateur...

La seule Vérité, c'est qu'il n'y a pas de vérité...

Rien n'est bien et rien n'est mal.

Et l'homme est seul.

Effrayé de ce qu'il voyait dans ce monde infini qu'il ne comprenait pas, pour tromper sa solitude et apaiser son angoisse, il s'est inventé un protecteur et un père, et l'a baptisé Dieu...

Mais si on le lui enlève, que lui reste-t-il donc?

Il lui reste la Raison.

Sa raison.

Mais, s'il n'y a pas de dieu, qu'y a-t-il de sacré dans la cause impériale? À quoi bon vouloir rétablir sur terre l'ordre de Constantin s'il n'avait rien de divin?

S'il n'y a pas de dieu, l'Empereur n'a pas plus de droits à dominer les hommes que le Pape n'en a!

Et si, aujourd'hui, Frédéric est sur le trône des Césars, ce n'est pas en vertu d'une volonté divine, mais parce que le hasard, la chance, l'habileté et la force ont favorisé les Staufen...

L'Empereur, lentement, se retourne, regardant fièrement sur le manteau de la cheminée l'écu à l'aigle noire et l'écu aux lions d'or.

Si, la cause impériale est bien sacrée!

Plus que jamais!

Que représente Grégoire?

Sinon cette immense ignorance que nous appelons Dieu!

Aujourd'hui un homme sait.

Et cet homme est César!

Qu'importe si sa couronne lui vient d'une succession de hasards aveugles... Car lui n'est pas aveugle.

Il sait. Et cela lui donne devant les hommes un immense devoir.

Conrad, Enzio, Manfred... Mes fils encore si jeunes!

Mesurez la tâche gigantesque qui s'ouvre devant notre maison!

Henri, mon aîné, pourquoi m'as-tu trahi, alors que toutes nos forces ensemble ne seraient point de trop pour l'énormité de l'œuvre que nous avons à accomplir?

Face à l'Église qui sacralise l'ignorance, enchaîne la raison et endort les humains – comme on le fait des enfants en leur chantant des comptines dont ils sourient quand ils sont grands –, l'État est comme un précepteur qui doit ôter l'enfant à sa nourrice ignare pour lui enseigner la Connaissance!

Et quand viendra le temps où l'humanité, enfin, atteindra l'âge adulte, telle une sage-femme, l'État l'aidera alors à accoucher de l'Homme!

En la délivrant des entraves où l'ignorance, la faiblesse et la peur emprisonnent l'esprit.

En lui donnant la Liberté!

Pas la vile liberté que réclament les Lombards rebelles, qui n'est qu'un moyen d'assouvir dans l'anarchie leurs mesquines passions!

Mais celle qui fera de l'Homme le maître de cet Univers dont il aura si longtemps été l'esclave!

Debout à la fenêtre, à nouveau, César rêve.

Dans la nuit une foule chemine, elle peine sur un sentier tortueux et cahoteux, ses pieds se blessent sur des pierres aiguës. Elle a froid, elle a peur. Devant elle marche un homme qui tient haut la flamme frêle mais brillante d'une lanterne d'or. Une troupe l'escorte qui porte des chandelles.

Ce sont les savants, ce sont les philosophes.

L'homme qu'ils accompagnent, c'est l'Empereur.

La lanterne qu'il tient, c'est la flamme de la raison.

Tâtonnant lui-même dans la pénombre, ses pieds heurtant souvent les pierres du chemin, il sait qu'au bout de la route qu'il tente d'éclairer le soleil, enfin, se lèvera sur l'Homme.

Mais des silhouettes sombres surgissent des taillis. Elles parlent aux oreilles des humains crédules qui peinent sur le chemin. Elles leur en montrent un autre dont l'abord paraît plus facile... et parfois les entraînent avec eux, dans le brouillard et l'obscurité, loin du sentier de la raison.

À l'écart de celui-ci, dans une clairière entourée d'arbres menaçants, brille un grand feu qu'attisent des hommes en robe de bure, y jetant tout le vieux bois qu'ils trouvent, le bon et le mauvais. Devant eux, mitrés, appuyés sur leurs crosses, sont les prêtres de Rome. Ils s'adressent au peuple qui passe : « Vous cherchez la lumière? Mais elle est là, voyez! Venez, venez, ne peinez plus sur ce chemin obscur. Reposez-vous... Nous avons la réponse à toutes les questions... »

Et le peuple hésite, entre la lanterne qu'il voit loin devant lui et le grand feu qui luit dans la clairière... Elle est si frêle, il est si chaud...

« Soldat de Rome!

– Soldat de l'empereur! »

L'appel des gardes tire Frédéric de sa rêverie.

Un sourire ironique et amer à la fois apparaît sur ses lèvres... Si, en ce même moment, il découvrait qu'un seul de ses sujets ose avoir ces pensées, il l'enverrait dans l'instant au bûcher!

Un seul homme en effet peut oser cela : celui qui, dominant tous les autres, au sommet de la pyramide humaine, au-dessus même des rois, est justement le plus proche de Dieu.

Seul César, des hauteurs surhumaines où se meut son esprit, peut avoir l'audace – et le courage – de regarder celui-ci en face, et, sous les oripeaux dont l'ont paré les hommes, de découvrir le Néant...

Cette terrible vérité, qui a courbé un moment ses épaules sous son poids, comment les autres humains pourraient-ils l'accepter? Ils se consumeraient d'angoisse et de désespoir, ils s'abandonneraient sans frein à leurs plus bas instincts... Ou bien ils seraient si effrayés qu'ils refuseraient de la voir. Pour l'oublier, ils sacrifieraient celui qui l'aurait annoncée, et ils iraient, comme avant, s'asseoir autour du feu qu'ils prennent pour la Lumière.

Les hommes ne sont pas près de pouvoir se passer du feu dans la clairière... Eh bien, puisqu'il leur faut une foi, on la leur donnera!

Frédéric a toujours scrupuleusement veillé à respecter dans ses actes d'État l'enseignement de l'Église catholique et romaine. À l'avenir – plus que jamais –, il n'y aura pas meilleur chrétien que lui. Il ne tolérera pas la moindre mise en doute de la religion, il traquera partout l'hérésie – comme il le fait déjà, car il hait le désordre. Il ne laissera pas à Grégoire la moindre prise pour prouver qu'il ne suit pas la juste voie de Dieu. Il en fera même tant que c'est Grégoire lui-même qui semblera impie et hérétique.

Oui, c'est cela! Ce Pape, dont il dénonce déjà le despotisme, il en fera un hérétique. Il prouvera au monde que l'ennemi de l'Église, c'est celui qui s'en prétend le guide. Et, lorsqu'il l'aura jeté à bas de son trône, il assiéra à sa place un vieil homme paisible. Puisque à la faiblesse du peuple il faut donner une Église et un Pape, de l'une et de l'autre il fera les instruments de l'État, dont lui seul, Frédéric, saura le but suprême.

À Rome, j'édifierai un palais sur le mont Palatin, le mont d'où les Césars commandaient jadis au monde. Une tour s'y dressera vers le ciel, et, chaque nuit, les astrologues y monteront pour scruter les étoiles et déceler leurs mystères. Dans les sous-sols voûtés, les alchimistes perceront patiemment les secrets des quatre éléments – y trouveront-ils les atomes qu'ont annoncés Leucippe ou Démocrite? Ailleurs dans le palais les mathématiciens définiront les règles mécaniques qui commandent aux objets inanimés, les ingénieurs les mettront en pratique en concevant des machines par lesquelles l'homme étendra sa maîtrise sur l'Univers. Enfin, près des appartements impériaux où les poètes exalteront les plus beaux sentiments et la grandeur du monde, les philosophes s'interrogeront sur la nature humaine et aideront les juristes à établir sur terre les lois de la raison.

Déjà, à mes sculpteurs j'ai ordonné d'étudier les statues de l'ancienne Rome. Déjà, à Capoue, j'ai voulu qu'on élève à la gloire de l'Empire, au-dessus du Volturno, une porte monumentale; on y verra l'Empereur en majesté sur son trône, revêtu de la toge des anciens Romains, et ses serviteurs les plus fidèles; des bustes de jeunes hommes et de jeunes femmes y représenteront le peuple romain régénéré par lui; Jupiter Capitolin y trônera comme sur les arcs de triomphe de jadis, et la Justice se dressera dans toute sa gloire... Sans doute, si grand que soit déjà leur art, mes sculpteurs sont-ils loin de savoir refaire ces statues d'autrefois, ces marbres et ces bronzes qui reproduisent si bien la vie qu'on s'attendrait à les voir bouger! Mais qu'importe, ils apprendront! Qu'ils étudient, qu'ils s'exercent, et un jour ils retrouveront le geste de Phidias et de Praxitèle!

Les arts refleuriront, les sciences ouvriront aux hommes les portes de la Connaissance, on déchirera enfin les ténèbres des temps barbares... On redécouvrira la sagesse des anciens, on ressuscitera la beauté de leur art...

Et ce sera alors comme une renaissance!

Et pendant ce temps-là, tandis qu'auprès de l'Empereur se construira l'avenir, l'évêque de Rome, puisqu'il en faut un, remplira son ministère, qui est de rassurer les âmes du présent...

Demain commencera la guerre.

Pas la vieille guerre du Sacerdoce et de l'Empire, des Guelfes et des Gibelins...

Pas la guerre de Frédéric contre Grégoire.

Mais celle de l'État, qui réveillera les hommes, contre l'Église qui les a endormis.

Celle de la raison contre la foi aveugle.

La lutte de la lumière contre les ténèbres!

Au loin, dans le parc, un léopard rugit.

Un crucifix de bois, long comme une grande épée, est accroché au mur. Frédéric le regarde un instant, avec une moue distante.

Il le décroche, le tourne entre ses mains, et soudain, brutalement, le pose contre le sol, appuyant de toutes ses forces sur les bras de la croix.

« Et toi... Je ferai en sorte que tu t'en tiennes désormais à ton rôle...

Béquille de l'humanité! »

Troisième partie

LA NUIT MONGOLE

LES COUMANS

L'an du Seigneur 1239, le dimanche 27 mars,
jour de la Résurrection de Notre-Seigneur Jésus-Christ

Le flot lamentable des réfugiés s'étire au long de la route.

Dans les sombres forêts de Transylvanie, la pluie diluvienne qui tombe sans interruption depuis deux jours, faisant fondre la neige, transformant le chemin en bourbier, rend leur aspect plus pitoyable encore.

Dans les chariots grossièrement bâchés de toiles percées, tanguant tels des vaisseaux sur un fleuve de boue, attelés de bœufs indifférents et crottés, s'entassent, silencieux, des enfants effrayés et des femmes plus immobiles que des statues, dont le regard impénétrable ne paraît rien voir de la désolation qui accable leur peuple.

Leurs traits empreints d'une funèbre dignité sous leurs bonnets pointus, les hommes, l'arc au côté, s'efforcent avec peine de se tenir encore droits sur leurs montures fourbues, glissant dans la boue, perdant la sûreté de leurs pas dans les fondrières noyées d'eau brune.

Quelques-uns même, honte suprême, en sont réduits à aller à pied!

Boue, sang, pus et vermine couvrant ses flancs étiques en de hideuses croûtes, le bétail en troupeaux mêle ses meuglements sinistres aux cris rauques des bergers en haillons. Sous les coups de bâton, les bêtes, affolées, se bousculent, piétinantes, tournant et retournant le magma visqueux de la route.

Les chariots cahotent, les roues dérapent, s'enfoncent dans les ornières. Des hommes descendent de cheval, des adolescents, des femmes, même, sautent des attelages embourbés pour tirer, pousser, soulever... et permettre à la lente et triste caravane de poursuivre son chemin.

Un peu au-dessus de la route, non loin du fort de terre et de rondins qui commande la passe, le visage fermé, la pluie dégoulinant sur le cuir de leurs broignes [1], la pique à la main, un groupe de soldats regarde, méfiant et méprisant, défiler la misérable procession.

---

1. Cuirasses de peau et d'anneaux de fer.

Les Coumans!

Ces féroces nomades orgueilleux et cruels qui, il n'y a pas si longtemps, venaient terroriser les chrétiens jusque dans ces montagnes...

À voir leurs anciens ennemis réduits à cette lamentable fuite, au fond d'eux-mêmes les soldats jubilent. Ainsi ils ont trouvé leurs maîtres? Ils ne méritaient que cela!

Oui, au fond d'eux-mêmes, les soldats se disent qu'ils se verraient bien fondre de toutes leurs forces sur ces maudits païens et les envoyer une bonne fois pour toutes au royaume du Diable.

Mais les ordres sont les ordres, et le roi Béla a expressément ordonné qu'on les laisse entrer librement au pays des Magyars.

Des cris aigus soudain!

De femmes et d'enfants...

Un chariot surchargé, croulant dans une fondrière, a versé en travers de la route, l'essieu brisé.

Les fuyards s'agitent. Le lourd véhicule frémit, tressaute, retombe. Toute la caravane doit s'arrêter devant l'obstacle.

Alors, venu du col, surgit au galop un cavalier au long manteau rouge, suivi d'une petite escorte bien armée portant, claquant au vent, la bannière frappée de la double croix de Hongrie. Éclaboussés par la cavalcade, les réfugiés s'écartent prestement, sans un mot, sur son passage.

Parvenu à l'obstacle, le chevalier se tourne, furieux, vers les soldats immobiles rangés devant le fort.

« Qu'attendez-vous, chiennaille? De tâter de mon fouet? Allez, dégagez la route! Taillez des madriers, par Dieu! »

En grommelant, les soldats, qui n'ont jamais vu ce chevalier hautain mais sans nul doute puissant, se mettent au travail.

Ahans, coups de hache...

Le chariot est irrécupérable. Les Coumans ont chargé tout ce qu'il portait sur d'autres véhicules. Les bœufs sont dételés. On apporte bientôt les madriers. Hongrois et Coumans, trempés de la même pluie, couverts de la même boue, s'arc-boutent sur les troncs fraîchement coupés. Le chariot se soulève, vacille... et tombe à grand fracas en contrebas, dans l'ombre opaque des pins.

Déjà le chevalier et son escorte ont repris leur course, à contre-courant des nomades qu'ils crépissent au passage d'une terre noire et gluante.

Soudain, devant eux, un groupe de cavaliers...

Bien droits sur leurs selles ouvragées.

Leurs chevaux racés sont fatigués mais gardent fière allure.

Les riches armures sont ternies par le vent et la pluie.

Au milieu, le visage creusé de profonds sillons, les yeux noirs impassibles, un homme à moustaches et nattes grises, que l'on semble entourer des plus grands honneurs.

Le chevalier s'arrête, saluant de sa main droite.

Immobiles, les deux groupes se font face.

« Êtes-vous le seigneur Koutan?

– Tu es bien en face du roi Koutan, cavalier! »

L'homme au manteau rouge porte son poing à la poitrine, inclinant la tête.

« Seigneur, je suis le Nadorispan Denis, comte palatin de Hongrie. Au nom du roi Béla, mon maître, soyez les bienvenus, vous et votre peuple, en son royaume. »

Un des Coumans se penche à l'oreille de son chef, traduisant sans doute les propos du chevalier.

Sans dire un mot, Koutan incline la tête à son tour.

L'homme en rouge fait faire demi-tour à son escorte, et Koutan, triste et digne, suivi de ses Coumans, précédé de Hongrois, pénètre dans ce pays jadis ennemi, dont le malheur fait aujourd'hui son ultime asile et son dernier espoir.

Tant d'années durant, les nomades qiptchaqs, que les Russes appellent Polovtses et les Hongrois Coumans, ont régné en maîtres du Caucase à la Transylvanie, dans les steppes de l'Ethyl et du Tanaïs.

Mais ils viennent cette fois d'être défaits sans espoir...

Par la grande armée surgie du fond de l'Asie, dont frère Julien a annoncé l'arrivée.

L'armée des Tartares!

Koutan est le plus puissant des princes coumans. Il était déjà là, dix-sept ans plus tôt, au pied du Caucase, lorsque Subötaï et Djébé avaient surgi avec trente mille guerriers pour reconnaître les confins de l'Occident... Vaincu dès la première rencontre, il avait fait appel au prince Mstislav Mstislavitch de Galitch, qu'on appelait le Téméraire, et à qui en gage de paix il avait donné en mariage une de ses filles, le poussant à entraîner les princes russes dans ce qui devait être le désastre de la rivière Kalka.

Bien que vainqueurs, les envahisseurs étaient partis aussi soudainement qu'ils étaient venus. Si, par prudence, Koutan avait dirigé son peuple plus à l'ouest et continué à cultiver l'amitié des princes de Galitch, de Kiev ou de Tchernigov, faisant même un moment mine de se convertir à leur religion, il espérait pourtant, comme tous les autres princes coumans, contenir sur la rivière Oural les cavaliers de l'Est.

Il crut y parvenir, les battant quelquefois.

Il se trompait.

Envoyé par son frère Batou, le khan Berké, à la suite de son cousin Möngkä, vient d'écraser les Coumans.

Pour toujours.

Une partie d'entre eux se sont soumis.

Pour effrayer les autres, Möngkä avait déjà veillé à faire couper en deux – vivant! – le prince couman Batchman, qui avait eu l'audace de lui résister.

Cela n'était que jeu... Berké a fait pire... bien pire...

L'amitié des princes de Russie? Dérisoire protection...

Que reste-t-il de Vladimir? Que reste-t-il de Souzdal?

Hormis l'absolue soumission au terrible ennemi, Koutan n'a plus cette fois qu'une issue. Avec les survivants de son peuple, il vient faire allégeance au puissant roi de Hongrie, dont les Coumans pourtant ont jadis si souvent pillé les marches...

« Les hôtes qui nous viennent des contrées étrangères enrichissent le pays de multiples coutumes et de langages variés. Ils apportent maints exemples instructifs et des armes nouvelles. Tout cela fait l'ornement du royaume, renforce la gloire de la Couronne et la fait mieux respecter des autres peuples. Car le pays qui n'a qu'un langage et qu'une coutume est faible et fragile! »

Ainsi parlait à son fils le grand roi saint Étienne.

Si les bannières trempées, pendant au sommet des mâts, ont une allure quelque peu piteuse, le vaste camp dressé par Béla en contrebas du col, près du prospère bourg de Radna, où sont ses mines d'argent, est bien fait pour montrer aux Coumans la puissance et la richesse du roi de Hongrie.

Assis sur un trône à l'abri de sa tente superbement brodée, regardant au loin, par l'auvent relevé, ses comtes canaliser par groupes le flot des réfugiés, le souverain se réjouit.

Certes, ce n'est pas la première fois que les Coumans viennent chercher la protection de la Couronne. Depuis quinze ou seize ans ans déjà, beaucoup d'entre eux l'ont jugée plus sûre que celle des princes russes.

C'est même pour cela que le Caan des Tartares a osé menacer le roi de Hongrie!

Mais, cette fois, leur arrivée massive, derrière le plus puissant de leurs princes, va tout à la fois augmenter le nombre des sujets du royaume et celui de ses soldats. Le titre de roi des Coumans, que Béla s'est jadis arrogé pour manifester la prétention de la maison de saint Étienne à régir les steppes de l'Est jusqu'aux pays d'Oural, est devenu à présent une réalité!

Koutan fléchira le genou devant lui, placera ses mains entre les siennes et lui rendra l'hommage lige. Lorsque les Dominicains auront achevé d'enseigner l'Évangile au prince des Coumans, il le parrainera lui-même sur les fonts du baptême. Les grands du royaume prendront pareillement pour filleuls tous les seigneurs coumans; leurs sujets seront convertis en masse à la foi du Seigneur. Ainsi Béla aura-t-il la gloire d'étendre à un nouveau peuple le règne de Jésus-Christ et d'amener des âmes par milliers dans la lumière de Dieu!

Mais s'il se flatte, en ce jour de Pâques, de cette gloire prochaine, le roi n'est pas moins satisfait d'alléger dans le même temps quelques soucis plus immédiats...

Alors qu'appuyé sur son droit légitime il s'emploie depuis trois ans et demi à mater l'indocilité de ses barons, à briser l'orgueil et l'esprit d'indépendance dont ils ont fait scandaleusement montre du temps de son père André, en les rappelant sans cesse à leurs devoirs, ceux-ci ne lui ont consenti qu'à contrecœur une obéissance apparente et contrainte. Grâce à l'arrivée des Coumans, il aura désormais à son service une armée d'hommes qui ne dépendront que de lui, dont il pourra compter sur l'absolue fidélité, car ils lui devront tout! Puisque les barons n'entendent qu'avec répugnance le langage du droit, il leur faudra bien respecter la force de leur roi!

Et puis, sait-on jamais, si les Tartares arrivent...

À leur sujet, il est vrai, passé la première alarme que lui avait donnée le compte rendu du frère Julien, Béla s'est rasséréné. Sans doute ont-ils vaincu, comme Julien le craignait, les princes de Souzdalie, mais qu'est le pays de Souzdal comparé au royaume de saint Étienne? Renforçant d'année en année la puissance de la Couronne, il est confiant dans les forces nombreuses que recèlent ses États. Il regretterait presque d'avoir donné au Pape, à l'Empereur – et jusqu'au roi de France! – l'impression de s'inquiéter!

Si – ce qu'à Dieu ne plaise! – les Tartares osaient mettre à exécution leur folle menace d'attaquer la Hongrie, les barons n'auront d'autre choix que de s'unir à leur suzerain pour repousser l'ennemi commun!

Néanmoins, en pareille occurrence, l'appoint de la cavalerie coumane serait un précieux renfort... Car les nomades coumans haïssent les nomades tartares comme seuls des frères peuvent se haïr!

Sous le ciel qui se dégage sonnent les cuivres des trompes.

Sur la route du col apparaît l'étendard à la double croix.

La colonne misérable des fuyards a fait place à une troupe en bon ordre.

Le roi sourit...

Derrière le manteau rouge du comte palatin s'avance un grand seigneur couman...

Le roi Koutan, son vassal!

LA COURONNE D'ÉPINES

L'an du Seigneur 1239, le jeudi 31 mars, quatrième jour de l'octave de Pâques, fête de sainte Balbine

« Ce serait en vérité un bien bel ornement pour Saint-Marc et pour la république! »

Soixante soupirs font écho à celui du doge.

« Un bien bel ornement...

– Qui honorerait justement les efforts incessants accomplis par la république pour assurer la prospérité de la Chrétienté!

– Puisqu'elle ne peut revenir à Constantinople, pourquoi serait-elle mieux à Paris qu'à Venise?

– Le roi de France est si pieux... L'occasion qui se présente à lui de conserver auprès de son trône cet instrument de la Passion de Notre-Seigneur lui tient grandement à cœur. Il est prêt à puiser sans compter dans son trésor...

– Tout comme nous l'avons fait! La piété du roi de France est connue de tous, mais excède-t-elle celle de Venise qui la première – en la personne de ser Nicolo Querini – a généreusement ouvert sa bourse pour aider les chrétiens de Romanie », s'exclame l'un des conseillers en s'inclinant vers l'intéressé, lequel affiche une mine des plus modestes.

Un silence plane sur le Conseil, chacun approuvant silencieusement cette juste évocation de la piété de la république.

« Treize mille cent trente-quatre hyperpères [1] d'or, songe à part lui Domenico Contarini. N'est-ce pas un prix un peu élevé pour notre piété? Il est vrai que... »

1. Une hyperpère égale un besant, déformation de « Byzance » dont c'était la monnaie.

L'empereur et les barons de Romanie, en effet, toujours à court d'argent tant pour défendre leur faible empire contre les entreprises des Grecs que pour soutenir leur train de vie, ont emprunté cette lourde somme auprès de prêteurs vénitiens et génois, mettant en gage la sainte couronne d'épines dont les juifs avaient par dérision coiffé Notre-Seigneur et que depuis ce temps on gardait précieusement à Constantinople. Comme ils se sont trouvés incapables, à l'échéance, de rembourser ce capital, Nicolo Querini, un des plus riches marchands de la république, a accepté au nom de celle-ci d'éponger la dette, sous la condition impérative que la couronne soit confiée à la garde de Venise et devienne sa propriété si la Romanie ne pouvait le rembourser avant le dixième jour de mars.

Le Conseil avait grandement loué, alors, le zèle chrétien de ser Nicolo.

Mais il a fallu que Baudouin, l'empereur de Constantinople, décidément incapable de réunir la somme, s'adresse à Louis de France pour faire face à ses échéances. Et, comme le monarque rechignait à délier sa bourse, il ne trouva rien de mieux, connaissant la piété du roi Louis, que de lui proposer, s'il recouvrait la sainte couronne, de la lui donner en présent, laissant même entendre qu'il y pourrait ajouter toutes les pieuses reliques de Notre-Seigneur qu'il avait pu trouver dans les coffres des anciens empereurs de Byzance! Un morceau de la vraie croix, le lange de Jésus, la lance, l'éponge et la chaîne de Sa Passion... La verge de commandement de Moïse et une partie du crâne de saint Jean-Baptiste...

Quelle idée! Que la couronne soit à Paris ou à Venise, qu'est-ce que cela pouvait bien changer pour lui? Il la perdait de toute façon!

Toujours est-il que Louis, reconsidérant sa position, met aujourd'hui le plus grand zèle à obtenir ce qu'il considère déjà comme le plus bel ornement de sa capitale. Il a dépêché à Constantinople deux frères prêcheurs porteurs de lettres patentes pour conduire la négociation. Ils y parvinrent juste avant la Noël, comme on allait embarquer la couronne pour Venise. Ils ne l'ont plus quittée depuis, échappant même avec elle aux poursuites des navires de Vastace, le roi des Grecs.

Il ne dépend plus aujourd'hui que du bon vouloir de la république de satisfaire le roi de France. On dit que, pour donner à la précieuse relique une châsse digne d'elle, il a déjà fait vœu d'édifier à Paris, dans son palais de la Cité, une Sainte-Chapelle aux murs presque de verre, où, dans le chatoiement des immenses vitraux, entrera dans toute sa gloire la lumière du Seigneur.

Doit-on garder la couronne au risque de mécontenter le puissant roi de France?

Telle est la question pour laquelle le doge Jacopo Tiepolo sollicite ce jour l'avis du Conseil des Pregadi, que l'on appelle ainsi pour ce qu'ils les prie dans les débats délicats de bien vouloir l'assister [1].

Angelo Falier rompt le premier le silence.

« Ne serait-ce pas ajouter à la piété le désintéressement que d'accorder à un prince si noble et si juste, dont l'amitié nous honore, de voir exaucer son vœu le plus cher? »

---

1. En italien, « priés » : *pregadi.*

Ser Angelo a été, peut-être à cause d'une vieille rivalité entre leurs deux familles, l'un des moins enthousiastes à applaudir à l'initiative de Nicolo Querini.

De même le vieux Leonardo Michiel, qui renchérit de sa mâchoire édentée et tremblante :

« Que peut-on refuser à un roi qui eût mérité d'être le premier des princes chrétiens, au lieu d'un autre moins digne ? »

À cette évocation indirecte de leur ennemi l'Empereur excommunié, tous les regards se tournent vers le doge Tiepolo, au visage soudain voilé de toute la tristesse d'un père dont le fils, capturé par les Gibelins à Cortenuova, se morfond dans une cruelle geôle.

L'expression de chacun témoigne de l'émotion que lui inspire cette douleur paternelle.

« De plus, si j'ose évoquer ce point, s'agissant d'une matière touchant de si près à Notre-Seigneur, reprend Angelo Falier, en levant humblement les yeux au ciel, notre sacrifice, quoique immense, sera purement moral puisque l'empereur Baudouin nous rendra par ce moyen les treize mille hyperpères qu'il nous doit...

– Treize mille cent trente-quatre ! rectifie, le doigt levé, Leonardo Michiel.

– Treize mille cent trente-quatre hyperpères – poursuit ser Angelo, irrité de cette interruption qu'il juge quelque peu déplacée à ce stade du débat – qui sans cela seraient rendues stériles au lieu de servir à financer les expéditions que nous entreprenons pour la prospérité de la république et, à travers elle, de la Chrétienté.

– Nous avons déjà débattu ce point, interrompt avec énervement Nicolo Querini, qui jusque-là s'était abstenu de participer à la discussion. La présence de la sainte couronne ornerait si dignement notre cité bien-aimée que les pèlerins y afflueraient en masse pour vénérer une si sainte relique...

– À commencer, enchaîne Stefano Badoer, par les pèlerins de Terre sainte, dont certains préfèrent s'embarquer à Gênes, voire ailleurs encore, plutôt que sur nos convois.

– Et, puisque vous avez soulevé ce point, au demeurant bien secondaire face à la sainteté de l'objet qui nous occupe, je vous rappelle, continue ser Nicolo en agitant la main vers Angelo Falier, que si chaque jour cinq cents fidèles venus tout exprès vénérer la sainte couronne déposent trois deniers en obole – c'est, souvenez-vous, la moyenne que nous avions retenue – cette somme rapportera chaque année vingt-quatre gros la livre [1]...

– Vingt-trois gros et vingt deniers ! précise Leonardo Michiel.

– Merci, ser Leonardo, je reconnais là la précision de votre esprit, poursuit avec agacement Nicolo Querini. Ainsi, nous aurons recouvré nos treize mille hyperpères...

– Treize mille cent trente-quatre ! insiste le vieillard.

– De tous les membres du Conseil, je suis sans doute celui qui se rappelle le mieux le chiffre, ser Leonardo ! » répond avec un sourire contraint Nicolo Querini. Puis, poursuivant :

« C'est dire qu'après dix ans...

1. Soit 10 p. 100, une livre valant deux cent quarante gros.

– Dix ans et vingt jours ! murmure le vieil homme en essuyant de sa manche un peu de bave à la commissure de ses lèvres.

– Après dix ans et vingt jours, grommelle l'orateur en soupirant, la présence de la couronne de Notre-Seigneur sera non seulement un réconfort pour nos cœurs mais aussi un soutien à la prospérité de la république, puisqu'elle continuera indéfiniment à rapporter chaque année tout autant.

– Vous oubliez décidément dans votre décompte ce qu'aurait pu rapporter cette somme, si elle n'avait pas été rendue stérile durant tout ce temps ! déclare Angelo Falier avec un sourire mielleux.

– Si on la plaçait, ne serait-ce qu'à trente-six gros la livre... », commence Leonardo Michiel.

Falier glousse :

« Trente-six gros la livre ? Mais, investie dans la seule caravane de Romanie, c'est cinquante gros la livre que dans le pire des cas elle rapporterait tous les ans ! Et cent, voire cent cinquante, dans les bonnes années !

– Je simplifiais, ser Angelo ! interrompt Nicolo Querini. Que je sache, vous étiez bien présent lorsque nous avons évoqué ce sujet en détail !

– Sans nul doute. Ainsi je me souviens fort bien que, dans l'accord que vous avez passé – fort sagement, je vous l'accorde ! – avec l'empereur Baudouin, il est convenu que le paiement de la somme due se fera en argent pesé à raison de mille cinq cent quatre-vingt-douze milliers de poids de plomb, ce qui fait cent vingt et un poids de plomb pour chaque besant d'or, alors que les changeurs par ces temps ne prennent guère le besant à plus de cent seize poids. Voilà aussi ce que nous perdrions à ne point être remboursés !

– Allons, messires, s'exclame Stefano Badoer, vous avez l'un et l'autre raison, mais nous ne sommes pas là pour reprendre un débat achevé depuis longtemps. Pour conclure ce que vient d'exposer ser Nicolo, je me permettrai seulement de rappeler à ser Angelo, puisqu'il tient à l'exactitude, tout l'afflux d'espèces – même s'il est plus difficile à évaluer – qu'amèneront les dépenses des pèlerins dans les auberges et les boutiques de Venise, pour ne parler que de ces commerces-là... »

Ménageant une légère pause, ser Stefano affiche un sourire entendu...

« Hé, hé ! » ricane le vieux Leonardo.

« Cet afflux, donc, aura bien plus tôt fait de rembourser notre sacrifice temporaire que toutes leurs oboles. Aussi la durée de dix années que vient d'évoquer ser Nicolo, loin de pécher par optimisme, me semble excessivement prudente.

– En vérité ! approuve Nicolo Querini.

– Mais la question, je crois, est ailleurs... », achève Badoer.

Le doge Tiepolo approuve d'un hochement de tête. Le visage préoccupé sous son bonnet ducal, il est peu intervenu jusqu'à présent, préférant comme à son habitude laisser d'abord débattre le Conseil.

« Vous pardonnerez, messires, l'intrusion de sentiments privés dans un débat public, mais la douleur que m'inspire l'infortune de mon fils bien-aimé, gémissant dans les chaînes, m'a grandement donné à réfléchir sur le destin de la république. Le sort de mon fils ne préfigure-t-il pas ce que serait le sien si – ce qu'à Dieu ne plaise ! – avec l'aide d'on ne sait quelles forces... »

Le doge se signe.

« ... Frédéric l'impie triomphait de la juste cause de notre Sainte Église romaine? Cette amère réflexion me conduit à me demander si les satisfactions les plus honnêtes et les joies les plus pures ne doivent pas être regardées aujourd'hui comme des vanités lorsqu'elles ne concourent pas à la défense de l'Église du Christ et de son vicaire, notre Saint-Père Grégoire. »

Jacopo Tiepolo, le front marqué d'une profonde ride, fait une pause.

« Le premier j'ai rappelé quel ornement la sainte couronne serait pour la cité de saint Marc. Mais en vous écoutant, messires, je me suis pris à penser que rien n'était plus important, dans le temps de grandes menaces où nous vivons, que d'assurer la fidélité de tous nos amis. »

Nicolo Querini considère le doge d'un air sombre et pensif. Celui-ci poursuit :

« Le roi Louis est un ami que tout prince chrétien doit s'honorer de compter au nombre des siens... Si son extrême bonté l'a jusqu'ici fait regarder avec trop d'indulgence la politique hypocrite de l'Empereur, il n'est pas douteux que, devant les extrémités auxquelles celui-ci s'abandonne, sa piété lui fera tôt ou tard reconnaître qui sont les vrais défenseurs de l'Église, qu'il aime et révère. »

Tout cela a été dit lentement, sur un ton grave, à voix presque basse.

« Aussi, en dépit des manœuvres perfides de Frédéric, inspiré par on ne sait qui – il se signe à nouveau, imité par tout le Conseil –, tout ce qui peut démontrer au roi de France dans quel camp la piété s'est réfugiée est de l'intérêt supérieur de la Chrétienté, donc de la république. »

Les conseillers approuvent, hochant silencieusement le chef.

Le doge regarde Nicolo Querini avec tristesse, en soupirant profondément.

« Voilà pourquoi je pense, pour ma part, que ce serait faire œuvre pie que de consentir au noble roi de France la joie à laquelle il aspire, mon cœur dût-il saigner à l'idée de nous séparer de la précieuse relique que Dieu a bien voulu, un temps, déposer entre nos mains.

– Nous reconnaissons dans ce langage le sens aigu du bien de la cité qui anime Votre Seigneurie, réplique Nicolo Querini sur le même ton grave. Mais la piété même du roi de France, autant que sa justice, ne lui fera-t-elle pas comprendre nos sentiments et apprécier à sa juste valeur l'attachement que nous éprouvons, comme lui, pour la sainte relique? »

Le doge toussote légèrement au creux de sa main et reprend avec une lenteur calculée, appuyant sur les mots :

« En vérité, je crois le roi Louis assez subtil pour l'apprécier effectivement à sa juste valeur... Lui dont l'esprit délié, faisant la part des calomnies, ne saurait se méprendre sur la piété dont font preuve les nobles de Venise... »

« En vérité, je le crois bien... », se dit Domenico Contarini, souriant intérieurement et appréciant les mines mi-figue, mi-raisin qu'à cette phrase du doge ont prises certaines physionomies.

« Et vous, seigneur podestat, vous restez silencieux. Quel est donc votre avis?

– Avons-nous encore quelque choix, Votre Seigneurie? Nous nous sommes engagés à restituer la couronne si la dette était remboursée. Le bailli Anseau de Cayeux et les autres grands officiers de l'empire de Romanie nous ont expressément mandé par écrit de délivrer la couronne contre paiement aux envoyés du roi de France, et, à l'heure qu'il est, il y a tout lieu de croire que ceux-ci convoient déjà les monnaies qui éteindront la dette de l'empereur Baudouin. Notre parole nous oblige!

– Les frères prêcheurs que le roi nous a envoyés m'ont rappelé en outre, reprend Jacopo Tiepolo, le prix que notre Saint-Père accorde à l'amitié d'un souverain si pieux et si puissant, et combien tout ce qui pourrait altérer celle-ci le plongerait dans la plus vive affliction.

– En vérité, Votre Seigneurie, opine Stefano Badoer, nous voyons bien que, dans le malheur des temps présents qui accable jusqu'au trône sacré de Pierre, le moment est venu de savoir en chrétiens sacrifier nos vanités! Et plus encore nos intérêts! Que pèse le taux de change du besant face à l'amitié du roi de France?

– D'autant que nous allons gagner sur les deux... », marmonne entre ce qui lui reste de dents, l'œil allumé, Leonardo Michiel.

Le débat se poursuit un moment pour la forme, mais les propos du doge, soulignés par l'avis du podestat de Chioggia, ont déjà convaincu au fond d'eux-mêmes la plupart des conseillers que se concilier les bonnes grâces de Louis IX de France, à l'heure où les aigles impériales déploient leurs ailes sur l'Italie, justifie amplement un effort... somme toute peu coûteux.

Le soleil descend déjà sur les toits de la ville lorsque Domenico Contarini, sortant d'un pas rêveur du palais ducal, fait signe à ses serviteurs qu'il n'utilisera pas sa gondole.

Le podestat, en sombres vêtements de deuil, s'engage dans la foule bruyante et colorée qui va et vient sans cesse sur le Broglio, cette portion de la piazzetta qui, entre la basilique, le palais et le campanile, jouxte la place Saint-Marc. Comme souvent depuis un mois, il préfère marcher. Un mois déjà... Un mois qu'elle n'est plus! Pauvre Isabella...

Il a à peine fait quelques pas vers la place qu'il sent une main le frapper sur l'épaule.

« Domenico! »

Se retournant vivement, le patricien reconnaît avec surprise le visage souriant qui l'interpelle.

« Michele! Je te croyais en Romanie!

– J'en suis rentré avant-hier! Le temps de mettre en ordre mes affaires, et je suis passé chez toi. On m'y a dit qu'il y avait Conseil au palais et je suis venu jusqu'ici.

– Michele, Dieu te bénisse d'avoir si tôt pensé à moi. Cela me fait plaisir de te revoir...

– À moi aussi, Domenico. Mais je ne pensais pas... Ton intendant Matteo m'a tout raconté, tu sais. Cela me fait de la peine, beaucoup de peine.

– Merci, mon ami... Vois-tu, les années avaient plus qu'émoussé les sentiments que j'avais pu jadis nourrir pour Isabella. Je ne te l'avais jamais caché, d'ailleurs... Nous avions chacun notre vie, côte à côte parfois, séparés souvent, surtout lorsque je partais en Romanie ou en Terre sainte. Et puis il y a eu cette grossesse que nous n'attendions plus... Cet enfant que nous espérions tous deux... »

Domenico soupire, se reprend, sourit à Michele.

« Allons, il ne sert à rien d'être triste. Toi qui as toujours su me faire rire, raconte-moi plutôt les dernières nouvelles de Romanie, avec tout le talent que tu sais mettre dans tes récits! »

Michele sourit à son tour, pressant amicalement le bras du patricien.

« Constantinople n'est rien à côté de Venise! Que pourrais-je bien apprendre au très noble podestat de Chioggia, conseiller de monseigneur le doge, qui vient de traiter à l'instant même des plus hautes affaires de l'État!

– Les affaires de l'État? Oui, oui... Michele, as-tu entendu parler de la sainte couronne d'épines?

– Évidemment, ne suis-je pas bon chrétien? Que veux-tu dire?

– Eh! C'est que nous nous sommes réunis spécialement pour elle », reprend Domenico en s'efforçant à prendre un ton léger, passant familièrement le bras sur l'épaule de son ami.

« Sais-tu que nous avons fait assaut de piété avec le roi de France?

– Voilà une cause qui me paraît aussi mal engagée que si notre bon Pape Grégoire – que Dieu l'ait en Sa sainte garde – s'employait, avec ses quatre-vingt-dix ans et son heureux caractère, à séduire Fiorella Salvarani! »

Tout en s'amusant de l'impertinence et en imaginant le pontife dans les bras de la célèbre courtisane, Domenico prend son air le plus offensé, roulant des yeux furibonds et repoussant Michele de toute la longueur de son bras.

« Ne blasphème pas, malheureux, ou je te dénonce aux exécuteurs! D'ailleurs, le Pape n'a guère plus de soixante-dix ans! »

Il y a quelque sincérité dans l'indignation de son ton car, à l'instant où il allait prononcer cette phrase, son regard est tombé sur la cage où se balance depuis trois jours, accroché au campanile, le curé Ottavio, de la paroisse de San Cassiano, qui a un soir d'ivresse blasphémé un saint apôtre...

Mais, se détournant du spectacle et attirant à nouveau Michele vers lui, avec une mine de comploteur, Domenico ajoute :

« En fait, notre cause était encore plus désespérée!

– Se peut-il? s'exclame Michele en témoignant toutes les marques de l'étonnement.

– Eh, le Pape a beaucoup d'or! »

Un pétillement de malice allume les yeux de Michele.

« C'est ma foi vrai! Et la belle Fiorella, tout soudain éblouie par la foi, pourrait bien voir en lui un ange tombé du ciel... Décidément, tu connais mieux la vie que moi, Domenico. »

Et, bras dessus, bras dessous, plaisantant comme deux escholiers, les deux compères s'engagent sur la place.

Avec sa petite taille, son corps fluet – on n'imaginerait pas qu'il a passé trente ans! –, son museau de fouine un peu ingrat, racheté par des yeux vifs toujours en mouvement et une bouche qui s'ouvre pour un rien en un large sourire sur ses petites dents blanches et acérées, Michele Cavalli ne ressemble guère à son grand et vigoureux compagnon, aux beaux traits réguliers. De même son maintien, à lui qui ne tient jamais en place, toujours explosant de vie, la plaisanterie à la bouche, négligent de sa mise, tranche-t-il avec l'allure d'élégante et digne noblesse que s'emploie à prendre, sans trop forcer son caractère, le podestat de Chioggia.

Mais c'est justement ce que Domenico aime en lui. À jamais il se rappellera avec nostalgie leurs frasques d'enfants et d'adolescents, pour la plupart fruits de l'imagination débordante de son ami qui, bien que plus jeune de deux ans, trouvait toujours moyen de l'entraîner dans les pires aventures. Si Michele est issu d'une famille qui, quoique riche, n'appartient pas au patriciat, la solide amitié, remontant à la conquête de Constantinople, qui unissait leurs pères, ne s'en est pas moins, de précepteurs communs en jeux partagés, transmise aux fils.

Avec Michele, Domenico peut se détendre. Et en ce mois de mars, il en a grand besoin...

« Sérénissime seigneur, vous qui n'ignorez rien des petits comme des grands secrets de l'État, daignerez-vous informer un voyageur exilé depuis de longs mois des événements d'importance qui ont agité cette noble cité?

– Eh bien, tout d'abord, on a vu il y a trois semaines se glisser chez Fiorella Salvarani...

– Le Pape?

– Non..., son légat.

– Jésus Marie! Est-il possible qu'un si haut prélat pousse le dévouement apostolique jusqu'à s'attacher à ramener dans la juste voie une âme aussi perdue?

– Plus que tu ne penses, car je me suis laissé dire qu'il avait renouvelé ses visites, et ses paroles ont dû fort ouvrir les yeux de la malheureuse car elle l'aurait, dit-on, retenu fort tard... »

Ainsi, cheminant dans les ruelles animées qui s'assombrissent sous la lumière déclinante du soir, le patricien déroule-t-il, sur le mode badin, les grands soucis et les petits potins de la ville des lagunes.

« Mais, Michele, en vérité, comment puis-je t'entretenir de tous ces secrets au milieu de la rue? Nous ne nous sommes pas vus depuis dix mois; viendras-tu partager un souper improvisé dans ma modeste maison familiale? »

Bien que déjà parvenu à deux pas de la fastueuse Ca'Contarini di San Samuele, le jeune marchand – qui sait bien que Domenico, dont les cuisines sont célèbres, aime souvent à tenir table ouverte – simule la plus grande surprise, avant d'accepter avec une feinte gêne.

Les deux amis, riant d'eux-mêmes, entrent sous le portique aux colonnes de marbre...

Dans la chaude ambiance du salon tendu de brocarts de Romanie et de tentures des Flandres, assis sur les moelleux coussins ouvragés d'un sofa qu'il a fait disposer à la manière des palais d'Orient, Domenico tend un drageoir ciselé à son ami, qui déguste à petites gorgées une coupe de vin de Malvoisie, tandis que le maître queux s'affaire aux cuisines.

« Mais, maintenant que je t'ai tout révélé des secrets de Venise, me tiendras-tu encore cachés ceux de Constantinople?

– Pour vous obliger, sérénissime seigneur, je mettrai donc fin au silence – j'oserai dire presque religieux – qu'impose la saveur de ce divin breuvage. Par ma foi, si c'était ce vin-là qui coulait dans nos messes, nos bons prêtres renonceraient à bien des sermons insipides pour un recueillement où le Seigneur aurait sans nul doute grandement à gagner... »

Et durant la plus grande partie du repas, sur le même ton léger, quoique souvent plus mordant et plus goguenard, qu'a employé un peu plus tôt Domenico, Michele Cavalli raconte, s'attardant sur les détails les plus pittoresques, les grandes nouvelles de la métropole orientale, que Domenico connaît généralement bien, et les petites, qu'il connaît moins... Les manœuvres de Vastace pour recouvrer l'ancienne capitale des Grecs... La sourde rivalité opposant les colonies vénitienne et génoise de la grande cité, accidentellement alliées contre les deux empereurs, l'Allemand et le Grec... Les secrets d'alcôve des grandes et petites familles établies là-bas... Les trésors d'imagination déployés par les chevaliers latins pour remplir leurs bourses éternellement percées... Les dernières entreprises des infidèles et des païens qui s'agitent aux portes de l'Asie...

Le repas s'achève. Mafalda vient de se retirer, sentant que l'heure approche où les hommes règlent leurs affaires entre eux.

Elle est restée présente durant tout le souper, discrète, demeurant modestement debout auprès d'une tapisserie mais dirigeant avec sûreté le service en veillant à prévenir les moindres désirs des convives.

« Comme elle a changé! Il y a plus d'un an que je ne l'avais pas vue. C'est une femme à présent.

– Oui. Et c'est seulement maintenant que je mesure vraiment pourquoi ma pauvre Isabella lui vouait tant d'attachement. Elle l'a veillée avec tant d'attention durant toute sa grossesse! Elle était auprès d'elle quand le malheur est arrivé; elle a tout tenté pour sauver sa maîtresse. Et depuis un mois, à Chioggia d'abord, ici ensuite, elle veille à toutes les tâches ménagères. Tout fonctionne comme avant. Rien n'a changé. Les serviteurs lui obéissent comme à Isabella. C'est au point qu'en regardant Mafalda j'ai parfois le sentiment que celle-ci va sortir de sa chambre... En vérité, pour moi aussi sa présence est précieuse, depuis un mois. Elle est si douce, si dévouée...

– Je ne peux pas dire qu'elle soit belle, mais je trouve qu'elle a du charme, un charme un peu étrange.

– Tu as raison. Même si elle tient ses hautes pommettes et ses yeux en amande du Tartare qui a jadis violé sa malheureuse mère, cela ne lui donne point un visage déplaisant... »

Tandis que Domenico égrène lentement une grappe de dattes au-dessus d'une nappe où s'étalent les reliefs d'un repas princier, l'évocation des Tartares fait rouler la conversation sur le commerce en mer de Pont et les comptoirs de Gasarie [1].

Michele se fait plus sérieux. Il raconte comment ces comptoirs – par où transite le trafic entre Constantinople ou la Méditerranée, les steppes du Tanaïs, de l'Ethyl ou de l'Asie, et les principautés russes du Nord – se trouvent dépérir depuis deux ans, après que les tribus nomades des Coumans et des Alains ont été les unes après les autres défaites, massacrées ou exilées par ces Tartares qui ont déferlé des profondeurs de l'Asie sur leurs terres ancestrales ainsi que sur le pays de Rous.

« Je sais tout cela, interrompt Domenico. Sais-tu que l'on commence à s'interroger ici sur ces mystérieux barbares? Le roi de Hongrie aurait même fait part au Saint-Père et à l'Empereur de l'inquiétude qu'ils lui inspirent.

– Oh, oh! s'il veut s'allier aux deux à la fois, son bras droit n'aura bientôt pas de pire ennemi que son bras gauche!

---

1. Crimée.

– Eh, les chevaliers Teutoniques y arrivent bien, eux.

– Sans doute, mais ils ne demandent, que je sache, l'aide de personne; une simple bénédiction trempe suffisamment leurs épées... Quant aux Tartares... »

Michele paraît hésiter un peu.

« Oui? Que veux-tu dire?

– Eh bien, vois-tu, Domenico, ces mystérieux barbares, comme tu les appelles, ne nous sont pas si inconnus. »

Michele reprend un ton badin.

« Et ils ne sont peut-être pas si néfastes qu'on le dit... Si l'on songe justement qu'en brûlant Soldaïa, il y a seize ans, ils ont grandement mis à mal le commerce que faisaient en Gasarie nos bons amis génois, qui régnaient alors en maîtres là-bas!

– Je suppose néanmoins que le bienfait qu'il nous ont accordé était un pur accident, sur la reproduction duquel on ne saurait compter?

– Domenicooo... »

Michele roule vers son ami les yeux d'un précepteur dont l'élève aurait proféré une énormité.

Le patricien sourit.

« Il est vrai que ton père et toi avez beaucoup commercé dans ces régions-là. Vous en avez toujours su à leur sujet plus que nous, Contarini, dont les principaux intérêts sont ailleurs.

– Oui, oui, fait Michele, se redressant comme un coq, en écartant les bras comme pour saisir tout l'air de la pièce : aux Contarini Alexandrie, Acre, et Constantinople! Mais pour les Cavalli... »

Il prend son air le plus humble et sa plus petite voix.

« ... même la Gasarie n'est point trop petit gibier!

– Je crois qu'il a pourtant en son temps été bien plumé, sourit Domenico, avant que d'autres ne l'égorgent à votre place.

– J'aimerais te parler de ces autres-là, Domenico. »

Le jeune marchand est redevenu sérieux.

« En l'an mil deux cent vingt-deux, vers la fin de l'été, mon oncle Andrea avait conduit une caravane plus loin que d'habitude à l'intérieur des terres, au nord du Caucase, vers le grand fleuve que l'on appelle Ethyl...

« Il vit un jour venir vers lui un parti de cavaliers en armes. À leur vue, les guides alains se mirent à trembler. Devant leur mine effrayante, mon oncle et ses compagnons crurent leur dernière heure venue. Pourtant, s'étant assuré qu'ils n'étaient que de paisibles marchands et voyant à leur aspect qu'ils appartenaient à un peuple inconnu d'eux, le chef des cavaliers interdit à ses hommes de s'emparer sur-le-champ des marchandises. Par l'intermédiaire d'un truchement alain qui était parmi eux, et quoique sur le même ton que s'il leur avait annoncé leur exécution immédiate, il leur souhaita la bienvenue sur les terres d'un mystérieux souverain, Chingiscaan, qu'il ne nommait qu'avec le plus grand respect. Mon oncle eut le bon goût d'incliner humblement la tête à chaque fois que le barbare prononçait le nom de son maître, ce qui eut l'heur de lui plaire.

– Je vois que le regretté Andrea ne t'avait fait grâce d'aucun détail.

– D'aucun, et je ne te donne là qu'un rapide résumé. Mais ce récit, jusqu'à ce soir, n'était jamais sorti de la famille Cavalli.

– Tu me fais bien de l'honneur! »

Domenico ne peut empêcher ses yeux de transpercer le regard de son interlocuteur qui sourit, amusé.

« Le chat a-t-il flairé une souris? Modère ton impatience, tu vas tout savoir... Sur ce, les barbares les conduisirent auprès de leur général, qui campait à une journée de là. Mon oncle Andrea arriva donc devant le général mongol, ou tartare, puisque nous leur donnons plutôt ce nom, un certain Suboda, ou quelque chose d'approchant. Il avait un aspect farouche et terrible... mais je reviendrai plus tard sur les détails pour m'en tenir à l'essentiel. Ce Suboda les reçut très bien, autant qu'un barbare aussi rustre peut le faire, du moins. Il se montra plein d'attention et de curiosité pour eux, s'enquit des pays d'où ils venaient, leur posant sur ceux-ci, par ses interprètes, une multitude de questions.

– Voilà un barbare bien curieux.

– Mais il ne fut point non plus avare de détails en réponse aux questions que les nôtres lui posèrent sur Chingiscaan et son royaume.

– Je suis sûr que tu brûles d'envie de me les donner, mais où veux-tu en venir?

– À ceci : Suboda acheta, après un marchandage de pure forme, toutes nos marchandises – qu'il était pourtant en son pouvoir de confisquer pour rien! Il dit à mon oncle que, s'ils lui ressemblaient, tous les marchands de Venise étaient ses amis et qu'ils pourraient revenir auprès de lui aussi longtemps qu'ils auraient d'aussi bonnes marchandises, et des récits aussi passionnants.

– Tiens donc...

– Il offrit même aux Vénitiens la protection de Chingiscaan, puisqu'ils s'en montraient si respectueux, ajoutant que son souverain exterminerait volontiers les ennemis de ses protégés. »

Michele cligne de l'œil.

« C'est alors qu'au détour de la conversation Suboda apprit de mon oncle l'existence du comptoir génois de Soldaïa. Mon oncle, connaissant le goût du général tartare pour les détails, ne put éviter de lui décrire par le menu la place et ses défenses, sans parler des richesses qui s'y entassaient...

– Je crois en savoir assez pour ce soir sur le sac de Soldaïa par les Tartares, cher Michele, mais ce sont là des événements bien anciens. En quoi nous concernent-ils aujourd'hui?

– C'est que, si Suboda, après avoir anéanti les armées des princes de Russie, est à nouveau retourné dans les steppes de l'Asie, les Tartares ont laissé quelques-uns des leurs aux frontières de la steppe coumane et des monts du Caucase qui bordent la mer Caspienne.

– On dit que c'est de là qu'ils proviennent.

– Je ne sais..., ou plutôt je crois qu'ils viennent de beaucoup plus loin. Toujours est-il que, de temps à autre, mon père et mon oncle envoyèrent des caravanes jusqu'aux avant-postes tartares, vendant leurs marchandises un bon prix, tout en satisfaisant le goût immodéré de ces barbares pour la conversation.

– Leur fils et neveu a continué?

– C'est arrivé, répond négligemment Michele, jouant l'air de rien avec la pointe d'un couteau... Mais ce n'étaient jusqu'ici que de petites caravanes... Bien petites. Aujourd'hui... »

« Nous y voilà », songe le patricien.

« Aujourd'hui il y a une grosse affaire à tenter, Domenico. La fin du commerce avec les Coumans, les Alains et les Ruthènes a porté un rude coup au trafic de cette région, mais il paraît que les Tartares, tandis qu'ils menaient leurs incursions dans les pays du Borysthène et du Tanaïs, ont établi dans la vallée de ce dernier fleuve un immense camp de base, où leurs armées vont se reposer après chaque campagne, où les attendent leurs femmes et leurs serviteurs, où ils élèvent leurs chevaux, où leur parviennent les renforts de Tartarie... Si cette cité nomade est conforme à ce qu'on en dit – et je sais qu'elle l'est –, c'est toute une flotte que nous pouvons envoyer à Soldaïa.

– Mmm, félicitations, mon ami, le palais des Cavalli va bientôt pouvoir rivaliser avec la modeste demeure des Contarini.

– Ne raille pas, répond Michele qui pour une fois ne sourit pas à la plaisanterie. Tu sais qu'après la perte de la *Santa Catarina* et de sa cargaison il y a deux ans, à laquelle sont justement venus s'ajouter les déboires de notre commerce en Gasarie, je ne peux me permettre de prendre un trop grand risque.

– Je n'ai jamais entendu dire que tu étais ruiné.

– De fait, je ne le suis pas, mais je ne peux plus m'offrir le luxe d'une nouvelle perte de cette ampleur. Écoute, Domenico, je suis en train de te donner pour rien tous les secrets des Cavalli. L'espoir de gain est immense, mais le risque existe, et je ne peux me l'offrir seul. Tu es mon ami, il n'y a qu'à toi que je puisse faire entière confiance, et il n'y a que toi que j'aie envie d'associer au profit de l'expédition. »

Domenico ne sourit pas plus que son ami.

« Michele ! Que me proposes-tu là ? Ces barbares ne sont-ils pas les ennemis des chrétiens ? Eux qui ont osé menacer le roi de Hongrie et qui ont ravagé la principauté de Grande Lodomérie [1] ?

– Qu'importent les habitants de la Rous ! Ce sont des schismatiques, tout comme les Grecs. Nous avons de tout temps commercé avec les Coumans, eux aussi nomades païens, qui pillaient souvent les terres des Russes et ont même combattu plus d'une fois le roi de Hongrie. Faut-il s'en repentir ?

– Certes non ! Mais les Tartares, qui traquent partout les Coumans, ne sont-ils pas plus dangereux qu'eux ? »

Michele hausse les épaules.

« Il y a toujours eu de grands peuples nomades dans ces régions. Il y a deux cent cinquante ans, les Petchenègues, dit-on, ont capturé le prince de Kiev, et leur chef s'est fait une coupe de son crâne ! Plus tard, les Coumans les ont chassés. Aujourd'hui ce sont les Tartares qui chassent les Coumans... C'est la loi de ces steppes. Il n'y a rien de nouveau. Et quand bien même ces barbares seraient plus dangereux que leurs prédécesseurs, le commerce n'est-il pas le meilleur moyen de les apprivoiser ? S'ils commercent avec les chrétiens, pourquoi leur feraient-ils la guerre ? »

Domenico fait une moue, reste un moment silencieux, l'œil rivé sur un point de l'une des tentures.

« Combien de vaisseaux ?

– Si mes informations sont exactes, nous pouvons risquer trois tarides, voire une nef entière.

1. La Grande « Vladimirie », c'est-à-dire la principauté de Vladimir-Souzdal.

– Tu comprendras que j'aie besoin de plus de détails pour décider?

– Je suis à ton entière disposition pour te les fournir. Ils ne te décevront pas. »

Michele se penche en avant. « Sous cette réserve, tu es de la partie?

– Je pourrais peut-être financer une taride...

– Alors le convoi n'en aura que deux. Je ne peux en envoyer qu'une... En priant pour que cette fois elle ne sombre pas!

– Tu n'as jamais donné un chiffre au hasard, Michele, pourquoi n'envoyer que deux navires quand il en faudrait trois : je finance la moitié du troisième!

– Tout le troisième est à toi, avec ses bénéfices.

– Et ses pertes! La moitié du troisième, Michele », répète Domenico en se dirigeant vers un superbe coffret noir incrusté d'ivoire, posé sur la grande cheminée marquée aux armes qu'il s'est choisies : le lion de Saint-Marc terrassant l'aigle byzantine.

Le jeune marchand sourit de toutes ses dents pointues.

« Très bien, Domenico, il y aura trois tarides! »

Le patricien sort avec précaution du coffre précieux deux verres de cristal.

« Les Romains au sommet de leur art ne sont jamais parvenus à cela, Michele, dit-il en faisant jouer l'un d'eux devant la flamme des bougies, mais mon maître verrier, si! »

Et dans ce récipient presque invisible, à la beauté si pure, il verse l'or d'un délicat muscat de l'Archipel, présent de son cousin Angelo Sanudo, duc de Naxos.

LES TROIS IMPOSTEURS

L'an du Seigneur 1239, le mercredi 13 avril, fête de saint Herménégilde

« Ooooh! »

Les convives s'exclament.

Leurs applaudissements fusent.

Quelle agilité! Quelle grâce!

Comment font-elles? C'est miracle!

Vives et gracieuses, glissant élégamment au travers de la salle en figures symétriques, dans une frénésie de cymbales et de castagnettes, deux jeunes Orientales au corps souple et au frais visage, en équilibre sur de grandes sphères, vont et viennent avec une surprenante aisance en les faisant rouler sur le carreau luisant.

D'un même bond aérien elles sautent enfin à terre, leurs fronts mouillés de sueur, avant de s'incliner devant leur maître en une profonde révérence.

L'Empereur, se levant, leur jette des pièces d'argent frappées de son profil.

« C'est grande joie, mes enfants, que de vous voir danser! »

Frédéric est ravi. Il récompensera demain son maître des cérémonies qui a fait venir d'Apulie ces charmantes acrobates!

C'est la première fois depuis deux semaines qu'il trouve enfin le temps d'une soirée de détente. Sitôt connue la sentence d'excommunication, épuisant les chefs de son état-major comme les clercs de sa chancellerie, sans leur laisser de trêve ni de jour ni de nuit, paraissant insensible au sommeil, il a ordonné, dicté, galopé, contrôlé...

Que les Guelfes ne se réjouissent pas trop!

Mesures de défense ou d'attaque, dans toute l'Italie aussi bien qu'en Allemagne... Lettres, proclamations, manifestes adressés à ses fidèles comme à l'Europe entière... L'Empereur veille à tout!

Peu de jours après Pâques, il s'est précipité à Trévise dont il entendait fortifier la fidélité douteuse.

Aujourd'hui tous les ordres sont donnés, les soldats impériaux surveillent Trévise, la colère impériale s'apaise.

Du moins le croirait-on...

Le souper est intime.

Dix convives tout au plus... Les plus proches confidents du Souverain.

Pour les servir, des sarrasins à l'absolue discrétion...

Frédéric affectionne ces soirées où il peut dépouiller l'espace d'un instant l'étiquette impériale pour partager sans contrainte la compagnie de ses amis.

Car, en de tels moments, ce n'est pas en sujets, mais en amis, qu'il entend que ses commensaux lui parlent.

Il peut alors cesser d'être l'Empereur pour être enfin un homme...

Rares sont ceux qu'il convie ces soirs-là à sa table.

On reconnaît maître Théodore, philosophe et astrologue de la Cour, le fauconnier Moamin et, bien sûr, les yeux cernés par les nuits passées à diriger ses bureaux, le chancelier Pierre des Vignes...

Ceux qui ne connaissent de Frédéric que la pompe religieuse de sa Cour seraient fort étonnés d'entendre avec quelle liberté on s'exprime ici. Rien n'y paraît sacré, même le Souverain, qui rit du meilleur cœur aux plaisanteries que l'on ose faire sur lui. On rivalise d'esprit et d'ironie cinglante...

En vérité, c'est bien là une conversation d'amis, libre et sans contrainte!

Du moins c'est ce qu'il semble. Car chaque invité sait très exactement jusqu'où il doit aller, jusqu'où il peut aller... Chacun sait reconnaître dans l'œil de Frédéric le pétillement joyeux de l'homme qui se détend ou l'éclair fulgurant de César qui s'irrite.

Jeu dangereux... Jeu subtil... Jeu qu'ils jouent à merveille et qu'au fond d'eux ils aiment. Ne sont-il pas les plus fins esprits de l'Empire?

Nonchalamment appuyé au bras de son fauteuil, l'Empereur interroge les deux jolies danseuses. L'une est sarrasine, envoyée en cadeau par le soudan d'Égypte, l'autre...

D'où vient-elle? Sarrasine elle aussi? C'est loin d'être certain... On cherche à deviner. La jeune femme sourit, les yeux modestement baissés.

« Allons, petite, départage-nous! L'un de nous a-t-il trouvé? »

La danseuse se tourne vers maître Théodore.

« C'est vous, seigneur, qui êtes dans le vrai. Je suis née dans les steppes qui bordent la mer de Pont.

– À quelle peuple appartiens-tu? Dis-nous ton histoire.

– J'appartiens, messeigneurs, au peuple des Coumans. Les Tartares m'ont capturée et vendue comme esclave à un marchand vénitien. »

Elle se tourne vers l'Empereur en une touchante génuflexion.

« Mais dans mon infortune, comme je savais danser, j'ai eu le bonheur d'être enfin achetée pour distraire Votre Majesté.

– Es-tu esclave? »

La jeune Coumane rougit.

« Sans doute, Majesté, puisqu'on m'a achetée.

– Désormais tu n'es plus mon esclave, mais une servante libre! Allez vous restaurer, toutes deux, vous l'avez mérité. Nous comptons bien que vous reviendrez sans tarder en notre Cour pour réjouir à nouveau nos regards de vos gracieuses jongleries. »

Danseuses et musiciens quittent la pièce. Le chancelier, posant sa coupe, se penche vers son maître, un pli amusé autour des yeux.

« Je me demande ce que va répondre César à la missive de ces Tartares dont la délicatesse qu'ils mettent à choisir leurs captives n'a d'égale que celle de leur style épistolaire. »

Frédéric s'esclaffe.

Il y a un an que le roi de Hongrie l'a averti de l'arrivée des Tartares vers le pays de Rous. Et voilà que lui-même – l'Empereur des Romains! –, par on ne sait trop quel canal, a reçu à son tour un message de leur mystérieux chef, un certain Batou Can. Celui-ci lui enjoint sans plus de cérémonie de venir faire sa soumission à un prétendu Souverain du Monde, le Caan, ne lui offrant en échange rien de moins qu'un poste honorifique à la Cour de ce dernier!

Frédéric fait la moue, balançant mollement la main.

« Voyons, voyons, en quoi pourrais-je me rendre utile à la Cour de ce... Caan? »

Se grattant le menton, il prend un air soucieux, paraissant réfléchir intensément.

Autour de la table on rit beaucoup à toutes ses mimiques.

« Si fait, mes amis, si fait. Il existe, je crois, un art où je suis suffisamment expert..., du moins ai-je la faiblesse de le penser... »

Il regarde vers Moamin comme un escholier quêtant l'approbation de son maître et poursuit sur un ton de confidence :

« C'est celui de la fauconnerie! Je vais donc répondre à Sa Majesté le Caan que je ne me vois qualifié que pour être son fauconnier! »

Impassibles malgré l'hilarité générale, sous l'œil d'un échanson, les sarrasins remplissent les coupes vides. On boit beaucoup, ce soir...

Frédéric, en vérité, ne s'inquiète que médiocrement des rodomontades du chef des Tartares. Tout en grignotant pâtisseries et friandises, on plaisante l'impudence de ce roi barbare qui prétend conquérir le monde.

« Vous avez tort de rire, mes amis! Pour qui nourrit pareille ambition, l'impudence est une grande vertu si l'on n'a pour soi ni la justice ni la raison... Voyez Grégoire! »

Derrière le sourire apparent de Frédéric pointe soudain la haine.

Animé d'une étrange lueur, son regard balaie lentement la tablée. Un rictus sarcastique tord légèrement sa bouche.

« En fait d'impudence... »

Il vide sa coupe d'un seul coup, la repose brutalement.

« ... il y a trois charlatans qui, à force d'adresse et d'imposture, ont séduit la généralité de leurs contemporains afin de dominer le monde! »

Un silence.

« Ces trois charlatans ont nom Moïse, Jésus et Mahomet! »

Pierre des Vignes se force à sourire à la plaisanterie impériale. S'il juge sans complaisance l'Église romaine, il est tout de même chrétien! Sans doute ne se prive-t-on point, dans l'intimité du Souverain, de brocarder l'une ou l'autre des religions et d'ironiser sur ce que les hommes ont eu l'audace ou la bêtise d'accomplir au nom de Dieu, mais jamais l'Empereur lui-même n'a osé aller aussi loin...

Autour de lui, quelques rires contraints. Le visage du musulman Moamin a soudain viré au gris, le juif Théodore grimace sans conviction.

Un frisson vient soudain glacer la chair du chancelier. Son sourire de commande se fige. Il lui semble que s'ouvre sous ses pieds l'abîme d'un néant sans fond.

Car il vient de croiser le regard de Frédéric.

Et ce qu'il y a lu l'a effrayé au tréfonds de lui-même...

L'Empereur ne plaisantait pas!

LE CONTRAT

L'an du Seigneur 1239, le vendredi 15 avril, fête de saint Paterne

Au nom du Seigneur Dieu et de notre Sauveur Jésus-Christ, l'an de l'incarnation dudit Rédempteur mil deux cent trente-neuf, au quinzième jour du mois d'avril, au Rialto, moi, Michele Cavalli, fils d'Agostino Cavalli, ai constitué une association avec vous, ser Domenico Contarini, fils de ser Galeazzo Contarini. Dans cette association, j'ai reçu de vous ce jour dit six cents livres de gros et moi-même y ai investi la même somme. Et avec cet avoir nous avons pris les parts des bateaux commandés par Paoluccio di Santa Croce, Agnello il Saraceno et Bertuccio Pagliuzzo, et je me suis engagé à m'embarquer sur ces bateaux.

Après votre agrément et en entente avec vous, j'ai promis de faire fructifier tout cet avoir et d'en tirer le plus que je pourrai. À mon retour, le capital étant mis à part, nous aurons à partager le profit que le Seigneur aura pu nous accorder en deux moitiés exactes, sans fraude et sans malhonnêteté.

Si, ce qu'à Dieu ne plaise, tous ces biens sont perdus par la faute de la mer ou des hommes et qu'on peut le prouver, aucune des parties n'aura à demander quelque chose à l'autre; si, quoi qu'il en soit, il en reste quelque chose, nous nous le partagerons en deux moitiés exactes.

Cette association existe entre nous aussi longtemps que nos volontés sont entièrement d'accord. Mais, si je n'observe pas chaque chose comme il est prescrit ci-dessus, je promets de vous rendre toute chose au double, capital et profit, de mon bien, de ma maison, ou de toute chose que l'on me sait posséder en ce monde.

Signature dudit Michele qui a fait dresser cet instrument :

Michele Cavalli

Moi, Pietro, témoin, j'ai signé.
Moi, Girolamo, témoin, j'ai signé.
Moi, Giovanni, témoin, j'ai signé.
Les noms complets des témoins sont : Pietro Galbaio, Girolamo di Pomposa, Giovanni Barbaro.
Moi, Sevasto, clerc et notaire, ai complété le présent acte et l'ai authentifié.

TÖRAGÄNÄ

Le vingt-cinquième jour de la troisième Lune,
dans l'année du Porc,
onzième du règne d'Ögödäi Qaghan, Souverain du Monde [1]

Le cavalier arrête sa monture.
Il prend son arc et, lentement, tire une flèche de son carquois.
Il dirige vers le ciel son arme qu'il a bandée dans un geste puissant.
Et demeure immobile, à l'égal d'une statue...
Statue bleu, rouge et blanc sous l'azur du printemps... Jusqu'à perte de vue, la steppe est d'un vert tendre que ponctuent çà et là, en taches colorées, les corolles des fleurs qui se hâtent d'épanouir leur brève vie, entre la froidure de l'hiver et l'ardeur de l'été.
La statue ouvre la main.
La corde se détend.
Là-haut, loin dans les cieux, un oiseau s'abat, tournoyant.
Beau tir...
Cris et applaudissements saluent l'exploit.
Satisfait de lui-même et du concert de louanges, le cavalier tourne vers ses admirateurs un visage hautain et buriné, au regard dur et impérieux.
Mais ce n'est pas un cavalier.
C'est une cavalière.
La *khatoun* Töragänä, première épouse du Qaghan Ögödäi, Grande Impératrice des Mongols, revient au petit trot vers la caravane. Un serviteur accourt lui porter le corps palpitant de sa victime, une perdrix grise de belle taille.
Le convoi s'étire à l'infini.

1. 1er mai 1239.

Il y a bien six cents chariots de toutes formes et de toutes dimensions!

Les plus grands portent des yourtes blanches que viennent rehausser des motifs de couleur. Vingt-six bœufs tirent le char de tête. Si énorme qu'il soit, la tente qu'il déplace déborde largement entre les lourdes roues qui labourent l'herbe fraîche.

Derrière les yourtes, ou à leurs côtés, traînés par des chameaux au pas nonchalant, une multitude de hauts véhicules faits pour passer les gués portent les somptueux coffres décorés où l'impératrice et ses compagnes rangent leurs vêtements, leurs bijoux et tous leurs autres biens. Les dames, sur leurs chevaux, guident et surveillent leur marche.

Au loin, derrière les chars, meuglent et bêlent les troupeaux.

De part et d'autre de la caravane, à distance respecteuse, les détachements de la garde...

Dans la douceur du bref printemps des steppes, la grande impératrice et sa suite vont à Örmügetü où se dressera bientôt le campement d'été du Qaghan.

Debout devant la yourte de sa maîtresse où elle suffit seule à mener les vingt-six bœufs de l'attelage, l'esclave perse Fatima, favorite de la khatoun, la félicite chaleureusement.

À plus de cinquante ans, Törägänä a toujours fière allure, droite sur son cheval, sous sa haute coiffure ornée de plumes de paon. Sa tunique moirée, qu'une large étoffe bleue attache au-dessus de ses reins, dégage ses braies blanches et ses fines bottes rouges.

Approchant au petit trot, la jolie princesse Altalun, fille favorite de Gengis Khan, écartant le voile blanc qui protège son délicat visage de la poussière, joint ses compliments à ceux de Fatima. Jamais elle-même n'a été capable de tirer aussi bien!

D'autres dames accourent louanger l'impératrice.

Réglant le pas de leurs chevaux sur la lente progression des bœufs, les plumes de leurs coiffes ondulant dans la brise légère, les cavalières multicolores accompagnent en devisant le chariot gigantesque, immense vaisseau blanc naviguant noblement sur le vert de la steppe.

On va...

« Sais-tu quel jour nous sommes? questionne soudain la khatoun.

– Sans doute, dame, répond avec surprise la princesse Altalun, nous sommes dans le vingt-cinquième jour de la troisième Lune!

– Et ne sais-tu pas ce qui s'est passé le vingt-cinquième jour de la troisième Lune? »

Altalun hésite...

« Il y a trente-trois ans, le vingt-cinquième jour de la troisième Lune, dans l'année du Tigre [1], la première du règne de Gengis Khan, ton glorieux père, j'ai mis au monde le prince Güyük! »

Altalun rougit. Elle est impardonnable de ne pas avoir retenu la date de la naissance du fils aîné et préféré de l'impératrice!

Indifférente à son embarras, celle-ci poursuit :

1. 1206.

« Ce fut pour les Mongols la première année d'une gloire qui n'aura pas de fin ! Comment un prince né une pareille année pourrait-il ne pas s'élever au plus haut de cette gloire ? »

L'irritation perce dans le ton de sa voix...

Comment le Qaghan peut-il s'entêter à ne point reconnaître les mérites de son cher Güyük ? Ne vient-on pas encore de recevoir de Subötaï Bahadour des comptes rendus de victoire qui disent assez qu'en fait de vaillance au combat et de présence d'esprit le prince n'a rien à envier à aucun de ses cousins ?

Combien de temps faudra-t-il pour que le Qaghan se décide à reconnaître Güyük pour son successeur ? N'est-il pas son premier-né ?

Au lieu de cela, il multiplie les faveurs à l'enfant Chirämön !

Sans doute à la tête de la famille d'Or n'est-il point de règle absolue en matière de succession... Gengis Khan lui-même a choisi Ögödäi pour lui succéder, de préférence à ses aînés Djötchi ou Djaghataï.

C'est le droit du Qaghan, et Törägänä s'est humblement soumise lorsque Ögödäi à son tour fixa son choix sur Kötchü, leur troisième fils.

Mais il y a trois ans que Kötchü est mort en combattant les Song !

Alors pourquoi désormais ne pas choisir Güyük ?

Pourquoi tous ces honneurs à l'enfant de Kötchü ? Que pourrait-il faire, si jeune, s'il arrivait soudain malheur au Qaghan ? Alors que Güyük saurait aussitôt prendre en main les destinées de l'Empire !

Pourquoi ?

Ah, c'est à cause des ministres ! Ye-liu Tchou-tsaï, Tchinqaï..., ces conseillers enchinoisés aux esprits tortueux dont on ne sait pourquoi Ögödäi s'est entiché. Si on les laisse agir à leur guise, ils finiront par faire de la famille d'Or une race de femelles amollies pareilles aux princes des Song, qui préfèrent écrire des poèmes dans leurs palais dorés plutôt que commander leurs armées au combat !

Des poèmes !

Alors que Güyük, lui, est un vrai Mongol !

Ögödäi aussi, pourtant, même s'il est souvent d'une excessive bonté ! Alors comment peut-il...

Altalun écoute respectueusement. La khatoun vient de se lancer dans un vibrant éloge de son fils aîné. Elle parle, parle, sans s'arrêter...

Il n'a que des qualités... Brave, résolu, juste, généreux, avisé, clairvoyant...

Altalun approuve en silence. En fait, si elle s'accommoderait volontiers de Güyük comme Qaghan, elle sait, comme tout un chacun, que d'autres épithètes le qualifieraient mieux : ivrogne, débauché, cruel, orgueilleux, prodigue à la folie...

Mais la khatoun, intarissable, ne cesse de chanter les louanges du souverain parfait que ce prince magnifique serait pour les Mongols !

Elle combattra l'influence perverse des ministres, elle défendra coûte que coûte les droits et les mérites de son fils bien-aimé.

En son cœur elle en est sûre...

Güyük régnera !

L'ARCHITECTE
L'an du Seigneur 1239, le jeudi 5 mai,
fête de saint Hilaire d'Arles

Et voilà, c'est fini!

Guillaume soupire d'aise et de satisfaction.

Il frotte le bijou avec une fine peau et prend plaisir à le regarder briller dans la lumière qui baigne l'atelier.

Quelle bonne idée il a eue de venir en Hongrie!

Sans doute songe-t-il parfois avec nostalgie à ses parents, à sa famille, à Paris... et aux soirées au Quartier latin, dans la taverne de maître Benoît... Ah, par exemple, il aimerait bien montrer à son père ce collier qu'il vient d'achever!

Mais à Paris, où il y a tant d'orfèvres, comment aurait-il pu espérer être, si jeune, complimenté par la reine?

Tandis qu'ici son habileté a eu tôt fait de lui acquérir la confiance de maître Szemény, et celui-ci n'a pas tardé à lui laisser le soin de réaliser une commande de la reine Marie. Il s'est acquitté superbement de sa tâche et, dans cette citadelle de Strigonium où l'atelier de Szemény Bödögei jouxte presque le palais royal, la reine n'a pas manqué de demander à connaître son jeune orfèvre parisien!

« Andronic, j'ai terminé, je descends faire un tour vers la ville! »

Le frère cadet de maître Szemény lève, avec un sourire, la tête de son ouvrage.

« Va, Guillaume, va! »

En ce milieu d'après-midi, il fait sur Strigonium un temps superbe. L'esprit léger, son devoir accompli, le jeune homme traverse en sifflotant l'esplanade du palais, ensoleillée et presque déserte. Il a du mal à s'habituer au calme qui règne ici depuis quelques jours, lui qui depuis Noël n'a connu cet endroit que bruissant d'activité. La Cour, en effet, a quitté Strigonium pour Visegrad, avant de continuer vers Buda. Ce n'est pas la première fois : cet hiver déjà elle a passé le carême au palais de Buda et, tandis que la reine revenait à Strigonium, le roi est même parti jusqu'à Radna, en Transylvanie, pour accueillir le peuple des Coumans qui demandait sa protection. Mais à ce moment-là maître Szemény, qui suivait la reine, s'était fait accompagner de Guillaume, tandis qu'aujourd'hui il est parti seul avec deux apprentis. Andronic et Guillaume ne rejoindront la Cour que vers la fin du mois.

Les souverains de ce pays, lui a expliqué à leur arrivée Thomas de Fehérvár, ont coutume d'aller d'une ville royale à l'autre, passant quelques semaines ici, quelques mois là. Le roi de France aussi voyage fréquemment. Guillaume a souvent vu les embarras que cause le train royal sur le Grand-Pont de Paris lorsque monseigneur Louis, Madame Marguerite ou Madame Blanche se rendent ne serait-ce qu'à leur manoir de Vincennes! La fièvre qui règne ici les jours de départ, il l'a déjà rencontrée devant le palais de la Cité lorsque le roi s'en va visiter l'une de ses provinces ou l'un de ses vassaux.

Pourtant la Cour de France, lui semble-t-il, ne voyage pas autant.

C'est qu'en France il y a Paris! Tandis qu'ici aucune ville royale ne se distingue assez des autres pour prétendre au titre de capitale du royaume de Hongrie : à Strigonium réside le primat, le roi est couronné à Alba Regia [1], c'est à Veszprem qu'est l'université, et Béla IV semble avoir pour le séjour de Buda [2] une prédilection particulière...

Guillaume adresse un salut amical aux deux gardes de faction à la porte du bastion et descend d'un pas vif la rampe qui mène vers la ville. Il est heureux qu'il prenne la route dans quelques semaines, car il ne va pas tarder à s'ennuyer ici. Les camarades qu'il a pu se faire dans le personnel du palais sont presque tous partis avec la Cour!

Il regrette surtout le départ de Thomas, qui l'a quitté à Buda au mois de février, lorsque, sur le conseil de son oncle, il est parti enseigner le droit canon à l'université de Veszprem. L'évêque de Vac a assuré à son neveu que, le moment venu, il ne manquerait pas de le recommander au roi pour sa chancellerie. On parle d'ailleurs beaucoup de monseigneur Matthias pour succéder sur le siège primatial de Strigonium au vieil archevêque Robert, à la santé toujours plus déclinante!

Dans l'espace qui sépare la ville de l'archevêque de la cité royale, Guillaume, s'écartant du chemin, descend jusqu'au petit bras du fleuve. Sur un appontement auquel s'accroche une barque, derrière les bains publics où la cheminée des étuves fume en toute saison, il avise un homme qui semble fort occupé.

Assis sur un siège pliant, une grande sacoche de cuir posée à ses pieds, il tient sur ses genoux un panneau de bois et, d'un air fort studieux, il écrit... ou dessine plutôt car il lève sans cesse la tête comme pour observer le paysage...

Le jeune homme s'approche, monte sur l'appontement, sourit à l'inconnu qui s'est tourné vers lui. Ses traits sont assez jeunes mais ses cheveux se clairsèment et grisonnent un peu. Il doit bien avoir passé les quarante ans...

« *Jo napot kivànok* [3] *!* », lui dit l'homme, sans interrompre son œuvre.

« *Jo napot* »*!* répond Guillaume.

C'est bien cela, l'homme dessine. On reconnaît sur sa feuille le petit bras du Danube, la falaise, les remparts de la forteresse, les murailles du palais et les tours de la cathédrale... C'est un artiste! Habitué à esquisser des pièces d'orfèvrerie, Guillaume s'est souvent essayé à tracer des paysages, mais il s'en faut de beaucoup qu'il y excelle autant.

Dans le mauvais hongrois qu'il a pu apprendre durant ces derniers mois, il félicite l'inconnu.

« De quel pays es-tu? interroge celui-ci avec surprise.

– De France, messire.

– À ton accent j'en aurais juré, enchaîne l'homme dans un français parfait.

– Et vous, messire? questionne à son tour le jeune orfèvre dans sa langue maternelle.

– Je suis né en Picardie, à Honnecourt, près de Cambrai, et mon nom est Villard.

– Moi je suis de Paris, je suis né dans la paroisse de Saint-Merri et je m'appelle Guillaume... Guillaume Boucher! »

L'artiste pose en souriant sa planche et son crayon, et les deux sujets du roi Louis entreprennent de se raconter avec animation ce qu'ils sont venus faire sur

1. Székesfehérvár.
2. Aujourd'hui Obuda, quartier de Budapest.
3. « Je vous souhaite le bonjour », en hongrois.

les bords du Danube. Thomas le lui avait bien dit, mais Guillaume a été surpris du nombre d'étrangers que l'on croise en Hongrie! Si la majeure partie du peuple des campagnes, la plupart des soldats et une grande partie des nobles sont bien d'origine magyare, des villes comme Strigonium ou plus encore Pest, près de Buda, fourmillent de bourgeois allemands que les souverains hongrois ont incités à venir enrichir le royaume de leurs talents et de leur commerce. Ici, à Strigonium, les bourgeois latins ne sont pas rares non plus : on y trouve des Brabançons et des Italiens, sans oublier quelques Français. Dans la noblesse du pays, à côté des vieux clans hongrois, on compte aussi plusieurs familles allemandes et même un Espagnol! Szemény et Andronic Bödögei sont eux-mêmes de souche grecque! Et maintenant le roi, dit-on, installe dans ses campagnes, au cœur de son royaume, des Coumans venus des plaines du Tanaïs dont maître Albéric de Beaune a jadis enseigné à Guillaume et Thomas qu'il formait la limite de l'Asie!

En tout cas, cela fait toujours plaisir de rencontrer un compatriote! À Paris, un Picard, c'est presque un étranger, mais, en Hongrie, c'est un frère.

Villard de Honnecourt est architecte. Après avoir beaucoup étudié et travaillé dans l'abbaye qu'ont à Vaucelles les moines de Cîteaux, il est devenu expert, entre autres, dans la construction des églises, art pour lequel toute l'Europe – et la Hongrie en particulier – apprécie les maîtres d'œuvre français. Ayant jadis établi le projet de la collégiale de Saint-Quentin, il a ensuite dessiné, avec maître Pierre de Corbie, le plan et l'élévation du chevet de Notre-Dame de Cambrai, à la construction de laquelle sainte Elisabeth, la propre sœur du roi Béla, a contribué par ses donations. Il a participé à la décoration des parties hautes de Notre-Dame de Laon, avant de quitter sa Picardie natale pour une série de périples qui l'ont conduit à Chartres, Meaux, Reims, Lausanne, Vienne, et de là en Hongrie, où il a d'abord œuvré ici même à embellir la cathédrale Saint-Adalbert, dont il vient de représenter les tours sur son dessin.

C'est l'archevêque de Strigonium en personne qui l'a fait mander, sur le conseil des moines de l'ordre de Cîteaux, instruits de sa réputation par leurs frères de France. Au monastère cistercien de Pilis, justement, il a dessiné le nouveau dallage de la chapelle où repose la reine Gertrude, mère du roi Béla. Il revient à présent d'un voyage à travers le royaume où il a visité aussi bien la basilique d'Alba Regia que la cathédrale de Quinqueecclesiae [1], dont il montre à Guillaume les croquis.

Car Villard ne se contente pas de dresser des plans pour les autres. S'il voyage ainsi, c'est pour gagner sa vie, sans doute, mais c'est d'abord pour apprendre!

Devant le jeune homme ébloui, il a sorti de sa sacoche de cuir plusieurs cahiers de croquis et d'esquisses. On y voit des élévations d'églises entières aussi bien que des détails de bas-reliefs, des fontaines ou des statues d'hommes et d'animaux, des meubles ou des charpentes, des vitraux ou des machines de levage...

Des machines? Il y en a de bien étranges, car Villard est aussi ingénieur et sait même construire des automates, ainsi, un ange qui tourne la tête et remue les ailes...

Guillaume, admiratif devant tous ces dessins dont il songe déjà à retirer des idées pour ses pièces d'orfèvrerie, est particulièrement ébahi par une colombe

1. Pécs.

mécanique capable de boire une coupe d'eau, dont l'architecte assure qu'elle fonctionne.

De ces cahiers, Villard espère faire à son retour en France un livre que d'autres artistes recopieront avec soin pour aider les jeunes architectes à apprendre leur métier dans les loges de maçons.

« Bonjour ! »

Guillaume, qui devise bien depuis une heure avec le Picard, tourne la tête avec surprise. Quelle est cette voix guillerette qui les salue en français ? Ma parole, il n'y a que des Français, aujourd'hui, à Strigonium !

Et des Françaises !

Car c'est une ravissante jouvencelle, aux longs cheveux soyeux d'un beau brun mordoré, qui s'adresse ainsi à eux. Son visage n'est pas inconnu au jeune homme, qui se souvient de l'avoir remarquée à la Cour.

« Approche, Jeannette, s'écrie Villard, que je te présente mon nouvel ami, Guillaume, un orfèvre de Paris !

– De Paris ? »

La nouvelle venue adresse au jeune Parisien un sourire radieux qui le laisse tout coi.

« Oui, oui, de... du... de la paroisse de Saint-Merri, bafouille-t-il.

– Et tu vis ici, à Strigonium ?

– Oui, oui, à... Euh... Là-haut ! »

Il montre du doigt la citadelle.

Mais pourquoi diable l'architecte le regarde-t-il d'un air aussi goguenard ?

Jeannette – Jeanne de son vrai nom, quoique jamais personne ne l'appelle ainsi – est née en Hongrie, mais son père, Guibert, est venu de Lorraine. Il remplit aujourd'hui un office dans un château royal, près de Komarom. Ayant connu dans sa jeunesse beaucoup de déboires et perdu son épouse hongroise peu après la naissance de sa fille unique, il a consacré tout son temps à élever celle-ci, animé par l'espoir de l'établir dans la position sûre et prospère après laquelle lui-même avait couru des années durant. Il lui a personnellement enseigné le français et l'allemand ; parlant médiocrement le latin, il le lui a fait apprendre par le chapelain du château. Comme sa défunte femme aimait la musique, il lui fit étudier le chant et la pratique de quelques instruments.

Et, avant toute chose, il lui apprit à lire, ce qui fit fort jaser. Se prenait-il donc pour un baron qu'il éprouvât ainsi le besoin d'élever sa fille comme une damoiselle ?

Mais les rieurs se turent le jour où il parvint à faire recommander Jeannette pour le service de la reine... Et la reine, aujourd'hui, aime beaucoup sa gaieté et sa compagnie.

La jeune fille revient justement de Komarom, où elle a visité le vieux Guibert, qui se dit qu'à présent il ne lui reste plus qu'à trouver un bon parti pour marier sa chère enfant...

« Mais, si tu sers la reine, tu vas devoir toi aussi partir pour Buda ?

– Oui, oui, la reine m'a donné congé pour aller voir mon père mais elle m'a commandé de la rejoindre avant la fin de ce mois.

– Eh bien, je pars dans deux ou trois semaines avec maître Andronic et sa famille. Tu... tu pourrais venir avec nous si tu veux?
– Ils voudront bien, tu crois?
– Mais oui, bien sûr.
– Oh, Guillaume, que c'est gentil à toi! Justement, j'ai dû revenir ici pour aider un peu ma pauvre tante Martha, la sœur de ma mère, qui est bien malade, et je n'ai pas encore eu le temps de m'occuper de mon voyage à Buda. Et puis nous pourrons parler français tous les deux, les gens ne nous comprendront pas... »

Jeannette s'amuse de cette idée avec un petit rire argentin.

« Tu comprends, mon père m'a appris cette langue, mais il n'y a guère qu'avec lui que j'ai vraiment l'occasion de la parler. »

Elle regarde l'architecte, qui a discrètement repris son dessin depuis que l'attention de ses jeunes compagnons s'est quelque peu détournée de lui.

« Villard ne compte pas! Il est là trois semaines, et il repart six mois!
– Ah, pas cette fois, je reste à Strigonium.
– Oui, mais moi, j'en pars! »

Tandis que tous trois s'esclaffent, une inspiration subite traverse l'esprit de l'orfèvre.

« Si on allait dans l'île? »

Villard lève un regard ahuri.

« Hein? Avec quoi?
– Avec la barque, là!
– Mais elle appartient à la maison des bains!
– Nous n'en aurons pas pour longtemps. Il fait beau. Ce doit être agréable d'être sur l'eau ou de marcher sous les arbres... Tu viens, Jeannette?
– Je veux bien! Tu sauras nous diriger?
– Ça n'est pas difficile! Allons, maître Villard, venez avec nous!
– Pour que je mouille mon dessin et mes croquis? Ah, par exemple, il n'en est pas question, et je t'ai dit tout à l'heure que tu n'as pas besoin de m'appeler maître! Allez-y sans moi, vous serez bien mieux. Je vais arranger l'affaire avec le gardien des bains, je le connais bien. »

Tout joyeux à l'idée de la petite escapade, les deux jouvenceaux descendent dans la barque. Au moment de lâcher la main de Villard, Jeannette pousse un petit cri en manquant de perdre l'équilibre. La prenant par le bras, Guillaume l'aide en souriant à rétablir son assiette.

Tandis que le jeune homme empoigne crânement la gaffe, l'architecte détache la corde qui retient l'embarcation, roule son dessin sous un bras, prend sa planche et sa sacoche et se dirige tranquillement vers l'entrée de l'établissement de bains.

Le clair rire de Jeannette résonne derrière lui... Puis un cri.

Il se retourne.

« Oh, Seigneur! »

Écartant les bras d'impuissance, il laisse choir son dessin.

Là-bas, sur le petit bras du fleuve, une barque zigzague avant de piquer droit dans un fourré broussailleux qui déborde de l'île et d'aller se ficher dans la berge fangeuse.

Manifestement, Guillaume Boucher n'a jamais piloté une barque de sa vie!

LE CURÉ DE SAINT-SÉVERIN

L'an du Seigneur 1239, le dimanche 19 juin, fête des saints Gervais et Protais

Un coq chante.

Le jour se lève.

Le père Anselme, curé de la paroisse de Saint-Séverin, se redresse, bougonnant, en grattant sa tonsure. N'ayant pour ainsi dire pas dormi, il est las de se tourner et de se retourner sur sa couche, sans plus trouver le sommeil qu'une solution à son problème.

Il va bientôt falloir le résoudre pourtant!

Ah, comment va-t-il annoncer la nouvelle à ses paroissiens, tout à l'heure?

Décidément, le père Anselme est dans l'embarras...

L'évêché s'est bien gardé de donner des directives claires!

Monseigneur Guillaume d'Auvergne, évêque de Paris, a fait mander hier aux prêtres de toutes les paroisses de la ville que le Pape a excommunié l'Empereur et entend que l'on publie la nouvelle. C'est tout, ou presque! Rarement les instructions de l'évêché ont été aussi laconiques...

L'excommunication de l'Empereur! La rumeur en courait depuis quelque temps mais, officiellement, nul ne la confirmait. À voir la mine que l'on faisait hier au palais épiscopal, il est clair que monseigneur Guillaume n'a nulle envie de la publier et qu'il entend limiter au minimum décent l'obéissance qu'il doit au pape, donnant à la nouvelle le moins d'éclat possible.

Si seulement le père Anselme savait ce que le prélat va dire durant sa messe à Notre-Dame!

Point n'est besoin d'être docteur à l'université pour deviner que le roi Louis doit être aussi mécontent que son évêque. Le roi de France se veut l'ami de l'Empereur et le soutien du Pape. Il s'est bien gardé jusqu'ici de se mêler de leurs querelles italiennes.

Leurs querelles italiennes, on y est habitué! Chacun sait que les papes et les empereurs passent leur temps à se faire la guerre. C'est là un fait bien connu! Ah, il est loin, le temps de Charlemagne, où les chroniques assurent qu'ils étaient comme les doigts d'une même main!

Mais l'excommunication, c'est autre chose!

Que va dire le père Anselme à ses paroissiens, tout à l'heure? Bon saint Séverin, inspirez-le!

Et voilà, ils sont là! Le moment est venu!

Le père Anselme monte en chaire... lentement... lentement... Comme il a triste visage!

La mort dans l'âme, il regarde les fidèles rassemblés, prend une large respiration, avale sa salive...

Soudain son regard s'illumine.

Merci, bon saint Séverin!

« Mes frères ! Je viens d'apprendre que le Pape a excommunié l'Empereur. Je n'ai pas très bien compris pourquoi. En conséquence, je donne ma bénédiction à celui des deux qui a raison. Et que soit excommunié celui qui a tort ! »

Une escouade de cavaliers passe au petit trot la porte Saint-Marcel. À sa lance l'un d'eux porte un pennon frappé des lys de France. Monseigneur l'évêque de Langres quitte Paris par la route d'Italie.

Il est dépêché par le roi vers le Pape et l'Empereur pour les adjurer, au nom de la Chrétienté, de mettre fin à leur querelle.

Ayant par cette ambassade rempli vis-à-vis des hommes son devoir de souverain chrétien, monseigneur Louis, ce matin, s'est levé plus tôt encore qu'à l'accoutumée.

Et dans son oratoire, au pied du Christ en croix, longuement, il a prié.

EDOUARD
L'an du Seigneur 1239, le mardi 28 juin, fête de saint Irénée

Edouard fait faire à sa monture un rapide demi-tour. Elle s'exécute en hennissant. Il sourit. Il commence à savoir maîtriser l'ardeur de cet étalon au sang de feu !

Au pied du cavalier de blanc vêtu sur son grand cheval noir, le Wadi Qelt creuse sa profonde entaille dans les collines de Judée. Les hautes falaises plongent vertigineusement vers le lit de l'oued où ne coule déjà plus qu'un mince filet d'eau. Tranchant sur l'ocre du rocher, au fond de la vallée qu'enjambent les ruines d'un aqueduc datant du roi Hérode, les murs blanchis de chaux du monastère Saint-Georges de Koziba s'accrochent aux murailles de la gorge. En contrebas, de petits groupes de palmiers et de cyprès égaient de leur verdure le grandiose paysage accablé de soleil.

Edouard reste un long moment à contempler le site. D'ici, on a l'impression de dominer le monde... Alors qu'en bas il vous écrase !

Il respire à pleins poumons l'air chaud qu'un vent léger vient un peu rafraîchir. Où va-t-il ? Que fera-t-il ? Il n'en sait rien, mais qu'importe, tout lui semble possible !

Cette intense sensation de liberté physique qu'il éprouve en laissant son regard balayer à perte de vue les ondulations des collines, après ces trois mois passés au fond de la vallée, répond à l'exaltation de son âme enfin délivrée.

Après la nuit vient le jour, après la guerre vient la paix, après la chute l'ascension...

Après tous ces mois d'errance et de maladie est venue la lumière.

Gloire à Celui qui la porte !

À peine débarqué à Saint-Jean-d'Acre, riche de la seule bourse qu'il avait sur lui en fuyant Venise, Edouard a perdu au jeu tout ce qu'il possédait, ne conservant plus en plein hiver qu'une chemise faite d'un sac, des souliers en peau de bœuf et une cape faite d'un cilice. Démuni de tout, il dut vivre de la charité publique, s'abaissant pour exciter la compassion à se tondre comme on tond les fous, poussant des cris inarticulés comme le font les muets...

Jeune, plein de santé, sachant manier l'épée, se peut-il qu'il ait dû recourir à pareils expédients, sans trouver nul emploi?

C'est qu'il n'en cherchait pas...

S'il errait, tel un idiot, c'est qu'aux yeux du monde extérieur il l'était en effet...

Après les trois années de relative aisance passées en Italie, lorsqu'il s'est retrouvé sans but, sans bien..., sans rien..., dans cette Palestine qu'il avait quittée en chevalier du Christ, tel un serpent lové au fond de son esprit tout son passé s'est d'un coup déroulé pour étouffer son âme.

Mafalda, le cimetière de Murano, la lagune de Venise... La lagune et ses brumes... L'eau glauque entre les joncs...

Le cadavre bouilli de maître Bardolo, le chevalier au dragon sur le champ de Cortenuova, le bonhomme de Milan, l'Empereur Frédéric et sa pompe orgueilleuse, la fuite d'Angleterre...

Guillaume du Marais, le procès, le Temple, le premier combat contre les sarrasins, les sermons du curé Alfred, les cierges qui brillaient autour du lit de mort d'Arthur de Roscarnan, son père...

La voix du Christ dont partout les prêtres se font l'écho, en l'écoutant parfois et en l'oubliant souvent...

Et l'autre voix, secrète, qui ne restait muette un temps que pour l'appeler soudain avec plus de puissance...

Perdant intérêt à toute chose, Edouard marchait comme un forcené, du matin au soir.

Il marchait, marchait...

Épuisant des forces que ne nourrissaient guère les restes avariés qu'on voulait bien lui jeter ou qu'il glanait dans les immondices traînant aux abords des villages.

Il marchait...

Il alla ainsi jusqu'au pays de Chaldée, avant de revenir en Palestine, malade et exténué.

Il arriva ainsi tout près de Jéricho, et il tomba.

La mort était là, prête à l'emporter sans recours...

Il allait l'accepter comme une délivrance, lorsque, ouvrant une fois encore sur le monde d'ici-bas un regard halluciné et fiévreux, il vit deux moines qui se penchaient sur son corps étique...

Ils le transportèrent au monastère de Saint-Georges de Koziba.

Et là, enfin, son esprit s'apaisa.

Pauvres moines, candides moines, s'ils avaient su!

En voilà qui avaient entendu la voix du Christ!

Ils l'ont soigné avec dévouement et charité. Lorsque après quelques jours ils le virent se lever pour venir à l'office, avec quels bons sourires ils l'accueillirent près de l'autel et du tombeau du saint!

Ils lui enseignèrent que le prophète Élie avait fait étape ici même en se rendant au Sinaï, et qu'à l'endroit où s'élève cette église Joachim, pleurant sur la stérilité de sa femme Anne, reçut la visite d'un ange qui lui annonça la conception de la Vierge Marie.

Comme leur malade leur paraissait tranquille, en les écoutant avec son gentil sourire un peu enfantin!

S'ils avaient su!

Se rétablissant peu à peu, il travaillait pour le couvent. Il avait presque recouvré toutes ses forces lorsque se présenta l'occasion de régler aux frères la dette de leurs bontés.

C'était il y a bientôt trois semaines. Galopant dans le lit même de l'oued, un parti de bédouins pillards, surgissant de l'Orient, se jeta soudain sur le monastère. Ils n'étaient pas très nombreux, mais la quinzaine de moines et les quelques familles de paysans réfugiées derrière ses murs, même s'ils avaient quelques méchantes armes – il en faut bien, dans ces temps troublés! –, risquaient de ne pouvoir leur résister longtemps.

C'est alors qu'Edouard, retrouvant tout à coup sa vigueur d'autrefois, entreprit d'organiser la défense, commandant moines et paysans comme jadis sergents et piétons du Temple. Malgré tous ses efforts, pourtant, ces combattants improvisés endiguaient avec peine l'ardeur des assaillants.

Le chef des bédouins, un homme de haute taille à la barbe pointue, excitait ceux-ci d'une voix rauque, galopant sans repos parmi eux sur un magnifique cheval au poil noir et luisant, le plus beau peut-être que l'ancien chevalier ait jamais vu... Si fin, si nerveux, si racé...

Alors, Celui par qui tout arrive guida le bras d'Edouard. Une flèche que l'Anglais décocha vint juste se ficher dans l'œil du sarrasin. Comme il s'effondrait à terre, son cheval noir, semblant pris de folie, fila vers l'occident dans un galop d'enfer. Et, du haut de leurs murs, les assiégés, hurlant de joie, virent le corps du brigand, un pied encore engagé dans l'étrier, cahoter sur la pierraille de l'oued, avant de s'affaler dans l'eau comme un tas de chiffons, tandis que l'animal emballé disparaissait dans l'ombre de la gorge.

La mort de leur chef ôta soudain tout courage aux pillards, qui ne prirent que le temps de ramasser son corps avant de s'enfuir par où ils étaient venus.

En un instant, comme par enchantement, Saint-Georges de Koziba retrouva son silence et sa paix.

Edouard fut entouré, encensé, embrassé.

« C'est un miracle! C'est un miracle! » s'écriaient les bons moines.

Edouard, radieux, levait les yeux au ciel.

Un miracle?

Oui, sans doute!

Tu as guidé ma main, ô mon Seigneur, maintenant que sans réserve je T'ai reconnu!

Le soir, on vit revenir le cheval noir auprès du monastère. Dans les sacs qu'il portait accrochés à sa selle, on trouva de l'or et un poignard gainé d'argent.

C'est ce poignard qu'aujourd'hui l'ancien Templier porte à la ceinture, c'est le grand cheval noir qu'il monte désormais... Quant à l'or, il en emporte la moitié, car les moines, éperdus de reconnaissance, ont refusé qu'il laisse tout au couvent.

Edouard a passé trois mois au monastère Saint-Georges.

Durant ce printemps de convalescence, il a calmement médité.

Et des sentiments confus et douloureux qui l'avaient assailli dans son hiver d'errance s'est bientôt dégagée, sans effort, la Vérité...

Dans son esprit troublé, sans qu'il en ait conscience, tandis que tournoyaient en apparent désordre les souvenirs du passé, que s'affrontaient en lui une dernière fois le Bien et le Mal, tout ce qu'il avait entendu et appris en Italie avait peu à peu fait son chemin. Il se rappelait souvent les paroles du bonhomme de Milan, mais c'est à Venise qu'enfin la Vérité s'était manifestée à lui. Accostant en Terre sainte, où quatre années durant il avait combattu pour le Christ, il hésita encore avant de l'accepter. C'est pourquoi on le voyait errer en faux muet sur les routes de Palestine, de Syrie et de Chaldée, insoucieux de parler aux autres hommes. Au fond de lui, lointaine mais toujours perceptible, résonnait encore la voix du curé Alfred, décrivant le dimanche les tourments de l'enfer avec force détails qui effrayaient son âme d'adolescent découvrant le péché...

Mais les hautes falaises du Wadi Qelt ont étouffé la voix du curé Alfred.

Et, après ces trois mois passés au monastère, son esprit est clair comme il ne l'a jamais été.

Lui qui depuis toujours cherchait sa voie sans la trouver, il sait enfin quel est son véritable maître; il sait qui il sert, même s'il ignore Son dessein.

Faisant une nouvelle fois virevolter son étalon noir sur la crête de la colline, il éclate de rire.

Oui, ô Lucifer, désormais et pour toujours, je suis Ton serviteur!

Suis-je pour autant maudit?

Vous vous trompez, vous tous qui pendant tant d'années me l'avez fait accroire!

Votre âme se sent au chaud, s'abusant elle-même aux mensonges qu'engendre sa propre hypocrisie?

Malgré tous ses efforts, une sourde inquiétude la taraude pourtant... Elle redoute de se voir au jour inévitable où, devant dépouiller l'épais manteau de sa duplicité, elle apparaîtra nue...

Si vous me maudissez, c'est de savoir le Vrai!

Le Vrai vous fait peur. Vous ne voulez pas l'admettre. Pourtant vous le sentez...

Toi, vieil Alfred, vieux curé de Roscarnan, c'est toi qui grilles aujourd'hui dans l'enfer dont tu effrayais tes paroissiens!

Satan n'est pas mon maître... Pas seulement mon maître!

Il est aussi le vôtre!

Je suis Son serviteur, mais vous...

Vous êtes Ses jouets!

Au loin sur la route venue de Jéricho – la vieille route romaine de Jérusalem au désert – chameaux, chevaux, mulets, tous lourdement chargés, s'étirent en caravane...

Mais qu'importe la route!

Edouard lance le cheval noir au galop dans les collines.

Libre...

Libre enfin du Bien et du Mal!

Non, Satan n'est pas méchant! C'est vous, mesquins comme votre dieu jaloux, qui L'avez calomnié!

Il n'est pas bon non plus! Cela n'a pas de sens!

C'est vous, à vouloir définir le Bien avec une minutie d'usurier, qui avez inventé le Mal!

Dieu est au-dessus de tout cela... Car Dieu, voyez-vous, c'est Satan!

Souffle le vent de la course, halète le destrier...

Resplendit le soleil, vibre la liberté...

Edouard met au pas sa monture en nage.

Il s'arrête.

Son instinct de guerrier est soudain en éveil.

Il scrute l'horizon, avance doucement, s'arrête de nouveau.

Il hoche la tête.

Oui, c'est bien cela! Là-bas, près de la route, à l'abri d'une éminence, un groupe d'hommes immobiles se tient en embuscade...

Un maigre arbuste vient à point pour attacher son cheval. Il continue à pied, perd les hommes de vue, les retrouve...

Ils sont une vingtaine. Leurs montures sont restées à l'abri d'une colline, à la garde d'un seul d'entre eux. Keffiehs rouges, manteaux rayés de blanc et de brun... Des bédouins! De la tribu des Banu Rabia... Ceux-là même qui ont attaqué le monastère il y a trois semaines!

Au-dessus de la route, ils se tiennent prêts à jeter leurs lances.

La caravane! Il faut l'avertir!

L'avertir? Qui l'y oblige?

Personne. C'est lui, Edouard, qui librement décide qu'il en sera ainsi.

Il reprend son cheval et repart au galop. Il rejoint le grand chemin dans un virage, et presque aussitôt se trouve nez à nez avec ceux qu'il cherchait.

Il lève la main en guise de salut aux cavaliers de tête. Eux aussi semblent vêtus comme des bédouins. Mais ce n'en sont pas.

Il s'adresse en arabe à celui qui paraît le chef.

« La paix soit avec vous, voyageurs!

– La paix soit avec toi, passant!

– Arrêtez votre marche. Il y a près d'ici des pillards qui vous attendent.

– Que dis-tu? »

L'homme est méfiant. Parlant toujours arabe, Edouard lui décrit l'embuscade. L'autre répond dans la même langue, mais en butant sur les mots et avec un accent auquel l'Anglais ne peut se tromper...

De but en blanc, Edouard passe à l'italien.

« N'ayez crainte, je n'ai aucune raison de vous abuser. »

Le visage de l'homme s'éclaire.

« Tu es chrétien? Tu es italien?

– Non, je suis d'Angleterre, mais j'ai vécu en Italie.

– Mon nom est Renato. Et toi, comment t'appelles-tu? »

Six cavaliers seulement escortent la caravane. Ils semblent bien armés, mais les hommes à pied qui les accompagnent, conducteurs de chameaux ou de mulets recrutés pour la circonstance, n'offriraient sans doute guère de résistance en cas de surprise.

Renato donne ses ordres au chef des chameliers. Qu'il attende et prévienne ses hommes de se tenir sur leurs gardes.

Les six cavaliers quittent la route à la suite d'Edouard, progressant en hâte derrière les collines.

Les chevaux des pillards sont toujours là, tranquilles. Leur gardien est paisiblement assis...

Il le sera toujours. Une flèche vient d'y pourvoir.

On détache les chevaux. On gravit l'éminence.

Et on tombe au galop dans le dos des bédouins.

Les hommes de Renato savent se battre. La mêlée est brève.

Les brigands tentent de rejoindre leurs montures, ne les trouvent pas, s'égaillent un peu partout... Edouard et trois cavaliers font mine de les poursuivre. Renato et les autres filent vers la caravane...

Occupés à rattraper leurs chevaux dispersés, les pillards ne reviendront plus. Edouard et Renato connaissent cette engeance. Leur surprise manquée – ou retournée contre eux –, ils ne se hasarderont pas à attaquer une caravane désormais sur ses gardes.

On chemine vers Jérusalem.

Et on fait connaissance.

Edouard se dit pèlerin. Il est venu jusqu'à Jéricho, explique-t-il, pour se recueillir au souvenir des miracles qui attestèrent en ce lieu la toute-puissance de Dieu : la chute des murailles au son des trompes de Josué, la purification des eaux de l'oasis par le prophète Élisée, et surtout la quarantaine de Jésus au désert pendant laquelle Satan, par trois fois, le tenta... Il est tombé subitement malade alors même qu'il reprenait la route de Jérusalem. C'est ainsi qu'il a passé trois mois au monastère Saint-Georges.

Renato, quant à lui, doit laisser une partie de ses marchandises à un correspondant habitant la Ville sainte; avec le reste il se rendra à Jaffa, d'où il embarquera pour Constantinople. C'est là-bas qu'est sa demeure, mais il ne s'y trouve presque jamais. Cet été, d'ailleurs, il y restera au plus quelques semaines avant de repartir.

Il n'est pas encore assez fortuné pour pouvoir travailler à son compte. S'il profite évidemment de ses voyages pour commercer un peu en son nom et grossir ainsi son pécule, c'est aux gages d'autres plus riches qu'il affronte les dangers de la mer et des pistes.

D'autres qui eux-mêmes, bien souvent, n'agissent qu'en commandite des grands et hauts seigneurs dont les familles dirigent la cité des lagunes...

Ainsi ce Michele Cavalli, un de ses employeurs, qu'il rejoindra à Constantinople... Lorsque l'année dernière ils ont quitté ensemble la Corne d'Or, l'un pour Venise, l'autre pour la Terre sainte, ils se sont promis de se retrouver pour la Saint-Cyriaque. Si Cavalli a pu réaliser ses projets, ils auront à mener une grande expédition...

« J'ai quelque chose à te proposer, Edouard! Tu as, dis-tu, achevé ton pèlerinage. Tu as fait du commerce en Italie. Tu es courageux. Tu sais te battre. Tu parles plusieurs langues... Tu as vu que, lorsqu'on commerce comme moi, il faut de solides compagnons! Ceux qui nous suivent vont rester en Palestine; j'aurai besoin d'en trouver d'autres pour mon prochain voyage. »

Renato ricane.

« Car ce ne sera plus à quelques brigands de grand chemin que j'aurai affaire... »

Il soupire fortement et reprend :

« Pourquoi ne viendrais-tu pas avec moi? Lorsqu'on ne craint pas de risquer gros, on a des chances de gagner gros! Viens donc. Puisque tu dis que tu parles même le turc, tu seras aussi notre interprète.

– Où dois-tu aller?

– En Gasarie.

– Est-ce donc si dangereux? »

Renato hésite, regarde l'Anglais. Il en a un peu trop dit... Ou pas encore assez... Allons, il a toujours eu un flair étonnant pour juger les hommes! Et ce pèlerin-là – ou plutôt cet aventurier, car c'est cela qu'il devine en Edouard – lui inspire confiance.

« Dis-moi d'abord : tu viens? »

Edouard réfléchit. Faut-il abandonner si vite sa nouvelle liberté? Mais est-ce l'abandonner? L'or de sa bourse ne sera pas éternel... Il va bien falloir vivre... Et que faire? Plus question à présent d'aller jamais mendier sur les routes comme un chien! En fait, l'offre le tente.

Venise... Toujours Venise... Il l'a fuie et voilà qu'il la retrouve...

Inconnus sont les desseins du Maître de ce monde...

« Entendu, Renato. Ça me plaît. Je te suis!

– Alors, Edouard, je vais te dire un secret, et, tant que nous n'aurons pas mis le pied sur le sol de Gasarie, je te demande de le garder, même – et surtout – à Constantinople.

– Tu peux compter sur moi. Alors, où allons-nous?

– Chez les Tartares! »

LA GRAND-ROUTE DE BUDA
L'an du Seigneur 1239, le mercredi 17 août, fête de saint Eusèbe

Raimondo Ortolàn regarde avec jubilation la colonne de poussière qui, à l'horizon, s'élève de la route. Il se retourne vers son convoi. Que l'on se tienne prêt à ranger les voitures sur les bas-côtés de la chaussée sitôt qu'il l'ordonnera! Il savait qu'il allait les croiser.

Ce peut être une belle affaire... Mais saura-t-il s'y prendre? Il sent son cœur battre plus vite. Il ne pensait pas que cela le troublerait tant. Pourtant, à la pensée qu'il va devoir rencontrer un roi et une reine, il se sent fort ému.

Car ce nuage, là-bas, c'est la Cour de Hongrie, qui, de Buda, s'achemine vers Alba Regia.

Dans trois jours, on fêtera le souvenir du saint roi Étienne. Depuis son glorieux règne, chaque année ou presque, à pareille époque, les rois de Hongrie viennent siéger à Alba Regia pour rendre la justice à leurs sujets. Tous les hommes libres du royaume, à quelque ordre qu'ils appartiennent et quel que soit leur rang, peuvent alors solliciter l'audience de leur roi. Ce sont les « jours de loi ».

Béla IV, au début, rechignait à les tenir. Par la bulle d'Or honnie qu'a dû promulguer son père, ils ont cessé d'être un effet de la bonté royale pour devenir l'obligation faite au souverain de réunir ses nobles et leurs clients. C'est d'ailleurs par un de ces « jours de loi », justement, qu'André II se vit imposer cette bulle honteuse!

Mais le roi n'oublie pas son devoir de justice, et il sait qu'il ne peut se permettre de trop mécontenter sa noblesse.

S'il se sent plus fort qu'au jour de son avènement, quatre années plus tôt, Béla doit néanmoins faire face à une situation qui devient délicate. L'arrivée des Coumans en qui il voyait un soutien précieux à la puissance de la Couronne soulève plus de difficultés qu'il ne le prévoyait. Tout naturellement, les Coumans se sont mis à mener dans la plaine hongroise l'existence à laquelle ils étaient habitués dans les steppes du Borysthène et du Tanaïs. Mais, depuis des générations, la plaine hongroise n'est plus une steppe inculte : du Danube à la Tizsa, les cultures sont mises à mal par les nombreux chevaux des nouveaux arrivants...

Cela n'est pas fait pour dissiper la méfiance avec laquelle les Hongrois ont vu arriver tant de nomades qui, il y a peu, étaient encore leurs ennemis. Et s'il n'y avait que cela! Mais, non contents de se comporter comme si champs et prairies appartenaient à tous, les Coumans semblent considérer qu'il en est de même des femmes. Comme ils sont armés, et prompts à se faire justice eux-mêmes, les sujets du roi ne se hasardent guère à les affronter ouvertement, et rien ne vient dès lors les pousser à changer leurs habitudes...

Rien? Si! La parole de Dieu.

En elle, le roi est confiant. Maintenant que les Coumans ont entendu annoncer l'Évangile, ils vont peu à peu s'amender. Les Hongrois eux-mêmes n'étaient-ils pas jadis des nomades?

Bien sûr, il faut leur laisser un peu de temps. Et, d'ici là, veiller à ce que leurs chefs naturels leur imposent un minimum de discipline. Béla a déjà donné à leur prince, Koutan, des avis en ce sens. Mais il faut aussi que les Hongrois fassent un effort et comprennent que la présence des nouveaux immigrants renforce le royaume pour l'avenir!

Hélas, les barons qui s'étaient enrichis aux dépens de la Couronne, mécontents de ce que le roi les ait privés de leurs privilèges indus, profitent de l'occasion pour attiser le mécontentement populaire!

Il est donc bon de venir tenir les « jours de loi » pour que le peuple voie la justice du roi!

Celui-ci, du reste, a pris ses précautions. Ses comtes et ceux des nobles ou des prélats dont il est sûr de la fidélité seront là pour veiller à ce que l'assemblée demeure dans de respectueuses limites. Les causes que ses sujets voudront porter à sa connaissance seront d'abord examinées par sa chancellerie, conformément à l'usage qu'il a mis désormais en vigueur et dont on aurait tort de s'indigner puisqu'il ne fait que copier ce qui est de coutume à la Cour impériale ou à la Curie romaine. Béla n'entendra en audience que les affaires importantes. Son chancelier et ses comtes jugeront les autres.

Des paysans, quittant leurs champs, accourent au bord de la route pour voir passer le cortège.

D'abord vient le comte palatin, suivi de ses gens d'armes. Puis le chancelier. Puis les grands écuyers. Les suivant à quelque distance pour ne pas être incommodé de la poussière qu'ils soulèvent sur la route desséchée par la chaleur estivale, le roi devise avec le grand chambellan et l'évêque Matthias de Vac.

Derrière un escadron de gardes coumans chemine, tiré par huit chevaux, un lourd carrosse ouvragé à la caisse suspendue – luxe rarissime – par de grosses lanières de cuir. Dans la bâche en cerceau qui le couvre entièrement de sa toile colorée, des ouvertures garnies de papier huilé permettent à la lumière de pénétrer sans que les passagers soient obligés de soulever la portière. On l'a soulevée, pourtant, car il fait fort chaud. Le son d'un luth s'écoule de l'intérieur. Là, sur un empilement de matelas et de coussins, dans la soie et le velours, Madame Marie Lascaris, reine de Hongrie, tue le temps en compagnie de quelques dames d'atour, de ses plus jeunes enfants et de sa levrette favorite.

D'autres carrosses suivent. De moins en moins luxueux à mesure que l'on s'éloigne du véhicule de la reine. Ils transportent les dames de la Cour ou quelque vieux dignitaire...

Une litière aux rideaux violets. C'est un prélat trop âgé ou trop fatigué pour monter à cheval...

Des cavaliers... D'autres carrosses encore... D'autres litières...

Et ce n'est là que la tête du cortège.

Attelés de lourds roncins [1] ou de placides bœufs, les véhicules se succèdent à perte de vue, chargés de coffres, de tréteaux, de bancs, de literie démontée, de tentes repliées, d'ustensiles de cuisine... bref, de tout ce dont la Cour peut avoir besoin. Ils cahotent lourdement dans les ornières du chemin. Comme à l'accoutumée, on a bien fait reboucher celles-ci à la hâte, mais la terre trop meuble, une fois passés les carrosses de tête, s'affaisse sous le poids des chariots trop lourdement chargés.

Demain les voyers auront tout à refaire...

Tout blanchis de poussière, les clercs de la chancellerie escortent sur leurs mules les coffres qui contiennent les archives du roi. Parfois, l'un d'eux, assoiffé, avale sans grand plaisir au goulot d'un flacon une gorgée d'eau ou de bière tiédie par le soleil.

Noyés dans le nuage qui signale de loin aux paysans que la Cour est en marche, leur offrant un spectacle gratuit et pittoresque, pages, chambrières, cuisiniers, palefreniers, serviteurs de toutes sortes, trempés de sueur, accompagnent le cortège, à cheval, à dos d'âne ou de mule ou, bien souvent, à pied!

La literie royale manque à l'inventaire car les fourriers des souverains ont plusieurs heures d'avance; ils sont partis avant l'aube, à la lueur des flambeaux. Lorsque leurs maîtres arriveront ce soir au palais d'Alba Regia, ils trouveront leur lit dressé, leur chambre tendue de tapisseries et pourvue de son mobilier habituel. Quelques hauts dignitaires, qui n'ont pas préféré établir leur campement en dehors de la ville, se sont offert le luxe de la même précaution. Quant aux autres, ils logeront comme ils pourront dans les pièces vides du palais, dans les monastères ou les auberges, voire chez les habitants qui se font quelque argent en louant un recoin de leur maison, si tant est que l'on puisse encore trouver la moindre paillasse libre alors qu'on afflue de tout le royaume

1. Chevaux de somme.

pour la tenue des « jours de loi »! Certains dresseront des tentes au pied des remparts, à moins qu'ils n'aillent dormir à la belle étoile dans les cours du palais.

Les voitures vénitiennes ont dégagé le chemin. Lorsque approche le comte palatin, Raimondo vient à sa rencontre, chapeau bas et sourire aux lèvres. Il se présente. L'autorisera-t-on à offrir un cadeau à la reine? Pourquoi? Mais parce qu'il est bien naturel qu'un marchand profitant de la sécurité que des souverains font régner sur leurs routes les remercie quand il a l'honneur de les rencontrer!

Le palatin, méfiant, demande à voir le présent. Raimondo lui tend un gracieux écrin. Sur un fond de velours rouge, sculpté dans une pierre légèrement translucide, un camée reproduit les traits fins d'un empereur romain du temps jadis. Le comte Denis, en connaisseur, rend l'écrin au Vénitien avec une moue approbatrice. Justement, un cavalier arrive en doublant la colonne. Le roi l'envoie s'enquérir de ce qui ralentit la marche de l'avant-garde. Le palatin lui dit quelques mots. Il repart. Les gardes reprennent leur progression. Raimondo chevauche aux côtés du comte, longeant bientôt ses propres véhicules et répondant aux questions avec un sourire un peu tendu.

Le cavalier revient : le roi attend le marchand vénitien!

Raimondo a passé l'automne et l'hiver en Pologne. Arrivant à Cracovie nanti de presque toute sa fortune et du prêt consenti par Domenico Contarini, il a trouvé à louer une maison petite mais commode, non loin de la collégiale Saint-André. Près de la porte nord, au-delà de laquelle, entre les églises Sainte-Marie et Saint-Adalbert, se tiennent les grands marchés, il a déniché un local assez vaste pour servir d'entrepôt. Grâce aux introductions de divers marchands qu'il avait connus à Venise en fréquentant le fondaco des Allemands, il a passé deux mois à nouer quelques contacts qui pourront être utiles. Les choses se sont avérées plus difficiles qu'il ne l'imaginait, mais, enfin, il est parvenu à s'installer. Dans le froid mordant de l'hiver, il a alors parcouru la Pologne enneigée, s'attachant surtout à rassembler des fourrures... De ce qu'on trouve dans ces régions, c'est ce qui plaira le plus à Venise... Hormis l'ambre, bien sûr!

L'ambre... Il ne l'oublie certes pas. C'est le véritable motif de son expédition, la condition de son succès!

Avant que leurs routes ne divergent, il a parcouru quelques étapes à la suite du commandeur Rainfried de Waldberg, qui quittait l'Italie pour Marbourg-sur-la-Lahn et de là pour la Baltique. Ser Domenico a bien recommandé Raimondo au commandeur; celui-ci a bien assuré le marchand qu'il penserait à lui; mais, ce vague engagement mis à part, le jeune homme n'a pu tirer de lui aucune promesse précise. Il n'a pas pu tirer grand-chose, d'ailleurs. Tout au plus le chevalier lui a-t-il enjoint, sans plus de commentaires, d'adresser une requête au trésorier de l'Ordre Teutonique dans la province de Prusse.

Dieu, que cet homme est froid! Il vous glacerait le sang! Il est bien fait pour s'en aller combattre les païens dans les frimas du Nord...

En plein mois de janvier, Raimondo s'est rendu à Külm, comme Rainfried l'y avait engagé, pour annoncer au trésorier de Prusse son intention de faire le commerce de l'ambre. Il n'obtint sur le moment rien d'autre que l'autorisation d'acheter quelques perles à un prix acceptable, encore qu'il le jugeât un peu trop élevé, et le droit de parcourir le territoire de l'Ordre... pour y chercher des fourrures !

C'était plutôt décevant. Mais Raimondo a deux qualités – entre autres – utiles dans son métier : il est obstiné et fouineur. Profitant de l'autorisation donnée, il se mit aussitôt à parcourir les villages dans les régions conquises par les Teutoniques, et la chance lui sourit... S'avançant jusqu'aux lisières de la Galindie insoumise, il découvrit au début du mois de mars, étendu sans connaissance sur le bord du chemin, un jeune garçon de treize ou quatorze ans au visage tuméfié. Il était prussien et venait d'être victime d'une bande de soudards qui n'avaient pas trouvé son attitude assez humble à leur goût. Dans les villages prussiens qui s'étaient convertis à la foi chrétienne pour échapper au massacre, on tremblait toujours quand passaient les soldats de l'Ordre... Raimondo secourut le garçon qui sans cela serait probablement mort gelé ou dévoré par des bêtes affamées. Lorsque, au village où l'on fit étape, le jeune Prussien recouvra quelque peu ses esprits, le marchand eut tôt fait de déceler chez lui un esprit éveillé. Outre sa langue maternelle, il parlait passablement l'allemand, et Raimondo songea qu'il pourrait faire un interprète utile auprès des populations de ces régions. Voudrait-il entrer à son service? Il aurait un salaire et serait bien nourri !

Le garçon ne dit ni oui ni non. Il devait d'abord en parler à sa grand-mère, qui constituait, semble-t-il, la seule famille qui lui restât. Le marchand l'accompagna jusque chez la vieille femme. Elle vivait loin à l'écart du village, dans une pauvre ferme cachée dans la forêt. Cheminant seul dans la brume avec le jeune Prussien, qui n'avait pas voulu que ses deux compagnons se joignent à eux, Raimondo se sentait médiocrement rassuré en progressant dans la neige inviolée sous les grands sapins noirs. Il ne semblait pas y avoir de chemin.

Les loups qu'il entendit hurler au loin ne le rassurèrent pas.

Lorsqu'il parvint dans la clairière et pénétra dans la masure, il se sentit la proie d'une sourde angoisse. Près du foyer où crépitait un grand feu, un serpent noir était lové. Aux parois étaient accrochés des crânes d'animaux. Dans un recoin, il distingua bientôt un crâne humain. Sur une planche grossière, au-dessus d'un chaudron et de quelques vieux ustensiles de cuisine, s'alignaient de mystérieux ingrédients séchés, plantes ou même animaux... Et, bien sûr, pas trace du crucifix dont l'Ordre exigeait pourtant la présence dans chaque demeure... Lorsqu'il vit dans la pénombre s'animer le visage de la vieille femme aux cheveux blancs, étendue sur une litière de feuilles, Raimondo frissonna... Ce n'était plus de froid... Imperceptiblement, son index dessina un signe de croix. S'il avait été un chevalier de l'Ordre, il aurait aussitôt mis le feu à cet antre de sorcière !

Le jeune Prussien parla un bon moment à la vieille, qui paraissait bien malade. Lorsqu'il se tut, celle-ci, sans se lever de sa misérable couche, fit signe à Raimondo d'approcher et l'observa longuement d'un œil perçant. À cet instant, l'Italien regretta profondément de n'être pas resté à Venise pour y vivoter de quelque petit commerce ! La vieille se secoua bientôt d'un rire quinteux, exhibant les trois dents que l'on pouvait encore compter dans sa bouche sans forme. Elle demanda quelque chose en son idiome barbare. Le garçon traduisit :

« Tu es chrétien?

– Je suis chrétien, en vérité ! » rétorqua le marchand, sur ses gardes.

La vieille riait de plus belle.

« Elle dit que tu n'es pas chrétien.

– Mais je suis chrétien!

– Elle dit que ton dieu, c'est l'or! »

Vexé, Raimondo ne prit pas la peine de répondre à cette vieille folle...

Celle-ci accepta pourtant de laisser son petit-fils partir avec l'étranger. En fait, elle se sentait mourir, n'avait guère de bien à lui laisser et voulait surtout le mettre à l'abri des chevaliers Teutoniques et de leurs soudards.

Se rassérénant un peu à cette réponse, s'habituant tant bien que mal au lieu, Raimondo, avisant le collier d'ambre et de dents qu'elle portait sur son cou décharné, expliqua à la vieille qu'il ne faisait pas seulement commerce de fourrures, mais également d'ambre. Savait-elle où l'on pouvait trouver de celui-ci?

Elle ricana à nouveau, parut hésiter, puis fit signe au garçon de tirer de sous sa litière un coffre de bois grossier...

Le coffre était rempli de perles d'ambre!

Si leur qualité était très inégale, il y avait parmi elles des pièces superbes... En vérité, ce n'était pas loin d'être là un trésor! Dans cette misérable cabane!

« J'en donnerais bien, j'en donnerais bien... »

Raimondo hésita. Il annonça le quart du prix qu'il était prêt à mettre.

La vieille hésita à son tour. Elle doubla la somme. Raimondo se fit un peu prier pour la forme avant d'accepter. Il fut décidé qu'il reviendrait le lendemain régler le montant convenu.

Le lendemain il faisait beau. La forêt lui parut moins sinistre. La masure aussi. La femme, qui paraissait plus faible que la veille, ouvrit la bourse qu'il lui tendit, prit les pièces et les regarda une à une. La plus belle était d'or. La vieille grimaça en y voyant la croix du Christ, mais ne l'en admira pas moins longuement. C'était un besant de Byzance...

Elle fit don de la bourse à son petit-fils. Raimondo se dit à part lui que le garçon aurait fait une bien meilleure affaire en gardant les perles pour lui, avant de s'avouer qu'il aurait de toute façon bien trouvé un moyen de les lui acheter.

Il y avait dans le coffre deux perles étonnantes, qui se ressemblaient curieusement. Elles étaient énormes, de la taille d'un œuf de poule, et, si elles contenaient un ou deux légers défauts, dans chacune d'elles on pouvait voir s'étaler un gros insecte de forme étrange. Les deux animaux étaient presque identiques. Raimondo n'en avait jamais vu de tels. Depuis combien de siècles étaient-ils prisonniers de l'ambre?

Comme il allait prendre le coffret, la vieille sortit précautionneusement les deux perles. Elle les tourna et les retourna entre ses doigts, paraissant les dévorer des yeux. Par le truchement du jeune garçon elle dit à Raimondo, en soupirant :

« Elles sont à toi, à présent. Ici, elles ne serviront plus à personne. Tu peux les vendre ou les garder. Si tu les gardes, il se peut qu'elles te portent bonheur car elles ont vu jadis beaucoup d'or et de richesses, et elles voudront sans doute en voir encore... Et si tu les vends... »

La sorcière eut un sourire mauvais.

« ... sache qu'elles sont une malédiction pour la paix des chrétiens! »

À ces mots, Raimondo eut un mouvement de recul.

La vieille éclata de son rire édenté et lui fourra les deux perles dans la main.

« N'aie pas peur! Toi, tu n'as rien à craindre! Toi, tu n'es pas chrétien... »

Lorsque vint le printemps, Raimondo Ortolàn prit la route d'Italie, avec ses chariots de fourrures et son coffre d'ambre; il y avait joint des pièces de drap et de velours, et même quelques barils de hareng salé de la Baltique... Sur les tables de Venise on aime faire parade de mets lointains!

Ser Domenico demanda à voir l'ambre et acheta lui-même quelques-unes des pièces les plus remarquables ou, plus exactement, il en déduisit la valeur de la dette de Raimondo. Surpris et amusé par les grosses perles aux mystérieux insectes, il choisit la plus belle. Raimondo espérait rehausser leur prix en les vendant ensemble, mais une seule suffisait à ser Domenico – qui d'ailleurs l'évalua plus généreusement que le reste –, et il ne pouvait rien refuser au patricien.

L'été dernier, le jeune marchand a quitté Venise avec un seul serviteur, des bourses bien pourvues et des lettres de change pour des marchands allemands établis à Cracovie.

Cet été, c'est à la tête d'un convoi de plusieurs voitures chargées de marchandises, escortées d'hommes armés, qu'il a de nouveau pris la route de Pologne.

Les relations qu'il s'est faites cet hiver l'aideront sans mal à écouler ses produits avec un honnête bénéfice...

« Voici, madame, un marchand de Venise qui sollicite l'honneur de vous faire un présent. »

Le roi laisse Raimondo se pencher par la portière du carrosse. La reine Marie, une femme jeune et assez jolie, lui sourit avec grâce et un peu de hauteur. Elle ouvre l'écrin, considère le camée d'un œil habitué à contempler les bijoux les plus beaux.

« C'est un empereur d'autrefois, madame », se croit obligé de dire le marchand pour mieux exciter l'admiration de la souveraine.

« Bien sûr, c'est l'Empereur Auguste! » rétorque cette dernière avec un peu de dédain dans la voix et d'amusement dans l'œil, comme si c'était évident.

Raimondo, piqué, se rappelle soudain que Marie Lascaris est de la famille des Empereurs de Byzance. C'est néanmoins avec la meilleure grâce qu'elle le remercie de son présent.

« Notre ami transporte avec lui de précieuses étoffes et des bijoux de l'Orient – les voudriez-vous voir? – ainsi, m'a-t-il dit, que des parfums d'Arabie – les aimeriez-vous sentir? »

On sent le roi d'humeur à faire plaisir à la reine. Tout en conservant l'air humble qui convient devant les souverains, le marchand est aux anges. Il fait apporter les coffrets de bijoux et de parfums, et des pièces de tissu.

Dans le lourd véhicule dont les velours étouffent à peine leurs rires, les dames sentent, admirent, essaient...

La reine a déjà mis de côté une bague, un collier, un ou deux flacons d'essences rares...

« Qu'est cela? » demande-t-elle soudain.

Ses dames d'atour s'étonnent. D'une boîte elle a tiré une grosse perle d'ambre renfermant un insecte bizarre. Elle la fait jouer à la lumière qu'elle semble diviser en couleurs d'arc-en-ciel.

« Sire mon époux, voyez cet étrange animal! Ne dirait-on point l'aigle à deux têtes qu'on voit sur les étendards du Basileus mon frère?

– Si fait, ma mie! Quelle étrangeté! »

Il est vrai qu'il fait penser à un oiseau, les ailes déployées, à un oiseau qui aurait deux têtes...

Raimondo est surpris. Au milieu du déballage qu'on fait dans le carrosse, un serviteur distrait vient d'apporter son coffret personnel! Il ne pensait pas montrer la perle à la reine. Le jeune Prussien – qui répond désormais au nom chrétien de Janko –, visiblement contrarié qu'il ait décidé de se séparer d'une des deux perles, lui a tellement vanté les vertus presque magiques de celle qui demeurait qu'il a décidé de la garder pour lui porter bonheur.

Janko lui a raconté ce qu'il savait de l'histoire de ce curieux objet.

Il y a bien longtemps, à plusieurs jours de marche de son village, s'élevait sous un chêne une statue de Perkunas. Perkunas était le dieu du Tonnerre et du Feu. Lorsqu'on partait au combat, on lui sacrifiait de jeunes vierges, on entassait à ses pieds en offrandes toutes sortes de trésors.

On avait enchâssé deux yeux dans la statue. Deux yeux d'ambre.

Un jour au grand galop surgirent des chevaliers polonais. Ils mirent à mort les prêtres, abattirent le chêne et brisèrent la statue. Lorsqu'ils furent repartis, une jeune prêtresse rescapée du massacre retrouva dans les débris les yeux de Perkunas. C'était la mère de la mère de l'aïeule de Janko...

Voilà pourquoi ces perles qui ont vu tant d'offrandes ont, dit-on, la vertu d'attirer les richesses.

Voilà pourquoi ces perles qui ont vu couler le sang de tant de vierges en l'honneur de la guerre portent malheur à la paix.

Voilà pourquoi elles n'aiment pas les chevaliers chrétiens...

Raimondo n'est pas superstitieux, bien sûr! Ce n'est pas un paysan ignorant! Mais enfin, comme tout un chacun, il croit à Dieu et au diable, aux anges et aux démons, et aussi quelque peu aux fées et aux sorcières, aux amulettes et aux talismans... Par précaution, il a fait bénir l'objet par un prêtre de Venise, pour en extirper le mal, en espérant qu'il n'en conserverait pas moins ses vertus bénéfiques.

Mais la reine veut cette perle! À la réflexion, peut-être vaut-il mieux s'en séparer... Et, s'il la vend un bon prix à la reine de Hongrie, n'aura-t-elle pas en effet attiré la richesse?

Raimondo se fait prier. Il explique qu'elle lui appartient et qu'il y tient beaucoup... Marie Lascaris n'a pas envie de marchander. Elle propose aussitôt un prix inespéré, à régler immédiatement sur sa propre cassette. L'affaire est faite.

À cheval près de Raimondo, Janko fait grise mine. Il lui glisse à mi-voix :

« Tu as eu tort, maître, de ne pas garder les yeux de Perkunas! »

Le Vénitien hausse les épaules.

« Ils porteront malheur à la paix des chrétiens », murmure entre ses dents serrées le jeune serviteur.

« Qu'on aille me quérir maître Szemény, commande la reine Marie. Je veux faire enchâsser cette perle qui évoque si bien les aigles impériales, et l'envoyer à Nicée en cadeau à ma sœur, l'impératrice Irène! »

Raimondo regarde Janko avec surprise... En grec, Irène signifie « paix »...

Maître Szemény accourt sur son cheval, suivi de son frère Andronic et de Guillaume Boucher. La reine lui commande de fabriquer un collier pour mettre en valeur son acquisition. Avec l'aquiescement souriant de sa souveraine, l'orfèvre confie aussitôt l'ouvrage à Guillaume, dont le visage s'illumine de joie.

La reine ne sera pas déçue! Il imaginera pour elle un collier merveilleux. Un collier d'impératrice!

Avant de se retirer, le jeune Parisien a le temps de lancer à Jeannette un sourire radieux.

Dans le carrosse de sa maîtresse, la jouvencelle charme celle-ci des accords de son luth...

Enveloppé dans son nuage de poussière, le cortège se déroule lentement devant les chariots vénitiens rangés sur le bas-côté de la route.

Raimondo, descendu de cheval, s'est assis dans l'herbe. Il se désaltère un peu, le sourire aux lèvres. Le roi s'est montré généreux avec la reine. Encouragés par son exemple, plusieurs dignitaires de la suite sont venus d'eux-mêmes acheter également quelques marchandises de luxe.

Et on l'a convié à repasser par la Cour dans ses prochains voyages...

Bonne affaire, vraiment, bonne affaire!

Raimondo tape familièrement dans le dos de Janko, assis, boudeur, auprès de lui.

Allons, c'était bien vrai que la perle à l'insecte attirait la fortune!

LA GUERRE DES DEUX BÊTES

L'an du Seigneur 1239, dans l'été

Grégoire, serviteur des serviteurs de Dieu, à tous les rois chrétiens, pour qu'ils sachent la vérité et se dressent pour défendre l'Église du Seigneur!

Voici que se réalise l'Écriture!

Voici que sort de la mer la Bête à dix cornes et sept têtes, la Bête pleine de noms blasphématoires, la Bête au corps de panthère qui arme sa furie des griffes de l'ours et de la gueule du lion. Elle n'ouvre la bouche que pour outrager le nom divin et lance sans cesse les mêmes javelots contre le tabernacle de Dieu et contre tous les saints qui demeurent dans les cieux. De ses serres et de ses dents d'acier, elle veut broyer le monde et le réduire en lambeaux.

Pour abattre la muraille de la foi catholique, elle a depuis longtemps préparé en secret ses béliers, mais maintenant c'est au grand jour qu'elle construit ses machines de siège.

Elle a ouvert des tripots païens pour la perte des âmes! Elle s'emporte contre le Christ qui a libéré la race humaine! Elle a l'audace de vouloir effacer les tables de la Loi avec la pointe d'une hérésie infâme!

Aussi cessez de vous étonner que contre Nous soient dirigées les flèches de la calomnie, car le Seigneur lui-même ne demeure pas exempt d'une telle honte.

Cessez de vous étonner qu'il lève contre Nous le poignard de ses outrages, celui qui déjà se dresse pour effacer de la terre le nom du Seigneur.

Au contraire, afin de résister à ses mensonges par la vérité manifeste et de réfuter ses tromperies par la preuve de la pureté, regardez la tête, le corps et la queue de cette Bête!

De ce Frédéric!

De ce prétendu Empereur!

De ce scorpion crachant du venin par l'aiguillon de sa queue, de ce dragon, de ce marteau qui frappe toute la terre!

En prétendant opiniâtrement qu'il ne saurait être attaché par Nous, vicaire du Christ, avec les chaînes de l'excommunication et en assurant ainsi que l'Église n'a pas le pouvoir, transmis par saint Pierre et ses successeurs, de lier et de délier, il confirme son hérésie, il se prend dans les rets de son propre témoignage et montre ainsi combien ce qu'il pense des autres articles de la vraie foi est diabolique!

Ouvertement, ce roi de pestilence a notamment affirmé que – pour Nous servir de ses propres paroles – le monde entier a été dupé par trois imposteurs : Jésus-Christ, Moïse et Mahomet, dont deux sont morts dans l'honneur, alors que Jésus lui-même est mort sur la croix.

Et il a en outre osé affirmer, ou plutôt il a prétendu mensongèrement qu'étaient des fous tous ceux qui croyaient qu'une vierge avait pu mettre au monde le Dieu qui avait créé la nature et tout le reste.

Et il a aggravé cette hérésie par cette assertion folle selon laquelle nul ne peut naître s'il n'a été conçu par le commerce préalable de l'homme et de la femme.

Il affirme aussi que l'homme ne devrait rien croire qui ne puisse être prouvé par la force et la raison de la nature!

Voyez, et jugez!

Frédéric, Empereur des Romains, à tous les rois chrétiens, pour qu'ils connaissent la vérité et préparent leurs glaives à défendre la Justice!

La Divine Providence a créé deux luminaires au firmament céleste, l'un grand, l'autre petit. Loin de se nuire entre eux, le premier communique sa clarté au second.

De même qu'Elle a installé côte à côte dans le ciel le Soleil et la Lune, Elle a créé sur la terre la Papauté et l'Empire.

Mais, ô nouveauté inouïe et stupéfiante! le Soleil s'arroge le droit d'ôter à la Lune sa couleur et de lui ravir sa lumière. Le Pontife irrite Auguste et la grandeur apostolique cherche à masquer l'éclat de Notre Majesté, alors que c'est Dieu qui Nous a fait occuper la cime de la dignité impériale!

Celui qui est assis sur le trône de la doctrine pervertie, le pharisien, oint par ses compagnons des huiles de malignité, lui, le Pontife romain de notre temps, il a la prétention d'ôter toute signification à l'ordre décrété par le Ciel, croyant peut-être qu'il est en accord avec les choses d'En-Haut, qui sont dirigées par les lois de la nature et non par une volonté échauffée. Il médite d'obscurcir l'éclat de Notre Majesté en travestissant la vérité.

N'a-t-il pas écrit, ce Pape qui ne l'est que de nom, que Nous étions la Bête qui sort de la mer, pleine de noms blasphématoires, le corps recouvert de la bigarrure du léopard?

Mais, Nous, Nous prétendons qu'il est lui-même cette turbulence dont on lit : « *Il sortit de la mer un autre cheval, un cheval roux; et celui qui le montait ôta toute paix de la terre, si bien que les vivants s'entr'égorgèrent!* »

Aussi vous, princes aimés, ne vous contentez pas de Nous plaindre. Plaignez aussi l'Église qui est la communauté de tous les croyants. En son cœur, son guide est une sorte de lion rugissant, son prophète est un insensé, son époux un infidèle, son prêtre un profanateur des choses les plus sacrées.

Depuis son élévation, ce père, non de miséricorde mais de discorde, a jeté le trouble dans le monde entier.

Il a osé calomnier Notre Majesté impériale d'avoir blasphémé le saint nom du Christ par l'accusation d'imposture ! Comment l'aurions-Nous pu, Nous qui professons publiquement que Notre-Seigneur Jésus-Christ est le Fils unique de Dieu, égal au Père et au Saint-Esprit en magnificence, né selon la chair et selon la nature humaine de la glorieuse Vierge Marie et ressuscité le troisième jour par la vertu de Sa nature divine !

En vérité, celui-là qui a osé prétendre que Nous étions le précurseur de l'Antéchrist, c'est lui le grand dragon, lui l'Antéchrist, prince parmi les princes des ténèbres, faux vicaire du Christ qui change la dignité sacerdotale en férocité bestiale !

Mais, avant tous les autres princes de ce monde, Nous devons pleurer comme il convient la défaillance de ce pontife, Nous qui en sommes le plus proche de par Notre fonction. Le fait que ce prétendu pape ait accordé sa protection à ceux qui se sont révoltés contre l'Empire doit sonner pour vous tous comme un avertissement !

Aussi, sans relâche et instamment, Nous vous invitons, princes aimés, à voir dans l'affront qui est fait à Notre pouvoir la menace qui pèse sur le vôtre et sur la paix des peuples chrétiens dont vous avez la garde !

Méditez, et jugez !

LE CHÂTEAU BLANC DU TRÔNE

L'an du Seigneur 1239, le lundi 29 août,
jour de la décollation de saint Jean-Baptiste

Dans la crypte de la basilique où une douce fraîcheur repose agréablement de l'étouffante chaleur qui règne dans la ville, un moine au ventre rebondi fait jouer doucement sa grande clé dans une serrure aux mécanismes compliqués. Le secrétaire du trésorier royal est là, ainsi qu'un garde armé et un chanoine du chapitre.

Derrière eux, trois hommes et une jeune fille. On distingue dans la pénombre les traits de maître Szemény Bödögei.

L'orfèvre a obtenu de la reine l'autorisation d'accéder à un vœu de Guillaume qui, désormais chargé de créer un bijou pour l'impératrice de Nicée, a excusé sa curiosité par le désir de mieux connaître la manière dont étaient faits les joyaux de la cour byzantine.

La souveraine leur a bien volontiers accordé que les accompagnent pour l'occasion Thomas de Fehérvár, docteur à l'université de Veszprem et neveu de l'influent évêque de Vac et, bien entendu, la petite Jeannette pour qui le jeune Parisien semble nourrir un vif penchant.

La porte s'ouvre.

Dans la basse pièce voûtée, des coffres...

L'un d'eux, entièrement de métal, porte trois cadenas.

On les ouvre successivement, avec trois clés différentes.

On approche les torches.

Et, devant les moines, le garde et les visiteurs silencieux, le secrétaire du trésorier, aidé du chanoine, sort à la lumière les insignes royaux de Hongrie.

En l'an mil, dit-on, le pape Sylvestre envoya au saint roi Étienne une précieuse couronne décorée de superbes images émaillées, qu'un maître formé à l'école byzantine avait exécutée chez les moines bénédictins du mont Cassin. Fermée en forme de calotte et surmontée d'une croix, la couronne symbolisait une royauté souveraine, indépendante de toute puissance temporelle.

Sept décennies plus tard, le prince Géza, fils aîné du roi Béla Ier, reçut de l'Empereur d'Orient Michel Doukas, en récompense de la valeur qu'il avait témoignée envers leurs ennemis communs, une splendide couronne ouverte, ouvragée à Constantinople, et ornée du portrait en émail du prince et de l'Empereur. Ce diadème était si beau qu'on le réunit à la couronne de Sylvestre pour former la sainte couronne que ceignent tous les rois de Hongrie au jour de leur couronnement. Le roi n'est pas vraiment le roi tant qu'il ne l'a pas coiffée !

Telle est l'histoire que raconte maître Szemény. Au vrai, Thomas a révélé à Guillaume qu'on ne savait pas vraiment ce qu'il en était. Les joyaux ont été souvent modifiés et l'on n'a pas très bien fait le compte de leurs avatars. Certains prétendent que, dans son état actuel, la couronne n'a pas cinquante ans.

Mais, quoi qu'il en soit, on préfère à la Cour et dans tout le royaume parler du roi Étienne, du Pape Sylvestre et de l'Empereur Michel...

Il y a aussi le sceptre, avec son gros cristal de roche jadis sculpté en Égypte, le globe, l'anneau, l'épée, les étriers...

Et le manteau du couronnement.

Ce sont tous ces ornements qu'il y a à peine quatre ans Béla a portés par les rues de la ville, escorté de Coloman, son frère, et de Daniel, prince de Galitch et de Volhynie, qui lui tenait l'étrier.

C'est ici, dans la somptueuse basilique d'Alba Regia, aux autels d'or et d'argent battus tout incrustés de gemmes, que les rois de Hongrie viennent se faire couronner, se marient... et trouvent leur sépulture. On dit qu'arrivant de l'Orient dans les vestiges de la cité jadis fondée ici par les Romains le prince Arpad, souverain des Magyars et ancêtre de Béla IV, ordonna qu'y fût dressé son camp.

Depuis son arrivée il y a douze jours, Guillaume, toujours friand de nouveauté, a découvert, après Strigonium et Buda, une troisième ville royale. C'est paraît-il, Strigonium mise à part, la plus grande cité du pays. En hongrois on l'appelle Székesfehérvár et en allemand Stuhlweissenburg. Mais, en toutes les langues, ce nom signifie « le château blanc du Trône ».

En Hongrie les châteaux sont d'habitude noirs, car ils sont faits de bois et de levées de terre. C'est pourquoi le peuple parle de châteaux blancs quand exceptionnellement ils sont bâtis en pierre.

C'est ainsi que, lorsqu'il commença à apprendre quelques mots de hongrois, Guillaume se rappela que son ami Thomas de Fehérvár lui avait dit un jour qu'il s'appelait en fait « Thomas du Château blanc » !

Était-ce à cause d'Alba Regia? Non, expliqua Thomas, il y a d'autres châteaux blancs en Hongrie, même si certains ne sont que des ruines. Ainsi celui qui a donné son nom à sa famille, dans les broussailles duquel il lui est arrivé de jouer étant enfant, et qui pourrait bien, dit la légende, remonter au temps des anciens Romains...

Cela faisait six mois que Guillaume n'avait pas revu son ami et il ne fut que plus heureux de le rencontrer enfin à l'occasion des « jours de loi ». Veszprem n'est pas très loin. Thomas en a profité pour venir humer l'air de la Cour sous le prétexte de venir saluer l'évêque Matthias, son oncle..., qu'il avait pourtant déjà revu en juillet, en allant passer quelques semaines auprès de sa mère! Il est vrai que son absence à l'université ne pose guère de problèmes : là-bas comme à Paris, au mois d'août, maîtres et escholiers sont en vacances!

Thomas semble fort satisfait de sa condition de professeur en droit canon, au surplus désormais chanoine du chapitre de Veszprem, mais on sent qu'il apprécie de fréquenter la Cour.

Il a vite mesuré les difficultés du roi, pour ne pas dire ses maladresses. Tandis que Guillaume ne voyait dans la foule des « jours de loi », pleine d'animation, de bruit et de couleurs, que la variété des vêtements, des parlers et des physionomies, Thomas a remarqué la sourde tension régnant, sous des apparences de respect et d'obéissance, entre Béla, son entourage, les barons et le peuple. Il a observé le nombre des Coumans présents auprès du souverain, la faveur que celui-ci semble leur témoigner. Il a entendu les murmures du peuple, que n'entend pas le roi...

Celui-ci a eu raison de vouloir revenir sur les gaspillages et les dilapidations de ses prédécesseurs et surtout de son père. Mais il l'a fait trop brutalement, sans suffisamment chercher à se ménager des alliés. Il ne suffit pas d'avoir le droit pour soi – du reste, l'avait-il toujours? –, il faut aussi savoir user de compromis.

Il a eu raison de faire bon accueil aux Coumans, dont la soumission augmente par elle-même les forces du royaume, mais il n'aurait jamais dû les laisser pénétrer par clans entiers jusqu'au cœur du pays. À sa Cour, il accorde à leurs nobles bien trop de privilèges dans un temps où il impose si lourdement son autorité à la noblesse hongroise.

Après toutes les années qu'il a passées à Paris, Thomas, qui avait quitté sa patrie au temps du roi André, est surpris de l'atmosphère qu'il vient d'y retrouver. Le roi se croit fort... Il ferait bien de veiller à ne pas édifier sa puissance sur des assises qui s'effritent...

En contemplant la sainte couronne et les insignes royaux, Thomas songe à la promesse de son oncle de le recommander, le moment venu, pour entrer à la chancellerie royale. Ah, s'il pouvait un jour acquérir la confiance du chancelier, du souverain lui-même... Il pourrait leur dire ce qu'il apprend en conversant avec les étudiants de l'université, ce qu'il entend en se promenant dans les rues... Bref, il pourrait les conseiller...

Son ami Guillaume est bien loin de tout cela... Avec animation, il commente en compagnie de maître Szemény, qui les connaît bien, les beautés des joyaux... et aussi leurs bizarreries : pourquoi avoir aussi cruellement transpercé le Christ en majesté pour y fixer la croix? Il explique à Jeannette, en pontifiant un peu, les différentes techniques que les artistes ont employées pour créer ces chefs-d'œuvre.

Le secrétaire de la trésorerie glisse un mot à l'oreille de Szemény Bödögei. Il est temps de se retirer. On range les insignes. On referme les coffres.

Dans la pénombre de la crypte, tandis que résonne sous les basses voûtes le cliquetis métallique des serrures, seul Thomas remarque le baiser furtif que Guillaume dépose sur la joue de la jouvencelle.

Le docteur en droit canon sourit. Il repense à la soirée de ripailles offerte chez maître Benoît, il y a plus d'un an déjà, pour fêter son succès à l'examen final. Il revoit son ami venir le prier de l'accompagner en Hongrie.

Il a bien eu raison d'accepter!

Car jamais il n'a vu Guillaume aussi heureux!

SOLDAIA

L'an du Seigneur 1239, le dimanche 4 septembre, fête des saints Marcel et Valérien

Une taride mouille devant Soldaïa [1].

Une barque s'en détache.

Deux hommes mettent pied à terre : le Vénitien Michele Cavalli et l'Anglais Edouard de Roscarnan.

Au début du mois de mai, profitant du convoi de printemps qui quittait Venise pour la Romanie, Michele, une fois conclu son contrat d'association avec Domenico Contarini, a mis à la voile avec les trois tarides convenues, chargées de marchandises d'Occident. À Constantinople, il en a revendu une partie – celles qu'il ne pensait pas devoir intéresser les Tartares – et les a remplacées par des produits de Grèce, d'Égypte ou de Syrie.

En quittant l'an passé la capitale orientale, il y a donné rendez-vous pour la Saint-Cyriaque [2] à un marchand qui a là sa demeure, Renato, personnage de confiance habitué à conduire des caravanes en Syrie ou sur les bords de la mer de Pont, et sur lequel il comptait pour l'aider dans la réalisation de son projet. Pour la Saint-Cyriaque, Renato n'était pas là, mais on confirma chez lui qu'on l'attendait bien d'un jour à l'autre, et, de fait, une semaine plus tard, il débarquait dans la Corne d'Or. En sa compagnie se trouvait un jeune Anglais, expert tant dans le maniement des langues que dans celui des armes, et qui avait appris en Italie les rudiments du commerce.

Michele jugea aussitôt que Renato avait eu la main heureuse en engageant ce garçon, qui n'avait pas froid aux yeux et dont les talents multiples seraient sans doute précieux durant l'expédition qui se préparait.

1. Soudak, en Crimée.
2. 8 août.

Lorsque, au matin de la Saint-Zéphyrin [1], Michele s'engagea dans la mer de Pont avec son vaisseau principal, Edouard l'accompagnait.

Pendant que tous deux accostent à Soldaïa, Renato conduit de son côté une seconde taride à Kerson [2], la troisième faisant voile vers Matrica [3]. Michele, en effet, a préféré disperser les navires. Outre qu'il ne tenait pas à trop attirer l'attention en en rassemblant trois au même endroit, il lui a semblé, dans l'état d'appauvrissement actuel de la Gasarie, qu'il ne serait pas possible de trouver dans un seul de ses ports toutes les bêtes de somme et tous les véhicules nécessaires à un pareil convoi. C'est seulement dans l'arrière-pays, une fois les caravanes formées, que l'on se regroupera.

Les nouveaux arrivants sont accueillis par les habitants avec une certaine curiosité. Autrefois animé, le trafic s'est en effet beaucoup réduit depuis quelque temps; en dehors de leur vaisseau, il n'y a qu'un seul autre navire d'importance dans le port, une grosse nef à plusieurs ponts.

La prospérité du comptoir a rudement souffert des événements survenus plus au nord. On n'y rencontre plus de marchands de Russie, qui apportaient les précieuses fourrures de vair, de petit-gris ou de renard noir. Les navires de Trébizonde n'ont plus de blé à venir embarquer. Quant aux Alains et aux Coumans, d'habitude si nombreux dans cette région, ils ont pratiquement disparu. Il n'y a pas deux ans, on a vu les fugitifs coumans, accourus en foule en Gasarie, dévorer, affolés par la faim, la chair crue de leurs propres morts.

Soldaïa vivote...

Médiocrement fortifiée de palissades, avec ses basses maisons de bois qui s'alignent près du rivage, la ville – le bourg plutôt – a assez modeste allure. Hormis l'église épiscopale et la petite église des Douze-Apôtres, qui doivent à leurs murs de pierre d'avoir échappé à l'incendie, les Tartares n'ont pas laissé grand-chose debout lorsqu'ils l'ont ravagée en mil deux cent vingt-trois. Depuis seize ans, sous l'impulsion des Vénitiens qui ont pris le contrôle de l'endroit une fois les Génois opportunément éliminés par les envahisseurs, on a bien sûr reconstruit, mais on l'a fait sans fioritures. Seuls quelques bâtiments, demeures des magistrats de la cité ou de gros marchands locaux, s'offrent le luxe d'un étage et de fenêtres ou de balcons ouvragés.

Sur la colline qui domine le site, l'ancienne citadelle a piteuse allure. Les vieux remparts grecs ne sont pas entretenus et elle ne serait sans doute pas d'un grand secours en cas de menace.

Il est vrai que, désormais, la paix règne à nouveau en Gasarie...

En s'avançant dans les rues poussiéreuses de la colonie, Michele et Edouard croisent un petit groupe de soldats. Ils sortent d'une maison de joie et semblent de fort bonne humeur. Le Vénitien, à leur vue, ressent pourtant une légère appréhension...

Ce sont ses futurs clients.

Ce sont des Tartares.

Durant l'été précédent et tout l'hiver dernier, ceux-ci ont systématiquement combattu de multiples peuplades qui avaient profité de ce qu'ils guerroyaient au pays de Souzdal pour relever la tête, espérant même parfois avoir leur part

1. 26 août.
2. Sébastopol.
3. Au débouché de la mer d'Azov, dans la péninsule de Taman.

des malheurs de la Russie. Les Circassiens, les Alains, les Ossètes, les Mordves qui subsistaient encore à l'est de Riazan, enfin ce qui restait des Coumans ont tour à tour été écrasés. On a affirmé à Michele qu'au nord de la Gasarie conquise on pouvait voir des plaines entières couvertes d'ossements humains...

Malgré les Tartares, pourtant – ou à cause d'eux peut-être –, on voit encore arriver à Soldaïa quelques marchandises d'Asie centrale, et le commerce, s'il semble frappé de langueur, n'a pas pour autant cessé. En fait, il est même une marchandise qui est devenue fort abondante, depuis deux ans...

Ce sont les esclaves.

Des guerres qu'ils menaient entre eux ou du pillage de leurs voisins sédentaires, les peuples nomades errant au nord de la mer de Pont tiraient depuis toujours nombre de prisonniers, qu'ils revendaient aux marchands établis dans les comptoirs de la côte.

Génois et Vénitiens ont eu tôt fait de repérer là un trafic lucratif. Le Pape l'a bien mollement désapprouvé en demandant qu'au moins on ne réduise pas des chrétiens en esclavage, mais qu'importe !

Vers Constantinople ou vers l'Italie on envoie des jeunes filles ou des adolescents servir dans les palais des nobles ou des marchands. Une main-d'œuvre servile trime sur les chantiers de l'île de Candie pour le compte de Venise...

Les meilleurs clients, toutefois, sont ailleurs.

À Alexandrie, les revendeurs attendent toujours avec impatience l'arrivée de leurs fournisseurs italiens, grâce auxquels ils vont pouvoir satisfaire la demande des harems de la prospère Égypte. Des officiers du soudan sont là aussi pour repérer dans les arrivages des jeunes gens vigoureux qu'ils enverront dans les casernes de leur maître. À Babylone d'Égypte, le nom de mamelouks que l'on donne aux soldats des redoutables bataillons d'élite de la garde ne signifie rien d'autre qu'« esclaves » dans la langue du pays. Une bonne partie d'entre eux ont été raflés dans les steppes du nord de la mer de Pont...

Le Pape rappelle bien de temps à autre qu'on ne doit pas livrer aux infidèles des âmes que l'on aurait pu gagner à la foi du Christ. Il se trouve parfois des esprits chagrins pour déplorer que des marchands chrétiens approvisionnent les garnisons égyptiennes en soldats qui pourraient bien un jour envahir la Terre sainte.

Mais qu'importe !

C'est justement une cargaison d'esclaves qu'attend la grosse nef ancrée dans le port. Reçus par le chef de la communauté vénitienne, Michele et Edouard apprennent en effet qu'un envoyé tartare a installé son camp à quelque distance de la ville, sur les hauteurs d'où l'on domine la mer. Il amène avec lui la précieuse denrée qu'il compte bien échanger contre des marchandises venues de Constantinople, de Trébizonde ou de Méditerranée.

C'est à sa suite qu'appartiennent les soldats qu'on a croisés en ville.

Pour Michele, il ne fait nul doute que sa présence à Soldaïa est une aubaine...

Le lundi 5 septembre, fête de saint Bertin

Accompagnés d'un truchement local, Michele et Edouard sont introduits chez l'émissaire des Tartares. Ils sont vivement surpris. L'intérieur de sa tente, habillé de superbes tapis, est un petit palais. Coffres sculptés, cuivres ouvragés, poteries élégantes témoignent du goût de son propriétaire... Ils ne s'attendaient pas à trouver un tel luxe chez un barbare, surtout si l'on considère l'aspect rustique – pour ne pas dire bestial – des soldats de sa suite.

Michele et Edouard ignorent que l'homme un peu pansu vêtu de fine soie, qui les reçoit affalé sur son large sofa, n'est aucunement un Tartare : Bartchouq est un Ouïghour au service du Qaghan.

De ses petits yeux noirs enfoncés dans un visage carré posé sur un cou trop épais, Bartchouq regarde venir ses visiteurs avec un sourire matois...

Il y a quatre ou cinq siècles, ses ancêtres dominaient ce qui est aujourd'hui la patrie des Mongols. Ils traitaient d'égal à égal avec la puissante dynastie T'ang, qui régnait sur la Chine. Depuis des siècles ils commerçaient avec la Perse, dont ils avaient même un temps adopté la religion. Cette longue fréquentation des Perses et des Chinois en avait fait un peuple d'un raffinement unique en haute Asie.

Leur empire déclina. Ils furent refoulés plus au sud, vers le bassin du fleuve Tarim et, là, installés dans les oasis où ils voyaient passer les caravanes qui reliaient les pays de l'Orient et ceux de l'Occident, ils continuèrent à cultiver leur civilisation.

Lorsque leurs dirigeants apprirent qu'un chef mongol, venant de fédérer de multiples tribus, s'apprêtait à combattre dans le nord de la Chine le royaume de Si-Hia et le vaste empire des Kin, ils eurent tôt fait de jauger sa puissance. D'un commun accord, ils envoyèrent spontanément des ambassadeurs porter l'allégeance de leur peuple à Témudjin Gengis Khan. Celui-ci leur sut gré de leur initiative.

Alors, pour eux qui vivaient dans la nostalgie de leur gloire passée, ce fut l'heure de la revanche!

Car l'empereur nomade qui soumettait à sa loi des peuples si divers n'avait auprès de lui que des guerriers des steppes, inhabiles dans l'art d'administrer les royaumes. Les Ouïghours, eux, possédaient cette science.

Les nomades ignoraient l'écriture. Les Ouïghours leur apportèrent la leur.

Et depuis ce temps, dans l'ombre du Qaghan, de ses princes, de ses généraux, œuvrent avec discrétion, dévoués et efficaces, raffinés et subtils, les fonctionnaires ouïghours.

Michele a veillé à se faire précéder de présents. Bartchouq l'en remercie négligemment, s'enquérant avec une courtoise hauteur des motifs de sa visite.

On sert rafraîchissements et sucreries.

Ainsi, les voyageurs ont pris la peine de venir de très loin pour présenter leurs marchandises au grand général Subötaï et au noble peuple des Mongols? Comme le Qaghan, leur maître, aimerait que toutes les nations fassent preuve d'autant de sagesse ! Au lieu de méconnaître sa puissance et de le contraindre à des guerres qu'en souverain soucieux du bien des gens il réprouve dans le fond de son cœur !

Bartchouq déplore l'obstination des Qiptchaqs – c'est-à-dire des Coumans, traduit l'interprète – qui a obligé le bon prince Batou à les faire exterminer.

Quel malheur ! Alors que la beauté de leurs femmes est une invite permanente à l'amour !

À propos, il se trouve qu'il lui en reste quelques-unes qu'il n'a pas encore vendues. Les étrangers seraient peut-être intéressés ?

Quant à la caravane que ceux-ci veulent conduire jusqu'au camp des Mongols... Il va falloir trouver bien des voitures et des chevaux de somme. Plus qu'il n'en est de disponibles à Soldaïa, c'est à craindre...

Bartchouq plisse les yeux, tout sourire.

« Les Vénitiens sont les amis des Mongols. Le général Subötaï aime beaucoup les Vénitiens. Je me ferais un plaisir de vous aider à rassembler les bêtes et les chariots... Hélas, par les temps que nous vivons, cela coûte si cher... »

Quelques jours plus tard, escortée d'une troupe de cavaliers tartares, une longue caravane de chevaux et de mulets bâtés ou bien tirant des chars à haute roues à la mode coumane, chargée de toiles de coton et d'étoffes de soie, d'épices, de vin, d'encens et de parfums, de fins biscuits et de délicats fruits séchés à la manière de Grèce, mais aussi d'armes de parade, d'objets d'or ou d'argent et de lingots du meilleur fer, s'engage sur les pistes de Gasarie.

LES NOCES DE TOROPETS

L'an 6748 de la Création du monde, le mercredi 7 septembre, fête de saint Sozon [1]

Étendu sur sa couche dans la cellule exiguë qu'on lui a attribuée, Cyrille sourit. Dans un coin, accrochée au plafond, une petite lampe brille.

Comme cela fait du bien de voir des gens heureux !

Comme les Tartares et les Lituaniens paraissent loin !

Ce matin, devant la cathédrale Saint-Georges de Toropets, il s'est mêlé à la foule en liesse pour acclamer avec elle le brillant cortège.

Seigneur, comme ils étaient beaux !

« Vive Alexandre ! Vive Alexandra ! »

Comme le jeune prince avait fière allure, monté sur son cheval blanc !

Dans son char tapissé de drap d'or, la jeune princesse était divine, avec son visage poudré et ses joues relevées de rouge, sous son voile blanc et son diadème. Comme son geste était gracieux quand elle saluait le peuple avec son mouchoir brodé d'or et de perles !

1. 7 septembre 1239.

Malgré la presse, Cyrille a trouvé à se faufiler dans la cathédrale bondée, pour y entendre bénir l'union d'Alexandre Iaroslavitch de Novgorod et d'Alexandra Briatchislavna de Polotsk.

Au printemps, en liaison avec son père Iaroslav Vsevolodovitch, qui a succédé à son frère Youri comme grand-prince de Vladimir et de Souzdal – ou du moins de ce qu'il en reste –, Alexandre est parti assister avec quelques troupes la fragile principauté de Polotsk, menacée tout à la fois par les Lituaniens du grand-prince Mindaugas et par les chevaliers Teutoniques et Porte-Glaive qui avaient déjà amputé une partie de ses États.

Juste comme il s'apprêtait à quitter Riga pour Novgorod, Cyrille apprit qu'Alexandre venait d'arriver à Polotsk. Connaissant la réputation du jeune prince, il tenait à lui remettre personnellement l'icône de Vladimir. À cette condition seulement il se sentirait sûr d'avoir accompli la mission que lui avait confiée l'évêque Mitrophane.

Il changea donc ses projets et entreprit de remonter la Dvina sur le navire d'un marchand du Gotland.

Parvenant sans encombre au confluent du fleuve et de la Polota, il sentit son cœur vibrer d'émotion en découvrant Polotsk, dominé du haut d'une colline par les tours de son kremlin et les coupoles de sa cathédrale, avec ses remparts de terre et de bois aux tours de pierre blanche.

Il revoyait enfin la Russie!

Une Russie intacte, encore épargnée par tous les ennemis qui pourtant l'entouraient!

Lorsque arrivant au palais épiscopal le jeune moine révéla ce qu'il portait dans son bagage, on fit aussitôt mander l'évêque. Celui-ci s'extasia : il avait visité Vladimir dans sa jeunesse et reconnaissait parfaitement l'icône vénérée devant laquelle jadis il avait prié. Il traita Cyrille comme un roi, lui faisant raconter par le menu toutes ses aventures, l'interrompant seulement de temps à autre pour lever les mains au ciel et crier au miracle.

Quant au prince Alexandre, il se trouvait dans la résidence du prince Briatchislav, à l'extérieur de la ville. C'est dans la litière de l'évêque que Cyrille se rendit auprès de lui. À nouveau on lui fit fête, à nouveau il dut narrer son odyssée aux princes de Novgorod et de Polotsk.

Dans la chapelle du palais, devant Alexandre et Briatchislav pieusement agenouillés face à Notre-Dame de Vladimir, l'évêque célébra, les larmes aux yeux, le retour en Russie de la Sainte Vierge protectrice.

En attendant qu'on puisse la ramener en Souzdalie, on confia l'icône au chapitre de la cathédrale, mais, fort naturellement, c'était Cyrille, logé dans un couvent voisin, qui en était, avant tout autre, le gardien.

Alors qu'il aidait à organiser la défense de la principauté, Alexandre Iaroslavitch fit la connaissance d'Alexandra, fille du prince Briatchislav, âgée de quinze ans. À peine quelques mois s'étaient-ils écoulés qu'il la demanda en mariage, indifférent à la mésalliance que cela pouvait représenter pour un prince de Novgorod, fils du grand-prince de Vladimir et de Souzdal.

Mais le grand-prince Iaroslav ne s'en est point formalisé. Au contraire, accompagné de la grande-princesse Féodossia, suivi de ses fils et de ses boyards, il est venu présider la cérémonie des accordailles et l'échange traditionnel de cadeaux entre les deux familles.

Solennellement, son fils lui a remis l'icône de Notre-Dame. Cyrille fut une fois de plus fêté et dut une nouvelle fois raconter son histoire !

Iaroslav rayonnait : après avoir vaincu à Kamenets son vieux rival Mikhaïl de Tchernigov, il venait juste de libérer Smolensk des Lituaniens qui l'avaient conquis l'an passé, il allait marier son fils, et voici qu'on apportait à ses pieds la sainte image de la Vierge Eleoussa, que l'on croyait à jamais perdue ! Si grands qu'ils aient été, si longue que dût être la reconstruction du pays, les malheurs de la Souzdalie semblaient cette fois bien passés.

Le grand-prince, en ces jours de fête, préférait chasser de son esprit la perspective de devoir, s'ils revenaient jamais, prêter allégeance aux Tatars...

On a célébré les noces ce matin, ici, à Toropets, à mi-chemin de Polotsk et de Novgorod.

Cyrille revoit avec émotion les deux jeunes gens assis dans la nef constellée de cierges de la cathédrale Saint-Georges, sur un banc recouvert de draps d'or et de fourrures, pour recevoir les félicitations des boyards.

Tandis que le chœur entonnait l'ultime couplet de longue vie resplendissait devant l'iconostase, à côté des époux, l'icône de Vladimir.

Il sourit en songeant qu'en ce moment sans doute, dans le *siény*, le pavillon réservé aux fêtes, sur le lit dressé sur des gerbes de blé, au milieu des fourrures et des coussins, entre quatre tonnelets de blé surmontés d'énormes cierges, les jeunes mariés, après qu'on les a éventés de peaux de zibeline et aspergés de houblon, connaissent leur première nuit d'amour.

Jusqu'à l'aube, un garçon d'honneur va monter la garde autour du pavillon, le sabre hors du fourreau, prêt à mettre en fuite les mauvais esprits...

La procession de la matinée, la cérémonie du mariage et le gigantesque banquet auquel Cyrille a été convié tout à l'heure ne marquent que le début de festivités qui vont se succéder trois jours durant sur les bords de la rivière Toropa.

Seigneur ! Le jeune moine n'avait jamais vu pareil festin ! Plusieurs heures après, le son des rebecs, des tambourins et des cithares résonne toujours à ses oreilles, et lorsqu'il ferme les paupières, il lui semble, un peu abasourdi, voir encore danser jongleurs et saltimbanques, avec leurs ours dressés, tandis que se poursuit, accompagnée d'une montagne de blinis et de pirojkis, la succession sans fin des viandes, des poissons, des pâtés...

Et les sucreries ! Les pains d'épice ! Les pièces montées en sucre candi ou en pâte d'amande, avec leurs savantes décorations de fleurs, d'arbres, d'oiseaux, d'ours ou de cygnes !

Avec cela coulaient à flots la bière, les vins de Galitch, d'Allemagne et de Grèce, l'hydromel et même quelques alcools plus redoutables encore !

Si les prélats présents dans l'assemblée – et d'autres prêtres aussi – semblaient s'en donner à cœur joie, cela passait infiniment ce qu'un paisible moine est en état de supporter. À la table du banquet, malgré le brouhaha ambiant, Cyrille a fini par s'endormir...

Mais à présent, dans la paix de sa cellule, dans la fraîcheur de la nuit, Cyrille ne dort plus.

Il songe que, dans trois jours, il prendra la route dans le cortège d'Alexandre et d'Alexandra. Il avait d'abord pensé retourner à Souzdal, qui commençait, lui avait-on dit, à se relever de ses ruines. Mais l'archimandrite Trophime, de Novgorod, un homme plein de prestance et d'autorité qui s'était rendu à Toropets pour assister aux noces de son prince, lui exposa que non seulement il ne trouverait plus là-bas aucun des frères qu'il avait connus, mais qu'il y gaspillerait des talents dont l'Église avait pourtant bien besoin pour réparer les dégâts que les Tatars avaient fait subir aux sanctuaires du Seigneur.

C'est ainsi que Cyrille s'est laissé convaincre de suivre Trophime à Novgorod, pour exercer son art au grand atelier d'icônes du monastère Saint-Georges, résidence de l'archimandrite.

C'est ainsi que dans trois jours il va La quitter...

À la suite du grand-prince Iaroslav Vsevolodovitch, Elle va désormais retourner prendre Sa place à Vladimir, dans la cathédrale de la Dormition que l'on s'active à remettre en état.

Pourtant Cyrille n'est pas triste.

Car Elle est là, avec lui, doucement éclairée par la petite lampe.

Plus belle que nul ne L'a jamais vue.

Elle y sera toujours.

Cet été, le jeune moine a peint une copie de l'icône.

Une copie parfaite.

Saint Luc lui-même ne put mettre plus d'amour lorsqu'il peignit, ainsi qu'on le raconte, celle qui allait devenir Notre-Dame de Vladimir.

Ainsi, où que ses pas portent désormais Cyrille, il aura près de lui la Mère.

Sa Mère...

GÜYÜK

Le quinzième jour de la huitième Lune, dans l'année du Porc, onzième du règne d'Ögödäi Qaghan, Souverain du Monde[1]

La mine maussade, Güyük Khan s'approche de sa yourte princière. Le factionnaire le salue. Il répond sèchement, soulève la portière de feutre, jette son manteau sur un coffre et ordonne qu'on lui serve à boire du qoumiz.

La campagne contre les Alains et les Ossètes est achevée. Il reste bien çà et là quelques petites bandes insoumises errant dans les vallées du Caucase, mais on en aura vite raison. Elles ne causeront jamais plus de soucis à la grande armée mongole et à ses généraux.

La campagne a été rude. Depuis la prise, cet hiver, de Maghas, capitale des Alains, après quarante-cinq jours de siège, l'ennemi s'est vaillamment défendu, profitant des montagnes où la cavalerie mongole ne pouvait se déployer à son aise. Mais on n'échappe pas si facilement à la volonté du Ciel...

Il serait temps pour Güyük de rejoindre les steppes qiptchaqs et le camp de base de l'armée, de s'y reposer et d'y prendre un peu de bon temps. Il n'a plus rien à faire au pays des Alains!

1. 16 septembre 1239.

Möngkä et les autres princes ont quitté la région depuis longtemps déjà, mais le fils du Qaghan a différé l'ordre de marche de ses bataillons.

Pour commencer, il est fatigué : son dos lui fait mal, ses douleurs d'entrailles le reprennent, et, puisque rien ne presse, il n'a nulle envie de s'engager tout de suite dans une longue chevauchée.

Güyük est périodiquement assailli de maux chroniques, qui n'égaient pas son caractère taciturne. Mais il souffre d'un autre mal, plus insidieux, qui ne connaît jamais de rémission...

Après bientôt trois ans de campagne, il sait en son for intérieur – même s'il se refuse à l'admettre – que son cousin Batou s'est montré à la hauteur de sa tâche. Il escomptait que ce bâtard irascible toujours prêt à monter sur ses ergots ferait piètre figure – tout commandant en chef qu'il soit officiellement – au milieu de tous les princes qui l'entouraient, et auprès du glorieux général dont le Qaghan l'a flanqué.

Les princes n'ont pas démérité, et Subötaï non plus! Mais Batou a su tenir son rang. Il a montré en plusieurs circonstances qu'il savait commander une armée, et si, dans les premiers temps, il se contentait de faire exécuter sans commentaire les consignes du général, il intervient désormais de plus en plus dans les décisions stratégiques. Il assied peu à peu dans la réalité son autorité au début théorique.

Et, cela, Güyük ne le supporte pas.

Si glorieux que soient ses récents combats contre les Alains, ils ne sont qu'une péripétie de la grande expédition dont les générations à venir – si rien ne vient modifier le cours des choses – retiendront que le chef s'appelait Batou!

Maudit bâtard... Fils des Märkits! Il est plus fier que s'il était le Qaghan!

Alors que c'est lui, Güyük – lui! –, le fils du Qaghan!

Et Ögödäi son père qui lui préfère le fils de son frère Kötchü!

Le dos, les entrailles, cela fait souffrir un temps, ensuite cela va mieux.

Mais la jalousie...

Le prince s'étend sur sa couche, la lettre à la main.

La lettre...

Le courrier est arrivé ce matin.

Grâce au pinceau d'un scribe ouïghour, la khatoun Törägänä, première épouse d'Ögödäi Qaghan, adresse à son fils bien-aimé les nouvelles de Qaraqorum...

La khatoun...

Güyük lampe à petites gorgées la coupe de qoumiz que ses serviteurs viennent de disposer près de son lit de camp avec une collation. Il revoit l'impératrice en cette soirée d'adieux, trois ans auparavant, entourée de ses femmes, parée comme une idole de la Chine...

« Entre, mon fils! »

La khatoun – si dure, si hautaine, si impérieuse – n'était plus que miel et douceur devant son fils Güyük.

Pourtant Güyük – si dur, si hautain, si impérieux – frémissait comme un enfant redoutant obscurément d'être pris en faute. Auprès de sa redoutable mère le prince ne parvenait jamais à être pleinement à l'aise...

Il s'est assis respectueusement sur les coussins, au pied du large trône doré.

« Mon cœur t'accompagne, prince Güyük, mon fils, partout où tu seras. Tu pars au bout du monde. Montre-toi digne de ton père et de ton grand-père, chevauche sans peur, déploie ta ruse, triomphe de tes ennemis... »

Elle posa les doigts sur sa joue.

« Prince Güyük, fils du Qaghan... Héritier du Qaghan... »

Güyük avait eu peur du regard de sa mère. Non de sa dureté – oh non ! – mais au contraire de l'infinie douceur qui se lisait dans son regard, au fond de ses yeux humides prêts à verser des larmes...

Sa mère, des larmes !

« Quand tu reviendras triomphant, quand Ögödäi mon époux ne pourra que reconnaître la valeur du plus grand de ses fils..., comme ta mère sera heureuse ! »

Elle l'avait serré contre elle, c'en était presque indécent ; jamais Güyük n'avait senti ainsi le contact de sa mère, depuis les années de son enfance.

Comme il avait frémi en entendant la khatoun murmurer tout bas, comme pour elle-même : « O Güyük Qaghan, mon fils... Souverain du Monde ! »

De la cruche posée sur le coffre, le prince se verse une deuxième coupe...

... Souverain du Monde !

Mais, en attendant, lieutenant de Batou, de ce cousin – ou ce demi-cousin – si arrogant qu'on croirait le Conquérant lui-même !

Güyük frappe du long rouleau de papier la fourrure où il repose.

Batou, Batou, petit bâtard, toi qui ne sais pas regarder un vrai prince sans plisser les lèvres avec dégoût... Batou, comme je te hais !

« Aaaah ! » soupire tout haut le fils de l'Empereur. Puis, expirant profondément, il déroule la lettre.

« Ô Güyük Khan, fils d'Ögödäi Qaghan, mon fils... »

La khatoun commente pour lui toutes les grandes et petites intrigues de la Cour de Qaraqorum...

La faveur plus insolente que jamais du ministre Ye-liu Tchou-tsaï auprès du Qaghan, de ce maudit Khitan qui finira par émasculer l'Empire avec ses mandarins obséquieux, ses philosophes de harem et sa monnaie de papier...

Les tendresses du Qaghan pour son petit-fils Chirämön, qu'il persiste à cajoler comme s'il était le futur Empereur...

La campagne de Corée qui avance si lentement...

La campagne de Chine qui traîne en longueur...

Toutes ses manœuvres à elle, pour avancer la carrière de ses affidés, tel l'ambitieux Abd-er-Rahman, ennemi du ministre favori, toutes ses luttes pour assurer son influence et promouvoir la réputation de Güyük, son fils bien-aimé...

Le prince soupire de nouveau, rejette la tête en arrière, posant la lettre sur ses cuisses.

« Oui, je serai Qaghan, ma mère, malgré Batou, malgré Ye-liu Tchou-tsaï, malgré Ögödäi...

« Malgré toi-même !

« Je ne serai pas Qaghan parce je suis ton fils...

« Je serai Qaghan parce que je suis Güyük Khan, le plus digne des fils de l'Empereur, des descendants de Témudjin ! »

Ses yeux plissés se ferment un instant...

Souverain du Monde...

LE CAMP
L'an du Seigneur 1239, le mardi 4 octobre, fête de saint François d'Assise

Cela fait déjà bien une lieue que l'on a parcourue dans ce camp!

Et c'est à peine si l'on aperçoit au loin les grandes tentes des princes et des généraux!

Les Occidentaux sont abasourdis, même le vieux Giancarlo. Pourtant, dix-sept ans plus tôt, il était de ceux qui accompagnaient Andrea, l'oncle de Michele, lorsqu'il rencontra pour la première fois les Tartares et leur général Subötaï, et il a depuis lors conduit jusqu'à leurs avant-postes plusieurs caravanes, commanditées par l'oncle, le père ou le fils.

Michele et Renato eux-mêmes ont déjà vu des campements de Coumans ou d'Alains.

Mais un camp comme celui-là...

Les tentes rondes s'alignent jusqu'à l'horizon... Des grandes, des petites, des blanches, des grises... On voit rangés ici et là, par dizaines, par centaines, des chariots de toute taille.

Edouard s'amuse de découvrir qu'ici les chameaux ont deux bosses...

Jusqu'à deux jours de marche autour de l'immense ville de toile, on voit paître des troupeaux innombrables. Chaque jour, le lait de trois mille juments est dirigé vers le campement à la seule fin d'alimenter en qoumiz – le breuvage fermenté dont les Tartares se délectent – les troupes, les auxiliaires, les serviteurs et leurs familles. Trente hommes, a raconté Bartchouq, ont spécialement mission d'envoyer quotidiennement aux commandants de l'armée en outres de qoumiz noir – la boisson des nobles – le produit de la traite de cent bêtes.

Du lait d'une multitude de vaches, on voit devant les yourtes des femmes tirer le beurre, qu'elles conservent dans des outres de mouton, avant de transformer ce qui reste en caillé.

Et les chevaux de guerre jusqu'à perte de vue...

Entre deux combats, les Tartares mènent leur cavalerie se reposer dans les riches prairies des bords du Tanaïs. Elle y rejoint des troupeaux de chevaux frais amenés de Tartarie, complétés par les montures prises aux Coumans et aux autres nomades vaincus.

Et ces guerriers si nombreux, si disciplinés, qui vont et viennent, avec leurs bonnets à oreillettes, leurs bottes, leurs bas de feutre et leurs tuniques brunes ou grises tombant sous le genou!

Sur les vastes terrains qui séparent les groupes de tentes, on les voit s'entraîner au tir à l'arc et à toutes les formes de combat.

Si tout ce déploiement militaire impressionne fortement les Vénitiens, Edouard, quant à lui, est véritablement fasciné. Lui seul, qui a jadis appartenu à l'élite de la chevalerie chrétienne, mesure le degré de discipline auquel atteignent les Tartares. Avant-hier, il a vu défiler près de la caravane tout un corps d'armée, silencieux, dans un ordre impeccable, chaque bataillon groupé sous ses bannières derrière ses officiers... Au loin, c'est une armée entière qu'il lui a semblé voir manœuvrer...

Pas de soudards braillards... Nulle part le laisser-aller qu'il a connu dans bien des campements, quand un siège s'éternise ou qu'aucun combat n'est en perspective... Il fait une brève halte pour admirer un groupe d'archers à l'exercice. Quelle précision de tir! Et leurs arcs portent beaucoup plus loin que ceux des chrétiens ou des sarrasins!

Depuis la tente du général en chef que l'on distingue à présent nettement, des messagers vont et viennent.

Et pendant ce temps-là, paisibles, les femmes tissent, les enfants jouent...

Michele ressent une vive excitation. Ses renseignements sur la dimension du camp tartare, de l'exactitude desquels il était si convaincu qu'il a fait partager sa certitude à Domenico, étaient en vérité quelque peu erronés...

Le campement est plus vaste et plus peuplé que tout ce qu'il imaginait! Cette expédition sera – si Dieu le veut – le triomphe de sa vie!

Jusqu'ici, tout se passe au mieux. La rencontre à Soldaïa de Bartchouq et de ses hommes a aplani toutes les difficultés... Cela a coûté cher, très cher. Quelques-unes des marchandises que Michele convoie ne lui appartiennent déjà plus : il les a cédées au Ouïghour en paiement des bêtes de somme, des voitures, des caravaniers et des hommes de peine que celui-ci lui a procurés. Mais il s'attendait à pareilles dépenses.

En parvenant à l'isthme qui sépare la Gasarie de la plaine du Tanaïs, il retrouva Renato, arrivé la veille de Kerson avec son propre convoi. Le lendemain, au coucher du soleil, c'est Giancarlo qui, ayant traversé sans encombre le détroit reliant le Palus Méotide [1] à la mer de Pont, arrivait de Matrica avec la cargaison de la troisième taride. On ne pouvait être plus ponctuel!

Il y a des moments où Dieu est vénitien!

Lorsqu'en passant l'isthme Michele vit pour la première fois s'allonger à perte de vue les animaux, les hommes et les véhicules de sa caravane au complet, il s'est demandé si son imagination ne l'avait pas entraîné trop loin. Parviendrait-il à vendre pareille quantité de marchandises? Si l'expédition échouait, Domenico en ressentirait le coup, c'est certain, mais assurément il s'en remettrait vite. Pour lui, par contre, qui avait quasiment misé toute sa fortune – toute celle qui lui restait après le naufrage de la *Santa Catarina* –, l'échec signifierait la ruine.

Et la ruine, à Venise, est pire que la mort...

Il s'inquiétait au départ du temps qu'il lui faudrait pour arriver à destination. L'été s'achèverait bientôt et il savait que l'hiver tombait vite dans ces régions. Il aurait aimé être de retour sur la côte avant les frimas.

Or il se trouvait justement que Bartchouq avait lui-même hâte de retourner au camp. On se levait avant l'aube, on cheminait jusqu'au coucher du soleil, ne s'arrêtant que le temps nécessaire pour ne pas épuiser les bêtes. Michele ne pouvait rêver mieux.

Même si le prix était plus élevé, il a bien fait de refuser les bœufs et de faire atteler les chariots de chevaux. La marche s'en est trouvée accélérée.

1. La mer d'Azov.

L'escorte militaire de l'envoyé ouïghour garantissait au surplus les marchands contre toute surprise. Non qu'il restât dans la région le moindre pillard, mais on ne savait pas ce qu'aurait été l'attitude des premières troupes tartares que l'on aurait pu rencontrer...

Bien qu'il ne se départît jamais d'un air courtoisement supérieur que le Vénitien jugeait au début quelque peu irritant, Bartchouq s'avéra un compagnon de route utile et prévenant. Il était visiblement fort satisfait du bénéfice tiré de la vente des esclaves qu'on lui avait confiés, et la rencontre de Michele et des siens lui avait fourni opportunément une occasion supplémentaire de s'enrichir pour son compte en les aidant à pourvoir à leurs besoins de transport.

Tout au long du chemin, il ne s'est pas montré avare de commentaires et de détails sur la vie des Tartares.

Il enseigna par exemple aux Occidentaux quelques règles de savoir-vivre – si du moins l'on peut appeler ainsi ces habitudes païennes et barbares – qu'il était sage de respecter en leur compagnie, et dont, hormis Giancarlo, ils n'avaient pas la moindre idée. Ainsi, il leur recommanda de veiller à ne jamais heurter du pied le seuil d'une tente, car cela mécontentait le Ciel, au point qu'une telle maladresse pouvait être punie de mort.

Il leur apprit aussi qu'il convenait de ne laver les corps et les vêtements qu'avec une grande prudence. L'eau est sacrée. Au printemps et en été – la saison des orages –, il est formellement interdit de s'y baigner aussi longtemps qu'il fait jour. La loi est sans appel : dans ces moments-là, plonger dans l'eau pour se laver revient à la souiller volontairement, et le Ciel Éternel, dans sa colère, pourrait foudroyer les fautifs. C'est pourquoi les autorités terrestres jugent généralement plus expédient de les faire exécuter elles-mêmes. C'est pour la même raison que les femmes évitent de laver les vêtements, persuadées que le Ciel s'en irriterait, ajoutant que, si on les suspendait à l'air pour les faire sécher, cela provoquerait immanquablement du tonnerre.

L'Ouïghour, pour sa part, veillait chaque matin avec un certain soin à sa propre toilette. Le large sourire qu'il affichait en décrivant à ses interlocuteurs toutes ces superstitions disait assez qu'il ne leur accordait lui-même aucune créance, mais il fit clairement comprendre qu'il n'était pas utile de contrarier les Mongols pour ce qui n'était, après tout, que des vétilles. C'est ainsi, précisa-t-il, que leur coexistence avec les sarrasins est souvent délicate car la religion de ces derniers commande au contraire de multiplier les ablutions !

De fait, Michele, en observant les habitudes des cavaliers de l'escorte, n'avait pas eu de peine à remarquer qu'ils réduisaient celles-ci au plus strict minimum. Lorsque – exceptionnellement – ils éprouvaient le besoin de se laver la tête ou quelque autre partie du corps, ils emplissaient d'abord leur bouche d'eau et, la recrachant peu à peu dans leurs mains, en arrosaient ensuite l'objet de leurs soins...

Pourtant, bien que leur teint soit souvent d'un brun presque noir tant est épaisse la couche de crasse qui les imprègne, ils ne lui paraissent pas plus malpropres que n'importe quel soudard chrétien, à qui pourtant il arrive toujours tôt ou tard de se tremper dans l'eau. Ils n'ont même pas la forte odeur que l'on pourrait attendre, car ils vivent sans cesse au grand air, et la crasse est si incorporée à leur peau qu'elle ne semble en définitive rien d'autre qu'une vigoureuse patine...

Mais la compagnie de Bartchouq ne limite pas son intérêt à la connaissance des mœurs tartares et à la fourniture d'animaux de bât et d'une troupe d'escorte. Il est clair qu'il occupe des fonctions importantes auprès des chefs nomades, et il a promis à Michele de l'introduire sans tarder auprès du général Subötaï, dont on lui a confirmé en route qu'il venait de rentrer de campagne.

DAMAS
L'an 637 de l'hégire,
le quatrième jour du premier mois de Rebi [1]

Bien que l'on soit encore à plus d'une heure du coucher du soleil, Bab Kaysan, Bab Ismaïl et Bab as-Saghir sont déjà fermées. Devant Bab Sharki, la porte de l'Est, se presse la cohue de tous ceux qui veulent rentrer dans la cité avant que les massifs vantaux ne soient clos pour la nuit. Les piétons s'agglutinent autour des groupes de chameaux, de mules ou d'ânes lourdement chargés, attendant le passage, sous la surveillance des archers, qui, du haut des tours, promènent lentement leurs regards sur la foule. En bas, les gardes, l'œil aux aguets, filtrent les voyageurs à l'entrée du pont jeté sur le fossé.

Un petit groupe de cavaliers arrive au galop. Caravaniers et gens du peuple s'écartent sans mot dire. L'homme de tête, élégamment vêtu, sur un cheval alezan d'Arabie, apostrophe l'officier de service.

« Centenier Abbas! Que signifie tout cela? On vient de me dire en chemin que la ville était calme.

– Elle l'est, seigneur Hasan; depuis hier elle l'est. Mais il y a encore eu des incidents avant-hier, et al-Malik al-Salih Ismaïl craint que des partisans de l'ancien sultan ne cherchent encore à fomenter des troubles. »

Hasan ironise :

« La dernière fois que nous nous sommes rencontrés, tu gardais la grande porte du palais pour le compte d'al-Malik al-Salih Ayyoub, si je ne me trompe? »

L'officier rougit.

« Seigneur, j'obéis au sultan de Damas. Hier c'était al-Salih Ayyoub, aujourd'hui c'est al-Salih Ismaïl... Je n'ai pas à juger des affaires de famille des héritiers de Youssouf!

– Il est bien heureux le sultan qui a à son service des hommes d'une fidélité aussi inébranlable! Allons, ne fais pas cette tête-là, Abbas, tu vois bien que je plaisante! Laisse-nous passer, à présent! Tu ne nous soupçonnes pas d'être de ceux qui cherchent à fomenter des troubles? »

Les cavaliers passent au petit trot sous la porte fortifiée. Hasan ne sourit plus; sa mine est soucieuse. Lorsque avant-hier, à la nuit tombée, il a appris la nouvelle du coup de force, un mauvais pressentiment l'a presque aussitôt assailli.

---

1. 4 octobre 1239.

Dans les rues tortueuses la foule vaque à ses occupations comme si de rien 'était. C'est à peine si elle paraît voir les patrouilles de soldats qui déambulent un peu partout, l'œil aux aguets.

Depuis la mort du sultan al-Kamil, la Syrie est en proie aux convulsions. Al-Malik al-Adil, son successeur sur le trône d'Égypte, ses neveux et cousins, aussi bien que les princes des diverses dynasties locales se disputent le pouvoir. Princes d'al-Qahirah, de Dimashk al-Sham, d'Alep, de Kerak, de Sinjar, de Hama, de Baalbek ou de Homs semblent n'avoir d'autre occupation que de nouer et renouer les fils entremêlés de complots incessants. Leurs armées, renforcées de mercenaires, ravagent le pays. Al-Salih Ayyoub, en particulier, frère aîné d'al-Adil, est furieux d'avoir été dépossédé du trône d'al-Qahirah sous la pression des troupes égyptiennes.

Il s'est vengé à l'automne dernier en prenant le contrôle d'al-Sham. Mais cela ne l'a pas contenté, et il a récemment entrepris de quitter sa nouvelle capitale pour marcher sur l'Égypte. Mal lui en a pris. À peine était-il parti que son oncle al-Salih Ismaïl, relégué deux ans plus tôt à Baalbek par al-Kamil, s'est emparé par surprise de la ville avec l'aide de son allié al-Mudjahid de Homs. Le jeune al-Mughith Umar, qui représentait dans la cité son père al-Salih Ayyoub, n'a rien pu empêcher.

C'était le 29 Safar [1], il y a quatre jours de cela.

Et, comme si cette anarchie ne suffisait pas, la trêve de dix ans jadis conclue entre le sultan al-Kamil et l'Empereur Frédéric étant désormais expirée, l'armée franque du comte Thibaut de Champagne, roi de Navarre, a débarqué à Acre le 30 Moharrem [2], avec le duc de Bourgogne, les comtes de Bretagne, de Soissons et de Bar, le connétable de France Amaury de Montfort et d'autres grands seigneurs chrétiens.

N'éprouvant aucune envie de se mêler des querelles de succession des princes Ayyoubides, qui l'écœureraient plutôt, Hasan s'emploie à préserver ses intérêts dans toute cette confusion. Depuis qu'il est revenu, à l'automne dernier, de sa dernière ambassade en Occident, il a personnellement visité ses principaux domaines, en dépit de l'insécurité des routes, pour prendre les mesures nécessaires à leur protection. Il s'est pourtant efforcé de réduire au minimum la durée de ses déplacements, car il ne supporte guère de demeurer longtemps loin de Zéliha.

Il a accepté de servir al-Kamil; il a accepté de répondre à la requête du Sheikh el-Djebel. C'est assez à présent. Pendant la dizaine de mois qu'a duré son absence, Zéliha, comme le doit une bonne épouse, a patiemment attendu son retour d'Europe. Pourtant, lorsque, les bras chargés des cadeaux qu'il avait rassemblés pour elle, il s'est précipité dans son appartement, il l'a trouvée heureuse de le revoir, sans doute – très heureuse –, mais quelque chose en elle paraissait avoir changé. La Zéliha qu'il avait quittée, celle dont il rêvait, était vive, enjouée et pleine de gaieté. Or, malgré ses sourires, malgré les chants dont à nouveau elle le charmait, malgré l'ardeur de leurs étreintes, il lui sembla découvrir dans celle qu'il retrouvait une mélancolie qu'il ne lui avait jamais connue.

---

1. 30 septembre.
2. 1er septembre.

Oh, ce n'était qu'une impression... Juste une impression. Hasan savait que durant ces longs mois sa jeune épouse s'était ennuyée, malgré les attentions de la bonne Zaïnab. Les troubles qui se généralisaient dans toute la Syrie au lendemain de la mort d'al-Kamil l'avaient même empêchée d'aller passer l'été en dehors de la ville comme elle l'avait d'abord envisagé.

Au cours de son voyage en France et en Italie, il a souvent songé à cette scène subite qui l'avait opposé à Zéliha à la veille de son départ. Parfois, il se reprochait l'obstination qu'il avait mise à refuser de l'emmener. En quoi, après tout, son ambassade aurait-elle été contrariée? Puis il se disait que ce n'aurait pas été possible, que sa place n'était pas là...

Ce souvenir, en tout cas, empoisonnait ses pensées.

Il s'est juré alors qu'il accomplissait là son dernier voyage lointain – le dernier en tout cas qu'il ferait sans la femme qu'il aimait. Ce serment, il l'a répété à Zéliha sitôt qu'il fut rentré, dès leur premier soir d'amour.

Peu de temps après, Zaïnab, qui compensait un certain manque de finesse par un sûr instinct des sentiments des êtres, vint confirmer ce qu'il ressentait confusément.

« Hasan, tu es parti trop longtemps. Elle n'est plus heureuse. »

Il peste contre cette anarchie qui l'oblige à de fréquents déplacements mais lui interdit d'emmener sa femme. Une fois ils sont partis ensemble. Ils faillirent bien ce jour-là avoir sérieusement maille à partir avec une bande de pillards. Depuis, il a dû se résoudre à laisser Zéliha en sécurité derrière les remparts d'al-Sham et les murs de sa demeure.

Et cette fois-ci justement, alors qu'à nouveau il lui avait fallu s'absenter de la ville, c'était justement à al-Sham qu'il y avait eu danger.

Hasan, suivi de sa petite troupe, se hâte autant que le permet la presse dans les rues. Il lui faut retrouver sans plus attendre les bras de sa bien-aimée.

Et maudits soient les Ayyoubides, leurs jalousies et leurs complots!

Moins de monde... On est sorti des souks et des rues principales. Dans le jour qui décline on progresse à l'ombre des hauts murs de riches maisons dont les moucharabiehs ciselés et colorés rompent l'austère monotonie.

Ô Dieu!

Sur l'aile droite de sa demeure, au premier étage, le moucharabieh jadis bleu est entièrement noirci. Noirci aussi le mur. L'appartement des femmes a donc brûlé? L'appartement de Zaïnab? L'appartement de Zéliha?

Sautant de son cheval, Hasan frappe avec force le battant de la porte. Un petit guichet s'ouvre précautionneusement.

« Maître! Maître! »

Cliquetis de serrures...

Le vieux portier se jette à ses pieds.

« Oh, maître! Tu es revenu! Allah soit loué! Oh, maître, quel malheur! Quel malheur!

– Khaled, que se passe-t-il?

– Dieu nous a frappés! Que Lui avions-nous fait? Oh, quel malheur! Quel malheur! »

Hasan, fou d'inquiétude, comprend qu'il ne tirera pas grand-chose des jérémiades du vieillard.

Des cris dans la maison :

« Le maître est revenu ! Le maître est revenu ! »

Serviteurs et servantes se rassemblent aussitôt dans la cour, la mine longue. Il en manque à l'appel. Certains semblent porter des traces de coups. L'un a la tête bandée ; une femme porte un bras attaché en écharpe.

Halima, la vieille femme grande et mince qui dirige le personnel de la maison, s'agenouille devant son maître. Sa pommette gauche est tuméfiée.

« Maître, Sofyane t'a dit ce qui s'est passé ?

– Sofyane ? Non. Où est-il ?

– Il est parti te chercher hier à l'aube. Tu ne l'a pas vu ?

– Non. J'ai moi-même quitté es-Soueida hier matin quand j'ai appris les événements. »

Hasan saisit avec brusquerie la vieille servante aux épaules.

« Parle, Halima, parle. Que se passe-t-il, à la fin ?

– Maître, c'était il y a quatre jours. Al-Salih Ismaïl venait de rentrer dans la ville... »

C'était il y a quatre jours. Au loin, la ville bruissait de rumeurs guerrières. Ici le quartier avait le calme du désert : chacun se terrait chez soi en attendant la conclusion de l'affaire. Un tumulte se fit soudain entendre. Cris de guerre, cliquetis d'armes qui se rapprochaient. Une galopade dans la rue... Un piétinement de chevaux... Frappant lourdement le marteau sculpté de la porte, les coups d'un poing ferré en firent trembler les vantaux. C'était un officier d'al-Salih Ayyoub, en tenue de combat, qui exigeait l'entrée. Le vieux portier déverrouilla la porte en tremblant. En un éclair, à la suite de l'officier qui écarta violemment le vieillard en le jetant à terre, un groupe de guerriers s'y engouffra en vociférant, tirant avec lui ses chevaux qui emplirent toute la cour. Leur chef fit barricader de nouveau la porte. Ils semblaient chercher là un refuge contre des poursuivants.

« Que se passe-t-il ? »

À la fenêtre résonna la voix de Zaïnab, la voix aiguë qu'elle prenait lorsqu'elle était en colère ou lorsqu'elle avait peur.

« Silence ! » commanda l'officier, intimant le même ordre à ses hommes. Et avec la moitié d'entre eux, équipés d'arcs et d'épées, il pénétra dans la maison.

Zaïnab avait raison d'avoir peur.

C'étaient les Khwarezmiens !

En l'an 618 de l'hégire [1], Gengis Khan, empereur des Mongols – que son nom soit maudit ! – parvint à la frontière orientale de l'Empire de Khwarezm qu'il venait de détruire. Tandis que shah Muhammad, son père, s'en allait mourir misérablement dans un îlot de la mer Caspienne, le prince Djélal ed-Din, qu'on appelait Manguberti – « Donné par Dieu » –, s'était efforcé de rassembler les restes des armées khwarezmiennes pour opposer à l'envahisseur une dernière résistance. Il avait combattu en héros et Gengis Khan en personne avait dû venir l'affronter, le poursuivant jusqu'à l'Indus. Alors, au terme d'un combat farouche et désespéré, sous les yeux du Conquérant, le prince, brandissant haut son étendard, s'était jeté tout armé, avec son cheval de guerre, du haut de

1. 1221.

l'escarpement qui dominait le fleuve. On le crut perdu. Il resurgit soudain dans les flots, nageant vers l'autre rive, où se trouvaient les Indes.

Devant ce miracle, Gengis Khan fit cesser le tir de ses archers.

Et, regardant s'éloigner son ennemi, l'empereur des barbares s'écria :

« Il a dû être heureux, le père d'un pareil fils! »

Les Mongols n'étaient pas assez nombreux pour occuper tout de suite un empire aussi vaste que le Khwarezm. Djélal ed-Din revint. Il ne pouvait espérer recouvrer le cœur de son royaume – Samarkand ou Boukhara étaient solidement tenus par l'ennemi –, mais il parvint à rétablir son autorité sur la Perse et l'Azerbaïdjan, où ne demeurait aucune troupe mongole. Il réorganisa son armée, entraînant ses guerriers à être aussi vaillants – et aussi cruels – que leurs adversaires. Ses soldats le vénéraient et, pour lui, se seraient fait hacher vifs. Mais Shah Djélal ed-Din était meilleur général qu'il n'était homme d'État. Comme s'il n'avait pas déjà un ennemi suffisamment redoutable, il entra en conflit avec tous ses voisins, finit par affronter les Turcs seldjoukides et fut battu par eux.

Dans le même temps, Ögödäi, nouvel Empereur des Mongols, avait décidé de mettre fin une fois pour toutes à l'indépendance de ce qui subsistait de l'empire de Khwarezm. Le général Tchormaghan avait marché vers le sud avec trois tümens impériaux.

Les Mongols balayèrent la résistance du shah.

Il se replia sur Tabriz, puis, toujours plus à l'ouest, dans les montagnes du Diyarbékir.

Ce fut la fin.

Il tomba mystérieusement, à peine moins misérablement que son père, sous le poignard d'un Kurde.

Certains rappelèrent alors qu'il s'était aussi fait un ennemi de l'Imam d'Alamout...

Le dernier shah de Khwarezm ne laissait personne qui pût lui succéder.

Ses soldats reculèrent, pillèrent, se dispersèrent en bandes...

Les princes turcs ou syriens se dirent que de pareils guerriers leur rendraient bien service dans les querelles qui les opposaient sans cesse.

Ainsi les Khwarezmiens, qui n'avaient plus de maître, devinrent des mercenaires. Sans loi..., sans doute aussi sans foi...

En Perse, face aux Mongols, ils étaient les défenseurs de la civilisation.

Ici, en Syrie ou en Mésopotamie, ils semblent l'avant-garde de la barbarie.

Au pays de Roum, le grand vizir fit un jour emprisonner un de leurs émirs. Aussitôt, les bandes que le sultan seldjoukide avait prises à sa solde se révoltèrent, ravageant sur leur chemin villes et campagnes. En Syrie, al-Salih Ayyoub – entre autres – les prit à son service, leur donnant en paiement, à l'est de l'Euphrate, une province entière, tout le Diyar Mudar, entre la région d'Alep et celle de Djéziré.

Et, de ce repaire échappant désormais à tout contrôle, les mercenaires terrorisent la Syrie.

Au palais de Damas, al-Salih Ayyoub avait en quittant la ville laissé en garnison quelques troupes khwarezmiennes. Al-Salih Ismaïl dut les disperser.

Ce sont quinze ou vingt des leurs qui ont pénétré, quatre jours plus tôt, dans la demeure de Hasan...

Le récit est confus. Tout se passa très vite. Les Khwarezmiens, occupant les étages, se mirent en position de défendre la maison. Ils firent sauter la porte de l'appartement des femmes. Malgré le danger, quelques-uns entreprirent d'assouvir aussitôt sur les plus jeunes servantes leur désir animal. L'officier se jeta sur Zéliha. Zaïnab, en invoquant Allah, tenta de s'interposer... Le temps pour l'officier de lui trancher la gorge.

D'autres cavaliers survinrent. Ils n'avaient pas meilleure mine que ceux qui venaient d'entrer. On crut dans le tumulte que les deux groupes allaient s'affronter. Ils s'interpellaient grossièrement. Puis leurs chefs se parlèrent – en turc – et parurent vite s'entendre. Les derniers venus s'éloignèrent. Les autres sortirent de la maison, remontèrent à cheval et disparurent.

Dans leur fuite, ils emmenaient, ligotée et bâillonnée, jetée en travers de la monture de l'officier, qui se la réservait sans doute pour un meilleur moment, l'infortunée Zéliha...

Des fumées s'élevèrent de l'appartement des femmes, où les lampes renversées avaient incendié les tentures. Les plus énergiques des serviteurs continrent avec peine les flammes qui menaçaient d'embraser toute l'aile.

Puis le calme revint.

Le calme de la désolation, le calme de la mort...

Halima demanda à Sofyane, qui était bon cavalier, de prévenir le maître. Mais le messager ne put franchir les portes. Deux jours durant, il fut interdit de sortir de la ville. Sofyane n'est parti qu'hier. Il a manqué Hasan.

Celui-ci monte dans l'appartement dévasté. Dans la seule pièce intacte repose sur un lit, à la lueur des lampes que l'on vient d'allumer, le corps de Zaïnab. Les serviteurs l'ont habillée de blanc, ont enserré d'un voile la blessure de sa gorge. Ses traits sont boursouflés. Sa main droite est brûlée. En dépit des parfums dont on l'a aspergée, une odeur douceâtre, légèrement écœurante, se dégage de son corps trop gras...

Hasan reste muet. Des pensées en désordre assaillent son esprit.

Zaïnab, sa bonne Zaïnab, morte en voulant défendre Zéliha... Elle que terrorisait la plus petite souris!

Zéliha, Zéliha... Ton regard, ton sourire...

Halima, tête baissée, respecte le désarroi qu'elle a lu dans les yeux de son maître. Soudain celui-ci exige d'une voix tranchante :

« Il faut la porter en terre demain!

– Tout est prêt, maître. Je voulais seulement attendre ton retour. »

Hasan dévale l'escalier plus qu'il ne le descend.

À Ghanem, qui vient de l'accompagner dans sa chevauchée, il commande : « Au palais! »

Au palais, al-Salih Ismaïl est ennuyé par l'incident, qui vient troubler son souper. Il a des soucis plus pressants que de consoler les peines d'amour d'un notable, mais il redoute les liens que Hasan pourrait entretenir avec le Sheikh el-Djebel. Ces liens, au vrai, il n'en connaît pas la nature; il sait seulement qu'ils existent. Il sait aussi que les Haschischiyyin sont loin d'être aussi sanguinaires que l'affirme leur légende, mais, dans les troubles du moment, il ne souhaite pour rien au monde risquer de leur donner le moindre motif de contrariété.

Hasan n'a pas eu de mal à obtenir audience. Il connaît assez de monde à Damas pour avoir des relations parmi les proches partisans du nouveau sultan. Celui-ci, d'ailleurs, n'est pas un inconnu. Ne régnait-il pas déjà sur la ville lorsque son frère al-Kamil vint l'en déloger il y a près de deux ans?

Al-Salih Ismaïl assure Hasan de sa compassion, vouant aux gémonies son neveu al-Salih Ayyoub, assez dénaturé pour oser prendre à sa solde ces barbares khwarezmiens – comme si lui-même se montrait regardant dans le choix de ses mercenaires!

Pour se dédouaner, il lui propose de prendre à sa charge sur sa cassette – il devrait dire sur celle qu'il vient de trouver dans les appartements de son neveu – la réparation de sa maison. Hasan refuse. Là n'est pas la question. Où sont les Khwarezmiens?

Le Sultan soupire. Il y a eu beaucoup de mouvements de troupes ces derniers jours. Il a proposé aux soldats de la garnison de passer à son service. La plupart ont accepté, d'autres non. Il a permis à ces derniers de quitter la ville. Parmi eux quelques Khwarezmiens, justement. Ils ont dû partir vers le nord.

Oui, c'est cela, vers le nord...

Al-Salih Ismaïl agite mollement la main vers la fenêtre. Il va faire ordonner des recherches. On saura tout ce que l'on peut savoir. Par Allah – que Son nom soit glorifié! –, cela est un serment! En attendant, hélas, les soucis du gouvernement appellent son attention. Que Hasan se retire donc en confiance! En attendant le résultat de l'enquête, le sultan joindra ses prières aux siennes pour le salut de son épouse bien-aimée!

Hasan le salue froidement. Il a compris qu'il n'a rien à en attendre. C'est lui seul qui devra retrouver la trace des mercenaires. Lui seul! Mais comment?

C'est en proie aux plus sombres pensées qu'il sort de la citadelle au moment où l'on ferme ses portes pour la nuit.

« Seigneur Hasan! Seigneur Hasan ar-Rashid! »

Quelle est cette voix qui l'interpelle dans l'ombre? Il lui semble la connaître. Un homme s'approche, accompagné d'un porteur de torche qui éclaire ses pas.

« Seigneur Hasan! Enfin je vous retrouve.

– Mahmoud, que fais-tu là? »

C'est Mahmoud de Sinope, le Grec converti qui l'a accompagné en ambassade en Europe pour y représenter le sultan de Roum. Il lui semble qu'il a encore engraissé. Sa voix est toujours aussi mielleuse et sa moustache aussi soignée.

« Je suis arrivé en ville hier matin, lorsque le sultan a autorisé les voyageurs à entrer. Je me suis rendu chez vous. On ne vous l'a pas dit? Ah, ils n'ont pas eu le temps, ils étaient trop bouleversés... Je viens d'y repasser à l'instant. J'espérais votre retour. Ah, seigneur, il faut que je vous parle! Si j'avais su! Si j'avais su! »

Il y a quatre jours, en fin d'après-midi, alors qu'il chevauchait vers Damas avec seulement cinq hommes d'escorte, Mahmoud a croisé une troupe de Khwarezmiens remontant vers le nord. Il s'effraya d'une pareille rencontre, que l'on jugeait généralement mauvaise sur les routes de Syrie. Mais Dieu – exaltée soit Sa miséricorde! – lui fut favorable. Mahmoud reconnut l'officier qui les commandait : il avait autrefois servi au pays de Roum et répondait au nom d'Osman.

Le mercenaire apprit au Grec les événements d'al-Sham. Où Osman allait-il à présent avec ses hommes? Il n'avait pas encore fait de projets précis, se proposant seulement de rejoindre dans le Diyar Mudar l'émir Timour, dit l'Épervier, un des chefs khwarezmiens.

Timour l'Épervier? Mais il venait de reprendre du service pour le sultan de Roum!

Vous qui savez que les Khwarezmiens ont quitté le pays de Roum en ravageant ses terres, ne vous étonnez pas! Ces bandits ont leurs propres querelles de famille. S'il était des leurs, l'émir de Sivas, que le grand vizir a fait emprisonner, n'avait pas lui-même que des amis parmi eux. Il reste encore quelques Khwarezmiens qui ne sont pas si brouillés que cela avec le sultan de Roum... Et l'émir Timour est du nombre.

Mahmoud saisit l'occasion pour expliquer à l'officier que le sultan et le grand vizir renforçaient leurs armées pour faire face non seulement à la menace mongole, mais aussi à celle que faisait courir à leur pays une bande de fanatiques qui s'activaient à soulever le peuple.

Il l'encouragea vivement à rejoindre sans délai Timour, qui avait peut-être déjà quitté le Diyar Mudar, et à se mettre avec lui au service des Seldjoukides.

Osman paraissait tenté. Pour achever de le convaincre, Mahmoud lui représenta que le sultan paierait bien et le gratifia même d'un acompte. Il lui donna toutes les instructions nécessaires pour pénétrer au pays de Roum. Sur le bord même de la route, il rédigea en persan, à la demande du mercenaire, un sauf-conduit à l'intention des gardes-frontières et des autorités, le marquant d'un sceau qu'il portait avec lui.

Il n'avait pas échappé à Mahmoud que les Khwarezmiens emmenaient avec eux, liée sur un cheval, une prisonnière, mais, ayant appris à ne pas se mêler de leurs affaires plus que ne l'exigeait son propre intérêt ou celui de ses maîtres, il ne fit aucune remarque et ne posa aucune question.

Nantis du sauf-conduit, Osman et ses hommes reprirent leur chevauchée vers le nord... Vers le pays de Roum...

Lorsqu'il put enfin pénétrer dans la ville et se rendre chez Hasan, Mahmoud apprit le drame qui venait d'arriver. Quelques questions posées sur l'aspect de l'officier, sur le vêtement de Zéliha, le convainquirent alors que la femme voilée qu'il avait aperçue, attachée, parmi les mercenaires, n'était autre que l'épouse de Hasan, cette épouse dont il l'avait tant de fois entendu parler au cours de leur voyage d'Europe, cette épouse qu'il aimait tant!

Ah, quel malheur! Quel malheur!

Dire qu'il avait tenu son sort entre ses mains et ne l'avait pas su! Nul doute que, poursuivant sa négociation avec Osman, il eût obtenu sa liberté! Il transportait avec lui largement de quoi la racheter!

Et voilà qu'ignorant tout il l'avait laissée s'en aller vers le nord avec ses ravisseurs!

Ah, quel malheur! Quel malheur!

Hasan s'irrite en lui-même des bruyantes lamentations du Grec, ponctuées d'invocations grandiloquentes à un Dieu et à un Prophète à la parole desquels il ne s'est converti que par simple intérêt. Mais il s'oblige à lui faire bonne figure, car, à l'instant même où il allait désespérer, Mahmoud lui apporte l'espoir.

Zéliha est vivante ! On connaît le nom de son ravisseur ! On sait dans quelle direction il s'est dirigé !

Mais que vient faire Mahmoud à Damas ? Pourquoi cherchait-il Hasan ?

À la lumière des torchères du petit salon où l'on a servi boissons et pâtisseries, le Grec explique à son hôte l'objet de sa venue. C'est Sadeddin Köpek en personne, le grand vizir de Roum, qui l'a envoyé jusqu'ici pour l'aider à remplir une mission de paix.

Oui, une mission de paix ! Oh, Mahmoud sait bien que ses ennemis ont fait au vizir une mauvaise réputation, mais, comme il l'a assuré autrefois à Hasan, on l'a beaucoup calomnié ! C'est un homme dur et sévère, assurément, mais Hasan doit être sûr qu'il sert son sultan avec talent et dévouement... Et qu'il veut préserver la paix et la tranquillité des peuples qu'il gouverne ! On ne voit que trop ici, en Syrie, à quels malheurs conduisent les luttes fratricides ! Or, si l'on n'y porte pas remède, il se prépare de graves événements en Anatolie...

Là-bas, en effet, près de Samosate, un sheikh chiite fanatique, du nom de Baba Ishak, attise par ses prédications et celles de ses pairs ou de ses affidés le mécontentement des Turcomans. Depuis toute la région au sud-est du Taurus jusqu'à celle d'Amasya, la révolte gronde. Ces derniers mois, les émirs du sultan ont déjà dû mater quelques soulèvements sporadiques.

Les Turcomans ne sont autres que les nomades turcs d'Asie centrale à la tête desquels les Seldjoukides ont jadis conquis, après la Perse, l'Anatolie byzantine et bâti leur empire militaire. Mais les sultans, leur cour et leurs émirs, oublieux de ce passé nomade, se sont peu à peu laissé séduire par la civilisation persane, s'intéressant plus aux artisans et aux marchands des villes qu'aux rudes bergers des plateaux anatoliens qui perpétuaient dans les campagnes la simple vie de leurs ancêtres.

À ces descendants des vieilles bandes turques, qui ne se sentent plus grand-chose de commun avec leurs anciens maîtres, s'ajoutent depuis plusieurs années, poussés par les Mongols de Tchormaghan, de nouveaux groupes de Turcomans venus du Khwarezm et des steppes asiatiques pour trouver refuge en Anatolie. Leurs conditions d'existence sont par force précaires, et ils sont mécontents.

Dans leurs élégants palais, les gouvernants seldjoukides se montrent fort encombrés de ces nouveaux arrivants, en qui ils n'avaient d'abord vu qu'une source d'impôts et un réservoir de soldats qu'ils pouvaient exploiter sans grand ménagement.

Et voici qu'un baba, un de ces nombreux prédicateurs errants qui parcourent les campagnes et que méprisent les docteurs des medersas citadines, annonce aux Turcomans, au nom de Dieu, la venue d'un âge nouveau et les appelle à la révolte !

Hasan, souligne Mahmoud, s'est déjà rendu dans le passé jusqu'au pays de Roum ; il sait donc combien ces hommes sont difficiles à diriger, combien ils sont frustes et prompts à ajouter foi aux superstitions les plus folles. Or, rappelle-t-il, on voit accourir de l'est, fuyant les Mongols, une foule de sheikhs ou de derviches tous plus illuminés les uns que les autres !

Dans leur capitale de Konya, le sultan et le vizir désespèrent de maintenir la paix par le seul moyen de l'intimidation. De toutes les citadelles situées en pays turcoman, les émirs envoient des dépêches alarmantes, sollicitant au plus tôt des renforts.

Mais le grand vizir, répète à nouveau Mahmoud, est un homme de paix, quoi qu'on dise de lui. Plutôt que de jeter la redoutable cavalerie seldjoukide sur des paysans abusés par un imposteur, il préfère négocier pendant qu'il est encore temps. Baba Ishak est bien sûr un faux prophète, mais on le dit sincère. S'il se croit vraiment homme de Dieu, comment pourrait-il refuser la paix ? Comment pourrait-il refuser une main qu'on lui tendrait et préférer la mort de milliers d'innocents, avec leurs femmes et leurs enfants ?

Hélas, un tel homme refuse par principe de recevoir les envoyés de la Cour de Konya, qu'il juge tous sans nuances impies et corrompus. Il faut lui déléguer un homme étranger à la Cour dont il ne pourra mettre en doute ni la droiture de l'esprit, ni l'honnêteté des intentions.

Mais il faut aussi lui envoyer un ambassadeur capable de tenir un discours que dans son zèle il pourra entendre ! Or au pays de Roum tous les gens respectables suivent scrupuleusement l'enseignement de la sunna et cela suffirait à disqualifier leurs propos aux yeux d'un prédicateur chiite !

Voilà donc pourquoi le vizir, ayant pu apprécier à travers son ambassade en Europe les qualités de Hasan, a décidé de faire appel à lui, espérant qu'un homme que l'on sait proche des ismaéliens, secte à laquelle le rebelle pourrait bien être affilié, saura mieux qu'un autre trouver des mots propres à convaincre celui-ci de conclure la paix.

Hasan a longtemps laissé parler Mahmoud, sans mot dire. Seul un triste sourire traversait son visage lorsqu'il entendait vanter les vertus d'homme de paix de Sadeddin Köpek. Il sait bien pourquoi le vizir le fait chercher. Ce n'est pas par amour de la paix. C'est parce qu'il sent que la situation lui échappe, parce qu'il n'a pas confiance dans la capacité de ses troupes à réprimer la révolte. Hasan devine un certain affolement derrière la description que lui a faite le Grec, en termes pourtant choisis. Le grand vizir fait feu de tout bois...

Peu lui importent les déboires de ce ministre cruel et de son sultan fratricide. Ce n'est pas plus pour eux que pour tout l'or du monde qu'il aurait violé le serment fait à Zéliha de ne plus partir seul en un pays lointain !

Mais Zéliha est en route pour le pays de Roum...

« Je sais à quoi vous pensez, seigneur. Qu'iriez-vous faire en Anatolie alors que tant de cruels malheurs viennent de s'abattre sur vous ? Mais, voyez-vous, seigneur Hasan, dans les églises où je priais avant d'entendre le Message du Prophète, dans les mosquées où je prie à présent, on m'a toujours enseigné que rien n'arrivait en ce monde que Dieu n'eût voulu. En vérité, ne vous a-t-Il pas adressé un signe ? Si je n'ai pu, ignorant que j'étais – ah, quel malheur ! Quel malheur ! –, libérer votre bien-aimée, du moins ai-je convaincu ses ravisseurs d'aller se mettre au service de mon sultan ! Il sera aisé au grand vizir mon maître de la retrouver et de la libérer, sitôt que je lui aurai tout raconté...

Suivez-moi au pays de Roum, seigneur, pour qu'ensemble nous sauvions celle que vous aimez, et pour que, grâce à Dieu – béni soit Son nom ! –, vous aidiez à sauver la paix de tout un peuple ! »

LE GÉNÉRAL
L'an du Seigneur 1239, le mercredi 5 octobre, fête de saint Placide et de ses compagnons

Flanqués de l'Ouïghour Bartchouq et de son truchement, les Vénitiens et l'Anglais sont accroupis sur les tapis de la vaste tente.

Devant eux, un homme massif aux longues moustaches tombantes, ses cheveux gris pendant sur ses épaules en nattes torsadées, est assis sur un trône comme on en voit dans les églises grecques. Sans doute est-ce le fruit d'un pillage au pays de Rous. Son visage buriné, creusé de profonds sillons, sévère, les scrute, impassible.

Il daigne considérer les présents que Michele a fait déposer à ses pieds. L'examen semble le satisfaire.

Un geste, et un serviteur accourt avec des coupes posées sur un plateau. On les fait circuler.

L'homme se tourne vers l'interprète.

« Je sais que vous autres, d'Occident, n'appréciez guère notre qoumiz, mais je crois que vous apprécierez ce vin, que ne renierait pas le Qaghan lui-même. »

Subötaï lève sa coupe, la porte à ses lèvres. Les assistants l'imitent.

Son visage soudain se détend. Son sourire est presque chaleureux.

« Ah, mes amis! Mes amis vénitiens! Quelle bonne idée d'être venus jusqu'ici apporter toutes ces bonnes marchandises! On manque de tant de choses dans une armée en campagne! »

Les marchands se disent que le camp des Tartares évoque plus une gigantesque ville de garnison qu'un campement de fortune. Au surplus, jetant un regard circulaire dans la yourte du général, ils n'y ressentent guère l'effet des privations. Certes, c'est celle d'un militaire; on n'y trouve pas les mêmes raffinements que chez Bartchouq : peu de belles étoffes, de vaisselle précieuse... Des armes, surtout.

Mais quelles armes!

Tout autour de la tente, dressées sur des piquets, plusieurs armures complètes aux cottes de mailles rehaussées d'or, des casques précieux ornés de bas-reliefs et d'incrustations... Un prince russe ou couman est-il mort dans chacune de ces armures?

Des boucliers ouvragés, des épées à la garde enrichie de pierreries...

« Et qui vous envoie jusqu'ici, mes amis?

– Je suis venu de moi-même, seigneur. Mon nom est Michele Cavalli, et je suis neveu de feu Andrea Cavalli qui avait eu l'insigne honneur de rencontrer jadis Votre Seigneurie. Mon oncle, mon père, et plus récemment moi-même avons depuis ce temps envoyé quelquefois aux glorieux Tartares que vous commandez une petite caravane de marchandises d'Occident. Mais j'ai appris cette fois que vous étiez revenu en personne, et...

– Quelle surprise! Et quel plaisir de recevoir le neveu d'un aussi précieux ami! Ainsi, je vois que toi aussi, Michele, tu es tout comme lui un ami des Mongols! Comme j'en suis heureux!

« Le prince Batou, que je sers, est en campagne au Nord. Mais d'autres princes viennent d'arriver au camp et, dans les jours qui viennent, vous pourrez à loisir leur présenter vos plus précieuses marchandises. D'ici là, mes hommes et moi verrons si nous pouvons nous permettre d'acquérir auprès de vous quelques produits de première nécessité. Mais auparavant... »

Le général est tout sourire.

« Je vais convier mes amis à souper ! J'ai trop hâte de savoir quelles bonnes nouvelles ils m'apportent. »

Le soir tombe. La conversation roule sur les royaumes d'Occident. Le général, qui parle turc pour être entendu de l'interprète, paraît bien informé à leur sujet. Sur la Pologne et la Hongrie, sans même parler de la Russie ou de la Ruthénie, il en sait manifestement plus long que ses convives.

On parle du roi de France et de ses nombreux vassaux.

On parle du roi d'Angleterre, dont la possession de plusieurs fiefs en France est une perpétuelle pomme de discorde entre les deux royaumes.

On parle des chevaliers Teutoniques et de leur lutte contre les Prussiens et les Lituaniens.

On parle du roi de Castille, occupé à combattre les sarrasins...

Bref, on parle en général de ce que tout le monde connaît.

Subötaï paraît s'intéresser particulièrement au conflit entre le Pape et l'Empereur. Comment est-ce arrivé ? Se bat-on ? Où cela ?

Michele, soudain, parlant de Frédéric II, évoque par erreur l'impératrice Yolande de Brienne.

« Mais l'impératrice Yolande est morte il y a plus de dix ans, s'étonne Subötaï, l'Empereur Frédéric a à présent pour épouse la princesse Isabelle, sœur du roi Henry d'Angleterre !

– Sans doute ! Ai-je dit Yolande ? Pardonnez-moi, seigneur, ma langue m'a trompé.

– Du moment qu'elle ne me trompe pas moi... », dit le général avec un sourire féroce.

Le regard de Michele croise celui de Renato. Ils semblent partager la même pensée. Impressionnés hier par l'immensité de la horde – puisque c'est ainsi, leur a appris Bartchouq, que l'on nomme ce camp –, ils s'y sont aujourd'hui quelque peu habitués et se sont même ce soir tout à fait détendus devant la cordialité de l'accueil qu'on leur fait, une cordialité qu'ils n'osaient espérer... Même s'ils n'apprécient que médiocrement les queues de mouton gras dont on semble se faire un point d'honneur de les régaler !

Mais la réplique du général et le sourire qui l'a ponctuée ont brutalement rappelé aux marchands une remarque que fit Edouard au souper de la veille.

« Messires, j'ai vu dans ma vie bien des soldats et bien des chevaliers. Ces Tartares, croyez-m'en, sont bien autre chose que de vulgaires pillards de la steppe ! »

Sentant ses hôtes tout à coup mal à l'aise, Subötaï reprend :

« Ah, c'est une bien triste chose quand le souverain et le grand-prêtre ne s'entendent plus. Ainsi, chez nous, le béki Köktchü, qui était très savant et parlait aux esprits, a fini par oublier que, sur cette terre, c'était à mon seigneur Gengis Khan que l'Éternel Ciel Bleu avait donné le commandement des hommes, et mon seigneur Gengis Khan, qui pourtant avait pour lui une grande vénération, se trouva alors obligé de laisser le prince Tèmudjè son frère lui briser les vertèbres. »

Malgré les précisions dont le général détaille aussitôt l'anecdote – ou peut-être à cause d'elles – celle-ci ne suffit pas à dérider entièrement les quatre Occidentaux. Michele juge alors politique de demander à Subötaï de lui parler du grand Gengis Khan. Le général en paraît ravi. Lui qui s'est au début du repas surtout contenté d'interroger, il se met à évoquer avec emphase – il est vrai qu'il a déjà bu une quantité d'alcool qui commence à étonner Michele – la gloire du Khan défunt. Il chante ensuite celle du Qaghan Ögödäi, son fils et successeur.

C'est long, quoique instructif. Les Vénitiens n'apprécient qu'à moitié l'insistance mise par leur interlocuteur à répéter que le Ciel a donné au Qaghan le commandement du monde et l'autorité sur tous les peuples de la terre. Néanmoins, ils veillent à hocher respectueusement la tête à chacune de ses affirmations...

Achevant son long monologue, le général daigne répondre à leurs questions, avant de revenir subitement sur la querelle entre le Sacerdoce et l'Empire. De quelles forces disposent les deux camps ? Combien de temps cela va-t-il durer ? Qui sera le vainqueur ? Que pensent enfin ses hôtes de tout cela ?

Les questions se faisant à présent de plus en plus précises, les Vénitiens s'efforcent de rester évasifs, éprouvant soudain quelque vergogne à étaler la division de la Chrétienté devant le général barbare. Mais le flot des questions et des vins aidant, ce dernier apprend ce soir-là bien des choses passionnantes sur la discorde irrémédiable qui oppose les deux principaux chefs de l'Occident...

Edouard, de son côté, éprouve une curieuse impression. Quelque chose, en ce farouche Tartare qu'il rencontre pour la première fois, ne lui est pas inconnu. Comme s'il l'avait déjà vu quelque part... Mais où ? Dans une de ces autres vies dont le bonhomme de Milan lui a jadis parlé ?

Sous l'effet des alcools, l'interprète, un Couman qui a longtemps vécu à Soldaïa et que les Tartares ont depuis capturé, commence à perdre aussi bien son italien passable que son latin médiocre. Un moment, rapportant une phrase d'Edouard, qui jusque-là n'a que peu parlé, il s'embrouille dans sa traduction et s'en sort en déformant complètement le propos. Furieux, l'Anglais, échauffé par le vin, se tourne vers le général.

« Ce n'est pas ce que j'ai dit !

– Tu parles turc ? » s'exclame Subötaï.

Un silence se fait. Voyant les regards de ses trois compagnons, Edouard se dit qu'il est peut-être allé un peu loin. Puisque, dès Soldaïa, Bartchouq leur avait procuré un truchement acceptable, les voyageurs avaient en effet jugé à propos de celer à leurs hôtes qu'il comprenait le turc. Si elle restait cachée, sa connaissance de cette langue, que l'on parlait beaucoup dans l'armée des Tartares, pourrait peut-être l'aider à surprendre des renseignements intéressants. Mais il est trop tard.

Le général semble le regarder avec un intérêt nouveau.

Puis se tournant à nouveau vers les Vénitiens :

« Mais nous parlons de choses bien générales. Parlez-moi donc un peu de vous, mes amis. Racontez-moi le long voyage qui vous a conduits ici depuis votre ville lacustre ! »

Soulagés d'abandonner la politique, Michele, Renato et Giancarlo se montrent prolixes de détails sur la navigation en Méditerranée, sur la prospérité de Venise et la splendeur de Constantinople.

« Et toi, mon ami, d'où tiens-tu ces étranges cheveux rouges? Est-ce à Venise que les chevelures flambent ainsi?

– Bien plus rarement, seigneur, qu'au royaume d'Angleterre.

– L'Angleterre? Les îles du bout du monde! »

Subötaï prend alors le plus vif intérêt aux pérégrinations d'Edouard. N'a-t-il pas de femme? De famille? Comment, il parle neuf langues?

Quand vient le temps de mettre fin au souper, il convie ses hôtes, à grand renfort de sourires et de démonstrations d'amitié, à participer à la grande fête qui va bientôt célébrer le récent retour au camp de ses troupes victorieuses. Quel dommage que le prince Batou soit toujours en campagne et ne puisse avoir lui aussi le plaisir d'honorer des hôtes aussi remarquables!

LE CHANT DE L'ARDENT DÉSIR
L'an 637 de l'hégire,
le sixième jour du premier mois de Rebi [1]

Hier, les larmes aux yeux, Hasan a conduit en terre la bonne Zaïnab qui, depuis tant d'années, sans lui tenir rigueur d'avoir délaissé sa couche, avait, comme une sœur, veillé à son bonheur.

Ce matin, à l'aube, n'emmenant avec lui que Ghanem, le serviteur efficace et dévoué qui l'a accompagné par deux fois en Europe et à qui il accorde une parfaite confiance, Hasan, suivi de Mahmoud et de sa petite escorte, tous solidement armés, a passé Bab al-Salam, la porte de la Paix.

Sans même se retourner vers les murs de Damas, il a franchi le pont sur le fleuve Barada et, galopant sans les voir entre les vergers, les chenaux et les riants jardins de la fertile Ghouta, où des légendes assurent que se trouvait jadis le paradis terrestre, il s'en est allé au galop vers le nord.

Vers le pays de Roum.

Dans ses bagages que portent deux chevaux, Hasan a emporté trois livres : le Saint Coran, les Rubaiyats d'Omar Khayyam et le chant de l'Ardent Désir, de Moyieddine ibn-Arabi, dont il avait fait copier les poèmes sur le propre manuscrit du maître pour les offrir à Zéliha...

Plus de paix, plus de repos, depuis que s'en alla
Celle dont la demeure est le cœur de mon cœur...
Lorsque je demandai : « Où campe la caravane? »
Il me fut répondu : « Là-bas, où l'on respire l'absinthe et le banian! »
Alors je dis au vent : Va la rejoindre à l'ombre du bosquet!
Et porte lui, là-bas, le salut attristé
De celui dont le cœur, depuis qu'elle s'en alla,
A le chagrin pour hôte [2]*!*

---

1. 6 octobre 1239.
2. D'après ibn-Arabi.

LA FÊTE

L'an du Seigneur 1239, le lundi 10 octobre,
fête de saint Géréon et de ses compagnons

«*Au reflet de la lune, telle une tasse d'argent,*
tu as bu à grands traits, ô mon cheval aimé.
Tes oreilles se dressent comme celles du loup bleu,
et tes yeux sont pareils à l'étoile du matin.
Tes naseaux sont de nacre, tes lèvres des pétales.
Ô combien elle est belle, ta crinière flottante!
Ton garrot est de gemmes, et tes sabots d'acier.
Comme ta queue est fournie, mon cheval indompté! »
Par dizaines, par centaines, les voix reprennent le chant d'amour.
Le chant d'amour adressé à ce qu'un Mongol a de plus cher au monde...
Son cheval!
« *Ton encolure est celle d'un dragon,*
tu as la nuque d'un tigre,
et l'échine d'un lion.
Ô mon cheval! »
Le général se lève en brandissant sa coupe. Sa voix s'enfle et entraîne, immense et farouche, le chœur improvisé...
« *Galope, ô mon cheval,*
galope, infatigable,
Jusqu'aux frontières du monde!
Plus vif que la flèche!
Plus solide que le roc!
Jusqu'au lointain océan,
ô mon cheval, galope! »

La fête a commencé dans l'après-midi par des concours de tir à l'arc et des courses de chevaux.

On a vu lutter des guerriers tout en muscles, le corps soigneusement huilé. D'autres ont virevolté en danses éblouissantes où dans l'éclat des lames qui miroitaient au soleil on croyait à tout instant qu'ils allaient s'embrocher sur leurs glaives ou se trancher les chairs au fil de leurs épées.

Les batailles que livraient les Mongols aux Coumans ou aux Alains, si elles ont ralenti leur avance en Russie, ne les ont pas empêchés d'y poursuivre une progression méthodique : Cheïban, Budjek et Büri, remontant à nouveau vers les terres de Riazan, ont ravagé Murom, Starodoub et Gorodets; au mois de mars Péréiaslavl-Khmelnitski a péri dans les flammes. Malgré des résistances désespérées, où l'on a vu des défenseurs desceller les pierres de leurs propres remparts pour les jeter sur l'ennemi, les villes de Russie centrale sont tombées les unes après les autres aux mains des envahisseurs... Pendant que l'on banquette dans les steppes du Tanaïs, Möngkä a envahi le territoire de Tchernigov.

Ce sont toutes ces victoires que l'on fête aujourd'hui...

Mais qu'importent à Michele Cavalli les malheurs du pays de Rous et des hérétiques qui l'habitent! Il vit le plus beau soir de sa vie : les Tartares, ces deux derniers jours, lui ont tout acheté! Et pour ainsi dire sans marchandage. Ils avaient bien raison ceux qui lui disaient que ces barbares ne connaissaient pas la vraie valeur des choses! Il est vrai qu'avec tout ce qu'ils ont pillé ils peuvent se permettre d'être généreux le jour où ils décident de payer ce qu'ils prennent...

Mais qu'importe, qu'importe!

Ce soir, il peut s'abandonner au bonheur.

Ce soir, sa fortune est faite!

Il achève de vider une coupe de qoumiz. Même cet étrange alcool fait de lait de jument finit par lui paraître agréable... Il évoque en fin de compte un petit vin clairet, gentiment aigrelet, et le repose justement du vin dont les Tartares, connaissant les goûts des Occidentaux, l'abreuvent trop volontiers.

Le banquet est grandiose. Des feux par milliers illuminent le camp où partout l'on festoie. On ne compte pas les moutons embrochés ou bouillis et même les bœufs entiers que l'on y dévore d'un féroce appétit. Sans doute mange-t-on infiniment mieux à Venise, à Constantinople ou chez les sarrasins, mais, pour barbares qu'elles soient, ces festivités n'en ont pas moins d'allure!

Pour distraire princes et généraux, des guerriers viennent danser entre les flammes, jonglant avec les torches, les lances et les épées.

Puis les brutaux accords des instruments tartares laissent place à une vive musique orientale, plus familière aux Vénitiens.

Tandis qu'autour du général en chef coulent à flots, avec le qoumiz, vin et bière ramenés des pays conquis, Michele se délecte à la vue des belles esclaves ondulant dans des voiles presque translucides...

Des esclaves, Subötaï lui en a procuré en échange d'une partie des marchandises qu'il achetait! Et de belle qualité! Cette fois, Bartchouq n'aura pas à se donner la peine de les convoyer jusqu'à Soldaïa, Michele y pourvoira lui-même. Les marchands d'Alexandrie apprécieront sans doute tout particulièrement la peau d'un blanc de lait et les cheveux parfois dorés des prisonnières russes. Le Vénitien s'est bien rappelé l'interdiction du Pape de vendre des chrétiens comme esclaves, surtout aux infidèles, mais il a aussitôt prévenu les remords qu'aurait pu concevoir son âme en se rappelant aussi la condamnation sans appel que Rome a prononcée contre le schisme grec. La défaite et l'esclavage, voilà sans aucun doute le prix de l'hérésie!

Des convives vocifèrent. Un prince s'est levé de son trône en titubant. Il ordonne quelque chose. Ah, c'est que les voiles des esclaves ne sont point assez transparents à son goût! Il descend auprès d'elles et arrache en riant la robe d'une danseuse à la poitrine généreuse. Il commande. Soumises, les autres femmes se dévêtent, bien qu'il fasse frais, ce soir. Bah, les flammes des foyers les réchaufferont, et, si elles ont froid, qu'elles dansent!

Michele éprouve une brève bouffée de mépris pour la brutale vulgarité d'un homme qui se dit prince. Mais il reconnaît que celle-ci a du bon...

Ce n'est pas un tel soir qu'il mesurera ses plaisirs à l'aune du péché... Cet étalage de chair fait monter les désirs.

« C'est une Ossète! » lui glisse Subötaï dans un rire, voyant avec quel regard le marchand considère la plus jeune des danseuses – presque une enfant.

Le général a veillé à faire asseoir Michele non loin de lui, tout comme il a veillé à ce que ses compagnons figurent en bonne place. Et, tandis que le banquet se prolonge, tous quatre doivent encore, entre deux danses, entre deux plats, entre deux jongleries, satisfaire des heures durant l'insatiable curiosité de leurs clients et hôtes...

Lorsque Michele peut enfin se retirer, tombant de sommeil, le pas hésitant et le ventre lourd, c'est pour trouver étendue sur sa couche, son corps nu à demi protégé d'une couverture de fourrure, la jeune Ossète qu'il convoitait tout à l'heure. Une surprise du général!

Le marchand songeait plutôt à dormir, mais il conserve encore un reste d'énergie.

Ce n'est pas un tel soir qu'il mesurera ses plaisirs...

Il s'approche du lit, caresse la jeune femme, qui se laisse faire passivement. Le désir revient. Il ôte à son tour ses vêtements, s'allonge sur la belle esclave, tout prêt à l'honorer de sa virilité...

Mais, comme il ferme les yeux, le monde entier semble se mettre à tourner autour de lui. Un haut-le-cœur le saisit. Il se relève, hagard, se précipite vers l'entrée de la tente, sort, et, entièrement nu, au vu d'un garde hilare qui ne paraît au demeurant guère mieux en point que lui, il vomit les viandes et les alcools dont il a abusé toute cette soirée.

Il rentre à l'abri, regarde d'un œil morne la jeune Ossète, qui, cette fois, lui sourit. Il ne mesurera pas son plaisir...

Simplement, il n'est plus en état de le prendre!

Comme il s'assied près d'elle, la jeune femme croit devoir s'efforcer de ranimer sa vigueur. Il l'écarte en bougonnant et la couvre de la fourrure.

Il sent que, s'il se couche, son estomac va à nouveau chavirer.

Il se lève à nouveau, marche de droite à gauche.

Si son corps supporte lourdement les conséquences de l'orgie, son esprit s'est comme dégrisé. Et c'est un étrange sentiment qui l'envahit, bien loin de l'euphorie de cette journée et des précédentes...

Un bouclier poli traversé d'arabesques est accroché aux montants de la tente. S'apercevant soudain dans ce miroir improvisé, Michele passe la main sur son visage défait. Que signifient ces troubles pensées? Le succès de son entreprise est pourtant total. Tout a été si rapide, tout s'est si bien passé! Les nobles tartares se sont précipités sur ses marchandises aussi vivement que s'ils en avaient reçu l'ordre...

Que s'ils en avaient reçu l'ordre?

« Ces Tartares sont bien autre chose que de vulgaires pillards de la steppe! » a dit Edouard le premier jour.

Sous le regard étonné de la petite esclave, le Vénitien s'exclame :

« Non, non... Je me fais des idées! Qu'est-ce que je vais imaginer là? Nous ne leur avons rien dit qu'ils ne savaient déjà! Ou... ou bien... ils l'auraient appris de toute façon! »

Et, rentrant involontairement la tête dans les épaules, il répète, murmurant cette fois pour lui-même :

« Ils l'auraient appris de toute façon... »

Alors qu'il allait à son tour se retirer, Edouard a été interpellé par Subötaï.

« Toi, suis-moi ! »

Ce n'était plus une invitation. C'était un ordre.

L'Anglais se retrouve en tête à tête avec le général. Celui-ci ne sourit plus. Son regard est redevenu sévère comme au tout début de la première entrevue.

« Tu parles neuf langues. Personne ne t'attend dans ton pays. Tu es jeune et robuste, et tu sais, m'as-tu dit, bien tenir une épée. Les Mongols ont besoin de gens tels que toi. Reste ici, avec nous. Nous avons besoin d'interprètes, et pas de carpettes tremblantes et bafouillantes comme nous en avons trop ! Tu apprendras notre langue, tu me serviras et tu serviras mon prince Batou. »

Et, après une pause :

« Si tu nous sers bien, tu connaîtras la générosité des Mongols. »

Subötaï lui tend un poignard recourbé, une arme orientale à l'acier pur et au manche damasquiné, une arme de prince.

« Prends, ceci est à toi. Si tu décides de venir avec nous, ta fortune est faite. »

Enfin, jouant avec la pointe acérée d'une flèche, Subötaï laisse tomber :

« Je ne crois pas qu'il soit utile de parler à tes amis de cette proposition avant leur départ. Bien entendu, tu es libre de refuser. Dans ce cas j'ignore ce que sera alors ta destinée.

« Mais le Ciel, lui, le sait ! »

Lancée par le bras vigoureux du général, la flèche vient se ficher en vibrant dans les tapis, entre les deux pieds du jeune homme.

LA NUIT DE LA SAINT-MARTINIEN

L'an du Seigneur 1239, le dimanche 16 octobre, fête de saint Martinien et de ses compagnons

Il y a eu banquet, ce jour d'hui, au palais de la ville, après qu'on a rendu, en l'église cathédrale, grâces à Jésus-Christ. Le seigneur podestat y traitait, avec la magnificence qu'on lui connaît, les principaux notables de la cité.

Ce n'était ni simplement les membres du Petit Conseil ni, à l'inverse, tous ceux du Grand. Ser Domenico Contarini avait choisi les convives selon une préséance officieuse et subtile, veillant à ce que quiconque ne fût pas invité n'eût pas de bonne raison d'être désobligé.

À chacun vient son tour, sous un quelconque prétexte...

Lorsqu'on est podestat d'une ville comme Chioggia, il faut assurément s'y entendre en matière de commerce aussi bien que de guerre. Il faut savoir suivre avec discernement le mouvement des multiples courants d'intérêts et d'alliances, déclarés ou secrets, qui agitent le tout-puissant Conseil de Venise. Il faut savoir reconnaître, si contournées soient-elles, les manœuvres de l'Empereur, du Pape et des seigneurs du continent.

Mais avant toute chose, et si l'on veut durer, il convient, tel un habile joueur de vielle, de harpe ou bien de psaltérion, d'être maître dans l'art de savoir faire vibrer, sans fausse note aucune, les cordes délicates du premier instrument garant de la longévité.

Vous à qui n'échappent pas les secrets de ce monde, dans ce subtil objet, vous avez reconnu, sans nul doute possible, la vanité des notables.

Froissez-la pour une vétille. Vous avez aussitôt des ennemis mortels tout disposés à ourdir contre vous les pires vilenies.

Flattez-la de hochets et de colifichets. Vous les voyez venir, tels les beaux chiens des dames qui, humbles et avides, léchant de leurs maîtresses les belles mains parfumées, viennent chaque matin quémander les caresses et glaner les douceurs.

On vous dira à Venise qu'en cette matière-là, de même qu'en ses chasses il excelle à diriger la meute, le seigneur podestat sait comment l'on s'y prend.

L'ambiance, ce dimanche, a été détendue.

Ou peut-être est-ce l'esprit de ser Domenico, qui était disposé à voir le monde plus gai ?

Sept mois et demi ont passé depuis la triste fin de donna Isabella. Au lendemain du malheur, on vit le podestat se consacrer nuit et jour aux affaires, celles de la république aussi bien que les siennes. Sans doute y trouva-t-il le réconfort de l'âme, car on le voit à nouveau se vêtir d'étoffes colorées, et non plus de drap sombre, et plus rien, désormais, dans son comportement, n'évoque le chagrin d'un homme frappé d'un deuil.

Au printemps, ne supportant pas l'idée de dormir dans la chambre où son épouse avait rendu l'âme à Dieu, Domenico couchait chaque soir dans son appartement du palais de la ville. À l'été, il finit par trouver cela incommode. Afin de chasser les souvenirs douloureux, il résolut alors de faire entièrement transformer l'ancienne chambre conjugale.

Et, finalement, c'est toute la maison qu'il transforma. On fit changer boiseries, tentures et mobilier.

Le jour même où commençait l'automne, c'est dans une demeure toute fraîche et pimpante qu'il reprit ses habitudes d'autrefois.

Mafalda a particulièrement veillé aux travaux, choisissant tapisseries ou carrelages avec un goût étonnamment sûr, ou bien discutant les salaires des manouvriers avec l'âpreté d'un intendant. Domenico, agréablement surpris, l'a laissée faire, amusé. En dépit de son jeune âge – mais il est vrai que dans peu de jours elle aura déjà seize ans ! –, elle est peu à peu devenue, s'imposant naturellement, à Chioggia aussi bien qu'à Venise, la maîtresse de maison.

Ce soir, comme elle en a coutume, elle attend son retour, attentive à satisfaire les désirs dont son maître pourrait témoigner avant de s'en aller coucher. Ainsi a-t-il pris l'habitude de boire régulièrement quelque décoction ou bien quelque bouillon aux goûts toujours variés, parfois surprenants, mais invariablement plaisants, que la jeune femme tient à confectionner elle-même.

Elle est vraiment pleine de talents, s'est dit Domenico. Le jour venu, il me faudra bien la marier pour la remercier comme il convient de son service auprès d'Isabella ainsi qu'auprès de moi !

Le podestat, ce jour, a tardé plus qu'à l'accoutumée. La jeune femme est bien là, qui l'accueille, un chandelier à la main, mais sans doute songeait-elle à aller dormir car elle a déjà ôté ses vêtements de jour pour revêtir une longue chemise rose qui lui va à merveille.

Michele a raison. Cette jeune femme a du charme. Il y a un an encore le patricien voyait en elle un fruit un peu trop vert, mais il a tôt mûri...

Mafalda précède son maître dans l'escalier. Il lui paraît d'humeur plus badine que d'habitude. On a sans doute vidé force flacons au palais de la ville. Il va de soi qu'un homme de la qualité de ser Domenico veille soigneusement à ne pas s'enivrer; pourtant la jeune femme n'a pas de mal à reconnaître à son intonation ou à l'éclat de ses yeux – de ses beaux yeux sombres qui la font tant rêver – si ses occupations se sont agrémentées de quelque boisson capiteuse.

Malgré l'heure, elle a le sentiment que son maître n'a pas encore sommeil.

« Vous plairait-il, seigneur, que je vous joue quelque air? J'ai aussi préparé, si vous le désirez, une décoction comme vous les aimez.

– Ah, Mafalda, Mafalda! Que deviendrais-je sans toi? Oui, c'est cela, portemoi une décoction. Cela me fera du bien – mais une qui soit légère, car nous avons rudement banqueté! Et, puisque tu le proposes avec la grâce qui est tienne, va donc chercher ta harpe... »

La soirée est fraîche mais on a veillé – et Domenico sait bien qui – à ce qu'un bon feu brille dans la cheminée. En fait, il fait presque trop chaud dans la chambre. Le podestat dégrafe son manteau, et, ôtant sa robe de dessus qu'il jette négligemment sur un coffre, il se met à son aise dans une robe de dessous en fin drap bleu de Gand.

Mafalda revient. Sa harpe joliment pendue en bandoulière, elle porte un grand plateau où, près d'un chandelier, fume un liquide blond.

Domenico songe avec émotion aux bouillons dont elle s'efforçait de soutenir la pauvre Isabella, durant ses derniers jours. À demi allongé sur les coussins et oreillers du nouveau lit qu'il s'est fait installer, il déguste le breuvage, à petites gorgées pour ne point se brûler. Encore un goût nouveau qu'il ne connaissait pas... bien qu'il lui rappelle un peu certaines saveurs de l'Orient. Mafalda est vraiment experte en cette matière!

Comme elle l'est dans l'art de la harpe, du reste, et du chant aussi, songe-t-il en écoutant la jeune voix s'enrouler comme une liane autour des sons délicats qui paraissent monter aux colonnes du lit, jaillissant comme par prodige de cinq cordes et de dix doigts...

Depuis bientôt un mois que, les travaux terminés, Domenico a retrouvé la chambre de sa maison privée, c'est presque un soir sur deux que la jeune femme vient l'égayer de ses chants.

Mais n'a-t-il pas remarqué, ce soir, un changement?

C'est au pied même du lit, auprès de la courtine, qu'elle est venue s'asseoir, et non, comme d'habitude, sur une chaise pliante.

Elle a risqué cette audace en redoutant la réaction du maître. Mais le maître n'a rien dit. Selon toute apparence heureux et détendu, il l'écoute, sourire au lèvres, buvant de temps à autre une gorgée de tisane.

Se pourrait-il que les breuvages fassent enfin leur effet?

Mafalda n'aime pas abandonner les choses aux aléas du destin.

Si insondables que soient ses intentions, il existe, elle le sait, des moyens pour les influencer.

Elle s'est donc procuré des philtres dont l'effet est tenu pour certain; elle en a même appris quelques recettes. Mais, outre qu'il est parfois difficile d'en obtenir les ingrédients, leur préparation exige souvent un rituel qu'il lui serait malaisé de respecter. Aussi, comme il est à Venise des femmes habiles à les fabriquer – ils sont fort demandés dans la ville des lagunes! –, elle a jugé plus expédient de les acquérir tout prêts, dût-il lui en coûter une grande part de ses gages, pourtant généreux.

Des philtres, au vrai, il y en a de toutes sortes et il est bien difficile de connaître le meilleur. La poudre de cantharide est connue pour son effet mais celui-ci est, dit-on, fortement augmenté en la laissant mariner dans une sorte de soupe faite de divers poissons, d'huîtres et de pattes d'écrevisses, auxquels il est recommandé de mêler certains os de grenouilles. Avec de la pierre astroïte ou de l'hippomane, le résultat est encore plus assuré, mais ce sont là matières qui deviennent coûteuses.

L'hippomane, en particulier, ce morceau de chair noire et ronde que le poulain porte sur le front en naissant, est singulièrement réputé. Réduit en poudre et mêlé au sang séché de celui ou de celle qui veut se faire aimer, il est paraît-il sans rival. Surtout si l'on a veillé à tirer le sang un vendredi de printemps!

Il est des boissons plus étranges, où l'on mêle sperme humain, menstrues de vierges, rognures d'ongles, lézards ou intestins d'oiseaux, mais il faut être prudent car si l'on n'a pas usé de certaines précautions, notamment en récitant sans faillir la bonne formule au moment où elle doit l'être, elles peuvent avoir sur l'être aimé des effets déplaisants, tels des dérèglements d'intestins ou d'autres pires encore. Il est vrai qu'on peut s'en garantir avec de la poudre provenant des reliques de certains saints, mais cela coûte très cher.

Mafalda, en tout cas, n'a rien négligé.

Son principal souci a été de donner une saveur acceptable à toutes ces mixtures. Pour la soupe de poissons, cela peut encore aller, mais pour d'autres...

Heureusement, lorsqu'on vit dans la demeure d'un riche Vénitien, il est aisé de se procurer toutes les sortes d'épices, et, comme elle a tôt su accommoder les sauces avec talent, elle a confectionné de savoureux mélanges dont nul n'aurait pu soupçonner les ingrédients.

Pas ser Domenico, en tout cas, qui y a vite pris goût.

L'effet, pourtant, n'en fut pas immédiat, et la jeune femme se prit à redouter que les herbes, les bouillons et les épices dont elle accompagnait ses philtres n'en contrarient les vertus bénéfiques. Mais le moyen de faire autrement?

Domenico se laisse bercer par le chant.

Il observe la jeune musicienne avec un regard nouveau.

Cette poitrine qui point sous ce déshabillé...

Eh, cela fait tant de mois qu'il a vécu en moine!

La mélancolie du souvenir, le labeur des affaires, cela peut refroidir un temps les passions du corps. Mais il vient toujours un moment où l'on se souvient qu'on est homme.

Et il lui semble que depuis quelque temps ce moment est venu...

Quelque chose lui agace le nez.

Il éternue.

Quelques gouttes du breuvage tombent sur sa robe bleu pâle.

Mafalda abandonne son instrument, se précipite, s'asseyant près de lui.

« Oh, Seigneur, vous avez froid? Vous vous êtes sali! Laissez-moi essuyer... »

Elle frotte les taches sur la poitrine de son maître. Légèrement.

Puis plus fort.

Cela ne sert plus de rien, les taches sont parties.

Pourtant il se laisse faire.
Sa main vient à glisser sur le bras de Mafalda...
La voilà qui remonte sous la manche de drap rose...
Dans l'échancrure de son col, il sent glisser celle de la jeune femme.
De belles flammes crépitent dans la haute cheminée.
Il fait chaud...
Si chaud...

LE GRAND VIZIR

L'an 637 de l'hégire,
le dix-septième jour du premier mois de Rebi [1]

Dans la Syrie en proie aux troubles, Hasan et Mahmoud, oublieux des dangers, ont chevauché en hâte. Il y a trois jours, ils ont pénétré au royaume de Petite Arménie [2], vassal du sultan de Konya.

Avant-hier au soir, ils ont fait étape à Tarse, où vécut jadis l'apôtre chrétien Paul. Hier, sous un ciel gris, ils ont gravi les pentes du Taurus et franchi sous la pluie le défilé des portes Ciliciennes, qui sépare la Petite Arménie des terres directement soumises à l'autorité seldjoukide. Par ce temps, le site était sinistre.

On fit enfin halte peu après le col, derrière les remparts de la vieille forteresse de Pozanti, et, là, on s'arrêta.

À Tarse, en effet, Mahmoud a reçu confirmation de ce que le vizir, son maître, inquiet d'une situation chaque jour moins contrôlable, arrivait de Konya pour une tournée d'inspection aux confins du foyer de l'agitation. Il entend visiter les garnisons, s'assurer de la fidélité des émirs et du moral des troupes. Il veillera à les renforcer en prodiguant force promesses – auxquelles il donnera corps en distribuant en acompte quelques gratifications – et – méthode qu'il préfère – en faisant çà et là tomber une ou deux têtes, s'acquérant par là même la gratitude de ceux qui, de ce fait, s'élèveront d'un rang dans la hiérarchie militaire.

Il a fait annoncer son intention de monter jusqu'à Pozanti pour s'entendre confirmer les bonnes intentions de l'Arménie vassale. À Tarse on affirmait que Sempad, frère du roi Héthoum, et d'autres seigneurs arméniens se disposaient eux aussi à franchir le Taurus, envoyés par leur souverain pour renouveler, à travers la personne du vizir, son hommage au sultan.

On riait sous cape, à Tarse.

Le vizir, en effet, a fait publier que, si le sultan ne se déplace pas lui-même, c'est que Sa Hautesse ne saurait se déranger pour d'aussi petites affaires que celles des Turcomans.

On n'est pourtant pas dupe, car c'est, on le sait bien, un soulèvement général qui menace les campagnes d'Anatolie. D'autres rumeurs circulent, par contre,

---

1. 17 octobre 1239.
2. Cilicie.

étoffées d'anecdotes, affirmant que, si le sultan n'est pas venu lui-même, c'est qu'il tremble de peur!

S'il ne pleut plus aujourd'hui, le ciel est toujours gris. On a dû allumer en plein jour des lampes pour éclairer les pièces du château, déjà sombres par beau temps. Mais cela, non plus que les fins tapis que l'on a disposés sous les coussins, ne suffit pas à égayer les voûtes basses et les murs nus de l'antique citadelle byzantine.

Hasan entre. Il se prosterne. Mahmoud, qui le suit, l'imite, plus servilement.

Assis face à eux en silence, le regard acéré, lissant d'une main fine une barbe pointue parfaitement taillée, se tient l'homme devant qui en ce royaume chacun tremble.

L'homme qui, au lieu de l'incapable sultan Kaï-Khosrau, est le véritable maître du pays de Roum.

Le grand vizir Sadeddin Köpek.

Le ministre invite ses visiteurs à se relever. Toujours lissant sa barbe, il s'efforce de jauger Hasan, dont le regard ne dévie pas du sien.

C'est rare, un homme dont le regard ne dévie pas du sien...

Mahmoud lui a longuement parlé de ce Syrien. Si ce qu'il en a dit est vrai, le vizir va devoir user d'une arme difficile à manier. Il ne servirait à rien de chercher à corrompre, ni même à menacer. Il va falloir charmer.

Sadeddin Köpek a longuement étudié le genre humain. Enfant, comme les autres, il écoutait les contes et les prêches où on louait la justice, la bonté, le courage, la charité, l'abstinence ou la sobriété, le désintéressement ou l'amour du prochain. Il a vite compris que, si l'on s'employait tant à vanter ces vertus, c'est parce qu'elles étaient rares. Il se fit la remarque que quiconque prétendait à diriger les hommes en s'appuyant sur elles risquait fort de ne brasser que du vide.

Et lui-même, justement, avait cette prétention.

Pour asseoir un pouvoir, il faut un matériau bien épais, bien compact. Et qui ne vienne jamais à manquer...

Or de tels matériaux, il en est à foison!

L'envie, la cupidité, la luxure, l'avarice, la méchanceté, la couardise... En voulez-vous la liste? Ce serait bien trop long!

Sachez seulement qu'il faut par-dessus tout exceller à sculpter dans le matériau roi qui les engendre tous.

Ceux-là qui s'y entendent perpétueront leur pouvoir au travers des siècles!

Ce matériau roi, dense, inépuisable...

La bêtise!

Une fois reconnues ces précieuses vérités, et conçu pour ses semblables un mépris sans limites, Sadeddin eut la chance de rencontrer un homme doté de deux inestimables qualités.

D'abord il était prince.

Ensuite il était – presque tout entier – taillé dans ce matériau merveilleux.

Sans doute à toute règle il est des exceptions.

Il se trouve parfois des gens qui ne sont ni stupides, ni méchants, ni lâches, ni même envieux... Ils sont singulièrement difficiles à gouverner et peuvent même parfois devenir dangereux.

Pourquoi s'en préoccuper? Ne suffit-il donc pas, alors, de les éliminer?

C'est souvent vrai, bien sûr. Mais s'en tenir à ce précepte serait d'une politique à courte vue!

Car ces gens-là aussi ont leur utilité.

Il est en effet, dans l'art de gouverner, un autre secret qu'il faut connaître.

Les hommes aiment à croire qu'ils excellent en maintes choses.

Hélas, au lieu de ne viser sagement qu'à la seule perfection de leurs talents véritables – s'employant, par exemple, à être parfaitement méchants, absolument avares ou totalement lâches – ils veulent à toute force se prétendre dotés de qualités dont il est évident qu'ils ne les possèdent pas.

Qui veut tout obtenir de la bêtise devra ainsi d'abord en chanter l'omniscience!

Sans doute est-ce là aussi un effet de l'envie...

Pour flatter cette vanité, un pouvoir conscient, après s'être fondé sur des bases bien solides, doit veiller à parer ses adeptes et à se parer lui-même de vertus qu'en vérité personne ou presque n'a jamais eues. C'est alors que, pour donner quelque créance à ce qui ne saurait par essence être qu'une apparence, il doit parfois utiliser les rares individus qui les possèdent, en les exhibant comme fait un bateleur d'un authentique monstre pour conduire les badauds au fond d'une tente de foire où il n'y a à voir rien que de très banal.

Voilà pourquoi, dans les contes et dans les prêches, il ne faut parler que de ces individus-là.

Tout cela est d'un art consommé! Car de telles créatures sont souvent d'un maniement fort délicat.

Heureusement, même de pareils monstres ont toujours un point faible!

Voyez ce Hasan! Il est riche et n'ambitionne point de l'être plus encore; il est influent et ne rêve point d'exercer le pouvoir; il est intelligent et ne cherche point à exploiter la bêtise!

Seulement voilà... Il aime!

« La Paix de Dieu soit sur toi, Hasan ar-Rashid!

« Mahmoud t'a tout dit, Hasan. Il m'a tout dit aussi. Tu sais pourquoi je t'ai fait mander. Je sais pourquoi tu es venu.

« Tu étais heureux. Tu ne l'es plus.

« Ce royaume était en paix. Il ne l'est plus.

« Si j'étais aussi fourbe que mes ennemis le disent, je te remercierais d'être venu répondre à l'appel de la paix. Peut-être serais-tu en effet venu de toi-même? Peut-être Mahmoud, qui te connaît bien, aurait-il su trouver les mots pour te toucher? Je ne sais.

« Mais je sais que, si tu es là aujourd'hui, ce n'est pas parce que je t'ai appelé. C'est parce que Dieu – que Son nom soit glorifié! – t'impose, dans l'impénétrabilité de Ses desseins – comme il m'impose à moi-même –, une épreuve cruelle.

« Je ne te parlerai donc que de ce qui t'importe! »

Le vizir marque un arrêt, scrutant toujours le regard de Hasan qui ne laisse rien voir de ses sentiments.

« Tout à l'heure, quand j'ai reçu Mahmoud et qu'il m'a raconté ce qui s'est passé à Damas, je lui ai donné l'ordre de consigner par écrit le nom, le signalement et tout ce qu'il peut savoir sur les ravisseurs de ton épouse. Ce soir, tu y ajouteras de ta propre main le portrait détaillé de... »

Le vizir se tourne vers Mahmoud, dont l'échine ploie soudain comme sous un lourd fardeau.

« Zéliha, seigneur, Zéliha.

– De Zéliha, c'est cela. J'ai eu suffisamment maille à partir avec les Khwarezmiens pour me méfier de ceux que j'emploierai désormais. J'ai donc ordonné qu'avec d'autres mercenaires ils soient rassemblés, non près des lieux de la rébellion, où ils pourraient être tentés de se rebeller eux-mêmes et de se livrer au pillage, mais à Erzurum, au quartier général de l'armée des frontières. Le sultan a là-bas ses meilleures troupes, et même les auxiliaires khwarezmiens devront y observer une stricte discipline. »

Le ministre, qui jusque-là a parlé d'une voix grave et lente, affichant un air profondément préoccupé, soupire comme si sa poitrine oppressée se dégageait. Il reprend d'une voix plus détendue, tel un homme heureux d'avoir trouvé la solution d'un difficile problème :

« Demain le messager que j'envoie à l'armée des frontières portera, en plus des dépêches d'État, la description que Mahmoud et toi aurez faite aujourd'hui. J'y joindrai une lettre sous mon sceau, qui sera un ordre. Alors – s'il plaît à Dieu ! – l'émir qui commande là-bas n'aura pas de mal à retrouver ta femme et ses ravisseurs ni à les obliger à la libérer. Si par malheur elle n'était plus avec les Khwarezmiens, il aura mandat impératif de les interroger et de la faire rechercher.

« Non, non... Ne me remercie pas ! »

Il arrête d'un geste Hasan qui, s'inclinant, allait ouvrir la bouche.

« C'est ce que tu ferais si tu étais fourbe, mais on me dit que tu n'as pas d'ennemis pour le prétendre. Tu sais fort bien que ce geste ne me coûte rien. Quelle raison aurais-je de ne pas l'accomplir ? Que sont quelques lignes sur une lettre et un sceau en bas d'un parchemin ?

« Je commanderai que Zéliha soit ramenée à Damas, avec une escorte pour garantir sa sécurité. Non, non... Ne me remercie toujours pas ! »

Le ministre sourit pour la première fois.

« Ce geste-là me coûte un peu plus, crois-tu ? Allons, j'ai besoin de soldats, il est vrai, mais je ne suis pas encore à dix ou vingt hommes près ! »

Il redevient grave.

« Voilà ! J'aurai ainsi fait pour toi tout ce qui est en mon pouvoir. Rien d'autre, conviens-en, n'est humainement possible. Il ne te reste plus qu'à être patient et à prier Dieu pour que... Mahmoud ! Comment s'appelle ce mercenaire ? »

Le Grec plonge à terre.

« Osman, seigneur, Osman !

– Osman, c'est cela, arrive sans encombre à Erzurum, et que Zéliha l'y accompagne. Je t'ai tout dit, Hasan, tu peux disposer si le cœur t'en dit. Demain, si tu le veux, tu seras libre de rentrer à Damas...

« Tais-toi, Mahmoud ! »

Le Grec, qui n'a rien dit, lève vers son maître un regard ahuri.

« Je t'ai confié une mission et tu t'étonnes que je n'en parle même pas ! »

Le Grec prend aussitôt un air fort étonné.

« C'est que je te connais assez pour avoir en toi une totale confiance ! »

L'étonnement du Grec paraît augmenter.

« Tu as dit à Hasan tout ce qu'il devait savoir. Je n'ai point à y revenir. Il lui appartient à présent de décider en conscience de ce qu'il fera demain. Je serais du reste pour la cause de la paix un mauvais avocat. On ne me croirait pas ! »

Le vizir, avec une moue désabusée, lâche d'une voix plus basse, comme pour lui-même :

« On me méprise trop ! »

Hasan, en diplomate, veut cette fois protester. Le ministre, à nouveau, l'interrompt de la main.

« Pas d'artifices entre nous, Hasan ar-Rashid. Je sais parfaitement ce que l'on dit de moi dans les Cours étrangères. Et on a même quelques raisons à cela ! On ne gouverne pas en gardant les mains propres ! Tu le sais, toi, Hasan, qui pourrais bien aussi, à Damas, prétendre à être vizir et qui pourtant t'en gardes bien !

« Ceux qui me jugent feraient toutefois mieux de se juger d'abord. Et de ne pas parler sans savoir... »

Sadeddin Köpek lève son regard vers la voûte, affirmant d'un ton sentencieux :

« Celui qui aurait su ce que j'ai su aurait fait ce que j'ai fait ! »

Enfin, se tournant vers Hasan :

« Demain tu décideras. En toute liberté. Quant à moi, je ferai ce que j'ai dit. »

Le vizir se tait. Il sait que le Syrien et lui se sont compris.

Si bouleversé soit-il, pris entre l'inquiétude qui taraude son cœur et l'espoir que fait naître – malgré lui – la promesse du ministre, Hasan, en habitué des Cours, ne peut s'empêcher d'apprécier l'habileté de la performance. Quoi que l'on dise sur Sadeddin Köpek, s'il n'était pas assez bien informé sur le pays de Roum, il aurait été aisément ébranlé par son accent de franchise et de sincérité et par son discours sans détour.

Mais les artifices du vizir ne peuvent lui faire oublier que le pays de Roum est, en vérité, tombé bien bas.

L'empereur de Byzance n'avait jamais abandonné le titre d'Empereur des Romains. C'était même un crime de lèse-majesté que d'oser l'appeler « Empereur des Grecs », et les Turcs comme les Arabes nommaient toujours son domaine « le pays de Rome », qu'ils prononçaient Roum, comme ils disaient « Roumis » au lieu de dire « Romains ». Aussi, lorsque les Turcs seldjoukides eurent conquis l'essentiel de l'Anatolie byzantine, leur chef baptisa son nouveau royaume du nom de l'Empire qu'il avait tant convoité !

Il s'intitula fièrement « sultan de Roum ».

Tant était grand le prestige que gardait le fantôme de l'Empire romain !

En Perse, qu'ils avaient aussi conquise, les Seldjoukides, sans perdre pour autant leurs talents militaires, avaient appris les raffinements de la civilisation. À la Cour de Konya, on méprise le turc pour parler le persan...

À la culture persane, ils ajoutèrent celle de Byzance. S'ils professaient en toute orthodoxie l'Islam sunnite que leurs ancêtres avaient appris en combattant comme mercenaires des Khwarezmiens ou des Arabes, ils avaient eu en Perse à gouverner des chiites et ils devaient aussi maintenant diriger des chrétiens. Et les vieilles légendes héritées du temps lointain où ils nomadisaient dans les steppes d'Asie célébraient des héros et des êtres fabuleux qui ignoraient l'Islam.

Ils eurent donc la sagesse, pour asseoir leur pouvoir sur une population nombreuse, de ne point la contraindre dans sa foi. Sans doute était-il préférable de devenir musulman – sunnite – mais, au prix d'un impôt qui garantissait une sécurité en fin de compte efficace, juifs et chrétiens pouvaient bien conserver leur religion.

On en voyait même atteindre de hautes charges à la cour du sultan.

Si certains – comme Mahmoud – jugeaient profitable à leurs ambitions de troquer la foi de leurs ancêtres pour celle de leurs maîtres, le sultan, en fait, n'en demandait pas tant...

Ainsi, protégés par les redoutables escadrons de cavalerie qui étaient l'ossature de l'armée seldjoukide, les peuples d'Anatolie, si longtemps déchirés par les guerres entre chrétiens et musulmans, peu à peu, se mirent à vivre en paix.

À Konya et dans les villes, où ils faisaient bâtir de magnifiques mosquées, de belles medersas, de somptueux palais, les princes et les dignitaires oubliaient dans le faste et le raffinement leurs ancêtres nomades... et leurs fidèles Turcomans qui menaient au long des pistes leurs troupeaux de pâture en pâture, dormant sous la tente, dans de pauvres cabanes, ou à la belle étoile, à la saison d'été...

Les sultans de Konya, pourtant, n'avaient pas oublié leurs vertus militaires.

Ainsi, le grand Ala al-Din Kaï-Kobad imposa sa suzeraineté au royaume de Petite Arménie aussi bien qu'à l'empereur grec de Trébizonde ou à la Géorgie. Il étendit son autorité jusqu'aux frontières de la Grande Arménie, en soumettant à sa loi son cousin d'Erzurum, qui se montrait indocile.

Par tout un jeu d'alliance, il entreprit de renforcer ces marches orientales du royaume qu'il repoussait plus loin du cœur de son domaine. Kaï-Kobad avait compris que, même s'il semblait lointain, il se levait à l'est un orage terrible. Un orage comme jamais le monde n'en avait vu...

Pour le prévenir, il prit même l'initiative d'envoyer un ambassadeur au Qaghan Ögödäi et de signer avec les Mongols un traité de paix.

Kaï-Kobad voyait loin!

Sous son règne respecté, les Turcomans furent calmes et paisibles.

Mais lorsqu'il mourut, ayant écarté de sa succession son aîné Kaï-Khosrau, qu'il jugeait indigne du trône, ce dernier, furieux d'avoir été ainsi évincé, voulut s'emparer du pouvoir par la force. Il fit mettre à mort son demi-frère, Izz al-Din, l'héritier désigné, son second demi-frère, et – pour faire bonne mesure – Malika Adiliya, leur mère à tous les deux.

Ensuite, s'estimant satisfait, jouissant sottement de voir tous les grands du royaume se prosterner à ses pieds, il se vautra dans les plaisirs et n'accorda plus aucune attention à la politique, qui l'ennuyait à proportion qu'il n'y entendait rien.

Mais le veule Kaï-Khosrau eût été bien en peine, seul, d'arriver à ses fins. Pour perpétrer tous ces crimes, la jalousie et la haine n'auraient pas suffi; il y fallait aussi joindre une volonté de fer et une ambition dénuée de tout scrupule.

Le sultan n'était riche que des deux premières vertus.

Mais il avait dans son ombre un homme qui excellait dans les quatre.

Lorsqu'il eut ainsi aidé celui qui se croyait son maître à envoyer sa famille au paradis d'Allah, Sadeddin Köpek profita de l'occasion pour éliminer tous ceux qui pouvaient lui porter ombrage dans son ascension vers le pouvoir. Tout récemment encore, fort de la victoire qui, l'année précédente, l'a rendu maître de la ville de Shumaishat, il a fait exécuter quelques-uns des plus grands émirs.

Le sultan Kaï-Khosrau semble ignorer – mais peut-être préfère-t-il ne pas entendre – les bruits curieux qui circulent parfois sur la mort de son père. Elle ne serait peut-être pas aussi naturelle qu'on l'a dit alors...

Il se pourrait qu'il ait tort de ne pas plus souvent tendre l'oreille à ce que l'on raconte dans les rues.

S'il n'avait pas entièrement abdiqué aux mains de son vizir le soin de sa police, peut-être entendrait-il d'autres rumeurs étranges qui commencent à circuler. On murmure par exemple que Sadeddin Köpek serait tout bonnement un fils naturel de son aïeul, Khaï-Khosrau Ier. Ainsi le grand vizir serait pour le sultan comme un bon oncle... ou comme un frère aîné...

Ce n'est pas seulement en Petite Arménie que des médisants s'étonnent de voir le souverain rester cloîtré dans son palais de Konya, alors que la révolte gronde dans la moitié de son royaume.

Un peu partout des bruits insistants, venus d'on ne sait où, susurrent qu'il n'est qu'un couard...

De là à en conclure que par ces temps troublés il faudrait un homme d'une autre trempe pour occuper le trône...

Hasan reprend la parole. Le vizir sait bien qu'il ne se satisfera pas de sa promesse.

« Seigneur, je ne vous remercierai donc pas puisque vous me l'avez interdit. Mais vous ne me l'interdirez peut-être plus si vous daignez m'accordez une ultime faveur.

– Parle.

– Je souhaite me rendre moi-même à Erzurum pour y retrouver ma femme et l'escorter moi-même jusqu'à Damas.

– La route d'Erzurum sera peut-être malaisée.

– C'est pour cela que je ne voudrais pas que Zéliha quitte la ville sans moi.

– Bien, tu auras tous les sauf-conduits nécessaires. Et Mahmoud t'accompagnera ; il sera garant de ta sécurité. »

Le ministre regarde Hasan.

« Mais, si le soulèvement s'étend, la route d'Erzurum pourrait bientôt être coupée... Elle ne passe pas si loin du foyer de la rébellion... En fait, personne ne sera plus en sécurité nulle part en Anatolie, ni Zéliha, ni toi, ni a fortiori mes messagers ! »

Hasan sait que Sadeddin dit vrai.

« Qu'attendez-vous de moi, seigneur ? »

Il sait qu'en posant cette question il a en fait accepté la mission pour laquelle Mahmoud l'a amené ici. Mais a-t-il jamais eu le choix ?

Le grand vizir dépeint sous d'atroces couleurs les ravages que les Turcomans feront subir aux villes et aux campagnes si l'on n'arrête pas l'incendie pendant qu'il en est temps.

Quoi que pense le Syrien de son interlocuteur, il a la certitude qu'il ne ment pas : si rien ne vient apaiser la fureur des Turcomans soulevés par la prédication de Baba Ishak, ce qui va se passer ici sera terrible !

Sadeddin Köpek poursuit avec la franchise dont il a décidé de faire aujourd'hui l'instrument de son pouvoir.

En Perse, la secte des ismaéliens a toujours été le refuge des opposants aux Seldjoukides qui y régnaient autrefois. Voilà pourquoi à Konya on ne les aime guère. Voilà pourquoi le sultan et son ministre n'ont personne à envoyer pour négocier avec Baba Ishak, qui reprend nombre de leurs thèses.

Le grand vizir espère que Hasan, proche du Sheikh el-Djebel, saura trouver les mots pour apaiser le prophète des Turcomans.

L'AMBRE

L'an du Seigneur 1239, le mardi 25 octobre, fête des martyrs Chrysanthe et Daria

Il y a de cela bien et bien des années, sur la Baltique régnait la déesse Juraté.

Elle était de toute beauté.

Au cœur d'un labyrinthe de rochers chevelus, elle habitait, au fond des eaux, un merveilleux château d'ambre.

Quand son humeur était belle, une subtile lueur irradiait des pierres du palais, transparentes comme le cristal.

Quand grondait sa colère, l'ambre prenait des reflets de flammes orangées.

Un jour, les brochets, qui étaient les messagers de sa cour, vinrent lui rapporter qu'un jeune humain du nom de Kestutis faisait sur le rivage un grand carnage des poissons, ses sujets.

Juraté, furieuse, rassembla ses sirènes, et, enfourchant leurs blanches montures d'écume, toutes s'élancèrent vers le lieudit Sventoji, où demeurait le sacrilège. Elles le trouvèrent sur la plage, qui raccommodait en chantant ses nasses et ses filets.

Alors, toutes ensemble, les sirènes entonnèrent la plus ensorcelante de leurs divines mélodies. Kestutis, envoûté, partit à leur rencontre. Attiré au sein des eaux, il allait à sa perte lorsque Juraté, soudain touchée par sa jeunesse et sa beauté, accourut à son secours.

Elle l'entraîna dans son palais

Subjugués l'un par l'autre, la déesse et le pêcheur se jurèrent un amour éternel.

Juraté rêva de garder le jeune homme auprès d'elle, dans sa chambre enchantée au cœur du palais d'ambre. Hélas, il n'est pas dans la nature des humains de pouvoir vivre heureux en étant prisonniers tout au fond de la mer.

Même dans un palais d'ambre.

Mais, si elle sortait des flots pour aimer Kestutis, Perkunas, le seigneur du Tonnerre et le souverain des dieux, la verrait apparaître, et il avait interdit aux dieux et aux déesses de jamais s'enchaîner par les liens de l'amour à de simples mortels.

Cependant Ménulis, le dieu Lune, ami de Juraté, promit aux deux amants de cacher leur union sous son grand manteau d'ombre.

Ainsi, chaque soir, lorsque le soleil s'abaissait à l'horizon, la déesse pouvait se rendre sur le rivage et y demeurer jusqu'à l'aurore.

Kestutis avait renoncé à pêcher.

Les eaux de la Baltique étaient merveilleusement calmes.

Et cette union parfaite dura bien des années.

Voyant un tel bonheur, les sirènes furent jalouses. Par un soir de pleine lune, elles se suspendirent aux pans du manteau d'ombre jusqu'à ce qu'il se déchire. Alors, trahi par la lumière bleutée, apparut aux yeux de Perkunas, dans sa beauté impie, le couple tendrement enlacé.

Au rugissement du dieu, le monde entier trembla.

La foudre, du haut des cieux, fondit sur la coupable et, traversant les eaux, réduisit en myriades d'éclats son palais merveilleux.

Perkunas ordonna d'enchaîner Kestutis à un roc, dans les plus ténébreuses des profondeurs marines et, pour l'éternité, il jeta à ses pieds le cadavre de sa bien-aimée.

Ainsi, lorsque souffle le vent d'ouest et que les vagues déferlent en montagnes d'écume, on entend à Sventoji monter du sein des eaux, en gémissements lugubres, les sanglots de Kestutis, qui pleure son amour mort.

Mais, quand tombe le vent et s'apaisent les vagues, le sable blanc du rivage apparaît tout semé de fragments dorés d'ambre.

Ce sont les vestiges du palais enchanté de Juraté...

Telle est la légende des païens. Les Prussiens l'ont apprise des Lituaniens. La grand-mère de Janko l'a racontée à son petit-fils. Et Janko l'a racontée à Raimondo Ortolàn.

Maintenant, dans la lumière jaunâtre qui filtre des carreaux de papier huilé, assis devant une table où trônent une cruche de bière et deux chopes d'étain, Raimondo la raconte à Albrecht Buring.

L'ambre! Cet étrange minéral dont l'Italie et l'Europe entière aiment à parer leurs bijoux depuis les temps les plus anciens. Les côtes païennes de la Baltique en regorgent! Mais, pour en faire commerce, il faut que le veuillent bien les chevaliers Teutoniques, qui en détiennent le monopole.

Raimondo égrène à la lumière du soleil les plus transparentes de ces perles jaunes et brunes, lisses et légères, croyant voir s'animer les feuilles, les fleurs, l'insecte, qui parfois, mystérieusement, y sont emprisonnés. Comment une fleur ou un insecte peuvent-ils venir dans une perle? Depuis quand sont-ils prisonniers de leur gangue dorée? Ces insectes se mettraient-ils à voler si l'on brisait leur prison?

Il s'amuse, certains jours, à frotter des morceaux d'ambre au-dessus de brins de paille, de duvets ou de barbes de plumes. Aussitôt, il les voit s'agiter, attirés par le minéral comme le fer l'est par l'aimant. Quelle est cette magie? Nul ne sait l'expliquer.

Les anciens eux aussi avaient leur légende. Ils voyaient dans ces perles les larmes des sœurs de Phaéton, précipité du ciel par Jupiter pour avoir manqué de brûler le monde en conduisant le char du soleil sans son père Apollon...

L'ambre! Raimondo y a vu la chance de sa vie : devenir le pourvoyeur d'ambre de Venise, des princes et des cités d'Italie!

Albrecht Buring tourne lui aussi le minéral doré entre ses doigts épais.

« Toutes ces légendes... Personne, en fait, ne sait très bien comment de la résine a pu se transformer en de pareilles perles... Ni combien de temps il a fallu pour cela... Vois-tu, il y a bien plus longtemps que toi que j'en fais commerce, mais l'ambre me fascine toujours! »

Raimondo remplit à nouveau de bière la chope de son compagnon.

Ils se sont connus il n'y a guère plus d'un mois et demi, mais, tout différents qu'ils paraissent – l'Italien encore jeune, plutôt mince et volontiers bavard, l'Allemand déjà mûr, à la taille massive et pesant volontiers ses mots –, ils ont vite sympathisé.

Ainsi, aujourd'hui, dans la petite maison que le marchand de Venise a louée à Cracovie, c'est plus une visite d'amitié qu'une visite d'affaires que vient rendre à celui-ci le marchand de Lübeck.

En arrivant au début de septembre dans la ville royale de Pologne avec son convoi de marchandises, Raimondo a trouvé une missive frappée du sceau de l'Ordre Teutonique. Le trésorier de Prusse, en réponse à sa requête du début de l'année, lui accordait le droit d'acquérir, pendant trois ans, et pour une somme très raisonnable, une part fort convenable de l'ambre qui tomberait entre les mains des chevaliers.

Cet engagement s'accompagnait d'une restriction et d'une promesse.

La restriction, d'abord : Raimondo devra associer à son négoce les marchands allemands avec qui l'Ordre commerce d'habitude.

La promesse, ensuite : lorsque les trois années seront écoulées, l'Ordre pourra envisager de reconduire l'accord. Si Dieu veut, les termes pourront même en être plus favorables encore. L'Ordre, ajoutait la lettre, sait que Venise apporte un concours précieux à la croisade que mènent les chrétiens contre les infidèles et il ne doute pas que, si on la sollicite, elle soutiendra aussi la croisade qu'il mène dans les pays baltiques contre les ennemis de Dieu.

Raimondo n'a pu manquer de voir dans cette dernière phrase un message discret du maréchal de Waldberg, anciennement commandeur dans la ville des lagunes et membre du haut commandement de l'Ordre, au seigneur Contarini, membre du Conseil de Venise.

Il ne manquera pas de le transmettre fidèlement à son commanditaire. Son intérêt pourrait bien en dépendre.

Ainsi sa recommandation au glacial chevalier par ser Domenico a, contre toute attente, porté ses fruits!

La restriction le contraria d'abord, mais elle s'avéra d'assez peu de conséquence.

Sans doute, l'Ordre a trop besoin de l'argent et des navires des marchands allemands pour mettre en péril sans motif grave les bonnes relations qu'il entretient avec eux, et il entend ne pas passer d'accord avec des concurrents qu'ils n'accepteraient pas au moins de tolérer.

Mais, dans le même temps, il n'est pas mécontent de leur rappeler que lui-même ne manque pas à leur égard de moyens de pression, et que, s'ils se montrent trop avides, il compte en Italie des amis empressés.

Comme par un fait exprès, on vit le lendemain même du retour de Raimondo à Cracovie paraître à sa porte un certain Albrecht Buring, que l'Italien ne connaissait jusque-là que de nom.

C'est un marchand de Lübeck, riche et influent, qui voyage beaucoup et séjourne souvent à Cracovie pour s'occuper d'importants intérêts qu'il a en Pologne. Il ne limite pas ses activités à ses seules affaires personnelles. De même que ses liens familiaux en font un homme écouté dans sa ville natale, ses nombreuses relations le désignent pour aplanir les difficultés qui surgissent souvent entre les marchands des différentes cités de la Baltique et de la mer du Nord.

Lui aussi avait reçu une lettre de l'Ordre, lui représentant tout l'intérêt que le commerce allemand pourrait trouver à disposer en Pologne d'un correspondant vénitien et l'engageant à user de son influence bien connue pour que l'arrivée de celui-ci marque le début non d'une désolante concurrence, mais d'une fructueuse collaboration.

La discussion fut d'abord un peu âpre, pour le principe. L'Allemand voulait savoir ce que valait son interlocuteur, qu'il jugeait à première vue un peu jeune. Lorsqu'il fut satisfait de l'examen, tout s'arrangea vite. Raimondo s'engagea à verser une partie de ses bénéfices à une sorte de guilde qu'avaient constituée à Cracovie, à l'instigation d'Albrecht, les marchands des villes allemandes du Nord. Les bonnes relations qu'il avait commencé à nouer l'hiver dernier avec certains d'entre eux avaient sans doute facilité les choses, et le montant convenu lui laissait largement de quoi s'enrichir, même s'il avait dû consentir de surcroît quelques conditions favorables au commerce personnel de son interlocuteur.

Peut-être le Lübeckois souhaitait-il cultiver sans attendre ce lien nouveau avec Venise ? Ou peut-être, plus simplement, cela l'amusait-il de fréquenter un Italien ? Il invita peu après Raimondo à dîner, et tous deux se sont une ou deux fois rendu, depuis, de brèves visites. Cracovie n'est pas si grande...

Oubliant les légendes de l'ambre, on parle de la situation en Pologne, devenue bien plus favorable au négoce depuis que la paix de Plock a mis fin à la rivalité entre les Silésiens et les Mazoviens. Passablement occupé par son conflit avec le duc Sventopolk de Poméranie et par les incursions des Prussiens, le duc Conrad de Mazovie paraît quelque peu s'assagir avec l'âge. Son vieil ennemi, Henri le Barbu de Silésie, est mort l'année dernière, laissant sur le trône ducal de Breslau son fils Henri, un homme mûr, réfléchi, avisé et si bon chrétien qu'on l'appelle « le Pieux ».

Le Barbu était régent pour le compte du prince de Pologne Boleslaw V. Mais il n'y a plus lieu de lutter pour cette fonction : le jeune duc de Cracovie va sur ses vingt ans. Albrecht, qui l'a plusieurs fois approché, en fait un portrait assez piteux, bien conforme à la réputation que Raimondo lui connaît. Boleslaw n'a rien du preux chevalier qu'il faudrait pour relever la royauté polonaise. On le verrait mieux tourner autour d'un cloître en récitant des patenôtres...

Les deux hommes plaisantent évidemment sur le mariage arrangé cette année entre la Cour de Cracovie et celle de Hongrie, le roi Béla donnant au jeune Boleslaw sa fille Kinga – ou Cunégonde, en italien –, de quatre ans sa cadette.

« Qu'est-ce que tu aurais fait, toi, Raimondo, quand tu avais dix-neuf ans, si on t'avait marié à une princesse de quinze ans ? »

Le Vénitien ayant exposé avec briéveté et précision son opinion sur la question, les deux hommes lèvent leurs chopes en riant de bon cœur.

Tous deux savent qu'à peine le mariage convenu Boleslaw a témoigné son intention de faire vœu de chasteté ! Et pourtant la princesse n'a rien d'un laideron !

« Pauvre Cunégonde ! sourit l'Italien.

– Bah, il paraît qu'elle-même passe plus de temps dans son oratoire que dans sa chambre ! Tu sais bien que l'on cite déjà sa piété en exemple. Eh, c'est de famille ! N'est-elle pas la nièce de la bienheureuse Elisabeth, protectrice de l'Ordre des chevaliers de Sainte-Marie de la Maison allemande ?

– Si fait ! Mais Boleslaw ne me semble pas fait de la même eau. Si je l'imagine aisément en moine, je ne le crois guère d'une trempe à faire un saint !

– C'est dommage ! On l'aurait représenté sur les vitraux...

– Et alors ?

– Alors ? Un personnage d'aussi peu d'épaisseur aurait merveilleusement laissé passer la lumière ! »

Éclatant de rire au moment où il portait à ses lèvres sa chope à nouveau remplie, Raimondo s'asperge de mousse blanche.

« On dit pourtant, poursuit Albrecht, que l'évêque lui-même voit beaucoup de sainteté dans la résolution du prince.

– Crois-tu que le duc de Silésie le paie cher pour cela ? »

Par-dessus la table, l'Allemand donne une tape amicale sur l'épaule de Raimondo, qui achève de s'essuyer.

« Ah, tu sais que tu n'es pas bête, toi ? Il n'y a pas à dire, vous, les Vénitiens, vous vous y entendez en politique ! C'est vrai que ça arrangerait bien son cousin de Breslau si le petit Boleslaw n'avait pas de descendance. »

Et, reprenant leur sérieux, les deux hommes spéculent sur le temps qu'il faudra à Henri le Pieux, qui a habilement veillé à faire allégeance au Saint-Siège, pour écarter de la succession au trône le débile prince de Pologne et ceindre lui-même la couronne royale des Piast.

« Cela ferait du bien à ce pays d'avoir enfin un vrai roi ! » conclut Albrecht.

D'autant, se dit-il à part lui, qu'Henri s'appuie beaucoup sur les Allemands, dans son duché de Silésie. De telles dispositions ne sauraient nuire au commerce...

Mais il est temps de se séparer. Pour longtemps, cette fois. Le Lübeckois retourne dans sa ville et ne prévoit pas de revenir à Cracovie l'année prochaine. Des négociations importantes vont bientôt s'engager entre les puissances catholiques riveraines de la Baltique, et un homme comme Albrecht aura son rôle à jouer.

Ainsi Lübeck et Hambourg, qui ont déjà ces dernières années passé certaines conventions, pourraient bien conclure une alliance en bonne et due forme pour protéger mutuellement leur commerce et leurs comptoirs contre les entreprises un peu trop répétées des pirates et des brigands. Le vent est aux accords, d'ailleurs, entre les cités marchandes. Les négociants d'Allemagne ou de Gotland commencent à y voir plus de profit que dans la perpétuation d'une vaine rivalité.

Albrecht est convaincu de l'intérêt de ces ententes, que l'on appelle hanses, et, de tout le poids de son influence et de ses relations, il va œuvrer à les multiplier.

Avec quelques autres marchands de haut vol, à Lübeck ou à Hambourg, mais aussi à Brême ou à Visby, voire à Riga ou à Breslau, à Cracovie aussi, il commence même à caresser un rêve : fédérer un jour toutes ces hanses naissantes en une grande ligue qui tiendrait le monopole du commerce de toute l'Europe du Nord!

Venise s'est bien construit un empire. Pourquoi les marchands allemands n'en feraient-ils pas autant?

LE PROPHÈTE
L'an 637 de l'hégire, le sixième jour du deuxième mois de Rebi [1]

Qu'ils tremblent!

Qu'ils tremblent tous!

Voici venu de Dieu le jour de la colère!

Le peuple va se soulever partout contre les grands, que l'orgueil et la richesse éloignent de la foi! Contre les docteurs sunnites, qui ne savent que prêcher l'obéissance aux grands!

Mort aux grands corrompus et impies!

Eux, les Turcomans, ils n'ont pas besoin de savants docteurs pour leur expliquer la Parole de Dieu!

Eux, les Turcomans, ils n'ont pas besoin de belles mosquées de pierre pour adorer le Très-Haut!

Car la voûte du ciel est leur seule mosquée.

Mort au sultan qui se vautre dans les plaisirs impurs de son harem!

Mort au sultan qui se délecte de vin!

Mort au sultan qui a abandonné la voie divine ouverte par Mohammed et la voie droite tracée par les quatre premiers Califes!

Mort au sultan fratricide!

Mort à son vizir hideux! Créature du Shaytan, créature d'Iblis [2]! Dans la Géhenne où il se tordra sur son pal, on ne ralentira le feu que pour écorcher chaque jour des lanières de sa chair rôtie. Sa barbe roussie ne repoussera que pour qu'on puisse un à un en arracher les poils d'une pince de fer rouge.

Mort aux émirs, ses chiens, qui écrasent les pauvres gens de leur cruel mépris et ne trouvent de plaisir qu'à les courber sous leurs fouets et à violer leurs filles!

Mort aux émirs, ses hyènes, qui accablent d'impôts le peuple démuni et sucent le sang des pauvres pour s'engraisser de vices!

Mort à tous ces porcs!

---

1. 5 novembre 1239.
2. Shaytan = Satan; Iblis = le Diable.

Mahmoud, face contre terre, tremble de tous ses membres. Hasan, agenouillé, baisse humblement les yeux. Chefs turcomans et derviches demeurent prosternés en une intense vénération.

Rien ne semble pouvoir arrêter la diatribe du baba et le torrent de ses malédictions dont le flot se déverse depuis un temps qui paraît infini.

« J'annonce, en vérité, le Jour de la justice!

« Voici que va sortir l'Imam de sa retraite, pour apparaître aux justes!

« Les riches et les puissants recevront leur salaire!

« Et les pauvres jouiront des bienfaits du Très-Haut!

« Les arbres chaque année se couvriront de fruits. Les récoltes abonderont. Gras sera le bétail.

« Il n'y aura plus d'impôts, plus de propriété! Les croyants se partageront en frères tous les biens dont Dieu les comblera, dans sa munificence.

« Plus de profiteurs! Plus de privilégiés!

« Chacun recevra sa juste récompense. Et cela pourvoira à ses justes besoins.

« L'enfant respectera sa mère. La femme respectera le mari. L'homme protégera les siens. Et tous vivront heureux dans l'ordre voulu par Dieu.

« Glorifié soit Son nom! Exalté soit Son nom!

« Louange à Mohammed, le Messager de Dieu!

« Louange à Ali, le Lion de Dieu!

« Les maladies disparaîtront de la surface de la terre. Les croyants en seront purifiés sitôt qu'ils auront eux-mêmes purifié ce monde de la vermine qui le souille.

« Mort au sultan matricide!

Mort... »

À nouveau tombe, torrentielle, la pluie des malédictions.

Quand cela s'arrêtera-t-il?

Hasan, les yeux fermés, n'écoute presque plus.

Il prie.

Il prie pour Zéliha, près de qui est son cœur.

Il prie pour la revoir, quand même il en mourrait.

Il prie même, aussi, pour le pays de Roum...

Car, en écoutant le discours du baba à la transe frénétique, il sait que ce qui se prépare est plus terrible encore qu'il ne le redoutait.

Ô Dieu, pourquoi nous as-Tu entraînés dans cette tourmente qui s'élève?

Quelles sont Tes intentions? Et quel but poursuis-Tu?

Il rouvre les yeux, lève un peu le regard.

Vers le petit homme chétif et tout de noir vêtu sous un immense turban, qui gesticule, les yeux hallucinés, se balançant sans cesse sur le mauvais tapis de prière qui fait office de siège.

Non, ce ne peut pas être Ton envoyé!

Le baba se nomme Ishak, mais le petit peuple des campagnes l'a baptisé « Rasul » – l'Envoyé.

Car pour les Turcomans il n'y a aucun doute : comme jadis le Prophète Mohammed, le baba est l'Envoyé de Dieu!

Hasan s'est demandé s'il parviendrait jamais à lui.

Il y est parvenu pourtant et lui a délivré son message de paix.

Le vizir, lui a-t-il dit, est cruel, le sultan corrompu. Il ne vient pas ici pour les défendre. Mais ils ont à leur solde des troupes redoutables. Et les souffrances qu'endurera le peuple passeront infiniment celles qu'il connaît à présent.

Le baba est un saint homme. Qu'il encourage partout la paix et la justice! D'autres saints hommes se lèveront à son exemple. Et d'autres à leur exemple! Ne serait-ce pas là une meilleure voie que la guerre et la souffrance pour mettre fin à l'injustice humaine?

« Qui es-tu, misérable, pour prétendre connaître les voies du Très-Haut?

« N'est-il pas dit qu'au Jour du jugement le ciel se déchirera, que les montagnes s'effondreront, que les cours d'eau et les mers tariront, que le soleil et la lune s'éteindront, que les étoiles tomberont? »

Ainsi l'interrompit Baba Ishak, qu'ici l'on appelle Baba Rasul.

En entendant sa voix plaintive, Hasan s'étonna d'abord qu'elle puisse être en train de soulever tout un peuple, mais, dans son corps émacié, les yeux de feu disaient assez sa foi dans sa mission.

Le baba rappela humblement qu'il n'était rien lui-même. Il n'était sur cette terre que pour transmettre la Parole que Dieu lui dicterait.

Dieu l'inspire! Dieu lui parle!

La voix s'enfla peu à peu. Oh, ce n'était pas celle d'un tribun! Mais elle se faisait pourtant envoûtante et terrible.

Dans la tente dépouillée où l'on avait introduit les envoyés du vizir, le frêle baba avait à ses côtés, avec plusieurs derviches, des guerriers turcomans à la mine farouche, tous vêtus de noir, coiffés d'un bonnet rouge et chaussés de sandales.

Effrayante était l'adoration qu'exprimaient leurs regards!

Et le baba poursuit...

Que le peuple se soulève! Les épées et les flèches des impies ne pourront rien contre lui! Dieu sera son bouclier!

En l'entendant vanter la sainteté des quatre premiers Califes, Hasan a compris combien le grand vizir, dans les palais et les mosquées de la capitale, était mal renseigné. Peut-être, en effet, le baba voue-t-il à Ali une vénération qui le cède à peine au Prophète, peut-être même invoque-t-il le retour de l'Imam caché! Mais aucun chiite ne se réclamera jamais des trois premiers califes qui se sont employés à frustrer Ali, le quatrième, de la succession de Mohammed. Pour eux, ce ne seront jamais que des usurpateurs.

Ses partisans – et sans doute lui-même – mâchent parfois du haschisch, mais ils n'ont rien à voir avec les fedayin de l'Imam d'Alamout.

Le vizir a fait fausse route : le baba n'est pas ismaélien, il n'est pas même chiite. Il est...

Il est...

Le Syrien ne sait pas ce qu'il est. Un illuminé dont les sermons assaisonnent sunnisme et chiisme des vieux relents païens de la steppe!

Quelle folie d'avoir cru un instant qu'il pouvait avoir un espoir d'apaiser la fureur d'un tel homme! Qu'est donc Hasan pour lui, sinon un chiite de cour, un aristocrate amolli qui accepte d'être le valet du Seldjoukide sunnite et corrompu?

Sans que rien n'ait pu le laisser prévoir, la voix s'adoucit soudain. Dans le silence religieux qui règne sous la tente, le baba, apaisé, les yeux comme perdus dans la contemplation d'un merveilleux jardin intérieur, annonce, presque tendrement :

« Et ainsi commencera sur la terre le règne de l'Amour! »

Hasan ne s'attendait pas à pareille conclusion pour une pareille diatribe...

Le baba le regarde à présent fixement.

Et, dans ce regard si terrible qu'il paraissait vouloir foudroyer l'univers, le Syrien ne voit plus trace de menace ni même d'hostilité.

Le silence reste absolu.

Le baba, toujours, le regarde.

Et de sa voix plaintive, celle qu'il avait au début, il murmure :

« Hasan ar-Rashid... Hasan l'Intègre... C'est un nom qui te va bien! Dis-moi la vérité, Hasan! Pourquoi es-tu venu jusqu'ici? »

Hasan répéte que c'est pour sauver la paix, mais le baba écarte l'explication d'un geste doux.

« Dis-moi la vérité... »

Alors, Hasan parle de Zéliha.

Est-ce l'effet de sa passion? Il en parle si bien que même les Turcomans à la mine farouche l'écoutent avec respect et commisération.

Il parle et le baba s'attendrit. On voit bientôt les larmes couler abondamment sur ses joues, sur sa barbe...

Qui verrait dans ce sheikh aux yeux si doux l'annonciateur terrible du Jour de la justice?

Mais à peine le Syrien s'est-il tu que son regard s'enflamme de nouveau, son expression aussitôt redevient effrayante...

Il pointe un doigt vengeur sur Mahmoud, que le grand vizir a chargé d'accompagner et de surveiller Hasan.

« Dis, dis à Hasan l'Intègre ce que tu lui as fait! »

Le visage du Grec est couvert de sueur, bien qu'il ne fasse pas chaud. Sa chair trop molle tressaute alors même qu'il demeure immobile.

« Dis à Hasan ce que tu lui as fait! »

Une voix misérable :

« Rien, ô baba, rien! Je suis un bon musulman. Je n'ai rien fait de mal. »

Deux Turcomans se lèvent, portant la main à la garde de leurs épées. Baba Rasul les arrête et répète, implacable :

« Dis ce que tu as fait! »

Le corps flasque du Grec paraît se liquéfier. Terrorisé, le nez collé à terre, rampant presque, il se tourne vers Hasan, toujours agenouillé, embrasse son manteau, sa robe.

« Pitié, seigneur! Pitié!

– Pitié? Mais de quoi? Parle! »

Les deux Turcomans encadrent le suppliant, leurs épées à demi tirées du fourreau.

« Pardonnez-moi, seigneur! Pardonnez-moi! Vous connaissez la cruauté du grand vizir, seigneur! Il ne m'aurait jamais pardonné si j'étais revenu sans vous.

– Quoi? Que dis-tu? »

Hasan, stupéfait, croyant soudain deviner ce qu'il va entendre, regarde le baba. Se pourrait-il que cet homme soit réellement un visionnaire?

Et Mahmoud avoue tout...

Comment le vizir, affolé par les événements, lui a ordonné coûte que coûte – sa tête en répondant – d'aller chercher Hasan, dont il lui avait vanté les mérites.

Comment il est arrivé à Damas peu de jours avant la prise du pouvoir par al-Salih Ismaïl.

Comment il a rencontré, de faction devant la citadelle, le Khwarezmien Osman, qu'il avait connu au pays de Roum...

Mahmoud se demandait avec angoisse par quel moyen il pourrait convaincre Hasan de le suivre, de répondre à l'appel d'un ministre ou d'un sultan à la réputation également désastreuse. Il n'avait aucune prise sur lui. Lorsqu'ils étaient en Occident, ne l'avait-il pas entendu plusieurs fois jurer que c'était sa dernière mission diplomatique? Que pour rien au monde il n'abandonnerait à l'avenir Zéliha, son épouse bien-aimée?

Zéliha? N'était-ce pas justement là la clé de son problème?

L'homme qu'il avait envoyé aux renseignements lui avait appris que Hasan venait juste de quitter la ville pour quelques jours. Le vizir, par ailleurs, recrutait des bandes armées. Pourquoi le Khwarezmien ne reprendrait-il pas du service chez les Seldjoukides?

Le coup de force d'al-Salih Ismaïl balaya les hésitations d'Osman. Tout se précipita. Au prix d'un généreux acompte, qu'il promettait de doubler aussitôt l'affaire achevée, le Grec obtint du mercenaire qu'il rendît au vizir un premier service avant de fuir la ville. Malgré la confusion générale, Osman accomplit ponctuellement sa mission, reçut le salaire de sa peine et s'en alla vers le nord avec Zéliha, désormais sa prisonnière.

Les choses s'arrangeaient à merveille. Mahmoud, connaissant Hasan, savait qu'il se précipiterait à la recherche de sa femme. Or ses ravisseurs partaient justement pour le pays de Roum combattre les Turcomans!

Le Grec sanglote.

« Pardon, seigneur, pardon! »

Des larmes coulent aussi sur la joue de Hasan. Il ne voit déjà plus Mahmoud. À quoi bon? Le mal est fait.

Pauvre Zéliha! Il est dit que les talents de diplomate que l'on me prête auront décidément fait ton malheur!

Ô Dieu, fais qu'elle parvienne saine et sauve à Erzurum! Et qu'enfin je l'y retrouve...

Les deux Turcomans ont entièrement dégainé leur épée. Les autres se sont aussi levés. Tous regardent le baba.

« Pardon, seigneur, pardon! » gémit lamentablement Mahmoud, trempant de ses sanglots la robe de Hasan, à laquelle il s'accroche.

« C'est Dieu Lui-même qui te jugera! »

Baba Rasul a parlé.

« Et c'est toi, Hasan, à qui ce misérable a fait tant de mal, qui seras le doigt de Dieu! Lève-toi, et approche! »

Il fait signe à un derviche, ordonne au Syrien de s'accroupir auprès de lui.

Le derviche, avec un infini respect, dépose aux genoux des deux hommes un grand livre à la reliure d'un cuir épais et usagé renforcée de pièces métalliques.

La vénération illumine les visages des Turcomans illettrés.

C'est le Saint Coran.

La Parole de Dieu.

Un autre signe du baba. Un derviche vient bander les yeux de Hasan. Celui-ci sent le baba prendre sa main, la poser sur l'épaisse reliure.

« Ouvre! »

Hasan, lentement, ouvre le Saint Coran.

« Pointe ton doigt sur la Parole de Dieu! »

Hasan, hésitant, pointe son doigt vers le Livre.

Le derviche ôte son bandeau.

« Et, à présent, lis! »

Hasan, mal à l'aise, pose son regard sur le verset que désigne son doigt.

Et il lit :

« *Ceux qu'Allah a résolu de perdre, nul ne saurait les guider; Il les laisse à leur rébellion, errant en aveugles.*

– Dieu a parlé!

– Pitié pour cet homme, Père! Laisse-lui une chance de se racheter.

– Dieu a parlé, Hasan ar-Rashid! »

La voix n'admet pas de réplique.

Aussitôt, rengainant leurs épées, les deux Turcomans qui entourent Mahmoud se précipitent sur lui, le culbutant à la renverse sur le sol. Ils lui garrottent pieds et mains. L'un d'eux s'agenouille sur sa poitrine. Il hurle.

Hasan esquisse un geste.

Une main de fer l'immobilise.

Avec une force incroyable, le baba lui a saisi le poignet.

Le Turcoman plonge son pouce sous l'orbite droite du Grec.

Terribles sont les cris.

Le Turcoman, de son couteau, sectionne tranquillement la prunelle de l'œil qu'il a mise en saillie.

Jamais Hasan ar-Rashid n'a entendu une bête hurler ainsi.

Le Turcoman plonge son pouce sous l'orbite gauche du Grec.

La poigne du baba est d'acier.

Le Turcoman achève son ouvrage.

Ainsi Dieu châtie-t-Il les méchants!

LA VILLE SAINTE

L'an du Seigneur 1239, de l'hégire 637,
le mercredi 7 décembre,
neuvième jour du premier mois de Djumada

Du haut des remparts de la tour de David, qui, portant ce nom depuis les temps bibliques, fut jadis un palais du roi Hérode avant de devenir la citadelle de Jérusalem, le bailli impérial Baudouin de Picquigny regarde la foule se précipiter dans l'enceinte de sa forteresse.

Il fait signe de fermer les portes. Assez de monde est entré comme cela!

Son regard balaie lentement les toits et les terrasses de la cité que d'ici l'on domine tout entière. Un tumulte, de partout, s'élève.

Soit, il va résister ici avec sa petite garnison, tenir le plus longtemps possible dans l'attente d'un hypothétique secours... ou d'une reddition honorable!

Mais il ne se fait pas d'illusion.

Jérusalem est perdue!

Pendant les dix années qu'a duré la trêve entre les chrétiens et les sarrasins, ceux-ci n'ont pas remis en cause la souveraineté de l'Empereur sur la ville, et les chrétiens ont laissé les musulmans prier librement dans leurs Lieux saints dont ils restaient les maîtres. Les incidents n'ont pas manqué, sans doute; dans l'ensemble, pourtant, les accords ont été respectés.

Mais nul n'a renouvelé la trêve. Dans l'un des camps, le sultan al-Kamil est mort, et ses successeurs s'entre-déchirent. Avec qui pourrait-on valablement traiter?

De l'autre côté, le bailli a scrupuleusement respecté les instructions reçues du maréchal Filanghieri, le légat impérial en Terre sainte : ne provoquer à aucun prix les musulmans, ne leur donner aucun prétexte d'attaque... Continuer comme avant, freiner les ardeurs de ceux qui veulent se hâter de relever les remparts dont le traité interdisait la reconstruction.

Ah, si le maître était là, comme il y a onze ans, tout serait différent. Hélas, il y a beau temps que ce sont les ennemis de l'Empereur qui tiennent le haut du pavé au royaume de Jérusalem! Frédéric est trop occupé en Italie pour venir désormais s'intéresser aux déboires de la Palestine. Et, pour ce qui est de ne pas provoquer les musulmans, les Français n'ont rien trouvé de mieux que d'envoyer à Saint-Jean-d'Acre le comte de Champagne avec toute une armée!

La réaction ne s'est pas fait attendre.

Si encore le comte Thibaut s'était avisé de venir renforcer la Ville sainte!

Au lieu de cela, il a eu l'idée saugrenue de s'en prendre à l'Égypte et de marcher sur Damiette. Mal lui en a pris. Le 13 novembre, du côté de Gaza, l'armée égyptienne du sultan al-Adil a anéanti son avant-garde, et Thibaut a fait piteusement demi-tour!

Ah! les chrétiens de Jérusalem sont dans de beaux draps!

Enfin, au point où il en est, le bailli n'a plus qu'à faire son devoir de gardien de la ville! Il tiendra aussi longtemps que ses vivres le lui permettront.

Al-Malik an-Nasir Daoud galope, triomphant, sous ses bannières marquées de versets du Coran. Préparant son affaire aussitôt qu'il apprit le débarquement des croisés à Acre, il vient de se jeter par surprise sur la Ville sainte.

Certains diront qu'il n'y a pas grand mérite à s'emparer d'une cité dont les défenses ont été démantelées et où ne réside nulle armée nombreuse. Peut-être, mais le fait est là! Les fortifications de la porte de Damas viennent de succomber. Les chrétiens se sont enfuis en masse vers la tour de David.

Hormis la citadelle, la ville est sienne!

Il est le premier musulman à y pénétrer en maître depuis onze ans!

Le souverain de Kérak se souvient des prêches enflammés qui se firent à l'époque dans les mosquées de Damas, où il régnait alors, à l'annonce du traité conclu entre l'Empereur des chrétiens et le sultan d'Égypte.

Quels qu'aient été les aléas de sa propre politique, et bien qu'il ait lui-même fini par soutenir al-Kamil contre ses parents de Syrie en révolte, il n'en ressent pas moins la fierté d'avoir effacé la honte que son oncle a fait subir à l'Islam en abandonnant aux infidèles la souveraineté d'al-Qods.

Dieu est décidément avec lui, depuis trois mois.

Frustré de l'héritage de Damas, qu'al-Kamil lui avait pourtant restitué, il a d'abord goûté à la revanche en capturant à Naplouse son cousin et rival al-Salih Ayyoub, trahi par ses troupes alors qu'il marchait sur l'Égypte, et en le faisant aussitôt emprisonner derrière les puissants murs du krak de Moab. Et voici à présent la Ville sainte qui tombe en quelques heures entre ses mains!

Quant aux Francs de Thibaut de Champagne, il n'a pas grand-chose à en redouter dans l'immédiat, puisque l'on a appris qu'ils ont été défaits il y a trois semaines par les armées d'Égypte! Cela lui laisse tout le temps d'assiéger la tour de David, qu'il va dès demain faire bombarder par ses mangonneaux.

Sans doute, il sait bien que lui-même, à son tour, ne pourra pas défendre contre une puissante attaque chrétienne une ville pour ainsi dire ouverte, mais qu'importe!

Il reste que, depuis onze ans, il est le premier musulman à pénétrer en maître dans al-Qods, la Sainte!

An-Nasir se précipite vers l'enceinte sacrée du Haram el-Chérif – le Noble Sanctuaire.

Là, sur le mont Moriah, l'ange de Dieu arrêta le bras d'Ibrahim prêt à immoler Ishak [1], là Daoud [2] consacra un autel au Très-Haut, là Suleyman [3] lui éleva un temple, là Issa a proclamé l'Évangile, et, de là, Mohammed s'est élevé jusqu'au Ciel dans son voyage nocturne.

An-Nasir a laissé aux portes son cheval et ses armes. Ses émirs l'imitent. Ils marchent à grandes enjambées vers le Qubbet es-Sakhra, le dôme du Rocher dont la coupole dorée étincelle au soleil. Ils gravissent les degrés et laissent sur leur droite, en contrebas de la terrasse, la mosquée el-Aqsa où tout à l'heure, au nom du Calife, on dira la prière. Otant leurs bottes, ils pénètrent sous le vaste édifice.

Alors, reprenant son souffle, lentement, al-Malik an-Nasir Daoud s'approche de la balustrade de bois sculpté isolant des fidèles le rocher sacré où demeure gravée l'empreinte de Mohammed – à moins que ce ne soit celle de l'archange Gabriel – et sous lequel, dit-on, les âmes se réunissent dans l'attente du Jugement dernier.

Il se prosterne.

Il n'y a de dieu que Dieu,
et Mohammed est le messager de Dieu!

Croyants, réjouissez-vous!
Aujourd'hui, à nouveau, al-Qods est musulmane!

1. Isaac.
2. David.
3. Salomon.

ERZURUM

L'an 637 de l'hégire,
le dixième jour du premier mois de Djumada [1]

« Halte ! Qui va là ?
– Envoyé du sultan ! »

L'homme se rapproche.

« Qui es-tu ?
– Mon nom est Hasan ar-Rashid. Je suis envoyé par le grand vizir, au nom de Sa Hautesse le sultan. »

Hasan tend à la sentinelle le sauf-conduit à la marque de Sadeddin Köpek.

L'homme, tout en maugréant, lui fait signe de le suivre et s'approche d'un petit groupe de soldats qui se réchauffent autour d'un feu. Sous le ciel triste et bas, les flocons de neige commencent à tomber.

L'un des soldats vient au-devant d'eux, s'adressant à la sentinelle dans un idiome inconnu.

Hasan s'interroge, surpris. Quelle peut être cette langue ?

Si l'un des gardes est manifestement le supérieur de l'autre, tous deux semblent fort embarrassés par le papier qu'ils ont entre les mains. Il est clair qu'ils sont aussi incapables de le déchiffrer que de reconnaître le sceau du vizir.

C'est une langue latine, sans aucun doute...

Leur équipement, comme celui des quatre hommes demeurés autour du feu, est assez usagé et passablement hétéroclite, mais il paraît robuste, et leurs armes semblent d'excellente qualité.

Sans nul doute possible, il s'agit des fameux mercenaires chrétiens du sultan. Il y a longtemps que les sultans de Roum ont pris l'habitude de renforcer leurs armées en prenant à leur solde des troupes étrangères. De même qu'il engageait des bandes khwarezmiennes, Ala al-Din Kaï-Kobad avait recruté des chrétiens sans maîtres venus des divers horizons de la Méditerranée. Lors de sa succession, les chrétiens prirent le parti du prince Kaï-Khosrau, les Khwarezmiens préférant Izz al-Din, le successeur légitime.

Les seconds sont partis en Syrie, les premiers sont aujourd'hui l'objet de toutes les attentions du sultan qui, en remerciement de leur aide décisive, leur a même accordé le privilège spécial de ne pas lui baiser les pieds.

Celui qui paraît le chef, le sauf-conduit à la main, s'adresse à Hasan avec un fort accent :

« Qui dis-tu que tu es ?
– J'ai nom Hasan ar-Rashid, de Damas. Je viens à Erzurum par autorisation spéciale de Sa Hautesse le sultan, comme tu peux le voir sur ce sauf-conduit que m'a délivré le grand vizir. »

D'un air soupçonneux, le mercenaire, dont la peau grumeleuse et couperosée est déchirée d'une cicatrice qui remonte jusqu'à l'œil, examine le nouveau venu. Il se dit que cet homme n'est sans doute pas un rebelle : il n'aurait pas cet

1. 8 décembre 1239.

air de noblesse! Et entendre invoquer avec cette assurance le nom du sultan l'impressionne.

Allons, mieux vaut faire mine de le croire et le conduire en un lieu où l'on saura vérifier ses dires!

« Je suis Jaime le Baléare. Suivez-moi, seigneur. »

Ainsi, ces hommes sont des Aragonais, qui ont échoué on ne sait comment ici, sous la neige d'Erzurum!

Prenant leurs chevaux par la bride, Hasan et son unique compagnon, son fidèle Ghanem, avec qui il a quitté Damas, emboîtent le pas au mercenaire.

Un cavalier de belle prestance s'approche.

« Jaime, tout va bien?

– Tout va bien, seigneur Umur. Mais vous arrivez à point. Voici le seigneur Hasan, qui se dit envoyé par Sa Hautesse le sultan. »

Le cavalier ouvre le sauf-conduit que lui tend le Baléare, protégeant le papier de la neige sous un pan de son manteau.

« Hasan ar-Rashid... de Damas... Ce n'est pas le sultan qui t'envoie, c'est le grand vizir! »

Il semble marquer délibérément la différence.

« Je suis Umur Ghazi. Que viens-tu faire à Erzurum?

– Je m'en expliquerai à l'état-major, s'il te plaît de m'y conduire.

– Eh bien, suis-moi! Et toi, Jaime, continue à faire bonne garde. Je crois que vous trouverez tout à l'heure dans votre cantonnement quelque boisson qui vous réchauffera... et réconfortera vos cœurs de chrétiens! »

Sans remarquer l'ironie du ton, les mercenaires grognent de satisfaction. Ils ont compris que du vin les attend!

Les trois cavaliers, suivis des deux chevaux qui portent les bagages du Syrien, s'avancent au pas sur la piste qui blanchit. Umur reste froid et distant.

Hasan, n'y tenant plus, l'interroge.

« Seigneur Umur, y a-t-il des Khwarezmiens à Erzurum?

– Des Khwarezmiens? Quelle étrange question. Pourquoi t'intéresses-tu aux Khwarezmiens?

– L'un d'eux a enlevé ma femme, et il doit être ici. »

Le *ghazi* [1] regarde Hasan avec étonnement.

« C'est pour cela que tu es venu à Erzurum?

– Cela ne te semble pas un motif suffisant?

– Ne me dis pas que c'est seulement pour cela que le vizir en personne t'a donné un sauf-conduit!

– C'est uniquement pour cela! »

Umur éclate aussitôt d'un rire qui inspire subitement à Hasan une profonde sympathie.

« Ce n'est pas possible. On n'a jamais vu Sa Noblesse Sadeddin Köpek rendre un service à quelqu'un sans lui en avoir fait payer le plus haut prix. Quel prix as-tu payé, Hasan?

– Un prix plus usuraire que tu ne saurais l'imaginer, Umur! »

Et Hasan se risque à raconter son histoire à ce cavalier dont le rire vient de le mettre en confiance, et qui semble si peu aimer le grand vizir.

---

1. *Ghazi :* « qui conduit une *ghazwa* »; sorte de chevalier.

Un autre sauf-conduit, en fait, a été tout aussi utile à Hasan que celui du ministre pour parvenir à Erzurum. Celui que lui a délivré le prophète des Turcomans...

Baba Ishak lui remit d'abord un papier, mais, si celui-ci pouvait être lu par les plus savants des derviches, la plupart des Turcomans, totalement illettrés, ne pouvaient rien en faire. Aussi le baba commanda à l'homme qui avait énucléé Mahmoud d'escorter le Syrien et son serviteur. Sitôt qu'il se fut prosterné aux pieds de son prophète, il se transforma en parfait chien de garde, servant le maître qu'on lui désignait avec un dévouement et des attentions qu'on n'eût point attendus d'un être aussi farouche, et redevenant à la moindre menace un guerrier féroce et sans pitié.

Le tout-puissant vizir avait raison de redouter le frêle baba à la voix plaintive. Une étincelle dans de la paille bien sèche n'aurait pas propagé plus vite l'incendie. Toute l'Anatolie s'est d'un coup embrasée.

Sur les routes, sur les pistes et sur tous les chemins, on voyait, en troupes compactes, en groupes épars aussi bien qu'en familles isolées, affluer les Turcomans à l'appel du prophète. Comme signe de reconnaissance, tous s'étaient vêtus de noir et coiffés d'un bonnet rouge.

Sous la pluie froide et drue qui annonçait l'approche de l'hiver, ils avançaient, à cheval comme à pied, chantant les louanges de Dieu. Combien de fois Hasan dût-il les entendre proférer l'appel impie :

«Allah ul'akbar!	*« Dieu est grand!*
Baba Rasul Allah! »	*Et le Baba est Son Envoyé! »*

Ils avançaient, poussant devant eux leurs troupeaux, avec leurs animaux de bât et leurs chariots qui portaient leurs pauvres biens. Les hommes, le visage rude et buriné par la vie au grand air, barré d'énormes moustaches, semblaient des arsenaux ambulants avec leurs épées, leurs poignards, leurs lances, leurs haches et leurs arcs. Derrière eux, femmes et enfants les encourageaient de leurs chants et leurs invocations à être les soldats de Dieu.

«Allah ul'akbar!
Baba Rasul Allah! »

C'est tout un peuple qui s'est mis en marche. Un peuple de pasteurs et de paysans que leurs maîtres lointains avaient fini par croire paisibles et soumis, mais qui, n'ayant jamais renoncé à être à l'occasion brigands, n'attendaient qu'un signal pour redevenir les guerriers qu'en leur cœur ils étaient toujours restés.

Ils ont abandonné leurs villages – quand toutefois ils en avaient. Peu leur importe. Ceux qui sont là depuis longtemps n'ont jamais vraiment cessé d'être des nomades; ceux qui viennent d'arriver en fuyant le Khwarezm n'ont encore pu s'établir nulle part.

Ils sont redevenus semblables à leurs ancêtres, lorsque, suivant le sultan Alp Arslan, leur seigneur, ils forcèrent les frontières de l'Empire romain et dévalèrent sur l'Anatolie byzantine.

Ils sont redevenus des guerriers de la steppe!

Et partout ils répondent à l'appel de leurs derviches. Plus pauvrement vêtus encore que les paysans eux-mêmes, ceux-ci, errants, mendiants, portent au fond de leurs yeux l'absolue certitude de leur foi. À leur tour ils vénèrent les saints hommes qui les guident, les hadji, les baba... Certains étendent leur influence sur une région entière. Ainsi ce Baba Ilyas dont on ne prononce le nom qu'avec un profond respect, réfugié du Khorassan, d'où, comme tant d'autres, il a fui les Mongols.

Mais au-dessus de tous s'élève le sheikh vénéré qui de Dieu est l'Envoyé!

Le prophète qui a le don d'apparaître en même temps partout où il lui plaît.

Le prophète qui, à son gré, se transforme en oiseau et vole dans les cieux.

«Allah ul'akbar!
Baba Rasul Allah!»

Voici qu'est annoncé le jour de la justice! Entre eux, les Turcomans, qu'ils se connussent ou non, s'interpellaient comme des frères. Les querelles de tribus, les querelles de clans, toutes étaient oubliées dans cette fraternité.

Demain les riches vont rendre gorge! Demain les puissants vont trembler!

On restituera à ceux qu'ils ont pillés le fruit de leurs rapines!

Et en toute justice, et en toute équité, on jouira tous ensemble de ces biens retrouvés! Personne, plus jamais, n'aura besoin de rien, puisque chacun, toujours, disposera de tout! Tous les biens de la terre seront mis en commun!

Finie la jalousie et disparue l'envie!

Il n'y aura plus d'émirs, plus de vizirs, plus de sultans...

Nul ne pourra prétendre à opprimer les autres. Tous seront égaux.

L'Envoyé l'a promis, de la part du Très-Haut!

Louange à Dieu!

Sans autre sanctuaire que l'infini du ciel, les Turcomans priaient.

Les hommes seront égaux devant l'Unique Maître. Tels ils étaient jadis, lorsqu'ils furent créés. Avant que le Shaytan et sa méchanceté ne les aient pervertis.

Et tous seront justes! Et tous seront bons!

Plusieurs soirs, les voyageurs se joignirent au campement de fortune d'une bande turcomane. Autour des grands feux où l'on se rassemblait lorsque cessait la pluie, on chantait les légendes des héros d'autrefois.

Les derviches racontaient aussi comment Dieu avait créé le monde. D'un vaste océan vert il fit surgir une pierre précieuse. Il la divisa en deux. De l'une des moitiés jaillit la lumière verte de Mohammed, de l'autre la lumière blanche d'Ali.

Ils racontaient comment Azrafil, l'ange de la mort, intervint pour que Dieu créât l'homme. Le Très-Haut avait ordonné à l'archange Gabriel de lui apporter une poignée de glaise pour y modeler sa créature, mais la Terre, redoutant que celle-ci ne vienne à pécher et à brûler en enfer, supplia Gabriel de ne rien arracher de son sein. Il se laissa fléchir et l'archange Michel échoua comme lui. Seul Azrafil demeura insensible aux larmes de la Terre.

Ils racontaient comment les âmes des méchants se réincarnaient dans des bêtes impures et décrivaient avec force détails les animaux immondes dont les corps abriteraient bientôt les âmes des riches et des puissants.

Ils racontaient comment Baba Ishak leur prophète se muait en grue cendrée pour s'envoler par-dessus les mers et les montagnes, et par-delà le temps, pour converser avec Ahmed Yesevi, le saint homme fameux du Khorassan dont les impies disaient qu'il était mort depuis trois quarts de siècle, alors qu'auprès de Dieu il vivait, bienheureux, d'une vie éternelle.

Et bientôt, dans la nuit, les hommes se mettaient à danser. Une rude musique scandait leurs pas, lente d'abord, puis rapide, puis comme devenue folle.

Était-ce la boisson? Était-ce le haschisch? Ils entraient en extase, jusqu'à s'effondrer, épuisés et en nage dans le froid de l'automne.

Hasan écoutait en silence ces étranges récits où de vieilles croyances se mêlaient à l'Islam.

Il regardait pensivement ces danseurs qui paraissaient n'être plus eux-mêmes, le regard tourné vers d'autres mondes.

Il n'avait rien à faire avec tous ces gens-là.

Tantôt il les craignait, tantôt il les plaignait, tantôt il les enviait...

Mais qu'importait le drame qui devant lui se nouait.

Son esprit était loin, auprès de Zéliha...

Pourtant ces quelques soirées qu'il passa parmi eux ont suffi à faire de lui un objet de légende. Là-bas, chez les Turcomans, et en ce moment même, on se répète de bouche à oreille, les noms de Hasan et Zéliha.

Inévitablement, chaque groupe qu'il croisait lui demandait qui il était, où il allait. Il était peu enclin à raconter son aventure au premier paysan venu, mais, non moins invariablement, l'homme que le baba avait posté auprès de lui attestait que c'était le prophète en personne qui l'envoyait. Aussitôt les paysans se rassemblaient. Comment était le prophète? Qu'avait-il fait? Qu'avait-il dit? Pourquoi avait-il envoyé ce voyageur? Était-ce pour leur porter les dernières paroles que Dieu lui avait adressées?

Alors se constituait un étrange duo.

Tout d'abord, Ghanem, habituellement effacé et discret lorsqu'il servait son maître, découvrit devant celui-ci des talents de conteur que Hasan n'avait jamais mesurés. Sa mère était une esclave turcomane et il s'exprimait tout naturellement dans la langue de son auditoire. À celui-ci, il racontait tout, émaillant chaque jour son histoire de quelque détail d'abord authentique, puis enjolivé, puis totalement imaginaire.

Leur garde, ensuite, intervenait de temps à autre pour attester les faits – même s'il ne les connaissait pas. Puis, lorsque devant les sourcils froncés des hommes, les regards angoissés des femmes et les bouches béantes des enfants on arrivait au moment suprême où Dieu inspirait le baba pour lui dévoiler la perfidie du vizir, avant de rendre Lui-même Sa juste sentence, l'homme prenait une part directe au récit. Son langage rude, fait de peu de mots, tranchait sur les hyperboles imagées dont Ghanem truffait sa narration, mais il apportait à celle-ci le son inimitable de la vérité.

La première fois que cela se produisit, Hasan, fort mécontent, tenta d'arrêter son serviteur, mais l'auditoire ne le permit pas. Puis il laissa faire, comprenant que, s'il prenait du temps et conduisait à étaler au milieu des campagnes tous ses malheurs intimes, ce long récit facilitait considérablement les choses.

Grâce à lui, on respectait son silence, son air un peu absent. On le regardait avec admiration, comme un miraculé.

C'est qu'il l'était en effet! Il était la preuve vivante de ce que Dieu en personne avait envoyé sur terre le baba pour déjouer les pièges du Shaytan et de ses créatures. Il était la preuve vivante de ce que Dieu était descendu auprès des Turcomans!

À cet homme vêtu de belles étoffes et d'un épais manteau, ces gens pourtant si pauvres venaient bientôt faire des présents : ici, un poignard pour l'aider à triompher de ses ennemis, là, un peu de lait caillé pour la route... Payer – avec la monnaie du sultan? –, il n'en était pas question! Tous les biens, désormais, n'étaient-ils pas communs?

Lorsqu'il reprenait la route, les femmes l'assuraient qu'elles prieraient pour lui et qu'il ne pouvait que retrouver sa bien-aimée, puisque Dieu l'assistait! Les hommes tiraient leurs épées et sortaient leurs poignards, pour bien lui montrer le sort qu'ils réservaient au vizir détesté et à tous les vils Mahmoud qui le servaient!

Hasan aurait voulu galoper nuit et jour jusqu'à Erzurum. Mais sa progression fut d'une lenteur extrême.

Tout le pays était plongé dans l'anarchie. Bourgs incendiés, villages abandonnés, grosses fermes ruinées... Il n'y avait pas que les Turcomans qui s'étaient jetés sur les pistes... Il y avait de riches paysans, des marchands, des artisans aisés, qui, entassant dans leurs voitures, sur leurs chevaux, leurs chameaux ou leurs mules toutes les richesses qu'ils pouvaient emporter, s'enfuyaient, en proie à la terreur, vers l'abri d'une citadelle ou d'une ville fortifiée... Il y avait des escadrons de cavalerie du sultan, dont on ne savait trop s'ils s'en allaient combattre les rebelles ou s'enfuyaient eux-mêmes... Il y avait des bandes de brigands, profitant du moment pour s'en aller piller au nom des uns, des autres, ou simplement du leur propre...

Il y avait des Turcomans qui étaient des brigands, et des brigands qui étaient des soldats réguliers...

Lorsque, ayant remercié le gardien dévoué que le baba leur avait donné, Hasan et Ghanem pénétrèrent enfin dans une ville, ils détruisirent le sauf-conduit du prétendu prophète et ressortirent celui du grand vizir. Aussitôt, on les conduisit à la citadelle, où un émir anxieux les soumit à une avalanche de questions : que savaient-ils? Qu'avaient-ils vu? Où étaient les Turcomans? Quelles étaient leurs intentions?

Et, chaque fois qu'ils approchaient quelque représentant de l'autorité légitime, l'interrogatoire angoissé recommençait.

Dans ce pays où un an plus tôt – où quelques mois plus tôt – régnaient l'ordre et la paix, tout semblait s'en aller à vau-l'eau. Les rumeurs les plus insensées circulaient. En fait, s'il en était besoin, on s'exagérait considérablement la force des Turcomans. Même dans des contrées éloignées du foyer principal de la rébellion, il suffisait qu'un ou deux bandits de grand chemin se manifestent pour que le gouverneur ou le seigneur local s'enferme dans son château, persuadé qu'il allait devoir soutenir le siège de toute une armée turcomane.

La réputation du baba, en fait, s'étendait bien au-delà de ses fidèles. Partout, on craignait ses pouvoirs. Et s'il était vraiment l'Envoyé de Dieu?

Voilà, songeait Hasan devant cette gabegie, ce qu'en deux ans et demi le sultan et son vizir ont réussi à faire de ce puissant royaume!

Et avec tout cela le vent, la pluie, la boue... Les rivières en crue... Et pas de guides fiables dans ces contrées montagneuses qu'on ne connaissait pas... Combien de fois les deux voyageurs durent-ils attendre, se cacher, faire demi-tour et encore demi-tour?

Il a fallu un mois pour parvenir à Erzurum depuis la région de Malatya! Et cela tient du miracle d'y être arrivés vivants!

Mais, ici, l'ambiance est toute différente. On l'a déjà senti dans les derniers jours du voyage. Ordre et discipline. Dans la ville, ou à ses abords, on rencontre des troupes de toutes sortes et de toute origine, mais leur comportement à la fois assuré et tranquille montre qu'elles ont des chefs et qu'elles leur obéissent.

Erzurum est une cité militaire et caravanière, mais dans les troubles du moment les soldats ont partout supplanté les marchands. Dans les caravansérails mêmes sont souvent cantonnées des troupes.

En approchant du château où réside l'émir gouverneur des marches frontières, qui commande l'armée, on croise une importante colonne de cavaliers, marchant en deux longues files derrière un étendard fait de queues de chevaux. Ils ont une fière allure et leur mine est aussi terrible que celle des Turcomans, qui sont un peu leurs frères. Mais eux sont parfaitement équipés, parfaitement entraînés. C'est ici, à Erzurum, qu'est cantonnée l'élite de la cavalerie seldjoukide, le fer de lance de l'armée du sultan.

Ce sont ces fiers cavaliers qui ont écrasé devant Mantzikert, il y a un siècle et demi, l'armée byzantine du Basileus Romain Diogène accouru en personne de Constantinople, ouvrant ainsi aux Turcs toute l'Anatolie.

Entraînant le Syrien à sa suite, Umur Ghazi se fait introduire auprès du gouverneur. Celui-ci, un vieux soldat à la moustache grise, a jadis servi avec un dévouement absolu le sultan Kaï-Kobad. C'est un de ces hommes qui osent montrer ce qu'ils pensent mais que l'on tolère pourtant car ils sont irremplaçables à la tête de leurs troupes. C'est aussi un grand seigneur issu d'une des principales familles de Konya. Apprenant que Hasan est un envoyé du vizir, il le regarde sans aménité.

Mais Umur s'est à son tour pris de sympathie pour le Syrien et résume aussitôt la situation à son chef. Celui-ci se détend. Que Hasan reste à souper! On verra son affaire.

En dehors du ghazi, trois officiers seulement partagent le pilaf parfumé, débordant de volaille et de mouton en sauce, qu'offre ce soir l'émir. Des hommes de toute confiance.

Hasan questionne.

Des Khwarezmiens? Oui, une troupe conduite par un certain émir du nom de Timour, qu'on surnomme l'Épervier, et c'est tout; c'est peut-être le seul d'entre eux qui accepte encore de servir le sultan et le vizir.

C'est justement lui que devait rejoindre l'homme que cherche Hasan? Osman, a-t-il dit?

Non, personne ici ne connaît ce nom. Mais on verra cela demain matin. Hasan et Umur Ghazi iront en personne interroger Timour. En attendant, l'émir va dès ce soir lui faire porter un message, au cas où le ravisseur et sa prisonnière auraient effectivement rejoint son cantonnement.

Bien évidemment, on n'a jamais reçu ici le message que le grand vizir avait promis à Hasan d'envoyer à Erzurum...

Le Syrien mange de peu d'appétit. Il ne songe qu'à ce chef mercenaire khwarezmien, unique espoir ce soir de retrouver Zéliha.

Il est pourtant frappé par le ton sur lequel on parle du grand vizir, au point qu'il en vient à s'étonner que ses commensaux aient encore pu garder leur tête sur leurs épaules. Sans doute sont-ils trop loin de Konya pour avoir pu porter ombrage à Sadeddin Köpek... Sans doute le sultan a-t-il trop besoin d'eux ici...

L'armée des frontières est le principal rempart du pays de Roum contre ses ennemis. Le nom même d'Erzurum – « la terre de Roum » – ne signifie-t-il pas qu'ici cette terre commence et qu'ici elle finit?

Le sultan n'a pas intérêt à l'affaiblir inconsidérément. Surtout en ce moment. Car l'ennemi approche.

Pas l'ennemi intérieur, pas les Turcomans!

L'autre. Celui devant lequel les Turcomans ont fui.

Au moment où mourait le grand sultan Ala al-Din Kaï-Kobad, le général Tchormaghan, depuis son quartier général d'Azerbaïdjan, envoyait ses bandes saccager et terroriser le Kurdistan, la Géorgie et la Grande Arménie.

Cette année, les troupes de Tchormaghan et du noyon Baïdjou, qui le seconde, ont planté l'Étendard des Mongols sur les capitales arméniennes d'Ani et de Kars.

Que les Mongols progressent encore un peu vers l'ouest...

Et la prochaine ville qu'ils rencontreront s'appellera Erzurum!

L'estafette envoyée à l'émir Timour revient avec un message laconique : oui, Timour attend la troupe d'Osman. Non, Osman n'est pas arrivé. Oui, Timour verra demain matin ce qu'il peut faire.

Ce ne sont pas de bonnes nouvelles... Et pas vraiment de mauvaises.

Hasan doit prendre son mal en patience. Son cœur est oppressé, mais il s'efforce de se mêler plus activement à la conversation. Cela lui occupera un peu l'esprit. Plongeant une main dans le grand plat, il se contraint à manger une poignée de pilaf.

On reparle des Turcomans. Sans animosité aucune. Au contraire!

Ce sont des braves! Ils ont bien servi le sultan autrefois.

Le ton sur lequel on les évoque est bien différent de celui sur lequel on parle du vizir... Quant au sultan lui-même, si les mots qu'on emploie à son égard restent respectueux, il n'est pas difficile à un homme comme Hasan de sentir qu'il n'inspire qu'un respect de commande. On n'a pas invité de mercenaires chrétiens à souper, ce soir... Eux qui sont ici comme l'œil du sultan...

Faudra-t-il que l'armée des frontières intervienne si les autres troupes seldjoukides ne parviennent pas à rétablir la situation? Au prix de dégarnir Erzurum?

Mais à quoi bon défendre Erzurum, si le pays s'est effondré de l'intérieur?

Que fera l'armée des frontières si elle devient un jour l'ultime arbitre entre les Turcomans et le vizir dont, sans pouvoir le dire, chacun sait bien ici que le sultan n'est que la marionnette?

« Si l'on m'ordonne de combattre les rebelles, je les combattrai, affirme sans détour l'émir à la moustache grise.

« Je les combattrai par fidélité à mon maître le sultan...

« À mon maître défunt le sultan Ala al-Din Kaï-Kobad qui, du haut des cieux, au paradis d'Allah, juge ses serviteurs. »

LE PRINCE ET LES CHEVALIERS

L'an du Seigneur 1240, le vendredi 6 janvier, Épiphanie de Notre-Seigneur Jésus-Christ

« Monseigneur, une dernière fois, je vous adjure de bien peser notre offre.

– Monseigneur, en ce jour où l'on célèbre l'Épiphanie de Notre-Seigneur Jésus-Christ, songez à la Chrétienté, songez au peuple chrétien!

– J'y songe, sires chevaliers, j'y songe, vous le savez. Mais je vous ai assez représenté combien les malheurs dont la Russie est accablée feraient de Novgorod un bien piètre allié. Nous devons panser nos plaies avant toute autre chose. Les chrétiens, ici, ont assez à se défendre pour ne point se préoccuper d'attaquer.

– Mais c'est de défense qu'il s'agit, monseigneur! De nous défendre ensemble contre les entreprises des païens! Si la Russie est malheureuse, Novgorod reste indemne, Novgorod est riche, puissante! »

Rainfried von Waldberg pose sa main sur le bras d'Andreas von Velven. Il est inutile que celui-ci continue à discourir. Tout a déjà été dit. Le jeune homme qui leur fait face ne reviendra pas sur sa décision.

L'Ordre de l'Hôpital de la Bienheureuse Vierge Marie de la Maison allemande de Jérusalem a dépêché les deux dignitaires en ambassade au prince Alexandre Iaroslavitch de Novgorod.

Bien qu'intégrés à l'Ordre et soumis à son grand maître, les chevaliers Porte-Glaive ont conservé aux côtés de leurs frères Teutoniques une hiérarchie propre. On a donc confié l'ambassade à leur maître Andreas von Velven, que l'on a flanqué du maréchal Rainfried von Waldberg. Ainsi sont représentées les deux branches de l'Ordre en Livonie.

Sous le commandement de leur grand-prince Mindaugas, les Lituaniens bloquent l'avance des chevaliers au sud de la Düna. Bien plus, souvent ils contre- attaquent! Dans la haute hiérarchie de l'Ordre, on songe à déclencher contre eux une vaste croisade. Il y faudra des soldats, il y faudra des ressources. On cherche des alliés.

Les Danois, avec qui l'on est désormais en paix? Peut-être.

Les Suédois? Sans doute.

Les villes marchandes d'Allemagne ou de Gotland? C'est indispensable.

Mais, parmi les puissances proches de la Lituanie et de la Livonie, il en est une sur laquelle on s'interroge.

Quel rôle doit jouer la république de Novgorod?

À priori, c'est une alliée. Les Lituaniens la menacent directement. Ils menacent plus encore Polotsk, où le prince Alexandre a passé l'an dernier plusieurs mois à réorganiser la défense, et où il a pris femme. Son père, le grand-prince Iaroslav de Vladimir et de Souzdal, a dû venir en personne déloger les païens de Smolensk...

Une alliée, donc.

Oui, mais une alliée gênante.

Novgorod est riche. Trop riche au gré de certains.

Les marchands de Lübeck, de Visby, de Riga ou d'autres cités commercent depuis longtemps avec elle. Elle est l'intermédiaire obligé entre la mer Baltique et l'intérieur de la Russie, et surtout avec les forêts de Carélie qui regorgent – entre autres – d'animaux à la précieuse fourrure.

Tant que la vaste Russie, si divisée soit-elle, était prospère, tant que la principauté de Vladimir était puissante, cet intermédiaire avait son utilité. Il était même indispensable.

Mais à présent que le pays de Rous a été ravagé par les Tartares, à présent que le pays de Souzdal n'est plus que l'ombre de lui-même, à quoi sert Novgorod?

N'est-ce pas à interdire aux marchands allemands l'accès direct aux riches forêts de Carélie? Pourquoi enrichir un intermédiaire qui ne sert plus à rien?

Les Suédois lorgnent sur la Finlande, où Novgorod compte de nombreux clients.

Les Danois songent eux aussi à étendre leur influence à l'est des terres qu'ils occupent en Estonie, autour de Reval[1].

Novgorod, enfin, a pour les chevaliers eux-mêmes un vice irrémédiable.

Elle se veut chrétienne, mais elle est schismatique. Autant dire hérétique.

Et s'il est un vice plus abominable encore que le paganisme, c'est bien l'hérésie!

Plusieurs fois, dans le secret des délibérations des chapitres de l'Ordre, on a observé que le jour où l'on aura enfin soumis les païens au règne de la croix, il y aura matière à poursuivre plus à l'est l'œuvre d'évangélisation.

Certains dignitaires, pourtant, et non des moindres, se souvenant des réticences de frère Hermann von Salza – que Dieu l'accueille en Son paradis! –, insistent sur le fait que les Russes sont chrétiens. Si le schisme grec est une erreur condamnable, il n'en faut pas moins leur donner la chance de s'amender. La sainte Inquisition elle-même, là où elle est établie, ne l'accorde-t-elle pas généreusement aux hérétiques les plus dévoyés en leur permettant de confesser la vraie foi, de dénoncer leurs complices et de faire pénitence?

C'est leur voix qui l'a emporté. Ce qu'Andreas von Velven et Rainfried von Waldberg ont mission de proposer à Alexandre Iaroslavitch, c'est une alliance.

Les chevaliers chrétiens vont partir en croisade contre les païens de Lituanie. Ce sont vos ennemis et vous êtes chrétiens. Comment pourriez-vous demeurer à l'écart? Venez, venez rejoindre le peuple chrétien qui va s'unir contre les ennemis de la foi!

Ah, si Novgorod adhérait spontanément à la foi romaine!

Mais, à défaut d'une telle clairvoyance, il suffirait qu'elle accepte l'alliance.

Qu'elle accepte, et elle deviendra membre d'une vaste ligue catholique! Elle en sera le maillon le plus faible; elle aura de plus en plus besoin des autres. Il y a dans la ville des boyards et des marchands à qui leur intérêt commande de s'entendre avec les Allemands ou les Danois... Alors, qu'aura-t-elle à faire du lointain métropolite d'un Kiev menacé par les Tartares et d'un Patriarche plus lointain encore que l'on a chassé de Constantinople?

Elle s'en viendra, tout naturellement, dans le giron de la vraie foi.

---

1. Tallinn.

En regardant le jeune prince blond qu'il va bientôt quitter, Andreas von Velven soupire. À travers l'offre d'alliance, c'était cette chance qu'il lui offrait. Comme il s'y attendait, sa raison, engluée dans l'erreur, a repoussé l'idée de réintégrer le sein de l'Église catholique. Mais Andreas espérait que son cœur malgré lui comprendrait, que son âme le pousserait dans la bonne voie..., qu'enfin il accepterait l'alliance !

Hélas, les ambassadeurs ont échoué. Ils doivent se contenter d'une promesse de neutralité. Autant dire qu'ils n'ont rien obtenu.

Le jeune prince n'a pas su apprécier la valeur de la main qu'on lui tendait !

Ils ont longuement parlé, pourtant.

Dans la cour du palais où l'on a dégagé la neige, l'escorte allemande est déjà à cheval. Descendant les marches avec les deux Chevaliers, Alexandre les accompagne jusqu'à leurs montures.

Il n'a nulle intention d'entrer en guerre contre les Lituaniens. S'il entend se tenir prêt à repousser leurs attaques, sa politique à leur égard est strictement défensive. Ainsi vient-il de renforcer les fortifications sur la rivière Chélone – par laquelle l'ennemi aurait pu remonter jusqu'au lac Ilmen – et surtout de faire édifier au sud du lac, au confluent de la Chélone et de la Doubenka, la forteresse de Gorodets, pour protéger de ce côté l'accès à Novgorod. Sans doute n'a-t-il aucune sympathie pour ces païens qui ne se gênent guère pour venir piller les terres russes, mais il est conscient de sa faiblesse. La république a toujours été plus portée sur le commerce que sur la guerre. Le nombre de ses soldats est des plus réduits. En dehors de sa droujina personnelle, leur recrutement est des plus incertains, leur entraînement des plus sommaires, leur armement des plus disparates ! Même la Souzdalie de son père, après le passage des Tatars, n'est au mieux en état que d'opérer quelques contre-attaques, comme à Smolensk. Une guerre délibérée ne pourrait qu'affaiblir la république.

Et il serait fou de ne pas se rappeler que, s'ils se sont éloignés vers le sud, les Tatars ravagent toujours les terres de Russie !

Quant à l'alliance proposée, il ne la juge que de circonstance.

Aujourd'hui les chevaliers ont peut-être besoin de lui. Mais demain, vainqueurs, ils redeviendront ce qu'ils sont en réalité : une menace pour Novgorod. Il n'oublie pas que six ans plus tôt, tout jeune encore, il a suivi son père pour affronter les Porte-Glaive sur les bords gelés de l'Émaïyga !

Alexandre sait bien qu'à leurs yeux il n'est lui-même qu'un schismatique et un hérétique !

Tant que Mindaugas et ses Lituaniens lutteront contre eux, ils seront sans doute trop occupés pour menacer sérieusement la république.

Si Mindaugas sort vainqueur de l'affrontement, les Russes – si Dieu veut ! – trouveront bien encore assez de force pour le contenir.

Mais si les Allemands battent les Lituaniens, qui les contiendra ?

Car derrière les chevaliers de Sainte-Marie de la Maison allemande débarquent en foule les colons.

C'est tout le puissant Empire germanique qui s'est mis en marche vers l'est !

Et, pendant ce temps, la Suède fourbit ses armes pour s'assurer enfin le contrôle de la Finlande.

Et les Danois voudront leur part du festin !

Enfin, derrière les Allemands et leurs alliés, se dresse dans toute son arrogance l'ambitieuse Église de Rome, prompte à prêcher par toute l'Europe la croisade contre ceux qui refusent d'obéir à son pape!

Celui-ci n'a-t-il pas déjà, dix ans plus tôt, menacé d'excommunication – quoique sans grande efficacité – tout catholique qui oserait fournir à Novgorod des armes, des chevaux, de la nourriture ou des vaisseaux? Maintenant qu'elle domine Constantinople, maintenant que le Tsar orthodoxe, le légitime successeur de Constantin le Grand, a dû se réfugier en Asie, l'Église de Rome supporte moins que jamais l'attachement des Russes à leur foi.

Alexandre se souvient des lectures de l'Écriture sainte qu'on lui faisait lorsqu'il était enfant, des Vies des saints qu'il lisait étant adolescent. À présent que l'Église du Christ est faible, et de partout menacée, il ne sera pas dit qu'il l'abandonnera!

Pour finir, il sait bien qu'il a peu d'avantages à attendre de la féroce rivalité qui oppose, là-bas, très loin vers l'ouest, le Pape Grégoire et le Tsar Frédéric, car ici, si loin de l'Italie, c'est avec la bénédiction des deux chefs de la chrétienté romaine que les chevaliers Teutoniques progressent inexorablement vers l'est.

Que pèsera en face de pareilles puissances un prince qu'elles jugent hérétique et qui ne peut plus guère espérer de secours de nulle part puisque les Tatars ravagent le cœur de la Russie?

Tôt ou tard, ce sont les terres de la riche Novgorod que convoiteront les chevaliers au manteau blanc. Et ce sera à lui, Alexandre, de leur faire face. Seul.

Que Mindaugas leur tienne donc tête, et le plus longtemps possible!

Entre les champs de neige et les étangs glacés s'éloigne l'ambassade allemande.

Derrière elle le palais princier domine de sa masse, avec l'église de l'Annonciation voisine, les isbas du village de Gorodichtché, à moins d'une lieue des remparts de Novgorod, où les princes doivent vivre puisque les Conseils de la Ville leur interdisent d'y résider, de peur qu'ils n'abusent de leur pouvoir.

Rainfried et Andreas chevauchent côte à côte, silencieux.

Tous deux ont été fort impressionnés par le jeune prince.

Andreas soudain s'exclame :

« J'ai parcouru beaucoup de pays, j'ai rencontré bien des hommes et bien des princes, mais j'ai vu et écouté Alexandre de Novgorod avec étonnement et il a forcé mon admiration.

– La mienne aussi! » ajoute Rainfried.

Tous deux progressent à nouveau en silence.

« Quel malheur que nous n'ayons pas su le convaincre d'être des nôtres! Quel est ton avis, frère Rainfried?

– Ma conviction est faite, frère Andreas. Un tel homme ne peut être qu'avec ou contre nous. Aujourd'hui, il est jeune et manque d'expérience, mais dans quelques années il sera redoutable. Ce prince restera à jamais enfoncé dans l'hérésie. Il n'a que méfiance à notre égard. Il importe de l'éliminer avant qu'il n'ait pris trop de force. »

Andreas von Velven regarde tristement la campagne toute blanche. Il aime ce jeune prince et il aurait voulu l'aider à sauver son âme et celle de son peuple.

« Tu as raison, frère, il nous faudra à l'avenir le traiter pour ce qu'il est...
« Un ennemi de la foi catholique et romaine! »

LE GHAZI
L'an 637 de l'hégire,
le seizième jour du deuxième mois de Djumada [1]

Le ghazi, suivi d'un soldat d'assez rude apparence qui a pourtant, comme lui, laissé ses armes à l'entrée, gravit quatre à quatre les marches de l'escalier. Il longe à grandes enjambées la galerie de l'étage avant de s'arrêter devant l'une des portes qui s'alignent, identiques, au-dessus de la cour.

« Hasan! Hasan! Es-tu là? C'est Umur! »

Le Syrien ouvre avec le sourire un peu triste que son nouvel ami lui a toujours connu. Il n'a jamais été très gras, pourtant son visage s'est encore aminci, presque émacié. Cette mine ascétique et la sobriété de son vêtement s'accordent parfaitement au dépouillement de sa petite chambre.

Un lit étroit et quelques couvertures, un placard, une table basse où s'empilent trois livres près d'une petite lampe, un coussin pour s'asseoir, une cheminée, des murs blancs et nus...

Le soir de son arrivée, pour qu'il pût avoir un logement particulier dans la ville encombrée de troupes, on logea Hasan dans une medersa. C'était tout provisoire et, le lendemain même, Umur Ghazi lui avait fait préparer dans une hôtellerie un appartement plus digne de sa qualité.

Mais, en dépit de son confort sommaire, Hasan préféra conserver sa cellule d'étudiant. Elle convenait mieux aux dispositions de son esprit. Il ne s'imaginait pas demeurant dans l'agitation d'une auberge ou d'un caravansérail. La frugale pitance de la medersa satisferait bien mieux ses besoins du moment qu'une table bien garnie. Le sheikh qui l'administre, un vieil homme doux et affable, qu'on honore du titre de *raïs* et qu'on respecte partout pour sa science du droit, compatit sincèrement au malheur de son hôte forcé et, puisqu'il disposait d'une cellule libre, c'est bien volontiers qu'il la lui abandonna pour le temps qu'il faudrait.

Hasan, depuis lors, a vécu pour ainsi dire cloîtré, mêlé aux étudiants du collège coranique.

Et malgré l'atmosphère d'étude, de paix et de prière, son esprit est la proie d'une angoisse chaque jour plus impuissante.

Timour l'Épervier, l'émir khwarezmien présent à Erzurum, a bien reçu, vers la fin du deuxième mois de Rebi [2], un messager d'Osman lui annonçant que celui-ci et sa petite troupe allaient le rejoindre. Mais il n'en a depuis aucune autre nouvelle.

1. 13 janvier 1240.
2. Fin novembre.

Timour lui-même s'étonne. Il n'est pas dans le caractère d'Osman de tarder longtemps à exécuter ce à quoi il s'engage.

Le temps passe. Il y a aujourd'hui trois mois et demi que l'officier mercenaire a quitté Damas, et plus d'un mois et demi qu'il a fait annoncer son arrivée.

La première réaction de Hasan fut de se remettre en marche vers le sud, en direction du Diyar Mudar où s'est établi le gros des bandes khwarezmiennes. Umur Ghazi, aussi bien que l'émir lui-même, l'en dissuadèrent. Il avait pu juger de l'insécurité – et le mot était faible – qui régnait sur les routes. Quant au Diyar Mudar, le qualifier de repaire de brigands était déjà beaucoup trop flatteur. Antre de démons, voilà qui lui conviendrait mieux.

Au surplus, les Khwarezmiens que Hasan pourrait rencontrer là-bas risquaient d'être pour le moins en délicatesse avec Timour et Osman. Si ceux-ci acceptaient de reprendre du service pour le sultan seldjoukide et son vizir, ils avaient leurs raisons! Enfin, puisque Osman était censé s'acheminer vers Erzurum mais que l'on ignorait sa route, le Syrien avait toutes les chances de le manquer.

La sagesse commandait qu'il reste à Erzurum. Umur, de toute manière, s'engageait à faire procéder à toutes les recherches qui s'avéreraient possibles.

C'est cette promesse du ghazi au moins autant que son appel à la raison, qui a décidé Hasan à demeurer ici. Une confiance immédiate s'est établie entre les deux hommes, qui s'est muée depuis lors en véritable amitié. C'est presque chaque jour, si son service le lui permet, qu'Umur se rend en visite à la medersa.

Les ghazis étaient autrefois des beys turcomans, seigneurs presque indépendants du pouvoir des sultans, qui se donnaient ce nom pour marquer qu'ils étaient le glaive de Dieu, les soldats de la foi contre les infidèles, que ceux-ci soient chrétiens d'Arménie ou de Géorgie ou bien païens de la steppe. À la longue, des princes seldjoukides eux-mêmes se sont plu à se parer de ce titre devenu prestigieux au fil des combats. En dehors des régions frontières où il s'en trouve encore à l'ancienne mode, les ghazis sont aujourd'hui de preux chevaliers qui, pareils à ceux d'Occident dont Hasan a entendu chanter les exploits dans ses voyages d'Europe, sont supposés défendre la foi, les pauvres et les opprimés.

Umur, fils d'une noble famille, est de leur nombre. Dans ses conversations avec Hasan, il a avoué à ce dernier qu'il s'est demandé, un temps, si sa place n'était pas plutôt auprès des Turcomans en révolte qu'ici, au milieu des troupes du sultan dégénéré et de son sinistre vizir. Aux côtés, qui plus est, de mercenaires chrétiens! Mais, parce qu'il est justement un vrai musulman, il s'est vite convaincu que le prétendu prophète est un imposteur qui ne pourra apporter au pays de Roum qu'un peu plus de malheur. Comme l'émir qui le commande, il fera son devoir de soldat du sultan!

S'il s'est employé à dissuader Hasan de partir lui-même à la recherche de Zéliha, Umur a, au contraire, obtenu de Timour d'envoyer quelques-uns de ses hommes s'enquérir du sort d'Osman.

Pour retrouver des mercenaires khwarezmiens, rien de tel que des mercenaires khwarezmiens!

Mais, depuis un mois, ils n'ont pas donné jusqu'ici plus de signes de vie qu'Osman lui-même.

Le ghazi, habituellement très calme, est aujourd'hui dans un état d'excitation que Hasan ne lui connaissait pas.

« Umur, tu as des nouvelles?

– Oui. Oui, enfin!

– Où est-elle?

– Assieds-toi, je t'en prie. »

Tous deux prennent place sur le lit bas.

Le soldat à la rude apparence qui accompagne Umur s'assied par terre, face à eux.

Hasan secoue vivement le bras du ghazi. Celui-ci semble hésiter à parler.

« Où est-elle? Est-elle sauve? Ne me fais pas languir!

– Elle est sauve, Hasan, elle est sauve. »

Le Syrien se détend. Umur n'en paraît pas moins gêné.

« Les cavaliers que Timour a envoyés sont revenus ce matin. Dieu les a guidés. En revenant sur leurs pas sans avoir rien trouvé, ils ont fini par rencontrer cet homme que voici, qui tentait de gagner Erzurum. Il faisait partie de la troupe d'Osman. Il était de ceux qui ont attaqué ta maison. »

Hasan maîtrise son envie de tirer son poignard pour égorger ce misérable qui a peut-être lui-même porté la main sur Zéliha.

Mais il écoute Umur... Umur et le soldat... Et la bouffée de joie qu'il vient de ressentir à la nouvelle que sa bien-aimée était sauve laisse peu à peu la place à une oppressante sensation d'étouffement.

Pour quelque raison que le soldat ignore – sans doute dans l'espoir de pillages faciles –, son chef, au lieu de se diriger directement vers Erzurum, a préféré s'aventurer vers la Grande Arménie, à l'est du lac de Van. Il en fut mal inspiré, car il y a rencontré une petite troupe mongole, qui l'a entièrement défait. Ceux de ses hommes qui survécurent au combat n'ont obtenu la vie sauve qu'en se soumettant sur-le-champ aux vainqueurs et en s'engageant à combattre pour eux. Malgré les dangers qu'il courait à rompre sa parole, le soldat, néanmoins, a préféré s'enfuir après quelques jours, profitant de l'assaut donné à un domaine arménien.

La belle femme enlevée à Damas et qui ne quittait pas son chef? Elle était en effet indemne et semblait beaucoup plaire au commandant mongol.

Où celui-ci peut-il se trouver?

Le soldat est formel. Il avait l'intention de rallier aussitôt, avec le produit de ses pillages, les quartiers d'hiver du général Tchormaghan, dans la plaine de Mughan, près du confluent de l'Araxe et de la Koura.

Umur presse les épaules de son ami atterré.

« Combien de temps faut-il pour rallier la plaine de Mughan?

– Tu n'y penses pas! D'ici à l'Azerbaïdjan, la région n'est faite que de hauts plateaux, de grandes montagnes et de vallées profondes. En cette saison, même en période de paix, les voyageurs doivent parfois attendre des semaines que la neige fonde un peu ou que le vent s'apaise. Le cœur de l'Arménie est ravagé, et je serais bien surpris qu'il s'y trouve quelqu'un qui n'y meure pas de faim. Mais tout cela n'est rien. La première bande mongole venue te passera au fil de l'épée. Et si, par un miracle de Dieu, tu parvenais vivant au camp de Tchormaghan, tu n'en sortirais pas, si ce n'est comme esclave!

– Umur, regarde moi. Crois-tu que je vivrai longtemps, ici ou ailleurs, si je ne tente pas tout pour retrouver celle qui est ma raison de vivre! »

L'amour a jeté Hasan sur les routes.

L'amour l'a emprisonné dans une humble cellule.

L'amour a dévoré sa chair.

L'amour a volé son âme.

Dans les brèves journées de l'hiver d'Erzurum, dans les longues nuits de veille, hormis le nom de Dieu, un seul nom l'obsédait.

Zéliha, mon amie.

Zéliha, où es-tu?

Ghanem, fidèlement, est venu chaque jour veiller à ses besoins.

Mais il n'en ressentait jamais.

Sauf un.

Qu'on lui donne des nouvelles de Zéliha.

Ghanem ne savait plus quoi faire pour égayer son maître. Tant qu'il devait affronter les dangers du chemin, il paraissait encore trouver goût à la vie. Mais ici...

Où es-tu, ma bien-aimée?

Il a presque oublié sa maison de Damas, ses domaines de Syrie, et la pauvre Zaïnab...

Les luttes des Ayyoubides, les Turcomans et leur prophète, le grand vizir et ses crimes... Comme tout cela est loin...

Le Sheikh el-Djebel, le sultan al-Kamil, l'Empereur Frédéric, le roi Louis, Paris, Venise... Comme tout cela est vieux...

Où es-tu, ma bien-aimée?

Umur a tout tenté. Il a conduit Hasan chez l'émir, son seigneur, qui l'a trouvé bien changé depuis son arrivée. L'émir a affirmé qu'à moins d'avoir avec soi toute l'armée des frontières c'était une pure folie de vouloir se lancer sur les routes d'Arménie. Le vieux sheikh de la medersa s'est mis de la partie, engageant Hasan à se soumettre aux volontés de Dieu.

Le vieux sheikh devra se contenter de prier pour lui.

L'amour est sans valeur de qui n'est pas sincère.
Comme un feu presque éteint, il ne réchauffe pas.
Le véritable amant,
au long des jours, au long des nuits,
au long des mois et des années,
ne goûte ni nourriture, ni sommeil,
ni repos et ni paix [1].

Hasan s'est mis en route vers le camp des Mongols.

1. Adapté d'un quatrain d'Omar Khayyam.

LE BANQUET DES PRINCES

Le vingt-sixième jour de la deuxième Lune,
dans l'année du Rat,
douzième du règne d'Ögödäi Qaghan, Souverain du Monde[1]

Dans la vaste tente dressée au milieu du camp, les blondes servantes que les vainqueurs se sont choisies dans les ruines des villes russes remplissent les coupes de qoumiz.

À l'automne de l'année du Porc, le dix-huitième jour de la neuvième Lune[2], après huit jours de bombardements au moyen d'une catapulte géante qui envoyait à portée d'arc des pierres que quatre hommes pouvaient tout juste déplacer, la ville de Tchernigov, après la défaite de son prince Mstislav Glebovitch dans une ultime sortie, est tombée au pouvoir du prince Möngkä.

Comme la Souzdalie, la Russie centrale connaît désormais la loi du Souverain du Monde.

Ayant pour l'heure achevé sa tâche, la principale armée mongole est alors redescendue vers la steppe qiptchaq pour rejoindre les quartiers d'hiver du général Subötaï.

Tout l'hiver, les tümens ont refait leurs forces.

Il est temps désormais de préparer l'offensive finale contre la Russie. Les ultimes objectifs seront les principautés du Sud et, pour finir, la prestigieuse ville de Kiev.

Tandis qu'il laissait repartir vers le Don le gros de son armée, Möngkä a conduit une troupe de reconnaissance jusque sous les murailles de la puissante cité. Il a envoyé à son prince des ambassadeurs, et son prince, au mépris des lois les plus sacrées, les a fait décapiter. Le traître s'est enfui depuis, laissant la ville à un autre, mais qu'importe!

Kiev ne perd rien pour attendre...

C'est pour célébrer la prochaine reprise de la campagne que le prince Batou a réuni en un grand banquet, avant qu'ils n'aillent reprendre la tête de leurs troupes, les princes, les généraux et les officiers supérieurs. Tous sont d'une gaieté bruyante. Ils n'ont pas attendu que vienne l'heure du festin pour célébrer dignement – à grand renfort d'alcool! – l'événement qui se prépare.

Au vrai, plusieurs d'entre eux sont déjà largement pris de boisson.

Debout sous la tente, chacun tend la main pour saisir sa coupe de qoumiz...

Soudain, en regardant Batou, Subötaï frémit : excitation de la bataille qui va reprendre ou geste calculé? Avant même que ses cousins aient approché le breuvage de leurs lèvres, le khan en a déjà vidé une gorgée!

L'ambiance jusqu'ici joyeuse de l'assemblée fait place à un silence brutal. Le geste de Batou n'a échappé à personne. Güyük est blême, Büri au contraire a rougi d'un coup. Tous les princes se tiennent immobiles...

---

1. 22 mars 1240.
2. 18 octobre 1239.

Batou les regarde. Est-ce la surprise ou le défi qu'on lit dans ses yeux? Subötaï se mord les lèvres. Ce qu'il redoutait depuis longtemps va se produire maintenant. Maintenant, à la veille de la grande offensive!

« Pour qui te prends-tu, petit... cousin? » rugit Güyük.

Et chacun remarque de quel mépris il a chargé le mot « cousin ».

Renchérissant, Büri ne se retient plus d'exploser :

« Ça suffit, maintenant! Voilà des mois qu'il nous faut supporter ta morgue, tes paroles de mépris, tes récriminations de vieille femme à barbe, et, maintenant, tu nous offenses tous, en public. N'oublie pas qu'ici nous sommes tous... ou presque – ajoute-t-il en fixant Batou avec un mauvais sourire – descendants du Conquérant! »

La coutume veut que lors d'une fête le prince le plus âgé soit le premier à boire. Batou est le chef de l'expédition et aussi – bien que de peu – le khan le plus âgé, mais, dans l'atmosphère tendue qui règne entre les princes, la désinvolture de son geste n'a pas manqué de froisser ceux d'entre eux qui se considèrent comme ses égaux.

À commencer par le fils du Qaghan!

« Et depuis quand le khan commandant une expédition ne peut-il plus... »

Batou, frémissant de rage, a à peine commencé sa phrase que, lui tournant ostensiblement le dos, Güyük et Büri marchent vers la sortie et quittent la tente sans même se retourner.

On a distinctement entendu Büri, cramoisi, grommeler entre ses dents :

« On aurait dû bâtonner depuis longtemps cette donzelle à carquois!

« ... Et lui attacher une queue de bois! »

Furieux, Batou se rue à leur suite.

Deux mains fermes s'abattant sur ses épaules le retiennent dans son élan. La bouche écumant presque, il se retourne, prêt à frapper; il ne rencontre que les regards de Subötaï et de Möngkä, qui lui disent en silence : « Garde ta dignité. »

Batou fait péniblement effort sur lui-même. Il semble enfin retrouver un peu de son calme. Alors son cousin Möngkä lève sa coupe à son tour.

« Un Mongol est fait pour la guerre et une trop longue inaction échauffe les esprits. Demain c'est sur l'ennemi russe que chacun pourra faire tomber sa colère. Buvons tous ensemble à la guerre!

– À la guerre! » reprend en chœur l'assemblée.

Et chacun, du même geste, vide sa coupe de qoumiz.

Le vingtième jour de la deuxième Lune,
dans l'année du Rat,
douzième du règne d'Ögödäi Qaghan, Souverain du Monde [1]

Si le banquet s'est poursuivi sans autre incident, Batou n'en a pas moins ruminé sa rancœur.

1. 24 mars 1240.

Quelle honte! Oser l'humilier ainsi devant tout son état-major! Lui, le commandant en chef! Lui, le fils aîné du fils aîné du Conquérant!

Ses deux cousins doivent apprendre une fois pour toutes qu'il est le maître ici! Ils se refusent à l'admettre?

Très bien!

Puisqu'il en est ainsi, il va le leur faire dire par celui devant lequel tout s'incline!

Le soir même, appelant son secrétaire ouïghour, il a fait rédiger une lettre à l'intention d'Ögödäi en personne, lui décrivant comment les deux princes avaient osé le ridiculiser en public et quitter l'assemblée sans sa permission.

Lorsqu'il a fait annoncer hier qu'un courrier galopait déjà vers Qaraqorum pour en appeler à la justice du Qaghan, Subötaï et Möngkä furent atterrés. Ils espéraient avoir convaincu Batou de ravaler sa colère. Ils escomptaient bien parvenir à arranger les choses, à obtenir de Güyük et de Büri quelques mots d'excuses, au moins pour la forme. La colère passée, ceux-ci se seraient bien rendu compte de la folie de leur sortie et de l'entorse inadmissible qu'ils venaient de faire à la discipline. Ils auraient accepté une sanction symbolique, et l'incident aurait été clos. Le souvenir de l'altercation aurait bien fini par se dissiper dans la glorieuse campagne qui les attendait.

Mais le khan les a pris de vitesse.

Büri était consterné. Qu'avait bien pu écrire Batou? En tout cas il n'aura pas eu à travestir la vérité pour démontrer son indiscipline et son insolence!

Büri est le petit-fils de Djaghataï, frère du Qaghan, le gardien de la Loi. Connu pour sa rigueur morale et sa sévérité, son grand-père ne tiendra-t-il pas à honneur de montrer que la Loi vaut aussi pour les siens?

Güyük enrageait. À Qaraqorum, le puissant parti que dirige sa mère Törägänä s'employait à le faire désigner comme successeur d'Ögödäi. Il n'avait jamais sérieusement douté qu'il atteindrait son but. Et voilà qu'accusé, non sans fondement, d'insubordination, il risquait de voir ses ambitions réduites à néant par son coup de tête de la veille!

Il ne lui restait qu'une solution : galoper jusqu'aux pieds du Qaghan pour défendre sa cause et fléchir la colère paternelle. Et tant pis pour la gloire attendue en Europe, il l'abandonnerait à ce maudit Batou pour préserver ses chances d'une plus grande gloire future.

Ce matin à l'aube, accompagné d'une petite escorte, le fils du Khan Suprême a quitté, au grand galop, la horde pour l'Orient.

LE RENDEZ-VOUS DE KALMAR

L'an du Seigneur 1240, le vendredi 30 mars, fête de sainte Osburge

Sur les bords de la mer Baltique, près de la jetée conduisant au château qui garde des ambitions danoises la frontière de Suède, deux nefs sont ancrées, voiles carguées, dans le port de Kalmar.

Dans la grande salle de la forteresse, cinq hommes tiennent conférence. Au centre, trônant au bout de la table où s'étend une carte, vêtu d'une riche robe bordée de zibeline, Birger, comte de Bjälbö, de la maison des Folkungar, premier conseiller du roi Erik Eriksson, dont le mariage avec la sœur du souverain et la faiblesse de ce dernier font le maître de la Suède.

Après les troubles engendrés par l'affrontement des dynasties des Sverker et des Erik qui ont déchiré le siècle précédent et le début de celui-ci, Birger s'emploie à restaurer dans tout le royaume l'autorité de la Couronne. Là où n'existaient que des coutumes locales, il s'attache à édicter des lois s'imposant à tout le royaume, et il a assigné à celui-ci l'objectif qui dirige désormais toute sa politique : faire de la Suède la puissance dominante de la Baltique, régnant à nouveau sur les vieilles routes commerciales de l'Est qui avaient jadis fait la grandeur de Rurik et de ses Vikings, conquérants de la Russie.

L'avenir des Suédois étant dès lors, comme au temps de leurs ancêtres, tourné vers la mer, il juge malcommode la vieille capitale d'Uppsala, enfoncée dans les terres, et il songe à créer sur la côte une ville nouvelle. Il en a repéré le site : un archipel à la sortie du lac Mälar, qui communique avec le large par un étroit goulet et où les flottes royales trouveront un havre sûr et bien protégé. Il n'y a là aujourd'hui que des villages de pêcheurs et de méchants fortins, mais demain – si Dieu veut ! – il y édifiera une puissante forteresse et, au pied de ses murs, une ville nouvelle [1]. De la nouvelle capitale qu'il donnera à la Suède, Birger surveillera l'Est comme le Sud, la Finlande comme l'Allemagne...

On ne sait pourquoi – peut-être pour conserver l'illusion qu'il lui reste encore quelque pouvoir dans son propre royaume – le jeune et souffreteux roi Erik, dernier rejeton mâle d'une famille épuisée, n'a pas encore accordé à Birger la prestigieuse dignité de *jarl*, tardant à confirmer dans ses titres ce qu'il est dans les faits : le tout-puissant maire du palais de Suède !

Pauvre roi...

Bègue et boiteux...

Tandis qu'il rit de lui, son peuple n'a pas eu besoin d'attendre l'ordre royal pour donner au comte de Bjälbö, si jeune qu'il soit encore, le surnom de Birger Jarl.

Car il sait que, si Dieu veut, le comte sera bien plus...

Le débile Erik XI n'a pas de plus proche parent que sa sœur Ingeborge qu'il a mariée au comte, et l'on n'attend pas de lui qu'il puisse jamais engendrer.

Que la princesse ait un fils, et Birger, déjà héritier de l'ancienne dynastie rivale des Sverker, sera alors le père du futur roi de Suède !

À moins qu'il ne soit lui-même le futur roi de Suède...

D'une Suède renouant avec la gloire d'autrefois !

Ne pourrait-il d'ailleurs amener à coopérer Danois, Norvégiens et Suédois, pour restaurer ensemble la grandeur scandinave du temps où les drakkars cinglaient sur toutes les mers ?

Justement, ce soir, quatre hommes sont venus solliciter son aide et son appui, quatre hommes vêtus de chaudes pelisses dans cette froide soirée du printemps suédois, en dépit du feu qui crépite dans la grande cheminée.

Le bonnet violet de l'un d'eux révèle un évêque, et bientôt un second – un colosse –, réchauffé par le foyer, laisse retomber sa pelisse sur le dossier de sa cathèdre, découvrant un manteau blanc frappé d'une croix noire.

---

1. Le futur Stockholm.

« ... C'est ainsi, achève un troisième, que mon seigneur Valdemar entend sceller son accord avec les chevaliers de la Bienheureuse Vierge Marie de la Maison allemande de Jérusalem et les frères de la Milice de Jésus-Christ.

– Et c'est ainsi, enchaîne le quatrième, que les villes de Lübeck, de Hambourg et de Brême s'apprêtent à contribuer aux pieux efforts du puissant roi de Danemark et des nobles frères de l'Ordre Teutonique ! »

Le chevalier à la croix noire prend à son tour la parole.

« Mais les ennemis de Dieu, inspirés qu'ils sont par le Malin, sont puissants, et l'alliance de tous les chrétiens du Nord est la condition de la victoire du Christ, aussi espérons-nous que Votre Seigneurie remplira tous les espoirs qu'elle a fait naître en nous.

– Et, poursuit l'évêque, tout particulièrement dans le cœur de Sa Sainteté Grégoire – que Dieu l'ait en Sa sainte garde et le préserve de la puissance maligne des ennemis de la Sainte Église apostolique et romaine ! »

La transparente allusion à l'Empereur laisse impassibles le jarl et le chevalier.

Le comte de Bjälbö reste silencieux, il scrute l'un après l'autre les regards de ses interlocuteurs ; il est au fond de lui-même profondément satisfait de leurs discours. Ainsi les chevaliers Teutoniques comme le roi de Danemark, pour réaliser leurs ambitions sur les rivages du golfe de Finlande, sollicitent l'aide de la Suède ! Et les riches villes marchandes de l'Allemagne du Nord, qui vont soutenir l'expédition de leur or et de leurs vaisseaux se joignent à eux, le tout avec la bénédiction pontificale !

« N'ayez aucune crainte, messires, le roi Erik connaît les devoirs d'un vrai prince chrétien ! La Couronne de Suède sera aux premières lignes du combat pour la religion !

– Le roi Erik et Votre Seigneurie soient loués pour cette résolution ! »

Guillaume de Modène, légat du Pape Grégoire dans les pays baltiques, sourit discrètement. Sa diplomatie est un plein succès !

L'homme de Lübeck hasarde : « À présent que nous lui avons confirmé l'excellence de nos intentions, Votre Seigneurie daignera-t-elle nous expliquer comment la Suède entend concourir à la croisade contre les païens et les schismatiques ?

– Sans doute », tonne la voix de basse du comte de Bjälbö dans un grondement de satisfaction.

Birger se lève, prend la baguette posée sur la lourde table de chêne et en dirige la pointe vers les trois petites tours crénelées qui, sur la carte, symbolisent la ville de Riga.

« Pendant que les navires des villes allemandes achemineront en Livonie les renforts envoyés par les chevaliers Teutoniques à leur frères Porte-Glaive pour subjuguer les païens et tout particulièrement contenir les sauvages Lituaniens... »

La baguette se déplace vers Kalmar. Le regard du comte se porte sur le représentant des cités marchandes.

« ... les vaisseaux de Gotland, également renforcés par les navires de Lübeck, se rassembleront ici, à Kalmar. »

L'homme de Lübeck cligne légèrement des yeux en signe d'agrément.

« Alors l'armée suédoise – sous mon commandement personnel... »

La pause théâtrale dans le discours et le regard impérieux du jeune comte appellent une approbation que quatre têtes, s'inclinant, lui donnent aussitôt.

« ... sous mon commandement personnel, donc – partira vers l'estuaire de la Néva établir une tête de pont. »

La baguette balaie la mer Baltique.

« Là, nous bâtirons des forteresses, et, lorsque nous serons solidement établis au fond du golfe de Finlande, nous remonterons le fleuve Volkhov, tandis que les chevaliers allemands et danois, après s'être assurés de la forteresse d'Izborsk, marcheront sur Pskov. Alors nous, par le fleuve... »

La baguette quitte la carte et se tend vers le chevalier à la croix noire.

« ... et vous, par la terre, nous atteindrons... »

La baguette traverse l'air en sifflant, se posant sur trois coupoles.

« ... Novgorod ! »

Albrecht Buring, l'homme de Lübeck, ne peut réprimer un rictus de satisfaction. Ainsi assaillie, Novgorod, l'accès obligé aux marchés de la Russie du Sud et de la Souzdalie, la riche république commerçante qui interdit aux villes allemandes la route des forêts de Carélie, qui les concurrence en Finlande et jusqu'en Livonie, Novgorod, enfin, ne sera plus qu'un comptoir allemand et suédois, relais de la prospérité scandinave et germanique.

Surtout germanique, d'ailleurs, songe le marchand, qui ne doute pas de la supériorité des villes qu'il représente...

Guillaume de Modène écarte les mains.

« Devant une telle conjonction des forces chrétiennes, nul doute que les païens de Lituanie, de Prusse, de Finlande ou de Samogitie s'enfuiront au plus épais de leurs forêts, tandis que l'erreur grecque, déjà chassée de Constantinople, sera repoussée au fond de la Russie. Grâce à vos pieux efforts, messires, la Sainte Église apostolique et romaine fera régner la vérité du Christ sur toutes les rives de la mer Baltique, obligeant l'erreur à se terrer dans les profondeurs de l'Asie...

« Au nom du Pape Grégoire, je vous bénis ! »

À la lueur des torches, les cinq hommes se recueillent un instant, murmurant des prières inaudibles : le comte Birger rêve à la couronne de châteaux suédois qui entourera bientôt la Baltique de Göteborg à Novgorod, le chevalier aux forteresses russes dont la possession renforcera la puissance de l'Ordre, Albrecht Buring aux prodigieux bénéfices que le détournement du trafic de Novgorod fera tomber dans les coffres de Lübeck, de Brême ou de Hambourg, le Danois aux ultimes succès de son vieux et glorieux roi, Valdemar II le Victorieux, et le légat à l'autorité renforcée de la Curie romaine et de son maître, le Pape Grégoire.

« Mais il est tard, messires, et j'ai manqué à tous mes devoirs en ne vous conviant pas plus tôt à souper. »

D'un geste rapide, le jarl agite une clochette. La porte s'ouvre, laissant passer une kyrielle de serviteurs, le premier roulant la carte, un autre jetant une nappe blanche sur la table, les suivants disposant la vaisselle d'argent marquée du blason écartelé de rennes et de couronnes de Birger de Bjälbö...

Ayant scellé l'accord entre les puissances catholiques, les convives mettent à déguster le souper du jarl un appétit aussi féroce que leur pays, leur Ordre, leur Église ou leurs villes à dévorer la Baltique.

Arrosée de bière fraîche, puis, à la surprise des invités, de vin de Bordeaux que le comte a fait venir à grands frais d'Angleterre, la conversation se détend et s'anime. On en vient fatalement à évoquer les questions qui agitent la Chrétienté, et l'on ne peut éviter l'épineux sujet du conflit entre Rome et l'Empire. Sur ce terrain glissant, même le légat, sachant que ses commensaux ne tiennent pas plus à s'aliéner l'Empereur Frédéric que le Pape Grégoire, fait preuve de prudence.

Birger soupire.

« La politique italienne est une chose bien complexe pour un homme du Nord qui ne connaît d'autres combats que ceux qu'il doit mener pour refouler les païens dans les brumes de leurs sombres forêts... Je prie quant à moi pour que deux hommes aussi exceptionnels que l'Empereur des Romains et le Souverain Pontife surmontent les querelles humaines, par trop indignes de leur grandeur, pour n'œuvrer à l'avenir que pour la plus grande gloire de Notre-Seigneur. »

Tout en témoignant des yeux, du geste et de la voix leur plus vive approbation, les envoyés étrangers ne peuvent s'empêcher de juger quelque peu exagérée la soudaine modestie du comte Birger en fait d'entendement politique.

« Ah, si notre grand maître Hermann von Salza était encore de ce monde, s'exclame le chevalier, nul doute qu'il eût œuvré, comme il l'a fait tant de fois, à la bonne entente des successeurs de saint Pierre et de Constantin le Grand !

– En vérité, frère Rainfried, en vérité..., soupire le légat. C'est grande pitié qu'il ne soit plus là... »

Chacun à son tour opine que – sans remettre en cause les remarquables mérites de son successeur Conrad de Thuringe, au reste beau-frère d'une sainte – la perte du défunt grand maître est bien lourde à supporter pour la Chrétienté.

« Qu'y pouvons-nous, mes frères ? Rien n'arrive ici-bas que Dieu n'ait voulu... »

Tandis que les échansons remplissent à nouveau aiguières et hanaps, un silence se fait parmi les convives repus, comme il arrive souvent après un repas trop copieux.

C'est monseigneur Guillaume qui soudain interrompt leurs rêveries satisfaites.

« Et que faut-il penser des Tartares ?

– Ce sont de bien féroces païens, réplique Albrecht, et l'union des puissances chrétiennes que nous venons de confirmer ce soir sera d'un grand secours si, ce qu'à Dieu ne plaise, ils s'avisent de s'en prendre aux pays d'Europe !

– Il a existé de tout temps des nomades barbares aux frontières du pays de Rous, enchaîne le Danois, ceux-là sont un peu plus nombreux sans doute, plus féroces peut-être, mais ils ne diffèrent guère de leurs prédécesseurs. Dieu a sans doute voulu punir les Russes schismatiques de leurs péchés, mais, s'ils sont unis, les soldats du Christ n'auront guère de mal à repousser ces pillards mal dégrossis. »

Rainfried von Waldberg rappelle la mission qu'il a menée trois mois plus tôt auprès du prince Alexandre de Novgorod.

« Ce qui s'est passé au pays de Souzdal est surtout la preuve de la faiblesse des armées russes, qui paient, outre leurs péchés, la désunion de leurs princes.

S'il n'y avait pas eu le dégel, Novgorod serait tombée comme un fruit mûr entre les mains des Tartares! Cela n'en démontre que plus la nécessité de disposer là-bas, pour servir de rempart à la Chrétienté, non de princes mécréants croupissant dans leur ignorance, mais de véritables soldats du Christ. Comme vous venez fort justement de le dire, affirme le maréchal de Livonie en se tournant vers l'envoyé de Valdemar, l'union de nos forces et la valeur de nos chevaliers ne sauraient manquer d'assurer notre victoire si ces barbares osaient nous attaquer.

– Le Pape Grégoire s'est pourtant, un moment, montré préoccupé par les rapports qu'il a reçus de Hongrie, insiste le légat. Le chef des Tartares a, dit-on, envoyé des lettres au roi Béla, ainsi qu'à l'Empereur Frédéric, leur intimant l'ordre de se soumettre, et cela au nom d'un mystérieux Souverain du Monde!

– Je m'étonne qu'un homme aussi puissant que le roi de Hongrie ait pu s'alarmer des vantardises d'un potentat nomade, réagit le Danois. Chacun sait qu'il n'y a rien de commun entre la chevalerie hongroise et les bandes dispersées de tous ces seigneurs russes qui se haussent le col en s'appelant grands-princes! »

L'évêque se tourne vers son hôte.

« Cela ne fait aucun doute, mais vous, frère Rainfried, qui êtes allé jusqu'à Novgorod, que savez-vous au juste de ces mystérieux Tartares?

– Rien de plus que vous, monseigneur, je le crains, grommelle le maréchal.

– En ces temps troublés où le Sacerdoce et l'Empire, que Dieu a voulus unis comme les deux bras d'un même corps, s'affrontent sans merci, et où les infidèles ont à nouveau banni la croix de Jérusalem, n'est-il pas étrange de voir surgir des légions de cavaliers démoniaques prétendant obéir au Souverain du Monde? »

D'un geste rapide, le moine soldat se signe.

« Voulez-vous dire, monseigneur, que notre Saint-Père voit en eux les armées du Démon?

– Il prie Notre-Seigneur pour que ce ne soient là que de fausses alarmes! »

La nourriture semble soudain lourde dans l'estomac des convives. Que des hommes aussi bien informés sur les Tartares que le roi de Hongrie et, par son intermédiaire, le Pape Grégoire aient pu voir dans ceux-ci les cavaliers du Diable ne laisse pas de les impressionner. L'envoyé danois et l'homme de Lübeck imitent le signe de croix du chevalier.

« Bah, rugit le comte Birger dans un haussement d'épaules, ils sont partis guerroyer Dieu sait où au fond de la Ruthénie ou de la Coumanie. Ils ne sont même pas retournés au pays de Souzdal pour occuper les terres qu'ils y ont pillées, et depuis deux ans ils ne se sont pas donné la peine de revenir prendre Novgorod. Les Petchenègues autrefois ont serré de bien près le grand-prince de Kiev, et la Russie d'alors était autre chose que celle d'aujourd'hui. Il y a peu d'années encore, les Coumans se signalaient partout par leurs pillages! Non, non, comme notre ami danois le disait tout à l'heure, ceux-là sont peut-être un peu plus nombreux et un peu plus féroces, voilà tout.

« Et dans tous les cas... »

Le poing du jarl fait vibrer la table...

« ... cela ne peut qu'inciter les chrétiens à hâter leurs entreprises pour le renforcement de la foi catholique! »

La voix puissante de Birger s'enfle encore.

« Qu'ils viennent à Novgorod lorsque nos chevaliers défendront ses remparts ! Ils verront la différence qu'il y a avec des soudards russes !

– Votre Seigneurie a raison, approuve Rainfried en se détendant au discours du comte. Hâtons-nous donc d'être à Novgorod !

– À Novgorod ! » reprend le jarl en levant son hanap de vin de Guyenne.

Quatre bras lèvent leurs coupes.

« À Novgorod ! »

TCHORMAGHAN

L'an 637 de l'hégire,
le sixième jour du mois de Ramadan [1]

Hasan, agenouillé, ne peut refuser la coupe qu'on lui tend. C'est pourtant Ramadan et il n'a pas l'esprit à s'égayer de vin. Mais refuser serait injurier ses redoutables hôtes, qui préfèrent pour leur part le contenu d'une outre de qoumiz.

Dieu lui pardonnera, Lui qui a permis aux voyageurs de déroger au jeûne.

Sur l'estrade dressée au fond de la large yourte, un homme vieillissant lui fait face, c'est Tchormaghan Noyon en personne.

Au bout de plusieurs jours d'une attente incertaine, Hasan a enfin obtenu d'être reçu par le général, auquel il offre le peu qui lui reste des présents qu'à Erzurum on lui avait conseillé d'emporter, après avoir sacrifié à la voracité des commandants mongols rencontrés sur sa route.

Deux autres personnages le regardent avec attention, assis un peu en retrait de Tchormaghan.

À droite de celui-ci, son second, le noyon Baïdjou, un homme jeune au regard vif et pénétrant.

À sa gauche, magnifiquement parée, la tête couverte d'une haute et curieuse coiffure emplumée en forme de corne qui va s'évasant vers le sommet, une femme mûrissante mais d'agréable prestance, qu'on ne saurait pour autant dire belle car son nez est trop court et sa face trop plate. C'est la femme du général.

Derrière eux, quelques hommes, debout, assistent à l'entrevue.

Un interprète traduit en persan les questions de son maître.

« Ainsi, on me dit que tu as affronté l'hiver et traversé seul l'Arménie sans craindre mes guerriers tout exprès pour me voir.

– C'est vrai, seigneur.

– D'où viens-tu ?

– D'Erzurum. »

L'étonnement du général n'a pas de quoi surprendre. Umur Ghazi avait raison. Ce voyage hivernal à travers une Arménie misérable fut un calvaire, et cela tient du miracle que le Syrien ait atteint son but.

---

1. 31 mars 1240.

Le temps fut exécrable. Le froid était intense, encore aggravé par le vent qui soufflait sans s'arrêter pendant des journées entières.

Jamais, jamais Hasan ni son unique compagnon – son fidèle Ghanem, qui après avoir quelque peu hésité, a refusé d'abandonner son maître – n'avaient connu cela. À Erzurum, on les avait généreusement pourvus de vêtements et de gants épais et bien fourrés, mais ils n'en grelottaient pas moins, surtout lorsqu'il fallait passer la nuit dehors, ou, ce qui ne valait guère mieux, dans les ruines à demi effondrées de quelque village abandonné ou bien de quelque ferme.

Les habitants du pays eux-mêmes, lorsqu'ils trouvaient le courage de sortir de leurs pauvres abris, disaient qu'ils n'avaient jamais connu un froid si rude et que Dieu avait dû les abandonner pour ajouter ce fléau à celui des Mongols.

On traversa d'abord une steppe cernée de hautes montagnes. Le paysage était blanc, entièrement blanc. La neige, bien sûr, n'était pas inconnue à Hasan – Damas est proche du mont Liban! –, mais cette blancheur uniforme, ce désert glacé lui parurent avoir la terrible grandeur de la mort. Sous un ciel triste et bas on poursuivit sur de hauts plateaux également désolés. La neige était épaisse, le plus souvent intacte. Les hommes comme les chevaux peinaient. Les journées étaient courtes et l'on n'avançait guère.

Une fois, une seule, le ciel se dégagea. Ce fut pour révéler aux yeux des voyageurs, dans sa splendeur immaculée, l'immense cône de la montagne que les Arméniens nomment Massis et les Turcs Agri Dag [1]. Le guide arménien qu'ils avaient pu trouver ce jour-là leur en conta les légendes.

Oui, c'était bien là-haut que Nuh [2] avait touché terre, après le Déluge qu'avait déchaîné Dieu.

C'était là que dix mille soldats romains, convertis à la foi du Christ, s'étaient retirés pour vivre en ascètes. On les appelle les dix mille saints du mont Massis. Même eux pourtant n'eurent pas le droit de grimper au sommet, parce que cette montagne est sacrée. Elle est la Mère du monde!

Et de ce sommet, menaçante, mystérieuse, montait une fumée.

Dans la plaine fertile qui s'étend à ses pieds, on raconte que Nuh, quand la décrue fut venue, planta la première vigne. On dit que c'est là aussi qu'apparurent l'abricot, la cerise, la pêche et d'autres fruits encore.

Mais cet hiver-là le pays n'avait rien du paradis terrestre...

Le soleil se retira aussi soudainement qu'il était apparu.

Erevan, recroquevillé de froid dans son amphithéâtre autour de la profonde entaille de la rivière Razdan, offrait dans la grisaille un bien triste visage.

À Nakhitchevan, les voyageurs ne furent pas bloqués moins de trois semaines par une tempête qui paraissait vouloir ne s'apaiser jamais, obstruant de congères jusqu'à des passages qu'on aurait crus faciles. Se perdant dans la neige au cours d'une tentative désespérée pour avancer quand même, ils faillirent y laisser la vie, obligés qu'ils furent, surpris par l'obscurité, de passer la nuit dehors. Hasan et Ghanem apprirent à leurs dépens ce qu'étaient des gelures.

La ville de Nakhitchevan n'était pas un séjour de plaisir. Le passage des Mongols l'avait largement transformée en un champ de ruines.

On reprit enfin la route, le long de la vallée de l'Araxe.

1. Le mont Ararat.
2. Noé.

Et un jour, dans une épaisse brume, on les vit apparaître, sur leurs petits chevaux trapus, couverts de fourrures et paraissant se rire du froid coupant.

En voyant la vingtaine de cavaliers se déployer en cercle autour de lui, Hasan eut le sentiment d'être cette fois parvenu dans un autre univers.

Il avait rencontré bien des gens dans sa vie, et parmi eux de rudes bédouins ou de farouches mercenaires khwarezmiens. Mais ces êtres-là, hurlant des cris rauques et ne montrant hors des fourrures que des visages plats striés de scarifications, des yeux en minces fentes et de longues moustaches que blanchissait le gel, semblaient à peine humains.

Lui qui avait décrit au roi de France ou à l'Empereur Frédéric, sur la foi des témoignages qu'on lui avait rapportés, l'aspect monstrueux de ces envahisseurs, il voyait soudain s'incarner sous ses yeux les plus effrayants de ses récits.

Il fallut presque se prosterner aux pieds du chef barbare. Devant lui, dans la neige, le maître et le serviteur, également humbles, étalèrent quelques présents. Cette attitude soumise permit aux voyageurs de rester en vie, et même en liberté. Le chef mongol, si méprisant et brutal qu'il se montrât, semblait avoir assez le sens de l'hospitalité pour se sentir tenu de leur faire cette gracieuseté...

Il fallut inventer quelque chose, raconter que l'on était des marchands persans qui revenaient d'Erzurum, que l'on avait été pris par l'hiver, que l'on voulait en passant offrir quelques présents au grand général Tchormaghan...

Les voyageurs durent rester près de deux jours avec ces hôtes peu amènes, avant qu'ils ne consentissent à les laisser aller.

Et ce ne fut que la première rencontre de ce genre.

L'une d'elles fut plus triste que les autres.

Comme si toutes les souffrances endurées jusque-là n'avaient pas suffi, un jour que le temps semblait vouloir enfin se montrer moins cruel, Ghanem tomba malade. Pris de fièvre, il paraissait brûlant malgré le froid toujours vif. Il n'était plus question de continuer. Hasan ne pouvait envisager d'abandonner cet homme qui l'avait accompagné dans tant de voyages lointains et avait affronté avec lui de si nombreux dangers.

Il y fut contraint, pourtant.

Un parti de Mongols en route pour le camp de Mughan exigea que les voyageurs les suivent. Ghanem en était incapable. Le chef mongol fut intraitable. Ghanem, sentant sa fin venir, pressa son maître de ne pas mettre sa vie en danger et de suivre les guerriers jusqu'à son but. Le Syrien n'eut pas le loisir d'hésiter longtemps. L'épée du Mongol abrégea les souffrances de son serviteur. Curieusement, le meurtrier expliqua, presque comme s'il voulait soudain réconforter celui qui n'était plus guère que son prisonnier, que cet homme n'en avait plus pour longtemps et qu'il avait dès lors agi avec lui comme s'il avait été des siens.

Hasan, en tous les cas, était désormais seul au milieu des Mongols.

Et c'est seul qu'il est enfin parvenu dans la plaine de Mughan, en Azerbaïdjan, où Tchormaghan a coutume de prendre ses quartiers d'hiver, restant ainsi proche de ses principaux théâtres d'opération.

Si ses trente mille hommes ne lui ont pas permis d'occuper l'ensemble de la Perse, leur seule présence dans la région depuis neuf ans suffit à y faire redouter le nom du Qaghan. C'est pourquoi, depuis la mort de Shah Djélal ed-Din de Khwarezm, le général, tournant ses regards vers l'Occident, s'emploie surtout à guerroyer dans le Caucase, en Arménie et en Géorgie.

L'entretien est haché de silences imprévisibles.

Tchormaghan, visiblement, est malade et fatigué. Il semble sujet à de violents maux de tête qui par moments l'obligent à s'interrompre.

Respectueux de son autorité, son épouse et son second restent alors également silencieux, attendant qu'il reprenne la parole.

Respectueux de son autorité? Jusqu'à quel point?

Il reste encore à Hasan assez d'esprit pour avoir remarqué entre eux, invisibles du général assis trop en avant, quelques échanges de regards un peu plus appuyés qu'on ne s'y attendrait.

Parmi les quelques témoins qui se tiennent plus en retrait encore, plusieurs prêtres chrétiens.

Durant ses quelques jours d'attente dans le camp, Hasan a découvert, à sa surprise et à son inquiétude, que Tchormaghan s'entoure volontiers de ceux-ci, parmi lesquels il a notamment choisi son médecin. Un certain Siméon, que l'on appelle aussi Rabban-Ata, lui a été même envoyé spécialement par le Qaghan Ögödäi pour veiller aux intérêts de ses sujets chrétiens, et il aurait acquis une grande influence.

Hasan, s'il l'avait plus ou moins entendu dire, se voit confirmer à cette occasion que les chrétiens sont en effet nombreux à la Cour du souverain mongol.

Deux siècles avant l'hégire, dans les curieux débats que l'on avait alors pour démontrer que le prophète Issa était un dieu, Nestorius, Patriarche de Constantinople, enseignait qu'il y avait dans le Christ deux personnes, l'une humaine et l'autre divine, et que Maryam ne pouvait être la mère que de la première. Il s'indignait donc du nom de « Mère de Dieu » qu'on lui donnait. Un concile se réunit finalement à Éphèse et affirma contre lui qu'il n'y avait en Issa qu'une personne, dont la nature était à la fois humaine et divine, et que l'on devait bien, dès lors, appeler Maryam la Mère de Dieu.

Nestorius fut déposé et exilé au désert de Libye.

Mais il avait des adeptes qui partirent vers la Mésopotamie, où le roi de Perse les protégea. Plus tard, à Bagdad, où encore aujourd'hui réside leur patriarche, les nestoriens reçurent même la protection du Calife de l'Islam. N'enseignaient-ils pas que le Verbe de Dieu est descendu dans l'homme qu'était Issa comme il est descendu dans les prophètes? Ils n'étaient alors peut-être pas si loin de ne voir en Issa que le plus grand de ces derniers! N'étaient-ils pas voués à entendre un jour le message de Mohammed?

Mais les nestoriens sont demeurés chrétiens.

Et ils ne se sont pas arrêtés à la Mésopotamie. Ils ont continué vers l'est, très loin vers l'est, vers l'Inde et aussi tout au long de la route des caravanes qui apportaient en Occident la soie des mystérieux royaumes de l'Orient. Chemin faisant, ils avaient prêché leur foi et constitué des communautés de fidèles.

Dans la propre famille de Gengis Khan et de ses fils, il y a même, assure-t-on, de nombreuses princesses nestoriennes.

La légende du prêtre Jean qu'on raconte chez les Francs serait-elle en fin de compte une réalité?

Pour la première fois, l'idée vint à l'esprit du Syrien que les Mongols pourraient un jour s'unir aux chrétiens d'Europe pour prendre d'un commun accord l'Islam à revers. Les souverains musulmans qui l'avaient envoyé en ambassade chez les Francs ne s'étaient-ils pas lourdement trompés en voyant dans l'Occident un possible allié contre le danger mongol?

Mais il chassa aussitôt ces pensées de son esprit. Il n'était pas là pour cela...

D'ailleurs, il savait parfaitement qu'au même moment les Mongols combattaient les chrétiens dans le pays de Rous. Et il avait vu de ses yeux que Tchormaghan en personne éprouvait peu de scrupules à désoler l'Arménie.

Après s'être enquis des raisons de la venue de Hasan, le général et son second, indifférents à son angoisse, le questionnent longuement sur les événements qui agitent le pays de Roum. Si folle que soit son impatience d'avoir des nouvelles de Zéliha, il ne peut néanmoins se soustraire à la curiosité de ses redoutables hôtes. Il s'efforce de ne pas présenter sous son jour le plus dramatique une situation qu'il ne peut pourtant éviter de décrire comme passablement sombre. Bombardé par les questions croisées des deux hommes, qui ne s'interrompent que lors d'un des silences involontaires de Tchormaghan, Hasan veille autant que faire se peut à vanter la force de l'armée seldjoukide, tout particulièrement de l'armée des frontières.

Tous ses efforts n'empêchent pourtant pas le noyon Baïdjou de conclure, un large et féroce sourire découvrant une belle rangée de dents éclatantes de blancheur : « Ainsi, le puissant sultan de Roum en est réduit pour se défendre contre son propre peuple à ne faire confiance qu'aux mercenaires chrétiens! »

Et dans le dos du général, qui vient de baisser la tête en portant sa main à son front, il tourne son sourire vers la femme de ce dernier, qui, dans le bref éclair d'un regard complice, le lui rend gracieusement, sans paraître prêter autrement attention à la souffrance que semble à cet instant éprouver son mari.

Celui-ci reprend ses esprits. Il regarde à nouveau Hasan, mais ne pose plus de questions. Baïdjou non plus. Sans doute estiment-ils en avoir assez appris pour aujourd'hui sur le pays de Roum.

Hasan, alors, n'y tenant plus, se prosterne et risque prudemment :

« Seigneur, je t'ai dit que je suis venu de très loin jusqu'à toi pour faire appel à ta justice. Les Khwarezmiens m'ont pris mon épouse. Un de tes officiers l'a libérée de leurs mains pour l'amener auprès de toi. Je ne doute pas que ta justice va vouloir réunir à nouveau ceux que Dieu avait unis et que des brigands ont séparés. »

C'est au tour de Tchormaghan de sourire.

D'un sourire tout à la fois mauvais et amer, qui ne dit à Hasan rien qui vaille.

« On m'a en effet amené au début de l'hiver une bien belle femme, une prisonnière de guerre qui venait de Damas, et que l'on avait ravie aux Khwarezmiens... Elle dansait fort bien! »

Hasan ferme les yeux, le cœur fouaillé par la douleur.

Il imagine les hanches de Zéliha ondulant sous le regard concupiscent du vieux barbare.

Le général prend son temps, scrutant Hasan.

Soudain, il déclame :

« Le Qaghan est le Souverain du Monde et nous devons tous vénérer ses ordres! »

Voilà une déclaration pour le moins inattendue! Quel rapport avec le sort de Zéliha?

Où es-tu, ma bien-aimée?

Le général fait à nouveau une pause, volontaire cette fois. Il a toujours son étrange sourire et semble s'amuser à observer l'anxiété de son visiteur.

Il annonce enfin à celui-ci, sur un ton sarcastique qui laisse percer sa mauvaise humeur, qu'au cours de l'été précédent, à Qaraqorum, le Qaghan a solennellement confié à l'Ouïghour Körgüz l'administration de tous les territoires placés jusque-là sous son commandement militaire, autrement dit de la Perse entière. À peine le nouveau gouverneur avait-il rejoint son poste qu'il dépêchait, depuis son quartier général de Tus, au Khorassan, des émissaires auprès de tous les officiers supérieurs, jusqu'en Irak-i-Ajam, en Arran et en Azerbaïdjan, pour s'assurer de leur fidélité. Et c'est son propre fils que Körgüz a délégué au général.

Tchormaghan, bien entendu, s'est incliné devant la volonté du Qaghan. On imagine que ce fut sans plaisir qu'il se vit déposséder de son pouvoir sur la Perse par le nouveau maître du Khorassan.

Il fallut pourtant bien honorer dignement celui-ci. Tchormaghan remit donc à son représentant – et il était aisé de deviner à ses paroles que ce fut de fort mauvaise grâce – quelques-unes des plus belles prises ramenées par son armée dans ses récents butins, qu'il n'avait pas encore eu loisir de répartir entre ses hommes.

C'est ainsi que dès son arrivée au camp, il y a bientôt trois mois de cela, Zéliha a été immédiatement envoyée en présent à Körgüz en personne!

Le général et le noyon ricanent méchamment. La foudre serait tombée sur le Syrien qu'il aurait encore meilleure mine!

Il s'est comme prosterné à nouveau. C'est pour que les deux barbares ne jouissent pas du plaisir de lire sur son visage épuisé l'effort qu'il fait pour ravaler ses larmes.

Il se redresse et, d'une voix qu'il veut ferme mais qui est misérable, supplie qu'on l'autorise à se rendre auprès de Körgüz. C'est de l'autre côté de la Perse. Mais qu'importe, Hasan n'en est plus à cela près!

Tchormaghan, aussitôt, s'irrite.

Se rendre chez Körgüz, à quoi bon? Pour exciter sa colère?

Aurait-il l'audace de prétendre reprendre au gouverneur un cadeau de Tchormaghan? Et il voudrait que ce soit celui-ci en personne qui l'autorise à entreprendre cette folie?

Il veut donc le rendre ridicule, lui, Tchormaghan Noyon?

Qu'il s'incline comme lui-même l'a fait devant la volonté du Qaghan!

Zéliha appartient à Körgüz au même titre que la Perse!

Que cela plaise ou déplaise, c'est ainsi.

L'entrevue est achevée.

Hasan lève à cet instant vers le Mongol un regard si profondément chargé de souffrance que l'inattendu se produit.

Depuis que l'entretien a porté sur Zéliha, la femme du général a scruté le suppliant avec une vive attention. Et il n'y avait dans ses yeux ni plaisir cruel ni même méchanceté.

Elle se penche en avant, et, avec beaucoup de douceur, le visage éclairé d'un sourire enjôleur, pose la main sur le bras de son mari.

« Mon époux! Cet homme a fait appel à ta justice, et ta justice, dans ce pays, c'est la justice du Qaghan! Lorsque tu as offert cette femme en présent à

Körgüz, tu ne pouvais savoir que son mari viendrait jusqu'ici la chercher. S'il était arrivé à ce moment, ne la lui aurais-tu pas rendue? Tu représentes le Qaghan, ici. Que ferait le Qaghan?

– Le Qaghan a désigné Körgüz pour le représenter!

– Dans ce cas c'est à Körgüz de rendre la justice du Qaghan. »

Tchormaghan, en grognant, écarte la main de sa femme.

Le truchement s'est tu. Hasan ne peut rien saisir de cet échange privé. S'il pouvait comprendre, il entendrait alors la dame vanter auprès de son mari le parfait exemple de fidélité qu'il offre. Et la fidélité à la foi jurée n'est-elle pas la qualité la plus prisée des Mongols? Il l'entendrait rappeler comment le Conquérant l'a souvent récompensée, jusque chez ses ennemis.

Il comprendrait sans doute pourquoi le noyon Baïdjou lui a jeté un regard étonné, n'attendant guère de sa part un hommage aussi appuyé à la fidélité!

Tchormaghan soupire, l'air profondément embarrassé.

Invoquer l'exemple de Gengis Khan fait toujours réfléchir ceux qui furent ses compagnons, ou simplement ses soldats...

La dame supplie son mari d'accorder un sauf-conduit à cet homme qui, pour l'amour de sa femme, a osé affronter seul l'hiver et les Mongols. S'il le souhaite, elle dictera elle-même une lettre à Körgüz. Il verra bien en la lisant que le gouverneur ne pourra que le louer, et non point le blâmer.

Enfin, Tchormaghan, de guerre lasse, fait signe à l'interprète et lâche, ironique, à l'intention de Hasan :

« C'est bon, va demander à Körgüz de libérer son esclave! Va! »

LA PROCESSION DU SAINT-ESPRIT

L'an du Seigneur 1240, 6748 de la Création du monde,
le dimanche 15 avril,
fête de la Résurrection de Notre-Seigneur Jésus-Christ

« Mes chers pères, mes chers frères dans le Seigneur, puisse la pureté de vos intentions être préservée de toute malignité, et votre conscience éclairée par le soutien, l'inspiration et la volonté de Dieu tout-puissant! »

Dans la cathédrale de la Dormition de la Vierge Marie où en ce jour de Pâques on a prié en commun, monseigneur Cyrille, chancelier du prince Daniel Romanovitch, s'adresse aux prélats catholiques et orthodoxes alignés dans la nef avec les clercs de leur suite.

Le prince Daniel a souhaité les réunir dans sa capitale de Galitch pour tenter d'aplanir le différend entre les deux Églises et rassembler les chrétiens de Russie et d'Occident face au danger tatar. Son chancelier n'a pu que satisfaire aux ordres de son maître.

D'autant plus qu'il a besoin de son entier soutien pour gravir les plus hauts échelons de la hiérarchie ecclésiastique... et un jour peut-être – si Dieu veut! – parvenir à réaliser son ambition suprême...

Être intronisé métropolite de Kiev par le Patriarche Œcuménique!

Car Daniel, pour sa part, vient tout juste de réaliser son propre rêve.

C'est lui, désormais, le prince de Kiev!

Mais à quoi bon son soutien s'il se rallie, contre la volonté du Patriarche, à l'Église de Rome?

À cette Église de Rome qui a déserté la vraie foi.

Il faut donc que la négociation ait lieu, puisque le prince le veut...

Et qu'elle échoue puisque la vérité – et le chancelier! – y a intérêt...

Ce ne sera pas la première fois. Le Tsar lui-même, il y a six ans, n'a-t-il pas incité le Patriarche Germain à entreprendre des discussions en vue de l'union des Églises? Les débats qui eurent lieu dans sa capitale de Nicée furent un échec total... Le Patriarche devait, comme monseigneur Cyrille, déférer aux désirs du souverain, mais, comme lui également, il détestait du fond de son cœur les Latins et l'Église de Rome.

Daniel Romanovitch tolère bien trop volontiers à Galitch les représentants de celle-ci! Il y laisse s'installer aussi bien les moines dominicains que les moines franciscains. Est-ce parce qu'il a épousé une Autrichienne? Il a pourtant eu assez fort à faire pour assurer son pouvoir face aux ambitions immodérées des Hongrois et des Polonais, tous fidèles soutiens de l'Église romaine!

Le chancelier, en tout cas, a soigneusement veillé à ce que les représentants de l'Église orthodoxe, outre l'évêque Artemi de Galitch qui se plaît par principe à contrarier les volontés du prince, soient des hommes aussi peu enclins au compromis qu'il est possible. Le plus éminent d'entre eux, réputé pour sa science théologique et l'autorité de sa parole, est l'archimandrite Trophime, de Novgorod, qui n'a pas hésité à venir jusqu'ici malgré la menace des Tatars. Il y a bien un ou deux hommes – tel Nikon, ecclésiarque de la grande laure de Kiev – dont la douceur pourrait s'abandonner à la tentation d'une paix qui ne saurait être qu'une capitulation, mais ils pèseront de peu de poids face au tempérament offensif et à l'éloquence enflammée d'un Trophime ou d'un Artemi...

Le chancelier pouvait peu de chose sur le choix des représentants catholiques. Pourtant, en écrivant au roi Béla de l'aider à rapprocher les Églises, il ne manqua pas d'insister sur l'intérêt qu'il y aurait pour l'Église romaine à déléguer un des plus hauts prélats de son royaume. Or il n'y a que trois archevêques en Hongrie, ceux de Strigonium, de Kalocsa et de Spalato [1]...

Robert de Strigonium venait juste de mourir. Son successeur, Matthias, n'avait pas encore reçu sa confirmation du Saint-Siège, et le chancelier savait combien sa nouvelle charge de primat de Hongrie allait l'occuper...

Spalato est loin de la Cour et, après l'archevêque de Strigonium, c'est celui de Kalocsa qui des trois est le plus influent... Hugolin de Kalocsa... Un prélat fier et orgueilleux... Juste ce qu'il fallait, en somme, à monseigneur Cyrille!

Que sa lettre ait ou non influencé Béla, c'est Hugolin de Kalocsa qui conduit la délégation catholique.

Pourtant, après la prière, sous les fresques et les icônes, dans les odeurs d'encens et le scintillement des cierges, en écoutant les paroles vibrantes d'un apparent espoir du chancelier de Galitch, il se trouve quelques hommes pour se prendre à rêver qu'enfin vont pouvoir se réconcilier les deux Églises du Christ.

Parmi ceux-ci, deux jeunes moines qui, s'apercevant soudain dans l'imposante suite de clercs accompagnant les dignitaires, se sont joyeusement souri.

---

1. Split.

Parmi les Dominicains dont s'est entouré l'archevêque Hugolin se trouve frère Jérôme.

Dans la suite de l'archimandrite Trophime figure frère Cyrille.

Son homonyme le chancelier supplie Jésus-Christ d'éclairer les participants à cette pieuse conférence.

« Puissions-nous être assez heureux pour voir enfin réunis les membres épars du corps brisé de l'Église, et la voir renouer ainsi son union avec Dieu Lui-même, pareil à la tête d'un corps unique doté de tous ses membres ! Puissions-nous parvenir à d'heureuses conclusions pour la paix des Églises !

« Avec la bénédiction de Jésus-Christ notre Sauveur, dont nous célébrons en ce jour la bonne nouvelle de la Résurrection, qui, dans Sa miséricorde et Sa compassion infinie, a réuni ce qui était séparé, et qui est le prince de la Paix ! »

Le même jour, vingt et unième de la troisième Lune,
dans l'année du Rat,
douzième du règne d'Ögödäi Qaghan, Souverain du Monde

Précédé par l'étendard aux neuf queues, escorté d'un essaim d'officiers en armure de bataille, le prince Batou, entouré de sa garde, chevauche dans la plaine au-devant de ses troupes. Chaque arban, chaque djaghoun, chaque minggan, rassemblé sous sa bannière, derrière ses officiers, acclame bruyamment le khan et son état-major.

La grande armée progresse dans la steppe qiptchaq. Avant que les tümens n'aient achevé de se disperser vers les différents objectifs que leur ont assignés le prince et son général, Batou a décidé d'entreprendre une ultime tournée des corps d'armée en marche.

Le lundi 16 avril, fête de saint Optat et de ses compagnons,
premier jour de l'octave de Pâques

Le débat a commencé. L'archimandrite Trophime, plein de prestance et d'assurance, avec sa haute taille et son épaisse barbe grise, déclame de la belle voix qui lui donne tant d'autorité :

« Il nous suffit, mes frères, d'écouter la voix des Pères et des docteurs des premiers temps de l'Église – alors que la Parole de Notre-Seigneur Jésus, dans Sa pureté première, n'avait point encore été altérée par la confusion des opinions humaines – pour reconnaître que le Saint-Esprit procède du Père, entendu comme le principe unique et premier. Cette vérité fut confirmée sans conteste possible sous Constantin le Grand, au concile de Nicée. »

L'archevêque Hugolin à son tour se lève.

« C'est alors, au contraire, qu'on vit combien les opinions étaient confuses et qu'il fallut que les plus grands docteurs précisent la doctrine!

– En fait de grand docteur, ce n'est nul autre que Charles, roi des Francs, qui ordonna d'insérer dans la profession de foi romaine cette assertion erronée que l'Esprit saint procède du Père et du Fils!

– Vous voulez dire l'Empereur Charlemagne!

– L'Empereur Charlemagne, si vous voulez! Cela n'en fait pas pour autant un docteur de l'Église.

– Il ne nous semble pas que les Empereurs de Constantinople aient eux-mêmes répugné à débattre de théologie et à préciser la doctrine!

– Les Empereurs de Constantinople, nouvelle Rome, sont les légitimes successeurs de Constantin. C'est Dieu lui-même qui leur a donné le glaive du pouvoir séculier, et ils ont de ce fait en matière de doctrine une autorité dont c'est peu de dire qu'elle ne saurait le céder à celle de Charlemagne. Or les Empereurs, pas plus que les Patriarches, n'ont jamais reconnu cette opinion erronée.

– Vous oubliez que, dès le temps d'Honorius et d'Arcadius, le concile de Tolède a fermement soutenu que l'Esprit saint est le Paraclet, qui n'est ni le Père ni le Fils, mais procède du Père et du Fils!

– Allons! Cinquante ans après Charlemagne, le Pape lui-même ne faisait point de cela un article de foi.

– L'opinion du Saint-Père était parfaitement claire et c'est fort justement, pour éviter que les esprits ne continuent à s'égarer en dépit de toutes ses recommandations, qu'il a imposé que tout chrétien affirme cette indubitable vérité :

« *Spiritus Sanctus ex Patre Filioque procedit.*
« L'Esprit saint procède du Père et du Fils! »

Il semble qu'en orientant dès l'origine la discussion sur ce point de doctrine, le plus délicat entre tous, monseigneur Cyrille sache ce qu'il fait...

Lorsque la journée s'achève et qu'il juge les esprits suffisamment échauffés, avant de souhaiter que la nuit apaise les passions et porte conseil aux représentants des Églises, il ne manque pas d'évoquer les autres sujets de griefs dont on devra débattre dans les jours suivants...

Pour célébrer l'eucharistie, les latins se servent d'hosties non fermentées, autrement dit de pain azyme, contrairement à l'usage traditionnel conservé par les Grecs, qui emploient du pain fermenté ordinaire...

Ceux-ci reprochent à Rome la croyance dans le purgatoire, tandis que Rome s'indigne qu'ils autorisent le mariage des clercs...

Enfin, qu'en est-il de l'autorité respective du Pape et du Patriarche œcuménique? L'évêque de Constantinople, nouvelle Rome, doit-il, comme le veulent les Latins, être subordonné à l'évêque de l'ancienne Rome?

Le même jour, vingt-deuxième de la troisième Lune

« Relève-toi, un brave tel que toi reste debout devant son khan! Combien de campagnes as-tu faites?

– J'étais dans l'armée du Conquérant lorsqu'il a vaincu les Tangouts, j'y étais lorsqu'il a combattu les Kin, j'y étais lorsqu'il a soumis le Khwarezm. J'ai suivi mon seigneur Ögödäi quand il s'en est allé soumettre le dernier roi d'Or.

– Et à présent tu combats sous mes ordres et tu t'es battu en héros. Tu as été le premier en haut des remparts de Tchernigov! Pour les services que tu as rendus au Conquérant mon aïeul, pour ceux que tu as rendus au Qaghan mon oncle, pour ceux que tu m'as rendus, reçois cette plaque d'argent en témoignage de ta valeur. Désormais tu commanderas à cent hommes. Puisse ton exemple inspirer les jeunes gens! »

À nouveau le vieux soldat met un genou en terre.

« Je ne le mérite pas, ô khan. Qu'ai-je fait de plus que mon devoir?

– Prends! »

Et sur le front des troupes Batou tend au vieux brave la *païdja* d'argent, insigne de son grade.

Le mercredi 18 avril, fête de saint Jean le Décapolite et de saint Apollone, troisième jour de l'octave de Pâques

En moins de deux jours, la discussion a tourné à l'aigre.

La journée du mardi n'a permis que de mesurer l'ampleur des désaccords.

Et le prince Daniel, qu'on attendait pourtant, n'est toujours pas revenu de Kiev!

Ce soir, tandis que sur les bancs les délégués s'agitent, l'archimandrite Trophime vibre d'indignation.

« En vérité, votre arrogance même démontre que votre hérésie n'est point limitée à deux ou trois erreurs! Elle est presque la récapitulation de toutes les hérésies qu'après l'Incarnation de Notre-Seigneur Jésus-Christ le Prince des Ténèbres s'est malignement plu à injecter dans la Sainte Église de Dieu!

« Ainsi, l'introduction dans l'eucharistie du pain non levé est caractéristique des hérésies d'Arius et d'Apollinaire, ces deux ennemis déclarés du Christ. Le premier niait que l'esprit de Dieu habitât le Fils puisqu'il dépeignait celui-ci comme fait d'une autre substance que le Père, tandis que le second croyait qu'il n'y avait pas d'âme humaine dans le corps du Seigneur.

« De telles erreurs, qui ont engendré l'hérésie des théopaschites aussi bien que celle d'Eutychès, conduisent à nier la double volonté et la double énergie des deux natures de Jésus-Christ, notre Sauveur!

« Or les saints Pères et docteurs de l'Orthodoxie, protecteurs de la Sainte Église de Dieu, considéraient le levain et le sel comme des symboles de l'âme et de l'esprit!

« L'offrande par les Latins, en cela semblables aux juifs, de pain non levé, étant dès lors dépourvue de l'une et de l'autre, les dispose à sombrer dans de pareilles hérésies, en même temps qu'ils judaïsent! »

Frappés tant par la véhémence que par l'excellence de la démonstration, plusieurs délégués de l'Église grecque opinent vigoureusement du chef, ponctuant de leurs approbations le discours de l'archimandrite.

D'autres, pourtant, jugeant que ce dernier procède à un amalgame quelque peu hâtif, murmurent avec agacement.

En face, devant l'injure faite à l'Église de Rome, plusieurs représentants latins se sont levés de leurs bancs, invectivant l'orateur.

Trophime domine de sa voix d'airain le tumulte qui s'élève.

« Mais cela n'est rien!

« Dans quelles abominables erreurs ne tombez-vous pas lorsque vous osez affirmer que le Saint-Esprit tient également du Fils son existence substantielle? Vous préparez ainsi sans la moindre vergogne le moment de rouvrir publiquement le débat sur les hérésies de Mani, Marcion et Simon, qui était pourtant clos depuis bien des années. Vous ne faites rien de moins que proclamer l'erreur pneumatochienne de Macedonius, car par vos assertions vous décrivez le Saint-Esprit comme inférieur puisque selon vous il procède seulement du Père et du Fils sans avoir lui-même d'intervention active.

« C'est le Père seul, comme l'atteste la doctrine de Notre-Seigneur Jésus, qui est source et principe premier de toute chose. Le Fils, comme le Saint-Esprit, ne saurait être ni source ni principe. Le Saint-Esprit, donc, ne peut procéder que du Père et en aucune façon du Fils!

« De même, est-ce que le feu du purgatoire, qui accueille les Latins – et eux seuls! – ne conduit pas aux errements d'Origène et de ses sectateurs, qui sont condamnés sans détour par tous les hommes de foi?

« N'êtes vous pas en communion avec les Arméniens abominablement égarés dans le monophysisme et le théopaschisme?

« Enfin, vous déniez sans pudeur l'autorité de notre vénérable seigneur, le Patriarche de Constantinople, la nouvelle Rome! »

Lorsque l'on parvient tant bien que mal à rétablir un semblant de calme dans l'assemblée, l'archevêque Hugolin, qui a longtemps réfréné sa fougueuse nature, ne se montre pas en reste.

« Le trône apostolique est premier parmi les trônes des évêques. Le saint évêque de Rome, notre bienheureux et vénérable Pape, est le véritable successeur au trône apostolique; il est donc le premier des évêques et l'évêque suprême! Cela a été clairement proclamé par le premier Empereur chrétien – j'ai nommé Constantin le Grand, fameux entre tous par son zèle pour la foi – et amplement confirmé par tous les saints décrets et canons des saints Pères et docteurs de l'Église! Comme l'a justement rappelé le saint Pape Léon IX que nous fêtons demain : le Pontife du Siège romain est le seul primat apostolique de l'Église universelle!

« Il est temps de revenir à l'heureuse époque d'ordre, de discipline et de vérité, où la voix de l'autorité prévalait parmi ceux qui s'honoraient du nom de chrétiens, et où le successeur au trône apostolique, le suprême évêque de l'ancienne Rome, le pasteur des pasteurs, le père des pères, le diadème de toutes les Églises, l'excellence de tous les prêtres, notre père commun, le Pape œcuménique, était en possession de toutes les prérogatives qui étaient les siennes de toute antiquité, par l'effet des préceptes des Évangiles et de toutes les traditions synodales et patristiques!

Hélas, l'Ennemi, l'adversaire de la paix, tournant là-dessus son œil plein de malignité, a substitué à cela, par ses machinations, la querelle et l'inimitié!

Et ceux qui s'entêtent à les perpétuer, s'attachant à leurs errements comme le chien retourne à sa vomissure, ne font que conduire délibérément la Chrétienté à sa perte!»

« Jérôme, mon frère, que disent-ils? Je n'y entends plus rien!

– Cyrille, je ne sais. J'étais venu ici plein de l'espoir de voir les chrétiens réunis, et je ne trouve que méfiance et colère.

– Est-ce donc si grave d'affirmer que le Saint-Esprit procède du Père seul ou bien du Père et du Fils? Ne suffit-il pas d'attester qu'ils sont un seul Dieu en trois personnes?

– Je ne sais plus, Cyrille. Je crois ce que m'enseignent les docteurs. Mais ici tous se réclament à grand bruit de Notre-Seigneur, des Pères de l'Église et des anciens conciles. Je ne sais plus que penser!»

Dans l'obscurité de la nuit qui est tombée sur Galitch, devant l'icône de Marie que Cyrille a tenu à montrer à Jérôme et dont les dorures scintillent à la lueur de deux petites lampes, les deux moines ont les larmes aux yeux.

« S'ils avaient approché les païens d'aussi près que nous l'avons fait, parleraient-ils ainsi? N'as-tu pas toi-même raconté à Trophime tout ce que nous avons vécu?

– Sans doute, mon frère, sans doute. Mais l'archimandrite n'est pas de ceux dont un pauvre moine peut influencer les avis. S'il a tenu, je ne sais pourquoi, à m'emmener dans sa suite, il n'entend que ce qu'il veut entendre... Quand j'étais à Toropets, il m'a convaincu avec ses belles paroles et l'assurance de son ton de ne pas retourner à Souzdal et de le suivre à Novgorod. Mais, depuis plusieurs mois que je vis au monastère de Saint-Georges, j'ai compris qu'aussi savant qu'il soit c'est un homme plein de dureté et de suffisance. On peint de belles icônes dans son couvent, mais il n'y règne que jalousie, méfiance et orgueil.

– Hélas, l'archevêque de Kalocsa n'est pas moins orgueilleux, et les propos de Trophime ou d'Artemi l'ont piqué au vif. Mais je suis moi aussi bien trop petit pour qu'il puisse entendre mes avis.

– Pourtant, si on me le demandait, je pourrais témoigner qu'il existe dans l'Église des Latins au moins un vrai chrétien!

– Et moi, si on me le demandait, j'attesterais qu'il existe dans l'Église des Grecs au moins un vrai chrétien! Mais on ne me demande rien...»

Et, devant le regard plein de mélancolie de la Vierge de tendresse, Jérôme et Cyrille, tombant dans les bras l'un de l'autre, leurs propres yeux mouillés de larmes, étroitement, s'embrassent.

Le jeudi 19 avril, fête de saint Paphnoutios et de saint Léon IX, quatrième jour de l'octave de Pâques

Les vociférations fusent de toutes parts. Dans les travées pointent partout des doigts accusateurs. L'assemblée semble une mer en furie.

Se composant une figure profondément navrée, monseigneur Cyrille jubile intérieurement. Sur tous les sujets, il a réussi, sans en avoir l'air, à provoquer entre les principaux orateurs des passes d'armes toujours plus orageuses.

L'Église de Russie ne vendra pas son âme à l'Église de Rome!

Le débat a échoué au-delà de toute espérance!

Ce n'est plus un débat, d'ailleurs, mais une série de monologues enflammés qui s'efforcent comme ils le peuvent de couvrir les invectives qu'avec force gesticulations s'échangent les délégués.

« Nous n'avons que faire des injonctions de votre pape! Vous avez honteusement usurpé le trône patriarcal de Constantinople! Le pape ferait mieux de rougir avec humilité d'une pareille impiété et d'en demander pardon aux chrétiens plutôt que de parler haut et fort comme il le fait!

– Sacrilège! Vous osez traiter le Pape d'impie? Vous osez! Sachez que nous n'avons pas à tolérer de blasphèmes de votre prétendue Église, de vous ni de vos prêtres fornicateurs!

– Fornicateurs? C'est vous qui blasphémez la Sainte Église orthodoxe! Voilà bien votre hypocrisie à vous, Latins! Nous savons bien, en vérité, que, si vos prêtres renoncent à épouser une femme, c'est pour mieux pouvoir les posséder toutes!

– C'est assez! C'est assez!

– Dehors le sacrilège!

– À genoux, les blasphémateurs!

– C'est à vous d'implorer la miséricorde de Dieu! À vous!

– Mes frères, mes frères...

– Mais lâchez-moi!

– À la garde! À la garde!

– Mes frères, mes frères, Dieu nous regarde!

– Tais-toi, impie! »

Le même jour, vingt-quatrième de la troisième Lune

« Chevauchez, ô mes guerriers, chevauchez une dernière fois dans les plaines de Russie!

« Chevauchez vers Kiev!

« Dans quelques lunes, vous aurez achevé de plier ces contrées sous la loi du Qaghan, comme vous y avez plié la steppe qiptchaq!

« Ceux qui résisteront, tuez-les!

« Ceux qui se soumettront, enrôlez-les !

« Alors, ô mes guerriers, tous ensemble nous passerons le fleuve Vistule et les monts des Carpates, et nous ferons connaître à tous les pays d'Occident la volonté du Ciel !

« Le temps est venu de marcher vers l'océan du bout du monde !

« Que rien n'arrête votre courage !

« Longue vie au Qaghan Ögödäi ! »

Et dans la vaste plaine, à la suite de Batou, les dix mille hommes du tümen de Möngkä hurlent d'une même voix :

« Longue vie au Qaghan ! »

Le vendredi 20 avril, fête de saint Théodore Trichinas et de saint Marcien, cinquième jour de l'octave de Pâques

L'archevêque Hugolin, le port raide et la mine impérieuse, sermonne Daniel Romanovitch, prince de Galitch et de Kiev, arrivé seulement hier au soir, trop tard pour modérer le déroulement de débats qu'à la même heure on venait de rompre. Il lui représente que le malheur qui a frappé la Russie est manifestement une punition divine destinée à condamner sans appel l'erreur grecque.

Il lui rappelle la puissance de la Hongrie et des vrais princes chrétiens et l'exhorte à les rejoindre pour bénéficier de leur alliance et de leur protection.

Il se penche vers le prince.

« Nous vous adjurons, monseigneur, de ne plus désobéir à Dieu et à Son représentant sur terre.

« Nous vous invitons de tout notre cœur à rentrer dans le giron de la Sainte Église catholique et romaine, pour y trouver la gloire et la tranquillité ! »

Le chancelier Cyrille et l'archimandrite Trophime se rendent à leur tour auprès du prince. Ils lui exposent l'arrogance des Latins impies et l'insatiable volonté de puissance de leur pape. À aucun prix il ne faut céder à leurs exigences.

Trophime s'exclame, plein d'emphase :

« Le bienheureux apôtre Jean, le théologien, dit dans son Épître catholique : *Quiconque vient vous trouver et ne demeure pas dans la doctrine de Notre-Seigneur Jésus-Christ, ne l'accueillez pas dans votre maison et ne le saluez pas*. Ne pensez-vous pas, monseigneur, que les Latins, en vérité, ne demeurent pas dans la doctrine de Notre-Seigneur Jésus, mais dans une autre ?

« Peut-être bien celle de l'Antéchrist ?

« Notre-Seigneur a pourtant clairement exposé la doctrine relative à la procession du Saint-Esprit, lorsqu'il dit, comme l'atteste l'apôtre Jean : *Alors viendra le Paraclet, l'Esprit de vérité, qui procède du Père*. En dépit de cela, les Latins s'opposent au Christ lui-même, le faisant passer pour menteur, lorsqu'ils affirment que le Saint-Esprit procède du Père et du Fils ! Ils sont dès lors manifestement en guerre avec Dieu ! »

Monseigneur Cyrille se penche vers le prince et, à mi-voix, renchérit : « Avec les Tatars nous ne risquons de perdre que nos corps... « Avec les Latins, nous perdrions nos âmes ! »

LES ÉPOUSAILLES DE LA MER
L'an du Seigneur 1240, le jeudi 24 mai, jour de l'Ascension de Notre-Seigneur

« *Desponsamus te, Mare Nostrum,*
in signum veri perpetuique dominii ! »

« Nous t'épousons, ô Mer,
En signe de véritable et perpétuelle domination ! »

À la proue du *Bucentaure*, vaisseau amiral de la flotte, le doge Jacopo Tiepolo, debout face à l'Adriatique, célèbre l'alliance de Venise et de la mer.

En ce jour de l'Ascension, il y a deux cent quarante ans, son prédécesseur Pietro Orseolo a appareillé pour conquérir la Dalmatie.

En ce jour de l'Ascension, il y a soixante-trois ans, en remerciement du soutien de Venise contre l'Empereur Frédéric Barberousse, le Pape Alexandre III a accordé à la république l'empire de l'Adriatique.

Que ce jour perpétue la gloire de Venise !

Et malheur à ceux qui rient sous cape en assurant qu'aucun clerc de Rome n'a jamais retrouvé trace de la promesse du Pape Alexandre !

Le triomphe qui partout accompagne l'étendard de Saint-Marc et la fortune qui couronne toutes ses entreprises prouvent assez combien Dieu soutient Venise !

Depuis que le doge est devenu seigneur du quart et demi de l'empire de Romanie, la fête est chaque année plus belle.

Aucun étranger n'avait songé à rire lorsqu'il avait prononcé pour la première fois l'orgueilleuse formule d'alliance avec la mer !

Tandis que son superbe vaisseau à cent cinquante rameurs fait demi-tour devant la passe du Lido, où il vient symboliquement de jeter dans les flots l'anneau d'or du mariage, Jacopo Tiepolo peut admirer le magnifique ordonnancement de la flotte, l'alignement parfait des galères pavoisées.

Au loin, en deçà de la passe, couvertes d'étoffes et de fleurs, venues de la cité ducale comme de Murano ou de Torcello, de Burano ou même de Chioggia, barques, gondoles et embarcations de toutes sortes, en foule, tapissent la lagune.

Dans peu de jours, la gloire de la république s'enorgueillira d'une nouvelle victoire. Voici près de quatre mois, les Vénitiens, remontant le Pô sous le commandement du doge en personne, ont mis avec leurs alliés du continent le siège devant Ferrare, qui s'entête depuis des années à contrarier leur commerce. Il y a peu, son maître, l'orgueilleux marquis Salinguerra, s'est vu contraint de demander à Jacopo Tiepolo ses conditions de paix. Demain le *Bucentaure* appareillera à nouveau pour Ferrare, et nul ne doute qu'il ramènera bientôt prisonnier le vieux marquis qui croyait que l'on pouvait impunément s'opposer à Venise.

Sur sa célèbre *Santa Filomena*, comme son seigneur sur le *Bucentaure*, Domenico Contarini se redresse de toute sa fierté de patricien. Après trois ans et demi passés comme podestat de Chioggia, durant lesquels il a su se faire hautement apprécier, il rentre aujourd'hui dans la nouvelle charge à laquelle le Grand Conseil vient de le nommer : provéditeur de Romanie – c'est-à-dire amiral de la flotte chargée de la défense des terres vénitiennes conquises sur l'ancien Empire grec et de la sécurité des convois marchands entre l'Adriatique et Constantinople.

Certains se sont étonnés qu'après avoir rempli une magistrature aussi prestigieuse que celle de podestat de Chioggia, si intimement mêlée au gouvernement même de la république, ser Domenico accepte un commandement militaire éloigné, si élevé soit-il. Il lui aurait suffi de manifester son désir de demeurer à Chioggia : trois ans et demi, c'est court, et l'on faisait grise mine dans une ville qui ne souhaitait nullement se séparer de lui.

Mais c'est fort consciemment qu'il a désiré, et obtenu, ce poste : ayant fait ses preuves comme administrateur, il va pouvoir désormais faire montre au plus haut niveau de ses qualités de chef militaire.

Après cela, il pourra prétendre aux plus hautes destinées.

Quant à s'éloigner de Venise – où il reviendra du reste chaque année –, cela signifie pour lui se rapprocher de Constantinople.

Et, avant d'être doge, ser Jacopo Tiepolo n'a-t-il pas, justement, été podestat de Constantinople?

Le Conseil de Venise a accordé au Conseil de Chioggia quelques compensations propres à le consoler de la perte de son podestat, et Marino Morosini, cette fois, a obtenu le poste convoité.

Dans l'intimité du patricien, Mafalda a plus que jamais toute autorité pour régenter la Ca'Contarini di San Samuele, tout comme la maison que Domenico conserve à Chioggia. Mais cette confiance qu'on lui fait n'atténue guère la tristesse qui s'est emparée d'elle, en voyant ce matin son maître et amant bien-aimé embarquer sur sa galère apprêtée pour la fête...

Dans deux jours en effet, le provéditeur Domenico Contarini va conduire une escadre à Constantinople.

LA CITADELLE DE TUS
L'an 637 de l'hégire, le dix-huitième jour du mois de Djul-l-kade [1]

Le cœur de Hasan palpite d'une intense émotion.

Il lui semble que l'univers entier doit en entendre les battements accélérés.

Tant de douleur, tant d'angoisse vécues pour cet instant!

---

1. 10 juin 1240.

De l'autre côté de la cour qu'il traverse, guidé par un eunuque : une porte.

La porte du harem.

Du harem de Körgüz.

Du harem de l'homme dont la volonté de l'empereur mongol a fait le maître du Khorassan, avec autorité sur la Perse et le Caucase.

Avant-hier, escorté par une escouade de rudes cavaliers envoyés par Tchormaghan, Hasan est enfin parvenu à Tus, dont le nouveau gouverneur a décidé de faire sa capitale.

Cela fait huit mois qu'il a quitté Damas à la poursuite de sa bien-aimée.

Et aujourd'hui elle est là, quelque part derrière cette porte dont deux eunuques ouvrent les battants.

Depuis ce jour du mois de Ramadan où il a tout à la fois appris le départ de Zéliha pour le Khorassan et obtenu du général mongol l'autorisation de s'y rendre, il a prié chaque soir Dieu de lui enseigner la patience. C'est sur un cheval ailé qu'il aurait voulu galoper jusqu'à Tus. Mais il lui a fallu se plier au rythme lent que lui ont imposé ses hôtes forcés.

Tchormaghan, tout d'abord, ne l'autorisa qu'au bout de deux semaines à quitter son camp, en compagnie d'un de ses officiers supérieurs chargé de quelque mission auprès du gouverneur. Mais cet officier avait également à faire dans certaines des villes et places-fortes que l'on traversait et y prenait parfois son temps. Au long des routes où la troupe cheminait sans trop de hâte, Hasan, qui entendait pourtant vanter l'étonnante rapidité des courriers mongols et la remarquable organisation du *yam*, la poste impériale, en était venu à se demander si, quelle que fût la mission dont il était chargé, l'officier n'avait pas reçu l'ordre de son général de ne pas montrer trop de zèle dans le service du gouverneur !

Il n'avait ni le loisir d'abandonner son encombrante escorte ni la possibilité d'obtenir que l'on allât plus vite. On le traitait de haut, lui faisant bien comprendre que c'était une grâce insigne que d'être autorisé à voyager dans la suite d'un noble guerrier mongol.

Leçon de patience et d'humilité...

Jusqu'à cet automne, jamais dans sa vie il n'avait été privé de confort et d'aisance, même dans ses voyages les plus lointains; jamais on ne lui avait manqué du respect dû à la qualité de sa naissance ainsi qu'à sa fortune. Sur les routes de Perse, chichement nourri, démuni de tout ce qu'il avait pu emporter d'Erzurum, virtuellement prisonnier d'un peloton de cavaliers barbares, on lui faisait chaque jour sentir que, pour les Mongols, il n'était rien, lui imposant parfois des tâches que quelques mois plus tôt il laissait à son serviteur.

Le plus souvent, on l'ignorait.

L'hiver dernier, l'envoyé du gouverneur auprès de Tchormaghan, le propre fils de Körgüz, en ramenant à son père les présents et gages d'allégeance du général, avait, lui, utilisé toutes les ressources que le yam pouvait mettre à sa disposition.

Il y a bientôt quatre mois que Zéliha vit derrière ces portes que l'on franchit à présent.

Quatre mois, sans nul doute, qu'elle doit partager la couche de Körgüz.

On se tient à présent dans un vestibule.

Devant, une nouvelle porte, plus petite et plus ouvragée.

Hasan a machinalement porté la main à sa gorge nouée. Il aurait rencontré un goître qu'il n'aurait pas été autrement étonné. Il lui semble qu'elle a enflé au point de lui mesurer l'air qu'il respire avec une sordide parcimonie.

Mais non. C'est l'angoisse.

L'angoisse qui, dans ce moment tant attendu depuis huit mois, se complaît à étouffer son bonheur de revoir enfin celle qu'il aime, ce bonheur qu'il imaginait si souvent, dans ses journées de marche, dans ses nuits sans sommeil...

Quelque voix mystérieuse, en lui, lui crierait presque de reculer, de ne pas passer cette ultime porte, de renoncer à vivre ce moment dont l'espérance est depuis si longtemps l'unique soutien de ses pensées.

Absurde... Absurde...

Tu es là, mon aimée, tu es là, enfin. Prisonnière sans doute.

Mais tu es là.

Hasan, pourtant, tandis que l'eunuque pousse lentement la porte, ne peut s'empêcher de songer au gouverneur. Sa bouche s'ouvre pour tenter d'accorder une bouffée d'air à sa respiration oppressée...

Il y a quelque chose qu'il ne comprend pas.

Quelque chose qui lui fait presque peur.

L'étrange attitude de Körgüz...

Pas d'hostilité, pas de menaces, bien au contraire.

C'est sans laisser paraître la moindre hésitation que le gouverneur lui a accordé, contre tous les usages, de pénétrer dans le harem et d'y rendre à son épouse une visite en tête à tête.

Son ton, ses paroles, ses gestes mêmes ne semblaient-ils pas autoriser l'espoir de le voir rendre justice à son visiteur?

C'est pourtant un sentiment bien plus trouble qu'ils ont inspiré à Hasan.

Car son cœur à vif a deviné que Körgüz aime Zéliha.

Dans son interminable chevauchée, Hasan avait dû rencontrer le grand vizir de Roum, le prophète des Turcomans, le général Tchormaghan et son second au sourire féroce... Qui allait-il rencontrer derrière les murailles de la citadelle de Tus? À quoi pouvait bien ressembler l'homme à qui l'empereur des barbares avait confié le Khorassan, la Perse et le Caucase?

Le redoutable Tchormaghan ne lui obéissait qu'avec une certaine réticence, néanmoins il lui obéissait. Au fur et à mesure qu'il s'éloignait du camp de son chef direct et se rapprochait du quartier général de Körgüz, l'officier qu'accompagnait le Syrien semblait devenir plus soucieux. La marche lente du début s'accéléra jusqu'à accomplir à un train d'enfer les deux dernières étapes.

L'arrivée au Khorassan ne laissait pas de produire une forte impression sur les voyageurs venant du centre de la Perse. Cette province s'était trouvée au cœur de la tourmente qui avait balayé de la terre l'empire de Khwarezm. Villages ruinés sans âme qui vive, oasis à l'abandon... Dix-neuf ans s'étaient écoulés et les plaies du drame restaient toujours béantes.

Pourtant, les habitants paraissaient saisis d'un désir subit de les panser enfin. Tus même est un vaste chantier, le palais et les autres bâtiments de la citadelle sont couverts d'échafaudages où s'activent ouvriers et artisans.

Partout l'on reconstruit.

L'homme qui a installé ses quartiers dans cette ville martyre n'est pas le Mongol grossier et brutal que Hasan redoutait de rencontrer. C'est un Ouïghour courtois, cultivé et raffiné.

Hier matin, il a reçu l'émissaire de Tchormaghan.

Hier au soir, il a reçu Hasan. Il avait lu la lettre dictée par la femme du général. S'il n'avait dans l'instant que peu de temps à lui consacrer, il fut néanmoins plein de prévenance et d'amabilité.

« Tu as fait un bien long et périlleux voyage pour sauver celle que tu aimes. Tu mérites de mener ta quête à son terme. Tu verras Zéliha. Dès demain. Elle m'a souvent parlé de toi. Elle sera infiniment touchée par ce que tu as fait pour elle ! »

Le gouverneur a fait porter ce matin à Hasan d'élégants vêtements neufs pour remplacer les robes et le manteau usagés qu'il portait à son arrivée. Ce midi il lui a fait servir un repas d'une finesse dont le Syrien avait perdu l'habitude. Enfin, tout à l'heure, un eunuque est venu annoncer à celui-ci que celle qu'il cherchait l'attendait dans le harem.

Zéliha, élégamment vêtue d'une robe de soie bleue, coiffée d'un voile de crêpe rose à fleurs d'or que cercle un fin diadème, entourée d'un essaim de gracieuses jeunes filles, se lève vivement et accourt d'un pas léger vers Hasan. Elle l'embrasse.

« Hasan. Tu es venu jusqu'ici. C'est à ne pas croire ! Comment as-tu fait ? J'étais si persuadée de ne jamais plus te revoir ! Oh, ne pleure pas... »

D'un pan de son voile, elle essuie doucement les yeux humides de son mari, qui n'a pu murmurer autre chose que son nom.

« Zéliha... Zéliha... »

Tendresse, douceur, sourire... Joie sincère, sans doute.

Mais où est la passion ? Mais où est donc l'amour ?

La jeune femme s'empresse pourtant auprès de lui. Elle le fait asseoir à ses côtés sur les coussins du vaste sofa. Elle lui fait donner à boire, servir des gâteaux...

« Comme tu as maigri ! Comme tu as l'air fatigué ! Que tes yeux sont cernés... Tiens, prends, prends ! »

N'y a-t-il pas un peu trop d'agitation dans cet empressement même ?

Allons, que voilà d'étranges questions !

Hasan a trop souffert pour oser croire à son bonheur. C'est tout.

Devant le regard tant aimé, le sourire tant espéré, il se détend enfin.

Elle est là. Vivante. Pleine de santé.

Elle est là !

Elle l'assaille de questions. Comment a-t-il pu retrouver sa trace ? Comment est-il parvenu jusqu'à elle ? Il n'a pas envie de raconter son périple, pas tout de suite. Il voudrait la prendre dans ses bras. Mais il ne peut éviter de satisfaire sa curiosité. C'est avec tellement de gentillesse qu'elle demande à tout savoir...

L'eunuque a disparu. Seules deux jeunes servantes demeurent discrètement près de la porte. D'un geste, Zéliha les congédie.

Ils sont seuls.

Ils se sourient.

Mais pourquoi cette timidité soudaine ? Le regard de son mari semble troubler la jeune femme.

Hasan, enfin, fébrilement, lui prend la main, lui saisit le bras. Pourquoi reste-t-elle inerte?

Ah, c'est que l'on n'est pas vraiment seuls?

Si, pourtant!

Allons, mon aimée, apaise-toi. Je suis là...

Hasan enlace les épaules de son épouse.

Elle se dégage.

D'une main douce, mais ferme.

Elle regarde vers la fenêtre.

« C'est merveilleux, ce que tu as fait. Tu vois, je ne t'aurais pas cru capable de...

– Zéliha... »

Hasan va la saisir à nouveau.

Mais son geste reste en suspens.

Le regard de la jeune femme ne fuit plus. Elle le fixe droit dans les yeux. Son maquillage n'est pas assez épais qu'il n'ait pu remarquer la soudaine rougeur de ses joues.

C'est elle qui prend les mains de son mari. Pour les poser doucement sur les coussins.

« Körgüz a fait de moi sa maîtresse, Hasan.

– Je le vois bien, mon aimée. Mais il m'a pourtant lui-même permis de te rencontrer. Peut-être... Il semble qu'il soit un homme redouté, mais juste. Écoute, peut-être que... Ah, dès ce soir j'irai me jeter à ses pieds! J'irai le supplier de nous rendre justice et de nous permettre de retourner chez nous! S'il est aussi juste qu'on le dit, il aura à cœur de ne pas séparer un mari et sa femme. Ne s'est-il pas converti à l'Islam?

– Tu ne m'as pas comprise, Hasan.

– Que veux-tu dire?

– Il est inutile que tu ailles te jeter à ses pieds.

– Tu es donc si sûre qu'il rejettera ma prière? Réponds-moi. Pourquoi ne pas essayer? »

Zéliha se lève, marche jusqu'à la fenêtre, d'où l'on domine la plaine.

« Je ne retournerai pas à Damas, Hasan.

– Comment?

– Dieu a voulu que je sois désormais la maîtresse de Körgüz. Ma place est donc désormais à Tus.

– Ne me dis pas... que tu l'aimes! Regarde-moi! Zéliha, regarde-moi!

– Je t'aime infiniment, Hasan, et tu ne peux savoir combien ce que tu viens de faire pour moi a touché mon cœur.

– Et Körgüz, a-t-il touché ton cœur?

– Hasan! Écoute-moi! J'avais douze ans. J'ai vu des nomades turcs massacrer sous mes yeux mon père et ma mère. J'ai dû me soumettre à tous les désirs de leur émir. Lorsqu'il s'est mis à m'en préférer une autre, il m'a vendue à un marchand d'esclaves...

– Je sais tout cela. Réponds-moi, je t'en prie!

– J'ai abouti dans la couche d'un vieillard. On m'a revendue. Et c'est seulement auprès de toi que j'ai enfin trouvé un peu de bonheur.

– Un peu seulement...

– Non, Hasan, beaucoup. Mais quand tu es reparti en Occident pour la seconde fois, j'ai compris que même si je n'étais plus une esclave, j'étais toujours une prisonnière. Je te l'ai dit, Hasan, je ne suis pas faite pour être heureuse derrière des moucharabiehs, cloîtrée au fond d'une grande cité. Mon pays, c'est le Caucase. On y respire l'air pur des montagnes, on y...

– Mais ici c'est le Khorassan ! C'est une ville, une forteresse ! Et tu vis dans un harem ! Quel rapport y a-t-il avec le Caucase ?

– L'an dernier, tout a recommencé. Les Khwarezmiens ont tué Zaïnab devant moi. Ils m'ont emmenée de force. À nouveau j'ai dû satisfaire les désirs de leur chef. Puis ç'a été le tour des Mongols ! Dans l'hiver et le froid... Avant qu'enfin je rencontre Körgüz. Il a tout de suite été très bon, très généreux. Comme tu l'avais été lorsque je suis arrivée chez toi, comme esclave.

– Tu as dansé pour lui comme tu as dansé pour moi ? Pourquoi rougis-tu ? Je me souviens si bien de cette soirée...

– Tais-toi, je t'en prie. Il m'aime...

– Et toi ? Toi, l'aimes-tu ? »

Zéliha reste silencieuse. Hasan insiste, lui serrant le bras presque brutalement. Elle se dégage.

« Oui, Hasan ! »

Un cauchemar ? Est-ce un cauchemar ?

Quelque démon m'a envoyé ce mauvais rêve dont je vais m'éveiller.

Pourtant c'est elle. Elle est là, devant moi !

« Pardonne-moi, Hasan. Je n'aurais pas voulu te faire souffrir.

– Et moi ? Tu... Tu ne m'aimes donc pas ?

– Si... Infiniment. Mais il s'est passé bien des choses depuis que nous nous sommes quittés, mon ami.

– Mon aimée, je suis venu jusqu'ici pour te les faire oublier.

– Il est trop tard, Hasan. Je ne suis pas faite pour vivre à Damas.

– Je quitterai Damas ! Sur un de mes domaines... ou sur un autre que j'achèterai... je ferai construire une demeure de princesse, je ferai planter un jardin de légende, je...

– Et quand ma peau sera ternie, quand mes seins seront flétris, que deviendrai-je ? Une bonne amie comme l'était Zaïnab, passant ses journées vautrée sur son sofa à se gaver de loukoums ?

– Comment peux-tu dire cela ?

– Je commence à connaître les hommes, vois-tu ! Zaïnab semblait satisfaite de mener cette vie. Moi, j'en mourrais !

– Par Dieu tout-puissant, que me dis-tu là ? Et ici, ici ! Crois-tu que Körgüz aura pour toi plus d'égards que je n'en pourrais avoir ?

– Hasan, depuis deux mois, je n'ai plus de flux de sang ! »

Trois ans et demi passés dans la demeure de Hasan... Près de deux ans de vie commune, en dépit de ses voyages... Et jamais Dieu n'a daigné bénir leur union d'un enfant ! Elle n'est ici que depuis quatre mois, et elle attend peut-être un enfant de Körgüz ! Un fils, qui sait ?

Ô Toi qui règles tout ! Quel jeu est-ce donc là ? Me faire venir ici, pour apprendre cela !

Si cet enfant était né là-bas, à Damas, aurait-elle d'autre rêve que de le retrouver ? Pourquoi ne l'as-Tu pas voulu ?

« Mon aimée, cela n'est que le résultat des malheurs que tu as traversés. Si tu dois avoir un enfant, je ne l'en aimerai que plus. Il sera mien. Cela ne te donne nulle obligation envers Körgüz. N'a-t-il pas déjà famille et héritier? C'est son fils lui-même qui t'a amenée ici! Quoi qu'il arrive, devant Dieu nous sommes mari et femme!

- Tu te trompes, Hasan.

– Que veux-tu dire encore? »

La jeune femme rougit violemment.

« J'ai vu le cadi.

– Quoi! Mais le cadi ne peut annuler un mariage sans motif grave!

– Le mariage est annulé, Hasan.

– C'est Körgüz qui t'y a contrainte?

– Il n'en avait pas besoin.

– Alors c'est toi? De ton plein gré? Mais qu'as-tu raconté au cadi? Parle. Que lui as-tu dit?

– Mais lâche-moi... Lâche-moi enfin! Ou j'appelle la garde! »

Un silence.

Un long silence.

Zéliha reprend d'une voix blanche :

« Comment pourrais-je épouser Körgüz, si j'étais encore ta femme? N'oublie pas que j'étais sûre de ne jamais te revoir.

– Tu vas l'épouser?

– Sans doute... Bientôt, je crois.

– Zéliha! Qu'a-t-il fait pour que tu l'aimes? Est-ce qu'il a parcouru pour venir te sauver la moitié des pays d'Islam? Que peut-il donc avoir que je ne t'aie pas donné?

– Körgüz règne sur le Khorassan, Körgüz règne sur la Perse. Et moi, je règne sur Körgüz. »

Hasan a porté les mains à son turban. Il regarde la jeune femme avec effarement. Comme s'il voyait un monstre.

Non, ce n'est pas elle! C'est quelqu'un d'autre! Quelqu'un qu'il ne connaît pas!

« Ne me juge pas trop vite! Je t'ai rappelé tout ce que j'ai vécu. La moitié de ma vie j'ai été une esclave. Cela ne sera plus. Plus jamais, tu entends! Dieu m'a conduite ici dans le camp des vainqueurs. Je ne veux plus être dans le camp des vaincus!

– C'est de la folie! Étais-tu près de moi dans le camp des vaincus? Je t'ai libérée, tu sais bien que tout ce que je possède t'appartient!

– Hasan, mais ouvre les yeux! Tu n'as pas compris? Toi aussi, tu es un vaincu! Es-tu si aveugle que tu ne le voies pas? »

C'est Zéliha cette fois qui saisit avec force celui qui fut son mari.

« Crois-tu que la puissance de Körgüz et du Qaghan s'arrêtera longtemps au Caucase? Bientôt nous marcherons sur le Tigre et l'Euphrate, nous rendrons Bagdad, Konya, al-Qods... Et nous prendrons Damas! »

Nous? Elle a dit « nous »!

Quel mauvais enchanteur a allumé dans ses yeux cette flamme que Hasan n'y a jamais vue?

« Tu es allé jusqu'aux limites de l'Occident pour avertir les rois chrétiens de la puissance des Mongols! Tu as vu de tes yeux l'armée de Tchormaghan. Ce n'est pas la dixième, ce n'est pas la vingtième partie de ce que le Qaghan peut faire surgir à son gré de l'Asie tout entière! Comment pourrais-je jamais songer à retourner à Damas en sachant au fond de mon cœur qu'avant dix ans je serai l'esclave des Mongols, si toutefois ils me trouvent encore suffisamment désirable pour me laisser en vie? »

Son discours s'est fait véhément.

Mais soudain elle se tait, s'adoucit, s'attendrit.

C'est avec une infinie délicatesse qu'elle caresse le visage blême et effaré de l'homme qu'elle a aimé.

« Mon pauvre ami, tu aurais moins souffert si tu m'avais crue morte! Que veux-tu, Dieu a fait se croiser nos chemins, Dieu les a fait se séparer. Notre destinée n'était pas de demeurer ensemble. »

Elle le prend entre ses bras, presse doucement sa tête contre sa poitrine.

Il se laisse faire, comme sans vie. Ses yeux grands ouverts sont perdus dans le vague.

« Ne sois pas triste, je t'en supplie. Il y a tant de femmes qui rêvent d'un homme comme toi. Tu te consoleras, crois-moi! Mais, quoi qu'il arrive, tu seras toujours mon ami. Je n'oublierai jamais ce que tu as fait pour moi et les moments que nous avons vécus ensemble. Plutôt que de les pleurer, il faut remercier Dieu de nous les avoir un jour accordés... »

Elle le berce comme un enfant.

« Hasan. Écoute-moi. Je veux te rendre tous tes bienfaits. J'ai plusieurs fois parlé de toi à Körgüz. Hasan, tu m'écoutes? »

Son regard reste absent.

« Hasan. Puisque ta destinée t'a conduit jusqu'ici, reste! Reste avec nous! Ici un homme tel que toi recevra le salaire de ses mérites. Ici on a besoin de toi. Reste. Tu trouveras une femme bien mieux faite pour toi, et nous, nous serons amis... »

Il s'est redressé sur les coussins. Il pose toujours sur elle les mêmes yeux atones.

D'un mouvement mécanique, tout d'un coup, il se lève.

« Hasan, où vas-tu? Dis quelque chose! Hasan... »

Portes, cours, corridors...

Des ombres qui s'agitent...

Quel est cet étranger qui erre comme perdu?

« Eh, l'ami, que cherches-tu? »

Voix sans timbre, visages sans traits... Ombres inexistantes...

Le soleil brille dans le ciel. Pourtant il s'est éteint.

Sa chaleur est plus froide que la neige du Caucase.

Brouillard, nuit, solitude...

Il marche...

Palais ou labyrinthe?

Une minute, une heure, ou bien l'éternité?

Il marche...

Sans doute est-ce l'enfer. Un visage de démon grimace devant lui.

Que dit-il?

Qu'importe! Cela, et tout le reste...

« Halte, étranger! On n'entre pas! »

Le garde va repousser Hasan sans ménagement. Mais soudain il hésite et arrête son geste. Il rengaine son épée et laisse en silence passer cet homme hagard qui ne le voit même pas.

Peut-être un jour, dans la steppe, le garde, aussi, a-t-il aimé?

Fleurs, feuillages, parfums...

Le silence.

Hasan se laisse choir.

Il frémit, il tremble.

Et de son corps glacé, brûlantes, coulent les larmes.

Que celui qui n'a jamais été abandonné jette la première pierre à Hasan ar-Rashid!

LE MARIAGE

L'an du Seigneur 1240, le dimanche 10 juin, fête de saint Gétule et de ses compagnons

Une douce brise s'est levée sur le Danube, apportant un peu de fraîcheur aux convives échauffés tant par l'abondance des mets et des boissons que par le chaud soleil qui n'a pas manqué de s'inviter à la fête.

Encouragés par le garçon d'honneur, les plus jeunes gens, retrouvant leur entrain du matin, forment à nouveau des rondes où ils cherchent à attirer ceux de leurs aînés que le festin n'a pas trop assoupis.

Sur la vaste prairie au bord du grand fleuve, on est heureux.

C'est vers la fin de l'été dernier que Guillaume et Jeannette ont décidé de se marier. Guillaume, qui aurait voulu la bénédiction de ses parents, a confié pour eux un message à un marchand brabançon qui retournait dans son pays, convenant avec la jeune fille qu'on attendrait jusqu'au printemps une possible réponse.

Il la reçut en effet, grâce à des moines cisterciens. Ses parents se félicitaient du choix d'une épouse dont le père était né près des frontières de France et qui connaissait leur langue. Ils auraient peut-être préféré voir leur fils choisir la fille d'un riche bourgeois, mais la situation de son père était honorable et ils paraissaient assez flattés que leur future belle-fille soit une demoiselle de compagnie appréciée de la reine Marie.

S'inquiétant surtout de ce qu'une fois marié Guillaume décidât de s'établir définitivement en Hongrie, ils l'incitaient à revenir dès qu'il pourrait à Paris, dont ils rappelaient les mille et un attraits, et où l'on ne manquerait pas de faire fête à sa jeune épouse.

Au hasard des déplacements de la Cour, on décida de célébrer les noces à Visegrad, où le Danube infléchit en une grande boucle son cours vers le sud, au pied des hautes collines au sommet desquelles, depuis des temps immémoriaux, châteaux ou tours de guet protègent la vallée.

Le jeune orfèvre n'ayant pas de famille en Hongrie, les accordailles qui précèdent traditionnellement le mariage ont été écourtées. Elles n'en furent pas moins émouvantes car la reine, en témoignage d'affection pour sa jeune suivante aussi bien que pour son petit orfèvre français, voulut qu'elles se déroulent au château.

Maître Szemény y remplit pour Guillaume l'office de son père absent. L'accordée fit, comme il convient, don d'une écharpe et d'une chemise, et reçut en échange une robe, qui était en fait un cadeau de la reine. Villard de Honnecourt était parrain pour Jeannette et Thomas de Fehérvár pour Guillaume.

La reine était présente lorsqu'on sanctionna l'accord. Le roi lui-même se montra un instant, le temps de féliciter les nouveaux accordés. Le jeune couple s'en trouva fort ému, d'autant plus qu'un visiteur inattendu accompagnait le souverain : Koutan, prince des Coumans.

Koutan s'est rendu à la Cour pour conférer avec Béla des difficultés d'installation de son peuple. Devant le mécontentement grandissant des Hongrois, le roi, constatant que les Coumans, en dépit des efforts de leurs principaux chefs, ne parvenaient pas à changer leurs coutumes, a décidé de disperser leurs clans en petits groupes, espérant faciliter ainsi l'intégration au sein de son royaume de ces immigrants précieux à son pouvoir mais décidément encombrants.

La reine s'est émue du destin des Coumans. Beaucoup étaient de pauvres gens, qui avaient rudement souffert des cruels Tartares, et elle souhaita leur faire parvenir des secours. Ils n'en seraient ainsi que plus reconnaissants à la Hongrie et à ses souverains et veilleraient sans nul doute à amender leur conduite. Pour les aider à abandonner au plus tôt leurs mœurs barbares, Marie Lascaris veillait particulièrement à ce qu'ils soient intimement instruits de l'enseignement et de l'exemple de Jésus-Christ, favorisant toutes les initiatives que les frères prêcheurs prenaient en ce sens.

À l'automne dernier, Jeannette se trouva chargée d'accompagner une grande dame de la Cour qui portait au prince Koutan, de la part de la reine, des secours pour son peuple. Elle fut prise de pitié par la misère de certains Coumans, particulièrement les plus âgés, ou les enfants que les Tartares avaient privés de famille, et se montra très bonne. Elle s'est même mis en tête – Dieu sait pourquoi ! – d'apprendre un peu de leur langue. Koutan fut informé de tout cela ; c'est pourquoi, étant à la Cour comme Jeannette et Guillaume célébraient leurs accordailles, il les a visités.

Il a même organisé en leur honneur une course de chevaux entre les cavaliers de sa garde où ceux-ci, après avoir abattu au sabre, en plein galop, un pot posé sur un pieu, puis s'être efforcés d'attraper avec les dents un bonnet posé au sol, firent montre de leur étonnante adresse au tir à l'arc.

Aujourd'hui, alors que le temps des accordailles s'achève par la célébration du mariage, c'est Andronic, frère de maître Szemény, qui a fait office de garçon d'honneur, prenant en main l'organisation de la noce, veillant aux invitations et au choix des divertissements. Il s'est fort bien acquitté de sa tâche et les poèmes nuptiaux qu'il a récités en l'honneur des nouveaux époux furent du meilleur goût.

L'après-midi s'avance.

Tandis que tournent les rondes, les plus âgés des convives, leurs couronnes de fleurs un peu défraîchies, indifférents à la gaieté renouvelée de la musique, s'abandonnent aux lourdeurs de la digestion.

Maître Szemény réconforte le vieux Guibert, ému jusqu'aux larmes en regardant sa fille et son gendre s'amuser avec un entrain que l'abondance du repas ne semble pas avoir entamé, et qui ressasse les souvenirs de son propre mariage, il y a vingt-cinq ans.

Une grande ronde s'est formée autour des deux jeunes gens, agenouillés dans l'herbe, essoufflés par l'ardeur qu'ils ont mise à danser. Les joueurs de vielle s'approchent, Guillaume rétablit l'ordonnance des fleurs sur la tête de Jeannette et, acclamé par toute la ronde, donne à sa jeune épouse un baiser qui ne sera pas le dernier de cette journée.

KÖRGÜZ

L'an 637 de l'hégire,
le dix-huitième jour du mois de Djulkade, au soir [1]

Combien de temps a-t-il passé prostré sur ce gazon?

Depuis combien de temps est-il dans ce jardin?

Il ne sait même plus comment il y est arrivé...

Dans une vasque, au bout de l'allée, coule une fontaine.

Le ciel rosit par-dessus l'un des murs.

Une niche, dans la muraille, abrite une statue assise, aux paupières fermées, au sourire serein. Une idole peut-être?

Les larmes semblent avoir tari pour un temps le flot de la douleur qui submergeait son âme.

Il devait être bien abondant, pour qu'il ait tant pleuré.

Il faut croire qu'il le remplissait tout entier, car à présent il se sent étrangement vide.

Il ne souffre plus. Non.

Il ne ressent plus rien.

Comme étranger à lui-même.

Il regarde ses mains, regarde le jardin.

Tout cela paraît réel, mais son âme pourtant lui susurre que ce n'est qu'illusion.

Pour lui, en cet instant, la seule réalité est celle du néant.

Un bruit derrière lui. Quelqu'un s'est approché.

Hasan se retourne et, sans un mot, s'incline devant le gouverneur.

« Je suis heureux de te voir apaisé. Aucun amour, Hasan, ne résiste à trop d'adversité.

– Aucun homme non plus, seigneur Körgüz. »

Entraînant doucement le Syrien par le bras, le gouverneur lui montre toutes les espèces de fleurs, de plantes et d'arbustes qu'il a fait planter dans ce jardin qui, il y a moins d'un an, était encore en friche, dans une citadelle abandonnée aux mains d'aventuriers.

---

1. 10 juin 1240.

Hasan écoute, répond, questionne.

Et, retiré tout au fond de lui-même, il se regarde écouter, répondre, questionner.

« L'aimes-tu, seigneur? »

Körgüz vient de prononcer le nom de Zéliha.

« Oui, Hasan. Je l'ai aimée dès le premier soir, quand je lui ai demandé de danser devant moi. »

Paisiblement, les deux hommes parlent de la jeune femme.

Devant le tranquille détachement de son hôte, le gouverneur, en son for intérieur, se félicite de voir que, passé le choc de la nouvelle, il semble surmonter sa déception avec philosophie.

Le gouverneur n'a pas compris que l'équanimité dont il témoigne à présent n'est que celle d'un mannequin doué de parole, au plus profond duquel une âme blessée, indifférente, s'est retirée, écrasée par le poids du néant.

« Pourtant, tu m'as laissé la voir sans témoigner la moindre jalousie. Tu étais donc si sûr de ce qui se passerait. Tu me dis qu'elle te parlait de moi avec tendresse.

– Je sais, Hasan, que moi seul, aujourd'hui, peux lui apporter ce dont elle a besoin.

– Et quoi donc?

– La revanche qu'elle attend sur une vie d'esclavage et de soumission... Près de moi, elle touche au pouvoir! »

Les deux hommes poursuivent leur lente déambulation à travers le jardin.

Körgüz loue Hasan de ne témoigner aucune rancune à son ancienne épouse et de s'incliner si calmement devant une réalité à laquelle ni eux ni elle ne peuvent rien. Nul ne commande aux secrets de l'amour!

« Je t'admire de faire preuve de cette grandeur d'âme. Si l'on avait ainsi déçu ma confiance, je n'en aurais pas, je crois, été capable. »

Hasan ne répond pas. Il s'arrête devant la statue de l'idole.

« C'est le Bouddha. Il vivait aux Indes il y a bien longtemps. Il a voulu percer le secret de la souffrance humaine pour soulager ses semblables de ce terrible fardeau. Il a trouvé le chemin de la sérénité suprême, et il l'a enseignée...

– Je croyais, seigneur, que tu étais désormais musulman? »

Körgüz fait un geste négligent.

« Pour gouverner des musulmans, c'est plus commode...

« Connaître la religion d'un peuple, c'est posséder la clé de son âme. Et on ne peut être son maître sans pénétrer son âme.

« Mais ne te méprends pas. Le Bouddha n'est pas un dieu, ce n'est qu'un homme, comme Moussa, Issa ou Mohammed. Un de ces hommes qui apportent à l'humanité tant de lumière qu'on les vénère pour la suite des siècles. De ceux qui touchent de si près à la Divinité qu'on les confond parfois avec Elle.

« Allah ne saurait prendre ombrage de ses paroles. »

Le gouverneur s'approche de la statue, la caresse doucement.

« Ceux qui ont des enfants doivent les retenir du mal, les élever dans le bien, les faire instruire, les marier, et leur laisser un héritage.

« Les enfants entretiendront ceux qui les ont entretenus et, quand leurs parents auront disparu, ils honoreront leur mémoire...

« Le maître témoignera de l'affection à son élève, lui enseignera le culte du Bien et du Beau, ne le brutalisera ni ne l'injuriera...

« L'élève honorera son maître en lui obéissant et en écoutant attentivement ses leçons...

« Le mari doit aimer sa femme et la femme témoigner sa tendresse à l'époux...

« Les vrais amis doivent s'entraider en toute chose, les maîtres avoir souci du bien-être de leurs serviteurs, et les serviteurs servir fidèlement leurs maîtres.

« Libéralité, patience, courtoisie aimable, désintéressement et pureté, voilà les vertus qui sont aussi nécessaires à la société des hommes qu'une roue l'est à un char... »

Körgüz se tourne vers Hasan avec un léger sourire.

« Y a-t-il dans ces préceptes quelque chose qui puisse offenser Dieu?

– Non, en vérité. Mais est-ce là tout l'enseignement du Bouddha? »

Le gouverneur se fait grave.

« Non, bien sûr! Ce ne sont là que quelques menus conseils donnés au commun des hommes. Non! ce qu'il a véritablement enseigné, c'est le difficile chemin qui libère de la souffrance. La difficulté de cette quête est à la mesure de sa récompense.

– Quel en est le secret?

– L'extinction du désir, de la soif d'être, voilà le secret.

– L'extinction du désir... Tu sembles vénérer ce Bouddha, seigneur. Es-tu toi-même parvenu à te libérer du désir? »

Körgüz éclate de rire.

« La voie qu'il a tracée est si difficile que peu d'hommes ont vraiment su l'emprunter! Non, vois-tu, pour mon malheur, sans doute, j'ai encore en cette vie quelques désirs à satisfaire. Je tâcherai de m'améliorer dans une vie suivante, si toutefois il en est une... »

L'expression du gouverneur redevient sérieuse. Il fait quelques pas dans une allée, entraînant Hasan auprès de lui.

« Quand j'étais enfant, j'habitais une grande demeure à Kashgar. Ma mère était chrétienne, du rite de Nestorius, et c'est pourquoi l'on m'a donné un nom chrétien [1]. Mon père suivait l'enseignement du Bouddha. Notre voisin de droite était un marchand du Khwarezm qui avait pris femme chez nous. Il était musulman, attestant qu'il n'y a qu'un seul Dieu, qui est juste et infiniment bon. Notre voisin de gauche adhérait à la vieille doctrine de Mani, qui enseigne que le monde est le fruit de l'action du principe du Bien et du principe du Mal, égaux et antagonistes...

Nous vivions tous en paix, et en bonne intelligence. Nous lisions les livres d'Orient et d'Occident que des scribes avaient recopiés et traduits sur le passage des caravanes...

Quand j'étais tout jeune homme, l'été, dans l'oasis, au pied des montagnes, en regardant les voyageurs s'éloigner au pas lent de leurs chameaux, j'essayais d'imaginer l'immensité du monde vers lequel ils partaient.

Ce monde si divers.

Et qui pourtant n'est qu'un. »

Le gouverneur regarde gravement Hasan.

---

1. Körgüz : Georges, en ouïghour.

« Tu es musulman, Hasan ar-Rashid. Tu sais que nul ne peut s'opposer aux décrets qu'a inscrits le calame divin dans le grand livre du destin. Et le destin, aujourd'hui, a le visage du Qaghan des Mongols.

« Rien ne peut arrêter ses armées, et ses armées sont parties à la conquête du monde. À quoi bon s'opposer à lui? Pour connaître la défaite et accroître les souffrances de ceux que l'on aura poussés à lui résister, au lieu de se soumettre?

« À quoi bon soupirer sur le monde d'hier? Était-il beau? Était-il juste? Qu'importe! C'était celui d'hier! Celui qui marche à reculons tombera dans un gouffre. »

Il fait une légère pause.

« Tu crois que les Mongols sont des brutes féroces? Tu as entendu l'effrayant récit de leurs conquêtes. Tu as vu les soldats de Tchormaghan...

« Ce n'est pas aussi simple.

« Conquérir le monde est une chose. Le conserver en est une autre. Le Qaghan le sait. S'il m'a fait l'honneur de me nommer ici, comme ailleurs il en a nommé d'autres, c'est qu'il ne veut pas que les peuples de son empire soient gouvernés par des généraux brutaux et incultes.

Tu imagines sans doute que le Qaghan est un sauvage ignorant et cruel. Tu te trompes. Oh, sans doute, dans sa jeunesse, n'a-t-il appris à lire et à écrire que parce que son père – qui lui-même ignorait cet art – l'a exigé de lui comme de tous ses enfants. Mais la vie s'est chargée de lui apprendre bien plus que n'auraient pu le faire les meilleurs précepteurs. Il sait que ses Mongols demeureront encore longtemps dans la barbarie. Il lui faut trouver ailleurs des hommes capables de gouverner les peuples si divers qu'il rassemble sous son étendard. Tu serais étonné si tu connaissais les ministres qui l'entourent. Le Qaghan a pris à ses côtés les meilleurs d'entre les peuples qu'il a conquis.

« Je vais te faire une confidence, Hasan.

« Le Qaghan est bon!

« Oui, il est bon. Aussi bon qu'on peut l'être quand on a dû lutter depuis sa prime enfance contre la cruauté des éléments dans un pays terrible, contre la férocité d'ennemis inexpiables.

« Tu ne me crois pas?

« Il en est ainsi, pourtant. Le Qaghan aime le genre humain. Il voudrait que sous son règne chacun soit heureux.

« C'est même pour cette naturelle bonté, pour son désir de faire s'entendre les hommes, que Gengis Khan l'a choisi comme son successeur de préférence à ses aînés.

– Et toutes ces campagnes dévastées, toutes ces bourgades ruinées que j'ai traversées pour venir jusqu'ici? Et la terreur que les cavaliers de Tchormaghan continuent de semer jusqu'en Arménie?

– Connaître la religion des peuples, c'est posséder la clé de leur âme... Les Mongols sont persuadés être mandatés par le Ciel pour donner à la Terre un souverain unique. Il serait bien fou celui qui prétendrait extirper cette idée de leurs cœurs. Le Qaghan ne peut comprendre que l'on s'oppose à lui.

« Car s'opposer à lui, c'est s'opposer au Ciel.

« Mais à celui qui se soumet, il est soucieux de faire bonne justice.

« Hélas, il n'a pas à ses côtés assez d'hommes de valeur pour faire régner partout cette justice et cette prospérité dont il rêve. Son empire est trop grand pour des hommes communs. Les autres souverains peuvent se satisfaire de trouver des ministres à la taille de leur royaume. Lui, il lui en faut à la taille du sien!

« En me parlant de toi, Zéliha s'étonnait de ce que tu n'aies jamais désiré obtenir le pouvoir. Elle ne comprend pas pourquoi tu n'as pas cherché à devenir vizir de quelque prince de Syrie ou d'Égypte. Elle a tort. Qu'aurais-tu fait, là-bas? Tout y est si petit.

« Toi, tu as voyagé jusqu'aux extrémités du lointain Occident, et aujourd'hui tu es venu jusqu'ici. Toi, tu as parcouru le monde!

« Tu crois en Dieu et en la Parole qu'Il a révélée, mais tu sais ne pas suivre la foule des ignorants qui croient avoir saisi dans leur infime cerveau ne serait-ce qu'une fraction de Son immensité et prétendent à toute force faire partager leur ignorance au monde.

« Tu connais les poètes et les philosophes.

« Tu as servi des princes et des rois, et tu es resté droit.

« En bref, tu es des nôtres! »

Hasan se tait.

À l'occident, le ciel est devenu d'un beau rouge foncé.

« Quant aux campagnes dévastées et aux bourgades ruinées, Hasan, sache qu'à l'automne dernier, quand je suis arrivé à Tus, il n'y avait pas dans la ville cinquante maisons qui fussent encore debout. Et c'est précisément pour cela que j'en ai fait ma capitale. Tu as vu les chantiers dans la ville. Tout autour on a remis les jardins en culture, on a rétabli les canaux d'irrigation. En approchant d'ici, tu as pu entendre tourner les norias et rire les enfants...

« Je ressusciterai le Khorassan! Un jour on y vantera à nouveau la richesse de ses villes, l'abondance de ses oasis et le talent de ses poètes.

« Le passé est terrible, mais il est le passé. La force même de ces armées qui ont fait de ce pays un champ de ruines sera à l'avenir le meilleur garant de sa tranquillité et de sa prospérité! Pour le Khorassan et pour la Perse entière, le temps de Tchormaghan et de ses pareils est achevé, maintenant commence le temps de Körgüz!

« Mais, comme le Qaghan à Qaraqorum, je suis seul, ou presque. Je n'ai autour de moi que quelques hommes sur lesquels je puisse vraiment compter. Quand Zéliha m'a parlé de toi, elle m'a donné envie de te connaître. Et voici qu'à présent tu es venu jusqu'ici accomplir ton destin!

« Reste auprès de moi, Hasan ar-Rashid! Aide-moi à redonner la vie à ce pays martyr. Aide-moi à redonner le bonheur à ses habitants.

« Viens avec moi aider le Qaghan à rebâtir le monde! »

Le Syrien lève les yeux vers la lune, qui se fait plus brillante.

« Non, seigneur, tu te trompes, je ne suis pas des vôtres.

– C'est toi qui te trompes, Hasan. Mais réfléchis, réfléchis bien, tu as tout ton temps. »

Les deux hommes restent immobiles auprès de la fontaine, sur laquelle un oiseau s'est posé.

« Seigneur!

– Oui? Parle, n'hésite pas!

– Que ferais-tu, toi, si ta femme avait déçu ta confiance? »

Körgüz ne répond rien et sourit. Il tourne la tête vers l'oiseau qui s'envole.

Et Hasan ne peut voir le mouvement de ses lèvres, qui disent en silence : « Je la décapiterais ! »

Dans la niche du jardin, sereine, trône l'idole.

ALEXANDRE DE LA NEVA
L'an 6748 de la Création du monde,
le dimanche 15 juillet, fête de Vladimir le Grand[1]

Les cantiques se sont tus.
On coupe les amarres.
Les flammes montent sur les vaisseaux qui dérivent.
Et, dans le clair crépuscule de ce soir d'été, c'est un autre chant qui s'élève.
Un chant très ancien. Un chant d'avant le Christ.
Du temps où le grand frêne Yggdrasill soutenait l'Univers.
Du temps où Odin faisait jaillir des arbres Askr et Embla, le premier couple humain.
Où Thorr au marteau resplendissant, en brandissant la foudre, entraînait les dieux au combat.
Où le géant Loki, le grand loup Fenrir et le Serpent cosmique menaçaient l'ordre du monde.
Un chant des Vikings.
Le prélat qui a béni les navires laisse sans réagir le vieil hymne païen jaillir spontanément des poitrines suédoises.
S'enfonçant doucement dans les eaux, les bûchers flottants glissent sur la Neva.
Ils vont bientôt sombrer. Et l'on entend soudain battre des centaines d'ailes.
Est-ce un envol d'oiseaux au-dessus des forêts?
Ou bien les Walkyries qui mènent au Walhalla les âmes des guerriers dont les corps se consument?

De la petite éminence où il a ce matin décidé de son plan de bataille, le prince Alexandre de Novgorod, le cœur tout à la fois plein d'un immense soulagement et d'une intense émotion, contemple l'étrange scène. Au loin, piétons, sergents et chevaliers suédois, comme il les y a autorisés tout à l'heure, ont entassé les plus nobles de leurs morts – plutôt que de les ensevelir dans la fosse commune où ils jetteront pêle-mêle les victimes de basse extraction – dans trois kogges sabordées qu'ils ont incendiées avant de les abandonner au gré des flots.

Il y a plusieurs jours est arrivé subitement au palais de Gorodichtché un messager de Pelgoussy, le vieux chef finnois qu'il a chargé de surveiller les côtes du golfe de Finlande. Celui-ci l'avertissait que le comte Birger de Bjälbö, le puissant conseiller et beau-frère du roi Erik XI de Suède, avec plus de cent vais-

---

1. 15 juillet 1240.

seaux, venait de débarquer dans l'intention d'établir une tête de pont entre la Neva et le lac Ladoga en soumettant les tribus finnoises des Ijoriens et des Ièmes.

S'il réussissait dans son entreprise, il couperait ainsi à Novgorod l'accès à la mer, ruinant son commerce et sa prospérité.

Pour une fois, le Conseil des seigneurs et le Vetché de la ville, devant l'imminence du danger, ont unanimement décidé de confier au commandement du prince tous les moyens disponibles. Alexandre a aussitôt fait rassembler sa droujina et celles des milices urbaines qui ont pu se préparer sans délai.

Avant de se mettre en route, il est monté, revêtu de sa cuirasse, entouré de sa mère, de sa femme et de ses officiers dans la tribune princière de la cathédrale Sainte-Sophie pour y invoquer la protection divine. Son cœur battait d'une intense exaltation : s'il avait connu des batailles aux côtés de son père, celle-ci était la première qu'il allait diriger seul, et le sort de la république en dépendait entièrement.

Quel grandiose défi pour un prince de vingt ans!

En sortant de la cathédrale, ébloui par la lumière d'un soleil radieux qui jouait de ses reflets sur l'alignement des cuirasses et des casques, les oreilles bourdonnantes du carillon effréné des cloches de la ville, il s'arrêta un instant, respirant profondément. Alors, le regard brillant, il frappa de son gantelet ferré les figurines de bronze ornant les vantaux du portail ciselé que les guerriers de Novgorod ont ramené en triomphe de la ville suédoise de Sigtuna, il y a un demi-siècle :

« Voici les seuls Suédois qui entreront dans tes murs, Monseigneur Novgorod-le-Grand! »

Dressant leurs lances vers le ciel, gardes et miliciens s'écrièrent en écho :

« Vive Alexandre! Vive Novgorod! Mort aux Suédois! »

Le prince serra un instant dans ses bras la princesse Alexandra, ôta son gantelet pour essuyer ses yeux humides, l'embrassa sur le front et monta sur le cheval lourdement harnaché qu'un officier tenait par la bride.

Trois mille hommes seulement, c'était tout ce que Novgorod avait pu mobiliser.

Dégageant d'une main son grand manteau pourpre, le prince se tourna vers ses troupes.

« Nous sommes peu nombreux et l'ennemi est puissant. Mais Dieu n'est pas dans la force! Il est dans la justice! Rappelons-nous David! Suivez votre prince! »

Et, une nouvelle fois, l'acclamation monta de l'armée et du peuple dont elle portait l'espoir :

« Vive Alexandre! Mort aux Suédois! »

Franchissant, bannières déployées, les remparts de la ville, saluée par le peuple monté sur les murailles et les tours, par les paysans du voisinage, par les chants des moines venus en procession de tous les monastères bénir les combattants de la vraie foi, l'armée de Novgorod traversa les champs de blé dorés avant de s'enfoncer dans les forêts et les marais qui bordent la mer Baltique.

Le comte Birger, de son côté, n'avait rassemblé pour cette campagne qu'un peu plus de cinq mille hommes, mais il avait veillé à la qualité des armements, qui rivalisaient avec ceux des chevaliers Teutoniques, et à l'entraînement des troupes. La fleur de la chevalerie suédoise a tenu à être là, dans ce combat pour la vraie foi contre les païens et les schismatiques.

Des chevaliers de Norvège, eux aussi, oubliant pour une fois la rivalité qui oppose leur royaume à la Suède, ont voulu s'associer à cette noble cause. Et, pour faire bonne mesure, les Finnois, Suomis ou Ièmes déjà inféodés au trône d'Uppsala, ont fourni la masse des piétons.

Avec cette force, le comte entendait soumettre les peuplades païennes alliées de Novgorod et établir des garnisons dans les forts de rondins que lui bâtirait Leif Haraldson, son ingénieur. En quelques mois, on pourrait ainsi étouffer Novgorod et, de concert avec les chevaliers Teutoniques, remonter le Volkhov jusqu'à la ville schismatique.

Mais si Birger est venu lui-même diriger l'expédition, c'est qu'il caressait un objectif plus ambitieux : dès que les premiers forts seraient sortis de terre, assurant durablement la présence suédoise dans la région, il songeait à avancer sans plus attendre sur Novgorod. Abandonnée à elle-même, sans secours à espérer d'une Souzdalie occupée à panser ses plaies, comment cette ville de marchands, qu'il se représentait en train de se quereller en tremblant derrière l'abri illusoire de leurs remparts, pourrait-elle défendre ceux-ci contre sa puissante chevalerie chrétienne?

À quoi bon attendre plusieurs mois?

À quoi bon attendre les Allemands?

Ce matin, Alexandre, qui avait enfin réussi, guidé par les Ijoriens de Pelgoussy, à atteindre le camp suédois sans être repéré, naviguant de nuit sur les rivières et les lacs, dispersant ses hommes par petits groupes sous le couvert des forêts, a vu, en s'efforçant de cacher aux siens son émotion, le soleil illuminer le confluent de la Neva et de l'Ijora. Une puissante flotte de kogges pavoisées s'y étalait, dominée par les hauts bords de la nef du comte de Bjälbö.

Dans la grande tente dorée frappée d'un blason écartelé de rennes et de couronnes, le prince imaginait sans peine Birger Jarl en train de conférer avec ses ingénieurs, ses évêques et ses hauts chevaliers...

Ayant suffisamment observé la position adverse, il donna ses ordres de bataille : la droujina foncerait par surprise, avec lui, au cœur du camp suédois, coupant l'armée ennemie en deux, tandis que le boyard Micha et ses milices attaqueraient les navires et leurs équipages.

Le soleil était déjà haut dans le ciel.

Monté sur son cheval blanc, le prince fit à ses troupes signe d'avancer. Et l'armée russe sortit de la forêt.

« En avant! »

« Pour la terre russe! Pour Novgorod! »

Les Suédois, surpris, qui n'imaginaient pas leurs ennemis en état de prendre l'offensive, se précipitèrent aussitôt vers leurs chevaux et leurs vaisseaux.

Ayant à peine eu le temps de lacer son heaume et d'attacher son ceinturon, le comte Birger sauta en selle, rassemblant autour de lui sa garde personnelle.

Déjà, bousculant les premiers rangs suédois qui avaient à peine pu se former en bataille, la cavalerie russe fonçait sur le carré des chevaliers. Distinguant dans la mêlée le casque étincelant et l'écu du comte, Alexandre se rua, tête baissée, sur

Birger de Bjälbö. Ayant de tous côtés à se garder des coups, le comte ne put parer à temps la lance du prince, qui frappa son heaume de plein fouet.

La qualité de l'acier allemand lui sauva la vie, mais, assommé par le choc, le visage en sang, il glissa à terre, désarçonné, protégé par ses écuyers qui lui firent aussitôt un rempart de leurs corps.

Un hurlement de joie parcourut les rangs russes.

Alexandre, déjà, s'était à nouveau fondu dans la mêlée.

La mise hors de combat si rapide de leur chef acheva de désorienter les Suédois. Au moment même où Birger, inerte, était amené sur un vaisseau, les fantassins des milices se jetaient à l'assaut des navires à l'ancre. Un des jeunes *droujinniki* d'Alexandre abattit la tente dorée du comte. Les officiers de la droujina, sentant la victoire proche, firent des prodiges, entraînant leurs hommes à leur suite.

En désordre, l'armée catholique reflua vers ses bateaux. Trouvant les passerelles coupées, maints guerriers se jetaient à l'eau, oubliant le poids de leur armement, qui les entraînait au fond des flots.

D'autres, les Finnois surtout, se précipitaient à couvert dans les bois et la forêt.

Sur la Neva régnait la plus grande confusion; des vaisseaux appareillaient en désordre, au milieu des bâtiments incendiés par les Novgorodiens; des combattants rejetés dans le fleuve tentaient de s'accrocher à tous les débris qui passaient.

Puis tout se calma.

Toutes voiles dehors, la plupart des navires suédois rescapés s'enfuirent vers le golfe de Finlande.

Humblement, tout à l'heure, ceux des vaincus qui s'étaient dispersés dans la forêt revinrent solliciter du vainqueur la permission de rendre à leurs morts les derniers honneurs...

Les eaux de la Neva ont éteint le feu des navires embrasés. Le grand fleuve a englouti les cadavres suédois. Alexandre reste un long moment les yeux fixés sur l'endroit où les vaisseaux ont sombré.

Il sait que jadis c'était aussi la tradition en Russie de brûler les guerriers défunts à bord de leurs navires.

Il sait que son ancêtre Rurik et ses Varègues, eux aussi, venaient de Suède.

Il sait que par la foi en Jésus-Christ, comme par le sang des Varègues, les Suédois sont ses frères.

Ils ne lui ont pas laissé, pourtant, d'autre issue que de les combattre.

Dans la demi-clarté nocturne, tandis qu'il revient lentement vers son camp, Alexandre peut compter ses morts, peu nombreux, et pleurer Ratmir, son fidèle écuyer, tombé sous les coups de toute une escouade ennemie.

Mais dans son cœur, en regardant les feux de joie allumés par les siens avec les toiles et les bois des tentes suédoises, la tristesse ne peut submerger longtemps la fierté, le bonheur d'avoir donné à Novgorod, pour sa première bataille, une victoire totale.

Dieu, en ce jour, était avec lui. Le bruit ne court-il pas d'ailleurs depuis hier que saint Boris et saint Gleb eux-mêmes sont apparus aux Ijoriens pour leur annoncer qu'ils assisteraient le prince de Novgorod?

Et ne célèbre-t-on pas justement aujourd'hui le deux cent vingt-cinquième anniversaire de la mort du grand-prince Vladimir, qui a chassé de Russie les ténèbres païennes en y allumant le flambeau de la lumière du Christ?

Hormis le succès de Iaroslav à Smolensk contre les Lituaniens, c'est la première victoire qu'une armée russe ait remportée depuis bientôt trois années que les armées étrangères galopent sur son sol!

Les cris des sentinelles, saluant leur prince, réveillent les guerriers qui se sont enfin abandonnés, épuisés, au sommeil.

Ils se redressent, se lèvent.

Alors, dans la nuit pâle qu'illuminent les feux de l'armée russe, les troupes de Novgorod saluent sans fin le jeune prince qui chevauche le long du fleuve sur son cheval blanc.

« Vive Alexandre! Vive notre prince! »

Et, dans un même élan, l'armée, spontanément, l'acclame du surnom de sa nouvelle gloire :

« Vive Alexandre! »

« Vive Alexandre de la Neva! »

« Vive Alexandre Nevski! »

LA COLÈRE DU QAGHAN

Le vingt-quatrième jour de la cinquième Lune,
dans l'année du Rat,
douzième du règne d'Ögödäi Qaghan, Souverain du Monde [1]

Güyük, la mort dans l'âme, s'avance sous l'immense baldaquin de la grande tente impériale aux poteaux plaqués d'or.

Plus de trois lunes durant, il a galopé sur les pistes, changeant ses chevaux à chaque poste du yam.

Voir le Qaghan, voir son père... Et rattraper le courrier envoyé par ce maudit Batou!

Mais le courrier lui aussi utilisait le yam... Le message a précédé Güyük.

Le prince se jette face contre terre.

Aussitôt Ögödäi, entouré des plus hauts dignitaires de sa Cour, avec à ses côtés son frère Djaghataï, le gardien de la Loi, bondit de son siège.

Le Souverain du Monde se dresse, cramoisi de colère, en haut des degrés de son trône.

Telle une de ces tempêtes soudaines qui balaient la steppe de ses vents terrifiants jaillis du haut du ciel, sa fureur s'abat sur le fautif prosterné à ses pieds.

« Toi! Toi, le fils d'Ögödäi! Toi, le petit-fils de Gengis Khan! Toi qui devrais être pour tous un modèle de vertu, tu as osé désobéir à la Loi!

Tu as osé! »

Le vent de la colère impériale s'est levé.

Le visage de cire de la grande impératrice dit assez la violence de l'ouragan qui souffle sur son fils.

1. 16 juillet 1240.

Le vent retombe.

Un silence de mort lui succède.

Enfin, le Qaghan, d'une voix pareille au feulement d'un vieux léopard des neiges, laisse tomber sa sentence.

« Tu subiras le châtiment de ceux qui bafouent la discipline.

« Je t'enlève tous tes titres, tous tes grades !

« Toi qui rêvais de te couvrir de gloire en Europe, tu vas y retourner, sous les ordres de Batou, comme simple soldat !

« Et si tu désobéis à nouveau au moindre de tes chefs, tu sais ce qui t'attend.

« Quant à Büri, qui n'a pas jugé bon de t'accompagner, je vais le rappeler immédiatement pour qu'il vienne entendre son châtiment de la bouche même de son père, le gardien de la Loi !

– Ô Qaghan..., commence Güyük d'une voix humble, osant à peine lever les yeux du tapis.

– Tu oses parler ? rugit le Qaghan.

– Ô mon époux, daigne laisser à ton fils une chance de se défendre ! »

La khatoun s'est jetée aux pieds de son mari.

« Se défendre ? Oserais-tu nier avoir failli au respect que tu dois à ton commandant en chef ?

– Non, ô Qaghan.

– Alors de quoi veux-tu te défendre ?

– Ô Qaghan...

– Dehors, fils dégénéré !

– Ô Qa...

– DEHORS ! »

À reculons, le front baissé mouillé de sueur, le prince s'éloigne, frémissant, les mâchoires serrées.

La grande impératrice s'est relevée. Elle porte les yeux sur le visage violacé de son mari, retombé, avec un grognement rauque de fauve provoqué, sur les coussins de son trône d'or.

Et ce que lit dans ce regard le ministre Ye-liu Tchou-tsaï est bien éloigné de l'affection due à son époux par une femme choyée.

LES ANNALES DE SUÈDE

L'an du Seigneur 1240, le mardi 17 juillet, fête de saint Kenelm

La mer est un lac d'huile. Presque aucun vent ne souffle.

Pavillons bas, la haute nef se traîne sur la Baltique, tristement escortée de kogges éparpillées sur les eaux endormies.

Sur son pont, profitant de ce calme plat, un petit clerc écrit avec application, appuyé sur son pupitre portatif. On lui a demandé d'accompagner l'expédition pour rédiger la chronique de Birger de Bjälbö, conquérant de la Neva et vainqueur de Novgorod.

Le comte, le crâne enveloppé d'un pansement, la pommette gauche bleue et gonflée, le bras gauche en écharpe, sort du château arrière, et, en boitant, se met nerveusement à arpenter le pont.

Il avise soudain l'homme au pupitre.

« Que fais-tu là ?

– Seigneur, je note ce que j'ai vu pendant cette campagne pour m'en souvenir quand j'écrirai ma chronique, comme vous me l'avez ordonné. »

Le clerc se sent soulevé en l'air, happé par son froc.

« Quelle chronique, imbécile ? » hurle Birger, postillonnant en plein visage du malheureux, tout tremblant de surprise et de frayeur.

Et, le lâchant subitement, il saisit d'un même élan pupitre, plume et parchemin qu'il jette, hurlant de rage, dans les flots indifférents.

Il n'y aura pas de bataille de la Neva dans les annales de Suède...

PSKOV

L'an du Seigneur 1240, le samedi 1er septembre,
fête de saint Drithelm

« Credo in Spiritum sanctum,	*« Je crois au Saint-Esprit,*
dominum et vivificantem,	*Seigneur et dispensateur de vie,*
qui ex Patre Filioque procedit. »	*qui procède du Père et du Fils. »*

À Pskov, dans la cathédrale de la Trinité où officient les prêtres de l'Ordre, Rainfried von Waldberg et ses chevaliers écoutent chanter la messe.

La vraie messe.

Celle de l'Église de Rome.

Sous les ordres du maréchal, les chevaliers de la Maison allemande ont quitté leurs domaines de Livonie pour envahir le territoire de Novgorod.

Avec Dietrich von Grüningen, maître des Teutoniques, et Andreas von Velven, maître des Porte-Glaive, unis aux chevaliers danois de Reval commandés par Knut et Abel, les deux fils du roi Valdemar, Rainfried a passé l'été à préparer l'offensive, dont l'ordre a été maintenu en dépit de la défaite suédoise sur la Neva et de la mort, survenue quelques jours plus tard, du grand maître de l'Ordre Conrad de Thuringe.

Allemands et Danois se sont d'abord emparés de la forteresse d'Izborsk, qui domine de ses puissants remparts de pierre le lac Gorodichtchenskié et la rivière Smolka.

De là, tournant leurs armes vers le nord-est, ils pouvaient aisément menacer Pskov.

Pskov, la première ville frontière de la république de Novgorod.

Pskov, la sœur cadette de la riche cité marchande.

Pskov, aux remparts imprenables, dominant de leurs tours les eaux de la Vélikaïa.

Pskov qui, s'enrichissant du commerce avec les marchands allemands, supporte de plus en plus mal la tutelle de Novgorod.

Depuis des années, financé par l'Ordre, prospère dans la ville un puissant parti favorable aux intérêts germaniques.

Son prince lui-même, Iaroslav Vladimirovitch, s'est déjà enfui à Riga auprès des chevaliers, y offrant à l'évêque tout son domaine.

Aux boyards prêts à embrasser leur cause, Allemands et Danois ont distribué par avance charges, dignités et terres.

Gavrilo Gorislavitch, le voïvode qu'Alexandre de Novgorod a envoyé dans la cité pour le représenter, a bien tenté d'arrêter l'invasion en reprenant Izborsk, mais, au terme d'un combat acharné, il a trouvé la mort sur le champ de bataille avec la plus grande partie de ses troupes.

Le Conseil de la ville a dépêché un émissaire à Novgorod pour demander l'aide d'Alexandre Iaroslavitch.

Mais, sans attendre la réponse, sa volonté de résistance minée de l'intérieur, trahie par Tverdilo Ivankovitch, son propre possadnik, acquis à la cause allemande, Pskov a préféré ouvrir ses portes aux chevaliers à la croix noire.

« *Te Deum laudamus...* »

« *De Toi, Dieu, nous chantons les louanges...* »

Le maréchal de Livonie joint sa voix puissante au cantique divin.

Sans doute le comte Birger a-t-il péché par présomption.

Les chevaliers de Sainte Marie de la Maison allemande, eux, sont humbles devant Dieu.

Tous dévoués à Son service, sous l'étendard de la croix, sans nul doute ils vaincront.

Tes jours sont comptés, Novgorod l'hérétique!

LA LEÇON DE L'AIGLE
L'an 638 de l'hégire, le treizième jour du mois de Safar [1]

À Qazvin, si l'on délaisse la grand-route de Tabriz au Khorassan pour prendre le chemin du nord-est, on s'enfonce bientôt dans de hautes montagnes et de profondes vallées. Si l'on n'est pas rebuté par la rudesse du chemin et si l'on ne craint pas de s'avancer plus loin, on parvient dans le Rudbar, dans le vieux pays de Daïlam, demeuré inviolé des Mongols auxquels son seigneur n'a jadis prêté qu'une allégeance formelle.

Très haut au-dessus des mauvaises pistes, accrochées sur les pitons et les falaises, il a dressé ses citadelles.

Lamasar, Maymoun Diz, Alamout...

À Qazvin, Hasan a délaissé la grand-route et pris le chemin du nord-est.

1. 3 septembre 1240.

Depuis six semaines, il a rejoint tous ceux qui, pour un temps ou pour toujours, ont voulu s'isoler du monde dans les châteaux dont l'Imam des ismaéliens a fait sa retraite.

Zéliha, malgré lui, a tenu à le revoir lors de son départ. Elle l'embrassa tendrement et se chagrina de le trouver si froid. En vain elle tenta à nouveau de le convaincre de demeurer auprès de Körgüz. Le gouverneur le gratifia pour sa part d'un riche viatique et d'un sauf-conduit, lui fit don de montures et recruta pour lui des serviteurs qu'il gagea d'avance.

Hasan, insista-t-il, pouvait revenir à Tus quand il y serait prêt.

Mais à quoi désormais serait-il jamais prêt? Nul n'aurait pu le dire et surtout pas lui-même.

Peut-être existait-il dans la paix d'Alamout quelque baume des âmes propre à rassembler les éclats de celles qu'on a brisées?

Aussitôt arrivé, Hasan, pour tenter de s'occuper l'esprit, s'est jeté sur les ouvrages de la bibliothèque, s'attirant tout de suite la sympathie du vénérable sheikh qui en avait la garde, un vieil homme très savant à longue barbe chenue, malade et squelettique, que l'on sentait mourant malgré ses yeux tranquilles.

Depuis six semaines, pourtant, les splendeurs de la bibliothèque, si fameuse parmi les érudits de l'Islam qu'elle en est devenue légendaire, n'ont rien pu combler du vide qui le mine.

Ces splendeurs, il est vrai, il ne lui a été permis que de les effleurer. Si le vieux sheikh a licence d'en montrer quelques-unes à ceux qu'il en juge dignes, il est des salles secrètes où ne pénètrent que les missionnaires de la foi, et d'autres encore où n'entrent que les grands da'i. Enfin il en est une – dans le donjon peut-être? – où se trouvent rassemblés dans quelques manuscrits venus du monde entier la quintessence de la sagesse humaine, ses suprêmes secrets. Aucun livre n'en sort jamais, et seul l'Imam, croit-on, y a accès.

Le bibliothécaire, pourtant, y va parfois, pour entretenir la pièce et les ouvrages. Un dévoué de l'Imam, illettré, l'accompagne toujours. Il a mission de veiller à ce que jamais le sheikh ne cherche à lire aucun des manuscrits. Au cas où celui-ci céderait à la tentation, le dévoué tient toujours à la main un lacet de soie rouge.

Peut-être Hasan trouverait-il dans cette pièce interdite le baume qu'il espère? Peut-être y a-t-il là le secret de l'éternelle sérénité?

Mais à quoi bon rêver à l'inaccessible?

Hasan, plusieurs fois, a songé à l'idole du jardin de Körgüz. L'extinction du désir, est-ce là le secret? Il doit y en avoir un autre plus profond... car, depuis qu'il est sorti de ce jardin, il n'a plus de désir, et jamais, pourtant, il n'a été si loin de la sérénité...

S'il n'a pu rencontrer l'Imam Ala al-Din, cloîtré en haut de sa tour, il a pourtant lié connaissance avec quelques hommes sages et érudits qui, parfois de fort loin, sont eux aussi venus se recueillir hors du monde, consulter de précieux manuscrits, ou plus simplement échapper aux Mongols. Ici, on accueille volontiers les voyageurs et les savants, les théologiens et les philosophes, qu'ils soient sunnites ou chiites, duodécimains ou ismaéliens, tel ce Nasir al-Din Tusi, fameux pour son livre d'éthique, qui séjourne souvent dans les forteresses ismaéliennes du Quhistan, et dont on vante tant la profondeur d'esprit.

Il règne en effet à Alamout une étrange liberté de pensée, inconnue chez les sunnites de Bagdad ou de Damas, aussi bien que chez les chiites duodécimains d'Ispahan ou de Qom.

Sans doute l'Imam Djalal, le père de l'Imam actuel, a-t-il ordonné aux ismaéliens, qui s'en croyaient dispensés, de respecter la Sharia, la Loi islamique, dans l'exactitude de sa lettre. Mais son fils Ala al-Din Muhammad, sans formellement revenir sur la décision de son père, en a fortement atténué la rigueur.

La Vérité est revêtue de voiles, et le temps se renouvelle en cycles perpétuels.

Quand vient celui de la *qiyama* [1], elle se découvre.

Quand vient celui de la taqiyya, elle demeure cachée.

Lorsqu'elle a ôté quelques-uns de ses voiles, il est inutile de respecter la lettre de la Loi, car celle-ci n'est que le plus extérieur d'entre eux.

Mais, lorsqu'elle est cachée, tous les croyants doivent se conformer à cette lettre qui en est alors sa seule enveloppe accessible. Seul l'Imam lui-même, preuve vivante de la Vérité, ayant atteint la perfection spirituelle, peut à jamais s'en dispenser.

Qiyama, taqiyya... Ainsi va la respiration du temps.

Et l'Imam la scande, infaillible, selon qu'il sent les hommes plus ou moins disposés à progresser sur le chemin de la Vérité.

Mais chacun de ces cycles qu'il ouvre ou bien qu'il ferme n'est lui-même qu'une brève pulsation d'un cycle bien plus grand.

Le temps respirera sept fois.

Sept prophètes doivent venir ouvrir une nouvelle ère.

Six sont déjà venus.

Le premier était Adam.

Le second était Nuh.

Le troisième Ibrahim.

Le quatrième Moussa.

Le cinquième Issa.

Mohammed était le sixième.

Et quand viendra la fin de la sixième ère, alors approchera l'ultime qiyama, la chute du dernier voile.

Ce jour-là paraîtra le Mahdi.

Ce jour-là arrivera le terme de la quête.

Et l'humanité connaîtra la Grande Résurrection.

Telle est la foi d'Alamout.

Se peut-il que l'Imam, invisible, isolé là-haut dans son donjon, ait réellement atteint la perfection spirituelle ? Si l'on n'évoque généralement son nom qu'avec le plus profond respect, Hasan a bientôt deviné à certains mots couverts qu'il s'enivre parfois plus que de raison, et même que certains se demandent s'il n'est pas un peu fou.

Mais quoi, il peut bien s'enivrer puisqu'il n'a pas à respecter la lettre de la Loi... Et celui qui détient la Vérité n'est-il pas un peu fou au jugement des autres ?

Qu'importe, après tout ! Car si Ala al-Din Muhammad fait bon accueil en ses châteaux à tous ceux qui veulent y méditer, nul ou presque ne peut le voir. Pour

1. *Qiyama* : résurrection.

Hasan, il demeure la silhouette lointaine et mélancolique qu'il aperçut une fois, entourée de quelques fedayin, partir pour Shirkuh où, logeant dans une humble hutte, il aime s'adonner au métier de berger.

Hasan se plaisait autrefois à débattre de philosophie, voire de théologie, avec de beaux esprits. Mais ce n'était qu'un jeu.

Et il n'a plus envie de jouer.

Les propos des sages qu'il a rencontrés ici ont pu aiguillonner sa raison au point de l'engager à leur donner la réplique. Ils n'ont pas touché son cœur.

Ces propos, en vérité, il les a trouvés vains.

Non qu'ils soient dénués de sens, pourtant, mais, si profonds qu'ils paraissent ou si subtils qu'ils soient, ils ne lui semblaient guère, sans qu'il pût dire pourquoi, aller fort au-delà de l'apparence des choses.

Peut-être était-ce, simplement, que les mots, quels qu'ils soient, sont impuissants à s'échapper du monde des apparences?

Douze semaines après ce jour maudit du mois de Dju-l-kade, Hasan demeure désemparé, ne sachant que faire ni où aller. Damas lui fait peur, avec les souvenirs qui vont l'y assaillir.

Rien n'a pu soulever le poids de ce néant qui écrase son âme.

Ou presque.

Un jour – il y a deux semaines – un homme déjà âgé est entré dans la forteresse, pauvrement vêtu, presque sans bagage.

Le soir même, il est venu s'asseoir sur le coin de muraille d'où, dominant la vallée du Chah Rud, Hasan avait pris l'habitude de regarder chaque jour le soleil se coucher sur les montagnes.

Il s'assit simplement près de lui, sans rien dire, sans même le regarder, les yeux fixés, comme lui, sur l'horizon qui rougeoyait peu à peu.

Hasan, curieusement, se sentit bientôt mieux. Il n'oubliait rien, sans doute. Rien n'était comblé du vide qui l'avait envahi dans le jardin de Tus. Quelque part, pourtant, infime, il lui sembla que s'élevait soudain une petite voix qui disait : « Ne désespère pas! »

Dans la nuit qui suivit, il fit un rêve étrange. Un aigle l'emmenait sur son dos, s'élevant très haut dans le ciel, puis des hommes dansaient, dansaient, à n'en jamais finir. Peut-être un souvenir des danses des Turcomans?

Pour la première fois depuis longtemps, il sombra dans un sommeil réparateur.

Il demanda qui était l'inconnu.

« C'est Shams le Volant, lui a-t-on dit, on l'appelle ainsi car c'est un derviche errant qui ne se fixe jamais nulle part... Nul ne sait quand il va; nul ne sait quand il vient... Son vrai nom est Shams al-Din. Il y a des années qu'on ne l'avait pas revu à Alamout. On dit qu'il a été jusque dans l'Inde! »

Hasan, chaque fois qu'il le peut, vient s'asseoir en silence auprès du derviche à la barbe blanche. Sa seule présence suffit à apaiser un peu de son tourment. Shams ne lui parle pourtant presque pas.

En fait, à quiconque et en toute circonstance, Shams al-Din ne parle que fort peu.

Lorsqu'il abandonne sa contemplation, c'est pour se consacrer à de petits travaux, grâce auxquels il achète la frugale nourriture dont il se satisfait, car il entend refuser toute aumône et subvenir lui-même à ses propres besoins.

Il semble jouir ici d'une aura particulière. L'Imam Ala al-Din, dit-on, aime à le recevoir pour méditer à ses côtés.

On n'arrive pourtant à apprendre que bien peu de choses sur lui. Hasan a tout au plus fini par savoir qu'il est né à Tabriz, où il a été jadis le disciple du fameux sheikh Abou Bakr Zanbilbaf.

Un jour, cependant, le vieux sheikh de la bibliothèque, comme on venait de voir le derviche pénétrer dans la tour où demeurait presque toujours Ala al-Din Muhammad, murmura d'un air mystérieux : « L'Imam couchera ce soir dans le donjon d'Alamout. »

Hasan ne lui posa pas de question. Sa maladie, parfois, le faisait un peu délirer...

Voici trois jours le vieux bibliothécaire s'est couché pour ne plus se relever. Hasan se demandait depuis son arrivée comment il pouvait encore se tenir debout et parvenir à marcher, si fort que soit le bâton auquel il s'appuyait.

Le vieil homme était seul. Hasan le veilla. Il s'éteignit très vite, comme une lampe à huile dont la mèche vient à manquer de combustible.

Lorsqu'on sentit qu'il allait passer, on envoya chercher un grand da'i présent dans le château.

Le sheikh, qui jusque-là avait reposé presque sans rien dire et sans témoigner de désirs, se mit alors à parler avec abondance, bien que d'une voix si faible que Hasan et le grand missionnaire devaient tendre l'oreille au-dessus de sa bouche.

Que disait-il? Son regard semblait brûlant de fièvre. Avait-il sa raison?

Il avait jadis eu une fille – elle devait avoir aujourd'hui dans les trente-cinq ou quarante ans. Elle était partie avec lui, il y a vingt ans, lorsqu'il s'enfuit précipitamment de Samarkand à l'approche des Mongols. Il l'avait emmenée jusqu'à Alamout et, là, il l'avait mariée à un riche artisan de Nichapour, réfugié tout comme eux. L'artisan voulait exercer son métier dans une grande ville. Il reprit la route avec son épouse.

Un jour, il y a dix-huit ans, une lettre apprit au sheikh que sa fille et son gendre vivaient tous deux à Konya, dans le pays de Roum, et qu'ils y avaient fondé, avec l'aide de Dieu, un foyer prospère qu'égayaient deux enfants.

Trois ou quatre rares lettres purent encore s'échanger, de loin en loin, depuis ce temps, annonçant au passage de nouvelles naissances.

Cette fille, ce gendre et ces petits-enfants étaient la seule famille de l'agonisant. Il avait eu des fils autrefois, mais ils avaient disparu pendant la grande invasion.

Il semblait par moments s'adresser à Hasan comme s'il était un de ces fils perdus. Il voulait que tout ce qui restait de lui soit remis à sa fille, à Konya.

En apparence il possédait bien peu de choses.

En réalité il possédait un trésor.

Des livres que depuis vingt ans il avait patiemment recopiés pour lui-même.

Le vieil homme voulait qu'ils servent à l'édification de ses petits-enfants et aux enfants de leurs enfants...

« Hasan, tu voyages, tu viens de Roum, tu vas repartir. Je te supplie d'aller à Konya auprès de ma fille, lui porter l'œuvre de ma vie. »

L'agonisant voulut lui faire prêter serment sur le Coran. Le grand missionnaire fit signe au Syrien de n'en rien faire.

« Tu as promis? Que dis-tu? Je n'entends plus. »

S'abusant sans doute sur le sourire de Hasan, il parut rassuré, ferma les yeux et se tut définitivement.

Sa paisible agonie dura encore une heure.

Shams al-Din vint alors au chevet du sheikh. Comme s'il l'avait senti, celui-ci ouvrit une dernière fois les yeux, le regarda et mourut.

Hasan était troublé. Même s'il n'avait rien promis, il se sentait engagé par le regard confiant que le vieil homme lui avait adressé. Sans doute commençait-il à se dire qu'il ne resterait pas indéfiniment à Alamout. Mais qu'irait-il faire à Konya?

Le grand da'i s'est employé à dissiper ses doutes. Le sheikh n'avait plus sa tête. Il prenait manifestement Hasan pour son propre fils. Puisque le Syrien n'avait prêté aucun serment, il n'était tenu à rien.

Surtout, ajouta le missionnaire, l'Imam n'aura pas de mal à trouver un moyen pour que soit accomplie la dernière volonté de son bibliothécaire.

C'était hier au soir.

La raison de Hasan a été aisément convaincue par l'argumentation du da'i. Malgré elle, pourtant, il demeurait insatisfait. Plusieurs fois dans la nuit, il a eu le sentiment que le regard du vieil homme restait posé sur lui.

Mais qu'irait-il faire à Konya?

Qu'a-t-il à faire, d'ailleurs, où que ce soit?

À Alamout? À Tus? Ou à Damas?

Ce matin, Shams al-Din de Tabriz s'est approché de Hasan.

Et il lui a dit : « Je t'ai vu en rêve, cette nuit. Tu chevauchais un aigle... Il t'emmenait très haut dans le ciel. »

N'était-ce pas le rêve que lui-même avait fait au soir de sa rencontre avec le derviche?

Le soleil descend sur les montagnes.

Hasan est assis sur le rempart, comme à son habitude. Il y a trois jours qu'il n'y est pas venu.

Au cours de ces trois jours, le vieux bibliothécaire est mort.

Et Shams le Volant a rêvé d'un aigle.

Justement, là-haut, sur la tour, à sa gauche, un aigle s'est posé. Y a-t-il fait son nid? Il n'était pas là il y a trois jours.

Pourquoi cet oiseau est-il là aujourd'hui? Après ces rêves...

Alors qu'Alamout, justement, signifie « le Nid... » ou plutôt... « la Leçon de l'Aigle »...

L'endroit fut nommé ainsi, il y a bien longtemps, par un roi de Daïlam, dont l'aigle dressé, se posant sur l'éperon rocheux lors d'une partie de chasse, attira l'attention sur ce site imprenable et le décida à bâtir ce château.

L'animal est perché sur une tourelle. Il regarde autour de lui, remuant les ailes, comme s'il voulait s'envoler.

Alors, Hasan, comme on le fait parfois en jetant en l'air une pièce de monnaie, décide de lui remettre son sort.

S'il part vers le sud, il ira à Damas.

Si c'est vers l'ouest, il ira à Konya.

Si c'est à l'est, il rejoindra Körgüz à Tus.

S'il ne s'envole pas, il restera à Alamout.

Et si c'est le nord ? Alors, on verra bien...

L'oiseau semble hésiter. Son œil perçant se pose sur Hasan qu'il paraît un moment dévisager.

Soudain il déploie ses ailes et s'élève, majestueux, au-dessus d'Alamout. Il part d'abord vers le sud-ouest – vers Damas ? – puis oblique soudain et file en ligne droite vers l'ouest, se perdant peu à peu dans le ciel qui s'embrase par-delà les montagnes.

Ce sera donc Konya.

LA ROUTE DE FRANCE
L'an du seigneur 1240, le 21 septembre, fête de l'apôtre Matthieu

« Oh, mon Dieu, j'ai oublié quelque chose !

– Encore ? Mais je ne suis pas un marchand partant pour la foire ! Où crois-tu que je vais mettre tout ça ?

– Allons, maître Villard, vos mules ne me semblent pas si chargées...

– Sans doute, Jeannette, sans doute. Mais elles ont un bien long chemin à faire. »

Guillaume revient, tout essoufflé.

« Voilà, c'est juste ce petit coffret. Un cadeau de maître Szemény à mon père. Il m'en aurait terriblement voulu de ne pas te l'avoir donné.

– Mmm. Je vois, l'orfèvre de Hongrie veut honorer celui de Paris...

– Et, en plus, il y a glissé une lettre pour dire à mon père la satisfaction qu'il a de me compter au nombre de ses compagnons !

– Très bien ! Janosz, tu trouveras bien une petite place pour ranger ceci.

– Bien sûr, maître », sourit le serviteur ainsi interpellé.

Szemény Bödögei accourt, revenant de la ville.

« Ah, Villard ! je craignais de ne pas être revenu à temps pour votre départ. Alors, ça y est, le moment est arrivé ?

– Ça y est, en effet. Décidément, vous allez tous me manquer, ici. Mais il fallait bien qu'un jour ou l'autre je rentre chez moi.

– Rappelle-toi que tu m'as promis de passer par Paris avant de rentrer en Picardie !

– Mais oui, Guillaume, je te l'ai promis. J'apporterai tout moi-même à tes parents. Les lettres, les cadeaux, tout !

– Et surtout n'abîme pas le portrait !

– Il y a des années et des années que je voyage avec mon carnet de croquis. Pourquoi veux-tu qu'il lui arrive quelque chose ? »

Villard de Honnecourt, à la demande du jeune orfèvre, a tracé sur un beau parchemin le portrait de Jeannette, pour que ses beaux-parents puissent un peu la connaître.

« Tu verras comme mes parents seront heureux ! Et comme ils te recevront bien !

– Si leur fils tient d'eux, je n'en doute pas un instant. Ne t'inquiète pas, Guillaume, j'irai les voir avant même de chercher à voir les miens ! Et je leur raconterai tout dans le moindre détail. Et je leur répéterai cent fois ce que tu leur as de toute façon écrit : que tu as décidé de rentrer en France avec Jeannette d'ici moins de deux ans, dès que tu auras achevé d'apprendre l'art de ce pays et que vous aurez amassé un pécule suffisant pour vous installer à Paris !

– Ne te moque pas de moi. Cela me fait tellement plaisir que ce soit un ami qui leur annonce tout cela. Mais tu as oublié quelque chose...

– Je sais ! Rendez-vous chez tes parents pour célébrer la Noël de l'an mil deux cent quarante-deux ! Bon, allez, mes enfants, il est temps. Si cela continue, je n'aurai pas quitté la ville avant midi ! Et toi, tu es bien sûr de n'avoir rien oublié ?

– Non, non. Cette fois, ça y est ! »

À grand renfort d'embrassades, l'architecte prend congé de ses amis. Il descend la rampe de la citadelle. On le suit du regard jusqu'à ce qu'il pénètre dans la ville basse, qu'il va traverser droit vers l'ouest.

Sur la route de France.

Guillaume serre Jeannette contre lui et l'embrasse tendrement.

« Ne sois pas si triste, nous le reverrons dans deux ans !

– Tu m'as tellement parlé de Paris, de tes parents... Je crois qu'en ce moment j'ai hâte d'être à la Noël de l'an quarante-deux ! »

DANIEL ROMANOVITCH
L'an 6749 de la Création du monde, le dimanche 30 septembre, fête de saint Grégoire l'Illuminateur [1]

« Seigneur, vous savez que ce n'est pas par lâcheté que je pars. Si j'ai commis un péché, c'est celui de présomption. Il était vain que je m'entête à venir jusqu'ici ! »

Daniel Romanovitch, prince de Galitch et aujourd'hui de Kiev, assiste à une dernière messe depuis la tribune de la cathédrale Sainte-Sophie.

À cette même place, jadis, les grands-princes de Russie célébraient leurs victoires.

Lui n'a à célébrer que sa fuite prochaine.

Il l'a pourtant tant désirée, cette ville...

Dans les fumées d'encens, dans les effluves de myrrhe, le métropolite, ses prêtres et ses acolytes, étincelants de dorures dans leurs lourds manteaux de cérémonie, vont et viennent, lentement, par la porte ouverte dans l'iconostase où, tels les sept ciels qu'elles représentent, s'étagent les icônes...

1. 30 septembre 1240.

C'est le plus beau de Russie, où la plupart des églises se contentent de quelques images décorant un chancel; il est si haut qu'il dissimule en partie les mosaïques de l'abside.

Au premier ciel, deux cents anges veillent sur les étoiles, les mers et les nuages. Chaque fois plus grands, plus beaux, plus lumineux, les anges s'élèvent jusqu'au cinquième ciel où se déploient leurs légions innombrables, auréolées de gloire.

Au sixième, l'or éblouissant qui recouvre les êtres célestes n'est qu'une pâle vision terrestre de leur éclat prodigieux qui brûlerait les yeux des humains.

Enfin au septième ciel, là où l'on ne peut entrer qu'en dépouillant son enveloppe charnelle, au-dessus des sept phénix, des sept chérubins et des sept séraphins, dans la lumière divine, entourés de la foule infinie des anges, les justes revêtus de leurs habits célestes attendent que le Sauveur, redescendu parmi eux, les invite à s'asseoir sur les trônes et à ceindre les couronnes qu'Il a fait préparer en leur honneur.

Et au-dessus, ultime, la Majesté de Dieu.

L'oreille bercée par les chants des prêtres aux voix graves amplifiées par les hautes voûtes, les yeux errant vaguement sur les icônes et sur les mosaïques, Daniel soupire...

Oui, il l'a tant désirée, cette ville!

Kiev est décadent, Kiev ne fait plus tembler quiconque, mais chaque prince rêve de rentrer un jour en souverain dans l'ancienne capitale. Depuis cinq ans, sept fois elle a changé de mains! Et voilà que l'hiver dernier, lui, Daniel, prince de Galitch et, à travers son frère, de Volhynie, le plus puissant des princes du Sud, après des années de luttes et d'intrigues, a enfin accompli ce rêve...

Il n'avait pas eu trois mois pour savourer son triomphe qu'il apprenait déjà que l'armée des Tatars tout entière s'était remise en marche!

Et, que cette fois, elle voulait prendre Kiev, elle voulait prendre Galitch et la Volhynie, elle voulait prendre tout ce qui au sud de la Russie n'était pas encore soumis à son joug.

Les Tatars...

Il ne pensait pourtant pas en sous-estimer le danger!

Daniel était un jeune homme de vingt ans, encore inexpérimenté, lorsque son beau-père Mstislav le Téméraire l'avait envoyé en avant-garde observer leur armée qui venait de surgir des steppes polovtses. Sur les bords de la rivière Kalka, les trente mille hommes des barbares avaient anéanti toutes les armées de la Russie du Sud et ravagé les terres au-delà du Dniepr, avant de disparaître dans l'immensité de l'Asie aussi vite qu'ils en étaient venus. Le jeune prince, blessé, n'avait que par miracle échappé au massacre.

C'était il y a plus de dix-sept ans déjà...

Levant les yeux au ciel, Daniel Romanovitch croise le regard sévère du Christ Pantocrator qui le domine du sommet de la plus haute coupole. Il frémit...

« Oui, Seigneur, je le confesse. J'ai présumé de mes forces. »

En dépit des terribles défaites que subissaient ses pairs, il s'était convaincu qu'il saurait, plus habile, parer au danger en se rapprochant des souverains d'Occident. Il a même espéré réconcilier les Églises rivales...

Aveuglement... Fol aveuglement...

Aujourd'hui, comme son rival Mikhaïl de Tchernigov quelques mois plus tôt, il se sent incapable de défendre Kiev contre les terribles barbares qui ont ravagé les cités du Nord et devant qui, les unes après les autres, succombent inexorablement les citadelles et les armées des princes russes.

« Par la volonté du Ciel Éternel, soumets-toi à la puissance du Souverain du Monde... »

Tandis que s'élèvent vers les voûtes les chants d'actions de grâce, l'invite comminatoire du khan des Tatars obsède les pensées du prince.

Ce n'est pourtant pas à lui qu'elle a été adressée, mais à Mikhaïl Vsevolodovitch, jadis prince de Tchernigov puis de Novgorod, et qui avait alors lui aussi réalisé son vieux rêve en s'asseyant sur le trône tant convoité de Kiev.

Cet hiver, tandis que l'on croyait le gros de l'armée tatare tranquillement retiré dans ses campements de la steppe polovtse, le khan Möngkä avait conduit une troupe de reconnaissance vers la vieille capitale.

Parvenu sur la rive gauche du Dniepr, face à la mère des villes russes, le barbare était resté un long moment, silencieux, à contempler sa beauté et sa majesté.

Certes, il est loin le temps où les trois filles du grand-prince de Kiev montaient au même moment sur les trônes de France, de Norvège et de Hongrie! Mais, même si sa puissance politique est aujourd'hui bien réduite, la ville reste splendide avec ses palais de bois sculpté aux couleurs rutilantes, avec les coupoles d'or de ses églises et de ses monastères dominant le grand fleuve.

Les treize coupoles de la cathédrale Sainte-Sophie, symboles du Christ entouré de ses disciples, resplendissent toujours sur la riche cité.

Sainte-Sophie, que deux siècles plus tôt, pour célébrer sa victoire sur les Petchenègues, Iaroslav le Sage a dédiée à la sainte Sagesse de Dieu et à la Vierge Marie!

Sainte-Sophie, rivale de sa cousine de Constantinople, qui abrite une bibliothèque sans égale dans toutes les terres russes!

Et la Diessiatinnaia, Notre-Dame de la Dîme, couverte de fresques et de mosaïques, la plus ancienne cathédrale de Russie, jadis érigée par Vladimir le Grand lorsqu'il christianisa son peuple!

Et les monastères! Saint-Michel au dôme d'or, ou au sud de la ville le monastère Vydoubetski et, surtout, la grande laure, le monastère des Grottes d'où, au-dessus des catacombes qui abritaient les premiers ermites, au milieu des clochers, des églises, des vastes bâtiments conventuels, des fabriques et des jardins protégés par la haute silhouette de la collégiale de la Dormition, rayonne de toute sa sagesse et de toute sa science la Sainte Église orthodoxe. Rédactrice des grandes chroniques, atelier d'icônes et de mosaïques, foyer de culture et de méditation, la laure, aujourd'hui comme hier, est pour le pays de Rous une pépinière de saints, d'higoumènes et d'évêques.

En contrebas, au bord du vaste fleuve Dniepr, dans la ville basse du Podol, les marchands venus de Germanie, de Pologne, de Hongrie, de Scandinavie, de Lombardie, des Empires grecs de Nicée ou de Trébizonde, et même des Turcs ou des Arabes... se pressaient encore il y a peu dans la plus belle ville de la route de l'ambre, dans le port qui pendant quatre siècles a reflété sur la Russie l'éblouissante splendeur de Byzance.

Kiev reste la ville aux quatre cents églises et aux huit cents marchés!

Ses juristes, ses peintres d'icônes, ses ateliers de traduction, de copie et d'enluminures restent partout fameux.

Furieux qu'on ose venir le menacer sur ce trône convoité qu'il avait eu tant de mal à saisir, orgueilleusement confiant dans la puissance de ses murailles, Mikhaïl de Tchernigov ordonna que l'on décapite les émissaires du khan et que l'on renvoie leurs têtes à leur maître par-dessus les remparts.

Il fut obéi.

C'est alors seulement, une fois sa colère apaisée qu'il réalisa que, s'il était une chose sacrée chez les Tatars, c'était bien la vie d'un ambassadeur!

Après cette exécution, aucune négociation ne serait plus possible. C'était le massacre des ambassadeurs tatars par Mstislav de Kiev qui avait jadis entraîné la défaite russe de la Kalka. Pour le punir, les vainqueurs l'avaient étouffé dans la caisse sur laquelle leurs généraux banquetaient!

Malgré l'injure, pourtant, les Tatars ne donnèrent pas l'assaut.

Ils étaient trop peu nombreux.

L'heure de Kiev n'avait pas encore sonné...

Mikhaïl, alors, plutôt que d'affronter leur vengeance, préféra s'enfuir vers la Pologne, laissant la ville à qui la voudrait...

Rostislav de Smolensk la voulait.

Et Daniel Romanovitch la voulait plus encore...

Mais les tümens se sont remis en route.

Remontant des steppes du Sud, sûre de sa force, sans se hâter, la grande armée mongole s'approche, détruisant méthodiquement villes, bourgs et villages qui refusent de se soumettre et de payer tribut.

Tranquillement, lentement, elle isole la vieille capitale...

Le khan Batou, son chef, ses frères, ses cousins et ses généraux n'ignorent rien des guerres fratricides qu'ont menées les princes russes depuis plusieurs années pour la possession du prestigieux Kiev, sans soupçonner qu'ils combattaient en fait pour le livrer, tel un fruit mûr, au Souverain du Monde.

Cela, Daniel, dégrisé, conscient de la vanité de ses ambitions kiéviennes, vient enfin de le comprendre...

Si impressionnants que soient les remparts de la ville, peut-il espérer les tenir longtemps contre le formidable ennemi?

Il faudrait que les armées célestes rangées sur l'iconostase se mettent en marche à ses côtés!

Mais Dieu n'a pas voulu qu'elles soutiennent Youri de Vladimir ni aucun autre prince. Pourquoi faudrait-il qu'elles aident Daniel, qui n'est pas moins pécheur que les autres?

Seigneur, la Russie a-t-elle donc tant péché que Dieu lui inflige un pareil châtiment?

Et si par miracle Daniel Romanovitch parvenait à sauver Kiev, ne serait-il pas prisonnier de ses remparts, tandis que les Tatars ravageraient les terres de Galicie et de Volhynie, où il a dû batailler si longtemps avant d'assurer son pouvoir?

Le voïvode Dimitri, qu'il a nommé gouverneur de la ville, saura la garder aussi bien que lui... Lui qui, imitant son prédécesseur Mikhaïl et son propre frère Vasilko, déjà partis vers la Pologne et la Hongrie, va quitter aujourd'hui les bords du Dniepr pour se réfugier sous la protection du puissant roi Béla, dont il espère encore obtenir l'aide pour défendre ce qui restera de ses domaines.

« Est-il vrai que le prince va quitter la ville ? Y a-t-il si grand danger ? À Vladimir aussi le grand-prince était parti et...

– Allons, frère Cyrille. Je sais que vous avez vécu à Vladimir et en Souzdalie des moments terribles, mais je vous répète qu'une ville aussi forte que Kiev n'a pas grand-chose à craindre. Elle est bien pourvue en hommes, en vivres, en armes de toutes sortes. Le prince Daniel y laisse un voïvode valeureux et plein d'expérience, et, quand il reviendra, ce sera allié à la Hongrie. Il y aura là de quoi faire quelque peu réfléchir les Tatars. Ils ont déjà tant pillé ! Face à si forte partie, ils finiront bien par se lasser. »

À Galitch, pendant que se tenait l'orageuse conférence des Églises, Nikon, ecclésiarque de la grande laure, apprit que l'archimandrite Trophime, qui dominait les débats de sa rhétorique si redoutée, avait amené avec lui de Novgorod un moine qui avait peint une copie parfaite de la Vierge de Vladimir. Il voulut la voir et, enthousiasmé par le talent de Cyrille, apprenant qu'il avait en personne, au péril de sa vie, sauvé le vénérable modèle, il n'eut de cesse d'obtenir qu'il l'accompagnât à Kiev.

La voix cassée de Nikon autant que sa timidité naturelle ne lui permettaient guère d'introduire dans les discussions un peu de la modération vers laquelle son cœur penchait, mais il savait à l'occasion être habile. Il flatta Trophime, sentant bien que c'était là le moyen de gagner ses faveurs. Il le félicita de la sûreté de son goût, grâce auquel il savait si bien choisir ses peintres, et finit par supplier humblement le redoutable archimandrite de bien vouloir, au nom de la grande Novgorod, prêter à la laure – oh, juste pour un temps ! – l'inestimable talent du frère Cyrille. L'archimandrite Sérapion, le métropolite Joseph lui-même en seraient profondément reconnaissants à Novgorod, et plus encore à Trophime, qui témoignerait ainsi qu'il joignait d'autres vertus à celle, déjà surabondante, de défenseur de la foi.

Il fit tant et si bien que l'autorisation donnée par Trophime à Cyrille d'accompagner l'ecclésiarque avait le ton d'un ordre.

Cyrille, quant à lui, ne se fit pas trop prier. Il n'aimait guère l'orgueil tranchant de l'archimandrite et ne se plaisait pas dans son monastère. Nikon, par contre, lui semblait un brave homme, et, comme tout moine de Russie, il était fasciné par le prestige de la grande laure de Kiev.

Il s'inquiéta bien un peu des Tatars, mais Nikon aussi bien que Trophime lui représentèrent quelles étaient la puissance des remparts de la ville et la multitude de sa population comparées à celles de Novgorod ou même de Vladimir. Si une pareille cité tombait, aucune autre au monde ne pourrait jamais résister aux Tatars ! Et, s'il y avait un réel péril, des princes comme Mikhaïl de Tchernigov ou Daniel de Galitch dépenseraient-ils autant d'énergie pour s'asseoir sur le trône de la vieille capitale ?

D'ailleurs, lorsque cet hiver les Tatars, justement, sont venus devant Kiev, ils ont si bien compris que la ville ne redoutait rien d'eux qu'ils n'ont même pas osé tenter le moindre assaut !

Cyrille, en tout cas, s'est installé à la grande laure, et, s'il n'y avait ce danger qui menace, il y serait fort heureux.

LE TARTARE AUX CHEVEUX ROUGES

Le trentième jour de la huitième Lune,
dans l'année du Rat,
douzième du règne d'Ögödäi Qaghan, Souverain du Monde [1]

On était dans les premiers jours de la quatrième Lune, au bord du fleuve Dniepr, sur le territoire de Péréiaslav Khmelnitski.

Autour d'un modeste fort de bois que l'on avait pensé voir tomber rapidement, un parti de soldats russes offrait une résistance inattendue dans cette région pourtant ravagée dès l'année précédente.

Du haut de la palissade, Subötaï reçut sur son casque une pierre qui l'assomma plus qu'à moitié. À ce moment, les Russes tentèrent une sortie qui désorganisa un instant la ligne mongole. Le général, entraîné malgré lui, bascula dans le fleuve. À demi inconscient, il se serait noyé si Edouard de Roscarnan, présent à ses côtés, ne s'était jeté à l'eau pour le tirer à l'abri.

Depuis lors, Subötaï garde une certaine sympathie pour son nouvel interprète et lui accorde une confiance croissante, comme il n'en a donné jusqu'ici à aucun étranger. Edouard, aujourd'hui, fait en quelque sorte partie de sa garde personnelle.

De plus, le général apprécie qu'il se montre bon compagnon, ami des festins, de l'alcool et des plaisirs de la chair. Sans doute lui est-il arrivé une ou deux fois de se replier sur lui-même, se contentant d'exécuter scrupuleusement les ordres sans mot dire, l'air sombre et préoccupé. Mais c'était au début. Aujourd'hui Subötaï ne le voit jamais prendre cette mine renfrognée. Il semble heureux parmi les Mongols, à guerroyer sans cesse, versant le sang des ennemis assez impudents pour rejeter l'autorité du Qaghan, célébrant les victoires en chevauchant les femmes des vaincus et en vidant leurs caves et leurs celliers. Un tel homme lui sera utile lorsque débutera vraiment la campagne d'Europe!

Edouard est présent ce soir, sous la yourte du général, où celui-ci, sans façon, a réuni quelques-uns des hommes qui le servent de près.

Il porte, comme tout le monde, une tunique attachée sur le côté, une paire de braies et de belles bottes de cuir au bout recourbé pour ne pas blesser la terre.

S'il s'est laissé pousser barbe et moustache, il n'a pas été tenté d'adopter la coupe de cheveux mongole! Subötaï, il est vrai, le lui a interdit. Il tient pour l'avenir à ce que son interprète garde l'allure d'un Européen.

On partage force coupes de qoumiz. On mange du mouton gras. On est joyeux. Et, avant d'aller retrouver les bras d'une concubine, on échange plaisanteries et souvenirs de guerre.

En ce moment, Edouard, épanoui, semble accaparé par une discussion pleine d'entrain avec Koutchouq, ce commandant de minggan que le général a rattaché à son état-major personnel. Tous deux partagent un point commun : ils ont sauvé la vie de leur chef, l'un en Chine, l'autre en Russie.

1. 19 octobre 1240.

Le général sent bien les hommes. Edouard, en effet, est heureux!

Sur le moment, il avait hésité à demeurer chez les Tartares, et – n'eussent été les propos menaçants de Subötaï, qui lui faisaient craindre de ne pas repartir vivant de leur camp s'il refusait son offre – peut-être s'en fût-il retourné avec les Vénitiens.

Mais, s'il a jamais conçu des regrets, il n'en a aujourd'hui plus un seul. Il s'est d'abord employé à étudier les différents dialectes turcs qu'on parlait dans l'armée, avant d'aborder la langue tartare elle-même. Le général paraissait fort satisfait de la rapidité de ses progrès, ainsi que de son adresse à l'épée, et même de son assiette à cheval, bien qu'elle fût loin d'égaler celle de ses nouveaux compagnons.

Et, depuis que sur les bords du Borysthène – du Dniepr, comme on l'appelle ici – il a sauvé la vie de Subötaï, celui-ci s'est fait moins rude.

Edouard, après l'avoir redouté, commence même à l'aimer.

Un peu comme... Oui, c'est cela! Un peu comme le père qu'il aurait aimé avoir, lui qui s'est retrouvé si jeune abandonné à une tante indifférente, seul face à la vie...

Le général est si redoutable dans l'art de la guerre! Les maîtres et les maréchaux du Temple qu'Edouard admirait tant voici quelques années lui paraissent des soudards mal dégrossis lorsqu'il exécute, simple pièce d'un immense et subtil échiquier, les desseins complexes et grandioses du compagnon de Gengis Khan.

Le soir, il a écouté les bardes chanter les hauts faits du Conquérant, terrible et invincible.

Témudjin Gengis Khan! Ce nom que l'Occident commençait seulement à apprendre devenait pour lui, comme pour ses compagnons mongols, un nom de légende, qu'on admire et révère, et dont on rêve d'égaler la noblesse et la gloire.

C'est ici, en vérité, dans les plaines de Russie et du pays couman, que l'attendait la liberté qu'il avait entrevue au bord du Wadi Qelt!

Galoper au grand air, prendre ce qui vous plaît, combattre et conquérir...

N'avoir qu'une vérité : les ordres du Qaghan, de ses princes et de ses généraux...

Tout ce qui s'y conforme est bon.

Tout ce qui y contrevient est mauvais.

Et, pour ce qui n'a point de rapport avec eux, fais comme tu voudras, cela n'a nulle importance!

Non, ce ne peut être un hasard qui l'a mis sur la route de ce marchand vénitien, le jour où il quitta Saint-Georges de Koziba, enfin en paix avec lui-même!

En voyant chevaucher ces Tartares à l'aspect si farouche, il s'est souvenu de la vieille chapelle, près du cimetière de Murano...

De la sorcière aux yeux révulsés annonçant l'arrivée des cavaliers de l'Apocalypse...

Non, ce n'est pas un hasard!

Tandis que sous ses yeux croulaient les églises et flambaient les croix, la vérité lui est apparue, aveuglante!

Les anciens ne donnaient-ils pas à l'enfer le nom de Tartare?

Sois loué, grand Lucifer, de m'avoir conduit jusqu'à ce général!

J'ai compris Ton intention. L'Empereur qui règne à Qaraqorum et que les Mongols appellent le Souverain du Monde, c'est Ton lieutenant ! C'est Toi qui l'as choisi pour que Ton règne arrive.

Je le servirai, ô mon maître, pour l'amour de Toi.

Et je ne Te décevrai pas.

Voilà Koutchouq qui plaisante son compagnon anglais sur la couleur de ses cheveux.

« Il paraît que cela arrive, en Europe, s'exclame en riant Subötaï, et pas seulement dans son pays d'Angleterre. J'ai jadis rencontré une belle Vénitienne aux cheveux d'un blond bien près de ce rouge ! »

Et Edouard, surpris, de demander, le sourire aux lèvres :

« Venise ne s'est donc pas contentée de t'envoyer ses marchands ?

– De son plein gré, si ! Mais il y a dix-huit ans, quand j'ai pris Soldaïa, il y avait dans la ville une belle femme aux cheveux mêlés de cuivre et d'or, qui ne venait pas de Gênes comme les marchands qui habitaient là. Bien entendu, on me l'a réservée... »

Le général rit grassement à ce souvenir.

Edouard reste interdit, la coupe immobile au bord des lèvres.

Il n'avait jamais fait le rapprochement.

Dix-huit ans...

Voilà donc ce qui l'avait troublé chez Subötaï, lors de la première entrevue !

Bien sûr qu'il connaît ce visage ! Bien sûr qu'il l'a déjà rencontré, infiniment plus jeune, infiniment plus lisse et, naturellement, infiniment plus féminin !

Subötaï porte, à peine visible sur sa peau rude que des dizaines d'années passées à chevaucher au grand air ont tannée comme le cuir d'une selle, un grain de beauté sur la joue gauche...

La rude assemblée des capitaines mongols s'efface devant les yeux clignotants de l'Anglais. Son esprit embrumé par l'alcool croit revoir un visage du passé.

Deux ans seulement, et déjà une éternité...

Et un désir – presque douloureux tant il est violent – fait sa proie du corps d'Edouard.

Mafalda, je te veux...

L'INGRATITUDE

L'an 6749 de la Création du monde,
le mercredi 7 novembre, fête de saint Lazare le Galésiote [1]

Escorté par la droujina du prince, qui a déployé la bannière au lion d'or de Souzdalie, un lourd convoi emporte à travers la campagne givrée meubles, coffres, armures et vêtements du prince de Novgorod.

1. 7 novembre 1240.

Emmenant avec lui sa jeune femme enceinte, sa mère, ses clercs et ses boyards les plus fidèles, Alexandre Iaroslavitch Nevski abandonne Novgorod à ses rivalités, à ses égoïsmes et à ses mesquineries.

Il se retire dans les terres de son père, à Péréiaslav Zalieski, sa ville natale, qu'il aidera désormais à se relever du passage des Tatars.

L'annonce soudaine de sa décision a fait l'effet dans le Vetché et dans la ville d'un coup de tonnerre. Beaucoup sont venus le supplier d'y renoncer, mais aucune prière n'a pu le fléchir.

Que la libre Novgorod assume jusqu'au bout les conséquences de sa liberté!

Apprenant la chute de Pskov, redoutant l'imminence d'une attaque teutonique, le prince a demandé au Vetché de lui accorder sans délai des subsides exceptionnels pour recruter et entraîner des troupes. Mais la belle unanimité qui avait suivi l'annonce du débarquement suédois a volé en éclats aussitôt obtenue la victoire.

Il y avait ceux qui, tout en se réjouissant de l'heureuse issue du combat, ne juraient que par la liberté de la ville et s'inquiétaient de voir Alexandre abuser de son nouveau prestige, craignant qu'il n'utilise son armée renforcée pour s'emparer de tous les pouvoirs.

Il y avait ceux qu'indignait l'idée de devoir sacrifier ne fût-ce qu'une partie de leurs précieuses richesses.

Il y avait ceux, enfin, qui, sensibles aux promesses et à l'or germaniques, inquiets de l'avenir de leur commerce avec leurs clients d'Occident, songeaient à conclure la paix avec les chevaliers, quitte à choisir un prince qui leur agréât, tel Iaroslav Vladimirovitch à Pskov.

S'il n'y avait pas dans la ville de parti suédois digne de ce nom, il y avait assurément un parti allemand...

Pourtant, des boyards et des marchands arrivaient de Pskov pour supplier Novgorod d'intervenir.

Le prince avait donc son parti et les Allemands le leur. Au milieu, les hésitants, les timorés, passaient un jour à l'un, le lendemain à l'autre, temporisaient tant qu'ils pouvaient et, dans l'incertitude, prenaient pour seule décision de maintenir serrés les cordons de leurs bourses.

Les débats de l'Assemblée furent si houleux que leur passion se transmit à la ville tout entière. Les factions s'affrontèrent jusqu'au milieu du pont sur le Volkhov et l'on fut un moment à deux doigts de la sédition.

Alexandre, ulcéré, furieux de voir la cité pousser l'aveuglement jusqu'à lui refuser les moyens de sa propre défense, n'a pas hésité à heurter de front ses adversaires. Il n'était plus un jeune homme dont on attendait encore qu'il fasse ses preuves, il était le vainqueur de la Neva! Le seul rempart de Novgorod contre l'ambition de l'Ordre Teutonique et de ceux qui le financent!

Puisqu'on lui refusait le moindre subside, il a entrepris de lever lui-même un impôt pour renforcer son armée.

La mesure engendra au Vetché un tollé général. Voilà bien ce que l'on craignait! Le prince voulait abuser de son pouvoir! Il voulait ôter ses libertés à la ville!

Au milieu des clameurs, Alexandre s'écria qu'il abandonnerait sa charge de prince si on ne lui donnait pas les moyens d'agir.

Le tumulte, du coup, s'amplifia encore. Comment? Il osait à présent pratiquer le chantage?

Certains s'époumonaient à exiger sa démission. D'autres prenaient sa défense.

Soudain, avec une brutalité qu'on ne lui connaissait pas, le prince, obtenant un semblant d'accalmie, annonça au Vetché et au Conseil des seigneurs que, puisque Novgorod n'avait pas la volonté de se défendre, il la quittait.

Et il sortit.

L'Assemblée resta un court instant stupide. D'habitude, c'était elle qui remerciait les princes!

Puis les invectives reprirent, chaque parti s'accusant mutuellement de trahison.

Les indécis s'inquiétèrent d'avoir perdu leur prince. Ils limitèrent leur réaction à cela, et le Conseil ne décida rien... Même pas de démettre Alexandre Iaroslavitch de ses fonctions.

On aperçoit encore au loin les remparts de Novgorod. Alexandre et les princesses font leurs adieux à ceux de leurs partisans qui ont tenu à les accompagner sur quelques verstes.

Ils sont sombres. Il est amer.

Il aime cette ville ingrate et volage.

Mais, puisqu'elle entend décider de tout par elle-même, qu'elle décide aussi de sa ruine, si tel est son bon plaisir!

Adieu, Monseigneur Novgorod-le-Grand.

DONNA MAFALDA

L'an du Seigneur 1240, le samedi 24 novembre,
fête de saint Chrysogone

Mafalda exulte. Ce soir elle se sent proche du triomphe. Enfin!

L'aimait-il?

L'aimait-il vraiment?

Le doute s'était insinué dans son esprit, ce soir de l'Ascension où, après les festivités dans la lagune et avant le départ de son amant pour la Romanie, elle s'était crue assez forte pour se risquer à évoquer – oh! à mots fort couverts! – la possibilité d'un mariage.

Le nouveau provéditeur n'avait même pas paru deviner l'allusion. Elle n'avait pas osé aller plus loin.

Pourtant, elle avait fini par régenter la maison comme si elle en était déjà la maîtresse, et Domenico ne lui avait pas marchandé les cadeaux...

Pendant des mois elle l'a attendu, folle d'angoisse à l'idée qu'il pourrait lui arriver malheur en mer, tantôt s'exagérant les dangers, tantôt se le représentant en héros invincible même des éléments...

Elle l'imaginait visitant les ports et les forteresses qui protégeaient la route de Romanie... Modon, Coron, Négrepont...

Elle l'imaginait dans la fameuse Constantinople, dont on vantait tant les splendeurs...

Elle l'imaginait passant en revue ses vaisseaux...

Le temps lui paraissait infini.

Elle n'attendit pourtant que cinq mois, car Domenico, favorisé dans chaque sens par des vents favorables, a entendu mener tambour battant sa première mission de prise en charge de son nouveau commandement et d'inspection des défenses côtières et navales.

Il les a trouvées en excellent état, mais a d'ores et déjà opéré dans l'organisation de sa flotte des changements propres à accroître encore son efficacité, comme il en a rendu compte ce mois-ci au Grand Conseil.

Sitôt rentré, il s'est montré charmant. De Romanie il avait ramené pour sa jeune maîtresse bijoux, tissus et parfums dont elle s'enchanta.

Mais était-elle la femme qu'il aimait? Ou bien une bâtarde des Tartares dont il prenait son plaisir..., quitte à l'en rémunérer?

Aussi, depuis son retour de Romanie il y a un mois, elle n'a cessé, à nouveau, d'administrer des philtres d'amour à Domenico, tout en se montrant chaque jour un peu plus prévenante, chaque jour un peu plus tendre, chaque jour un peu plus à l'écoute de ses moindres désirs.

Ce soir enfin, alors que le provéditeur recevait certains de ses amis et qu'à son habitude elle se tenait dans la pièce pour veiller au service, elle a osé rester là jusqu'à leur départ, au lieu de se retirer tôt comme à l'accoutumée.

Oh, ce fut discrètement, sans faire de bruit, comme une maîtresse de maison qui sait s'effacer, se fondre dans le décor...

Mais elle est restée.

Et Domenico n'a rien dit. Il lui a même souri.

Cela – elle en est sûre – ne peut signifier qu'une chose...

À Mafalda la bâtarde, recueillie par charité dans une riche famille, succédera bientôt donna Mafalda Contarini, patricienne de Venise!

LA CAGE DE FER

L'an 638 de l'hégire,
le seizième jour du deuxième mois de Djumada [1]

Hasan a suivi l'aigle.

Il a pris la route de Konya.

Il a retrouvé l'Azerbaïdjan et le camp de Tchormaghan. Le général s'est montré fort étonné de le revoir, qui plus est escorté de plusieurs serviteurs, riche des présents de Körgüz, et protégé par un sauf-conduit du puissant gouverneur.

1. 3 décembre 1240.

Il a retrouvé l'Arménie et le mont Massis. Cette fois, l'automne fut clément et les paysages ne ressemblaient en rien à l'enfer blanc qu'il avait connu l'hiver précédent.

Mais les plaies de la guerre étaient toujours là, béantes.

Qu'en serait-il du pays de Roum? Qu'était-il advenu de l'insurrection qui le soulevait un an plus tôt?

Au fur et à mesure qu'il approchait d'Erzurum, il apprenait peu à peu ce qui s'était passé.

Le soulèvement venait de prendre fin.

La paix était rétablie.

Mais à quel prix!

Organisant leurs forces à Marash, Kahta et Adiyaman, les Turcomans avaient d'abord marché sur Malatya et Elbistan. Ils y avaient écrasé les troupes seldjoukides.

Ils pillèrent Sivas, continuèrent vers Amasya.

Malgré leurs victoires, pourtant, ils comptaient dans leurs rangs de nombreuses victimes. Ils s'en plaignirent à leur prophète, qui leur avait promis que rien ne pouvait leur arriver, Dieu étant leur bouclier. Le baba, fort irrité, se tourna alors vers le ciel et cria à son adresse :

« Dieu! Que fais-Tu? Dors-Tu? Oublies-Tu les Tiens? »

Quelques jours plus tard, il fut lui-même grièvement blessé. Dissimulant son état, il fit publier qu'il se rendait en personne auprès du Très-Haut pour Lui rappeler Ses devoirs envers Ses fidèles. Sur quoi il se retira dans un endroit secret, à l'écart de ses troupes, pour y rendre son âme.

Apprenant sa disparition, le sultan et ses émirs crurent le danger passé. Ils ne se leurrèrent pas longtemps.

Les Turcomans, à la fois furieux d'être privés de la présence du prophète et trop assurés de son intercession permanente auprès de Dieu pour craindre la mort, attaquèrent, fanatisés, dans toutes les directions. La légende du baba qui était monté au ciel leur attirait chaque jour de nouvelles recrues.

Le sultan, affolé, dut bientôt quitter précipitamment sa capitale de Konya vers sa résidence d'été de Qubadabad, plus à l'ouest. Au cœur de son royaume, les campagnes s'étaient soulevées. Les villes grondaient. Ses troupes partout reculaient. Ses soldats finissaient par croire eux-mêmes à la sainteté du baba et aussitôt qu'approchaient ses étendards, pris de frayeur, ils préféraient s'enfuir plutôt que de risquer d'affronter Dieu!

Pressé par ses émirs, le sultan s'était résolu à sacrifier à la haine du peuple son vieux complice, le grand vizir Sadeddin Köpek. Il ne lui en coûta pas un bien grand effort : l'ambition du ministre, désormais, l'effrayait!

Il le fit donc exécuter. Par trahison, bien sûr, car c'était sa manière. L'émir Husam al-Din Qaraja, commandant de la garde, s'est chargé de l'opération.

Mais, si la mort du ministre détesté pouvait apaiser la colère des villes, elle n'arrêtait pas les progrès des Turcomans.

Kaï-Khosrau ordonna alors à l'émir Mobariz ed-Din d'écraser la révolte, lui donnant pleine autorité sur la totalité des forces militaires dont le royaume pouvait encore disposer.

En dépit de la menace mongole, l'émir fit aussitôt appel à l'ultime recours de la dynastie : l'armée des frontières. Elle quitta Erzurum et marcha vers l'Occident.

Mobariz ed-Din se méfiait même de ses meilleures troupes. La légende du baba n'affaiblirait-elle pas leur courage ? N'avaient-elles pas des liens de sang avec les Turcomans ?

Il fit donc s'avancer en première ligne les mercenaires chrétiens, tant choyés du sultan. Ceux-ci, assurément, ne croyaient pas que le baba fût l'envoyé de Dieu. Ils redoutaient toutefois qu'il fût celui de Satan, et, lorsqu'ils s'élancèrent à l'assaut, ils avaient peint sur leurs fronts et cousu sur leurs vêtements la croix de Jésus-Christ.

Les Turcomans avaient perdu l'habitude de rencontrer une troupe décidée. Les Chrétiens, attaquant avec une ardeur d'autant plus impétueuse qu'ils pensaient combattre les suppôts du Démon, les bousculèrent brutalement.

Alors, sa fidélité raffermie par cette soudaine défaite de ceux que l'on croyait invincibles, la cavalerie des frontières chargea à son tour.

Le combat fut acharné. Mais, si braves qu'ils fussent, les paysans turcomans ne purent résister aux terribles cavaliers.

Bientôt, de partout, apprenant ces nouvelles, les armées du sultan, débandées ou réfugiées derrière les murailles des villes ou des forteresses, retrouvant leur courage, reprirent l'offensive.

Et ce fut la curée.

Les plus lâches n'y furent pas les moins ardents, et, tandis que l'armée des frontières retournait monter sa garde à Erzurum, la vengeance du sultan fut à la mesure de son épouvante passée.

On crucifia les chefs.

Et leurs femmes.

Et leurs enfants.

Et leurs proches.

Mais tous étaient coupables ! On égorgea, on éventra, on décapita. On ne se lassait pas...

Les corbeaux eurent un heureux automne, cette année-là, au pays de Roum...

Hormis quelques bandes turcomanes réduites à brigander sur les grands chemins, la paix, sans doute, est rétablie. Mais pour combien de temps ?

Hasan, sur sa route, traversa maints villages ruinés et vestiges de campements transformés en charniers.

Un jour, à un carrefour, il frémit plus qu'ailleurs. Sur des pieux alignés se desséchaient, empalés, mutilés, les cadavres de toute une famille. Les vieillards étaient là, comme les adolescents, une fillette aussi, et puis un enfançon...

Peuples qui espérez trop fort en la justice, méditez sur le sort de tous ces simples gens...

Devant ces misérables dépouilles, grotesquement fichées sur leurs pieux appointés, Hasan crut voir flotter, emplissant tout l'espace, radieux et menaçant, le sourire éclatant du noyon Baïdjou...

Et dans le même instant sonna à ses oreilles la voix de Zéliha... « Nous prendrons Bagdad, Konya, al-Qods, et nous prendrons Damas... »

À Konya, il a retrouvé sans trop de difficultés la fille du vieux sheikh d'Alamout et s'est fidèlement fait l'exécuteur de ses dernières volontés. Le mari est un artisan fort aisé. Comme sa femme, il a fait le meilleur accueil à Hasan, insistant pour qu'il reste auprès d'eux le plus longtemps possible. Hésitant toujours à retrouver Damas et ses souvenirs, celui-ci ne s'est pas fait longtemps prier. Toujours indifférent à son propre avenir, il demeure donc aujourd'hui dans la capitale seldjoukide.

Et demain? Dieu verra!

Le ciel est gris, ce soir, sur la grande cité. Le vent souffle. Longeant d'un pas distrait la forteresse dressée sur la colline au milieu de la ville, Hasan rentre chez ses hôtes. En haut des remparts se balancent les cages de fer des condamnés.

Un bruit de chaînes et de ferrailles.

Un choc.

Bousculade.

Hurlements.

La chaîne d'une des cages, subitement, a cassé.

Le corps d'un passant gît, écrasé sous la masse de métal.

L'accident ameute la foule.

Une voix s'élève :

« Hélas, hélas, même mort, ce méchant homme aura encore fait du mal ! »

Dans la cage, Hasan reconnaît alors, sec et noirci, mannequin disloqué aux orbites béantes, le cadavre du grand vizir Sadeddin Köpek...

Il lève les yeux au ciel, où défilent sombrement d'épais et menaçants nuages.

« Préserve-moi, ô Dieu, des tentations du pouvoir comme de celles de l'amour ! »

KIEV

L'an 6749 de la Création du monde, le mardi 4 décembre, fête de saint Jean Damascène [1]

D'abord s'approchèrent un homme à la brillante armure et un porte-bannière brandissant un étendard fait de queues de chevaux.

De la puissante troupe de cavaliers qui leur faisait escorte, un héraut se détacha.

« Habitants de Kiev ! Par le commandement du Ciel Éternel et du Khan Universel Son fils, le Prince Möngkä vous ordonne de vous soumettre à la volonté du Souverain du Monde ! »

C'était la seconde chance que Möngkä offrait à la ville. La première fois, il en avait coûté la vie à ses ambassadeurs, mais il avait été si impressionné par la splendeur qu'il devinait derrière les épaisses murailles, par les tours, les dômes et les coupoles dont chacune lui semblait comme un casque géant, qu'il l'avait baptisée le « palais des têtes dorées ».

1. 4 décembre 1240.

Il aurait aimé l'épargner.

Mais les Kiéviens, persuadés que la soumission ne leur amènerait que la mort, sont à nouveau restés sourds à l'appel du héraut.

Alors l'horizon se mit en marche.

Dans un mouvement flou, d'abord, et presque imperceptible.

Puis sur la neige blanche on distingua bientôt, entre les bois et les collines, les lignes noires des troupes qui avançaient...

L'air, à son tour, se mit à vibrer.

D'une rumeur indistincte, pareille au sifflement lointain de quelque vent d'hiver.

Puis la rumeur s'enfla et se fit mugissement.

Et le mugissement devint clameur immense.

Grincements et craquements d'une mer de chariots, progressant lourdement dans une neige qu'ils balafraient de leurs profonds sillons.

Cris de chameaux par milliers, cheminant lentement sous leurs lourds chargements.

Hennissements de chevaux par myriades.

Et, claquant au-dessus du tumulte, brefs, rauques, les ordres des généraux, répercutés jusqu'à l'infini, d'officier en officier, à leurs troupes innombrables.

Sur les remparts de Kiev, les défenseurs se sont agenouillés. Dans les chapelles qui couronnent les portes de la ville, les commandants de bastions se sont jetés au pied des icônes. Les prières de quatre cents églises s'élevèrent vers le ciel. Femmes, enfants, vieillards, tous ceux qui n'étaient pas commis à la défense de la vieille cité, prosternés devant Jésus-Christ, la Vierge Marie, les anges et tous les saints, accompagnaient de leur ferveur les supplications qu'adressaient au Seigneur les moines, leurs higoumènes et leurs archimandrites, les diacres, les prêtres et leur métropolite.

Dans Sainte-Sophie tout enfumée d'encens, tandis que les belles voix des chantres glorifiaient Dieu, Sa grandeur et Sa miséricorde, le voïvode Dimitri, défenseur de la ville au nom de son prince en fuite, a reçu la bénédiction du plus haut dignitaire de l'Église de Russie.

Batou a rassemblé au pied des murailles la presque totalité de son immense armée.

Après avoir entendu Möngkä décrire les redoutables fortifications de l'antique capitale, le prince, d'accord avec son général, a d'abord résolu de prendre tout son temps. Depuis qu'au printemps elles se sont remises en marche, ses troupes, minutieusement, patiemment, se sont employées à traquer dans l'immensité du pays la moindre résistance. Dans tout le centre et le sud de la Russie, seules les principautés de Galitch et de Volhynie demeurent épargnées. On s'occupera d'elles sur la route de Hongrie !

Tout le reste est soumis.

Jusqu'au plus humble hameau...

Détruit, prostré, le pays de Rous est à la merci du Souverain du Monde.

Kiev est seul !

Le khan le submergera tel l'océan lointain recouvrant un rocher de son irrésistible flot.

Subötaï est là, suivi de tous les princes.

Orda et Berké, Cheïban et Sinqour, Möngkä et Budjek, Baïdar et Qada'an... Güyük et Büri eux-mêmes sont présents, pardonnés.

Les rivalités princières, en effet, se sont – pour un temps – apaisées. Djaghataï, le gardien de la Loi, soucieux de son respect, a rappelé à son frère Ögödäi qu'au cours d'une campagne tous les différends entre membres de l'armée devaient être réglés par le commandant en chef. Seul Batou avait donc compétence pour juger les deux hommes qui l'avaient outragé.

Raisonné par Subötaï et son cousin Möngkä, jugeant finalement la leçon suffisante, le fils de Djötchi, pour prix de leurs excuses, a offert à ses deux cousins la réconciliation, les autorisant à reprendre leur commandement.

Car si la haine couve à jamais sous les manifestations de fraternité et de discipline, l'heure n'est plus aux querelles de famille.

L'heure est à l'assaut de la mère des villes russes.

Tandis que résonnaient les coups de marteau des charpentiers achevant la palissade dont, comme à Vladimir, les Tatars ont entouré la ville, on a vu se déployer l'impressionnante puissance de leur artillerie. Balistes, trébuchets, pierrières et mangonneaux, dirigés par des ingénieurs chinois ou persans, servis par des centaines d'auxiliaires turcs et de prisonniers russes, ont entrepris le bombardement de la grande cité.

C'est surtout à ses massives portes que, nuit et jour, les engins les plus forts réservent tous leurs coups.

La porte d'Or, l'immense entrée triomphale de la ville, est leur première cible, gigantesque bloc de pierres et de briques rouges dominant de sa masse les hauts remparts de terre et de bois, couronné par la coupole de l'église de l'Annonciation.

Les catapultes soumettent les défenseurs à une pluie continuelle de lourds quartiers de roche et de pots incendiaires. Gémissant sous le fouet, les prisonniers s'arc-boutent pour tendre les cordes des terribles machines.

Les archers accompagnent leurs tirs d'une incessante grêle de flèches.

Un général tatar, là-bas, a fait un signe. Les petits hommes gris et brun, hurlant, se précipitent à l'assaut.

Les béliers cognent sans répit.

Mais les Kiéviens font des prodiges. Le voïvode a mobilisé tous les hommes valides de la cité. Sans égard pour leur vie, les habitants étaient et renforcent les remparts qu'ébranlent les coups de l'ennemi. De leurs hourds de bois à demi démantelés par le bombardement, les défenseurs déversent avec acharnement projectiles et huile bouillante sur les assaillants, dont les échelles sont repoussées dans le vide les unes après les autres.

La lutte est immense.

Au pied de la porte d'Or, les vagues d'assaut se succèdent, piétinant les cadavres.

En haut de la muraille, les défenseurs, eux aussi, se relaient sans cesse. Devant l'église de l'Annonciation, brandissant une bannière à l'effigie du Christ, le voïvode Dimitri, qui semble infatigable, les encourage de sa voix et de son exemple.

De quatre cents églises s'élèvent les prières.

Et là-haut, dans le ciel, l'astre du jour, indifférent, commence son déclin.

Entre deux nuages, sa lumière, frappant l'église et la bannière, vient parfois faire briller par-dessus la bataille la coupole et la croix.

On se bat.

L'après-midi s'avance.

On s'acharne.

Il y a plusieurs heures à présent que l'assaut a été donné à la porte d'Or. Le bastion tient toujours.

Devant l'opiniâtre résistance qu'ils rencontrent, Batou et Subötaï changent subitement de tactique. Pour renforcer la défense de la porte principale, les Russes ont sans nul doute dû dégarnir les autres. Le khan ordonne donc de déplacer immédiatement le principal effort sur la porte de Pologne, moins puissante et déjà sévèrement endommagée par son artillerie qui, abritée par les fourrés et les squelettes noirs des arbres du talus, la soumet depuis le matin à un bombardement incessant.

L'incomparable discipline des assiégeants donne à la manœuvre une rapidité qui prend de court les défenseurs. Le voïvode, distribuant prestement ses ordres, se précipite sur le nouveau théâtre du combat. Il a toujours à la main la bannière du Christ. Mais elle ne peut cette fois le protéger d'une pierre qui le frappe au visage.

À peine est-il tombé que, se hissant, coude à coude, au sommet des échelles, les Tatars se ruent sur les remparts éventrés et croulants où les Kiéviens harassés finissent par lâcher pied.

Mais il est tard. La nuit vient. Les assaillants eux aussi sont épuisés. Après un ultime effort pour s'assurer le contrôle d'une longueur de mur suffisante, Batou fait reposer ses troupes.

Le jeudi 6 décembre, fête de saint Nicolas de Myres

L'aube point.

La porte de Pologne a tenu toute une journée encore.

C'est vainement, pourtant, que le peuple et la garnison ont tenté de déloger l'ennemi de la muraille.

Mais quel est donc ce terrible fracas?

Ce sont les vantaux de la porte qui viennent de voler en éclats sous les coups des béliers!

Le torrent de la cavalerie mongole s'engouffre en hurlant dans les rues.

En ce petit matin de la Saint-Nicolas commence la conquête de Kiev.

La garnison et les habitants résistent pied à pied, quartier après quartier, transformant en bastions les églises de pierre, tandis que flambent les maisons de bois.

Les défenseurs sont nombreux, valeureux, bien armés... Mais que peut-on contre la puissance d'un océan?

Comme Batou l'a voulu, les Tatars submergent la ville.

À son tour, Subötaï Bahadour pénètre dans la cité. Chevauchant à sa suite, Edouard de Roscarnan ronge son frein. Il aurait voulu se précipiter aux premières lignes du combat et y donner à ses nouveaux maîtres la pleine mesure de sa valeur, mais le général le lui a interdit. Ce n'est pas pour mourir stupidement dans une ville condamnée qu'il l'a pris à son service!

Au cœur de la vieille cité, le voïvode, de la civière d'où malgré ses blessures il s'efforce d'animer encore la résistance, a ordonné de faire fortifier en hâte Notre-Dame de la Dîme, l'ancienne cathédrale de Vladimir le Grand.

On y a travaillé tout un jour et deux nuits.

À présent, c'est une multitude qui se réfugie en hâte dans cette ultime forteresse. Mais, tandis que certains creusent un tunnel pour ménager une voie de fuite vers le Dniepr, les voûtes cèdent sous le poids de tous ceux qui se sont entassés sur ses toits, écrasant les défenseurs dans l'effondrement de l'édifice et asphyxiant sous les décombres les sapeurs qui travaillaient sous la terre.

Déjà, tout autour, la cité flambe avec tous ses trésors.

Au pied de l'escarpement que couronne la citadelle désormais conquise, dans les flammes et la fumée, dans les cris de frayeur, on fuit. Un vieillard vient à tomber. La foule affolée le piétine.

On fuit vers l'unique espoir.

Vers le fleuve.

Mais s'ils ont d'abord négligé de donner l'assaut à la ville basse du Podol, préférant concentrer leur attaque sur la puissante ville haute, les Tatars ne l'ont pas oubliée pour autant.

À présent que là-haut tout est consommé, ils en bousculent sans peine les défenses dégarnies, terrorisent ses rues, incendiant ses maisons et ses entrepôts, sabrant les fuyards qu'ils rattrapent.

Sur le fleuve tout prêt à prendre en glace s'éloignent en désordre navires, barques ou bien simples radeaux. Au port, les derniers vaisseaux flambent, touchés par les flèches incendiaires. Au milieu des épaves à demi englouties, tout ce qui peut encore flotter tente d'appareiller dans un indescriptible désordre.

Les Tatars galopent déjà sur la berge. De petits groupes de soldats russes tentent désespérément de leur barrer la route. En proie à une folle panique, ceux qui ont eu la chance d'atteindre le rivage se battent pour grimper sur les derniers bateaux. Des malheureux se sont jetés dans l'eau glaciale pour atteindre un radeau déjà surchargé. On les assomme à coups de rame.

Sur une embarcation de fortune, quatre moines, pagayant de leur mieux à l'aide de vieilles planches, s'approchent d'une kogge qui dérive lentement. Ils appellent, supplient.

« Allez à Dieu, mes frères! Nous sommes trop nombreux! »

L'homme qui les apostrophe – le capitaine sans doute – n'a pas l'air mauvais bougre, mais le pont de son navire est si surpeuplé de fuyards, dont certains n'ont trouvé place qu'en s'accrochant à califourchon sur les bordages, qu'à la moindre vague il menace d'embarquer les eaux sombres du fleuve.

Ce sont pourtant les moines que le Dniepr se propose tout d'abord d'engloutir. Leur misérable esquif fait eau de toutes parts.

C'est d'ailleurs pour cela que personne ne le leur a longtemps disputé...

Comme d'autres de leurs frères, s'enfuyant à travers le réseau de grottes creusé par les ermites qui fondèrent la grande laure, et qui fut leur refuge tous les jours précédents, ils sont parvenus jusqu'aux abords du Podol, abandonnant le prestigieux monastère, tombé lui aussi aux mains des païens.

Et ils n'y ont trouvé d'autre espoir de salut que ce débris vermoulu.

« Cyrille, montre-La lui! Montre-La lui! »

Le plus jeune des moines ôte les étoffes qui protègent son unique bagage.

De l'eau jusqu'au mollet, il se dresse dans la barque qui affleure tout juste à la surface. Un de ses compagnons, chantre à la voix superbe, s'écrie à pleins poumons :

« Si vous ne nous sauvez pas, sauvez-La au moins Elle! »

Le navire est tout proche. Le capitaine se signe.

Sous ses yeux, tel Jésus marchant sur les eaux, un jeune moine se dresse, debout sur le grand fleuve.

Et, devant l'horizon rougeoyant et noirci de flammes et de fumées dévorant avidement tout ce qui était Kiev, il brandit, dans un rai de soleil qui embrase ses ors, douloureuse et magnifique, l'icône de Marie.

Le capitaine s'empare d'un filin, le lance de toutes ses forces.

« Par Dieu! Jetez-leur des cordages! »

À bord, les fugitifs ne protestent pas. Au contraire. Deux, trois, quatre cordes se déroulent bientôt...

Il est temps. La vieille barque a sombré.

Dans le flot glacé, les naufragés tentent comme ils le peuvent d'attraper les cordes du salut.

Un premier y parvient... Un second.

Un troisième s'est débattu un temps, ne sachant pas nager... Mais il vient de couler...

Avalant des paquets d'eau, le jeune homme à l'icône, qui ne l'a pas lâchée, s'épuise à s'approcher.

Oubliant leur propre misère, les passagers l'encouragent, prient, se lamentent, comme si le sort de cette image avait soudain plus d'importance que celui de la vieille capitale qui se consume au loin.

La kogge dérive, s'éloigne peu à peu.

Le grand fleuve va-t-il engloutir l'infortuné nageur, comme il a déjà fait de son malheureux frère?

Non! Il a laissé échapper l'icône, mais la voilà qui flotte!

Il s'y accroche.

Un jeune matelot, agrippé à la poupe, saisit une dernière corde.

Il la fait tournoyer longuement, longuement...

Elle file en sifflant à la surface des eaux.

Un cri de joie monte du vaisseau.

Le moine l'a saisie!

On le hale avec vigueur.

Il est sauf! Et avec lui l'icône!

« Le voilà, ô khan. »

Là-bas, dans la citadelle, Edouard de Roscarnan fait déposer devant Batou le voïvode Dimitri, étendu sur sa civière, blessé aux bras et aux jambes, le visage couvert de bandages sanguinolents.

Malgré ses souffrances, celui-ci soutient sans faiblir de son œil indemne le regard du prince. Il n'a pas d'illusions sur le sort qui l'attend.

Batou, pourtant, reste un long moment silencieux... Un Mongol ne respecte rien tant que la bravoure et la fidélité.

« Tu as défendu la ville avec autant de courage que si tu en étais le seigneur, et pourtant ton prince t'a abandonné. Tu lui as été plus loyal qu'il ne l'a été à lui-même. Tu es libre ! »

Un interprète traduit les propos du chef des Tatars. L'expression de Dimitri se teinte de surprise, puis son regard se voile et, épuisé par ses blessures et par la tension du combat, il perd connaissance.

Edouard regarde le prince avec admiration.

Non, en vérité, Satan n'est pas méchant !

Ce n'est pas lui qui a détruit cette ville, mais les Kiéviens eux-mêmes, aveugles à Sa grandeur.

Eussent-ils simplement ployé le genou devant Son Étendard que leur cité ce soir dresserait toujours sur ses collines ses tours aux coupoles d'or...

« Edouard ! »

Un centenier interrompt brutalement sa rêverie.

« Edouard ! À l'heure où tombera la nuit, rends-toi auprès du bahadour Subötaï pour y prendre ses ordres. Il est temps pour toi de partir en mission. »

À la poupe de la kogge, toussant, grelottant, gelé jusqu'aux os en dépit de la promiscuité et de l'épaisse couverture qu'on a jetée sur lui, Cyrille, convulsivement, serre contre lui l'icône de Marie.

C'est la seconde fois qu'il échappe par miracle au saccage d'une ville qu'on croyait imprenable.

Et chaque fois, dans le souterrain qui menait au salut, il emmenait pour tout bagage l'icône de Vladimir. La Vierge de tendresse, sans nul doute, le protège...

Jusque dans les eaux du Dniepr.

Mais pourquoi Dieu lui a-t-Il donné comme destin de voir réduire en cendres les deux capitales de la Russie ?

Demain, dans la ville haute comme dans la ville basse, palais, églises et monastères mêleront leurs cendres à celles des plus riches demeures comme des plus pauvres cabanes, à celles des entrepôts et des magasins du port.

Seule la cathédrale Sainte-Sophie, le joyau de la ville, a échappé au désastre. Les Tatars se sont contentés d'en piller les richesses.

Le khan Batou, tout à l'heure, en a franchi le seuil. Il a vu en Russie brûler bien des églises. Celle-ci, pourtant, il l'a trouvée si belle qu'il n'osa l'incendier.

Celui que les Russes appellent Dieu, n'est-ce pas le Tengri ? Le Grand Ciel Éternel ?

Ne serait-ce pas L'offenser, alors qu'il vient de combler les Mongols d'une éclatante victoire, que de détruire sans motif ce temple somptueux ?

Un vieux prêtre était là lorsque entra le barbare.

Si vieux qu'il n'avait même pas essayé de s'enfuir.

Il crut sa dernière heure arrivée, mais il avait passé tant de temps sur cette Terre qu'il se résigna à son sort, la prière au cœur.

Les Tatars pourtant, s'ils mettaient tout à sac, paraissaient ne pas le voir, prostré au pied de l'autel dans l'attente du coup fatal.

Quand s'apaisa la fureur des pillards, leur chef s'avança au fond du sanctuaire. Avec ses yeux noirs en amande, ses longues moustaches tombantes, son éclatante armure toute cloutée d'argent, ses fourrures luisantes, il semblait le Démon en personne. Il s'approcha du prêtre, pointant son doigt vers lui.

Un truchement traduisit :

« Vieil homme ! J'épargne ton église.

« Demain tu y prieras pour ton seigneur Batou !

« Et pour la gloire d'Ögödäi, qui est ton Empereur ! »

Alors, ses bottes sonnant sur les dalles de la cathédrale qu'il venait de dépouiller, le barbare sortit, à la suite de ses hommes.

La porte s'est refermée sur la nef desertée.

Sous l'écrasant regard du Christ Pantocrator et de la Vierge Orante, des apôtres et des évangélistes, de l'archange Gabriel et des anges des sept ciels erre un frêle vieillard. Ses pas sont hésitants, ses épaules courbées par une très longue vie et un trop lourd destin.

Ses pauvres yeux se brouillent.

Les ténèbres qui montent estompent à sa vue les gloires d'autrefois.

Mosaïques figées, immenses et hiératiques...

Le grand-prince Iaroslav, la grande-princesse Irène, leurs fils et leurs filles...

Anne, reine de France.

Elisabeth, reine de Norvège.

Anastasie, reine de Hongrie.

Images impuissantes d'une grandeur défunte...

Sur Kiev et la Russie vient de tomber la nuit.

Une sombre nuit sans lune.

Une terrible nuit.

Le vieil homme s'assied – s'effondre bien plutôt – près du tombeau de marbre de Iaroslav le Sage.

Il passe sa main fripée sur le lourd sarcophage, là où jointe la dalle.

Et une goutte d'eau, soudain, vient y mouiller son doigt.

Tout son corps en frémit.

Car il n'en doute pas...

Dans son cercueil de pierre, le grand-prince a pleuré.

FIN DE LA PREMIÈRE ÉPOQUE

Annexes

Annexe I

CARTES

(*N.B.* : toutes les cartes jointes sont provisoires)

L'Empire mongol en 1235
L'Europe et la Méditerranée en 1235
La Russie en 1237-1238
L'Italie vers 1235

L'EMPIRE MONGOL EN 1235

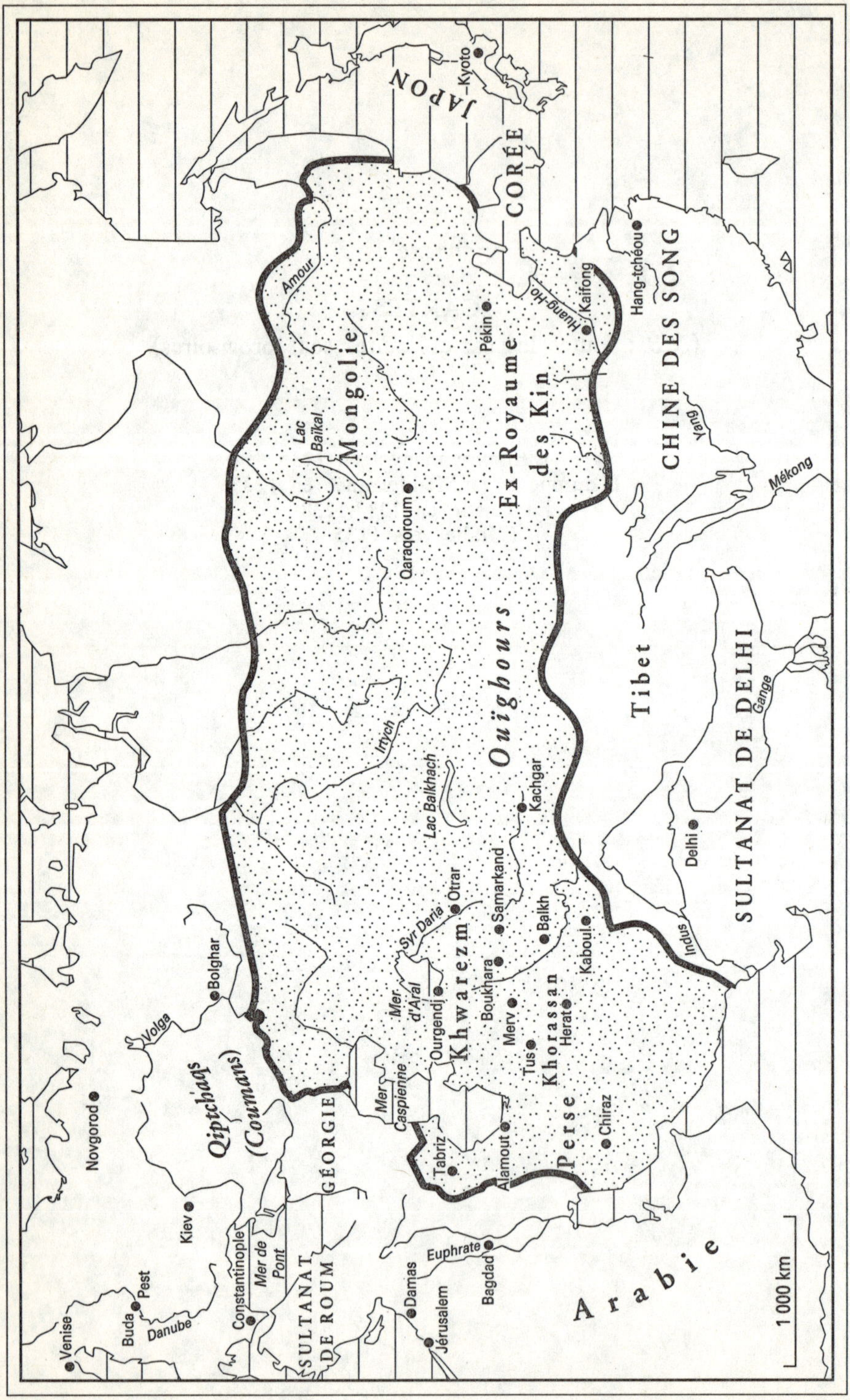

L'EUROPE EN 1235

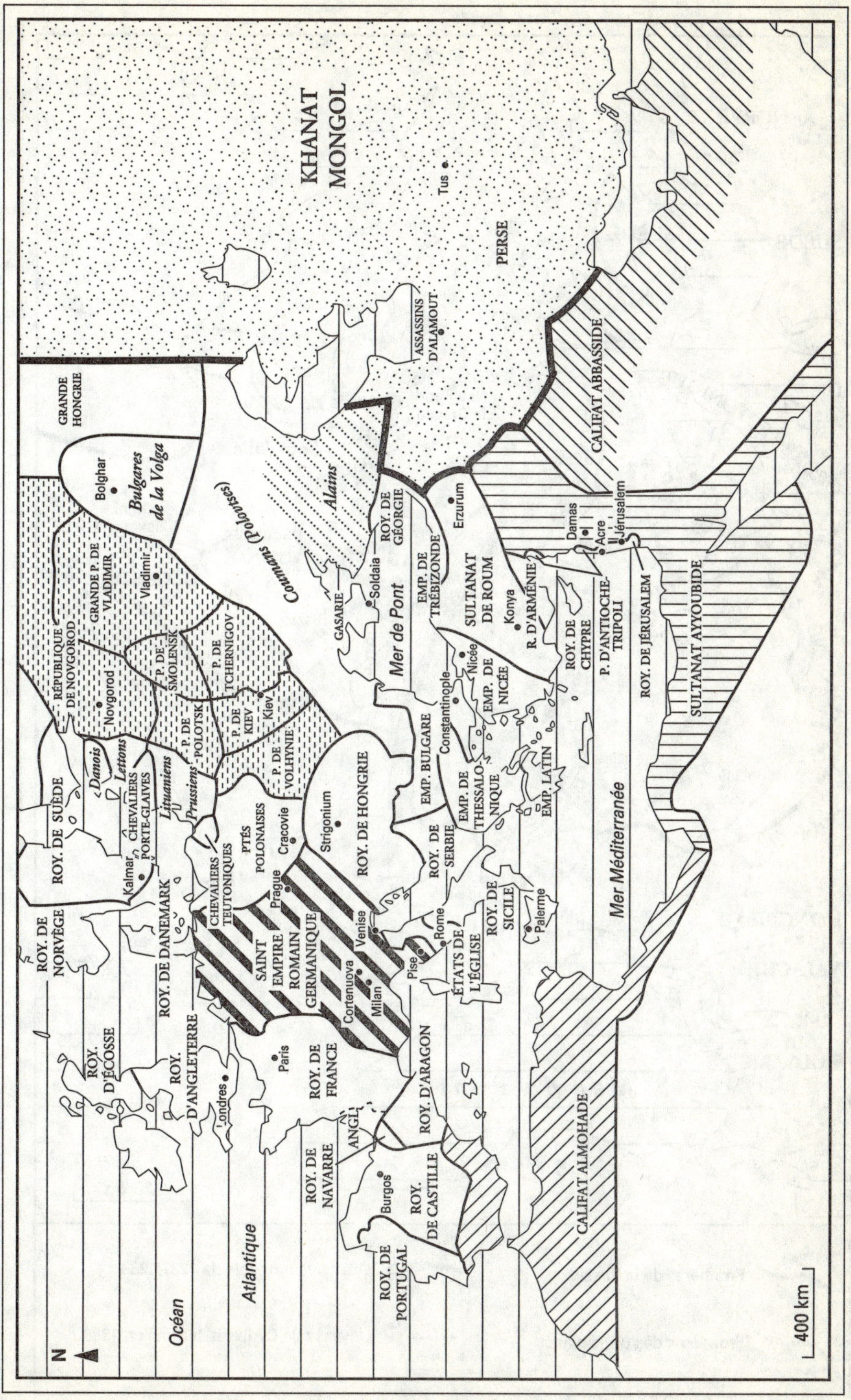

LA RUSSIE EN 1237-1238

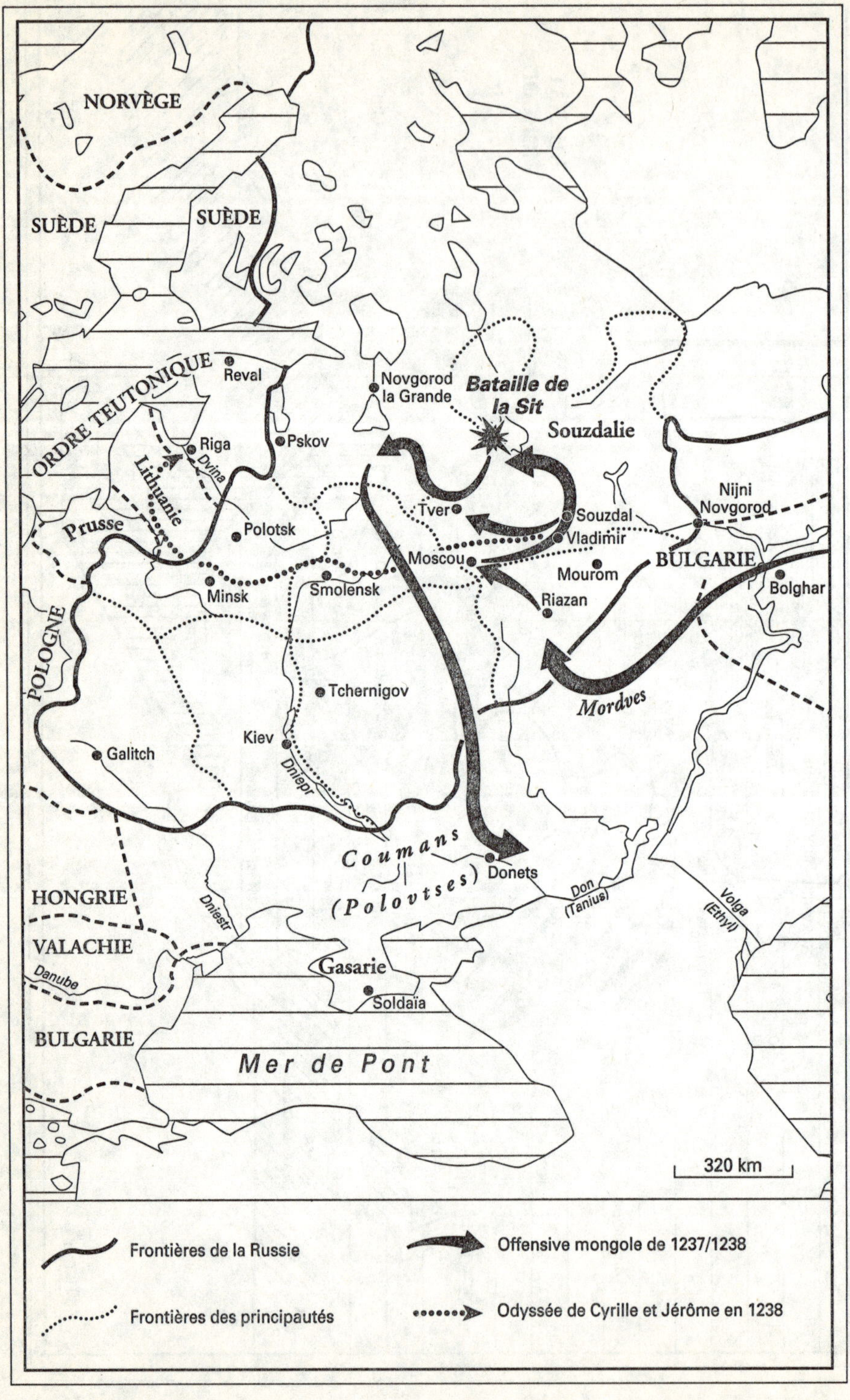

L'ITALIE VERS 1235

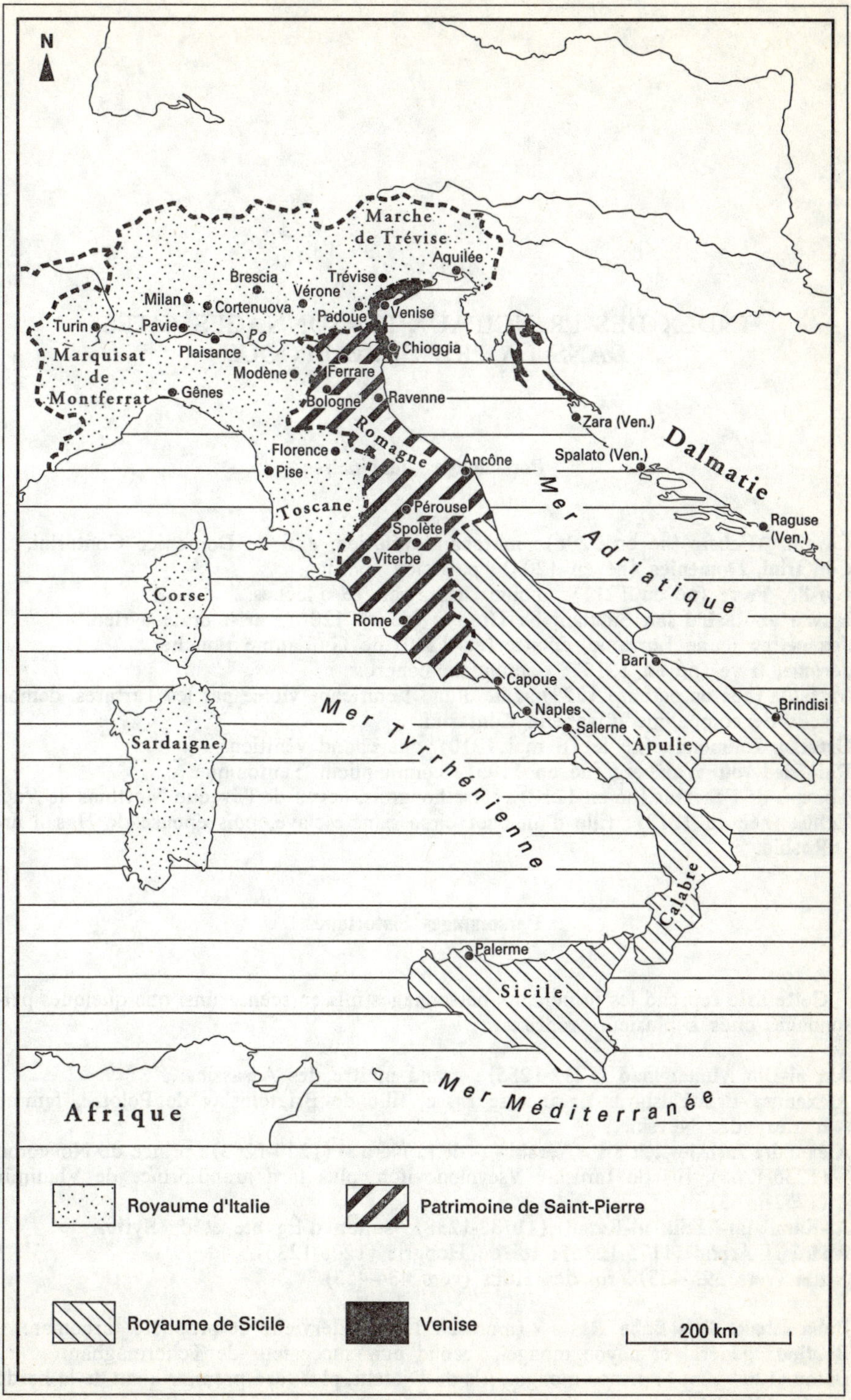

Annexe II

INDEX DES PRINCIPAUX PERSONNAGES CITÉS DANS LA PREMIÈRE ÉPOQUE

Personnages imaginaires

Cavalli, Michele (né en 1206) : marchand vénitien, ami de Domenico Contarini.
Contarini, Domenico (né en 1204) : patricien vénitien.
Cyrille, Frère (né en 1211) : moine russe, peintre d'icônes.
Hasan ar-Rashid ibn Salman ibn Husayn (né en 1204) : aristocrate syrien.
Jeannette : jeune Lorraine, épouse (en 1240) de Guillaume Boucher.
Jérome, frère (né en 1213) : dominicain hongrois.
Mafalda (née en octobre 1223) : fille d'une Vénitienne violée par les Tartares, demoiselle de compagnie d'Isabella Contarini.
Ortolàn, Raimondo (né le 16 mai 1210) : marchand vénitien.
Rainfried von Waldberg (né en 1195) : commandeur Teutonique.
Thomas de Fehérvár (né en 1212) : clerc hongrois, neveu de l'évêque Matthias de Vac.
Zeliha (née en 1217) : fille d'un chef circassien, esclave, puis épouse de Hasan ar-Rashid.

Personnages historiques

Cette liste reprend les principaux personnages mis en scène, ainsi que quelques personnages cités à plusieurs reprises.

Ala al-Din Muhammad (1212-1255) : grand maître des Assassins.
Alexandra Briatchislavna : princesse russe, fille de Briatchislav de Polotsk, femme d'Alexandre Nevski.
Alexandre Iaroslavitch dit « Nevski » (« de la Neva ») (1220-1263) : prince de Novgorod (1236-1263), fils de Iaroslav Vsevolodovitch, plus tard grand-prince de Vladimir (1252-1263).
Al-Kamil (al-Malik al-Kamil) (1178?-1238) : sultan d'Égypte et de Syrie.
André II Arpad (1175-1235) : roi de Hongrie (1205-1235).
Attila (vers 395-453) : roi des Huns (vers 434-453).

Baba Ishak, dit « Baba Rasul » (mort en 1240) : derviche et prophète turcoman.
Baïdjou : général et noyon mongol, second puis successeur de Tchormaghan.
Batou (1204-1255) : prince mongol, fils de Djötchi, plus tard premier khan de la horde d'Or (1242-1255).

Béla IV (1206-1270) : roi de Hongrie (1235-1270), fils d'André II.
Birger (vers 1210-1266) : comte de Bjälbö, conseiller d'Erik XI, jarl (1248) puis régent de Suède.
Blanche de Castille (1188-1252) : reine de France, régente du royaume (1226-1234) pendant la minorité de son fils Louis IX.
Boleslaw V, dit le Chaste (1220-1279) : duc de Cracovie, prince de Pologne.

Coloman (mort en 1241) : prince hongrois, frère de Béla IV.
Conrad de Mazovie (vers 1191-1247) : duc de Mazovie.
Cunégonde de Hongrie, sainte (1224-1292) : princesse hongroise, fille de Béla IV, femme (1239) de Boleslaw V le Chaste, duc de Cracovie.

Daniel Romanovitch (vers 1201-1264) : prince de Galitch.
Denis (mort le 11 avril 1241) : comte palatin de Hongrie.
Djaghataï (mort en 1242) : prince mongol, fils de Gengis Khan.
Djötchi (mort en 1227) : prince mongol, fils de Gengis Khan et de Börté, père de Batou.

Edouard de Roscarnan (nom imaginaire, le nom réel étant inconnu; en l'absence d'indication, nous le faisons naître le 16 mai 1210) : chevalier templier anglais, banni d'Angleterre pour un crime que l'histoire n'a pas retenu (cité notamment par la *Chronica Majora* de Matthieu Paris, au milieu du XIIIe siècle).
Elisabeth de Hongrie, sainte (1207-1231) : princesse hongroise, fille d'André II.
Étienne Ier de Hongrie, saint (vers 969-1038) : duc (997-1001) puis roi (1001-1038) de Hongrie.
Ezzelino da Romano (1194-1259) : vicaire de Frédéric II en Italie du Nord.

Fakhr ed-Din ibn ach-Cheikh : émir égyptien, conseiller d'al-Kamil et ami de Frédéric II.
François d'Assise, saint (vers 1182-1226) : fondateur de l'ordre des frères mineurs ou Franciscains.
Frédéric Ier de Hohenstaufen, dit « Barberousse » (vers 1122-1190) : empereur romain germanique (1152-1190).
Frédéric II de Hohenstaufen (1194-1250) : empereur romain germanique (1220-1250), roi de Sicile (1197-1250) et de Jérusalem.

Gengis Khan (« Le Khan universel ») (Témudjin, dit) : (né en 1155, ou 1162, voire 1167 – mort en 1227) : empereur des Mongols (1206-1227).
Gertrude de Méran (morte en 1213) : reine de Hongrie, femme d'André II, mère de Béla IV.
Giovanni Schio (aussi appelé Jean de Vicence) (mort en 1265 ?) : dominicain, inquisiteur à Bologne et en Italie du Nord.
Grégoire IX, Hugolin de Segni (vers 1147 ou plus vraisemblablement 1170-1241) : cardinal d'Ostie, puis pape (1227-1241).
Guillaume Boucher (en l'absence d'indication, nous le faisons naître en 1215) : orfèvre français, émigré en Hongrie au moment de l'invasion mongole (cité dans le *Voyage dans l'Empire mongol*, de Guillaume de Rubrouck, envoyé de Saint Louis en Mongolie en 1254).
Güyük (entre 1200 et 1207-1248) : prince mongol, fils d'Ögödaï, plus tard Qaghan des Mongols (1246-1248).

Hedwige, sainte (morte en 1243) : princesse allemande, femme du duc Henri Ier de Silésie, mère du duc Henri II le Pieux.
Henri Ier de Silésie, dit « le Barbu » (mort en 1238) : duc de Silésie, régent de Pologne.
Henri II de Silésie, dit « le Pieux » (1191?-1241) : duc de Silésie (1238-1241), fils de Henri le Barbu.
Henry III Plantagenêt (1207-1272) : roi d'Angleterre (1216-1272).

Hermann Balk : chevalier Teutonique, maître provincial de Prusse et de Livonie.
Hermann von Salza (vers 1170-1239) : grand-maître des chevaliers Teutoniques (1210-1239).
Hugolin de Kalocsa (mort en avril 1241) : archevêque de Kalocsa, en Hongrie.

Iaroslav II Vsevolodovitch (1190-1246) : prince de Péréiaslavl-Zaliéski et de Novgorod, puis grand-prince de Vladimir, frère de Youri II.
Innocent III (vers 1160-1216) : pape (1198-1216).

Jean III Doukas Vatatzès (1193-1254) : empereur de Nicée (1222-1254).
Jean Plantagenêt, dit Jean sans Terre (1167-1216) : roi d'Angleterre (1199-1216), père de Henry III.
Julien : missionnaire dominicain hongrois.

Kaï-Khosrau II (vers 1205-hiver 1245-1246) : sultan seldjoukide de Roum (1237-1245 ou 46).
Körgüz (mort en 1242) : gouverneur ouïghour du Khorassan.
Koutan (mort en 1241) : prince couman.

Louis IX, saint (1214-1270) : roi de France (1226-1270).

Marguerite de Provence (1221-1295) : reine de France, femme de Louis IX.
Marie Lascaris : reine de Hongrie, femme de Béla IV, fille de l'empereur Théodore Ier de Nicée.
Matthias (mort en avril 1241) : prélat hongrois, chancelier de Béla IV, puis évêque de Vac (1237-1239), et (1239-1241) archevêque de Strigonium (Esztergom).
Mindaugas (ou Mindvog, ou Mindowe) (1200-1263) : grand-prince (Kunigaikstis) de Lituanie (1219?-1263).
Muhammad Ali Shah (Ala ed-Din) (mort en 1220) : shah du Khwarezm.

Ögödäi (vers 1185-1241) : qaghan des Mongols (1229-1241), fils et successeur de Gengis Khan.

Pierre des Vignes (1190-1249) : chancelier et conseiller de l'empereur Frédéric II.

Richard Ier Plantagenêt, dit « Cœur de Lion » (1157-1199) : roi d'Angleterre (1189-1199).
Richard Plantagenêt (1209-1272) : comte de Cornouailles, frère du roi Henry III d'Angleterre.

Sadeddin Köpek (mort en 1240) : grand vizir de Roum (1237-1240).
Salahaddin Youssouf ibn Ayyoub (Saladin) (1137-1193) : sultan d'Égypte (1171-1193) et de Syrie (1174-1193).
Siradj al-Din el-Muzaffar ibn al-Hussein : grand missionnaire ismaélien de Syrie.
Subötaï : général et bahadour mongol.
Szemény Bödögei : orfèvre de Marie Lascaris, reine de Hongrie.

Tchormaghan (mort en 1241) : général et noyon mongol, commandant l'armée d'Azerbaïdjan.
Théodore, maître : philosophe de la Cour impériale de Frédéric II.
Tiepolo, Jacopo : doge de Venise (1229-1249).
Törägänä : impératrice mongole, femme d'Ögödäi.

Venceslas Ier (1205-1253) : roi de Bohême (1230-1253).
Villard de Honnecourt : architecte français.

Annexe III

POUR DÉMÊLER L'HISTOIRE ET LA FICTION...

Il est toujours difficile, à la lecture d'un roman historique, de distinguer la part du réel et celle de l'imaginaire. Les brèves notes qui suivent aideront le lecteur curieux à s'y retrouver...

Remarque préalable

D'une façon générale, je me suis efforcé de me tenir aussi proche que possible de la réalité, tant pour le déroulement des événements que pour le caractère des personnages historiques, les descriptions des bâtiments, vêtements, repas, armements, navires, etc, et d'intégrer les personnages réels ou imaginaires dans un contexte aussi authentique que possible. Les cas où j'ai été amené à plier délibérément la réalité à certaines nécessités du roman restent de ce fait très exceptionnels.

Cet effort trouve bien sûr ses limites dans celles de la documentation à laquelle j'ai pu accéder.

Les récits relatant les événements historiques concernant les différents pays, peuples, religions, etc, sont historiques, de même que les exposés généraux relatifs aux idées religieuses ou philosophiques de l'époque ou au contexte économique et social.

Les descriptions de villes, de monuments et de bâtiments ainsi que de camps mongols se fondent autant que possible sur des descriptions ou des reconstitutions d'époque.

Sur quelque 660 personnages nommément cités, plus de 500 sont historiques (ou appartenant à des légendes ou des mythologies authentiques), en particulier tous les souverains, grands seigneurs et hauts dignitaires. Je me suis efforcé de décrire l'aspect et le comportement des principaux d'entre eux en restant aussi fidèle que possible aux sources consultées. De même, si j'ai analysé leurs motivations à travers une interprétation nécessairement personnelle, faisant notamment des choix entre différentes hypothèses, je me suis efforcé d'être aussi fidèle que possible à ce que l'on peut en savoir.

Les notes ci-après ne reviennent donc qu'occasionnellement sur ces différents points.

Une notice bibliographique sera par ailleurs annexée au second volume.

Prologue

La volonté du ciel (13 juillet 1235) : le Qouriltaï de 1235 est historique, ainsi que les décisions qui y furent prises; sa date exacte et son déroulement détaillé sont imaginaires.

Première partie : LES LARMES DE L'ICÔNE

Le proscrit (9 avril 1235) : les chroniques rapportent qu'Edouard (qu'elles ne nomment pas et dont le nom est donc imaginaire) a été chevalier du Temple et chassé d'Angleterre pour un crime inconnu, sans précision de date. Le meurtre du page et la date du bannissement sont donc fictifs. Les procédures juridiques sont fondées sur des éléments historiques.

Alamout (28 juin 1235) : l'histoire et l'organisation de l'ordre des Assassins sont historiques. La tentative d'assassinat de Saint Louis, sans doute légendaire, est néanmoins rapportée par des chroniques d'époque (voir chapitre : « Le palais de la cité »). Le chapitre de 1235 est imaginaire.

Le Conseil du roi (29 juin 1235) : Guillaume Boucher était effectivement fils et frère d'orfèvre, son frère ayant une maison sur le Grand-Pont.

La stupeur du monde (15 août 1235) : la grande diète s'ouvrit effectivement à Mayence en août 1235 mais ne s'acheva qu'en novembre à Augsbourg. Ses participants, les événements qui la marquèrent, sont néanmoins historiques. Le défilé de Frédéric II est inspiré des récits d'époque, mais le déroulement détaillé de la cérémonie est en majeure partie imaginaire.

Le Livre et les barbares (17 avril 1236) : la réunion du chapitre à Alamout est imaginaire. Ala al-Din était effectivement décrit (par ses ennemis) comme alcoolique et atteint de troubles mentaux.

Maître Albéric (18 avril 1236) : le déroulement d'un cours à l'université s'inspire de la réalité, et les descriptions fantaisistes de maître Albéric correspondent réellement à des croyances répandues à l'époque.

Saint-Jean-d'Acre (26 avril 1236) : si le personnage de Domenico est fictif (et donc son combat aux Dardanelles !), les Contarini étaient effectivement une des plus grandes familles de Venise. La description d'une galère du XIIIe siècle et de son équipage se fonde sur des études historiques.

Monseigneur Novgorod-le-Grand (3 mai 1236) : l'événement décrit est réel. Son déroulement détaillé est imaginaire, mais s'appuie sur des études historiques. La date se situe vers mi-1236, mais ne semble pas connue avec précision.

La *Santa-Filomena* (4 mai 1236) : on manque d'informations sur la description des navires byzantins; les éléments disponibles ont autant que possible été intégrés au récit (ainsi ce qui a trait au feu grégeois). L'expédition navale grecque est imaginaire, mais se situe dans un contexte géopolitique réel.

Le prince (17 mai 1236) : le texte du serment d'Alexandre n'ayant pas été conservé, nous avons utilisé le texte reconstitué à partir d'autres serments par Catherine Durand-Cheynet dans son ouvrage consacré à Alexandre Nevski (principale source utilisée dans la suite sur ce personnage).

Notre-Dame de Paris (8 juin 1236) : la prière de Hasan débute, comme toute prière musulmane, par la première sourate du Coran.

Le palais de la Cité (14 juin 1236) : la scène du tribunal est inspirée des Mémoires de Joinville. Le procès est imaginaire (mais pas le conflit avec Thibaut de Champagne). La tentative d'assassinat de Saint Louis, l'envoi par le Vieux de la Montagne d'un ambassadeur pour arrêter ses tueurs du fait de la menace mongole sont rapportés par diverses sources et traditions (dont certaines au moins situent l'entrevue avec Saint Louis en juin 1237 seulement). Des historiens modernes considèrent toutefois qu'il ne s'agit probablement que de légendes ou de fausses rumeurs.

La mission de frère Julien (14 mai 1237) : les missions décrites et leur contexte sont réels. Si Frère Julien est un personnage historique, le nom et la description de ses trois compagnons sont imaginaires. La visite du roi Béla, bien qu'a priori possible, l'est également.

Les deux Henri (24 juin 1237) : si le contexte politique est historique, le banquet est imaginaire.

Les chevaliers Porte-Glaive (26 juin 1237) : le chapitre de Marbourg est authentique, ainsi que les décisions qui y furent prises concernant la Livonie. Les chevaliers nommés ont réellement existé (sauf Rainfried von Waldberg) mais leur présence au chapitre n'est pas certaine et leur description est imaginaire.

L'icône (15 août 1237) : l'icône de Vladimir, exposée à la galerie Tretyakov de Moscou, reste aujourd'hui une des plus célèbres de Russie.

Deuxième partie : LE TROISIÈME ÂGE DU MONDE

La Volga (5 janvier 1237) : il n'existe pas de description du passage de la Volga et sa date exacte n'est pas connue, mais les détails sur l'organisation de l'armée ou les noms des princes présents à la tête de celle-ci sont néanmoins historiques.

Le bonhomme (18 août 1237) : il y avait effectivement de nombreux hérétiques en Italie du Nord, et notamment des cathares.

Saint Boris et saint Gleb (6 septembre 1237) : Julien était réellement dans la région de Souzdal à cette date. Youri lui fit effectivement remettre un ultimatum de Batou au roi Béla trouvé sur deux Mongols capturés, que Julien put interroger.

Le légat (30 novembre 1237) : les informations attribuées à frère Julien ainsi que le texte de l'ultimatum sont extraits de la lettre effectivement adressée par Julien au légat Salvio Salvi. Compte tenu de sa politique ultérieure, il n'est pas certain que Béla ait réellement accordé de l'importance à l'ultimatum de Batou.

Crémone (1er décembre 1237) : le triomphe de Crémone a réellement eu lieu quelques jours après la bataille de Cortenuova. Le défilé des prisonniers derrière l'éléphant et le *carroccio* est historique.

Le sultan d'Egypte (2 décembre 1237) : si la scène décrite entre le sultan et Fakhr ed-Din est par elle-même imaginaire, tous les événements évoqués sont historiques (hormis bien sûr la désignation de Hasan comme ambassadeur !).

Kolomna (4 janvier 1238) : l'expédition de Vsevolod est historique.

Les Conseils (18 janvier 1238) : si la description des deux Conseils est imaginaire, les décisions du conseil de guerre de Vladimir sont néanmoins historiques ainsi que l'opposition entre Alexandre et le Conseil de Novgorod.

Le départ (1er février 1238) : l'ambassade des princes musulmans est citée par le chroniqueur Matthieu Paris dans sa *Chronica Majora* (voir chapitre « l'ambassade »), sans préciser sa composition et le nom de ceux qui l'ont envoyée, hormis le Vieux de la Montagne ; l'ambassadeur, qualifié d'« homme puissant et d'illustre naissance », n'est pas nommé.

Vladimir (3 au 7 février 1238) : les événements décrits sont historiques. L'odyssée que va connaître l'icône est par contre entièrement imaginaire.

Mafalda (22 février 1238) : si le pillage de Soldaïa par les Mongols en 1223 est historique, sa date varie toutefois de quelques mois selon les sources.

Le plateau d'argent (5 mars 1238) : la scène décrite est imaginaire mais la bataille de la Sit et son contexte sont historiques ; Youri II y a effectivement été décapité ; le dialogue du prince Vasilko et de Batou est rapporté par certaines chroniques.

Le deuil (10 mars 1239) : si al-Kamil est bien mort à cette date, la lettre de Fakhr ed-Din est imaginaire.

Le cimetière de Murano (20 mars 1238) : la cérémonie lucifériennne et son déroulement sont imaginaires, tout en s'inspirant d'éléments rapportés à l'époque sur les lucifériens.

Les pillards (25 mars 1238) : la région de Smolensk était effectivement à cette époque convoitée par les Lituaniens.

La croix d'Ignace (18 avril 1238) : bien que tous les historiens ne soient pas d'accord sur l'importance réelle des forces qui parvinrent jusqu'à la croix d'Ignace, les événements rapportés peuvent être considérés comme historiques.

Les harengs (20 avril 1238) : la crise du hareng ainsi que l'ambassade sarrasine et la réponse de l'évêque de Winchester sont rapportées par Matthieu Paris dans sa *Chronica Majora.* La description d'une séance de l'Echiquier et le contexte politique sont historiques.

Mindaugas (24 mai 1238) : d'une façon générale, les éléments de décor, de religion, etc., rapportés dans les chapitres consacrés à la Lituanie sont extraits ou s'inspirent d'ouvrages relatifs à l'histoire, à la religion ou aux légendes de la Lituanie médiévale. Mindaugas est regardé comme le fondateur de l'unité nationale lituanienne.

L'ambassade (26 mai 1238) : d'après Matthieu Paris (*Chronica Majora*), l'ambassade parvint au roi de France « un peu après Pâques » et l'ambassadeur chargea un des « Sarrasins » qui l'avaient accompagné d'aller voir le roi d'Angleterre. Les étuves étaient effectivement très fréquentées à Paris.

Perkunas (21 juin 1238) : la cérémonie du Solstice était effectivement une grande fête; bien qu'imaginaire, son déroulement reprend presque uniquement des éléments issus d'ouvrages sur la religion balte ou les légendes lituaniennes. Les éléments mythologiques sont historiques.

Le tribunal de Dieu (28 juin 1238) : du fait de la multiplication des hérésies, l'Inquisition était très active en Italie du Nord. La première partie du dialogue (jusqu'au serment inclus) est extraite presque sans changements d'un interrogatoire rapporté par le « Manuel de l'Inquisiteur » de Bernard Gui, inquisiteur au début du XIVe siècle. L'histoire de Giovanni Schio (Jean de Vicence) et le contexte historique du Grand Alleluia, ainsi que les prophéties de Joachim de Flore, sont authentiques. En Allemagne, l'Inquisition lutta effectivement à cette époque contre les lucifériens.

Raimondo (13 juillet 1238) : les éléments sur l'histoire de Chioggia et le commerce du sel sont authentiques. Si Domenico est un podestat imaginaire, Marino Morosini, futur doge, occupa réellement ce poste. Le déroulement de l'élection est imaginaire, mais inspiré de scrutins vénitiens médiévaux.

Brescia (7 août 1238) : l'ambassade sarrasine auprès de Frédéric II est imaginaire mais la description et le contexte du siège de Brescia, les éléments de l'histoire de Sicile et de la biographie de l'empereur, ainsi que les motivations de celui-ci à ce moment sont historiques.

La Quarantia criminelle (18 septembre 1238) : la Quarantia était à l'époque une des plus puissantes institutions de Venise, entre autres dans le domaine judiciaire; Venise n'a effectivement jamais accepté de laisser l'Inquisition opérer librement sur son territoire. La présence de Giovanni Schio à Venise est imaginaire.

La porte Saint-Antoine (20 septembre 1238) : même si tout son rituel pouvait n'être pas encore figé en 1238, l'examen décrit est conforme à la pratique médiévale.

Le bal (27 septembre 1238) : à partir des XIe-XIIe siècles, la noblesse dansait couramment, notamment après les banquets.

Koutchouq (28 septembre 1238) : le contexte historique ainsi que les querelles entre Batou et certains princes sont authentiques.

L'enquête (29 septembre 1238) : l'ensemble du chapitre est imaginaire.

Les chevaliers de la croix (25 novembre 1238) : l'assaut décrit est imaginaire. Il se base néanmoins sur des éléments authentiques de l'histoire de la Lituanie ou de l'ordre Teutonique. En particulier, les scènes de suicide collectif (notamment la vieille femme à la hache et l'incendie) sont inspirées de la prise de Pilenai par les Teutoniques en 1336.

Les deux piliers du monde (5 décembre 1238) : je me suis efforcé de cerner la position réelle de l'Empereur face à la papauté à cette date.

L'orfèvre de la reine (25 décembre 1238) : pour le déroulement et le texte de la messe, je me suis inspiré à la fois d'éléments liturgiques ou folkloriques hongrois et français. L'orfèvrerie était effectivement un art très prisé en Hongrie.

Le pied-bot (28 février 1239) : la scène est imaginaire mais les détails relatifs à l'accouchement (bains, potions, etc.) sont historiques.

Le grand maître (19 mars 1239) : si la date est exacte, le déroulement de l'agonie est imaginaire. Le rôle joué par Hermann von Salza dans l'histoire de l'Empire romain germanique est authentique.

La sentence (24 mars 1239) : le texte de la bulle d'excommunication est historique. Les détails de la cérémonie sont effectivement inspirés du rituel de l'excommunication.

Le goéland (26 mars 1239) : la scène de saint François et des oiseaux est rapportée par les hagiographies du saint.

Le monastère de Padoue (28 mars 1239) : le contexte où Frédéric apprit son excommunication est authentique. Les expériences tentées par l'Empereur (ou qu'on lui attribua), les questions qu'il posa, les savants avec qui il fut en relation sont historiques (même si tout pouvait n'avoir pas encore eu lieu à cette date). Il en est de même du procès des juifs d'Allemagne et de la construction de la porte de Capoue. Quant aux convictions religieuses réelles de l'Empereur – qui du reste évoluèrent sans doute au cours du temps –, elles restent un objet de conjectures. C'est la Curie pontificale qui l'accusa d'athéisme sans que l'on puisse prouver si elle avait raison.

Troisième partie : LA NUIT MONGOLE

Les Coumans (27 mars 1239) : l'événement est brièvement rapporté par l'évêque Roger de Nagyvarad dans son *Carmen Miserabile*, chronique de l'invasion tartare en Hongrie.

La couronne d'épines (31 mars 1239) : si le débat du Conseil des *Pregadi* (ancêtre du Sénat de Venise) est imaginaire, l'histoire du rachat de la couronne d'épines est authentique. L'hypothèse d'une collusion entre Vénitiens et Mongols a été faite par certains historiens, mais n'est pas confirmée.

Les trois imposteurs (13 avril 1239) : c'est la Curie romaine qui a attribué à Frédéric les propos sur les trois imposteurs. S'il n'est pas impossible qu'il les ait tenus, rien ne peut néanmoins le prouver.

Le contrat (15 avril 1239) : le texte s'inspire de celui d'un contrat vénitien du XIe siècle.

L'architecte (5 mai 1239) : la biographie de Villard de Honnecourt est authentique, bien que la date de son séjour en Hongrie soit incertaine (différents historiens la situant tantôt avant, tantôt après l'invasion tartare). On sait très peu de chose sur la femme de Guillaume Boucher : Guillaume de Rubrouck, envoyé de Saint Louis en Mongolie en 1254, indique seulement que c'était « la fille d'un Lorrain, née en Hongrie », qui connaissait bien le français et le couman.

Le curé de Saint-Séverin (19 juin 1239) : l'annonce de l'excommunication faite aux paroissiens a effectivement été attribuée à un curé parisien, mais c'est sans doute seulement après l'arrivée du légat Jacques de Préneste en 1240 que l'excommunication fut publiée officiellement en France.

Edouard (28 juin 1239) : si le passage d'Edouard à Saint-Georges de Koziba est imaginaire, son périple en Palestine et en Chaldée est rapporté par Matthieu Paris dans sa *Chronica Majora*.

La grand-route de Buda (17 août 1239) : la description de la Cour en marche s'inspire de descriptions historiques (notamment sur les voyages de la cour de France sous Saint Louis).

La guerre des deux Bêtes (juillet-août 1239) : les textes cités sont presque uniquement composés d'éléments réels extraits de deux encycliques pontificale et impériale de 1239-1240.

Le château blanc du Trône (29 août 1239) : l'histoire et la description des bijoux de la Couronne (aujourd'hui conservés au Musée national hongrois, à Budapest) sont historiques.

Les noces de Toropets (7 septembre 1239) : en dehors de la présence de l'icône de Vladimir, imaginaire comme toute son odyssée, la description des noces reprend celle de Catherine Durand-Cheynet dans son *Alexandre Nevski*.

Le camp (4 octobre 1239) : Matthieu Paris indique sans plus de précisions à propos d'« Edouard » que « les Tartares, par le moyen de leurs éclaireurs, le choisirent comme interprète, lui donnant des cadeaux pour l'attirer chez eux ».

Damas (4 octobre 1239) : le soulèvement des Turcomans se situe vers 1239-1240, sans que sa datation exacte semble connue avec certitude.

La fête (10 octobre 1239) : la fête est imaginaire; les chants mongols s'inspirent de chants folkloriques.

La nuit de Saint-Martinien (16 octobre 1239) : la composition des philtres d'amour est authentique.

Le Grand Vizir (17 octobre 1239) : le voyage de Sadeddin Köpek à Pozanti est imaginaire, mais le contexte politique est historique.

L'ambre (25 octobre 1239) : la légende du château d'ambre est extraite du folklore lituanien.

Le prophète (5 novembre 1239) : le personnage de Baba Ishak, ainsi que son « idéologie » sont mal connus; la description faite s'efforce néanmoins de s'appuyer sur les quelques informations disponibles.

La Ville sainte (7 décembre 1239) : la date exacte de la chute de Jérusalem varie quelque peu selon les sources.

Erzurum (8 décembre 1239) : les récits prêtés aux derviches turcomans correspondent à des traditions authentiques.

Le prince et les chevaliers (6 janvier 1240) : la négociation est notamment rapportée par Catherine Durand-Cheynet dans son *Alexandre Nevski.*

Le banquet des princes (22 mars 1240) : repris par plusieurs ouvrages historiques, l'événement a été en particulier rapporté par l'*Histoire secrète des Mongols*, chronique d'époque, sans que sa date exacte soit précisée.

Le rendez-vous de Kalmar (30 mars 1240) : la rencontre est imaginaire. J'ai repris l'hypothèse d'une collusion entre les puissances catholiques avancée par certains historiens russes; si elle paraît possible, elle n'est toutefois pas démontrée.

Tchormaghan (31 mars 1240) : à la mort de Tchormaghan, en 1241, sa femme lui succéda d'abord, puis son second, Baïdjou. Il se peut toutefois que Baïdjou n'ait rejoint son poste qu'en 1242, après la mort du général.

La procession du Saint-Esprit (15 au 19 avril 1240) : la rencontre est imaginaire, bien que plusieurs tentatives de rapprochement entre catholiques et orthodoxes aient eu lieu à cette période (notamment à Nicée, en 1234). Les arguments de doctrine échangés – notamment sur le *filioque* – sont authentiques; en particulier, ceux de Trophime s'inspirent d'une lettre de Germain, patriarche de Constantinople, mort en 1240, et ceux d'Hugolin de documents rédigés lors de la tentative d'union du concile de Lyon en 1274. Le chancelier Cyrille, vigoureux adversaire des Latins, devint métropolite de Kiev en 1246. Le prince Daniel se rapprocha un temps du Pape en 1253.

Les épousailles de la Mer (24 mai 1240) : la description de la cérémonie, qui prit forme vers cette époque, repose sur des ouvrages consacrés au Moyen Age et à la Renaissance.

Le mariage (10 juin 1240) : la description s'inspire d'éléments traditionnels hongrois.

Alexandre de la Neva (15 juillet 1240) : le déroulement du combat s'inspire de l'*Alexandre Nevski* de C. Durand-Cheynet, qui s'appuie sur les sources russes. L'importance réelle de la bataille demeure controversée. Le surnom de Nevski n'est attesté qu'à partir d'une chronique du XVe siècle.

La colère du qaghan (16 juillet 1240) : Güyük fut effectivement vigoureusement sermonné par son père.

Les Annales de Suède (17 juillet 1240) : traitée comme une grande victoire par les chroniqueurs russes, la bataille de la Néva est absente des sources suédoises.

Pskov (1er septembre 1240) : Pskov fut effectivement pris au cours de l'été 1240 dans les circonstances décrites.

La leçon de l'aigle (3 septembre 1240) : Alamout et les citadelles ismaéliennes constituaient en effet un centre intellectuel ouvert et important; la bibliothèque fut incendiée par les Mongols en 1256. La personnalité de Shams al-Din, qui fut l'inspirateur du célèbre maître soufi Djélal ed-Din Roumi, dit « Mevlana » (voir la deuxième époque), reste mystérieuse; certaines traditions, probablement légendaires, le rattachent à Alamout et à l'ismaélisme.

L'ingratitude (7 novembre 1240) : les circonstances du départ d'Alexandre Nevski sont historiques.

La cage de fer (29 novembre 1240) : l'anecdote sur la chute de la cage du grand vizir est rapportée par des sources d'époque.

Kiev (4 au 6 décembre 1240) : le récit de la chute de la ville s'inspire dans ses grandes lignes de descriptions historiques, notamment celle de la *Chronique Hypatienne.*

Table des matières de la première époque

Prologue

La volonté du ciel (13 juillet 1235)........ 9

Première partie : LES LARMES DE L'ICÔNE

Le proscrit (9 et 10 Avril 1235) 25
Alamout (28 Juin 1235)........ 33
Le Conseil du Roi (29 Juin 1235)........ 44
La stupeur du monde (15 et 25 Aout 1235)........ 54
La drapière (8 décembre 1235)........ 61
Cyrille (4 avril 1236)........ 63
Le Livre et les barbares (17 avril 1236) 65
Maître Albéric (18 avril 1236)........ 75
La Circassienne (21 avril 1236) 79
Saint-Jean-d'Acre (26 avril 1236) 85
Monseigneur Novgorod-le-Grand (3 mai 1236)........ 93
La *Santa-Filomena* (4 mai 1236)........ 98
Le prince (17 mai 1236) 112
Notre-Dame de Paris (8 juin 1236)........ 112
Le palais de la Cité (14 juin 1236)........ 120
La mission de frère Julien (14 mai 1237)........ 126
Zéliha (12 juin 1237) 134
Les deux Henri (24 juin 1237)........ 137
Les chevaliers Porte-Glaive (26 juin 1237)........ 142
L'icône (15 août 1237) 147

Deuxième partie : LE TROISIÈME ÂGE DU MONDE

La Volga (5 janvier 1237)........ 155
Le bonhomme (18 et 19 août 1237)........ 160
Nijni-Novgorod (24 août 1237)........ 166
Saint Boris et saint Gleb (6 septembre 1237)........ 171

Cortenuova (28 novembre 1237) 178
Le légat (30 novembre 1237) 180
Crémone (1er décembre 1237) 183
Le sultan d'Égypte (2 décembre 1237) 185
Kolomna (4 janvier 1238) 194
La cité des lagunes (5 janvier 1238) 198
Les conseils (18 janvier 1238) 202
Le départ (1er février 1238) 207
Vladimir (3 au 7 février 1238) 210
Mafalda (22 février 1238) 215
Le plateau d'argent (5 mars 1238) 219
Le deuil (10 mars 1238) 222
L'auberge (16 mars 1238) 224
Le cimetière de Murano (20 mars 1238) 229
Les pillards (25 mars 1238) 233
La croix d'Ignace (18 avril 1238) 235
Les harengs (20 avril 1238) 237
Mindaugas (24 mai 1238) 244
L'ambassade (26 mai 1238) 248
Perkunas (21 juin 1238) 251
Le tribunal de Dieu (28 juin 1238) 255
Raimondo (13 Juillet 1238) 263
Brescia (7 août 1238) 271
La Quarantia criminelle (18 septembre 1238) 278
La porte Saint-Antoine (20 septembre 1238) 280
Le bal (27 septembre 1238) 283
Koutchouq (28 septembre 1238) 291
L'enquête (29 septembre 1238) 294
Les chevaliers de la croix (25 novembre 1238) 298
Les deux piliers du monde (5 décembre 1238) 307
L'orfèvre de la reine (25 décembre 1238) 310
Le pied-bot (28 février 1239) 315
Le grand maître (19 mars 1239) 318
La sentence (24 mars 1239) 323
Le goéland (26 mars 1239) 330
Le monastère de Padoue (28 mars 1239) 337

Troisième partie : LA NUIT MONGOLE

Les Coumans (27 mars 1239) 351
La couronne d'épines (31 mars 1239) 355
Les trois imposteurs (13 avril 1239) 367
Le contrat (15 avril 1239) 370
Törägänä (1er mai 1239) 371
L'architecte (5 mai 1239) 374
Le curé de Saint-Séverin (19 juin 1239) 379
Edouard (28 juin 1239) 380
La grand-route de Buda (17 août 1239) 386
La guerre des deux Bêtes (juillet-août 1239) 394
Le château blanc du Trône (29 août 1239) 396

Soldaïa (4 septembre 1239) 399
Les noces de Toropets (7 septembre 1239) 403
Güyük (16 septembre 1239) 406
Le camp (4 octobre 1239) 409
Damas (4 octobre 1239) 412
Le général (5 octobre 1239) 422
Le chant de l'Ardent Désir (6 octobre 1239) 425
La fête (10 octobre 1239) 426
La nuit de la Saint-Martinien (16 octobre 1239) 429
Le grand vizir (17 octobre 1239) 433
L'ambre (25 octobre 1239) 440
Le prophète (5 novembre 1239) 445
La Ville sainte (7 décembre 1239) 450
Erzurum (8 décembre 1239) 453
Le prince et les chevaliers (6 janvier 1240) 461
Le ghazi (13 janvier 1240) 465
Le banquet des princes (22 mars 1240) 469
Le rendez-vous de Kalmar (30 mars 1240) 471
Tchormaghan (31 mars 1240) 477
La procession du Saint-Esprit (15 au 19 avril 1240) 483
Les épousailles de la Mer (24 mai 1240) 492
La citadelle de Tus (10 juin 1240) 493
Le mariage (10 juin 1240) 501
Körgüz (10 juin 1240) 503
Alexandre de la Néva (15 juillet 1240) 508
La colère du qaghan (16 juillet 1240) 512
Les Annales de Suède (17 juillet 1240) 513
Pskov (1er septembre 1240) 514
La leçon de l'aigle (3 septembre 1240) 515
La route de France (21 septembre 1240) 521
Daniel Romanovitch (30 septembre 1240) 522
Le Tartare aux cheveux rouges (19 octobre 1240) 527
L'ingratitude (7 novembre 1240) 529
Donna Mafalda (24 novembre 1240) 531
La cage de fer (29 novembre 1240) 532
Kiev (4 au 6 décembre 1240) 535

FIN DE LA PREMIÈRE ÉPOQUE

Annexes :

Cartes 545
Index des principaux personnages cités dans la première époque .. 550
Pour démêler l'histoire et la fiction.......... 553

Cet ouvrage a été réalisé par la
SOCIÉTÉ NOUVELLE FIRMIN-DIDOT
Mesnil-sur-l'Estrée
pour le compte des Éditions Robert Laffont
en mars 1995

Imprimé en France
Dépôt légal : avril 1995
N° d'édition : 35999 – N° d'impression : 29638